U0922278

中国年鉴资源全文数据库
YB
核心年鉴
CHINA YEARBOOK DATABASE

智慧城市
Smart City

12 月 8 日，北京市 800 兆无线政务网框架协议签署仪式举行

“北京服务您”项目荣获 2014 巴塞罗那“智慧城市最佳项目”提名奖

11 月 18 日，“北京市物联网应用支撑平台”通过竣工验收，是国内第一个城市运行领域的物联网平台

年内，北京市认定63家企业技术中心，10家企业获批国家级技术中心，3家企业获批国家技术示范企业；推动90%以上试点企业建立了知识产权制度。

面向全球引进并培育高端人才，建立产学研基地。年内，吸引了33家国际化创新服务机构入驻，促成国际技术转移成功案例26个，技术交易额1.5亿元，征集海外合作项目71项。完成中科院35个科研机构在京实施项目的梳理分析，与中科院北京分院完成22个产业化项目对接。

12月1—5日，市委组织部、市经济信息化委和市委党校一分校联合举办第五期推动高端产业发展专题研讨班

年内，市经济信息化委以实施高技能人才培养带动工程为依托，组织第十六届北京市工业和信息化职业技能竞赛，2万余名高级技工参赛

协同发展
Collaborative Development

9 月，市经济信息化委组织北京（曹妃甸）现代产业发展试验区产业对接

9 月 28 日，三元集团河北工业园成立

10 月 16 日，北京工美集团有限责任公司与承德市人民政府签订战略合作框架协议

3 月 1 日，《北京市促进中小企业发展条例》正式实施

北京市人民政府文件

京政发〔2014〕5号

北京市人民政府关于
促进信息消费扩大内需的实施意见

各区、县人民政府，市政府各委、办、局，各市属机构：

为贯彻落实《国务院关于促进信息消费扩大内需的若干意见》（国发〔2013〕32号）和《国务院关于印发"宽带中国"战略及实施方案的通知》（国发〔2013〕31号）精神，促进本市信息产业发展转型

北京市财政局
北京市经济和信息化委员会 文件
北京市环境保护局

京财经一〔2014〕1068号

北京市财政局 北京市经济和信息化委员会
北京市环境保护局关于印发《工业污染企业调整退出奖励资金管理办法》的通知

各有关单位：

为推动北京市节能减排和环境保护工作的深入开展，加快工业污染企业调整退出，根据《北京市大气污染防治条例》，我们

- 1 -

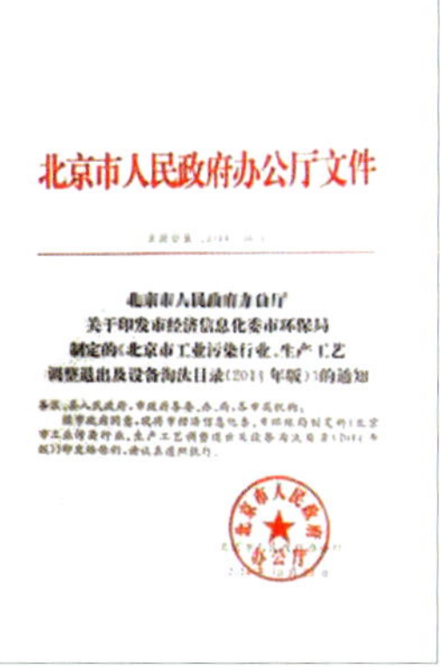

北京市人民政府办公厅文件

北京市人民政府办公厅
关于印发市经济信息化委市环保局
制定的《北京市工业污染行业、生产工艺
调整退出及设备淘汰目录(2014年版)》的通知

各区、县人民政府，市政府各委、办、局，各市属机构：

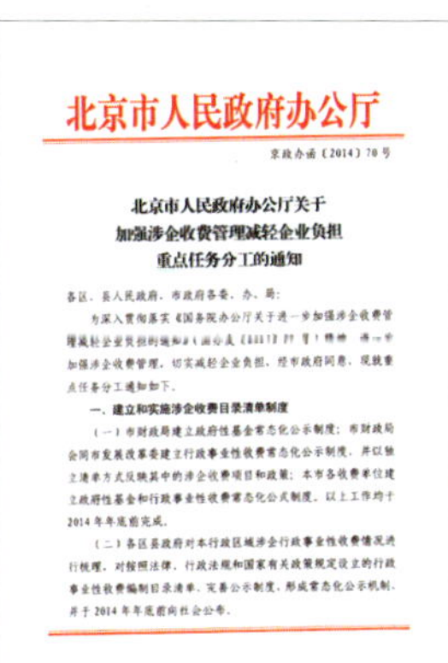

北京市人民政府办公厅

京政办函〔2014〕70号

北京市人民政府办公厅关于
加强涉企收费管理减轻企业负担
重点任务分工的通知

各区、县人民政府，市政府各委、办、局：

一、建立和实施涉企收费目录清单制度

（一）市财政局建立政府性基金常态化公示制度；市财政局会同市发展改革委建立行政事业性收费常态化公示制度，并以独立清单方式反映其中的涉企收费项目和政策；本市各收费单位建立政府性基金和行政事业性收费常态化公式制度。以上工作均于2014年年底前完成。

（二）各区县政府对本行政区域涉企行政事业性收费情况进行梳理，对按照法律、行政法规和国家有关政策规定设立的行政事业性收费编制目录清单，完善公示制度，形成常态化公示机制，并于2014年年底前向社会公布。

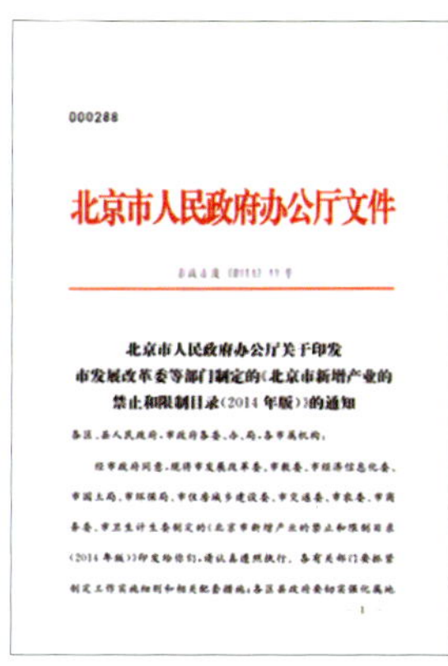

000288

北京市人民政府办公厅文件

北京市人民政府办公厅关于印发
市发展改革委等部门制定的《北京市新增产业的
禁止和限制目录(2014年版)》的通知

各区、县人民政府，市政府各委、办、局，各市属机构：

1

▲《关于促进信息消费扩大内需的实施意见》

▲《工业污染企业调整退出奖励资金管理办法》

▲《北京市工业污染行业、生产工艺调整退出及设备淘汰目录（2014 年版）》

▲《关于加强涉企收费管理减轻企业负担重点任务分工的通知》

▲《北京市新增产业的禁止和限制目录（2014 年版）》

汽车产业

Automobile Industry

7 月 13 日，北京新能源汽车股份有限公司主办的卫蓝先锋行动首批 200 名车主代表交车仪式

12 月 19 日，北京汽车股份有限公司在香港联交所上市，募集资金超过 110 亿港币

12 月 29 日，北汽集团与河北省政府签署战略合作框架协议，确定北京现代第四工厂落户河北沧州

年内，燕山石化公司积极落实清洁空气行动计划，开展“碧水蓝天项目”，减排挥发性有机物约1.18万吨

北京展团组织新材料企业参加2014年第三届中国国际新材料产业博览会，5项产品获得金奖

新首钢高端产业综合服务区整体转型改造的启动项目——创意广场项目首期主体结构改造完工

电子信息产业

Electronic Information Industry

10月23日，2014北京微电子国际研讨会召开，主题为“聚集创新要素，助推产业升级”

7月2日，小米科技有限公司在京发布小米4手机

年内，京东方TPC模组生产线项目投产

装备产业
Equipment Industry

3月，金风科技与亦庄供电公司签订“分布式电源”并网售电协议，成为国内首家实现自发自用剩余电量上网的风机制造企业

11月，北京广利核系统工程有限公司自主研制的国内首套核安全级仪控系统（DCS）产品，通过德国莱茵公司认证

12月，北京和利时系统工程有限公司研制的大型综合智能测控系统在北京地铁14号线投入使用

12月，北京二七轨道交通装备有限责任公司设计生产的DF7G–E型内燃机车获得爱沙尼亚技术监督局颁发的轨道车辆注册登记证书

生物医药产业

Bio-pharmaceutical Industry

8月18日，拜耳医药新工厂项目在北京经济技术开发区奠基

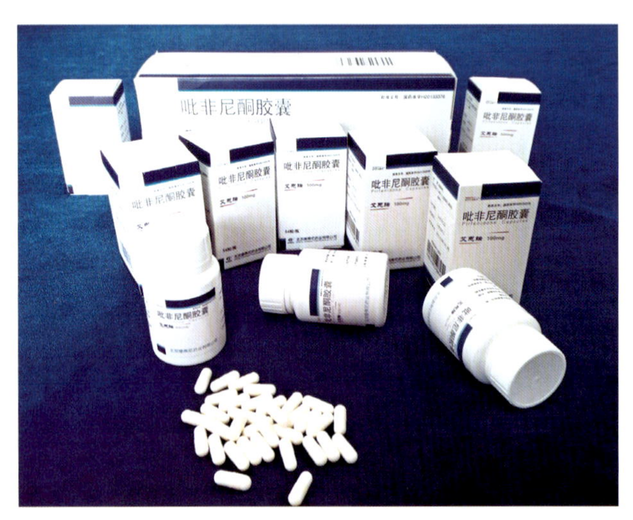

2月底，北京康蒂尼药业有限公司研发的1.1类新药吡非尼酮胶囊上市

10月，市经济信息化委组织20余家医药企业集体赴河北沧州临港经济技术开发区、天津蓟县上仓工业园实地考察，召开原料药提取环节转移研讨会

《促进北京时装产业发展建设“时装之都”规划纲要》发布10周年座谈会举办

2014年度北京工艺美术行业总结大会召开

图书在版编目（CIP）数据

北京工业年鉴. 2015 / 北京市经济和信息化委员会编. — 北京：北京出版社，2015.12

ISBN 978-7-200-11786-8

Ⅰ. ①北… Ⅱ. ①北… Ⅲ. ①地方工业经济—北京市—2015—年鉴 Ⅳ. ①F427.1-54

中国版本图书馆CIP数据核字（2015）第309225号

策　　划　于　虹
责任编辑　白　珍
特约编辑　杨秀珍
责任印制　宋　超
装帧设计　盛天果

北京工业年鉴 2015
BEIJING GONGYE NIANJIAN 2015
北京市经济和信息化委员会　编
*
北京出版集团公司
北京出版社　出版
（北京北三环中路6号）
邮政编码：100120
网　址：www.bph.com.cn
北京出版集团公司总发行
新华书店经销
北京京华虎彩印刷有限公司印刷
*
889毫米×1194毫米　16开本　27印张　插页28　900千字
2015年12月第1版　2015年12月第1次印刷
印数1—1 000

ISBN 978-7-200-11786-8
定价：280.00元

质量监督电话：010-58572393

本书附同版本 CD-ROM 一张，光盘内容以书面文字为准

《北京工业年鉴》编纂委员会

《北京工业年鉴》 编辑部

主　　编　张伯旭

副 主 编　唐建国　徐艳阳　张一平

执行主编　杨秀珍（女）

特约编审　（按姓氏笔画排序）

王　佐　王晓元　王跃生　艾　滨
仝海威　朱晓龙　刘　明　刘　霞（女）
孙　雷　孙学军　苏联波　李　强
李　巍　李建军　杨靖国　何宝森
汪　宏　张　刚　张　晶　张宇航
邵明红（女）　金成山　贾　力　夏存仁
顾瑾栩　徐海龙　高　展（女）　常德志
彭其贵　潘　锋

编　　审　（按姓氏笔画排序）

于凌燕（女）　王　锦（女）　王玉婵（女）　刘　爽（女）
刘乃清　刘纪艳（女）　李惠敏（女）　杨秀珍（女）
吴　琼（女）　张松林　赵延文　潘会楼

《北京工业年鉴》组稿人员

（按姓氏笔画排序）

于凌燕（女）	马孝林	王　伟（女）	王　志（女）
王　锦（女）	王玉婵（女）	王秋丹（女）	尹亚昌
尹志东	付宗义	代　蓉（女）	全　意（女）
刘　浩	刘　毅	刘建波	许　林
李　刚	李文博（女）	李淑萍（女）	李淑敏（女）
杨　婷（女）	吴　彧（女）	吴国健	吴明晓
吴美艳（女）	汪智利	宋慧宇（女）	张　健
张一鸣	陈　珊（女）	陈宗河	周来春（女）
郑晓川	胡跃平	徐博非（女）	高建敏（女）
曹秀琴（女）	常　江（女）	崔　岩	葛　冰
蔡　琍（女）			

编辑说明

一、2015版《北京工业年鉴》由北京市经济和信息化委员会主办，北京市产业经济研究中心承办。

二、本年鉴是一部反映北京工业经济全面情况的大型工具书和资料性年刊。通过大量资料、数据、图片，真实地记录了北京市2014年工业经济的发展情况，对于全面、系统地了解和掌握北京工业经济发展所取得的成就，研究北京工业经济运行和重要行业、重点企业的发展变化及规律，指导下一年度的经济工作具有重要的参考价值。

三、本年鉴采用文章和条目两种体裁，以条目体为主。辟有特载、大事记、总述、产业、区县工业、开发区、企业、协会组织、产品、人物、法规政策文件、工业数据、附录共13个一级栏目。

四、本年鉴所载内容由相关部门和企业单位提供，经供稿单位主管负责人审核。全市性数据由北京市统计局提供。

五、本年鉴选用资料的时限为2014年1月1日—2014年12月31日（个别内容根据实际情况略作调整）。

六、《北京工业年鉴》自1991年起编辑出版，坚持编纂25年，本年鉴为第25卷。一直得到全市工业系统及协作单位各级领导和编辑工作者的大力支持，我们深表感谢。

七、欢迎各界读者继续关注年鉴、收藏年鉴、使用年鉴，并对年鉴的不足之处给予指正，帮助我们进一步改进年鉴的编辑工作，以期更好地为读者服务。

八、《北京工业年鉴》编辑部联系方式：

电　　话　（010）85235624/85235643（传真）

电子邮箱　bianjibu@bjeit.gov.cn

地　　址　北京市朝阳区工体北路6号凯富大厦5层510室

邮政编码　100027

目　　录

特　　载

大　事　记

总　　述

产　　业

区县工业

开 发 区

企　业

协 会 组 织

产　　品

人　　物

法规政策文件

工 业 数 据

附　　录

索　　引

彩色插页

Contents

Special Issues

Chronicle Events

Overview

Industry

District and County Industry

Development Zones

Enterprises

Associations Summary

Products

Personages

Documents of Policy and Regulation

Industrial Data

Appendix

Index

Catalog of Color Inserts

特 

在2015年北京市经济和信息化工作会议上的讲话

北京市副市长 张 工

（2015年2月13日）

同志们：

刚才，伯旭同志代表市经济信息化委做了2014年工作总结，分析了当前形势，部署了2015年工作任务，我都同意，几个单位的典型发言讲得很好，给我留下了深刻印象。过去的一年，全系统同志们拼搏进取，开拓创新，各项工作取得突出成绩和进步，我代表市政府向大家表示衷心的感谢。下面，我谈几点意见。

一、主动认识新常态，适应新常态，引领新常态，推进北京工业转型升级

近一年多来，习总书记多次就“三期叠加”、经济发展新常态做出重要论述，在去年12月召开的中央经济工作会上，习总书记又对经济发展新常态做出了系统阐述，从9个方面分析了经济发展新常态带来的趋势性变化，强调认识新常态、适应新常态、引领新常态，是当前和今后一个时期我国经济发展的大逻辑。新常态在北京表现得更为突出和明显。从速度看，我市是较早进入经济增速换挡期的地区，2011年开始呈现7%~8%的中高速增长，2014年增速7.3%；从结构看，已经确立了以服务业为主的产业结构和以消费为主的需求结构，城乡二元结构、分配结构等也正在发生深刻变化；从发展的动力看，创新对经济发展的引领作用不断增强，科技创新、文化创新已经成为驱动发展的新引擎。在产业结构调整方面，市委十一届六次全会指出，经济发展进入新常态后，经济结构正从扩能为主转向调整存量、做优增量并举，我们要主动适应这种新变化、新趋势，扎实做好结构调整的加减乘除法，促进三次产业内部结构的尝试调整，加快形成“高精尖”经济结构。我们要认识到，推进产业向高精尖方向发展，是北京工业不断向形态更高级、分工更复杂、结构更合理的阶段演化的过程，是北京经济发展在新层次上的飞跃提升。包括近年来我们主动调控减缓经济增速，都是为了更好地提升质量和效益，更好地集聚创新力量，这是一种螺旋上升的过程，是“破”与“立”的转换、“舍”与“得”的选择、“瘦身”与“健体”的提升。我认为，北京工业系统要更加主动、深刻地认识新常态、适应新常态、引领新常态，紧紧扭住转方式调结构这个目标不放松，坚持市场主导、政府引导，在优化产业发展环境方面下大力气、做大文章。特别是依托央源、外源、民源和地源，更加积极推动首都创新资源整合；依托中关村一区十六园，布局一些符合首都城市功能定位的产业项目，着力培育新的增长点；依托科技创新、技术改造，加快产业提质增效升级。沿着这样的路子，最终实现首都经济发展方式的转换，构建起符合首都城市功能定位的“高精尖”经济结构。

二、牢固树立机遇意识、进取意识、责任意识，推进京津冀协同发展取得扎实成效

全球经验表明，构建大都市圈是城市化发展的重要方向。学者研究发现，每5个法国人中就有1个居住在巴黎，每4个英国人中就有1个居住在伦敦，每两个韩国人中就有1个居住在首尔。这揭示了1个重要规律，就是集聚程度高则发展效率高。习近平总书记高度重视京津冀区域城市群的协同发展问题，并多次强调、亲自推动。当前，京津冀协同发展与“一带一路”、长江经济带一起，成为新一届中央政府描绘的国家发展战略蓝图。在去年的中央经济工作会议上，习总书记特别指出，京津冀协同发展不是新一轮大开发、大发展，不是要搞政策洼地，而是要成为体制机制创新高地，明确要求我们今年要有个良好开局，总书记一系列指示精神对我们有很大的鼓舞和鞭策。去年，中央成立了京津冀协同发展领导小组，正在制订京津冀整个区域总体发展规划，大力推进交通一体化、生态环保、产业合作等重点领域率先取得突破。我们必须清醒地认识到，京津冀协同发展是个大思路、大战略，核心是三地作为一个整体协同发展，三地一盘棋，增强整体性。只有融入京津冀协同发展，才能更有效地把北京的优质资源激活，更好地解决我们自身发展中的难题。新常态下实现北京工业转型升级，必须紧紧抓住京津冀协同发展的战略机遇，牢固树立机遇意识、进取意识、责任意识，推进京津冀协同发展取得成效。目前，我们正主动在京津冀区域内加强产业布局，如推动首钢京唐二期、葛洲坝海工、中石化千万吨炼油等大项目落户曹妃甸，组织22家生物医药企业部分生产制造环节签约落户沧州渤海新区，会同张家口共同建设了云计算产业园，京石产业对接合作也在积极谋划之中。应当说，我们的努力还将开更多的花，结更多的果，下一步工作，我们在继续推动三地存量产业布局优化的同时，更要下大力气吸引外源、做大增量，真正提升整个区域的经济引领作用。要继续完善产业协同发展机制，推动完善跨行政区、跨领域规划对接机制，强化对区县与津冀地区共建产业园区的统筹和支持力度，做好顶层设计，探索资本管理公司和产业基金管理等模式，按照“共建、共管、共享”原则，建设一批跨区域的产业示范园区，带动北京周边城市加快新城建设步伐，把京津冀打造成为具有国际竞争力的区域协同创新共同体。

三、围绕建设国际一流的和谐宜居之都，大力推进智慧北京建设，为治理“大城市病”提供重要支撑

智慧城市建设，作为一种融合多种新技术的先进城市建设理念，在首都经济社会发展中发挥着无可比拟的作用。尤其当前，面对建设国际一流的和谐宜居之都的新形势、新要求，面对不断扩张和显现的人口膨胀、安全隐患、环境污染、交通拥挤等大城市病，智慧北京建设任重道远，我们要以强烈的责任意识和使命意识，扎扎实实推进智慧北京取得新成效、迈上新台阶。一要充分发挥顶层设计统筹协调机制作用。注重统筹推进，避免各自为战；注重顶层设计，避免零敲碎打；注重资源整合，避免“信息孤岛”；注重应用实效，避免“盆景工程”。二要超前布局新一代信息基础设施。继续扩大光纤网络覆盖范围，加速推进第四代移动通信网络建设，建设新一代移动通信网、物联网、下一代互联网及异构网络的融合应用平台。三要加快建设统一的基础信息和公共服务平台。建立健全法人、人口、空间、经济、交通、教育、医疗、资源能源等重大基础信息数据库，推动基础数据“一表化”“一口式”采集和应用。四要改革创新信息化项目的建设运营模式。鼓励采用政府投资、公私携手的PPP投资模式建设公共信息化项目，鼓励企事业单位开放其掌握的公益类信息，加快完善政务信息资源网，繁荣首都经济，服务民生需求。五要推进惠及民生的重大应用。去年以来，我们利用“北京通”整合市民服务卡，通过建立一卡多用的技术标准，设立全市统一认证平台，解决了困扰多年的智能卡标准不一、互不兼容的问题，首批具有国产芯片的标准北京市民卡、残疾人证和民政服务卡批量发放。成绩虽然喜人，但是还很不够，推进信息惠民、服务经济发展，有很大的发展空间，我们要有不畏艰难、敢啃硬骨头的精神，进一步加大整合力度，积极推进惠及民生的重大应用，真正让老百姓感受到便捷舒适的城市生活。

四、强化服务，狠抓落实，圆满完成市委市政府各项工作部署

2015年，是全面深化改革的关键之年，也是全面完成“十二五”规划的收官之年，市委十一届六次全会在工业和信息化建设方面给我们提出了明确要求，我们要坚决贯彻落实全会要求，狠抓工作落实，确保各项工作部署的圆满完成。

一要坚持创新驱动，依靠科技创新构建“高精尖”经济结构，培育首都新的经济增长点。创新是第一驱动力。唯有不断创新，才能破解制约产业发展的瓶颈难题，实现北京工业转型升级。深入实施创新驱动发展战略，落实好加快科技创新中心建设的各项政策措施，加快建设中关村“一城三街”，做好国家重大科技专项的承接和成果转化各项工作。工业和信息化系统落实建设全国科技创新中心职能，我认为体现在两个方面：一方面要深度推进两化融合，结合首都环境治理，依托现代信息技术支持一批传统优势产业和项目加快技改升级，打造一批无人工厂、智能工厂和清洁工厂；另一方面要积极推进知识型经济和创新型企业的培育发展计划，深化与跨国公司、尖端实验室、国际创业团队的合资合作，加大从全球范围内延揽高精尖人才和项目的力度。经济信息化委提的“三四五八”战略非常好，关键是抓好落实。今年要重点做好高精尖产业行动计划和高精尖产品目录的制定和发布，以此为牵引，不断完善高精尖产业发展政策、人才和投资环境，加快引进培育一批高精尖项目落地北京。我们要以高精尖为导向，调整现有的产业扶持政策，加快“十三五”时期重点产业发展规划的研究和编制。

二要强化服务，持续优化中小企业发展环境，不断增强企业发展活力。当前，我市经济下行压力依旧严峻，成本要素环境约束不断趋紧，企业面临着发展困境。在促进企业发展方面，我想要强调的是，各部门要按照工作职责分工，认真贯彻《中小企业发展条例》，用百花齐放的工作局面，支撑起大众创业和万众创新。我们政府部门扶植中小企业发展，我认为要体现三个注重：一是注重支持科技和文化创意领域的中小企业发展，这是体现首都特色和资源禀赋的产业领域；二是注重做强民营经济，依靠民营企业家高效的管理机制和蓬勃的创新活力带动社会就业；三是注重在创业空间和融资支持方面创新服务举措，解决小微企业的燃眉之急。

三要坚决推进工业大气污染治理，为首都生态环境建设做贡献。从当前的城市发展经验看，财富和人才一定是向宜居的大城市聚集。首都环境治理已成为重要的政治任务，受到中央单位、媒体、群众的高度关注，我们必须以壮士断腕的决心，拿出扎扎实实的工作作风，狠抓落实，确保实效。根据我市清洁空气行动计划，到2017年全市PM2.5年均浓度要比2012年下降25%以上，今年是关键一年。在去年调整退出的基础上，今年还要调整退出300家工业污染企业，时间越往后，任务就越重，难度越大。市经济信息化委会同环保局要做好组织协调，加强政策引导和舆论宣传。特别是要善于用好水价电价这些经济杠杆，提高成本，倒逼污染企业调整。各区县主要领导必须亲自过问亲自抓，明确责任制，不折不扣确保完成。要结合自身任务目标针对具体企业，形成一企一策的工作方案。力促污染大户尽快退出，确保退出企业都是污染企业。

四要加强沟通协调，增强工作合力，确保各项工作部署的圆满完成。牢固树立全局意识、协同意识、配合意识，树立团结协作、合作共赢的思想，加强沟通、高效协同，增强工作合力。北京经济和信息化发展，离不开全系统同志们的大力支持和配合，在具体工作中，经济信息化委要切实发挥经济运行调度、项目落地、企业减负等统筹协调机制中的作用，及时组织协调重大问题，定期检查、通报工作进展情况。另一方面，各委办局、各区县要积极支持和配合经济信息化委工作。发改、财政、国资、科技、中关村、环保、国土、规划、统计等部门，要在政策制定、项目落地、资金配套、数据共享等方面给予大力支持，加强衔接、推动落实，努力营造务实、和谐、发展的良好局面。

适应新常态　构建高精尖
以改革创新精神推进工业和信息化实现新突破

——2015年北京市工业和信息化工作报告

北京市经济和信息化委员会主任　张伯旭

（2015年2月13日）

同志们：

这次会议的主要任务是，深入贯彻党的十八大和十八届三中四中全会、中央经济工作会议、全国工业和信息化工作会及市委十一届六次全会精神，总结2014年工作，部署2015年任务，动员全系统进一步统一认识、振奋精神、扎实工作。一会儿，张工副市长还要做重要讲话，请大家认真学习领会。下面，我代表市经济信息化委报告工作。

一、2014年工作回顾

2014年是极不寻常的一年。年初以来，面对复杂形势和艰巨任务，全市经济和信息化系统在市委市政府的正确领导下，深入学习贯彻习近平总书记系列重要讲话，统筹协调、大胆探索、努力破题，主动调整疏解不符合首都城市战略定位的产业，构建高精尖产业体系，推进京津冀协同发展，实现经济和信息化发展稳中有进、稳中提质，主要成绩体现在以下方面：

——经济运行总体平稳。在积极推进产业疏解和大气污染防治、果断停限产的背景下，规模以上工业实现增加值约3650亿元，增长6.2%；软件和信息服务业营业收入5400亿元，增长约11%；工业和信息服务业在全市经济总量中占比为1/4，强有力地支撑了全市经济的平稳增长。

——发展质量不断提升。产业结构调整升级效果明显，规模以上工业税收增长11.4%，利润增长18.5%，接近全国平均增速的6倍；战略性新兴产业增加值增长17.9%，接近工业平均增速的3倍；全员劳动生产率增长11%，达到人均32万元，接近全市平均水平的2倍。信息消费成为首都经济增长的新亮点，北京成为国家首批信息消费试点城市，全年网络零售额增长69.7%，对全市零售额增长贡献率超过80%。本市在全国率先发布大数据交易服务平台，百度公司在全球率先开放大数据引擎。

——绿色发展成效显著。组织实施北京奔驰产品升级等100余项重点技术改造项目，规模以上工业万元增加值能耗同比下降11%，提前完成“十二五”工业节能降耗目标。石化、汽车、家具和印刷等行业完成挥发性有机物减排1.6万余吨，完成市级以上开发区燃煤设施清洁能源改造2209蒸吨。产销和推广纯电动汽车8000余辆，增长3倍。据不完全统计，全市注销、吊销不符合首都城市战略定位的工业企业800余家，就地关停退出一般制造和污染企业392家，超额完成年度任务。

——项目投资择优选强。着力推动124个市级重大产业项目建设，累计完成固定资产投资209.3亿元。IPV6根服务器、百泰抗体药物灌流生产线等一批项目竣工投产，拜耳医药扩产、义翘神州八因子等一批项目实现开工。联合审议通过腾讯电子商务基地等高端项目29个。审核通过政府信息化项目1593个，涉及投资预算约53亿元。完成信息基础设施投资约140亿元。

——区域协同成效显现。京津冀产业合作全面深化，北京现代四工厂、张家口云计算产业基地等一批项目开工建设或签约落地，四方继保保定基地、精雕科技廊坊基地等一批项目建成投产。秉持“共建、共管、共享”理念的北京－沧州生物医药产业园正式落地，22家企业签约入驻，涉及总投资61亿元；实施异地监管，在制度创新方面取得重大突破。

——智慧城市建设步伐加快。北京在新华网发布的2014年中国智慧城市百强榜中排名第一，“首都之窗”连续8年位列全国省级政府网站绩效评估榜首，“北京服务您”在第四届巴塞罗那全球智慧城市博览会上，荣获最佳项目提名奖。北京成为首批“宽带中国”示范城市，具备光纤接入能力家庭用户达738万户，固定宽带家庭10M及以上用户占60.3%，4G用户突破400万户。新建509个智慧社区，累计突破1000个。北京健康云服务用户超过20万人。建成PM2.5监测网络，为全市1.1万辆公交车安装了4G车载Wi-Fi上网设备。完成2.7万套北斗导航终端的安装应用，成为全国北斗应用最广泛的城市。

一年来，我们主要做了6件大事。

（一）以自我革新的勇气，主动适应新常态

一年来，我们通过各种形式，认真学习领会党的十八大和十八届三中、四中全会精神，学习贯彻习近平总书记视察北京重要讲话，坚持学以致用，努力将学习成果转化成推动发展的强大动力。从首都城市战略定位理解产业结构调整的重大意义，主动适应新常态新要求，积极转变发展理念，坚持有所为有所不为，不断优化工作职能，加强了全面统筹和规划研究，实现了既谋项目，更谋布局；既谋扩能，更谋升级的重大转变。巩固深化党的群众路线教育实践活动成果，领导干部率先垂范，切实转变工作作风，带领广大党员自觉恪守“三严三实”，加强党风廉政建设，营造了风清气正的干事创业环境。注重加强政治理论和业务学习，深入调研，苦练内功，进一步提高干部专业素养和服务能力，工作团队的凝聚力和战斗力显著增强，在市委市政府关于产业结构调整、京津冀协同发展等重大决策中，较好地发挥了参谋助手作用。注重加强市经济信息化委自身法制建设，开展专题培训，提升了各级领导干部运用法治思维和法治方式的能力，责任意识、规矩意识和程序意识在各项工作中得到不断强化。

（二）以改革创新的精神，破解发展难题

坚持问题导向，在优化产业发展环境、转变政府服务职能等方面，探索出一系列改革创新举措，一定程度解决了制约发展的矛盾难题，有效激发了市场活力。

一是解决行政审批手续烦琐、办事效率不高的问题。梳理了我委权力清单，累计取消行政审批事项5个大项和3个子项。优化投资审批流程，项目核准时间缩短20%。推出新版网上审批与服务系统，其中双软认证实现“全程无纸化、企业零跑腿”，办理时间缩短30%以上。同时全力支撑做好市政务服务大厅的信息化建设。

二是解决政府扶持产业发展中财政投入方式过于单一的问题。创新财政资金使用管理办法，通过设立基金的方式，引导市场力量参与，提高资金使用效率，体现“用社会的钱办社会的事”的民办公助理念。如设立总规模为300亿元的北京集成电路产业基金，成功争取一期规模超过1300亿元的国家集成电路产业基金及基金管理公司落户我市；在全国率先设立中小企业发展基金和工艺美术发展基金。牵头起草优化企业兼并重组市场环境的实施意见，支持软件和信息服务领域实施并购121起，涉及金额约463亿元，推动北汽股份、京东商城、绿盟科技等一大批企业在海内外成功上市。

三是解决中小企业享受公共服务不够便捷、渠道不畅的问题。贯彻实施中小企业发展条例，强化各部门工作合力，建成并运行北京市中小企业公共服务平台实体服务大厅和网上服务平台系统，整合全要素服务资源，建立统一的运营标准及服务规范，提供全方位一体化服务。办好中小企业手机报，加强工作宣传，及时解读政策。认定市级中小企业公共服务平台20家，市级小企业创业基地8家。出台加强金融支持小微企业发展的若干措施，新增中小企业创新融资80亿元，增长33%。

四是解决困扰多年的智能卡标准不一、互不兼容的问题。从政府“建标准、出政策、搭平台”的职能出发，转换工作思路，利用“北京通”整合市民服务卡，通过建立一卡多用的技术标准，设立全市统一认证平台，创新12位身份编码，整合现有管理资源，从根本上推动多卡向一卡融合，进而实现从有卡向无卡转变，同时为下一步通过大数据提升政府科学决策和精细化服务管理水平、建立社会信用体系奠定了基础。首批采用国产芯片技术标准的北京市民卡、残疾人证和民政服务卡实现批量发放。

（三）以敢舍善得的气度，推进产业结构加速调整

增强转变发展方式的自觉性，正确看待“舍”与“得”的辩证关系，坚决“瘦身”，主动“健体”，推动首都产业向高端发展。

一是以两大目录为红线，调控产业增量和存量。会同市发展改革委制定实施新增产业的禁止和限制目录，发布工业污染行业、生产工艺调整退出及设备淘汰目录，强化市区两级协调配合，从企业登记、项目审批两大入口确保禁限项目“零准入”。发布实施工业企业调整退出奖励资金管理办法，安排1.95亿元资金支持符合条件的关停企业。在各项政策措施的倒逼和引导下，一大批工业企业转型为文化创意、软件信息和科技服务企业，表面上看，工业增速和所占比重下降，实则经济效益和社会效益显著提升，实现了转型升级。

二是以“三四五八”战略为指引，支持高精尖产业发展。对北京如何构建高精尖经济结构进行了专题研究，明确发展高精尖产业是构建高精尖经济结构的突破口，紧紧抓住产品这个核心，起草了高精尖产业发展实施方案及产品目录等文件。筹建高精尖产业基金，将各类支持资金向高精尖项目倾斜。中小企业创投引导基金总规模约50亿元，已投项目90%以上属于高精尖领域。推进中关村科学城建设，加快打造50个特色产业园，已投入使用19个。加快推进北京通用航空产业基地建设，已有中俄直升机等79家企业入驻。

通过积极引导，产业向高精尖结构转型异彩纷呈，如抗肿瘤新药“盐酸洛拉曲克”等一批具有自主知识产权、填补国内空白的国家一类新药集中落地，创新成果惠及全国人民；全国首个55纳米智能卡芯片、首台28纳米等离子硅刻蚀机、首台可信开放计算系统高端服务器、首套核安全级仪控系统等一批打破国外垄断的高精尖产品集中下线，极大提升了国产设备设计制造能力；紫光集团成功收购展讯和锐迪科公司，迅速提升我国集成电路设计开发和市场营销能力。

（四）以协同共赢的胸怀，推动京津冀产业发展跨出新步伐

打破“一亩三分地”思维定式，以提升京津冀整体产业层级为目标，主动融入，积极作为，努力推进三地产业协同发展。

一是积极配合国家相关部委编制京津冀协同发展规划，研究提出产业合作思路建议，推动建立交流机制，力争率先实现产业发展蓝图的一体化。

二是主动组织各区县、开发区及相关企业与津冀有关市县加强产业协作，推动与天津滨海新区、武清、宝

坻，河北石家庄、张家口、唐山、廊坊、沧州等地建立战略合作关系，促成30多个辐射带动力大的项目进行对接，支持首钢、北汽、一轻、二商、三元等市属国企在津冀进行产业链布局。

三是会同唐山市政府，提出共建“北京（曹妃甸）现代产业发展试验区”的设想，纳入京冀战略合作重点。启动试验区产业规划和重大政策研究，推动我市企业参与试验区产业建设，首钢京唐二期、葛洲坝海工、中石化千万吨炼油等一批大项目进入论证审批阶段。此外，积极推进与拉萨、和田等地区的产业协作，在数十批次的双向对接活动带动下，一大批北京企业积极参与到当地经济建设之中。

（五）以久久为功的专注，促进两化深度融合

牢牢把握两化深度融合这个制高点，加快提升“北京智造”水平。

一是开展重点企业两化融合管理体系贯标和等级评定、国家工业互联网融合创新试点，分别有47家和5家企业获选，数量均居全国前列。支持福田康明斯等一批企业两化融合试点示范，向200多家重点企业推广“工业云”平台。

二是研究制定促进信息消费、促进软件和集成电路产业发展、促进社会信用体系建设等系列政策，启动我市个人信用信息系统建设。加快智慧交通公共云及国家北斗卫星导航区域应用等示范项目建设，完成“中关村创新云”一期建设。大兴和亦庄电子商务中心区产业聚集效应逐步显现。全市首家软件企业创业孵化基地“同方科技园”正式挂牌。

三是建立国内城市运行和应急领域首套物联网应用技术规范和应用支撑平台，实施物联网企业提速计划。成立北京高分数据专项管理办公室，推进卫星遥感技术的转化应用。海淀区大力构建互联网金融全产业链体系，已聚集第三方支付、众筹融资等一批新型业态。

（六）以高度的政治责任感，全力做好APEC会议服务保障

将服务APEC会议作为一项重要政治任务和一次对我们工作水平的重要检验，精心安排、周密部署，确保万无一失。

一是按期保质完成信息化保障。共新建、改建、扩容基站52个，在国内首次以无线方式提供了大容量、高带宽的特殊网络服务。实施“即摄即传”等5项新技术应用展示，定制开发会务专用手机APP软件，建设三维安保汇报演示系统及北斗定位综合监控管理平台，圆满完成公共通信网络和专用网络保障、无线电监测以及重要信息系统应急安全保障。

二是协助做好会议后勤保障。食品行业为会议提供了安全周到的餐饮服务。天坛家具为会议打造出美观、大气的产品，开创了家具制造业的新标准、新高度。服装学院为会议设计出高端儒雅的领导人“新中装”，工美行业为会议研制出精美绝伦的国礼、主场馆景泰蓝装饰及APEC徽章，向世界展现了中华民族的悠久历史和文化大国风范。

三是全力做好空气质量保障。组织包括141家市级重点企业在内的396家企业实施停限产，福田戴姆勒、北京现代、同仁堂制药等一批企业主动将措施从限产升级为停产，体现了高度的社会责任意识，为“APEC蓝”做出积极贡献。此外，全力协助做好新中国成立65周年庆祝活动服务保障工作，积极推动申办2022年冬奥会的相关工作。

总的来看，过去的一年，全市工业和信息化工作取得了来之不易的成绩，这源于市委市政府的正确领导，源于各委办局的大力支持，更离不开各区县、开发区及广大企业的共同奋斗。在此，我代表市经济信息化委向大家表示诚挚的感谢。

一年来的辛勤工作，既让我们丰富了实战经验，也让我们升华了思想认识。特别是一年来，我们紧扣中央和市委要求，围绕如何“瘦身健体”，深入研究探索，逐步形成共识，概括起来就是要处理好“三舍三得”的辩证关系，即在发展理念上，必须舍速度，得效益；在产业选择上，坚决舍低端，得高精尖；在产业调整疏解和布局上，敢于舍局部和眼前利益，努力得京津冀的长远发展。我们还深刻体会到，“舍”不易，“得”更难，敢“舍”展现胸怀决心，能“得”考验智慧能力，要紧扣目标，立足当前，着眼长远，下好先手棋，打好持久战。

我们也清醒地看到，工作中还存在一些突出的矛盾和问题。一是产业发展面临巨大的外部压力。以德国工业4.0为代表的智能制造，给我们的传统产业发展方式带来严峻威胁，一大批不符合发展方向的产业和不主动转型调整的企业，未来3~5年可能被市场淘汰挤出。二是产业调整疏解对经济增长形成一定的短期制约，而高精尖产业的打造需要一个长期过程。三是企业调整退出的政策和经济手段有待丰富完善。土地再利用和职工安

置等政策不完善、不配套，市场作用发挥不够。四是产业空间布局还有待优化，京津冀产业协同发展机制仍需深入探索，特别是“共建、共管、共享”产业园区的具体政策亟须研究明确。

对这些问题和困难，我们要在今后的工作中更加高度重视，积极谋划，主动协调配合，共同加以解决。

二、当前形势及 2015 年思路目标

2015 年是全面深化改革的关键之年，是全面推进依法治国的开局之年，也是全面完成“十二五”规划的收官之年，更是贯彻落实习近平总书记视察北京重要讲话精神，在做好产业的“舍”与“得”方面取得更为实质性突破的关键之年，做好全年经济和信息化各项工作意义重大、责任艰巨。

当前，世界经济总体复苏疲弱态势难有明显改观，国内经济下行压力可能进一步加大。中央经济工作会议指出，我国已进入经济发展新常态，而新常态的特征在工业领域的体现尤为明显，工业增长正从高速转向中高速，经济结构正从增量扩能为主转向调整存量、做优增量并举，发展方式正从规模速度型转向质量效率型，发展动力正从要素驱动转向创新驱动。对北京而言，首都经济进入了结构调整攻坚阶段和区域协同发展的新阶段，产业发展的空间、环境、成本约束日益趋紧。2011 年以来北京工业经济就已经呈现出增速放缓、结构优化、动力转换等新常态特征，自身还呈现出“三降三升”的趋势化独有特征，即产业结构深度调整带来的速度降、效益升；总部经济控制力提升带来的本地降、辐射力升；制造业服务化带来的工业产值降、服务收入升。为此，我们要紧紧依靠高精尖产业结构、京津冀发展空间、智能制造生产方式，构筑起新常态下北京制造业的新优势。

我们也看到，虽然“难和险”在增多，但“时和势”总体于我有利。党的十八大以来，国家和本市出台了一系列深化改革开放、加快转型发展、推进依法治国的方针政策，为首都改革创新、转型发展提供了顶层设计和制度保障。中央对首都提出了新的城市战略定位，要求大力推动京津冀协同发展，为首都优化产业布局、实现产业升级提供了广阔空间和强大动力。全市经信系统要牢固树立“机遇意识、进取意识、责任意识”，主动认识新常态、适应新常态、引领新常态。要进一步拓宽工作格局，树立全球竞争意识，以国际一流、国内领先的标准研究谋划工作，主动在京津冀范围内谋篇布局；要进一步找准工作定位，作为综合经济部门，要以推进工业和信息服务业发展、优化中小企业发展环境为重点，推动首都经济全面发展；要进一步延展工作空间，着眼两化融合、二三产业融合、军民融合，统筹整合资源，创新政策举措，形成工作合力，更好地发挥部门职能。

2015 年全市经济和信息化总体工作思路是：全面贯彻落实党的十八大和十八届三中四中全会、中央经济工作会议和市委十一届六次全会精神，以习近平总书记视察北京重要讲话精神为指引，围绕工信部、市委市政府的重大战略部署，坚持稳中求进的工作总基调，以破解“大城市病”为出发点和落脚点，以改革创新为动力，以法治为保障，向协同发展要空间，力争在产业调整疏解方面推出新举措，在构建高精尖产业体系方面迈出新步伐，在京津冀产业协同发展方面取得新成效，在两化融合、军民融合、信息基础设施城乡一体化发展等方面实现新提升，推动经济和信息化提质增效升级，实现“十二五”圆满收官。

综合各种因素，我们确定 2015 年主要预期目标是：规模以上工业增加值增长 5% 左右，软件和信息服务业营业收入增长 10% 左右，高端产业占比、土地投入产出率、全员劳动生产率等效益指标不断提升，万元工业增加值能耗和水耗进一步下降，信息化总水平继续保持全国领先，智慧北京建设取得新突破。

三、2015 年重点工作安排

围绕今年的任务目标，全系统要创新工作举措，全力抓好六大方面工作。

（一）创新机制，加快推进京津冀产业协同发展

京津冀协同发展是国家重大战略，也是今年全市重点工作任务。我们要抓紧落实市政府与津冀合作的重点任务分工方案，在继续推动三地存量产业布局优化的同时，大力吸引外源，做大增量，提升整个区域的经济引领作用。

推动形成协同创新共同体。继续完善产业协同发展机制，推动完善跨行政区、跨领域规划对接机制。配合国家发改委、工信部，做好京津冀产业协同发展规划、产业指导目录、产业转移指导目录的编制以及后续落实工作。强化对区县与津冀地区共建产业园区的统筹和支持力度，协调做好重点园区的建设规划和产业布局。以京津冀三地及周边市场为主要辐射范围，以适宜三地发展的产业为核心、产品为导向，主动加强三地科技创新资源的整合共享，实现从研发到生产和销售的无缝衔接，构建在首都进行技术研发、在津冀两地产业化的产业技术协同创新体系。

统筹做好重点合作园区建设。早期城镇化的模式是先业后城，现在是产城融合同步推进。要按照“共建、共管、共享”的原则，坚持产业培育和基础设施建设两手抓。研究中关村国家自主创新示范区、天津滨海新区等相关政策跨区域延伸覆盖，积极推广上海自贸区改革与创新经验，争取国家级政策支持和国家重大生产力项目布局。推动组建开发建设投资公司，支持做好规划布局和园区管理，加快配套基础设施和公共服务设施建设。配合编制曹妃甸试验区总体规划，引导装备制造、节能环保、通用航空、交通运输以及相关配套产业向试验区聚集，鼓励本市企业到试验区发展石化产业链延伸项目。用好产业协同发展专项基金，统筹首钢和试验区发展，加快首钢京唐二期项目进展。加强与石家庄、滨海新区等重点区域的产业协作，实现优势互补。

继续加强产业对接合作。启动在天津蓟县建设北京生物医药产业园。加快建设张家口和廊坊数据中心产业园，打造“京津冀”大数据走廊。进一步发挥汽车产业的辐射带动作用，加快推进北京现代四工厂、奔驰零部件产业园等项目的落地建设。协调推动金隅、星海钢琴、日化二厂等一批企业在京津冀范围内优化产业布局。

（二）创新政策，加快不符合首都城市战略定位的产业调整疏解

要充分认识产业调整疏解工作的重要性和艰巨性，牢固树立“退”是为了更好地“进”，“舍”是为了更好地“得”的工作理念，坚持依法推进原则和升级替代策略，稳妥实施，确保年度目标任务的完成。

全面完善鼓励绿色发展的政策措施。以充分发挥市场化作用为重点，完善多种手段综合发力的政策机制。进一步加强市区两级的协调联动，执行好新增产业的禁止和限制目录，以及污染行业强制退出目录。配合市发展改革委加快制定差别化水电气价格，倒逼污染行业企业退出。配合环保局制定执行更严格的污染物排放标准，提高企业超标排放的成本。用好污染企业退出奖励资金，探索实施工业企业土地再利用的激励政策，鼓励引导企业主动实施转型升级。加大压减工业燃煤工作力度，全年压减开发区外燃煤 20 万吨。大力发展循环经济和清洁生产，督促和鼓励企业开展节能技术改造。

加快现有产业调整疏解和布局优化。坚持“五个一批”工作思路，加快疏解不符合首都城市战略定位的产业。完善制造业疏解政策，有序引导一般制造企业和比较优势不突出的高端制造环节梯度转移。以铸造、锻造、小家具等 12 个行业为主要领域，以镇村工业大院为重点，确保全年就地调整退出 300 家以上一般制造和污染企业。各区县要认真研究本区域产业疏解政策和工作方案，严格落实分解任务，明确时间表、路线图和责任人，全力确保完成年度任务。优化全市产业规划布局，推动存量企业和新增项目向中关村园区及市级开发区聚集。

大力推动开发区提质增效升级。摸底调查全市开发区土地空间利用情况和产业发展质量，鼓励工业企业通过提高建筑容积率等方式，在原有用地上扩大发展，引导各开发区实施“腾笼换鸟”。支持一批中小型产业集聚区转型为小企业创业基地。总结推广顺义等区县经验，加快产业园区整合升级。完善生态工业园区评价指标体系和建设管理办法，鼓励园区及企业开展生态化改造。各区县要按照目标任务和步骤要求，尽快制定完善 19 个工业开发区的生态化建设实施方案，全面启动对标自评和建设等工作，确保年内完成 5 家市级开发区生态化改造，到 2017 年将市级以上开发区全面建成生态工业园区。

（三）创新环境，着力构建高精尖产业体系

搞产业的核心就是搞环境，搞环境的窍门就是围绕高端人才的创新创业需求，做好政策、科技、金融等多方面服务。要通过环境的改善，调动央源、民源、地源、外源 4 类企业主体的积极性，推动产业向价值高端化、技术自主化、体量轻型化、生产清洁化发展。

健全完善产业政策。组织开展高精尖产业政策机制与战略措施的研究。推动发布本市高精尖产业发展实施方案及产品目录，编制八大专项具体实施方案，研究完善高精尖产业体系的评价标准和绩效追踪统筹机制，保障“三四五八”战略的顺利实施。以高精尖为导向，调整产业发展规划。实行产品目录引导，优化产业项目选择。各相关区县和开发区要结合自身优势，聚焦产业发展方向，重点发展 3~5 项明星产品。积极探索土地方面的突破性政策，提高空间利用质量和效益。

强化科技和人才支撑。推进国家科技重大专项的组织实施。加快中关村科学城建设，探索建立产业技术创新战略联盟，形成强大的创新磁场。围绕高精尖重点产品方向，调整创新载体认定和支持办法，鼓励采用融合创新、开放创新等方式，集中支持建设一批重点实验室、企业技术中心等创新载体，加快建设各类公共服务平台，推进创新体系建设。开展高新技术企业和传统工业企业之间的人才交流，鼓励企业与高校、海外机构联合培养人才，着力引进和培养一批世界水平的企业家、工程师和创新创业团队。继续办好高端产业发展专题研讨班及

职业技能竞赛，提升为高精尖产业服务的能力。

构建产业金融服务体系。积极引导风险投资、股权投资、融资担保、商业银行、证券、基金以及互联网金融等各类投资和金融机构，参与北京的高精尖产业发展，建设集债权融资、产业投资、融资担保、科技保险、企业信用、上市服务等于一体的产业金融服务体系。加快建设“政府引导、市场化运作”的高精尖产业投资基金群，运营好高精尖产业发展基金，鼓励社会资本投资建立产业发展基金。适应固定资产投资统计改革，统筹推进工业、软件和信息服务业、信息基础设施及电子政务建设等方面的综合投资，积极协调财政和社会资金及时到位。

加快引进培育高精尖项目。紧盯新材料、新能源、节能环保、高端装备、生命科学和基因工程、软件和信息安全、大数据与物联网、新能源汽车等领域的前沿技术，加强对央企以及龙头民企的跟踪服务，加大从全球范围内引入高精尖项目的力度。紧抓历史机遇，推动中芯北方等一批重大项目建设，提升集成电路设计和制造能力，实现集成电路产业跨越式发展。加快培育安全可信、北斗导航、云终端、智能家电等信息消费新热点，拓展跨境电子商务，推广线上线下相融合的消费模式。支持北汽、长安等企业开发新能源汽车技术和新产品。加快通用航空产业基地建设，促进新西兰P750等项目进展，推动翔宇通航等运营服务公司在京发展。支持高端生产性服务业发展，鼓励制造业企业向研发、设计、物流、市场营销等高端环节延伸，支持北京时尚设计广场、新首钢西十筒仓办公街区、龙徽国际酒文化产业园等转型创新。目前，高精尖产品目录的第一批项目已达47个，包括小米互联网产业园、天坛生物疫苗、北车轨道交通装备项目等，下一步要与发改、国土、环保、规划等部门密切沟通协调，健全完善项目供地联审机制，相关区县、开发区要明确项目推进时间节点，狠抓落实，尽快开工，早日投产。

（四）创新应用，加快推进智慧北京建设

聚焦破解“大城市病”，加快推进信息数据共享、应用协同，进一步发挥信息化对提升城市智能化、精细化管理水平的重要作用，推动建设人口有序管理、交通智能监管、生态精准调控、安全切实保障的城市运行管理体系。

加快信息基础设施升级建设。实施“宽带北京”行动计划，将信息基础设施作为战略性公共基础设施，加快推进城乡一体化建设。推动基站规划建设体制改革，实现基站集约建设和资源共享，并与市容环境相协调。抓住国家组建铁塔公司的契机，加快4G建设和应用，确保新增4G用户400万户以上，基本实现4G网络有效覆盖。加快推进光纤入户，实现使用10M及以上宽带家庭用户占比超过75%。吸引社会资本参与信息基础设施建设，鼓励社会资本参与电信市场竞争。推进物联网应用由城市安全运行和应急领域向城市精细化管理全面转变，加快推进“感传知用”系统的建设。

加快推进一批重大应用项目。在政务应用领域，研究建立全市党政机关、国有企事业单位数据中心的统一标准，完成全市政务云总体布局规划，建设北京市政务服务中心云机房，开通并运行好全市网上政务服务大厅，推动城市网格化管理和社会网格化管理整合，推进网格化管理进入治污领域，支持推进便民呼叫服务热线整合。在社会民生领域，积极研究探索利用信息化手段缓解交通拥堵、促进大气污染监测，助力“大城市病”治理。继续扩大整合进“北京通”的市民卡范围，发放采用新标准的健康卡和老年人卡等智能卡500万张以上。改版推出“北京网”，深化“北京服务您”移动应用服务，开通法人一证通平台，建设个人信用信息系统。新增500个智慧社区，开展“智慧养老助残”“智慧医疗”“智慧社区生活服务”等项目。加快实施“祥云工程”2.0版，推进教育、健康、交通、文化等领域的重大云应用。实施信息平台引领工程，启动大数据应用示范工程，运营好大数据交易平台。继续推进国家级北斗导航基地项目建设。加快健康云服务进程，吸引相关企业入京发展。

加快提升网络安全保障能力。要着眼重点领域的国产化替代，加快信息安全软硬件产品的研发生产，支持TOP项目、自主手机和桌面操作系统等重点项目建设，为关键核心系统穿上防弹衣，提高免疫力。强化网络安全保障，扩大政务网站和重要信息系统的安全监控覆盖范围，积极开展工业控制系统信息安全监督管理。继续加强政府部门使用的信息安全产品和服务的安全审查，强化无线电管理，做好重大活动通信保障和突发事件应急处置。

（五）创新理念，务实推进两化融合、军民融合同步发展

两化融合就是要用信息技术覆盖提升传统产业，我国产业与发达国家的差距就在这里。军民融合是国防和军队建设长期坚持的战略方向，要把军民结合产业作为突破口，促进军转民、民参军，推动实现军民一体化健康发展。

加快实施两化融合。产品质量是制造业的生命线，德国和日本工业保持领先主要是靠质量取胜。我们要通过两化融合，从创新能力、技术工艺、生产管理等方面，全面提升质量竞争力。聚焦智能仪控系统、机器人、3D 打印、数字化车间等重点方向，加快启动实施智能制造专项，重点在机械制造、电子信息、生物医药等领域推行智能制造模式。研究实施“互联网 +”系列行动计划，支持中关村十大重点产业融合创新工程，推进互联网与传统产业的跨界融合，促进云计算、大数据、电商化对产业的融合渗透，抢占产业先机。培育工业互联网、工业软件等新兴业态，实施一批两化融合新兴业态项目，推进“工业云”平台深入发展，打造一批立足北京、面向全国的创新服务公共平台。全面完成 47 家工信部两化融合贯标试点企业的贯标，支持 20 家以上企业通过认定，树立一批标杆企业。加速提升市属国有企业信息化管控能力和利用电子商务创新发展能力。

推进军民深度融合。以军民融合综合改革试点为突破，聚焦军队、军工集团、地方企业，借助军民资源共享和双向转化，服务高精尖产业结构调整，服务军队战斗力生成模式转变。与国家军民结合公共服务平台、总装武器装备采购信息网对接，重点发掘高精尖技术和产品，推动军用和民用技术双向转化。加快蓝鲸军民融合创新园建设，与总参、空军共同构建首都空域管理保障体系。发挥军队在北斗导航、信息安全领域的技术优势，整合军地、央地等多方资源，推动卫星导航、信息安全产业发展。推进激光拦截系统、小目标光电探测系统等项目的军事应用。做好军品市场准入工作，加强军工持证单位的监督管理，推进非公企业军工固定资产投资项目申报，加强核应急与民爆行业管理。

（六）创新形象，不断强化经信系统自身建设

以建设法治政府为重点，进一步加大改革创新力度，加强宏观研究，强化作风建设，为完成好全年目标任务及做好“十三五”时期的各项工作打下坚实基础。

加快建设法治政府。认真贯彻落实中央全面推进依法治国的决定和本市实施意见，助力“法治中国首善之区”建设。坚持法定职责必须为、法无授权不可为，依法全面正确履行政府职能。以大气污染防治法规、中小企业促进法规、信息化法规为引领和规范，加快推动经济和信息化转型升级。深入推进全市经信系统依法行政，强化法制机构建设，完善依法决策程序，推进政府信息公开。加强对国家、本市最新出台的一系列新政策、新法规的学习培训及贯彻落实，及时清理修订相关政策文件。

加速全面深化改革。改革要奔着问题去，要用政府权力的减法，换取市场活力的加法。继续深化行政审批制度改革，按照市政府不再保留非行政许可审批的部署，妥善做好相关审批事项的清理和后续监管工作。按照工信部审批制度改革政策调整部署，做好部分审批事项初审、双软认证等方面的改革落实工作。研究制定公共信用信息归集和使用管理办法及市场主体失信行为联合惩戒办法，启动全市统一的市场主体信用信息平台建设，推进守信激励和失信联合惩戒机制建设。

加强企业服务。深入实施中小企业发展条例，发布优化企业兼并重组市场环境的实施意见，协调相关部门落实重点任务。运行好中小企业公共服务平台，管理好中小企业发展基金，抓好企业市场准入服务，实施千家中小企业培育工程，支持发展一批“众创空间”载体，促进大众创业、万众创新。支持中小企业创新融资，力争全年新增融资 70 亿元。落实减轻企业负担的相关规定，依托全市减负工作联席会，针对企业实际困难做好服务。促进电子、装备、轨道交通等领域产产融合，组织企业开展供需对接，帮助食品饮料、医药等名优产品服务本地市场。抓住国家“一带一路”战略等发展机遇，鼓励企业开拓海外市场。完善五位一体的运行监测工作机制，建立市区两级精确调度体系，以年收入亿元以上企业为重点，建立定点联系和动态监测机制。

加紧编制“十三五”规划。与国家相关部委、市相关委办局及各区县加强工作对接，确保“十三五”时期 3 个专项规划编制和 18 个课题研究工作按时保质保量完成。组织优秀智库，扎实开展“十三五”时期北京市工业转型升级等重点规划和重点课题研究，在工业用地弹性供给和二次开发利用机制、信息化改造提升传统产业、通过信息化建设助推解决“大城市病”等方面，虚功实做，破解难题。

加大安全生产工作力度。抓好“一岗双责，党政同责”制度落实，按照“管行业就要管安全”的精神，会同市安监局制定工业企业安全生产指导办法，建立推广行业安全生产管理体系和标准，健全安全生产管理长效机制。各区县要严格落实属地责任，切实抓好安全生产岗位培训，要求工业企业一线操作员工必须全员培训，特定岗位必须持证上岗，提升安全生产意识和预防处置安全事故能力。认真开展安全隐患排查整治，逐级落实安全生产监管职责，营造安全稳定的发展环境。

加强干部队伍作风建设。牢记为民务实清廉的要求，深入推进反腐倡廉，切实做到“心中有党、心中有民、心中有责、心中有戒”，防止“四风”反弹。牢固树立务实有为、令行禁止的工作作风，确保各项工作落到实处。全市经信系统要强化内外沟通协作，提升工作合力。切实抓好干部队伍建设和人才培养，完善知识结构，增长实践才干，以良好的作风、优异的业绩赢得广大企业和基层群众的支持和信任。

同志们，新常态带来新机遇，新定位开启新征程。我们要在市委市政府的坚强领导下，团结进取，奋力拼搏，为建设国际一流和谐宜居之都做出更大努力。

附注：名词解释

1.“三四五八”战略：着力培育服务经济、总部经济、平台经济三大经济形态，充分依托拥有新技术、新产品、新模式、新业态的四新企业，重点发展创新前沿产品、关键核心产品、集成服务产品、设计创意产品、名优民生产品五大类产品，在集成电路、软件和信息安全、4G移动通信、大数据与物联网、智能制造装备、新一代健康诊疗、新能源汽车、航空航天等领域实施八大专项。

2.“五个一批”：即“禁一批、关一批、控一批、转一批、调一批”。“禁一批”就是严格按照新增产业的禁止和限制目录，禁止新建、扩建首都不宜发展的工业项目，尤其是明确全市范围内不再新增一般制造业。“关一批”就是坚决就地关停高污染、高耗能、高耗水企业，全面治理镇村工业大院，加快清理小散乱企业。“控一批”就是对城市废弃物处理、炼油、食品加工等保障城市运行及民生的行业实行总量控制。“转一批”就是对不符合首都城市战略定位的劳动密集型、资源依赖型一般制造业实施整体转移。“调一批”就是对高端产业中不具备比较优势的制造环节实施调整，主动在京津冀进行全产业链布局。

3.固定资产投资统计改革：国家统计局确定2015年在全国范围内开展投资统计改革试点工作，为2016年新投资统计制度的全面运行准备基期数据。试点期间实行双轨制，即新旧制度并行。改革试点的主要目标是实现两个转变：一是投资统计调查对象由项目转变为法人单位，二是投资额计算方法由形象进度法转变为财务支出法，即直接依照法人单位的资金流状况进行统计。

4.高分专项：指国家高分辨率对地观测系统重大专项，由天基、临近空间、航空、地面数据中心和应用等五大系统组成，主要构建天、空、地三个层次观测平台，具备可见光、红外、高光谱、微波等多种观测手段，建成后将形成高空间分辨率、高时间分辨率、高光谱分辨率和高精度观测的时空协调、全天候、全天时的对地观测系统，提高中国空间数据自给率，形成空间信息产业链。

坚持创新驱动　加快产业融合
努力实现顺义汽车产业新跨越

顺义区经济和信息化委员会主任　郭振江

顺义区经济和信息化委员会主任　郭振江

汽车产业是国民经济重要的支柱产业，产业链长、关联度高、就业面广、消费拉动大，在国民经济和社会发展中发挥着重要作用。通过“黄金十年”的跨越式发展，汽车产业逐渐成长为顺义区的支柱产业，占比全区工业总产值过半，正处在“提水平、上档次”的关键阶段。保持我区汽车产业健康、可持续发展，实现制造业向创新创造转型升级，是下一阶段需要思考的重要课题。

一、顺义汽车产业总体发展情况

（一）重点项目成为产业发展的重要引擎

1.合资品牌奠定产业基础。2002年，北京现代一工厂当年建厂当年投产；2008年，北京现代二工厂历时18个月建成投产；2012年，北京现代杨镇工厂按期完工投产，标志着北京现代正式跨入“百万产能俱乐部”行列；2014年1月份，随着杨镇工厂完成二期扩能，成为设计年产能世界最高的单体工厂，北京现代三个工厂全部达产后可实现年产能 110 万辆。北京现代落户顺义以来，除 2005 年受汽车市场大环境影响减产外，始终保持快速发展势头，这与市、区两级政府对企业的大力支持及企业自身不懈努力发展是分不开的。北京现代不但自己发展得好，辐射带动作用同样突出。围绕 3 家整车厂汇集了一批零部件配套和物流服务企业，2014 年全区 42 家产值过亿汽车零部件企业中超过半数是北京现代配套企业，顺义工业企业“排头兵”的称号北京现代名副其实。

2. 自主品牌趁势而上。历时 3 年建设，2013 年 5 月 11 日，北汽自主品牌乘用车基地旗下首款中高级轿车绅宝正式上市，绅宝汽车是北汽集团在继承欧洲萨博整车技术的基础上，进行的二次研发和设计，填补了我区乃至全市没有自主品牌中高级乘用车的空白。项目一期建设已完成，达产后年产能 15 万辆，二期建设“十二五”末开工，工厂全部达产后产能达到 30 万辆。有媒体评论：2013 年是北京发展自主品牌乘用车的“元年”，而顺义将成为“北京牌”轿车的“发祥地”。

此外，北汽集团着眼企业产品布局调整，对位于仁和镇的北京汽车制造厂有限公司（以下简称北汽有限）产品平台进行了重组。在河北省黄骅市建设新的越野车工厂，承接北汽有限原有车型；在顺义区赵全营镇建设新的越野车基地，专门生产军车和中高端越野车。2013 年底，黄骅工厂建成投产，顺义厂区平稳完成搬迁工作。位于赵全营镇的北汽越野车项目各项建设工作稳步推进，总装、焊装两大工艺车间和调试车间已经建成并投入使用，一期达产后可实现年产能 10 万辆，二期扩建可实现年产能 20 万辆。正是由于我区开放、务实的精神，区内重点企业实现转型升级、黄骅市吸引了总投资近百亿元的汽车项目、北汽集团实现了产品布局调整，最终达到两地政府和企业多方共赢的结果，成为贯彻落实“京津冀协同发展”的样板项目。

3. 汽车总部型项目和汽车权威检测机构相继入驻。2012 年底，成功落户顺义汽车基地的北京汽车产业研发基地项目建设完成，随后北汽集团总部和研究总院顺利完成搬迁入驻工作。该项目的建设完成，使越来越多的人才、技术及各种汽车资源向顺义集聚，成为顺义未来汽车产业发展的重要驱动力，同时进一步确立了顺义作为北京市汽车产业发展的核心区地位。

2013 年初，同样位于顺义汽车基地内的国家汽车质量监督检验中心项目建设完成，该项目包括碰撞实验室、零部件实验室、灯光电器实验室、汽车检测综合楼，并预留新能源汽车实验室、电磁兼容实验室和多角度碰撞实验室。该汽车权威检测机构顺利建设完成，为政府对汽车相关产品进行监管提供了强有力的技术支撑，同时为北京汽车产业发展和技术研发提供重要服务平台。

（二）通过整车项目带动，配套企业快速集聚

近些年来，我区通过整车企业吸引带动零部件企业发展，汽车产业已形成以整车企业为龙头，以零部件企业为主体，以仓储物流等服务型企业为延伸，集群化、规模化发展态势。目前全区以汽车基地、杨镇和赵全营镇 3 个地区为核心的汽车产业集群已经初步形成，拥有整车企业 3 家，分别为北京现代、北汽自主品牌和北汽越野车（在建项目），汇集了一批汽车研发设计、制造、物流等环节企业。其中以摩比斯和北汽大世为代表的整车配套零部件企业近百家；以中都和长久为代表，包括二级和三级分包物流公司近百家；汽车研发设计类企业或机构 3 家，分别为北汽研究院、长城华冠和北京现代研发设计中心；汽车 4S 店近 30 家，包括捷豹、路虎、宝马、奔驰等豪华车品牌和现代、丰田、通用等国际知名品牌。

（三）顺义区对汽车产业发展的支持

汽车产业是一个高产出、高投入的产业，高投入的不仅仅是企业本身，汽车产业的发展占用了政府大量的土地资源，并对市政配套设施提出很高要求，耗费了地方政府大量的人力财力。全区汽车产业较好的发展态势背后，离不开区政府对汽车产业的大力支持。2014 年，全区汽车整车及零部件企业总占地面积约 833.33 平方米，区政府累计为汽车项目提供土地优惠超过 35 亿元。区政府及时落实了扶持资金并积极争取市级相关扶持政策，用于支持企业工厂建设和设备升级改造，保障了企业顺利投产运营。特别是汽车基地、杨镇和赵全营镇等属地政府投入大量资金，用于汽车重点项目配套公租房和市政配套建设升级改造。

（四）汽车产业成长为顺义的支柱产业

我区在北京现代为龙头企业的带动下，产业发展平均增速保持 20% 以上。自 2002 年至 2013 年，全区累计生产汽车 558.9 万辆；汽车及零部件企业累计实现产值 8058 亿元；累计实现税收 696 亿元；累计公共财政预算收入超过 100 亿元。2014 年全区整车企业累计生产汽车 1180965 辆，同比增长 8.7%；累计销售汽车 1173231 辆，

同比增长9.1%。整车及零部件企业（包括基础类和装备类中部分汽车零部件企业）累计实现产值1934.8亿元，同比增长9.7%；完成销售收入1930.1亿元，同比增长9%；吸纳就业33699人，本地用工18053人，本地化率53.6%。全区汽车产业规模以上企业实现产值1795.5亿元，同比增长8.8%，占全区工业总产值（2923.9亿元）的61.4%，占全市汽车工业总产值（3566亿元）的50.4%；完成销售收入1795.6亿元，同比增长8.7%。

二、顺义区汽车产业发展存在的主要问题

（一）汽车产业组织结构相对单一

2013年5月，北汽自主品牌乘用车基地绅宝工厂已经投产，产销正处于“爬坡”阶段，需要市场的磨砺和时间的检验；北汽越野车项目于2014年9月投产，产销形成规模需要市场培育。短时间内，北京现代一家独大的格局不会改变，全区汽车零部件企业大多是现代的配套企业，现代的销售情况直接左右整个产业的发展，甚至影响全区的工业发展。汽车产业组织结构相对单一，容易造成“同荣共衰”的局面；产业对单一企业依存度高，企业所有制类型不丰富，抵抗风险能力弱，一旦支柱企业不景气，整个产业就会受到影响。

（二）汽车产业链不完善

汽车产业的价值链条由品牌价值、设计研发、零部件供应、整车生产、整车销售和售后服务等几大环节组成。设计研发和品牌服务是利润“微笑曲线”上扬的两端，而生产制造是中间的底部。以目前我区汽车产业发展情况看，我区可以称为汽车工业强区，但还称不上汽车产业强区。汽车整车项目被地方政府争取的主要原因就是产业链长、附加值高，目前我区并没有充分挖掘这部分价值，尤其是高附加值生产性服务业。我区汽车产业主要集中在生产制造环节，该类型企业几乎是整个产业创造价值的主体。产业链“曲线”两端高附加值的生产性服务业较少或不成规模，没有能够很好地利用我区制造业优势迅速发展壮大。

（三）地区承载压力限制产业“粗放式”发展

我区汽车产业良好的发展态势并不能掩盖住出现的问题，整车物流造成的道路拥堵和汽车企业对能源的大量需求都是必须直面并解决的难题。欧美国家走过百年取得的成绩我们通过十几年的努力就实现了，跨越式发展的后遗症就会逐渐显现，市政配套基础相对薄弱是主要问题之一。目前我区整车生产能力仍处在上升阶段，地区承载能力的不足愈加明显。突出问题表现在两方面：一是道路拥堵初露端倪。交通路网是城市的脉搏，顺平路、中干渠路、通顺路、昌金路等整车物流主干道高峰时段经常造成交通堵塞，不但影响市民出行，经济发展也会受到制约。二是能源供应紧张。汽车项目对水、电、气、热的配套要求很高，随着新建、续建整车项目及配套零部件企业的投产，对我区承载能力将是极大的考验。

（四）尚未充分挖掘区内汽车产业资源

2002年北京现代落户顺义，10年间我区汽车产业步入快车道。然而北京现代的成功，很大一部分得益于韩系零部件企业迅速建立起来的配套体系，在顺义汽车产业发展之初，这种配套体系的确在效率上占据了较大优势。随着北京现代产能不断扩充，这种配套体系逐渐显现出不足之处：一方面是北京现代配套零部件企业对中国汽车产业发展速度估计不足，部分配套企业设计产能为北京现代一期30万台套供应量或稍多，而北京现代目前已经发展到3个整车工厂、年产能突破百万辆，最初没有预留土地的汽车零部件企业产能逐步吃力，新的汽车产业用地在现行产业政策下很难获批；另一方面是我区有部分国内汽车零部件企业具备给北京现代配套能力，并且有一定成本优势，但由于不是韩系品牌体系内的配套商，且我区缺乏企业间交流合作平台，没有能够成为北京现代的合作对象。

（五）汽车品牌带动效应不明显

近几年，汽车产业在区内获得长足发展，但在将汽车产业发展优势打造成城市发展品牌方面的探索依然较少。前几年，我区通过举办中国汽车创新论坛、中国汽车设计师大赛等活动在一定程度上提升了城区知名度，但范围和影响都不够大。可以看出，我区汽车产业的硬实力毋庸置疑，但软实力并未充分挖掘。目前，我区缺少具有顺义特色的、针对性强的、打造城市名片的汽车文化活动。近几年，朝阳、丰台等地区分别成功举办了汽车文化节活动，获得了很好的市场反应和群众口碑。顺义作为全市汽车工业核心区，却没有与之相匹配的汽车文化创意活动，是我区汽车产业发展缺失的一项重要内容。

三、下一步工作的思考

（一）推动重点项目建设，培育新的增长点

有评论称 2013 年北汽自主品牌投产是顺义区乃至北京市发展自主品牌的元年，那么可以说 2015 年就是真正考验顺义区自主品牌汽车的关口。2014 年，北京现代杨镇工厂二期的投产，成为我区实现今年工业保增长目标的有力保障，同时标志着北京现代已经完成在顺义地区的整车生产布局。随着北京现代 3 个整车工厂 2014 年产销量达到饱和，未来能否继续保持我区汽车产业快速增长态势，自主品牌重压在肩。众所周知，重大项目是支撑产业持续发展的原动力，在汽车产业中体现得更加明显。我区应加快完善北汽越野车项目各类手续审批，全力推进项目建设，尽快形成新的经济增长点；同时做好北汽绅宝工厂各项服务工作，加快推进二期建设。形成北京现代、北汽绅宝、北汽越野车“三足鼎立”的格局，规避产业组织结构单一所带来的风险。

（二）完善产业链条，培育“千亿级”的汽车后市场

我区“十二五”规划提出打造汽车千亿级产业集群目标，这个目标已经率先完成。相比汽车制造业，我区汽车服务业还有很大的发展空间。汽车服务业是连接汽车生产和消费的基础性服务，是汽车产业价值链的重要组成部分。下一阶段，我区应以目前汽车产业总量为基础，打造与汽车制造业相匹配的汽车后市场，重点包括汽车设计研发、汽车金融、汽车保险、汽车贸易、汽车物流以及汽车租赁等高附加值的生产性服务业，抓好产业链条向“微笑曲线”两端的延伸。

（三）加速转型升级，占领产业高端

2013 年 6 月 28 日，习总书记在全国组织工作会议中强调：不以 GDP 论英雄。总书记的讲话为我区汽车产业发展向创新创造转型升级增强了信心。以目前我区汽车产业规模来看，受限于地区承载能力，很难再引进新的整车项目。保持产业规模化、可持续发展，就必须寻求转型升级，就要有牺牲部分利益的准备，较好的工业基础就是我区寻求转型升级的坚强后盾。可以看到，无论是从国家对地区发展的重新定位，还是从我区现实发展条件看，我区汽车产业都到了转型升级的关键阶段。一是修订入区项目标准，“全要素”进行评估。严格落实《顺义区产业项目全要素综合评价办法》，将汽车产业作为重点产业纳入评价体系，从源头上引导汽车产业发展方向。二是加强政策扶持，研发“高精尖”技术。区政府要为汽车企业积极争取并落实各类扶持政策，鼓励企业将充足的资金投入到研发设计当中，同时借力技改迈向产业高端，取得行业竞争优势。三是内部挖潜，“腾笼换鸟”。在市政府严格控制工业用地入市和修订产业准入负面清单的大背景下，利用我区整车配套企业扩能的刚需盘活闲置资产，是我区汽车产业可持续发展的有效途径，同时兼顾政策的执行和地区发展的需要，一举两得。

（四）搭建合作平台，促进产业融合

产业融合是在经济全球化、高新技术迅速发展的大背景下提高生产率和竞争力的一种发展模式和产业组织形式。未来的汽车产品，将不仅仅是一辆代步工具，而是体现多产业融合的娱乐产品；未来的汽车后市场，实体店也将不再是唯一选择，互联网将发挥至关重要的载体作用。我区位居全市汽车制造业第一位，应以北汽总部入驻顺义为契机，发起成立顺义区汽车行业协会和“京津冀地区汽车产业联盟”，充分挖掘区内外各类产业资源。一是及时响应“全市一盘棋”和“京津冀一体化发展”的政策精神，构筑起企业之间、行业之间的沟通平台，实现交流合作、互利共赢。二是使区内汽车产业和与之关联度高的其他产业实现对接渠道，挖掘国家地理信息产业园、金蝶产业园及乐视等项目潜在合作价值，使我区汽车产业向复合型方向发展，带动其他产业共同发展。

（五）塑造顺义汽车文化

2014 年北京国际汽车展在顺义新国展成功举办，吸引中外来宾人数突破 80 万人，充分体现了市民对汽车产品的热情。但车展过后，给我区带来了什么、留下了什么是我们要思考的问题。顺义位列全市汽车制造业第一，应该与区域内的文化资源进行有机结合，举办在全市乃至全国有影响力的汽车文化节，为区域提升城区品牌影响力做出更大贡献。汽车文化节活动，可以单独举办，也可以和北京国际汽车展融合共同举办。既可以丰富全区人民文化生活、普及汽车品牌知识，又可以为企业之间搭建交流合作、创新发展的平台。我区应抓住全国上下文化创意大发展的时机，将汽车产业的发展提升到新的高度。

四、顺义汽车产业发展方向和目标

过去的 10 年是我国汽车发展史上的高速发展期，汽车产销量平均增长率达到 25% 左右，我国已成为世界第一汽车产销大国。全国汽车工业总产值由 2002 年的 7467.6 亿元增至 2013 年的 25104.89 亿元，增长了 2.36 倍；全国民用汽车保有量由 2002 年的 2053 万辆增至 2013 年的 1.37 亿辆，增长了 5.7 倍。特别是在 2013 年，全国

汽车产销双双突破2000万辆大关，分别为2211.68万辆和2198.41万辆，同比分别增长14.76%和13.87%。目前，除少数特大城市汽车市场增长受到限购政策约束外，我国二、三线城市及广大农村汽车消费市场仍在成长中，稳定增长的市场需求为汽车工业发展提供了广阔舞台和有力支撑。相关机构及专家分析：在我国汽车产业快速增长的新格局下，汽车产业在今后10~20年里，都将保持7%~8%的增速。

未来5~10年这段时间，我区汽车工业的发展，要在全国、全市汽车产业发展的大棋局里，继续坚持以科学发展为主题，努力转变发展方式。

（一）汽车产业发展目标

到2020年，顺义汽车整车产能将达到160万辆。其中，北京现代3个工厂整车产能将达到110万辆；北京自主品牌乘用车基地产能30万辆；北汽越野车项目20万辆。在此产能目标下，预计整个产业规模将超过2000亿元（其中，整车产值约1600亿元，零部件产值约800亿元），占全区工业产值比重继续保持在一半左右。从税收贡献来看，若全区汽车整车产销达到160万辆，则实现税收将突破250亿元，地方留成突破30亿元。到2020年，顺义不仅在规模和市场占有率上成为全国区县级城市的佼佼者，而且将成为中国自主品牌汽车研发和科技创新基地。

（二）汽车产业布局呈掎角之势

根据顺义区“十二五”工业发展规划，即“一核两轴多基地”的整体布局，我区以汽车制造、航空航天、电子信息为支撑，推动战略性新兴产业的发展。汽车产业以汽车生产基地为主轴，充分发挥辐射带动作用，形成中、东、西部协调发展的格局。中部，以北京汽车生产基地为核心，继续发展壮大以北京现代一、二工厂及北汽有限为核心的产业链，辐射林河开发区、仁和镇、李桥镇等周边二、三产业基地。东部，以杨镇为核心，围绕北京现代杨镇工厂建设，继续发展南彩、北小营、北务等二、三产业基地零部件产业，打造顺义区汽车产业新的增长极。西部，以赵全营镇为核心，建设自主品牌汽车制造核心区，辐射北石槽、高丽营等镇自主品牌汽车零部件产业链发展壮大。

（三）汽车产业发展方向

未来，我区将以三大整车企业为核心，努力促进产业链上下游零部件企业在区内的聚集。大力推进自主创新，加快培育自主品牌，积极发展节能与新能源汽车，全面优化汽车产业技术结构、产品结构、组织结构和布局结构，把汽车产业发展建立在创新驱动、集约高效、环境友好、惠及民生的基础上，不断增强汽车产业的核心竞争力和可持续发展能力。努力把顺义建成全国重要的汽车及零部件制造基地和交易中心，形成与汽车产业发展相适应、与新型汽车城相匹配、功能比较齐全的设计研发、汽车商务、贸易、会展、文化、旅游等多产业融合业态。

（四）合资品牌与自主品牌齐头并进

2014年10月22日，北京现代第六百万辆车下线，成为国内最短时间实现这一产量的汽车企业，按照目前企业产销情况看，平均11月就可完成产销100辆。在积极扶持合资品牌汽车发展的同时，北京自主品牌乘用车基地项目于2013年5月投产，北汽越野车项目于2014年9月投产，两大中外品牌、三大车企的格局在我区已经初步形成。未来，我区自主品牌汽车不仅要成为合资品牌的有益补充，而且要形成齐头并进之势，成为我区工业稳定增长的“双保险”。

（五）大项目促进重点镇建设，推进城乡一体化进程

北京现代杨镇工厂项目落户杨镇，项目二期达产可实现50万辆产能，加上配套企业可实现超过500亿元产值。北汽自主品牌项目和越野车项目选址赵全营，两个项目全部达产后可实现50万辆产能，加上配套企业可以实现产值超过500亿元。随着3个重大项目的陆续建成投产，可以有效提升重点镇在产业发展、城镇建设、就业安排、环境改善等方面的水平，进而加快推进城乡一体化进程。

（摘自2014年6月顺义区汽车产业发展工作会上的报告）

持续优化创新创业生态系统
加快向具有全球影响力的科技创新中心进军

中关村科技园区管理委员会主任　郭　洪

一、2014 年示范区创新发展取得新成效

中关村科技园区管理委员会主任　郭洪

2014 年，在市委、市政府的坚强领导下，在各部门、各区县的大力支持下，中关村示范区全面贯彻落实习近平总书记“9·30”“2·26”系列重要讲话精神，深入落实建设全国科技创新中心、构建“高精尖”经济结构各项决策部署，加快向具有全球影响力的科技创新中心进军，示范区创新发展取得新成效。

（一）引领全国创新改革，创新创业生态系统进一步完善。在深入实施“1+6”“新四条”先行先试政策基础上，率先开展事业单位科技成果使用、处置和收益管理改革，股权奖励个人所得税改革，企业境外并购外汇管理改革等近 20 项国家层面改革试点；出台了“京校十条”“京科九条”、创业孵化集聚区管理办法等 30 余项市级改革政策。中关村人才特区 13 项特殊政策全面落实，科技金融创新中心建设深入推进，中国人民银行中关村示范区支行正式设立。2014 年 12 月 3 日，国务院常务会议充分肯定中关村先行先试政策取得成效，将 10 项政策推广到其他地区，乃至全国。围绕鼓励引进海外高层次人才、拓宽科技企业融资渠道、支持设立适应科技企业特点和需求的保税仓库等方面在中关村开展 4 项新的试点。创新创业要素资源加速聚集，千人计划入选者占全国 1/5，发生的创业投资案例和投资金额均占全国 40% 以上，产业联盟和开放实验室分别达到 115 家和 157 家，协会组织 80 余家。

（二）经济平稳较快增长，质量效益显著提升。初步统计，2014 年示范区实现企业总收入 3.57 万亿元，同比增长 17.2%。利润总额和实缴税费分别增长 25.1% 和 23.9%，出口总额约占全市一半左右，从业人员增幅同比下降 15%，近 7 年万元增加值能耗累计下降 50%，年均降幅近 10%。各分园快速发展，转型升级加快。8 个分园收入超千亿元，5 个分园收入超 3000 亿元。生命园三期、蓝鲸园等 239 个重点产业项目全面推进。未来科技城聚集太阳能薄膜电池等 30 多个前沿技术项目。中关村发展集团与延庆园、怀柔园、房山园等分园创新合作模式，共建产业促进平台。在丰台园开展示范区土地出让资格预审机制试点，取得良好成效。

（三）产业结构不断优化，引领高端产业发展呈现新特征。第一，互联网和大数据促进各行业特别是传统产业转型升级，成为产业转型升级的新引擎。第二，前沿技术研发和商业模式创新相结合不断催生出移动医疗、智能家居、智慧环境、互联网教育、互联网金融等新兴产业，创造了新需求，增加了新价值。第三，制造业与服务业融合发展，出现制造业服务化趋势。2014 年前 11 个月战略性新兴产业集群实现总收入近 2 万亿元，占示范区的 2/3 以上；现代服务业实现收入 1.8 万亿元，同比增长 21%。

（四）创新成果丰硕，创新效率进一步提高。发掘支持一批全球领先的前沿技术项目，面向市场的重大产业化创新成果不断涌现。如：百度的机器深度学习，格灵深瞳的计算机视觉，中芯国际的 28 纳米集成电路成套制造工艺，百济神州的靶向型小分子抗癌药，普罗吉的重组人血清白蛋白，国家纳米科学中心的石墨烯透明导电薄膜等。截至 2014 年年底，示范区企业拥有有效发明专利 3.5 万件，占全市的 65.4%，累计创制国际标准 174 项。

（五）创业空前活跃，引领中国创业进入新时代。车库咖啡、36 氪、创新工场等一批创新型孵化器经推动纳入了国家级科技企业孵化器管理体系。核心区“一城三街”建设全面推进，中关村创业大街正式运营在全国引起强烈反响，高校大学生创业服务中心在创业大街挂牌。创业活动空前活跃，高校成为青年创业者的大本营，形成了“90 后”创业者、“创业系”、“连续创业者”等 3 支新的创业大军，天使投资人、创新型孵化器及创客组织形成中关村创业新生态。2014 年新创办并有实际经营活动的科技型企业突破 1.3 万家，呈现井喷式增长。

（六）企业“走出去”迈出新步伐，整合利用全球创新资源能力不断提升。如：联想收购了 IBM 的 x86 服

务器业务和摩托罗拉移动手机业务，继续保持全球第一大PC厂商地位；京东、新浪微博、猎豹移动在美上市，海外上市企业总数达98家；百度公司在硅谷设立“深度学习研究院”，成功进入葡语、泰语、阿拉伯语、日语等海外搜索引擎市场；小米公司引进谷歌全球副总裁雨果·巴拉，产品进入10余个国家和地区，全年销售收入突破700亿元。

（七）加强沟通对接，构建京津冀协同创新共同体有了新探索。深入津冀11个地市（区）和示范区千余家企业调研，推动与天津、河北等地共建园区和创新社区。编制了《天津滨海—中关村科技园共建方案》；推进京津中关村科技新城、保定中关村创新中心、中关村海淀园秦皇岛分园等园区共建。中关村智慧环境产业联盟等30余家产业联盟和社会组织与津冀地区对接合作。据不完全统计，中关村企业在河北设立分支机构超过1000家，在天津设立分支机构超过500家。

以上成绩的取得，离不开各创新创业主体和各相关委办局、各区县、各分园、中关村发展集团的通力合作，特别是各区县为支持分园发展，在园区建设、项目落地、企业管理和服务方面做了许多工作，各分园管委会为完成示范区创新发展各项任务付出了大量心血。借此机会，我代表中关村管委会向大家表示衷心的感谢！

在取得成绩的同时，我们清醒地认识到中关村创新发展还面临着一些问题和挑战：一是集聚全球人才、技术、资本等高端创新要素和引领全球科技创新与新兴产业发展的能力还不足；二是率先推动形成创新驱动发展新格局还面临不少体制机制障碍和政策束缚，推进改革阻力大；三是在首都建设国家科技创新中心，构建“高精尖”经济结构，落实“一带一路”、京津冀协同发展、长江经济带三大国家战略中的示范引领作用还需进一步发挥。对此，需要高度重视，认真加以解决。

二、2015年重点工作

2015年是全面深化改革的关键之年，是全面推进依法治国的开局之年，也是完成“十二五”规划任务、研究编制“十三五”规划、实现建设具有全球影响力的科技创新中心目标承上启下的关键一年。今年，国际科技园协会世界大会（IASP）时隔10年再次回到中关村举办，这将是一次中关村时代精神的全面展示，也是中关村站在新的起点上迎接世界新一轮科技革命浪潮的重要标志。做好2015年的工作，我们要以习近平总书记系列重要讲话，特别是对北京和中关村的指示精神为指引，学习好、落实好中央和市委、市政府的各项决策部署，主动适应、引领新常态，在首都调结构、转方式，“瘦身健体”，率先在创新驱动发展新格局中抢抓发展机遇。以“率先”“前沿”“引领”“示范”当头，谋划编制好“十三五”规划；坚持问题和需求导向，进一步深化全面创新改革试验；持续优化创新创业生态系统，依靠市场机制和产业化创新，发现、培育和形成新的增长点；主动融入“一带一路”、京津冀协同发展和长江经济带等国家重大战略，在跨区域、跨境的协同创新共同体中发挥示范引领作用。当好首都建设全国科技创新中心、构建“高精尖”经济结构的主战场和排头兵，成为代表国家抢占全球科技经济竞争制高点的前沿阵地，加快向具有全球影响力的科技创新中心进军。

（一）坚持以全球视野，高标准谋划示范区“十三五”发展。准确把握新时期中关村创新发展面临的新形势、新问题、新任务，在全球坐标系、京津冀区域发展大局和首都创新发展大势中找定位，谋大局。按照搭平台、聚人才、接任务、出成果的要求，围绕中关村体制机制改革和政策创新顶层设计、战略目标评价体系等13项重大战略性问题，科学谋划中关村“十三五”时期创新发展的总体思路和重点工作，做好与首都“十三五”时期全国科技创新中心建设规划以及各区县、各分园规划的有效衔接。

（二）敢为天下先，当好“试验田”，率先建设国家创新平台。抓紧研究系统推进全面创新改革试验建议方案，争取将北京及中关村列为全面创新改革试验的首批区域，率先建设国家创新平台。抓紧推动国务院常务会议上确定的新的4项试点政策落地，加快推进新的市级政策创新进程。深入推进中关村专利导航产业发展实验区、国家商标战略实施示范区、国家技术标准创新基地、国家技术转移集聚区等示范试点工作。深化人才管理改革试点，出台实施深化中关村人才管理改革的若干措施，研究制定新一轮中关村人才管理改革政策。推进中关村科技金融政策创新，在民间资本发起设立金融机构、企业利用境外资本等方面积极争取国家试点，形成突破；在支持企业利用股权众筹业务平台和区域股权交易市场等方面不断探索经验，大胆创新。

（三）把握时代特征，抢占科技创新制高点，引领高端产业发展方向。实施“国家高新区互联网跨界融合创新中关村示范工程”，重点在农业、制造业、金融业、建筑业、交通运输业、能源环保业、零售业、教育文化业、生活服务业、医疗健康业等十大产业开展“互联网+”产业融合创新行动。制定出台集成电路设计、智能硬件、生物医药和医疗器械等产业发展的支持政策，制订“亿 +”企业培育计划，助力收入规模在 1 亿元 ~10 亿元的企业加速成长。整合示范区产学研各类创新资源要素，发挥市场机制作用，搭建政府引导、市场运作、社会参与的转化医学中心、集成电路设计测试平台、智能硬件测试展示平台、大数据交易平台、互联网金融信用信息平台等标志性的产业促进平台、开放实验室和科技服务平台。在人工智能、计算机视觉、靶向性小分子抗癌药、石墨烯等前沿技术领域加快成果转化和产业化，不断培育新产业、新业态、新模式，形成新增长点。

深入开展军民融合科技创新。制定军民融合创新成果推广使用的支持政策，搭建信息、成果转化、展示对接等服务平台，开展重大关键共性技术攻关。推进蓝鲸园加快建设，加强配套设施保障，引导重点项目入驻，尽快实现项目转化。

（四）持续优化创新创业生态系统，率先形成“大众创业、万众创新”新局面。深入实施“‘创业中国’中关村引领工程”，促进创新创业要素资源充分流动，培育各类创新主体，完善创新创业服务体系，使创新创业文化和创客极客精神深入人心。支持领军企业发挥市场主体作用，搭建开放的创业孵化平台。支持高校科技人员和大学生创业，培育青年创业精英。加强国际高端人才资源开发，吸引国际顶尖人才来中关村创业。继续引导天使投资和创业投资扩大规模，提高服务水平，支持发展并购重组，拓宽创业资本退出渠道。完善创业服务体系，支持各园区结合自身特点培育建设创新型孵化器，形成一批线上线下结合、功能多样、特色鲜明的“众创空间”。加快核心区“一城三街”建设，打造功能更加齐备的创业社区。培育一批创业导师队伍，支持建设一批创业公寓，搭建一批创业服务平台，聚集一批信息服务、投融资服务、知识产权和标准化服务机构。使创业种子在一区多园全面播撒，创业热情充分点燃。

（五）适应引领新常态，在首都转方式调结构中发挥创新驱动作用。加强政策引导、产业统筹、协调服务，充分利用中关村发展集团在产业投资、资本运作、园区开发方面的平台优势，支持各分园加强资源集约利用，强化重大项目在分园的选址布局落地统筹。支持未来科技城、电子城、亦庄园做强产业基础；支持东城园、西城园强化文化科技融合和总部经济功能；支持东升科技园（二期）、中关村壹号、小月河科技园、大兴高端医疗器械产业园、通州集成电路产业园、房山新兴产业前沿技术研究院启动运营。推动国家车联网产业基地、国家保险产业园、轨道交通科技创新城、生命科学园三期加快建设，推动门头沟园、怀柔园、平谷园、密云园、延庆园探索园区发展机制，强化功能定位。实现各分园高端化、差异化、特色化发展。

（六）推动构建协同创新共同体，以协同创新引领京津冀协同发展。积极融入“一带一路”、京津冀协同发展、长江经济带国家战略。在京津冀协同发展中聚焦市委、市政府确定的天津滨海、河北曹妃甸、新机场临空经济区、张承地区等重点合作区域，加快推进滨海—中关村科技园、石家庄集成电路封装测试产业基地、京津中关村科技城、海淀园秦皇岛分园等合作项目建设，搭建资本平台，探索成立中关村科技园区咨询投资有限公司和中关村区域合作母基金，以资本为纽带吸引社会资本广泛参与协同创新。加强各分园参与京津冀协同发展的统筹协调，支持引导各园区突出产业特色，利用地缘便利以共建园区、产业转移、成果转化等形式开展多样合作。主动融入“一带一路”战略，充分发挥企业主体和社会组织作用，支持中关村企业“抱团出海”，打造更多区域协同创新载体。

（摘自 2014 年一区十六园工作会上的报告）

高举改革创新伟大旗帜　大力推进北汽集团向制造服务型和创新型企业战略转型

北京汽车集团有限公司董事长　徐和谊

2014 年，在北汽集团走过 56 年的发展历程，将要开始新的战略转型的重要时刻，我们经过慎重思考，提出了北汽集团的战略主线：以十八大和十八届三中全会精神为统领，按照京津冀协同发展和北京新战略定位的要求，高举改革创新的伟大旗帜，紧扣信息化浪潮风起云涌的时代脉搏，进一步解放思想，主动作为，以互联网思维

北京汽车集团有限公司
董事长 徐和谊

重构传统汽车制造业和北汽集团的产业价值链和整体业务链，用改革创新的鲜活实践推动北汽集团走规模化、高端化、国际化、服务化、低碳化的发展之路，促使北汽集团由传统的汽车制造企业向制造服务型和创新型企业进行战略转型，打造北汽“二次创业”的升级版，把北汽集团建设成为一个具有国际竞争力的汽车制造商和服务提供商，为实现由大变强、走向世界的“北汽梦”抒写新的时代篇章。

一、北汽集团战略转型的必要性与重大意义

（一）战略转型是北汽集团发展新阶段的必然要求

北汽集团作为北京现代制造业的龙头企业，也是一个勇于自我革新、不断超越自我的企业。自实施集团化战略以来，北汽集团通过打造五大平台，大力发展北京现代和北京奔驰两大合资企业，建立起规模化的整车及零部件制造体系，生产方式发生了根本性变化。特别是以2009年收购萨博技术和2010年成立北汽股份为开端的北汽集团的“二次创业”，是北汽发展史上一次重要的自我变革。我们通过大力发展自主品牌乘用车、建立自主创新体系，增强集团发展的自主性，使北汽朝着掌握核心技术、拥有自主品牌、具备可持续发展能力的方向发展。可以说，“二次创业”是北汽集团对制造业自身规律认识上的一次重要升华，是对以往主要依赖合资企业的发展模式的一次自我超越，也是对北汽集团改革创新能力的一次集中演练。

“二次创业”5年来，我们通过不懈努力，建立起从研发、采购、制造、质量到销售、售后服务、品牌、IT等完整的生产经营体系，建立了与国际水平同步的自主品牌整车研发体系，自主创新能力得到显著提升。同时，自主品牌乘用车发展迅猛，威旺、绅宝上市短短3年时间，销量已超过20万辆；并且在全国建立了八大自主品牌乘用车生产基地和九大商用车生产基地，初步形成全国性产业布局。北汽集团的规模效益和行业地位也大幅提升，短短5年，我们的产销规模由2009年的“百万千亿”提升到2013年的216万辆和2658亿元。2013年跃居国内汽车行业第四位，并提前两年实现了在“十二五”末进入世界500强的宏伟目标，今年我们再次蝉联500强，排名第248位，比去年大幅提升88位。

在这5年中我们取得的成绩有目共睹，但是我们也要清醒地看到，我们的发展方式还没有真正得到转变，许多深层次的矛盾和问题依然不同程度地存在，表明我们的发展方式和盈利模式如果按照惯性下去将很难支撑企业的可持续发展。如果还是走传统的老路，我们不仅很难赶上长安、上汽这样有很深积淀的老企业，更遑论与大众、丰田这样的国际巨头竞争，要实现从追随者到领导者的超越，几无可能。北汽集团到了一个必须对战略方向做出调整的重大关口。

（二）战略转型是北汽集团适应新形势变化的主动选择

我们要清醒地意识到，目前我们发展所面临的外部环境正在发生深刻变化。新形势带来了新问题，新的发展阶段要求我们拿出新的发展思路，这是我们必须转型的外因。

当前中央对经济形势做出了经济增长速度换挡期、结构调整阵痛期、前期刺激政策消化期“三期”叠加的重要判断，特别是结构调整已经刻不容缓，不调就不能实现进一步的发展。对我们而言，调结构就意味着偏于低端的产品结构必须改变，要向高附加值的产品转移；意味着偏于制造的盈利结构必须改变，要向价值链的高端转移；意味着主要依靠生产要素数量增加的外延式增长模式必须改变，要不断提高技术、人才、信息、资本、服务等高端要素的投入比重，向主要依靠生产要素质量提高的内涵式增长模式转变。

特别是“服务经济”时代的来临，要求我们构筑新的价值链条。2013年全国第三产业的增加值达26.2万亿元，超过第二产业的24.9万亿元，成为国民经济最重要的产业，这意味着中国服务经济的时代已经到来。因此，我们要寻找新的增长点，就必须对现有的、以制造为主体的价值链进行重构，在服务经济蓬勃发展的蓝海中寻找出路。GE、IBM等国际制造的巨人，以及海尔、华为等国内制造业的先行者，已经为我们树立了向制造服务业成功转型的典范。

以互联网为代表的新一轮技术革命，要求我们探索新的商业模式。目前，新一轮科技革命和产业变革正在孕育兴起，我们国家正由“跟跑者”向“并行者”“领跑者”转变，我们要紧紧抓住机遇，抢占未来科技发展的先机。互联网正在推进传统产业革命，它引发了传统零售业的大革命，推动了通信业的转型升级，并且正在改造传统金融业，互联网对汽车行业的革命也在逐步呈现。我们要认真研究基于互联网的虚拟经济的发展规律，认真借鉴基于互联网思维的“轻资产”的发展思想，结合我们自身的产业特点及资源优势，探索建立虚实结合、轻重结合、线上线下相结合的新的商业模式。

二、北汽集团战略转型的主要内涵和发展目标

我们的战略转型，就是要以服务业比重的提升，突破制造业利润的天花板；要以商业模式的创新，突破汽车行业现有发展路径的束缚。在我们从行业跟随者成长为行业领先者的征途上，战略转型将是我们一往无前的导航仪和发动机，也是我们克敌制胜的杀手锏和核武器。

而互联网思维就是我们实现战略转型的重要工具。在移动通信技术、互联网、大数据、云计算已经成为社会通用基础设施的背景下，企业需要对科技、对市场、对用户、对产品、对企业价值链乃至对整个商业生态进行重新审视，这就是互联网思维。互联网思维的突出特点是颠覆性创新，它不走寻常路，却总能出其不意，化腐朽为神奇。

我们面临着被互联网思维颠覆的风险，但如果我们能够主动学习和应用互联网思维，把它变为我们自己的能力，它就是我们“打破旧世界，创造新世界”的有力武器，是我们弯道超车、后来居上的巨大机遇。与汽车行业的传统巨头相比，我们对“旧世界”的留恋更少，转型的阻力更小，主动性更强；在我们这样的企业，互联网思维更容易被认同、被应用，从而获得成功。我们运用互联网思维建立行业新秩序的革命，必将成为中国汽车工业史上的创举。

（一）“战略转型”的目标

经过持续的战略调整、组织变革、业务重构、改革创新和管理提升，使北汽集团实现一个脱胎换骨的变化，成为汽车制造领域技术潮流与商业模式的领导者，进入世界汽车行业前10位，并在通用航空领域取得长足发展，最终成为世界级的人们移动生活的全方位解决方案的供应商，为实现由大变强、走向世界的“北汽梦”奠定坚实基础。

（二）“战略转型”的指导原则

北汽集团的战略转型是集团战略发展过程中的一个重大转折，是一项复杂的系统工程，需要我们由浅入深、循序渐进，在实施过程中要遵循以下几个主要原则：一是坚持顶层设计与基层首创相结合。二是坚持内部挖潜与外部引进相结合。三是坚持存量调整与增量突破相结合。四是坚持改革创新与实事求是相结合。

（三）现阶段“战略转型”的时间表

战略转型是一个永无止境的过程，需要我们长期坚持不懈的努力。从现在到“十三五”末，是我们进行战略转型的关键时期，可以分成两个阶段进行：

从现在开始到2015年底，是转型启动期。积极进行传统制造产业的结构调整与转型升级，大力发展生产性服务业及新能源汽车、金融、通用航空等新兴产业，积极推进汽车智能化、轻量化和车联网技术的应用与开发，使北汽集团的整体盈利能力明显增强。

从2016年到2020年，是转型全面实施期。通过“十三五”的改革创新与持续改善，北汽集团的业务结构得到显著优化，服务业收入稳步增长，成为北汽集团新增价值的主要来源。

三、北汽集团实现战略转型的主要思路与具体路径

这次战略转型是北汽集团肩负建设汽车强国使命而发起的一次新的长征，是我们面对激烈的市场竞争实现自我突围的一场攻坚战。我们必须克服自身组织的惰性，为企业注入互联网的基因，用互联网思维重构北汽集团的产业价值链和整体业务链，重塑商业模式和盈利模式，使北汽从研发、制造、营销、服务业、战略新兴产业、国际化、结构调整等各个方面都取得重要突破。

（一）打造开放式研发体系，实现智能化、车联网技术的突破

习近平总书记说：“科技创新，就像撬动地球的杠杆，总能创造令人意想不到的奇迹。”汽车产业是科技的产物，它的发展也永远是以技术创新为根本动力。我们要以节能技术、轻量化技术、智能化技术为重点，以开发智能化汽车为突破口，打造“平台化、开放式”的研发模式，真正形成开放创新、协同创新的研发平台与创新机制，创新产品开发理念与流程，创造自己的技术优势与产品优势，占据市场竞争的制高点。

（二）打造信息化制造体系，实现轻资产模式的突破

当前，制造业互联网化正成为一种大趋势，智能制造、网络制造、柔性制造已成为生产方式变革的方向。

比如德国提出的工业4.0计划，其核心是智能生产技术和智能生产模式，旨在通过“物联网”和“务（服务）联网”，把产品、机器、资源、人有机地联系在一起，推动各环节数据共享，实现产品全生命周期和全制造流程的数字化。北汽集团作为一个传统的制造企业，一定要顺应制造业与互联网加速融合的潮流，打造互联网技术与传统产业结合、工业化与信息化高度融合的现代化制造体系。

（三）引入互联网营销模式，实现对传统销售方式的突破

互联网时代汽车消费市场正发生巨大变化，消费者的消费行为也出现了全天候、多渠道、个性化的变化。汽车行业持续多年的4S销售模式将面临激烈挑战，汽车销售市场将迎来关键的转型节点——互联网营销时代。我们必须引入互联网销售模式，形成线上线下相互结合，厂家、经销商和消费者密切互动的营销体系，在为消费者提供全新的消费体验的同时，提升我们的营销能力与服务水平。

（四）重点发展生产性服务业，实现制造服务转型的突破

目前北汽集团的生产性服务业对集团整体收入和利润的贡献度还比较小。我们要以完善产业链、促进制造业与服务业深度融合、提高北汽集团核心竞争力为目标，着力构建北汽生产性服务业的完整业务体系。

（五）加快发展新能源汽车、通航等产业，实现战略新兴产业的实质性突破

新能源汽车代表了汽车产业未来的发展方向，是建设汽车强国的必由之路，也是北汽集团最重要的战略性产业。北汽集团发展新能源汽车要在立足自主创新的基础上，以国际化视角，整合国际先进的优质资源，用互联网思维创新商业模式，加快发展步伐，成为国内领先、国际一流的新能源汽车制造商与服务商。

（六）加快全产业链的国际化步伐，实现海外经营的突破

互联网时代地球是“平的”，无限延伸的互联网络使世界变成了一个地球村。汽车产业的国际化特性比以往任何时候都更加突出。北汽集团要成为一个真正的世界500强企业，就必须实现从研发、采购、生产到销售和服务的全产业链的国际化。但是北汽集团的国际化要按照先易后难的原则稳步扎实推进，一步一个脚印地在海外拓展出一片新天地。

四、高举改革伟大旗帜，为转型战略落地提供制度保障

当前，改革的时间窗口已经向我们打开，改革将成为北汽集团未来发展过程中的主基调和关键词，只有改革才是北汽集团永葆生机与活力的不竭动力，只有改革才能为北汽集团的转型战略落地提供体制机制保障。

一是要通过改革打造资本的市场化，为集团战略转型提供资金保障。集团推动转型升级，资金是最根本的保障，转型升级所带来的新技术研发、新模式应用、新业务拓展等，前期都需要大量的资金投入。目前集团各下属企业资本运作能力较弱、缺乏统筹规划、融资手段单一、投资效率较低、资本证券化率较低，这些问题在相当程度上或明显、或隐性地阻碍着集团转型战略的推进，这就需要我们在传统资本运作的手段和方法上也要进行必然的变革。

二是要通过改革打造人才的市场化，为集团战略转型提供人力保障。集团的转型发展是一项系统工程，转型战略在探索阶段和执行阶段都需要有一支良好的人才队伍作为基础保障。要实现集团转型升级，我们的人才工作应该率先实现转型升级，结合转型任务的需要，寻找人才、挖掘人才，并为人才提供良好的发展机遇，形成专业技术知识过硬的人才队伍，使竞争上岗和有效退出成为常态，激发人才执行力的最大化。

三是要通过改革打造激励约束的市场化，为集团战略转型提供激励机制的保障。对于处于战略转型期的企业来讲，不可避免地要面对一系列不确定的因素，新的业务模式、新的流程制度、新的管理指标和新的能力提升，是原有激励体系难以有效支撑的，需要一套有效的激励机制做保障。特别是在市场化程度较高的鹏龙行以及人才需求迫切的新能源公司等企业要加快推进改革，力争实现突破。

四是要通过改革打造高效的执行力，为集团战略转型提供管理保障。面对集团转型带来的巨大压力，管理模式改革是企业战略发展的必然要求，树立正确的管理理念，提高核心竞争力，全面升级管理模式，打造高效的执行力，对实现集团转型战略有着重要意义。

（摘自2014年北汽集团战略研讨会报告）

首钢依靠科技力量实施创新驱动发展战略

首钢总公司董事长 靳 伟

首钢总公司董事长 靳伟

第一，深刻理解党的十八大做出的实施创新驱动发展战略重大部署和习总书记系列讲话中关于创新驱动发展战略的新观点、新思想、新论断。

一要深刻理解创新驱动作为国家战略的思想内涵。党的十八大指出：要“实施创新驱动发展战略。科技创新是提高社会生产力和综合国力的战略支撑，必须摆在国家发展全局的核心位置”。这是党中央综合分析国内外大势做出的重大战略决策。从全球范围看，创新驱动是大势所趋，科学技术已成为推动经济社会发展的主要力量，新一轮科技革命和产业变革正在孕育兴起，与我国加快转变经济发展方式形成历史性交汇。去年以来，习总书记反复强调，实施创新驱动发展战略是立足全局、面向未来的重大战略，是加快转变经济发展方式、破解经济发展方式深层次矛盾和问题、增强经济发展内生动力和活力的根本措施。总书记强调，我们的根本出路就在于创新，关键要靠科技力量，以全球的视野谋划和推动创新；科学技术是有世界性的、时代性的，必须要有全球的视野，把握时代的脉搏。总书记在中央政治局第九次集体学习时强调，近代以来，中国屡屡被经济总量远不如我们的国家打败，为什么？其实不是输在经济规模上，而是输在经济落后上。新科技革命和产业变革将重塑全球经济结构，就像体育比赛换到了一个新的场地，如果我们还停留在原来的场地，那就跟不上趟了。我们必须增强忧患意识，敏锐地把握世界科技创新的发展趋势，紧紧地抓住和用好新一轮科技革命和产业变革的机遇。实施创新驱动发展战略决定着中华民族的前途命运，没有强大的科技，“两个翻番、两个一百年”的奋斗目标就难以顺利完成，中国梦这篇大文章难以顺利写下去，我们也难以从大国走向强国。创新是一个民族进步的灵魂，是一个国家兴旺发达的不竭源泉，也是中华民族最鲜明的民族禀赋。今天我们原汁原味地学习总书记讲话，一定要深刻领会、深刻理解，为什么现在中央新一代领导集体把创新驱动作为国家战略，为什么必须摆在国家发展全局的核心位置。

二要深刻理解“五个着力”是实施创新驱动发展战略的根本任务。去年，中央政治局第九次集体学习，把“课堂”搬到了中关村。习总书记在主持学习时发表重要讲话，对实施创新驱动发展战略提出了“五个着力”的任务：着力推动科技创新与经济社会发展紧密结合；着力增强自主创新能力；着力完善人才发展机制；着力营造良好的政策环境；着力扩大科技开放合作。这“五个着力”是谋划新时期创新驱动发展蓝图的“画龙点睛”之笔。一是从经济社会的发展需求中寻求科技创新的立足点，是创新驱动发展的规律所在；二是要保证科学技术能够长效稳定地驱动社会发展，核心技术就必须掌握在自己的手中，就必须增强自主创新能力；三是人的因素是科技创新中的主导因素，只有健全人才的发展和引进机制，用活用好人才，才能保证创新发展的源泉永不干涸；四是建立良好的政策环境，是对进一步解放和发展生产力的有力保障，也是适应社会发展需求、遵从经济发展规律的有力表现；五是随着全球化进程的稳步推进，在面对社会发展的难题时，各国之间已经难以独善其身，而深化国际交流合作，充分利用全球创新资源，是互利共赢、共同应对挑战的最有效方法。

三要深刻理解创新驱动是企业最大的内生发展动力。3 月 22 日，总公司党委中心组成员和各单位负责人到中关村参观学习，核心目的是解放思想，开阔视野，在思想上要进中关村。上午的参观学习，使大家感到了心灵的震撼、视觉的冲击、本领的恐慌。中关村管委会主任向我们进行了鲜活生动的高水平的讲解。中关村的重要经验是“三个持续”，即“持续发挥市场配置资源的决定性作用，促进政产学研用协同创新；持续地打破体制机制束缚，不断地释放创新创业活力；持续构建科技成果转化的创业生态系统，培养创业家精神和创业文化”。通过坚持不懈、持之以恒的创新驱动发展，中关村集聚了近 2 万家高新技术企业，企业总收入年均增长 36%，成为中国第一家国家级自主创新示范区，成为国家创新驱动发展战略的一面旗帜。我们首钢本身就处在中关村“一区十六园”之中，正处于深化改革转型发展的关键时期，诸多难题亟待解决，唯有靠创新驱动才能激发内生动力和激发全员的活力。我们学习中关村经验，不仅要看到他们日新月异的变化和取得的成绩，更要深入地思考他们成功的内因是什么，要素是什么，悟其真谛、用其精髓、促己发展。

第二，深入思考实施创新驱动是一项系统工程，要传承好首钢优良传统，进一步快速地凝聚共识。

回顾首钢的历史，我们更能深刻地理解创新驱动发展战略的极端重要性。近一阶段，总书记反复讲，领导干部要有世界眼光和战略思维。市委书记郭金龙多次提出，首钢要建设成为有世界影响力的综合性大型企业集团。我认为有世界影响力还要有综合性，对首钢干部的一个基本要求就是要有世界眼光和战略思维。这段时间我看了当时宝钢的小册子《黎明管理精要》。黎明作为宝钢的董事长，反复给干部提要求，特别是二级单位的干部，要求带好队伍，管好生产，掌握世界前沿的技术和同类型工厂的管理经验。这也是要有世界眼光。

1月7日，总书记在会见嫦娥奔月科技人员的时候说："要敢走别人没有走过的路。"为什么讲这个，现在中关村每年都有一个"中关村论坛"，各企业的老总参加，2011年我刚从首钢调到市经信委的时候，第一次参加这个论坛，主题就是创新驱动。当时总结中关村的精神叫"敢为天下先"，让我受到了极大震动，感慨万分。我们首钢本身就是创新驱动发展战略的先行者、实践者，无论在创新驱动、科技创新、世界眼光、战略思维上，首钢人探索得更早、实践得更多、理解得更深。

我们简单地回顾一下10年前到今天，例如京唐钢铁公司，当时围绕着是否建5500立方米高炉，是否要"一罐到底"，是否搞"全三脱"工艺，是否做新一代可循环流程工艺等，一度非常纠结，徐匡迪院长带着首钢人跑遍了世界上的钢铁企业，看人家实际运用的情况，回来之后在国内第一次采用这些技术，完成了集成创新，这能不说首钢人是"敢为天下先"吗？当时我在迁钢的时候，之所以敢于搞自动化炼钢，敢把屋子的窗户给封上，就是因为到德国蒂森在人家转炉主控室就是转炉后面的一间小屋子里面，看到了世界上一些先进企业成功的做法。今天首钢通过搬迁这10年的努力，也赢得了对手的尊重。现在中国台湾中钢、韩国浦项等都定期与首钢交流，今年4月中旬宝钢总经理将带一个班子到京唐来学习调研，所以是我们赢得了对手的尊重。反思10年前，我们如果没有这种世界眼光，还停留在当初的技术，你今天赢得什么尊重啊？所以与什么样的人交流和学习，就能决定你成为谁，超越谁。

再往前回顾，首钢建成了中国第一座氧气顶吹转炉，第一个采用了高炉喷煤技术，二号高炉是当时全国最先进的高炉，1979年首钢率先实行了承包制等，"敢为天下先"是首钢人的称号，是国家和社会对首钢人最大的褒奖。20世纪90年代的时候，我们周书记买秘鲁矿山，建华夏银行，搞芯片、莫托曼机器人，弄远洋船队，搞汽车产业。我们回顾这些事，首钢人缺战略思维吗？当然这里面有很多经验和教训，但在首钢人身上本身就流淌着"敢为天下先"的血液，本身就有世界眼光、战略思维的基因，关键是我们怎么把这些优良传统传承好。

所以展望未来，创新驱动，是形势所迫，不是赶时髦。我们这次去中关村学习的时候，中关村管委会郭主任讲了一句话，也是大屏幕投影仪显示的，就是中关村一直思考在全球的坐标系上找准定位，在全球的范围内整合创新资源。像我们当年的周书记和朱书记都有过这方面的思考。今天首钢人应该思考思考，未来的首钢在全球的坐标系中的定位是什么，如何更好地整合利用全球的创新资源。

刚才，民革经理对去年以来取得的成绩进行了总结，同时也要看到，我们与先进企业相比，与适应市场竞争、支撑转型发展的要求相比，首钢在科技创新能力上还有很大的差距。我们钢铁业综合竞争力还不算强，适应残酷市场形势的能力还不够，基地和外埠厂水平参差不齐，其根源就在于科技创新驱动尚未与产业发展深度融合。非钢新产业的盈利水平虽然有所提高，但发展不平衡，实现利润主要来自于矿产资源业，我们仍然存在"散、弱、小"的问题，重要的原因也是没有掌握关键的核心技术，创新驱动发展水平较低。在园区开发上，还没有建立起有效的创新驱动体系。

因此，实现创新驱动发展战略是一项系统工程，涉及方方面面的工作，需要做的事情很多。当前面临着京津冀协同发展和创新驱动国家战略千载难逢的历史机遇。机会稍纵即逝，抓住了就是机遇，抓不住就是挑战。我们不能等待、不能观望、不能懈怠，应该快速地凝聚共识，顺势而为。首钢人要传承好"敢为天下先"的优良传统，要执着地上下求索，引领创新风气之先，打造首钢科技创新体系，使创新驱动成为首钢科学发展的第一引擎。

第三，积极探索建立与有世界影响力的综合性大型企业集团相适应的科技创新体系。

要建立首钢集团的科技创新体系，必须要进一步解放思想，突破传统思维模式。今天的首钢、未来的首钢，科技创新不仅仅是钢铁产业的事，不仅仅是科研单位的事。我在今年首钢"两会"中提出，要跳出钢铁圈、跳出科研技术圈，要在用战略思维和世界眼光思考创新驱动上有突破。在体系建设上要做好以下工作：

一是搭建好适应首钢转型发展的科技创新组织体系，协同创新，在激发创新活力上下功夫。要通过整合首钢集团内部科技资源，联合外部科研优势资源及上下游产业协同，创新机制体制，建设一个要素完整、组织健全、支撑能力强、体制机制有保障、具有首钢特色的新型科技创新体系。其目标是布局合理、层次清晰、功能完善、协同高效。同时要健全首钢科技创新的服务支撑体系。集团层面要做好创新体系的顶层设计，从体制机制上激发创新动力，提高创新效率，营造宽容失败、勇于攀登的创新文化。专业部门要分清职责，明确权力，各司其职，处理好管理部门与各实体单位的关系，部门和部门之间要协同创新，发挥各实体单位的积极性和主观能动性。

二是首钢各产业都要促进科技创新与发展的深度融合，求真务实，在创新环境上下功夫。环境好，人才聚，事业兴；环境不好，人才散，事业衰。在新的形势下，我们要在京津冀协同发展上有所作为，在区域的环境治理上有所作为，在北京城市建设发展上有所作为，都必须让科技创新成为第一引擎。钢铁方面，急需实现以创新为主导的精细化、差异化，创造个性突出的产品和服务，要注重技术差异、区域差异和服务差异；非钢新产业方面，要在做城市综合服务商上创新思路，北京园区开发要立足做首都最有活力的区域之一、首都创新驱动发展的承载平台，要借助中关村科技优势，成为首都深度调整产业结构转型升级的新增长极。

三是完善激励制度，充分发挥科技人才和全体职工的创造活力，开放包容，在创新文化上下功夫。只有拥有健康的土壤和环境，人才才能向首钢聚集，人才的创造力才能迸发，创新驱动的发展才能取得实效。今天，在这里获奖的代表有首钢自己培养的工程院院士，有执着追求的技术管理的代表，有技艺超群的技师代表，有一大批朝气蓬勃的青年骨干，这是我们首钢的力量，是首钢的骄傲，也是首钢的希望。要充分发挥首钢的优良传统和过硬的作风，要健全收入分配机制和人才工作制度，吸引、造就一批创新能力强、带动能力强的学科领军人才，激励他们多出成果、多出成绩。

四是坚持不懈、持之以恒地实施创新驱动发展战略。中关村的每一个企业在初期是非常艰难的，首钢在改革开放初期也是非常艰难的，但“贵在坚持”，中关村靠创新驱动发展到今天展现了独特优势。首钢人看准的事也要“贵在坚持”，一张蓝图抓到底。科技创新是日积月累、久久为功的宏伟事业，广大干部职工也要树立“功成不必在我”的理念，要正确处理好创新工作与打牢基础，长远利益与根本利益，个人抱负与个人利益之间，显绩与潜绩之间的关系。积小胜为大胜，积跬步致千里，一步一个脚印，大家携起手来，打造首钢创新动力、创新活力、创新实力。

（根据2014年3月31日在首钢科技大会上的讲话整理）

优化产业布局　深化企业改革
加快推动新型产业集团建设

北京化学工业集团有限责任公司总经理　刘文超

在北京市属国企发展改革的历史上，2014年将注定是一个具有特殊历史意义的年份。2014年2月，习近平总书记到北京考察工作，就北京的城市战略定位、疏解非首都核心功能及治理“城市病”、推动京津冀协同发展等做出了重要指示；2014年7月，市委市政府出台了《关于全面深化市属国资国企改革的意见》（以下简称市委市政府《改革意见》），对2020年前的市属国资国企改革原则要求、目标方向、重点任务和路径手段等进行了部署和安排。深入学习贯彻习近平总书记的重要指示精神和市委市政府《改革意见》，对于我们进一步优化产业结构、深化企业改革，加快推动新型产业集团建设具有十分重要的意义。

一、坚持“两手抓”，进一步优化产业布局

北京是我国的首都，作为“全国的政治中心、文化中心、国际交往中心和科技创新中心”，其城市战略定位和核心功能十分明确，“调整疏解非首都核心功能，优化三次产业结构，优化产业特别是工业项目选择，突出高端化、服务化、集聚化、融合化、低碳化”确已成为当务之急。

北京化学工业集团有限责任公司
总经理 刘文超

作为一家曾为首都经济社会发展做出过重要贡献的市属工业企业，在新的历史条件下，北京化工集团主动顺应大势、积极谋求变革，自觉地服从和服务于首都城市战略定位与核心功能新要求，进一步优化产业布局、加快转变发展方式，为首都经济社会发展做出新的贡献。

（一）一手抓制造业的京外布局，加快“走出去”

回顾化工集团近10年来的发展历史，我们的产业优化调整思路与首都经济发展改革的大方向是一致的、吻合的，是符合中央、市里要求的。作为一个特殊行业，我们主动调整的紧迫感是强的，对环境变化的反应是快的，各方面工作也是有基础的，截至目前化工集团已在全国6个省（区）设立了生产工厂。在当前的大形势下，进一步增强工作的方向性和坚定性，增强我们自己的“道路自信”。同时，还要进一步增强工作的使命感和紧迫感，坚定不移地下好“先手棋”、打好主动仗，在全市新一轮的大规模产业结构调整中赢得主动、赢得先机，力争在一个不长的时期内，实现化工集团产业布局的“华丽转身”。

下一步，特别是在“十三五”前3年，加快推进已经启动和正在谋划的一批京外布局的新项目建设，包括2亿副/年高等级乳胶手套（安徽）项目、3万吨/年工程塑料（浙江）项目、10万吨/年丙烯酸乳液（天津）项目、大型搪玻璃化工设备（河北）项目、15万立方米/年新型阻燃环保EPS保温板（天津）项目等；着力做优做强已经完成京外布局的2.4万吨/年环保新型聚氨酯黏合剂在河北、广东和重庆的3个项目，积极开展在长三角地区布局的前期准备，不失时机地研究推进锂离子电池电解液、溶试剂回收等一批项目的京外布局工作。

在实施“走出去”的过程中，既要强化战略导向、积极主动推进，还要不断总结已有的经验教训，全面提高向外发展的综合统筹能力、管理支撑能力和技术保障能力，确保打得赢、结果好。我们有信心到“十三五”中期，使京外制造业产值超过70%的比例，不断形成“产业衔接、布局合理、特色鲜明、有效管控、可持续发展”的京外制造业产业新格局。

（二）一手抓北京地区产业的转型升级，加快促进“三个转变”

北京作为一个拥有2000多万人口、中国北方最大的区域中心城市和环渤海经济圈的增长极，在城市运行、生产、生活、科研等各个方面都离不开化工产品的应用和处理，目前全市危险化学品每年的使用量在50万吨左右（不包括油品）。近年来，化工集团在推动制造业“走出去”的同时，还积极促进北京地区产业的“三个转变”——从生产转向服务、从制造转向治理、从资源消耗转向循环利用，充分发挥化工特色和专业优势，为首都城市安全运行发挥了重要的专业服务保障作用，迈出了转型发展的积极步伐。

下一步，我们要加强组织领导，进一步提升在城市运行领域的服务保障配套能力，为建设“平安北京”做出应有的贡献。一是继续全面参与“北京市危险化学品集中管理体系”建设，并发挥出骨干支撑作用；二是不断提升城市气体供应保障能力，为北京市各大医院、首都机场、毛主席纪念堂、航空航天试验、中芯国际等IT产业提供稳定可靠的氧气、氮气和氩气等特种气体保障；三是深化与市排水集团等部门的战略合作，加大新型环保化学药剂试剂，化工新产品、新技术、新装备在水处理（含自来水、中水、污水处理）、城市垃圾处理、汽车尾气净化等领域的应用广度和深度，不断提高服务保障配套的能力和水平；四是积极促进全市溶试剂回收等循环经济产业和环保产业发展，将我们已建成的全市唯一的7000吨/年化学溶试剂回收生产线进一步扩产改造，使之成为华北地区规模最大、作用发挥最为显著的溶试剂回收提纯装置，为首都的“三废”治理、减少工业及科研领域的废旧溶试剂排放、清洁大气环境做出新的贡献。

二、突出“三个重点”，深化企业改革

企业的发展与改革，是内在统一的一个问题的两个方面，发展引领改革、改革促进发展；发展是目标、是硬道理，改革是动力、是手段，目的在于解放和发展生产力，推动发展。改革开放36年来，特别是近10多年来，化工集团在企业改革方面不断取得新进展，但是对照发展形势的要求，我们深化企业改革的任务仍然十分紧迫而繁重。化工集团作为竞争类的一般竞争性企业，继续推进改革，不断激发企业的改革动力、创新活力和发展潜力，更好地助推产业发展。

（一）积极发展混合所有制经济，大力实施与产业链高端的资本、技术、市场“三嫁接”

这些年，化工集团在推进产业结构调整过程中新组建的企业，80% 是与外资或民营资本合资的，并建立起了现代企业制度。下一步，在大力促进制造业“走出去”的过程中，尤其需要继续坚持这样的改革方向，兼顾存量，以增量为重点，积极开展与产品（技术）领先、具有管理优势的外资、民营、央企的合资合作，通过资本、技术、市场“三嫁接”，借船出海，合作共赢，促进以价值链攀升为特征的产业优化升级。为此，我们当前应着力抓好以下几方面工作：

一是立足北京、面向京津冀，深化与美国普莱克斯气体公司的战略合作；二是抓好与日本三菱化学公司为京东方 8.5 代线合作生产 TFT 液晶面板彩胶项目，并积极推进下一步的资本合作和产业链对接；三是抓紧实现与意大利 SAPICI 公司合资生产无溶剂环保聚氨酯黏合剂新项目的落地；四是扩大与民营资本在高等级橡塑制品、EPS 防火材料等领域的合资合作；五是积极探讨与央企在动力电池产业链领域的战略合作；六是大力推动集团控股企业华腾新材料股份公司的上市，并推动集团其他核心业务资产逐步上市，加快资本证券化。

（二）积极推进以市场化为导向的选人用人和激励约束机制建设

这始终是国有企业改革的一个重点领域，也是一个难点领域。市国资委年内陆续启动了 9 个方面的改革试点，包括选择 3 家企业开展“深化董事会建设、完善现代企业制度”试点，选择 10 户企业开展“分类考核”和“企业领导人员中长期激励约束机制”试点等。下一步，化工集团层面的相关改革，将根据市国资委的统一部署积极推进，改出成效、改出活力；所属二级企业层面，将根据市里的改革精神，解放思想、大胆实践，结合实际、深化改革，试点先行、积极推进。

一是要按照市国资委的改革思路深化二级企业董事会建设。在厘清集团与二级企业董事会职责边界的基础上，改进我们现有的产权代表管理办法，依法落实董事会选择经营者（先从副职开始）、业绩考核、薪酬管理等职权，并积极推进以外部董事占多数的董事会构成。二是企业经理层人员逐步以市场化选聘为主。在总结这些年我们社会公开招聘 16 名中级管理人员经验的基础上，积极推行企业经理层人员“任期制”，实施任期责任制，既解决“进口”，也解决好“出口”问题，真正实现管理者“能上能下”，并逐步向职业经理人的方向过渡。三是完善长效激励约束机制。坚持“老人老办法、新人新办法”，建立与经营业绩和风险责任紧密挂钩、与选任方式相匹配的经营者薪酬分配制度。选择新项目作为试点，积极探索混合所有制企业员工持股和经营者股权激励、岗位分红等中长期激励方式。

（三）积极推进解决历史遗留问题，减轻企业负担，为一般竞争类企业公平参与市场竞争创造条件

上述两个方面，都属于企业内部因素。在这次深化国企改革的过程中，政府部门还应同步解决企业外部的配套改革，特别是解决企业办社会等历史遗留问题，做到“企业的归企业、政府的归政府”，使国有企业特别是像化工集团这样的一般竞争类企业能够公平地参与市场竞争，为“努力实现资本回报高于同行业社会资本的平均水平”创造条件。

以化工集团为例，截至 2013 年底，非经营性资产（主要为职工宿舍、母体企业相关资产、调整企业资产以及预留的非经营性资产管理方面的资金等）约占净资产的 30%，每年在非经营性资产管理方面投入的费用高达 1.2 亿元；化工集团在职职工和退休职工比例高达 1∶2.83，严重“倒挂”，除还在拖欠职工住房提租补贴等部分费用外，企业目前每年向退休职工支付的统筹外费用达到 2500 万元。这些企业办社会等历史遗留问题的费用负担高出集团公司现有利润的近两倍，让化工集团这样的老企业不堪重负。

我们欣喜地看到，市委市政府《改革意见》第二十六条明确提出了“本着尊重历史、解决负担、创新政策的原则，下大力气解决市属国有企业历史遗留问题”。紧紧抓住本轮国企改革的历史机遇，采取“先易后难、先小后大、先急后缓、持续深化、积小胜为大胜”的策略，逐步解决企业办社会等历史遗留问题；通过改革试点，多渠道筹措资金，使企业负担真正减下来，使问题逐步得到化解，让企业轻装上阵，公平参与市场竞争。

三、体现“四个特征”，建设新型产业集团

作为一个有着 56 年历史、曾为首都经济社会发展做出过重要贡献的传统工业企业，“十一五”“十二五”以来的近 10 年时间，正值化工集团经受过伤筋动骨的结构调整、产业发展受到制约、企业负担沉重、生产经营逐步衔接企稳、集团整体发展进入“爬坡期”的一个历史阶段。在市国资委的正确领导和大力支持下，经过全系统干部职工的不懈努力，化工集团的资产质量状况和生存发展能力有了明显的提升。

“十三五”时期，是化工集团进一步优化产业布局、转变发展方式、提升发展速度与质量、着力打造发展改

革“升级版”的重要阶段。我们要继续深入学习贯彻习近平总书记系列重要讲话特别是考察北京工作时的重要讲话精神和市委市政府《改革意见》，牢牢把握一般竞争类企业的改革发展目标和经济增长“新常态”客观要求，迈出建设“新型产业集团”的积极步伐。那么，如何体现“新型产业集团”的“新特征”呢？结合现在的工作，重点从以下4个方面做出积极的努力：

第一，发展理念要“新”。一是坚定“资源节约、环境友好、节能减排、绿色环保”的新型产业化发展道路，做到顺应大势、顺势而为。二是坚持开放发展，善于借势而起。强化与产业链高端的资本、技术、市场“三嫁接”，深化与华夏银行等金融机构、排水集团等产业部门的战略合作，加快企业上市和资本运作。三是积极发展新业态，勇于跳出化工看化工、跳出传统促转型，以创新的理念、长远的眼光、宽阔的视角、多元的途径、丰富的手段促进发展。

第二，产业布局要“优”。一是实现制造业“京外布局”的中期目标，强化制造业立足北京研发与营销的总部特征，力争到“十三五”末，京外制造业比重达到75%以上。二是加快北京地区产业的转型升级，促进制造业与生产性服务业融合发展。在“全市危险化学品集中管理体系”建设、城市气体供应保障、水处理及垃圾处理、溶试剂回收提纯再利用等领域，全面提升服务保障配套的能力和水平。三是做优做强锂离子电池电解液、TFT液晶面板彩胶等产品，积极嵌入首都“高精尖”产业结构中。四是继续推动物产置业发展，力争到“十三五”末置业总收入增加50%左右，更好地支持制造业发展并“反哺”母体企业。

第三，市场竞争力要“强”。按照国民经济行业门类统计，近年来，我们的盈利能力状况处于全国“化工原料及化工制品”行业的“平均”水平。下一步，通过深入实施“产品领先计划”和“重点企业提升计划”，把具有比较优势的产品做优、做精、做强，力争使我们的重点产品全部进入国内细分行业的前5名，部分要进入前3名，进一步增强市场竞争力和话语权。到“十三五”末，努力实现集团整体盈利能力提升至全国“化工原料及化工制品”行业的“良好”水平。

第四，社会形象要“好”。从产业门类看，化工行业一般都具有技术密集、资金密集、人才密集等特点，是一个国家的重要基础产业和支柱行业，在国民经济中占有重要地位。但近年来随着一些小化工企业的安全环保事故或新闻舆论的影响，人们往往“谈化色变”，这对化工企业的社会形象产生了不小的负面影响。下一步，我们在实施制造业向全国相应化工园区转移的同时，加快实现北京地区产业的“三个转变”，在首都城市安全运行方面发挥出应有的专业服务保障配套作用，彰显化工集团“百姓衣食住行、化工情系其中”的发展理念，赢得更多社会理解与支持。另外，我们还要加快推动解决各类历史矛盾和问题。

[摘自北京化工集团2014年度党委（扩大）会议报告]

主动适应新常态　提高企业发展质量
持续推进企业强大发展

北京京煤集团有限责任公司党委书记　付合年

2014年，京煤集团认真贯彻落实市委、市政府、市国资委党委的部署，坚持强大京煤理念，主动适应国家进一步深化改革要求，在困难和压力面前，信心坚定，敢于担当，努力推进改革创新、转型升级，实现资产总额491.28亿元，经营收入285.91亿元，利润总额6.64亿元，员工收入不断增长。企业经济运行良好，经营指标高于同行业平均水平。

回顾过去的一年，京煤集团为什么能够取得如此成绩呢？分析起来主要有3个方面原因：

一、持续推进改革创新

京煤集团总部按照“四个”功能定位，实施了大部制改革，机关部室由19个减到11个。煤炭主业“八化”改革有序推进，城市服务业专业化经营取得新进展，房地产业“5+5”运营管控模式改革调整到位，化工板块加

北京京煤集团有限责任公司
党委书记 付合年

快转移、推进股改上市，机械板块大力推行了“1+N”战略，电力板块实现了双向选择竞聘上岗，物业公司实施了整合重组，京煤集团各项改革全面深化。

在重大项目建设上，京煤集团昊华公司国泰化工项目完成主装置投料试车，红庆梁煤矿实现“三井”贯通，城市服务业金泰南燕湾等项目取得新进展，房地产业一批项目开工和竣工，电力产业后续项目正在核准审批，民爆化工产能转移项目加快，机械板块山西公司智能立体车库实现投产。

在民生工程上，京煤集团积极参与北京市“减煤换煤、清洁空气”行动计划，发挥国企供应保障主渠道作用，为首都大气环境治理做出了贡献。积极实施工矿棚改工程，克服困难，争取政策，盘活资源，精心组织，倾集团之力，工矿棚改安置房建设和腾退入住工作圆满完成，取得阶段性成果。

在党的建设上，充分发挥各级党组织的核心作用，引领发展，融入中心，凝聚力量，为提高经济效益提供坚强保证。在党的思想、组织、作风和制度建设上进一步加强，教育实践活动成果进一步巩固，党建创新、宣传教育、领导班子建设、选人用人、淡化行政级别、企业文化落地等工作积极推进，党风廉政建设取得新成效。

二、分析研判形势

京煤集团认真学习领会中央、市委、市国资委党委科学发展的新要求，适时召开领导人员专题会、务虚会、经理办公会等，全面客观分析企业生存发展形势，统一思想，为科学决策提供依据。并认为从企业外部环境看，京煤集团面临着3方面的客观形势：

一是国家经济发展新常态的大形势。当前，中国经济面临“三期叠加”的阶段性特征，经济发展呈现新常态。这是作为国有企业，必须明确的大势。新常态，有以下几个主要特点：一是从高速增长转为中高速增长；二是经济结构不断优化升级，更加注重发展的质量；三是从要素驱动、投资驱动转向创新驱动，创新在经济发展中的作用更加突出。

适应新常态，要认识到在今后一个时期，发展必须是遵循经济规律的科学发展，必须是遵循自然规律的可持续发展，必须是遵循社会规律的包容性发展。因此，要有基本的认识和判断：一是经济发展不会大起大落，高盈利不会再有，“黄金十年”不会再有；二是经济结构必须优化调整，产业会重新洗牌，转型发展迫在眉睫；三是经济发展回归常态，企业发展更加注重质量，谁拥有核心竞争力，谁就拥有主动权。

适应新常态，发展要有新思路。面对市场需求萎缩、成本上涨、部分产能过剩、资源环境约束加大的新情况，要应势而变，认清集团所处的环境特征。目前，京煤集团已由快速扩张期，进入到转型升级、稳健发展的新阶段。由高速增长，进入到平稳增长的新常态；由快速扩张，进入到提质增效的新常态；由以煤炭主业为依托，进入到各个板块共同支撑、竞相发展的新常态；由注重企业规模，进入到规模和质量相统一的新常态。

二是全面深化国企改革的新要求。关于国企改革，国资系统正在稳步推进，进行顶层设计，通过试点总结经验，落地还需要一个过程。就京煤集团来说，要适应形势，服从大局，谋划企业的改革。在当前阶段，重点从公司治理、完善工作机制、加快结构调整、发展混合所有制经济等方面，积极研究，大胆改革。

三是首都城市战略定位的新挑战。首都城市战略定位为“四个中心”，根据这个新定位，北京市提出了一系列产业调整疏解政策，要禁止、限制和淘汰一批产业；重点发展与首都战略定位相一致的、与城市规划相统一的产业。从京煤集团业态来看，大部分都不符合首都城市战略定位。如果从人口疏解的角度看，城市服务业与首都发展要求，还有一定差距。这“四个中心”的城市战略定位，对京煤集团的影响是直接的，也是最大的，需要各板块从战略上去思考，把握好战略定位和长远发展问题。

新定位对京煤集团的影响，应该辩证地看，既要看到挑战，又要看到机遇。首先要认识到，集团已经提前进行了转移、转型，拥有了时间和空间的主动。从积极意义来说，一方面，首都城市战略定位，给集团转型发展、高端发展、强大发展提供了动力。另一方面，在这种背景下推进转型、转移，可以争取一些政策支持。还有一方面，落实首都城市功能定位，推进京津冀协同发展，也为集团发展提供了重要机遇。因此，要以积极的心态，抢抓机遇，加快向京外、境外转移，加快京内企业转型升级，以实际行动赢得主动，拓展发展空间。

从企业内部看，要站在战略的高度，从5个方面更清晰地认识自己。

一是从思想观念上看，虽然理念引领成为自觉行动，但办企业的思想还需进一步解放。在强大京煤理念的引领下，强大京煤战略得到有效落实，兴企富民落到实处，企业和职工共享了发展成果。特别是在“八字”战略方针的指导下，集团和各板块不断提升了发展的新境界。这是和自己比。但和形势要求比，还有差距，有些思想观念还比较陈旧。比如：原先认为产品好，就能多赚钱，实际上服务更赚钱；过去想办法抢市场，当前在大数据支持下，市场细分到个性化的价值需求；过去认为电商是一种交易手段，现在成为了重要的盈利模式，等等。思想解放是永远的。所以必须解放思想，更新观念，增强敏锐性和适应能力。

二是从发展质量上看，虽然企业经济实力不断增强，但盈利水平较低。集团“十二五”规划实施以来，企业营业收入、利润水平、经济实力、职工收入等方面，都有了较大幅度提升。但是，我们的投资回报、盈利能力还有很大差距。“十二五”期间，集团的净资产收益率，在2011年最高为7.5%，刚刚跨进当年中国500强企业的门槛。2011年，是集团经营形势最好的一年，利润总额13.9亿元。可是，当年中国500强企业中，净资产收益率最高的是59%，最低的是38%，可见集团的差距很大。这也说明，集团还不够强，发展质量还不高。今后，更应该注重企业质量和效益，更应该强调提质增效。

三是从产业结构角度看，虽然形成了优势互补的产业格局，但产业专业化程度还不高。有的板块主业不够突出，业务单元同质化，四级企业依然存在，产业不够集中。小而全、多层级的业态分布，不利于形成市场竞争合力，不利于提高资源优化配置效率，不利于专业化经营。

四是从经营管理角度看，虽然不断强化了集团管控，但风险问题亟待解决。企业经营形势好，会掩盖很多问题。当经营遇到困难，众多问题就会显现。目前，集团主要面临着决策风险、经营管理风险、安全生产风险、资金链风险。每个企业都有风险，怕的是领导人员没有风险意识。因此，在企业经营困难时期，这些风险更应该引起我们高度重视。

五是从企业发展趋势看，以往侧重于办实业，未来更加注重实体经济和虚拟经济的有机融合。推进资本证券化是近些年国资委大力倡导的，有的是企业集团整体上市，有的是主业上市。尽管我们主业已经上市，化工板块正在积极推进上市，但还远远不够。未来企业经济发展，不仅要靠实体，还要进入资本平台。进入资本市场，这不仅体现企业制度先进，还有利于融资创效。因此，各板块都要有这种准备，依靠专业能力，借助资本市场，实现实体经营和资本运作双轮驱动，促进企业强大发展。

三、适时总结经验

1. 坚持理念引领，坚定战略自信。强大京煤理念在京煤集团上下形成广泛共识；强大京煤、活力京煤、和谐京煤成为共同的企业愿景；兴企富民成为广大职工的价值追求；“绿色、安全、转型、转移”8字战略指导方针成为集团上下的实践自觉。有思想引领，有战略目标，还有实现路径，使企业在困难和挫折中，胸怀战略定力，保持正确方向，提升了发展境界。

2. 坚持结构调整，行业优势越发体现。几年来，京煤集团聚焦于企业优势，相继关闭了一批亏损企业，消灭了出血点；突出主业，加强优势资源的优化配置，企业由三大支柱产业发展为目前的六大板块，形成有限多元、相关多元的产业格局，产业结构不断优化；尤其在困难时期，优势互补、抱团取暖、共同发展的效果更加明显，企业抗风险的能力明显增强。

3. 坚持转型转移，赢得发展主动。大胆实施“走出去”战略，在京外、境外投资建设了一批战略支撑项目，为企业发展赢得了未来。

4. 坚持兴企富民，把企业宗旨落到了实处。兴企富民，是企业的出发点和落脚点，坚持发展成果和职工共享，提高职工福利待遇，年收入逐年提高。先后投资建设了集资房、公寓房，实施了北京市最大的工矿棚户区安置房工程，解决了6000多户住房问题，增强了职工的自豪感和幸福感。

5. 坚持战略执行，企业实力不断增强。2010~2014年底，京煤集团资产总额从160亿元增长到522亿元，增长3.2倍；营业收入从75.6亿元提高到277亿元，提高3.6倍；利润总额从3.96亿元提高到6.4亿元，其中2011年13.9亿元，实现历史性突破；资产负债率始终保持在可控范围。企业再次进入中国企业500强行列。

［摘自2014年12月18日在京煤集团党委二届十二次全委（扩大）会上的讲话］

加快产业转型升级　促进企业科学发展

北京一轻控股有限责任公司总经理　阮忠奎

北京一轻控股有限责任公司
总经理　阮忠奎

中央经济工作会议指出，我国经济正在向形态更高级、分工更复杂、结构更合理的阶段演化，经济发展进入新常态，从高速增长转向中高速增长，经济发展方式从规模速度型粗放增长转向质量效率型集约增长，经济结构从增量扩能为主转向调整存量、做优增量并存的深度调整，经济发展动力从传统增长点转向新的增长点。认识新常态，适应新常态，引领新常态，是当前和今后一个时期我国经济发展的大逻辑。

一、对产业转型升级的认识和理解

企业的变革、转型、升级是企业实现持续发展的内在需要，持续地变革与升级以适应环境的变化是保持基业常青的核心要素，从而构建可持续发展的卓越绩效企业。

推进产业转型升级，必须以提高经济运行质量和效益为中心，必须以市场为导向，以科技创新为动力，以改革调整为手段，转型升级需要“顶层设计”，也就是用科学的方法论对企业未来发展做出系统性的规划，按照“站在未来召唤现在”的原则，基于对目标市场的理解，对用户需求的把握，对竞争格局的认知，通过系统地分析设定好战略目标，把实现目标的关键要素罗列出来，把潜在的问题和风险预见到，从而根据目标去配置资源，缺什么，补什么，倒排时间表，形成企业及职能部门的具体策略。

（一）转型升级的必要性

从外部来看，我国经济的发展已放弃重速度、轻质量的粗放发展模式，更加追求重质量、重效率、可持续的科学发展。另一方面，在城镇化和工业化持续推进的背景下，我国持续多年的“人口红利”正在经历转折，依靠低成本获取竞争优势的阶段即将过去；再有我国作为典型的低成本国家承接国际产业转移的比较优势也正在发生逆转。人民币汇率稳步上扬，与越南、印尼等国相比，我国低成本优势不断削弱，出口竞争力相对下降。

从内部来看，“十二五”以来系统内企业普遍面临转型升级进展迟缓的问题，集中体现在商业模式创新不足、市场开拓力度不足等方面，一定程度上错失了结构调整带来的市场机遇；企业产品竞争优势不断减弱，传统优势产品市场份额下降，领先地位受到挑战，新业务市场竞争力不足，亟待培育；再有由于市场竞争加剧，企业赢利能力不断下降，严重影响了企业运营质量，对企业长期发展构成不利影响。

面对当前的市场环境和企业内部的资源能力，转型升级是一轻控股最大的发展机遇和唯一的发展途径，如果不能迅速实现转型升级，企业的生存条件将更加恶化。

（二）实现转型升级的路径

转型升级不是一场活动，而是需要持续进行的一项重要工作，需要把转型升级的理念及行动贯穿到公司整体的商业模式和运营模式中去，使企业日常运作的各个方面都与转型升级紧密相连。具体而言，首先企业要制定有远见的、可行的转型升级战略；其次是制定行动计划；最后要在企业内部做好体制机制设计，大力培养转型升级的文化理念，确保企业上下对转型升级持续关注。

控股公司和企业对转型升级应负担不同的职责和使命，控股公司应以顶层设计为核心，重点发挥战略引领、资本运作、业务协同及共享服务的作用，加快推动产业聚焦，促进公司整体产业升级，培育孵化新产业，同时强化集团管控，提升集团价值；企业要重点关注创新商业模式，推动产业及产品升级，同时整合产业链的相关资源，对产业空间进行合理布局，并通过提升管理的标准化、制度化、规范化水平，降低成本、提高效率、减少风险，增强市场竞争力。

（三）转型升级的标志

1. 前瞻性：对所在行业的发展趋势有深刻认知。企业比同行看得更远、站得更高，对市场变化快速察觉，始终走在行业的前列。并迅速制定有效的对策，以适应市场变化，包括价格、质量、技术需求等。

2. 持续性：持续赢利支撑企业不断成长。企业通过持续的赢利获得超越竞争对手的成长能力。

3. 创新性：不断创新跨越经济周期的稳定绩效。企业能够通过创新和培育新产品、新服务为客户带来新的价值，从而巩固核心能力，获取持续竞争优势，并能保持稳定的高绩效水平。

二、本企业产业转型升级、科学发展的初步思考

（一）强化集团管控，提升集团价值

控股公司要提升集团化管控能力和集约化管理水平，加快协同平台建设，优化组织结构，为企业发展提供必要的增值服务。做到组织遵从战略，支持战略的发展格局。不断创新与完善管理机制与业务流程，对业务部门进行适当调整与优化，搭建出符合公司战略要求的组织框架与管理流程，从而加强组织的高效运转，使各职能部门能够充分发挥好各自职能，形成高效、强劲的发展合力。

（二）坚持统筹协调，提高经济发展质量和效益

加快产业转型升级，必须以经济发展质量和效益为中心。质量和效益是企业的命根子，质量和效益这个中心任何时候都不能偏离。要进一步树立正确的业绩观，坚定不移走以质量和效益为中心的发展道路。遵循经济规律，努力实现量与质的并重、规模与效益的平衡、发展与可持续的统一，追求没有水分、不折不扣、有质量有效益的增长；坚持稳中求进的工作总基调，扎实抓好各项工作，把追求卓越、争创一流的理念融入到生产、经营各个环节，着力构建提高发展质量和效益的长效机制，促进发展低碳化、经营集约化、管理精细化，使员工与企业共成长。

（三）把握首都城市战略定位，全面推进企业改革调整

要把握首都城市战略定位，贯彻京津冀协同发展、疏解首都非核心功能的战略决策，围绕高端化、服务化、集聚化、整合化、低碳化的产业发展方向，坚持“有进有退，有所为有所不为”的原则，积极发展符合首都战略定位的生产性服务业和战略性新兴产业，优化提升现代都市工业，加快梳理所属企业发展路径和模式，一企一策，提高针对性和实效性。同时，将国有资本从不具备竞争优势、与主业无关联的、连续亏损、效率低下的企业退出，从高耗能、高污染的产业和低端环节退出，加大劣势企业退出工作的力度，将退出企业资源用于发展符合首都城市战略定位的优势产业发展上来。鼓励企业发挥主观能动性，在加强调研和分析论证基础上，主动提方案，并积极探索实践，将控股公司的战略引领和整体协同与企业基层创新有机结合，促进企业转型发展。

（四）大力开展自主创新，增强企业发展内生动力

产业转型升级的关键是创新，实现一轻经济有质量、有效益、可持续发展，同样依靠创新，最根本的要靠科技的力量。适应新常态，打造新优势，形成高端引领、创新驱动、绿色低碳的产业发展模式。从一轻控股科技创新实际出发，迫切需要加强以下工作：

一是加强企业信息化建设，促进“两化”深度融合。因企制宜制订企业信息化对主营业务的助推模式，促进高端技术引领、业务流程再造、商业模式创新等。

二是加大科技投入，增强企业发展后劲。深入研究中关村 1 ＋ 6 政策经验，加快建立鼓励创新的政策体系，着力完善科技成果转化促进机制，加快科技成果产业化。

三是加强技术创新体系建设，提高企业创新攻关能力。充分利用首都科技资源优势，实施产学研联合创新，使科研成果有效孵化、成功转化，解决制约企业发展的科技难题，为转型升级提供原动力。

四是积极发展循环经济、低碳经济，促进绿色转型。贯彻新《环保法》，推进清洁生产审核，采用先进技术提高环境保护能力，落实京津冀大气协同防治措施，促进一轻绿色发展、低碳发展。

（五）创新人才工作机制，构建高效的人力资源保障体系

转型升级需要构建高效的人才保障体系，加强对领导班子的考评和激励，重点加强业绩成果、财务绩效、科学管理的考核评价。探索市场化的、动态的、长期的经营班子激励机制。积极拓展选人用人空间和方法，依据业务发展的需要加大市场化人才选聘的力度。对专业技术管理和技工人才队伍加强培训，使人才具有施展才能的空间和舞台，丰富人才储备，为企业获取长期竞争力奠定基础。

（六）完善制度及行为规范，持续培育共同价值观的企业文化

企业文化转型是企业转型升级的根本保证，能够创建激发员工创新热情的环境。控股公司要持续培育有清

晰核心共同价值观的企业文化，用来指导和规范企业及员工的行为。在战略转型、管理职能转型完成后，需要把很多共识沉淀与固化下来，成为日常工作与生活的一部分，并逐步升华为每个员工自觉自愿遵守的行为准则和价值观念，变口号文化为行为文化，把公司的价值观念、行为准则、决策机制、沟通方式等理念尽可能细化。企业文化转型就意味着向上升华、向下积淀，把理念上升到信仰、尊严、自律的高度，同时还要落实到行为准则、标准的深度。

加快产业转型升级是一项长期复杂的系统工程，需要精心谋划，统筹协调，综合施策，全面推进。只要我们有恒心、有定力，不断进取创新，就一定能够战胜各种困难和挑战，实现产业转型升级目标，为建设中国特色和谐宜居之都做出新贡献。

（摘自2014年度北京市国资委领导干部理论学习体会）

认清首都经济发展的新形势
用创新思维谋划隆达公司持续健康发展

北京隆达轻工控股有限责任公司总经理　张德华

加快转变经济发展方式，是中国经济社会发展面临的重大战略任务。习近平总书记在视察北京时指出，北京是全国政治中心、文化中心、国际交往中心、科技创新中心的城市战略定位。提出了把北京建设成为国际一流的和谐宜居之都的目标，做出了京津冀协同发展的战略部署，是我们做好首都工作的基本遵循。我们的各项工作要服从和服务于首都城市战略定位。

北京隆达轻工控股有限责任公司
总经理　张德华

纵观当前的宏观形势，宏观经济下行压力加大、北京疏解非核心功能力度加大、京津冀协同发展工作力度加大、市属国企改革的推进力度加大，这些给我们的工作带来了新形势、新情况、新任务。我们要面对新要求、新挑战，采取新举措，紧密结合企业特点，抓住关键环节，力求实现新突破，取得新进展。

一、认清形势，研判趋势，在新常态下分析与把握隆达发展新机遇

从宏观经济发展入手，认真分析和把握北京经济发展动向，对推动隆达工作十分重要。中国经济进入新常态——呈现了“增长减速、深度调整、风险显露”3个最基本特征，在扎实推进京津冀协同发展的大趋势下，首都经济的转型升级，形势发展很快。首都经济加大了工业企业的调整力度，国有竞争型企业生存、转型、发展的压力将全方位加大。

一是围绕首都战略定位和发展的阶段性特征，以市场化为导向，加快转型升级，非核心功能疏解力度不断加大，特别是新颁布的《北京市新增产业的禁止和限制目录（2014年版）》，进行产业布局调整，主要是采取减人、减排、限产、增加刚性成本等措施，促进一般加工企业尽早退出北京，这将意味着隆达的企业都将面临产业布局调整的压力。

二是市委召开了全面深化市属国资国企改革推进会，公布了改革方案，部署了改革工作。市国资委召开专题会，要求按照中央和市委的要求，正确、准确、有序、协调推进改革，把各项改革措施落到实处。国资委完成了《关于全面深化市属国资国企改革的意见》的编制，并得到市委和市政府的批准，《完善市属国有企业分类的实施意见》《市属国有企业加快发展混合所有制经济的实施意见》《推动市属国有企业与中关村加强合作的实施意见》等6项配套政策也相继出台，为深化国资国企改革提供制度保障。

三是在3年经营业绩审计与评价和对隆达公司、企业物业等多次专项审计工作中，更多地发现了经营管理中的薄弱环节。新形势下，如何发挥审计监督对经营管理工作的保驾护航作用，如何实践“两个健康”经营理念，如何解决惯性思维对改革创新的阻碍，如何自觉自愿进行规范管理，保质保量完成工作，夯实好未来3年内的转型升级基础，变得越来越紧迫。

四是结合北京市及国资委的各项调整政策，隆达公司研判未来发展趋势，做出了印刷、新材料、物业经营、家电投资4个产业被限制发展和经济增长乏力期提前到来这2个判断，要寻求新的突破点，化解这2个问题，尽快走上健康发展轨道。

刚刚结束的中央经济工作会议，从9个方面系统论证了新常态的特征，这是中央首次对新常态进行全面阐述。谁能更快适应新常态，谁就将成为下一波中国经济增长的领军者。适应新常态、引领新常态，也将成为当前和今后一段时期经济工作的主要出发点，成为企业决策和治企经营的重要理念。同时，面对新常态，我们不能被动适应，必须在深化理解，统一认识的基础上坚持发展，主动作为。首当其冲的，就是要历史地、辩证地认识我们现阶段经济发展的特征，准确把握和更好遵循经济发展的规律。为适应首都的发展要求和国资委改革的步伐，在认清宏观形势，运用好发展政策的同时，我们要狠抓隆达发展机遇，主动作为，加强规范管理，强化机制创新，推动转型升级。只有隆达上下齐心奋进，拿出新举措，增添新动力，才能解决发展瓶颈问题，为创造新业绩夯实基础、创造条件。

二、认真分析，冷静思考，积极破解隆达发展难题

2014年作为一个非常重要的时间节点。在市国资委、公司董事会、监事会和广大职工大力支持下，隆达公司经营团队攻坚克难，创造性地开展工作，圆满完成了2010~2014年的经营业绩考核任务，实现了连续5年经营业绩、经营安全、整体稳定、同比向好总目标。国家经济步入新常态，首都经济转型升级加快步伐，梳理取得的经营业绩，查找存在的问题，有利于端正经营方向，面对新形势、新挑战、新要求，剖析问题，梳理思路，是找准经营重点，推动隆达公司健康发展的关键。

一是首都经济与京津冀首都经济圈按照国家战略转型升级，使隆达公司的4个产业面临被限制发展，中低端、能源密集、运输密集、劳动密集、资金密集等产业特征，使未来结构调整、转型升级压力越来越大。二是全球经济增长乏力，中国经济进入新常态，并呈现了增长减速、深度调整、风险显露3个基本特征，首都经济加大了工业企业的调整力度，隆达公司作为国有竞争型企业，经济增长乏力期提前到来，保持整体稳定的压力全方位加大。三是面对依靠人力资源与技术进步促进经济增长的新要求，改革创新能力的高低，决定了隆达公司未来的发展质量，惯性思维阻碍改革创新的问题必须引起高度重视。四是市场竞争环境的不确定性不断加大、原材料价格剧烈波动、转型升级过程中企业淘汰率明显加大等诸多问题，使企业面临更多、更大、更复杂的经营风险。五是产能过剩背景下的市场竞争，使刚性成本高的企业竞争能力明显减弱，扩大再生产的能力明显降低，滑向“僵尸”企业的风险明显加大。六是经营团队建设面临知识化、专业化、年轻化的严峻考验，高技术、高技能、高创意、高忠诚度的人才队伍尚未建立，结构调整、转型升级缺乏人力资源的支撑。七是在首都经济转型升级过程中，隆达公司主要资源现状错配问题，必须引起高度重视。经营要素低端、资源结构初级、经营机制非市场化问题，将严重制约长期立足首都经济并健康生存与持续发展的战略定位。

面对宏观发展态势，按照国资委发展要求，推动优势资源向具有优秀经营团队的优势企业流动，加快劣势企业退出，加快解决企业经营亏损问题，已经成为提高隆达公司经济运行质量的重要举措。隆达公司在全面完成2014年初计划的经营管理与改革调整目标的同时，要深度思考未来发展趋势，为2015年做好准备工作。如果还沿用推着走、简单维持等传统措施，隆达特色经济发展将不能实现经营业绩、经营安全、整体稳定、同比向好总目标。必须从转型升级、结构调整、优化布局等深层次问题入手，拧出新思路，拿出新举措，增添新动力，才能解决发展瓶颈问题，为创造新业绩夯实基础、创造条件。

三、顺应发展趋势，夯实思想基础，完善发展思路，谋划未来发展

习近平在中央经济工作会议上发表重要讲话，对我国经济发展进入新常态做了系统阐述。这一重要讲话对统一认识、指导今后各项工作具有重大现实意义。认识新常态，适应新常态，引领新常态，是当前和今后一个时期经济发展的大趋势。中央连续3年提出坚持“稳中求进”这一总基调，新常态下，“稳”是基本前提，“进”是根本出路。2014~2016年是隆达公司结构调整、转型升级、团队创新的关键时期，实现经营业绩、经营安全、整体稳定、同比向好总目标，挑战多、难度大。

1. 从企业发展特点出发，凝聚改革正能量，夯实思想基础一是用战略思维理解隆达。隆达公司基础差、底子薄、负担重，小、散、弱企业布局，历史遗留问题多，产业规模小等诸多问题，确实制约了公司的发展，但公司历经几十年发展到今天，这些问题不是制约公司的发展的最重要因素，关键是要用一种敬畏、诚实、进取的精神，去理解隆达公司依靠什么力量和精神，历经坎坷发展到今天——存在就有价值，存在才有发展。

二是用创新思维发展隆达。隆达公司目前的硬件基础和存量资源条件虽然没有什么比较优势可言，但现实的条件也是几十万名职工艰苦奋斗几十年的成果积累，我们对此只能有敬畏和尊重，不能有任何怨天尤人的想法。因此，隆达公司的未来发展，必须更加依靠“软实力”——具有改革创新能力的高绩效经营团队，适应首都经济的资源结构与产业结构，符合市场竞争规律的企业体制与经营机制。

三是用敬业精神呵护隆达。促进隆达公司健康发展，不能吃老本，必须立新功。面对人均5.1万元净资产与在岗、不在岗人员1∶10的人员比例，我们的健康生存与持续发展基础还是非常薄弱的，几年来虽然有了一些积累，但真正支撑起长期立足首都经济的大局，我们还有很多工作要做，经营团队的敬业精神更是我们未来发展所必需的，特别是把敬业精神与构建工作一家人、健康同路人创新环境的有机结合，更加凸现新形势下隆达公司敬业精神的社会价值与经济价值。

企业的发展要有一支具有较强的战略思维、创新思维和敬业精神的团队来支撑，要靠这支团队团结和带领全体员工去奋斗、拼搏，因此，我们必须主动站在一个较高的基点，紧紧依靠团队能力，在战略上，坚持“用战略思维理解隆达，用创新思维发展隆达，用敬业精神呵护隆达”；在战术上，切实落实“依法依规依惯例解决历史遗留问题，依法依规依民意推动改革创新问题，依法依规以德治企运筹可持续发展问题”，这是搞好经营管理工作重要的思想基础，希望各级企业高度重视，努力用典型案例、经营业绩、经济增量，诠释夯实思想基础的重要作用。

2. 面向转型升级，把握管控方法，找准经营管理大方向

以凝聚人力资源能力为基础的集成管控，正在成为轻资产企业主要的管理方式。隆达公司从行政管理向集团管控、集成管控的逐步转型升级过程中，单纯的管控，已经无法适应未来发展趋势。集成管控向资本经营与专业服务方向转型升级，将成为推动企业发展的新增动力。不论什么样的企业体制，有效凝聚企业员工集体智慧与力量，管控出企业市场竞争的活力、能力是企业管理永恒的主题。简而言之，国有独资、国有控股、混合所有制企业、合资企业、集体企业的管理方式是有差别的，这是我们未来要研究和探索的重要问题。总的原则是分类管理、一企一策、关注风险、管出活力、凝聚合力、提高效益。

隆达公司作为国有独资控股公司，国有特质已经深深植根于企业方方面面，我们现阶段的任务，是按照国有企业的管理办法，大力推动经营业绩考核、集体决策、专业纠错三项机制和党政联席会制度，把国有企业的优质特性与市场机制紧密结合。同时，也要结合实际，加大改革创新力度，为合并口径及系统内不同所有制类型企业做好战略指导、专业服务，促进企业发展，带动隆达升级。

隆达公司在工作实践中不断提出的经营理念、经营方向、经营主题、经营目标、经营重点，是结合企业特点、发展阶段、市场要求、年度考核指标等多个方面，逐步提出、不断深化、精心提炼的，得到了干部职工的广泛支持。经营理念即推动企业健康赢利、员工健康成长，营造工作一家人、健康同路人创新环境，促进有隆达特点的包容性发展。经营方向是依法经营、规范管理、共解难题、健康赢利、经得审计。经营主题是强主业、增资产、控成本、聚合力、促和谐，大力实施产业经营、资本经营、团队创新三轮驱动，以尽快走上健康发展的轨道。经营目标是站在长期立足首都经济的战略高度，努力实现经营业绩、经营安全、整体稳定、同比向好总目标。我们的经营重点要在固本、求精、培育核心团队、营造创新环境、远离经营风险、顺应发展趋势、打造隐形冠军上下功夫。按照企业发展特点、同比向好的原则，不断夯实企业生存与发展基础。

3. 坚持创新思维，理解好新要求、新挑战、新举措的内涵

创新是时代进步，事物更新，企业发展的永恒主题。一个企业有没有强大的生命力，能不能紧跟时代的发展，就在于能不能持久地不断创新。企业创新和发展，要紧随时代的步伐，适应社会的要求，把握住社会发展的命脉，迎接新挑战，不断推出新举措，才能赋予企业发展强大的生命力。

一是要把握新要求。随着北京经济结构的调整，隆达公司遇到了很多新问题，给我们提出了更高的新要求。如，北京构建“高精尖”经济结构，隆达公司如何定位于“精”，拿出足够的“精品”获得出资人和市场的认可，

并支撑隆达特色经济的整体稳定与健康发展；国资委进行国资布局优化，隆达公司如何统筹企业布局，既有利于隆达总部经营业绩做优、自主经营能力做实，又有利于二级企业赢利能力做强、产品经营做专、载体企业做稳，真正形成隆达公司长期立足首都经济并健康生存与持续发展的良好局面。这些都要我们认真去思考和应对。为此，我们要努力达到3个新要求，在“求实、求精、求专”上下真功夫、苦功夫，在国企新一轮的改革调整中，以高水平的市场化改革，找到企业长期立足首都经济并健康生存与持续发展的核心竞争能力。

二是要迎接新挑战。首先，要迎接4个产业被限制发展的挑战。在转型升级并进入“高精尖”经济结构之前，4个产业被限制发展将是我们面临的新问题。其次，要迎接经济增长乏力期提前到来的挑战。在目前产业普遍处于低端、产能普遍过剩的环境下，固定资产投资要极其慎重、无形资产投资要着力加强等问题。最后是惯性思维阻碍改革创新的挑战。发展思路、管理理念、执行能力等思想认识上的转型升级是企业发展转型升级的前提。在新常态下，我们要主动迎接这3个新挑战，从构建团队能力、体制机制活力、资源结构优化、增量资金引入、历史费用固化等“软实力”上下功夫，化解经济增长乏力。坚持每3年做好几件促进企业健康发展的实事，努力实现“经营业绩、经营安全、整体稳定、同比向好”的总目标，努力在北京构建“高精尖”经济结构中确立“精”的能力，努力夯实企业长期立足首都经济的经济基础，努力成为具有国企特点的高水平市场化公司。

三是要探求新举措。积极探求经营要素从低端向中高端升级的举措，推动产业结构优化升级，提升科技研发能力，提高管理水平。积极探求资源结构从初级向中高级优化的举措，以市场为导向，实现内部资源的优化配置，调节社会资源向优化配置的企业集中，提高资源的价值和使用价值。积极探求经营机制从行政化向市场化转化的举措，通过改制增资扩股、共同投资、股权转让等方式，吸收社会资本，盘活存量资产，改善经营机制。3个新举措说起来容易，做起来会困难很多，但必须坚持推进，力求早出实效。要结合企业特点与隆达发展现状，采取“总部指导、企业主导”的原则，创造性地推动这3个新举措，敢于面对惯性思维对转型升级的严峻挑战，坚持每年做成几件促进经营业绩提高的实事，坚持每3年做好几件促进企业健康发展的大事，积少成多，养成积极向上、努力创新的良好习惯，在人心不散、管理不乱、现金不少、市场不丢的平稳局面中，潜移默化地完成有隆达特点的包容性发展，为全面深化竞争型国企的市场化改革夯实基础。

4. 脚踏实地，改进作风，落实好4个责任制与4个折子工程

国企改革已经进入深水区和攻坚期，任何一个企业的改革，都不会一帆风顺。从历史上看，隆达公司顺利完成了6个企业的政策性破产。从近几年企业的整体改制看，也取得了超出预期的经济与社会效果。工作的经验告诉我们，虽然工作量大，稳定压力大，经济责任大，但只要做好前期准备工作，组织好思想发动，就能够做好。关键是团队落实，责任到人，专业分工，共同努力。

一是树立务实的工作作风。树立干实事、做成事、谋大事工作作风，努力做到高层不瞎指挥、中层不瞎折腾、基层不瞎对付，在相互尊重、相互学习的氛围中，心情舒畅地做好工作，是团队建设的一个重要方向。打破思想禁锢，激活团队的发展潜力，把禁锢团队正能量所聚集的惯性思维与传统观念打破，让每一个经营团队的负责人踏实地说真话，让每一个经营团队成员放心地干实事，让每一个经营团队主动地谋大事，这是从深层次寻找破解发展瓶颈新动力最重要的基础和源泉。

二是落实好4个责任制。从2014年开始，隆达总部要陆续与各企业共同梳理、完善、充实3年“经营业绩考核、物业经营管理、资金与账户管理、人力结构优化”这4个责任制。一方面，隆达总部负责战略梳理、方向纠偏、重大项目确定、格式优化等总体部分，着力体现隆达公司的战略部署和全局统筹。企业要紧紧抓住自身发展特点，立足存量资源与产业优势，使责任制不断向工作手册方向转变。总的原则是：一企一册，最大限度体现企业的自身特点。另一方面，要在充分体现集体决策的同时，各项工作重点落实到具体部门、具体人。不留任何管理真空，让该负责的同志负好全责。搞责任制不是推责任、择责任，关键是落实责任出实效，避免走过场，应付差事。

三是抓好折子工程筛选、运筹与推动工作。树立干实事、做成事、谋大事工作作风，不能成为一句口号。作为竞争型国有企业，2015年，我们转型升级的压力更大，难度更高。因此，为了在整体稳定的基础上促进企业转型升级，将从重点工作入手，强力推动动态的折子工程。我们从找准制约企业转型升级的低端环节入手，将2014~2016年3年期间，要做好的几件促进企业健康发展的大事，细化到折子工程中。抓住每年要做成几件提高管理能力，凝聚团队合力，控制经营风险，保持整体稳定的实事。并加强审计监督环节，从2014年开始，

各企业要确定1~3项审计监督重点，有序解决经营管理工作中的结构性缺陷，进一步做好落实和深化工作。

（摘自《隆达控股》报2015年2月16日第311期）

聚焦首都战略定位 坚持改革创新发展
全力打造“时尚科技服务”新纺织

北京纺织控股有限责任公司董事长 吴 立

北京纺织控股有限责任公司
董事长 吴 立

面对中国经济进入新常态、国资国企改革进入攻坚期、首都发展进入新的战略期的新形势，新情况，身处一般竞争性行业的传统国有纺织企业，能不能在首都生存与发展、如何才能在首都生存与发展等一系列尖锐而又现实的问题摆在了北京纺织控股公司领导和广大职工面前。在这关系行业发展前途与命运的关键时期，我们深入学习贯彻落实党的十八大及十八届三中、四中全会精神，以公司召开第三次党代会为契机，在立足行业发展实际，认真分析自身发展面临的环境、产业、市场形势的基础上，聚焦首都城市战略定位，提出了打造“时尚科技服务”新纺织的战略构想，并依此引领行业转型升级，实现创新发展。

一、打造“时尚科技服务”新纺织是基于公司发展现实的重大战略选择

（一）打造新纺织是适应中国经济新常态的客观要求

2014年7月29日，习近平总书记在2014年上半年经济形势和下半年经济工作会议上提出，要正确认识中国经济发展的阶段性特征，进一步增强信心，适应新常态。2015年的中央经济工作会议再次全面、系统、深刻地阐述了新常态呈现的新面貌、新特征。有专家指出，调整适应新常态“可能是新中国成立以来第三次发展思路的大转折”。第一次是从革命战争转型到国家建设，第二次是从计划经济体制转型到社会主义市场经济体制，第三次是从规模速度发展转型为质量效益发展。新常态下，中国经济的增长速度从高速转向中高速，发展方式从规模速度型转向质量效率型，结构从增量扩能为主转向调整存量、做优增量并存的深度调整，动力从传统增长点转向新的增长点。这些变化，意味着中国经济走向转型升级、提质增效的新路子。面对经济新常态，我们在分析全国纺织工业发展趋势，剖析自身发展情况的基础上深刻认识到，传统的依靠土地、劳动力和资本要素成本优势驱动的发展模式不可持续，必须围绕健康可持续发展的要求，立足企业发展的基础条件和资源禀赋，聚焦时尚、科技、服务来发展主业，打造全新的纺织，开启提质、增效、升级的发展新模式。

（二）打造新纺织是聚焦首都城市战略定位的必然要求

习近平总书记视察北京发表重要讲话后，北京确定了全国政治中心、文化中心、国际交往中心、科技创新中心的新定位，调整疏解非首都核心功能。作为身处首都的国有企业，必须紧紧围绕首都战略定位和特大型城市发展的阶段性特征，处理好首都战略要求和自身发展的关系，在首都经济社会发展中找准定位。我们清醒地认识到，北京纺织控股公司行业是在特大型城市运行、服务的城市经济格局下寻求生存与发展；是在首都经济特征日趋清晰，服务经济、总部经济、知识经济、绿色经济成为总体发展取向的大背景下寻求生存与发展；是在明确全国科技创新中心定位后，更加强调创新驱动、引领发展的要求下寻求生存与发展；是在强企林立、总部经济云集的竞争环境中寻求生存与发展，企业如果不符合首都城市战略定位，就不能在价值链高端环节占有一席之地，将很难在北京生存与发展。因此，必须在首都新的战略定位中转型升级，调整产业结构，寻求发展空间，打造全新的纺织产业。

（三）打造新纺织是立足自身实际加快发展的战略要求

在过去的发展历程中，北京纺织控股公司全行业聚焦发展战略定位，围绕“五个转型”的目标要求，攻坚

克难，锐意进取，圆满完成“十二五”规划的阶段性任务，国有资产质量不断提高，企业核心竞争力稳步提升，产业结构进一步优化，企业质量进一步提升，科技创新支撑企业加速发展，适合首都经济特点纺织发展格局基本建立，为今后转型发展夯实了基础、创造了条件。与此同时，我们也看到在“三期叠加”的大环境下，面对首都城市战略定位的调整、国资国企改革的全面深化、经济发展进入新常态的新情况，工业企业产值持续大幅度下降，需要调整转型、退出的企业还有相当的数量，房地产转型升级、持续发展的困难重重，行业生存与发展的压力巨大，改革调整的任务繁重。面对困难和挑战，我们科学把握和审视自身发展面临的新情况、新问题，坚定地提出打造新纺织，加快发展步伐，推动北京纺织在更高起点实现新布局。

二、打造“时尚科技服务”新纺织的战略构想

面对新形势、新任务、新要求，我们提出未来几年发展的总体要求是：聚焦首都战略定位，深化国资国企改革，以市场化为导向，以资本运作为手段，以产业转型为主线，以机制创新为基础，努力打造以品牌服装为引领的时尚纺织；以绿色、功能为主导的科技纺织；以贸易、地产为代表的服务纺织。以转型升级的新纺织，创建时尚产业集团。

创建时尚产业集团需对“时尚”的内涵和外延进行研究，进而对如何发展时尚产业提出可行的战略举措。时尚是社会、经济发展到一定阶段，人民物质生活水平日益提高之后，消费需求多样化、个性化的产物。它的英文是FASHION，而FASHION这个词本身又有“服装”的含义。从产业的广义角度讲，时尚产业就是相关产业的时尚化，即所有同大众生活有关的产业的时尚化。根据时尚产业发展理论，时尚的传导存在多种路径，但纺织服装业始终是时尚产业的核心。我们提出打造新纺织，创建时尚产业集团就是坚持立足纺织、融合纺织、超越纺织，向价值链、产业链高端环节发展，加快培育以品牌、服务为核心竞争力的发展新优势。

时尚纺织：就是要向文化和品位的高端发展，做好服装纺织业。其产业结构要与首都发展战略相适应，体现首都的文化特色和科技水平。以品牌提升文化内涵和品位；以功能性和差异化展示其科技内涵；以精细化的制造水平体现产品的内在质量。同时，要大力发展与纺织密切相关的文化产业，通过产品展示、服装服饰表演、媒体演示等多种形式打造首都服装纺织文化。

科技纺织：就是发展与首都战略定位相适应的高端纺织产业，走“高精尖”的发展之路。体现高品位、高科技、高质量，获取高利润，走精品发展之路、精细化管控之路、精准的市场化定位之路，体现尖端超前的发展意识、尖端产品的研发能力和科技水平。科技纺织要体现绿色环保的发展理念，采用先进的科学技术和管控模式，努力降低能耗水耗，实现清洁化生产。

服务纺织：就是要大力发展生产性服务业和都市服务业。首先，要下好制造业服务化这盘棋。生产性服务业作为从制造业内部生产部门中独立发展起来的新兴产业，是实现制造业产业升级的必然要求。打造全新的纺织，必须要加快生产性服务业的发展。要大力发展信息服务业、电子商务业、现代物流业。要在现有企业的基础上，大力发展一批生产性服务业企业。其次，根据首都“四个中心”的功能定位要求，大力发展都市服务业，加快壮大文化创意、房地产、信息服务、商贸服务等产业，积极培育战略新兴产业，进一步整合资源，扩大开放合作，搭建新的发展平台、拓展新的发展空间。

三、坚持创新驱动，加快转型升级，全力打造“时尚科技服务”新纺织

打造“时尚科技服务”新纺织，就必须抓住发展的重要战略机遇期，坚持创新驱动，加快转型升级。在思想认识上、工作实践中，要坚持理念创新、体制创新、产业创新。

（一）更新发展理念，创新驱动发展

理念是行动的先导，创新是打造“时尚科技服务”新纺织的关键。打造新纺织，不能守着老路子，要通过发展理念、体制机制、产业结构、产品结构、人力资本的创新来引领、来推动。

在发展理念上，要高举纺织的大旗，立足纺织、融合纺织、超越纺织，突出发展重点和主攻方向，调整退出低端制造加工业，提升产业用纺织品制造水平和规模，推进生产性服务业发展，做强服装品牌，做宽地产经营，做实贸易商务业务和做精都市服务。

在发展方式上，要实现“三个转变”，即生产模式要从产品生产主导向市场服务主导转变；激励机制要从单一形态激励向多元化、多样化激励转变；管控模式要从职能导向管理向职能与业务相结合导向管理转变。

在发展的动力支撑上，要把科技创新摆在改革发展的突出位置，抓住中央赋予北京科技创新中心定位的新机遇，充分利用首都科技智力金融资源丰富的优势促进发展，依靠创新驱动和转型升级，增强企业发展的内生动力。特别是要紧跟未来产业资源向大数据、移动互联网、物联网、信息化和工业化融合等关键领域集聚的趋势，思考商业模式、管控手段、产业运作、资本运营的创新。

（二）坚持转型升级，注重产业创新

打造新纺织，必须进一步坚持转型升级，提升全要素生产力和可持续发展能力，推进产业创新。一方面要“瘦身”，调整疏解非首都核心功能产业，转移退出不符合城市功能定位的企业；另一方面要“健体”，形成与首都城市功能定位相适应、相一致、相协调的产业结构。

在未来产业的打造上，品牌服装要切实做强，立足现实基础，顺应发展大势，向产业链微笑曲线两端延伸，向品牌运营商转变，集聚资源、构建平台、提升能力、打响品牌；绿色功能性纺织品要稳定推进，走“高精尖”发展之路，体现尖端的研发能力和科技水平，突出绿色发展模式，彰显产品特色和高科技含量，在加快发展和拓宽领域上下功夫；贸易服务要开放合作，创新模式，在做好风险评估的基础上做实做大，实现可持续规模，提升盈利水平；生产性服务业根据企业价值导向变化，由以加工制造为主逐渐发展成以设计和品牌为核心，加强对物流、供应链、人力资源、信息技术、客户服务等资源的整合，形成具有快速响应市场个性化需求的品质适应能力；都市服务业要加快机制创新，拓展经营领域和渠道，掌握市场主动权，提升盈利水平，规避风险，在做大中做实；房地产业要转变经营思路，探索向多业态、多领域拓展，尝试养老地产、旅游地产，拓宽服务领域；文化创意产业在提升服务能力基础上，切实提升从文化创意中获取利润的能力，充分发挥现有优势，打造具有纺织特点的文化创意产业。

要探索融合发展，注重产业链间的融合，结合自身资源条件实现产业链前伸后延，建立优势互补、合理分工、高效协作的布局体系；要加速与互联网的融合，发挥移动互联网前所未有的传播速度，云计算超强的存储和计算能力，大数据快速准确的挖掘能力，向生产、消费领域的全方位渗透，促使生产、消费、服务和流通一体化。要尝试与互联网、金融的融合，助推转型升级。要促进检验检测与品牌服装、功能性纺织品等产业的融合，相互渗透，协同发展，探索形成以产品质量标准和技术标准引领产业创新发展的新模式。

（三）优化资源配置，提高发展效益

要优化资源配置，资本进退有序。提升国有资产在优势企业及新兴产业的比重，继续加大劣势企业的退出力度，提高国有资产的集中度和控制力。在加大国有增量资本投入的同时，以存量调整为主。增量投入主要体现产业发展方向和新兴行业；存量调整主要是加速存量资产的盘活，实现经济效益，对于劣势企业，要对存量资产有计划有步骤地进行转移，实现战略收缩。

要注重产融结合，服务转型升级。在继续强化与金融机构战略合作、扩大贷款授信额度的基础上，利用公司信用评级提升的契机，科学调整、合理使用短期债券、中期票据和私募债等债券工具，择机扩充融资能力，积极探索融资租赁、抵押、信托等方式，在确保资金安全、风险可控的前提下，将尽可能为企业发展、产业打造提供更多资金支持，促进企业与金融的结合、实体经济与虚拟经济的融合、资本与项目的对接。对符合打造时尚科技服务新纺织的目标、体现高端的产业化、品牌建设项目，体现“高精尖”、培育和壮大新的增长点的项目，资金风险可控、支撑作用明显的贸易业务，前景广阔、具有明显竞争优势的现代服务产业项目，将积极争取政府专项资金、积极协调金融机构给予融资支持，鼓励企业做大做实发展增量。

要搭建合作平台，推动协同发展。积极整合现有资源，积极探索以资金调剂中心为主体的资金协调、使用管理平台建设，调研论证以铜牛牛堡屯为主体的全品类品牌物流平台建设的可行性。认真研究北京产业政策导向，突出园区经营理念，对调整出的通州张家湾、平谷马坊、顺义高丽营、大兴瀛海、房山大华、丰台丰棉等产业园区，整合优化资源，实施组团式发展，努力打造培育时尚产业、推进高新技术产业化和先进制造业提升发展的平台。

（四）完善体制机制，提升发展活力

打造新纺织必须靠新的体制机制做保障。当前，北京纺织控股公司必须按照市委市政府《关于全面深化市属国资国企改革的意见》精神为指导，紧紧围绕首都城市战略定位和特大型城市发展的阶段性特征，以市场化为导向，以提高国有资本的集中度和配置效率为核心，以激发企业活力和提升竞争力为着力点，全面深化改革，不断提高发展的质量和效益，更好地为打造新纺织完善体制机制。

作为一般竞争性企业，必须按照市场化发展方向谋改革、促发展。坚持市场化的发展方向，牢牢树立市场意识，以市场化要求谋篇布局。在企业发展的指导思想上，要按照市场在资源配置中起决定性作用的要求，主动贴近市场思考发展。坚持聚焦市场导向，思考发展方向和战略目标；坚持围绕市场需求，思考商业模式和产品结构；坚持遵循市场规律，思考管控体系和运营方式；坚持按照市场条件，思考制度创新和人才队伍建设。

作为一般竞争性企业，必须围绕发展混合所有制经济谋改革、促发展。以市场化为导向，运用市场化手段，积极探索推进国有资本及国有独资、国有控股企业的整合，提升国有资本向优势产业、优势企业的集中度，以获取国有资本最大收益。积极推进与央企、市属国企及津冀企业的战略合作，实现股权多元化。按照市国资委关于实现国有资本证券化的要求，探索利用国内外多层次资本市场，打造上市公司平台的形式和路径，全力推进优质资源重组整合，放大国有资本功能，提高国有资本证券化率。在现有三级企业混合所有制占主导的条件下，进一步改善企业的股权结构，国有资本要根据产业和企业发展的状况，按市场化的原则实现有序进退。

作为一般竞争性企业，必须在完善国资监管体制机制上谋改革、促发展。积极探索控股公司及二级企业的管控模式。按照竞争类企业主要是提高核心竞争力，以资本效益最大化为主要目标的要求，将优化考核指标体系，注重对净资产收益和资产运营效率的考核，实现管理的精细化、差异化。在经营管理上，进一步完善现代企业制度，进一步形成董事会、监事会、经理层各司其职，协调运转、有效制衡的决策、执行、监督机制；积极推进职业经理人选用制度，完善市场经营机制，提升对市场的应变能力和快速反应能力。积极探索混合所有制条件下的激励约束机制。创造条件在经营团队、专业技术人员中实行股权激励机制；建立和完善以经济效益和可持续发展为考核重点的薪酬考核制度；积极探索和改进对企业负责人的管理办法，重点加强对国有出资人代表的管理，其他经营管理人员实行更加市场化的监管机制。

2015 年是打造新纺织的开局之年，是推进国资国企改革的攻坚之年，也是“十二五”收官、规划“十三五”的关键之年，北京纺织控股公司要抓住深化国资国企改革的重大机遇，聚焦首都战略定位，坚持改革创新发展，加快转型升级步伐，在完善体制机制、提高创新效率，突出重点业务领域、提升核心竞争力，集聚人才力量、强化人才支撑保障，扩大开放合作、优化资源配置等方面进一步进行探索与实践，为打造时尚科技服务新纺织而不懈努力。

（摘自纺织控股公司 2014 年度工作会议上的讲话）

大 事 记

1月

6日 中共中央总书记、国家主席、中央军委主席习近平在北京人民大会堂会见探月工程嫦娥三号任务参研、参试人员代表，并发表重要讲话。强调科技创新是提高社会生产力和综合国力的战略支撑，必须把科技创新摆在国家发展全局的核心位置。

8日 市政府办公厅召开轨道交通建设科技进步行动计划工作会议，审核通过北京市轨道交通建设管理有限公司提出的“对应2020年建设规划的科技进步行动计划”。

同日 中国第一瓶二锅头酒的诞生地和二锅头的发源地——北京前门源昇号博物馆重装开业。

8—9日 2014第四届中国智慧城市大会在北京新世纪日航饭店召开。大会研讨主题为“智慧城市是新型城镇化的必由之路”。市经济信息化委获得中国智慧城市杰出贡献奖。

10日 由成都中医药大学校长彭成领衔，华润三九医药股份有限公司合作研发的《参附注射液品质控制与产业化关键技术应用》获得国家科技进步二等奖。

15日 北京燕京药业有限公司开始供应甲巯咪唑片产品，首批61万片通过国药控股的销售网络发往17个省会城市。持续近一年的甲巯咪唑片市场短缺情况得到缓解。

26日 北京汽车动力总成研发基地在通州经济开发区东区落成。占地面积约10.6万平方米，由研发楼、试验室及试制车间组成。

本月 北京旷博生物技术有限公司开发、生产的艾滋病CD4检测试剂盒——“临床通用性CD4+ T淋巴细胞检测试剂盒”获得国家食品药品监督管理总局颁发的医疗器械注册证，该公司成为第一家获得该类产品注册证的中国企业。

同月 北京嘉博文生物科技有限公司联手中国环境科学研究院、清华大学等单位合作发明的“有机废物生物强化腐殖化及腐植酸高效提取循环利用技术”获得国家技术发明二等奖。

2月

8日 北京金隅股份有限公司正式获批中关村国家自主创新示范区高新技术企业。

11日 《北京市示范应用新能源小客车生产企业及产品审核备案管理细则》发布。

12日 北京纳米电子材料检测服务中心在怀柔区正式启动运行。

17日 京东方科技集团股份有限公司的BiTV通过中国电子技术标准化研究院首批4K超高清电视认证。

18日 北京北大先锋科技有限公司为华菱衡钢建成的第二套高炉煤气提纯机组热负荷试车成功。

19日 北京工业经济联合会召开第五届理事会四次会议。会议审议通过了2013年度工作报告、监事会报告，通报了副会长、高级顾问、特邀顾问、会员单位的变动情况。

27 日 市经济信息化委会同市财政局、市国土局等10余部门在北京市新闻办公室新闻发布厅联合召开《北京市促进中小企业发展条例》新闻发布会。

同日 北京机电行业协会换届大会在中国科学会堂召开。大会投票选举产生了北京机电行业协会第四届理事会、监事会，通过了《北京机电行业协会会费管理办法》。

月底 北京康蒂尼药业有限公司研发的1.1类新药吡非尼酮胶囊上市。

3月

1 日 《北京市促进中小企业发展条例》正式实施，该条例确立了北京市促进中小微企业发展的法律保障。

4 日 七星华创电子股份有限公司与美国 Ultra Clean Technology 在上海战略合作签约。根据协议，七星电子将与 UCT 共同研发适用于高端半导体生产设备的质量流量控制器产品。

6 日 市经济信息化委组织北京数字认证股份有限公司、东软集团（北京）有限公司、中国兵器集团公司工业信息中心、北京通达信科政务 OA 研发基地、北京家具协会等单位赴和田开展产业对接活动，向和田地区经济信息化委捐赠20台计算机以及办公自动化系列软件及配套设备。

同日 2014年重大技术装备进口税收政策工作会议在京召开。涉及2014年重大技术装备进口税收政策的修订内容、有关装备和产品目录、进口关键零部件和原材料清单调整情况。

7 日 市经济信息化委组织10多家北京 IC 企业、智能卡企业赴市政交通一卡通有限公司开展市政一卡通国产芯片应用推介对接工作。

同日 航天材料及工艺研究所军工固定资产投资项目通过验收。

8 日 北京新能源汽车股份有限公司成立，注册资本20亿元人民币。

同日 南车二七车辆有限公司研发的具有自主知识产权的160千米/时快捷集装箱专用车通过铁道科学研究院环形铁道动力学试验考核，空、重车最高实验速度为176千米/时。该车辆适用于运输冷鲜、时鲜、港口高附加值货物。

10 日 由市科委、市经济信息化委、中关村科技园区管委会、市投资促进局共同主办的“北京生物医药产业跨越发展工程（G20工程）二期工程 G20企业发布会”召开。华润双鹤药业股份有限公司再度入选 G20工程企业，同时获评 G20优秀企业，降压药0号获得突出贡献大品种奖。

11 日 北京新能源汽车股份有限公司与京东商城签署战略合作协议。根据协议，双方将在战略、业务层面达成多项合作和资源共享，共同推动新能源汽车研发和市场拓展，在两年时间完成京东物流体系5000辆纯电动物流车的应用。

同日 市经济信息化委会同市科委发布第一批第二期《北京市示范应用新能源小客车生产企业及产品目录》。第一批两期共有北汽、比亚迪、上汽、江淮、长安、华晨宝马等6家企业的7款纯电动小客车产品进入该目录，可在北京市场销售。

同日 十届全国人大常委会副委员长盛华仁到北方微电子公司进行产业调研，他表示将对北方微电子公司产品市场开拓予以支持。

16 日 北京金隅砂浆有限公司的“加快尾矿综合利用先进适用技术推广应用”被推荐为北京市首批尾矿综合利用示范工程，该公司成为北京市唯一获此殊荣的砂浆生产企业。

18 日 北京通用航空产业基地与北京通用航空有限公司、新西兰太平洋航空航天有限公司签署共同建设中新航空产业园协议，北京通用航空有限公司与新西兰太平洋航空航天有限公司签署全面战略合作框架协议。新西兰总理约翰·基和北京市市长王安顺出席签约仪式并致辞。

21 日 中共中央政治局前常委、国务院前副总理李岚清一行调研北京新能源汽车股份有限公司。参观了北京新能源股份有限公司的总装车间、产品展示区、新能源汽车体验中心，试乘试驾了北汽 C70GB 纯电动轿车，出席了北汽新能源汽车股份公司揭牌仪式和新能源汽车推广工作座谈会。

25 日 由北京工业大学、北京北一机床股份有限公司完成的“重型龙门数控机床大型结合面关键技术研究与应用”获得北京市科学技术二等奖。

26—27 日 市经济信息化委与承德市工信局在滦平县共同组织召开工业园区产业对接恳谈会。与会单位就园区基础设施配套、土地使用和政策优惠等发展环境进行了沟通。

27 日 基于国产智能穿戴设备平台的国产穿戴式设备——Tick 智能手表发布面市。

28 日 拜耳医药保健公司与北京市在德国勒沃库森签署投资协议，决定在京新增投资 1 亿欧元，用于扩建全自动物流设施、分析实验室和高速包装生产线。习近平主席和德国总理默克尔出席签约仪式。

同日 在国家主席习近平和德国总理默克尔的共同见证下，北京汽车集团有限公司与戴姆勒股份公司签署合作协议。根据协议，戴姆勒公司将扩大在华业务并深化与北汽集团的战略合作关系。双方已陆续投入北京奔驰公司 40 亿欧元，其中 10 亿欧元用于扩大乘用车和发动机的产能。

29 日 北京五木服装有限责任公司与新疆和田霸丽穆商贸公司在京签署合作协议。本次合作是和田地区首次与北京市的服装企业进行的战略合作。

本月 金风科技与亦庄供电公司签订“分布式电源”并网售电协议，成为国家电网颁布“分布式电源并网售电协议”后国内首家实现自发自用剩余电量上网的风机制造企业。

4 月

2 日 副市长张工调研北京电子控股有限责任公司下属企业。张工希望电控公司进一步转变职能，解放思想，利用好中关村地区的技术、人才优势，通过合作加强自身实力，利用先进技术缩短发展进程，利用正在开展的京津冀合作契机，把不符合首都功能定位的产业转移到周边地区，腾出资源和精力重点发展有一定技术和市场优势的产业。

同日 北汽广州公司生产基地建成投产，首辆新车下线。

4 日 海军副司令员丁一平、副参谋长张建昌一行，赴蓝鲸园考察“海军与北京市军民融合深度发展实践探索成果展”准备情况。

9 日 内蒙古自治区经济信息化委与北京市经济信息化委在京进行产业对接并签署合作框架协议。

10 日 长安街西延线首钢厂区工程启动。

11 日 北京金隅集团有限责任公司启动“京贸通——北京市首家中小微企业外贸综合服务平台”。

14 日 北京市温暖基金会同仁堂“仁爱”专项基金设立。

15 日 在“2014 中国（北京）国际技术转移大会”开幕式上，华润双鹤药业股份有限公司被授予北京市“慢性病药物研究与开发北京市国际科技合作基地”。中共北京市委副书记、市长王安顺出席大会。

16 日 市经济信息化委组织召开新材料领域军民融合项目专家评审会，初步筛选出首批 15 个新材料领域军民融合项目。

17—18 日 中共北京市委副书记、市长王安顺，副市长张工以及市有关委办局领导到首钢京唐公司调研，实地了解企业发展情况、慰问一线职工。

18 日 由 100 万吨 / 年柴油加氢精致装置改建而成的 50 万吨 / 年 RLG 装置产出合格汽油。该项目是中国石化“十条龙”攻关项目。

20 日 北汽绅宝第二款自主品牌车型绅宝 D50、长安紧凑型城市 SUV–CS75 在京上市。

同日 北汽集团与西门子在 2014 北京车展上签约，组建北京西门子汽车电驱动系统有限公司。

同日 由北京电控爱思开科技有限公司（BESK）生产的汽车用动力电池包首次亮相第十三届北京国际汽车博览会。该产品搭载在 C33DB 和 C70GB 两款纯电动车上，开启了汽车用动力电池市场的新纪元。

22 日 北京服装纺织行业协会第九届会员代表大会暨九届一次理事会在京召开。大会审议通过了上届《理事会工作报告》和《监事会工作报告》；审议通过了《北京服装纺织行业协会章程》《理事会理事、监事会监事选举办法》《会员会费管理办法》，选举产生了 179 名第九届理事会理事、5 名监事会监事。

同日 《北京首钢股份有限公司关于重大资产重组资产完成过户的公告》和《北京首钢股份有限公司股份发行及新增股份上市公告书》在深交所指定的证券报刊和网站公开披露。自 2010 年底首钢位于北京市石景山区的钢铁主流程全部停产开始，历时 3 年多的首钢股份重大资产重组工作完成。

23 日 2014 年 APEC 第 20 次汽车对话会议开幕式在北京会议中心召开。会议主题为“绿色驱动、合作共赢”。工信部副部长、党组副书记苏波，北京市政府副秘书长朱炎出席会议并致辞。

同日 福田康明斯大功率高效清洁柴油发动机项目投入试生产，项目产能 3 万台，产值 50 亿元。

25 日 北京现代全系小型 SUV 概念车 ix25 全球首发。

26日 丹麦女王玛格丽特二世前往诺和诺德中国研发中心访问。她参观了中心的研发实验室，了解正在开展的研究项目，对中心取得的成就高度评价。

28日 北京化工大学与奥星集团“校外人才培养基地”签约。

29日 北汽福田戴姆勒在京举行首批符合北京新地标建筑垃圾运输车辆交付仪式。

本月 北京智飞绿竹生物自主研发的AC−Hib三联疫苗通过国家药监局注册审批，进入产业化阶段。智飞绿竹新疫苗生产基地项目总投资约4亿元，设计产能3000万支。

同月 “蓝鲸”军民融合创新平台项目南楼建设完工，投入使用。

5月

5日 市经济信息化委与南阳市人民政府在南阳市签署南水北调产业项目对口协作合作框架协议，双方将在产业协作、产业园区、企业人才和建立长效合作机制4个方面加强协作。

6日 《北京技术创新行动计划（2014—2017）》新闻发布会在北京新闻出版大厦举行。市经济信息化委副主任姜贵平从突破新一代通信芯片、移动智能终端系列芯片等一批高端芯片的核心技术，加快推进OLED、柔性显示等新型显示的技术研发及产业化，支持新一代移动通信及相关产业终端产品研制等方面回答了记者提问。

同日 北京御食园食品股份有限公司正式在新三板挂牌。公司证券简称：御食园；证券代码：430733。

12日 市经济信息化委主持召开东方化工厂停产转型人员安置会，要求积极稳妥地推进人员安置和调整转型工作，确保首都的安全稳定。

15日 小米在京召开新产品发布会，推出小米电视2代和小米平板两款全新产品。

同日 北京新能源汽车应用推广中心启动。

同日 北京金隅股份有限公司与北京工业大学签署战略合作框架协议。随后，北京市琉璃河水泥有限公司、北京建材科研总院和北京金隅红树林环保技术有限责任公司分别与北京工业大学就“材料工业流程环境负荷诊断改进”“混凝土结构修补新材料”“‘城市矿产’废旧资源回收与利用”项目签署合作协议。

16日 北京隆达控股公司所属北京北箱信发包装有限公司和北京赛欧科园科技孵化中心有限公司联合创建的科技文创产业园项目启动。

同日 副市长张工主持召开工业污染调整退出座谈会。张工强调，认清调整退出的背景与任务，明确调整退出的路径与目标，多措并举做好调整退出工作。10月底前确保完成全年调整退出300家污染企业的工作任务。

17日 北京市琉璃河水泥有限公司“利用水泥窑处置垃圾焚烧飞灰工程”获得第三届中国工业大奖表彰奖。

25日 紫光集团与天津空港经济区签订投资框架协议，5年内投资50亿元，在天津空港开发区打造总占地面积46.67公顷、规划建筑面积约60万平方米、以集成电路产业为核心的“天津清华紫光科技园”。

本月 北汽福田汽车股份有限公司被工业和信息化部认定为2013年工业企业品牌培育示范企业，是42家示范企业中唯一以整车为主要产品的汽车企业。

同月 同方威视与清华大学共同申请的“物质识别方法和设备”获得北京市第三届发明专利奖一等奖。

同月 “月宫一号”——空间基地生命保障人工闭合生态系统地基综合实验装置成功，完成国内首次长期多人密闭试验。

同月 二七轨道交通装备有限责任公司研制的具有自主知识产权的GMC16A型钢轨打磨车交付深圳地铁公司。

同月 北京同仁堂科技有限公司大兴生产基地建设项目开工，总投资10.9亿元。

6月

3日 德国费森尤斯集团董事会主席施耐德率公司9位高层管理人员在大兴生物医药产业基地举行“中国日”活动，以推动企业在华发展，并推进在京建设的产业化项目。

4 日 首都北斗区域应用示范项目"基于北斗的农机高效作业和精确调度示范项目"现场演示会在密云河南寨农机专业合作社召开。项目试用时间近 4 个月，完成终端安装 2000 台，开通 40 多家农机服务。

6 日 副市长张工主持召开工业固定资产投资运行分析专题会议。听取了市经济信息化委主任张伯旭汇报后指出，做好调整疏解非首都核心功能，落实清洁空气行动计划，要继续抓好重大项目建设，加快构建"高精尖"产业体系。

同日 华润紫竹药业有限公司的米非司酮片（10 毫克）增加治疗子宫肌瘤适应症（化学药品 1.6 类）注册申请，获得国家食品药品监督管理总局批准。

7 日 北汽福田与美国康明斯公司举行"欧六及 LNG 清洁能源科技创新项目签约仪式"。双方在提升重型发动机耐久性、动力性，加快排放标准向非道路用四阶段和道路用六阶段水平的升级，以及共同开发 LNG 发动机等方面进行合作。

同日 康明斯 ISG 重型发动机在北京昌平福田汽车工厂内量产，同时宣布搭配该发动机的福田戴姆勒欧曼 GTL 超能版上市。

8 日 工信部在河北石家庄召开京津冀产业协同发展工作座谈会。工信部党组成员、总工程师朱宏任要求三省市经济和信息化主管部门积极推进三地产业协同发展和科学有序转移。

9 日 第八届中国北京国际节能环保展览召开。本次展会以"节能低碳，清洁空气"为主题，国内外参展企业 346 家，其中北京企业 234 家，150 多家涉及环境治理，400 多项清洁空气技术和产品进行展示。

10 日 市科委会同市发展改革委、市财政局发布《北京市示范应用新能源小客车自用充电设施建设管理细则》和《北京市示范应用新能源小客车财政补助资金管理细则》。

同日 国务院明确 2014 年各地黄标车及老旧车淘汰任务，总计下达黄标车及老旧车淘汰任务 600 万辆，其中北京年内淘汰 39.1 万辆黄标车及老旧机动车。

同日 市经济信息化委在乡企大厦召开第三次全国经济普查工业普查发展报告编制筹备会。会议商讨明确了报告的编制思路、呈现形式、主要架构、涵盖重点、时间进度和人员分工。

同日 北京化工信息中心成立。该中心是以互联网信息采集分析为基础，结合人工输入方式形成的全面、权威的化工相关信息的展示发布平台。

11 日 在中国国务院总理李克强与意大利总理马泰奥 · 伦奇的见证下，北汽集团－北京通用航空公司与芬梅卡尼卡集团－阿古斯特维斯特兰公司在人民大会堂签署合作谅解备忘录，共同服务中国直升机市场。

12 日 由市财政资金提供 486 万元贴息补助、华润紫竹药业承担的北京市工业发展资金项目"第三代避孕药系列产品的产业化及国际化项目"通过现场评审和验收。

19 日 北京市安全可靠解决方案联合实验室挂牌成立。

24 日 北京化工集团所属北京化工厂彩胶中试项目通过竣工验收。该工程 2013 年 8 月 13 日开始建设，2013 年 11 月底具备投料试车条件，投资 1251 万元。

26 日 副市长张工赴中石化集团总部，与中石化集团副总经理李春光就东方化工厂调整转型工作进行对接。双方明确建立沟通协调机制，定期交换意见，以做好职工安置为核心，扎实推进各项工作。

同日 北汽动力 CVT－B 变速器量产下线，填补国内自主中型 CVT 变速器空白。

27 日 北京化工集团所属北京市化学工业研究院年产 8000 吨阻燃工程塑料技术改造项目通过竣工验收。

28 日 北人户外文化产业园正式开园。

29 日 华润医药集团荣获"2013 年度中国医药工业百强企业"第四名。

30 日 华润紫竹药业有限公司被联合国人口基金会（UNFPA）确定为合格供应商。

本月 同方威视技术股份有限公司为巴西世界杯 12 个举办场馆中的 11 个球场提供近 600 台先进的安检设备和服务，并为在巴西后续召开的金砖五国会议和中巴和谐合作 40 周年庆祝活动提供了配套的安检设备和服务。

同月 北京华宇创新钽铌科技有限公司生产线投入使用。该生产线 2013 年 3 月开工建设，11 月竣工。固定资产投资 1.2 亿元，占地 0.87 公顷。主要生产镀膜钽喷丝头专利产品，建有年产喷丝头生产能力 40 万 ~80 万只的生产线。

7月

1日 位于顺义区北务镇的格格时尚创业产业基地奠基。一期工程总投资5800万元，建设总面积28750平方米。

2日 小米科技有限公司在京发布小米4手机。

5日 中共北京市经济和信息化委员会机关第二次党员代表大会在北京社会主义学院召开。会议通过了《代表资格审查报告》《党费收缴、使用和管理情况报告》《大会主席团和秘书长建议名单》《大会议程》《大会选举办法》《大会总监票人和监票人名单》《机关党委、机关纪委委员候选人名单》《机关党委工作报告决议》《机关纪委工作报告决议》，差额选举产生了9名机关党委委员和5名机关纪委委员。

7—8日 北京市、天津市、河北省、内蒙古自治区国防科技工业主管部门联合召开三级国防计量技术机构行政许可事项研讨会。会议对行政许可工作所涉及的输出事项，包括机构、标准、人员的证书等的一致性问题达成共识，形成了指导"京津冀蒙"各地三级国防计量技术机构行政许可工作纪要。

10日 市减轻企业负担领导小组召开联席会议，部署贯彻落实国务院办公厅《关于进一步加强涉企收费管理减轻企业负担的通知》任务。

同日 由北京市职工技术协会和北京金隅集团（股份）公司工会组织的2014年北京市"职工技协·金隅杯"第一届水泥企业化学分析与物理检验大赛总决赛在北京金隅科技学校举行。

12日 北汽福田公司在肯尼亚的KD工厂投产，并举行商用车产品首发式。中共中央政治局委员、北京市委书记郭金龙，肯尼亚参议院议长埃奎·埃苏罗，中国驻肯尼亚大使刘显法出席投产仪式。北汽福田肯尼亚工厂年生产能力为1万台，包括皮卡、轻卡、轻客、欧曼重卡等多种产品。

13日 北京新能源汽车股份有限公司主办的卫蓝先锋行动首批200名车主代表交车暨北京绿色出行大使受聘仪式在北汽新能源采育工厂召开。潘晓婷、顾俊、高敏、杨凌4位世界冠军受聘担任"北京绿色出行大使"。

14日 北京化工集团所属北京市化工职业病防治院获得市编办同意，加挂"北京市职业病防治研究院"牌子。

15日 北京国际酒类交易所启动。

同日 北京隆达控股公司所属企业北京华盾雪花（固安）塑料新材料建设项目在固安工业园区启动。

19日 紫光集团宣布以9.07亿美元的价格，收购锐迪科微电子。

21日 "北京市国家北斗卫星导航区域应用示范项目合同"通过专家审查。

同日 北京金隅股份有限公司的"院士专家服务中心"，北京建筑材料科学研究总院的"院士专家工作站"正式授牌。

25日 北京奔驰全新长轴距C级轿车下线，主要车型为C200L和C260L，首次装配北京奔驰国产发动机，轴距2920毫米。

26日 北京金隅砂浆有限公司年产40万吨干混砂浆生产线（平谷）项目投产。

29日 华润赛科"缬沙坦胶囊"获得2014年北京"高端非专利药物研发"专项资金100万元。

本月 市国防科工办组织编写的《北京市地方军工史》通过了国防科工局组织的第一轮专家审读。

同月 天源科创风电技术公司通过全球知名认证公司T·V NORD的风电运维服务能力评估，成为国内首家通过该公司认证的风机运维服务企业。

同月 雅安三九中药注射液质量升级技术工程项目通过工信部和国家发展改革委审批，列入2014年中央投资预算内投资计划，获得647万元资金支持。

8月

4日 2014年亚太经合组织会议（APEC）赞助签约仪式在北京国际饭店举行。牡丹集团入选APEC赞助商，是品牌赞助商中唯一电子企业。副市长程红为赞助商颁发荣誉证书。

5日 市国防科工办召开"十三五"规划编制工作启动会，宣布成立北京市国防科技工业"十三五"规划工作组织机构。

6—21日 为做好APEC高官会期间空气质量保

障工作，强化工业污染减排，按照市政府有关要求，部分市属国有企业分批实行停产（压产）轮休，减少污染物排放和人员、车辆出行。

8 日　市经济信息化委主任张伯旭主持召开在京重点央企座谈会，就落实中央加强京津冀一体化建设、大力发展高精尖产业、加快转型升级等情况进行汇报和交流。

同日　首届中国集成电路产业创新千人论坛在京召开，近 40 位中央“千人计划”专家讲述回国发展经验体会，为中国集成电路产业发展建言献策。

12 日　市经济信息化委副主任樊健主持召开《北京市新增产业的禁止和限制目录(2014 年版)》宣贯会。会议进行了政策解读和宣贯，通报了工业固定资产投资、行政审批改革以及工业用地供应联审等工作进展情况。

16 日　中央政治局委员、北京市委书记郭金龙到电控公司调研市属国资国企改革发展情况，强调要把科技创新和深化改革作为企业发展的动力。

18 日　拜耳医药保健有限公司工厂扩建项目在北京经济技术开发区奠基。项目利用拜耳集团在亦庄的原有土地，计划投资 8 亿元人民币，建设符合国际标准的药品生产和包装线。

19 日　北京市中小企业创业投资引导基金与第七批合作创投机构签约。合作创投机构包括天津英诺创业投资合伙企业、中企汇安资产管理有限公司、深圳国泰君安力鼎君鼎一期创业投资基金、嘉盛兴业（北京）投资有限公司等。

20 日　同仁堂海外医师进修工作室在京成立。

21 日　市经济信息化委中小企业处承担的“关于加强北京市中小企业创业投资引导基金管理的研究”课题，研究室承担的“如何发挥北京产学研合作中产业主导作用”课题，在北京市调查研究工作会上分别获得二等奖。

25 日　联想国家级工业设计中心揭牌。

同日　南车二七车辆有限公司研制的兼具双层运输乘用汽车和装载普通货物两种功能的 SQ7 型运输汽车—普货两用车样车，通过中国铁路总公司科技管理部、运输局车辆部和运输局营运部组织的专家试用评审。

同日　北京琉璃河水泥有限公司提供技术服务的尼日利亚 IBESE 项目二期 D 线 6000T/D 熟料水泥生产线一次性点火成功。

26 日　北汽福田公司与北京公交集团举行“车辆技术保障平台启动仪式暨首批服务保障车交车仪式”，进一步完善公交车辆服务保障体系。

28 日　市经济信息化委获得 2014 年北京市安全月活动优秀组织奖。

本月　北京星光影视设备科技股份有限公司生产科研基地项目开工，总投资 10 亿元。

同月　福田戴姆勒汽车 OM457 发动机项目破土动工。该项目引进戴姆勒先进技术，生产欧 V~VI 排放标准发动机，设计年产 45000 台。该项目计划投资 21.3 亿元。

同月　有研粉末新材料（北京）有限公司投资 8000 万元，收购重庆机电集团所属重庆有研重冶新材料有限公司 51% 股份，同时接管该公司 160 名职工。

9 月

3 日　北京展团在第三届中国国际新材料产业博览会上获得 7 个奖项。其中，市经济信息化委获得最佳组织奖和先进个人奖，首钢总公司、北京金隅集团、北京达博有色金属焊料有限责任公司、北京天山新材料技术股份有限公司和北京京西创业投资基金管理有限公司 5 个企业获得产品金奖。

4 日　首次两化融合管理体系贯标对接交流活动在京举行。会议围绕两化融合管理体系的理解、贯标咨询服务的内容、贯标基本方法和流程、咨询经验和案例等进行了宣讲。

同日　怀柔区颐寿园（北京）蜂产品有限公司的“颐园”注册商标被认定为中国驰名商标。

5 日　中关村核心区军民融合产业联盟成立。该联盟旨在有效整合中关村核心区军民融合科技创新资源，加快军地科技资源共享与成果转化，引导民口高新技术企业参与国防建设，助力国防军工科技成果转化，促进军民融合工作深度发展，打造海淀区的“高精尖”经济结构。

12 日　市经济信息化委、市食药监局组织全市化药及中药企业共 143 家召开京津冀医药产业合作说明会，就开展产业转移合作工作进行布置。9 月 23 日又召开京津冀医药产业合作园区推介会，为全市化学原料药、中药提取和中药材前处理3个生产环节寻找区域合作机会。

13日 第27届全国国防后备力量建设新闻人物颁奖典礼在天津举行。市无线局陆恭超获得“全国国防后备力量建设新闻人物荣誉奖”。

15—16日 市经济信息化委组织北京（曹妃甸）现代产业发展试验区产业对接。葛洲坝集团、宏福集团、三一重工、城建重工、燃气集团、特普丽等重点企业与首钢总公司进行了专场对接。

17日 北京第七九七音响股份有限公司通过美国海关C-TPAT验证。

18日 北京医疗器械与生物技术产业创新联盟换届大会在北京经济技术开发区举行，大会选举产生第三届联盟理事会领导集体。

同日 北京太尔时代科技有限公司全球发布其研制的3D打印机新品——UP BOX。该产品将成型空间增加到255毫米 ×205毫米 ×205毫米，打印最小分层达到0.1毫米，打印速度提高了30%。

22日 北京市34条夜班车线路全部上路，车辆安装了北斗终端，实现智能调度。

同日 燕山石化年产9万吨的丁基橡胶装置开车成功，产出合格产品。

24日 国家集成电路产业投资基金在北京设立。

同日 华润双鹤重点产品注射用牛肺表面活性剂（珂立苏）被列入《2014年度国家重点新产品计划立项项目清单》，成为2014年度国家重点新产品。

25日 首钢老工业区改造调整意见和实施计划新闻发布会在市发展改革委召开。

28日 北京化工集团所属北京华腾橡塑乳胶制品有限公司乳胶和橡胶技改项目通过竣工验收。

同日 三元集团河北工业园成立，计划年产4万吨婴幼儿配方奶粉以及25万吨液态奶，形成产销一体化、现代化的乳品加工基地。

29日 国防科工局在京举办高分二号卫星首批影像图发布仪式，标志中国遥感卫星进入亚米级时代。

10月

9日 燕山石化东区锅炉改造一期工程410吨/时CFB锅炉投产并气，11月21日发电机组并网发电，标志一期工程完成。

10日 北京现代小型SUV IX25上市，共有6款细分车型，排量为1.6L或2.0L，市场价格在11.98万~17.98万元。

13日 市经济信息化委组织召开“APEC期间工业企业停限产工作动员部署会”。会议要求严格落实属地责任，制定会议期间工业企业停限产方案；加强督察检查，会议期间每天对辖区内停产、限产企业进行检查，确保停产、限产措施落实到位；引导其他工业企业，通过倒休、安排设备检修等方式主动进行停产和限产。

同日 燕山石化碳八抽提苯乙烯装置完成改造一次开车成功。

15日 市经济信息化委产业援建和区域合作服务平台新版网站上线运行。

16日 北京工美集团有限责任公司与承德市人民政府签署战略合作框架协议，双方将在品牌、产业、产品、展览展销、人才培养建设等多个领域开展合作。

同日 “第十六届北京市工业和信息化职业技能竞赛”首钢赛区决赛启动仪式在首钢京唐公司举行。

同日 市经济信息化委编纂出版的《北京工业年鉴（2013）》荣获北京市首届年鉴综合质量评比一等奖。

20日 北京企业联合会组织的2013–2014年北京优秀企业家表彰大会在北京会议中心举办。42人荣获北京优秀企业家称号，41人荣获北京优秀创业企业家称号。

21日 曹妃甸区政府联合市经济信息化委在京召开京津冀协同发展暨北京（曹妃甸）现代产业试验区政策研讨会。

23日 京东方科技集团股份有限公司（BOE）发布公告，与成都市政府签署项目投资合作协议，在成都高新区投资建设第6代LTPS/AMOLED生产线。

25日 北二机床研发的“曲轴柔性、精密、高效磨削加工关键技术与成套装备”，获得中国机械工业科学技术奖特等奖。

26日 国内首颗低轨移动通信卫星——灵巧通信试验卫星完成全部在轨测试试验。灵巧通信试验卫星重约130公斤，在高度约为800公里的太阳同步轨道运行。

28日 数字化医疗3D打印协同创新联盟在京成立。

29日 北京轻工技师学院挂牌。

同日 北车轨道交通装备产业园项目协调推进会在房山区高端制造业基地召开。市政府副秘书长朱炎要求：一是产业园项目要按照已确定高精尖产品结构抓紧建设，争取明年6月份建成投产；二是产业园建设要考虑城市轨道交通装备研发制造和运营服务能力，提供城市运营保障功能；三是要积极推进北京城市轨道交通产业资源整合，做大做强城市轨道装备产业；四是要整合要素资源，尽快启动丰台轨道交通科技园规划建设；五是要抓住南北车两大集团合并的机遇，加强城市轨道交通产业新模式、新业态的研究。

30日 首都机场纯电动摆渡车投运仪式在T3航站楼举行。首批投运的17辆纯电动摆渡车，用于APEC服务保障和航站楼间旅客摆渡。仪式上，国内首个综合型机场电动汽车充电站启用，配套4个450千瓦直流充电桩、25个37.5千瓦直流充电桩和25个交流充电桩。

本月 中科信电子装备有限公司承建的15兆瓦光伏屋顶并网发电。该系统年均发电量1519万千瓦时，相当于节约标煤5088吨。

同月 北京华盾塑料新材料产业基地破土动工。

同月 市经济信息化委组织20余家医药企业集体赴河北沧州临港经济技术开发区、天津蓟县上仓工业园实地考察，召开原料药提取环节转移研讨会。

11月

1日 北京时装之都建设系列活动之开场首秀“北京时装之都10周年·爱慕之夜”在顺义爱慕时尚工厂举办。

2日 市经济信息化委召开APEC保障动员部署会。

同日 北汽福田公司与北京公交集团在怀柔区举行“700辆纯电动客车签约暨首批30辆纯电动公交车交车仪式”。

2—11日 全市工业系统396家企业采取停限产措施。其中，市级重点工业企业141家，怀柔区补充停限产企业130家，应急启动停限产企业125家，完成APEC空气质量保障任务。

5日 首钢迁安钢铁公司召开两化融合管理体系贯标启动会。

6日 市经济信息化委组织召开减轻企业负担联席会议。

13日 二七装备公司中标中国铁路建设投资公司40台交流传动六轴7200千瓦货运电力机车。

13—14日 第十届中国国际航空航天博览会在珠海举行。北京市20多家相关参展企业召开北京通航产业专题座谈会，围绕《北京通用航空产业指导意见》座谈。

14日 北京工美集团的《四海升平》景泰蓝赏瓶、《繁花》手包套装和《和美》纯银丝巾果盘在2014亚太经合组织（APEC）会议国礼推广发布会上展示。

同日 首届军事训练器材与先进技术展览在京举办。展览涵盖了模拟仿真、靶机靶标、无人飞行器、网络通信、作战试验系统等专业领域。

15日 北京红星股份有限公司申报的“健康因子功能菌在红星蓝瓶二锅头酒生产工艺中的研究与应用”项目，荣获“2011—2013年度中国食品工业协会科学技术奖”一等奖。

17日 副市长张工会见美满电子公司（Marvell）总裁戴伟立一行。张工听取了美满电子公司与中国移动合作，共同研发TD-SCDMA和TD-LTE芯片的进展情况后表示，北京市将大力支持美满电子在京的发展计划。希望美满电子公司在北京快速发展的同时，加强与本地企业的合作，带动上下游产业共同发展。

同日 加快西部地区转型发展，推进“世界侨商创新中心”建设战略合作协议在文馆签署。

18日 北京化工集团与华夏银行北京分行签订“战略合作协议”，华夏银行给予集团公司16亿元综合授信额度。

同日 “北京市物联网应用支撑平台”通过竣工验收，是国内第一个城市运行领域的物联网平台。

19日 市经济信息化委组织市统计局、中国宏观经济学会、首都经济贸易大学专家学者召开高精尖产业评价指标体系研讨会。

20日 市经济信息化委召开《北京市工业污染行业、生产工艺调整退出及设备淘汰目录（2014年版）》（简称《目录》）宣贯会。列入《目录》的105项行业、生产工艺在2017年底前调整退出，50项落后设备立即淘汰。

21日 国家主席习近平见证北京同仁堂新西兰综合养生保健中心项目签约。

25日 北汽新能源向天津申通、全峰、中通、德邦4家物流公司共交付300辆威旺307纯电动物流车，用于末端物流配送。此次车辆交付是国内规模最大的纯电动快递物流车批量投放。

26日 北京化工集团所属北京化学试剂研究所电解液厂房复建项目，北京华腾天海环保科技有限公司溶剂回收装置大修改造项目竣工验收。

28日 北京京城环保股份有限公司工程技术中心通过国家环境保护污泥处置和资源化利用工程技术中心验收。

本月 北京广利核系统工程有限公司自主研制的国内首套核安全级仪控系统（DCS）产品，通过德国莱茵公司认证。

12月

1日 二七装备公司举行出口刚果（金）38台内燃机车项目首台机车落成仪式。

同日 北京“时装之都”建设十周年座谈会在首都大酒店召开。会议主题是：文化引领、品牌创新、产业提升，共建“时装之都”。

3日 同仁堂安宫牛黄丸制作技艺获入第四批国家级非遗扩展项目名录。

8日 位于北京顺义区马坊镇的石佛寺临时起降点获批，可以满足单发螺旋桨飞机和直升机起降需求。

10日 市经济信息化委联合市环保局召开市级以上工业开发区生态化建设工作部署会。

10—11日 市经济信息化委组织召开北京市减轻企业负担工作会。

11日 市经济信息化委组织召开北京智能制造装备产业发展座谈会。就工业4.0以及新一轮科技革命和产业变革背景下国际智能制造前瞻技术、发展现状及未来趋势，京津冀一体化和区域协同发展大背景下，如何疏解北京非核心功能、构建高精尖经济结构、未来北京智能制造装备产业的发展等进行了探讨。

11—12日 市政府外联办组织全市16个区县、60个部门召开服务中央单位和驻京部队联系人工作会。

12日 南车二七车辆有限公司与中国机械设备工程股份有限公司签署阿根廷贝尔格拉诺货运铁路改造项目通用平车《供货合同》。合同数量300辆份，包括宽轨、准轨和米轨三种平车产品，合同金额过亿元人民币。同日，EN15085轨道车辆焊接质量体系通过德国GSISLV.Duisburg公司和哈尔滨焊接技术培训中心审核。

16日 “E起轻生活——北汽新能源品牌主张暨新品发布会”在京举行。北汽新能源旗下两款全新重磅级纯电动汽车EV200与ES210上市。

17日 国家高分辨率对地观测系统北京数据管理办公室成立，负责统筹北京地区高分专项数据接入、管理、分发等工作。

18日 中国智能制造产业技术创新战略联盟成立大会暨第一届理事会在北京召开。

同日 二七装备公司生产的DF7G-E型内燃机车获得爱沙尼亚技术监督局注册登记。

同日 北京化工集团原化二部分房屋内外装修项目正式开工。

19日 市经济信息化委在曲美家具集团股份有限公司顺义工厂组织召开北京市家具行业节能减排工作交流会。

25日 二七装备公司与美国底特律重卡公司签订联合开发220吨自卸车合作协议、与新疆广汇集团签订矿用电动轮自卸车销售意向协议、与北车股份公司及底特律重卡公司就电动轮矿车项目签订战略合作协议。

同日 二七装备公司生产的BR711C型接触网多功能综合作业车通过中国铁路总公司科技管理部技术评审。29日，接触网多功能综合作业车取得国家铁路总局设计、制造行政许可证。

同日 北京汽车股份有限公司在香港联合交易所上市，发售1238820000股H股，股价为8.9亿港元，募集资金超过110亿港元。

26日 北京无人机应用系统工程技术研究中心揭牌成立。

28日 京能集团与京煤集团合并重组，重组后名称为“北京能源集团有限责任公司”。

29日 北汽集团与河北省政府签署战略合作框架协议，确定北京现代第四工厂落户河北沧州。

30日 北京市、河北省和天津市开发区协会协同发展圆桌会议在天津举行。中国开发区协会与北京、河北、天津开发区协会四方共同签署了《推进京津冀开发区协同发展战略合作框架协议》。

31日 北汽新能源生产的500辆城区电动出租车

投入运营。

同日 二七装备公司举行 HXN3B 调车机车和 HSM 钢轨铣磨车落成仪式。

同日 北京北大先锋科技有限公司被市经济信息化委评定为北京市企业技术中心。

本月 2014 年冶金产品实物质量认定名单揭晓，首钢共有 11 项产品实物质量达到国内先进水平，被中国钢铁工业协会授予“金杯奖”。

同月 首钢西十筒仓改造项目在第三届亚太商业地产建筑设计效能高峰论坛上荣获“亚太商业先锋大奖”。

同月 经市国资委和北京隆达控股公司批准，北京北泡集团有限公司对北京市北泡实创门窗有限公司实施国有资产退出工作。北泡集团所持有的实创门窗公司 40% 股权，按照国有资产转让相关程序全部转出，完成工商变更。

同月 北京奥康达体育用品有限公司投资 8000 万元，在雁栖开发区建成的新工厂投入使用。

同月 北京和利时系统工程有限公司研制的大型综合智能测控系统在北京地铁 14 号线投入使用。

年内 京东方科技集团加入美国麻省理工学院全球产业联盟，成为其在中国大陆的首家显示领域高科技企业会员。

年内 工信部会同中国纺织工业联合会确定的“2014 年重点跟踪培育服装家纺自主品牌企业”120 家名单中，北京入选 11 家，占全国的 9%。

年内 京东方 TPC 模组生产线项目投产。

年内 燕山石化公司落实清洁空气行动计划，开展“碧水蓝天项目”，减排挥发性有机物约 1.18 万吨。

年内 新首钢高端产业综合服务区整体转型改造的启动项目——创意广场项目首期主体结构改造完工。

年内 市经济信息化委以实施高技能人才培养带动工程为依托，组织第十六届北京市工业和信息化职业技能竞赛，2 万余名高级技工参赛。

年内 北京市认定 63 家企业技术中心，10 家企业获批国家级技术中心，3 家企业获批国家技术示范企业；推动 90% 以上试点企业建立了知识产权制度。

年底 微软宣布关闭收购的原诺基亚北京工厂，诺基亚通信公司正式退出中国制造业。

2014年总述

2014年，全市经济和信息化系统在北京市委、市政府的正确领导下，深入学习贯彻习近平总书记系列重要讲话，统筹协调、大胆探索、努力破题，主动调整疏解不符合首都城市战略定位的产业，构建高精尖产业体系，推进京津冀协同发展，实现经济和信息化发展稳中有进、稳中提质。

经济运行总体平稳，全市工业实现增加值3746.8亿元，同比增长6.0%，占全市地区生产总值比重的17.6%。产业结构调整升级效果明显，规模以上工业税收增长11.4%，利润增长18.2%，接近全国平均增速的6倍；战略性新兴产业增加值增长17.9%，接近工业平均增速的3倍；全员劳动生产率提高10%，达到人均30.9万元，接近全市平均水平的两倍。绿色发展成效显著。组织实施北京奔驰产品升级等100余项重点技术改造项目，规模以上工业万元增加值能耗同比下降11%，提前完成“十二五”工业节能降耗目标。项目投资择优选强，124个市级重大产业项目建设，累计完成固定资产投资209.3亿元。区域协同成效显现。京津冀产业合作全面深化，北京现代四工厂、张家口云计算产业基地等一批项目开工建设或签约落地，四方继保保定基地、精雕科技廊坊基地等一批项目建成投产。北京－沧州生物医药产业园正式落地，22家企业签约入驻，涉及总投资61亿元。

产业规划与政策。年内，市经济信息化委在产业规划方面，积极配合国家相关部委编制京津冀协同发展规划，研究提出产业合作思路建议，推动建立交流机制，为三地产业发展蓝图的一体化奠定了基础。编制完成《北京（曹妃甸）现代产业发展试验区产业发展规划（初稿）》，初步明确了试验区产业发展方向、空间布局和拟向国家争取的重大支持政策。谋划“十三五”前期课题研究和规划编制工作，完成《京津冀一体化形势下，北京工业和信息化发展及布局调整研究》《“十三五”期间北京市工业转型升级和优化调整路径研究》两项前期研究课题初稿。在产业政策方面，制定实施《北京市新增产业的禁止和限制目录（2014年版）》《北京工业污染行业、生产工艺调整退出及设备淘汰目录（2014年版）》《工业企业调整退出奖励资金管理办法》，调控产业增量和存量，2014年就地关停退出一般制造和污染企业392家。通过设立基金的方式支持产业发展。创新资金使用方式，推动设立高精尖产业投资基金，采用市场化手段引导社会资本及专业机构投资于高精尖产业，在全国率先设立中小企业发展基金和工艺美术发展基金；中小企业创投引导基金总规模约50亿元，已投项目90%以上属于高精尖领域。开展投资行政审批制度改革。累计取消行政审批事项5个大项和3个子项。推行项目核准与招标方案核准合并受理，项目核准时间缩短20%，建立工业用地供应联审机制。建成并运行北京市中小企业公共服务平台实体服务大厅和网上服务平台系统，出台加强金融支持小微企业发展的若干措施，新增中小企业创新融资80亿元，增长33%。组织各区县、开发区及相关企业与津冀有关市县加强产业协作，促成30多个辐射带动力大的项目进行对接，支持首钢、北汽、一轻、二商、三元等市属国有企业在津冀进行产业链布局。

产业结构与调整。年内，全市工业重点发展的汽车、电子和医药三大产业在全市工业产值中的占比达到 38.5%，比上年同期提高 2.3 个百分点。汽车产业实现产值 3869.5 亿元，同比增长 13.7%，在全市工业中占比 21.4%。电子产业实现产值 2417.8 亿元，同比增长 10%，其中移动通信和数字电视板块增势良好。

结构调整扎实推进。分别制定增量准入和存量调整的政策目录，严控新项目准入，引导存量主动调整，就地关停退出一般制造和污染企业 392 家，超额完成年度任务。重点产业继续发挥结构调整引领作用。汽车产业龙头带动作用日益增强，北汽集团成功上市，汽车零部件企业产值突破千亿元，长安汽车和北汽股份产值突破百亿元，百亿元以上整车企业达到 5 家。龙头企业辐射带动能力增强。2014 年全市产值百亿元以上的企业集团达到 22 家，实现工业产值 9780 亿元，占全市规模以上工业 54.2%，同比提高 2.8 个百分点。在 2014 年中国制造业 500 强中，北京上榜企业达 36 家，比上年增加 3 家。

区域布局不断优化。城市发展新区集聚作用日益明显。全市 6 个产值千亿元以上的区县，4 个集中在城市发展新区，城市发展新区形成的工业产值 8871 亿元，占全市 49.1%。开发区生态化建设成效突出。2014 年安排 1 亿元资金支持建设标准化实验用房及公共服务平台项目，中关村永丰高新技术产业基地和采育经济开发区成为国家首批低碳工业园区试点。

固定资产投资。是年，全市工业固定资产投资累计完成 711.9 亿元，同比下降 4.6%。工业投资占全市固定资产投资比重 9.4%，比上年同期减少 1.2 个百分点。其中，城镇工业投资完成 654.3 亿元，同比下降 2.38%，占全部工业投资比重 91.9%；农村工业投资完成 57.6 亿元，同比下降 23.80%，占全部工业投资比重 8.1%。

重大项目落地。全年纳入协调推进机制的项目 124 个，涉及总投资 1724 亿元。累计完成固定资产投资 209 亿元。

年内，全市加快产业结构调整转型升级步伐，着力构建“高精尖”产业体系，调整疏解不符合首都战略定位的产业。7 月，正式发布《北京市新增产业的禁止和限制目录（2014 年版）》，从控制产业增量入手，用管理的手段，从源头对高耗能、高耗水、高污染的产业进行限制。积极推动符合产业政策工业项目土地供应联审工作，审议通过 29 个项目。

全市重点产业投资结构进一步优化，汽车、电子、医药投资合计占重点产业投资比重达 66%。中芯国际二期建设项目 28 纳米工艺流程和验证基本完成，成功制造高通骁龙 64 位 410 处理器；北京奔驰 MRA、MFA 和发动机工厂建设项目按计划实施，全年完成投资 77.1 亿元；推动北汽新能源、北汽福田和北京长安等新能源整车企业投资建设，开展新车型研发平台建设及产业化；北京泰德制药有限公司生产基地建设项目通过土地招拍挂顺利摘地，项目预计投资超过 20 亿元。

截至年底，国家科技重大专项 01–04 专项立项共 470 个，安排配套项目 206 个，累计安排地方配套资金 30.9 亿元。其中：2014 年立项 41 个，总经费 44.3 亿元。中央财政经费 15.2 亿元，中央财政经费到位 6 亿元，需地方配套经费 9.8 亿元。

技术创新与成果转化。是年，全市企业技术中心共 557 家，其中国家级 69 家，市级 488 家。年内，企业技术中心认定工作以促进产业布局优化、构建高精尖经济结构为目标，重点支持一批高精尖产业及促进京津冀一体化协同发展的企业。拟认定的企业平均资产总额 10.0 亿元，平均主营业务收入 10.5 亿元，平均利润总额 6707.5 万元，平均上缴税金 4866.7 万元。

年内，市经济信息化委着力构建政、产、学、研、金、服六位一体的知识产权运用体系，搭建知识产权融资平台，重点引导区域内企业、科研院所开展知识产权资本化运用，促进科技成果转化。通过机制创新、体系创新，资本化运用初见成效，截至年底共为 56 家企业债券融资 4.73 亿元，其中 2013 年为 26 家企业融资 1.69 亿元，2014 年为 29 家企业融资 3 亿元。试点企业共获得知识产权数量 52660 件，实现年增长约 40%；试点企业中有 1 个项目获得中国专利金奖，3 个项目获得中国专利优秀奖；90% 以上的试点企业建立了知识产权管理制度。通过实施培育工程，促进了工业企业运用知识产权提升科技成果转化的能力和意识。

全年，北京地方工业和软件信息化业认定技术中心所在 270 家企业科技活动经费支出额合计 795 亿元，占主营业务收入比重的 2.6%，其中规模以上企业科技活动经费支出额占主营业务收入比重 0.9%；企业研究与试验发展人员合计 18.5 万人，占企业职工总数的 13.0%；新产品销售收入 12413 亿元，占主营业务收入的 41.0%。共拥有发明专利共 14792 项，平均每家企业 55 项。

科技标准化建设。年内，市经济信息化委配合市政府编制京津冀协同发展规划，推动完善产业协同发展机制；组织开展高精尖产业体系的评价标准、绩效追踪统筹机制、产业政策机制与战略措施研究，起草高精尖产业发展实施方案；会同财政部门探索设立高精尖产业投资基金;落实《中国制造2025》和“互联网+”行动计划,由北京牵头的23项智能制造基础、行业应用标准体系研究及试验验证项目列入国家立项支持，超过国家立项总数的50%。

年内，市经济信息化委参与制定了市政府发布的《北京市新增产业的禁止和限制目录（2014年版)》，明确禁止新建扩建钢铁、水泥、平板玻璃、建筑卫生陶瓷等生产。参与制定了市政府发布的《北京工业污染行业、生产工艺调整退出及设备淘汰目录（2013年版、2014年版)》，明确淘汰退出部分钢铁生产工艺、水泥生产（协同处置危险废弃物除外)、平板玻璃生产、建筑陶瓷生产、年产50万件以下卫生陶瓷生产线等。

推动工业企业开展清洁生产审核，2014年51家企业通过清洁生产审核评估，实施中高费项目172项，技改投资20062万元。加大污染企业调整退出力度，2014年调整退出污染企业392家。

质量体系建设。年内，市经济信息化委继续组织开展企业质量信誉承诺活动和企业质量信用等级评价活动，通过3·15和质量月活动、“北京质量网”、《质量安全》杂志向社会推荐和宣传一批质量优秀企业；组织推进用户满意工程，年内北京京供诚信电力工程有限公司等25家企业获得北京市用户满意企业称号，北京弘高建筑装饰设计工程有限公司等9家企业获得全国用户满意企业称号。

根据工信部《关于开展2014年质量标杆活动的通知》要求，组织征集、推荐北京三一重机有限公司、北新集团建材股份有限公司等4家单位申报工信部质量标杆，北新集团建材股份有限公司实施全面质量管理的经验获得工信部质量标杆称号。

推动食品工业企业开展诚信体系建设，二商集团、怀柔区重点食品企业及全市调味品行业等普遍建立诚信管理制度。在此基础上，分6批次组织食品企业开展诚信体系建设培训，850家食品企业的诚信管理体系负责人、诚信管理体系建立人员共1100余人参加培训。截至年底，全国通过诚信管理体系评价的食品企业共计540家，北京市有37家食品企业通过诚信评价。

支持建立检验检测、质量控制和技术评价公共服务平台，制定推动检验检测资源共享和整合的措施。截至年底，全市共有37家经工信部认定的“工业产品质量控制和技术评价实验室”。其中，电子信息类8家，装备类8家，建材类3家，钢铁行业2家，石化行业4家，纺织行业2家，有色金属行业2家。

年内，经工信部考核评定，北京质量协会为品牌专业人才合格培训机构。截至年底，已完成本市工业企业52名品牌经理培训工作。4月和9月召开了两次质量管理小组成果发表会，会员单位及行业企业的代表500余人参加。全年共推进成果总数287个，获得全国优秀质量管理小组31个，全国质量信得过班组19个，全国质量管理小组活动优秀企业2家，全国QC小组活动卓越领导者3人，全国QC小组活动优秀推进者3人。北京市优秀质量管理小组31个，北京市质量信得过班组43个，北京市小组活动优秀企业24个，北京市小组活动卓越领导者36个，北京市小组活动优秀推进者48个。全年共举办3期QC小组诊断师考评班，共有254人参加学习。为北京现代汽车、北汽福田等企业开展质量专题内训活动，送教于企业。

工业品牌建设。年内，市经济信息化委推动63家工业企业建立工业品牌培育管理体系，完成指导24家工业企业品牌管理体系有效运行；培育7家工业企业成为品牌培育示范企业。结合制定百项节能降耗标准，制定节能降耗、清洁生产等方面的标准，完善主要耗能限额标准，推进工业百项节能标准相关地方标准的宣贯实施，为清洁空气行动提供支撑。

推动北京经济技术开发区管理委员会、中关村科技园区管理委员会开展产业集群区域品牌建设工作，年内两家管理委员会被工信部认定为产业集群区域品牌建设试点单位；邀请工信部专家和北京质量协会专家召开3次协调推进会，推进产业集群区域品牌建设工作。

推进北京知名品牌创奖争优活动。第五届北京知名品牌推选表彰活动共有51家企业57个品牌参与申报，雅派朗迪、雪伦、高德地图软件、吴裕泰等25家企业的28个品牌产品获得第五届北京知名品牌质量品质荣誉称号。

节能环保。2014年，全市规模以上工业综合能源消费量1662.4万吨标煤（当量值)，同比下降5.4%。万元工业增加值能耗下降10.9%。

制定出台一批政策文件。针对增量，研究提出了禁止新建、扩建的高污染工业项目名录，并纳入市政府发布的《北京市新增产业的禁止和限制目录（2014年版)》。针对存量，会同市相关部门制定《北京市工业污染行业、生产工艺调整退出及设备淘汰目录(2014年版)》《工业污染企业调整退出奖励资金管理办法》《北京市大气污染防治技术改造项目奖励资金管理办法》。

超额完成工业污染企业关停退出任务。年内，以砖瓦、石灰、石材、沥青防水卷材、建筑陶瓷、铸造、锻造、电镀、家具、涂料、印染等污染行业为重点领域，以散乱差工业企业集中的73个镇村产业集聚区为重点区域，推进工业污染企业关停退出工作。2014年全市关停退出污染企业392家，超额完成300家的年度工作任务。2013—2014年累计实现680家污染企业关停退出。

工业压减燃煤工作快速推进。以市级以上工业开发区、产业基地和市属控股公司等为重点，结合高耗煤污染企业关停退出，推进工业压减燃煤工作。2013—2014年工业压减燃煤累计达170万吨，完成工业压减燃煤200万吨任务的85%。2014年共下达工业燃煤锅炉清洁能源改造资金1.45亿元。

加大工业节能减排宣传力度。年内，围绕污染企业退出、工业绿色制造，在北京电视台《北京新闻》栏目，分9期系列报道各区县工业节能减排工作；在北京电视台和《北京日报》专题宣传《北京工业污染行业、生产工艺调整退出及设备淘汰目录（2014年版）》；多次为人民日报社、城市管理广播、市委宣传部等单位提供采访素材。

推进工业企业清洁生产审核工作。制定发布印刷、家具、医药行业清洁生产评价指标体系，进一步规范清洁生产审核评价工作；会同市发展改革委、市环保局制定《2014—2017年清洁生产审核企业名单》，并向社会公布；加大年度强制性清洁生产审核力度，鼓励企业自愿开展清洁生产审核，推动144家企业开展清洁生产审核，其中自愿清洁生产审核企业79家，强制清洁生产审核企业65家。年内，有35家企业通过清洁生产审核评估，实施中高费项目87项，技改投资23464万元。

支持工业企业开展环保技改工作。会同市环保局组织实施大气环保技改项目116项，总投资16.8亿元；当年完成86项，实现减排挥发性有机物1.4万吨、氮氧化物2300吨、烟粉尘1000吨。召开家具行业节能减排典型经验交流会，推广先进企业水性漆改造经验，推动家具行业开展环保深度治理改造。

推动工业节能工作。加强节能标准的组织制定，年内新启动合成洗涤剂、热电联产等9项节能标准编制工作。2012—2014年共组织编制工业和软件信息服务业节能地方标准36项，其中30项已正式发布实施。落实工信部部署的各项工作：推动电机能效提升工程，面向264家重点企业组织开展在用高耗能落后电机和更新高效电机需求情况调查。会同市质监局开展对电机生产企业能效标识落实情况专项核查；推进电力需求侧试点建设，推荐优秀企业参与工信部电力需求侧管理成果展；组织节能机电设备（产品）推荐及能效之星（装备）评价工作，北京中纺锐力机电有限公司等3家企业的13个机电产品列入部级推荐目录；组织开展“节能产品惠民工程”第四批推广信息核查工作，形成核查报告并已报送；开展节能服务公司推荐工作，国电龙源节能技术有限公司等24家企业进入部级推荐名单。

为央企服务。年内，市经济信息化委贯彻市委、市政府《关于全面加强服务中央单位和驻京部队工作的意见》精神。主动服务央企，推进落实市政府与央企签订的战略合作协议，推进在京央企项目建设，协调解决重点问题，取得效果均较上年度有所提高。

落实市委、市政府安排部署的各项服务工作。对中国兵装集团、中国航天科工集团、中国移动北京公司、国家核电技术公司等单位提出的5项涉及事项落实完成。8月8日，组织中航工业、中船重工、通用技术集团、中石化、中国钢研等9家在京重点央企座谈会，促进在京央企积极参与京津冀一体化建设。推动以中石化、葛洲坝集团、北车集团为代表的央企在北京（曹妃甸）现代产业发展试验区的产业布局与河北有关方面、相关企业开展对接活动。落实市政府外联办交办的中央在京单位提出的意见建议和服务需求事项，分别于3月、5月、10月、12月对涉及市经济信息化委相关事项进行办理。

推进重大项目建设，深化央地合作。燕山石化、中航工业集团、中国航天科工集团、华润医药集团等央企的23个项目纳入重点协调推进重大工业项目库，涉及总投资594.7亿元。其中，装备产业项目4个，总投资59.9亿元；基础与新材料产业项目8个，总投资59.7亿元；生物医药产业项目2个，总投资125.0亿元；航空航天产业项目7个，总投资260.1亿元。年内，继续推动长安汽车北京基地项目，就北京长安公司碳排放核查工作协调市发展改革委，协调市燃气公司加大罐装车供应，赴市交通委运管局协调长安出租车入围全市出租车目录工作。支持央企申报承担国家专项，仪表所、中航建发获得专项支持。推动装备产业重大项目建设，加强对接，促进产业结构调整。加强对中央在京医药单位的服务力度，围绕华润医药大兴产业园项目开展协调工作。推进基础产业重点项目手续办理，燕化第三套三废装置、烷基化装置、炼厂饱和气回收装置以及石化新材料基地的三个项目申请进入绿通机制。推进云计算和北斗等新兴产业在京发展，11月完成北京14个站的GPS基准站改造，是全国首批完成建设的北斗区域加密网，并纳入兵器集团一期北斗试验测试网。支持电子信息产业发展，帮助企业协调推进“普天三网融合园”项目建设进展，安排项目建设固定资产投资贴息600万元。支持大唐在京整合资源成立大唐半导体公司，支持大唐移动和大唐微电子公司在京创新发展，扩大产业化规模，合计支持资金700万元。围绕战略性新兴产业细分领域，分五批共组织53家高校院所、中央企业和市属企业与产业共建50个战略性新兴产业特色产业园项目。加快推进蓝鲸园建设，组织完成了蓝鲸园战略规划、法规体系、制度体系、投融资模式、知识产权转化应用5项课题的研究工作。在全市征集170多个项目，推动一批重点技术转化和项目落地。

发挥央企优势，支持北京“智慧城市”建设，完成雁栖湖区域信息基础设施建设，实现国家会议中心、水立方和北京会议中心通信覆盖，做好800兆手台提供和服务保障工作，第四代移动通信系统基本实现室外覆盖。加快推进标准、政策制定，组织编制了《宽带北京行动计划2014年度任务分工》《北京市公用移动通信基站管理办法》等。

禁止化学武器履约。是年，按照《行政许可法》和《监控化学品管理条例》的有关要求，市经济信息化委组织完成了北京市7家企业10个宣布厂区2013年度监控化学品宣布数据的采集、审核和上报工作；累计完成2家企业6个批次监控化学品进口许可的审核工作；按照《国家禁化武办关于开展监控化学品专项监督检查工作的通知》的有关要求，组织专家对北京市四类监控企业履约情况进行了专项检查，并对现场检查中存在的问题督促企业落实整改。

对口支援与区域合作。年内，按照全市的统一部署，以产业对接、企业合作、智力支援和园区建设为抓手，广泛开展接受支援地区的产业对接活动。

加强双向考察对接。2014年接待受援地来京对接考察45批536人次；组织北京相关单位赴受援地对接考察20批368人次。

组织北京企业向新疆和田捐赠计算机和办公设备。3月，协调北京数字认证股份有限公司、东软集团(北京)有限公司、中国兵器集团公司工业信息中心、北京通达信科政务OA研发基地等4家单位向和田地区经济信息化委捐赠价值110万元的工业企业运行监测系统软件、办公自动化信息系统和20台计算机及配套设备。

加快推进南水北调地区的产业协作。5月，北京市经济信息化委与南阳市政府签署《对口协作合作框架协议》；编制《北京－河南产业协作推进项目工作方案》《北京－湖北产业协作推进项目工作方案》《对口协作产业投资引导基金设立方案》；组织北京企业赴丹江口库区进行实地考察，了解当地产业需求，磋商汽车零部件协作模式。

组织开展招商引资推介活动。6月，市经济信息化委组织数十家北京企业分别参加在京举办的新疆和田“中国光彩事业南疆行”招商引资推介活动、兵团八师石河子市“飞地经济”推介活动；7月，组织北京105家企业参加“拉萨市净土健康产业科技研发专题招商北京专场活动”。

完成对内蒙古乌兰察布市工信系统人员培训任务。10月，按照市支援合作办要求，市经济信息化委组织乌兰察布市工信系统及各旗县工业园区的负责人41人来京进行了为期7天的“两化”融合培训，系统介绍北京市推进“两化”融合的主要措施、将来的发展方向以及全国“两化”融合发展态势。

对“市经信委产业援建和区域合作服务平台”进行全面改版升级。新版网站对网页整体布局进行了优化，在网站首页新增招商项目检索功能和视频资料，原有的8个援建地区增加到30个，栏目总数由原来的110个增加到245个。

两会建议提案办理。年内，北京市政府交由市经济信息化委承办的市人大建议、政协提案共88件。其中人大建议36件，政协提案52件（含党派提案6件、政协建议案1件）；主办27件（建议11件、提案16件），会办61件。截至年底，所有承办建议提案全部办结，代表委员对办理结果表示满意或同意。12月15日，市经济信息化委组织召开市人大代表、政协委员座谈会。11位人大代表、政协委员及市人大、市政协有关部门领导，委内相关主管领导及处室负责人参加会议。

两化融合。年内，市经济信息化委牢牢把握两化深度融合制高点，加快提升“北京智造”水平。

开展重点企业两化融合管理体系贯标和等级评定、国家工业互联网融合创新试点，分别有47家和5家企业获选，数量均居全国前列。支持福田康明斯等一批企业两化融合试点示范，向200多家重点企业推广“工业云”平台。

研究制定促进信息消费、促进软件和集成电路产业发展、社会信用体系建设等系列政策，启动全市个人信用信息系统建设。加快智慧交通公共云及国家北斗卫星导航区域应用等示范项目建设，完成“中关村创新云”一期建设。大兴和亦庄电子商务中心区产业聚集效应逐步显现。全市首家软件企业创业孵化基地“同方科技园”正式挂牌。

建立国内城市运行和应急领域首套物联网应用技术规范和应用支撑平台，实施物联网企业提速计划。成立北京高分数据专项管理办公室，推进卫星遥感技术的转化应用。海淀区大力构建互联网金融全产业链体系，已聚集第三方支付、众筹融资等一批新型业态。

京津冀协同发展。年内，市经济信息化委打破“一亩三分地”思维定式，以提升京津冀整体产业层级为目标，努力推进三地产业协同发展。

配合国家相关部委编制京津冀协同发展规划，研究提出产业合作思路建议，推动建立交流机制，力争率先实现产业发展蓝图的一体化。

组织各区县、开发区及相关企业与津冀有关市县加强产业协作，推动与天津滨海新区、武清、宝坻，河北石家庄、张家口、唐山、廊坊、沧州等地建立战略合作关系，促成30多个辐射带动力大的项目进行对接，支持首钢、北汽、一轻、二商、三元等市属国企在津冀进行产业链布局。

会同唐山市政府，提出共建“北京（曹妃甸）现代产业发展试验区”的设想，纳入京冀战略合作重点。启动试验区产业规划和重大政策研究，推动北京市企业参与试验区产业建设，首钢京唐二期、葛洲坝海工、中石化千万吨炼油等一批大项目进入论证审批阶段。

APEC会议保障。年内，市经济信息化委按期保质完成了APEC会议信息保障。共新建、改建、扩容基站52个，在国内首次以无线方式提供了大容量、高带宽的特殊网络服务。实施“即摄即传”等5项新技术应用展示，定制开发会务专用手机APP软件，建设三维安保汇报演示系统及北斗定位综合监控管理平台，完成公共通信网络和专用网络保障、无线电监测以及重要信息系统应急安全保障。

协助做好会议后勤保障。食品行业为会议提供了安全周到的餐饮服务。天坛家具为会议打造出美观、大气的产品，开创了家具制造业的新标准、新高度。服装学院为会议设计出高端儒雅的领导人“新中装”，工美行业为会议研制出精美绝伦的国礼、主场馆景泰蓝装饰及APEC徽章，向世界展现了中华民族的悠久历史和文化大国风范。

全力做好空气质量保障。组织包括141家市级重点企业在内的396家企业实施停、限产，福田戴姆勒、北京现代、同仁堂制药等一批企业主动将措施从限产升级为停产，体现了高度的社会责任意识，为“APEC蓝”做出积极贡献。

（市经信委）

产 业

综 述

2014年，全市工业实现增加值3746.8亿元，同比增长6.0%，占全市地区生产总值比重17.6%。其中，规模以上工业增加值3611.9亿元，同比增长6.2%。

经济运行稳中有进。各季度增加值增速均在6%以上，季度波动幅度保持在0.5个百分点以内，运行始终保持平稳。全市规模以上工业实现总产值1.8万亿元，比上年增长6.2%；实现内销产值1.6万亿元，比上年增长7.2%，高于销售产值增速1.1个百分点，占全部销售产值比重达到92.1%，比上年提高1个百分点，工业发展更加依靠内需，抵御风险能力增强。

经济效益进中提质。企业利润保持两位数增长。全市规模以上工业企业利润1515.8亿元，比上年增长18.2%，快于全国增速15.2个百分点。绿色发展特征明显，能耗总量与单耗保持双降态势。全年全市规模以上工业综合能耗总量1662.4万吨标准煤，同比下降5.4%；万元增加值能耗下降11%。产业减员增效显著。截至年末，规模以上工业从业人员116.8万人，比上年减少0.5万人，劳产率提高10%，达30.9万元/人，接近全市水平的两倍。

创新驱动效应释放。在全国率先设立工艺美术发展基金，筹建高精尖产业基金群，争取总规模1200亿元的国家集成电路产业发展基金及管理公司落户北京市。2014年新认定63家市级企业技术中心，认定绿盟科技、神雾环保、伟嘉集团等3家为国家级技术中心。联想、京东方、小米等6家企业当年专利申请量突破千件。全国首个55纳米智能卡芯片、首台28纳米等离子硅刻蚀机、首台可信开放计算系统高端服务器等一批高精尖产品下线量产。

（运行处）

汽车与交通设备产业

【概况】2014年，北京汽车及交通运输设备制造业工业总产值3869.5亿元，同比增长13.7%。汽车制造业实现产值3619.5亿元，同比增长11.5%，其中整车产值2513.0亿元，同比增长12.4%；零部件产值1070.1亿元，同比增长9.4%。年内，累计生产汽车217.5万辆，同比增长6.2%，累计销售汽车216.5万辆，同比增长6.0%。北汽集团公司市场占有率为10.2%，较去年底的9.6%，增加0.6个百分点，居全国第五。北京现代公司销售汽车112.0万辆，同比增长8.7%，乘用车市场占有率为5.6%，较去年底下降0.06个百分点，排名保持全国第五；轿车市场占有率为6.9%，排名保持全国第四。北汽福田公司销售汽车55.5万辆，同比下降16.5%，商用车市场占有率为14.5%，保持全国第一。其中，福田中重卡产品销售12.0万辆，同比下降5.5%，中重卡市场占有率为12.1%，排名第四位。北汽股份公司销售汽车21.1万辆，同比增长34.3%。北京奔驰公司销售汽车14.5万辆，同比增长25.4%。北汽有限公司销售汽车2.8万辆，同比下降19.1%。北京长安公司销售汽车10.5万辆，同比增长164.6%。

（汽车处）

【北汽集团入股美国新能源公司】 2月17日，北汽集团宣布与美国新能源公司Atieva签署股份认购协议，收购其25.02%的股份。双方预计在收购完成后第三年推出与奥迪A6L同等级的电动汽车。美国Atieva公司是一家新能源汽车核心系统提供商，参与过特斯拉Roadster纯电动跑车、雪佛兰Volt插电式混合电动车、奥迪R8纯电动跑车开发，此次收购有利于进一步提升北汽集团在新能源汽车，尤其是高端纯电动汽车领域的设计、研发和制造能力。

（汽车处）

【轨道交通建设科技进步行动计划获通过】 1月8日，市政府副秘书长、市轨道交通建设指挥部常务副指挥长徐波主持召开工作会议，审核通过了北京市轨道交通建设管理有限公司提出的“对应2020年建设规划的科技进步行动计划”。该计划包括“全自动驾驶综合技术研究”等16项前瞻性研究行动计划，“自主化直流开关及微机继电保护设备应用示范”等12项应用示范行动计划，“建立轨道交通标准化体系”等5项基础支撑性行动计划。

（科技处）

【示范应用新能源小客车目录发布】 2月11日，市经济信息化委会同市发展改革委、市科委、市质监局等单位发布《北京市示范应用新能源小客车生产企业及产品审核备案管理细则》；2月26日，发布本市第一批第一期《北京市示范应用新能源小客车生产企业及产品目录》。3月11日，会同市科委发布第一批第二期《北京市示范应用新能源小客车生产企业及产品目录》。第一批两期共有北汽、比亚迪、上汽、江淮、长安、华晨宝马等6家企业的7款纯电动小客车产品进入该目录，可在北京市场销售。

（汽车处）

【北汽新能源公司成立】 3月8日，北京新能源汽车股份有限公司注册成立，注册资本20亿元人民币，由北汽集团（60%）联合北京工业发展投资管理有限公司（25%）、北京国有资本经营管理中心（10%）和北京电子控股有限责任公司（5%）等单位共同出资组建。3月11日，北汽新能源汽车公司与京东商城签署战略合作协议，双方将在战略、业务层面达成多项合作和资源共享，共同推动新能源汽车研发和市场拓展，用两年时间，在京东物流体系完成5000辆纯电动物流车的应用。3月21日，北京新能源汽车股份有限公司挂牌，国内首家新能源汽车市场化产业发展平台组建完成。前中共中央政治局常委、国务院副总理李岚清调研新成立的北京新能源汽车股份有限公司。李岚清一行参观了总装车间、产品展示区、新能源汽车体验中心，试乘试驾了北汽C70GB纯电动轿车，出席了北汽新能源汽车股份公司揭牌仪式和新能源汽车推广工作座谈会。副市长张工出席北汽新能源汽车股份公司股东座谈会，对北汽集团新能源汽车领域取得的成绩和新能源汽车股份公司的成立表示祝贺。

（汽车处）

【新能源小客车引入“退出机制”】 3月11日，市经济信息化委对进入北京市新能源汽车目录的企业和车型引入“退出机制”。如果车型存在重大安全隐患或质量问题（爆炸、起火、漏电等）或实际汽车产品与申报材料出现不符的情况，该车型将被退出新能源汽车目录。单一车型累计总销量500辆以下，正常运行过程中累计发生两起非人为安全事故，或单一车型累计总销量500辆以上，超过1%产品发生非人为安全事故等情况，也将被退出目录。生产规模不理想、销售或售后服务不规范、未履行相关承诺的车企也会被强制退出。

（汽车处）

【绅宝、长安两款车型上市】 4月20日，北汽绅宝第二款自主品牌车型绅宝D50上市。该车型为北汽股份公司基于萨博平台打造，搭载1.5升发动机，共6款车型，定位于紧凑型家轿。同日，长安紧凑型城市SUV－CS75在北京车展上市。CS75是北京长安公司投产的首款SUV车型，搭载2.0、1.8T两种排量发动机及6速手动变速箱、6速手自一体变速箱，共6款车型。

（汽车处）

【北京电控爱思开电池首次亮相北京车展】 4月20日，由北京电控爱思开科技有限公司（BESK）生产的汽车用动力电池包首次亮相“第十三届北京国际汽车博览会”，该款产品搭载在C33DB和C70GB两款纯电动车上亮相北汽展台，开启了汽车用动力电池市场的新纪元。

BESK是由北京电控、北汽集团、SKI三方共同投资设立的中国第一家中外合资的电池包企业，主要生产纯电动汽车用电池包，将建设全自动生产线及研发、生产、管理信息系统，产品研发过程严格受控，产品生产过程具有一致性和可追溯性。产品主要配套北京汽车新能源汽车有限公司C70GB、C33DB车型。其主要特点是能量密度高（电池单体大于180 kW/kg，电池包约110kW/kg），低温性能好（零下20摄氏度可正常工作），可靠性高。

（全 意）

【第十三届北京国际汽车展览会开幕】4月21日，2014年第十三届北京国际汽车展览会（Auto China 2014）开幕，展期延续到4月29日。北京车展参展车1134台。其中，全球首发车118台，概念车71台，新能源车79台。

（汽车处）

【APEC第二十次汽车对话会议召开】4月23日，由工业和信息化部主办、中国汽车工业协会承办、市经济信息化委协办的2014年APEC第二十次汽车对话会议在北京会议中心召开。APEC汽车对话会议是APEC贸易投资委员会下设的亚太区域汽车产业磋商交流平台，已有10余年历史，在各亚太经济体举办过19次，是亚太地区最具有影响力的国际汽车会议之一。此次会议主题为“绿色驱动、合作共赢”，共有中、日、韩等11个经济体的100余名代表参加。

（汽车处）

【福田大功率发动机项目试生产】4月23日，福田康明斯大功率高效清洁柴油发动机项目投入试生产，产品排量为11升和12升，排放达到欧6标准。项目产能3万台。至此，福田康明斯公司作为美国康明斯公司在中国最大的生产基地，同时具备了生产轻型柴油发动机和大功率发动机的能力。

（汽车处）

【首批符合北京新地标运输车交付】4月29日，北汽福田戴姆勒在京举行以“清洁首都空气 开启绿色渣运”为主题的第三代智能渣土车绿动北京之旅暨首批符合北京新地标建筑垃圾运输车辆交付仪式。北汽福田戴姆勒向北京利达金路腾土方工程有限公司等4家企业交付建筑垃圾运输车107台。北汽福田戴姆勒联合北京汽车行业协会、北京建筑垃圾土方砂石协会，共同发出“清洁首都空气 开启绿色渣运”倡议书，号召更多用户关注绿色渣运。

（汽车处）

【北京白菊汽车零部件公司整体搬迁】4月，北京一轻所属企业北京白菊汽车零部件公司实施汽车零部件产业整体搬迁至顺义工作。搬迁后，可年减少运费支出150万元；降低产品破损率，提高供货及时率和产品交货合格率。该公司的加工制造地原设在丰台卢沟桥厂区，与客户距离较远，每年运费支出高达350余万元。在客户周边设有产品周转仓库1500平方米，每年增加仓库租金支出27万元，直接影响公司经济效益。

（白 菊）

【新能源小客车充电设施管理细则发布】5月15日，市发改委、市科委和市经济信息化委联合发布了《北京市示范应用新能源小客车自用充电设施建设管理细则》。在实施主体方面，由新能源车生产企业负责组织充电条件确认、充电设施建设，并纳入售后服务体系；在用电价格方面，按照充电设施属地用电性质收取费用；在办理流程方面，充电条件确认、用电报装及供电方案答复、施工、验收接电等环节，在22个工作日内即可完成。《细则》的出台有助于解决充电桩安装中的难题，促进北京市新能源汽车产业的发展。

（汽车处）

【京煤金泰汽贸公司3项成果获国家专利】5月，金泰集团汽贸分公司“王辉创新工作室”研发的“轮毂轴承卡簧取出器”“油管卡片取出器”两项创新成果获国家知识产权局专利。“轮毂轴承卡簧取出器”主要是在汽车制动鼓轴承卡簧拆卸时使用，不破坏原有备件外观和内部结构，在减少人工投入的同时，提高一次修复率。“油管卡片取出器”主要用于拆卸维修工艺孔卡夹，解决了现有技术易造成零件变形和损坏等问题，可快捷取出油管卡片。6月，金泰集团汽贸分公司奥之旅公司申报的“机油回收器”荣获国家知识产权局颁发的“实用新型专利证书”。该项发明可每年为公司创收20余万元。奥之旅公司每月进场维修汽车1500余台次，60%~70%是保养车辆，保养项目主要以更换机油为主，每次加完机油的空桶会残留少量油液，直接丢弃既浪费又污染环境。该公司首席技师工作室的技师们经过多次研究实践，制作出机油回收器，应用后仅用20分钟可将残留的油液收集起来再次利用。该回收器已在金泰汽贸分公司同类汽车维修企业中推广使用。

（汪智利 马士彬）

【北汽集团跻身全球500强】7月7日，最新一期美国《财富》杂志“2014年世界500强企业”名单公布，北汽集团以营业收入433.239亿美元再次跻身全球500强，排名第248位，意味着北汽集团在财务指标上已经具备一定的全球竞争力。

（张 健）

【首批6米级纯电动公交车亮相怀柔】11月2日，北京市首批6米级纯电动车最短公交亮相怀柔。APEC期间，30辆新型公交投放怀柔运营，主要在H55路、H56路、863路、864路，还将有70辆纯电动公交车投放到怀柔。怀柔成为北京首个纯电动公交规模示范运营区县。公交集团与福田汽车集团签订了700辆电动客车的采购协议，除12米双源无轨电车和12米低地板纯电动车投入运营外，还首次使用12米城郊版纯电动车、6 米级纯电动车和 18 米级双源无轨电车。

（张 健）

【北京现代第四工厂落户河北沧州】 12 月 29 日，为落实京津冀一体化发展战略，北汽集团与河北省政府签署战略合作框架协议，北京现代与沧州市政府签署入区协议，确定北京现代第四工厂落户河北沧州。北京市副市长张工出席仪式并致辞。该项目总投资 12 亿美元，占地约 200 公顷，新建冲压、车身、涂装、总装和发动机车间等，建成后形成年产 30 万辆整车和 20 万台发动机能力，计划 2016 年底投产，达产后年销售收入 360 亿元，税金 45 亿元，直接就业 3500 人。

（汽车处）

【北汽入选 APEC 官方指定用车】 8 月 5 日，北汽集团旗下包括北京汽车、福田汽车、新能源纯电动汽车等企业的自主品牌乘用车、商用客车正式成为“2014 亚太经合组织会议官方指定用车”，首批 119 辆 2014 年 APEC 第三次高官会官方指定用车已交付。另外，北汽新能源汽车公司还向法兴华宝交付了首批 20 辆 E150EV 纯电动车，成为法兴华宝中国区首个新能源汽车租赁业务供应商。

（张 健）

【整车三项主要指标增速均超 10%】 是年，北京汽车集团有限公司（简称北汽集团）整车产业保持良好发展势头，整车销量、营业收入、利润总额三项主要经营指标增速均好于行业平均水平。整车产值 2513.0 亿元，同比增长 12.4%。百亿元以上整车企业达到 5 家。北汽集团实现整车销量 240.1 万辆，同比增长 10.9%；实现营业收入 3115.6 亿元，同比增长 15.4%；实现经营利润 170.3 亿元，同比增长 13.3%。年内，在李克强总理和德国总理默克尔的共同见证下，北汽与戴姆勒签订了梅赛德斯—奔驰新一代豪华紧凑车型国产化协议；北汽集团以北京为中心，建立了分布全国 10 余省市的八大乘用车、九大商用车生产基地，并在全球 20 多个国家建立了整车工厂。

（张 健）

【汽车零部件产值突破千亿元】 是年，北汽集团零部件产值 1070.1 亿元，同比增长 9.4%；汽车零部件企业产值突破千亿元。海纳川公司秉承“产业实体化、团队专业化、市场国际化、资产证券化”的发展思路，全面推进创新，以提升企业核心能力为目标，全力支持自主品牌，强化国际化业务管控，强力拓展主营业务，创新推进资本运作，提高企业运行质量和效益，内涵式发展表现出良好态势，实现营业收入 288.9 亿元，同比增长 23.0%。北汽集团收购德国 Meta 发动机 100% 股权，海纳川与采埃孚集团底盘系统、德国海拉车灯分别成立了合资公司。

（张 健）

【新能源汽车销量达 5462 辆】 2014 年是新能源汽车市场化元年，销量达 5462 辆，北京市场占有率达到 66.2%，全国达到 18.6%。北汽福田在治理雾霾、开发环保产品等方面积极应对，严格遵守国家关于国Ⅳ发动机排放标准的升级规定，同时加大新能源汽车的研发和投放。年内，北汽福田推出欧辉智蓝系列纯电动产品、奥铃 CNG 轻卡、全球首台 LNG 动力泵车等，新能源汽车（含天然气）实现销量 11964 辆。4 月，北汽集团设立了新能源汽车管理部，统筹管理全集团新能源汽车业务。重点牵头推进了 AB 项目、西门子电机项目、SK 电池项目、普莱德股权转让、新能源公司股份制改制、常州英田项目、纯电动中巴车项目、意大利 TAZZARI 项目、集团轻量化研究等工作，组织协调新能源公司国拨经费项目申报，统筹协调新能源公司“轻资产模式”的建设。年内，新能源公司与 Atieva 公司、西门子电机、SK 电池等合作项目顺利开展。

（张 健）

【北汽鹏龙公司主营业务收入 113.7 亿元】 是年，鹏龙股份公司售后配件、物流、大宗商品采购、广告等四大主营业务累计实现营业收入 113.7 亿元，同比增长 19.2%。全年共实现整车销售 3.48 万辆，营业收入 60 亿元，分别同比增长 32.3% 和 76.9%。

（张 健）

【二七装备公司实现销售收入 17.36 亿元】 是年，北京机车主要生产厂家北京二七轨道交通装备有限责任公司（简称二七装备公司）完成销售收入 17.36 亿元。净利润 −11922 万元。其中，生产路外、出口新造内燃机车 36 台，修理内燃机车 80 台，路内新造电力机车 40 台，96 头钢轨打磨列车 5 列，16 头钢轨打磨列车 1 列，多功能综合作业车 8 台，50 吨宽体自卸车 22 台。配件收入 1.18 亿元。其中，销售工程机械车实现的收入占主营业务收入的 41.33%，销售新造电力机车实现的收入占主营业务收入的 29.48%，销售新造内燃机车实现的收入占主营业务收入的 13.33%，修理内燃机车实现的收入占主营业务收入的 9.03%，销售配件收入占主营业务收入 6.83%。

（胡跃平）

【二七车辆公司签订新造车 2490 辆】 是年，铁路车辆主要生产企业南车二七车辆有限公司（简称二七车辆）签订新造订单 2490 辆、检修车订单 2746 辆，完成报废车 84 辆。海外订单中标泰国 112 辆集装箱平车检修配件合同，签署了阿根廷贝尔格拉诺货运铁路通用平车 300 辆合同，合同包含 3 种轨距产品，合同总金额超过 1 亿元。新造车新增订单中，国铁、自备、出口所占比例分别为 25%、63%、12%，非国铁订单占比达到 75%。造修货车产品范围拓展。完成 80 吨级 C80E（H）型敞车、GQ80 型罐车的试制和小批量生产，投入运用考验。试制的 GQ70 型罐车、P70 型棚车和 KZ70 型石渣漏斗车等新车型通过技术评价，新造货车产品品种实现了敞、平、棚、罐、漏的全覆盖。厂修 X6K、SQ3K、DL1、NX70A、SQ6 等整车产品通过 CRCC 认证，取得检修资质。弹性胶泥芯体等 6 项配件通过 CRCC 复评认证，保持生产资质。公司有型号合格证 42 项、制造许可证 22 项、维修许可证 15 项。

（二七车辆）

【南口机械公司主业收入增幅 137%】是年，铁路配件及专用设备主要生产企业北京南口轨道交通机械有限责任公司（简称南口机械公司）完成主要配件品种 85 项、产量 85852 件（套）。其中，完成和谐 2 型技术引进机车主动齿轮 2255 个，从动齿轮 1636 个，抱轴箱铸件 2114 个，齿轮箱上箱铸件 1968 个，齿轮箱下箱铸件 1887 个；和谐 3 型技术引进机车从动齿轮 1063 个；东风 7G 型机车主、从动齿轮共计 364 个，东风 4 型机车主、从动齿轮共计 521 个；各型空压机 94 台，主机油泵 996 台；各型喷油泵上体装配 1724 套、下体装配 1080 套，各型喷油器 869 套，各型喷油器偶件 20412 副、柱塞偶件 5536 副。南口机械公司风电、风源、工矿相关机械制造及加工产品实现销售收入 18604 万元，较上年同期增加 9803 万元，增幅 137.09%，主要是风电产品销售收入取得重大突破。其中，风电齿轮箱产品实现销售收入 10877 万元，风源产品实现销售收入 6077 万元，工矿石油机械产品实现销售收入 1650 万元。完成各型风电齿轮箱 140 台；完成不同规格螺杆空压机整机产品 15 台、主机产品 318 台、各型系列转子产品 3482 对；完成宝石公司齿圈 82 个；完成兰石公司 70DB 油田齿轮箱 2 台、2000 马力油田齿轮箱 8 台；完成焊接 ZJC50DBS 绞车齿轮箱 3 台。

（陈宗河）

【改革调整】年内，汽车与交通设备产业按照国资委《关于全面深化市属国资国企改革的意见》要求，推进企业改革工作。北汽集团在战略发展方面，根据互联网经济兴起、首都确立新战略定位和京津冀协同发展国家战略出台的新形势，结合企业自身发展需要，提出了“由传统制造型企业向制造服务型和创新型企业转型”的发展战略。从集团化战略和新能源汽车发展战略出发，设立了新能源汽车管理部，统筹管理全集团新能源汽车业务。

二七装备公司组织机构调整，成立二七装备公司科技城开发建设管理中心及下设机构；撤销原柴油机分公司、柴油机分厂、机械一分厂、机械二分厂、机械三分厂，合并成立柴油机事业部；撤销原金属结构分厂、备料分厂，合并成立钢结构事业部；撤销原转向架分厂，成立转向架事业部；撤销新产业部、信息管理部、住宅办、钢结构车间和新造车车间，重组规划发展部，成立运营管理部和车体车间。

二七车辆公司调整组织架构，撤销新产业部、信息管理部、住宅办、钢结构车间和新造车车间，重组规划发展部，成立运营管理部和车体车间。开展资本运营，启动隆长泰公司存续分立暨设立隆长泰投资公司项目。完善存续企业出租资产管理，启动了南戴河招待所资产处置工作。

南口机械公司按照市场对象和部门职能调整组织机构，成立营销中心、风电齿轮箱大修项目部、生产安全部外协驻常州办事处。撤销营销二部，成立压缩机事业部，风源系统研究所整体并入压缩机事业部。调整压缩机事业部、压缩机配件厂相关业务职能。完成存续企业国有资产摸底调查；推进“三供一业”改造移交工作。

（北汽 二七装备 二七车辆 南口）

【科技创新】年内，北汽集团在自主创新方面，多个重点开发项目推进，整车集成、试制试验及零部件通用化等方面的研发水平和生产能力稳步提升。绅宝 D50、D60，威旺 M20 等新车型成功上市，北汽自主品牌乘用车产销突破 50 万辆大关，实现产销 51 万辆，同比增长 90.8%。北京奔驰 MRA 项目全新长轴距 C 级车和北汽股份北京分公司新产品技术改造等项目实现投产，北京现代发动机一、二工厂技术改造，北汽福田多功能车二期建设等项目推进。北汽福田推出欧辉智蓝系列纯电动产品、奥铃 CNG 轻卡、全球首台 LNG 动力泵车等。

二七装备公司为满足非洲尼日利亚、刚果（金）等国家铁路标准要求，自主设计开发具有多种不同吨位轴重、不同传动方式、耐高温防风沙及模块化特点的窄轨机车车型。自主研发地铁打磨车、地铁综合作业车组、钢轨铣磨车。在工程机械领域开展双模式动力传动系统、牵引技术、低恒速技术、微机网络控制、电气和气动控制技术、钢轨打磨技术、钢轨铣磨技术、车体轻量化技术等方面的技术创新工作。通过技术引进消化吸收，开展50T、190T和220T大吨位重载自卸车的研发工作。与美国底特律重卡公司联合开发220吨LNG/柴油双燃料交流电传动矿用自卸车，开发甲醇燃料50吨宽体车。完成专利申报共计46项，其中实用新型、发明各23项。共获得授权专利24项，其中实用新型17项，发明7项，均取得专利证书；科技研究投入资金近1亿元，其中用于研发投入资金总额2100万元。在科研方面分别与西南交大、大连交大、铁科等国内院校，齐二机床厂等国内企业，SPENO公司和DHTE公司等国外企业开展科技合作，共同进行产、学、研攻关。DF7G－E型内燃机车取得爱沙尼亚国家技术质量监督局的批准文件“轨道车辆注册登记证书”，标志着该车型的设计制造水平全面达到欧盟标准要求，获得进入欧盟国家铁路网运行通行证，成为首台取得欧盟国家铁路运行资质的机车。

二七车辆公司开展了9个整车的新产品研发工作。SQ7型运输汽车－普货两用车通过铁总组织的样机评审，实现小批量生产。完成宁东敞车及棚车设计工作并实现批产。SQ8型三联关节式双层汽车运输专用车、NA1型运输卡车专用车、卷钢－矿粉运输专用车、柔性货车和泰国20t轴重米轨集装箱专用车等重点项目完成了阶段性研制工作。完成阿根廷、老挝、肯尼亚项目方案设计，完成快捷货车用160km/h转向架的优化设计。缓冲器研究取得新进展。快捷货车用YQ30型液气缓冲器通过铁总验收；JN30型胶泥缓冲器完成样机装用；HM－1G型重载货车缓冲器完成试验验证；HDDG型弹性体缓冲器实现销售；城市客运低地板车胶泥缓冲器装车进行试验；开展了木地板承载能力与阻燃防腐性能等19项基础性技术研究和试验。

南口机械公司加大高速动车齿轮箱、风电齿轮箱、油田齿轮箱、压缩机等系列产品研发力度。轨道交通产品方面：完全自主设计时速380公里CRH3型高速动车齿轮箱，试制成功并通过型式试验；时速350公里中国标准动车齿轮箱完成产品设计；时速250公里CJ－1型城际动车齿轮箱在长沙至怀化铁路投入实际运用考核；时速250公里CRH5型高寒动车齿轮箱完成厂内试验；出口孟加拉国内燃动车齿轮箱通过中国北车科技成果鉴定；出口阿根廷米轨动车齿轮箱完成试制；北京地铁齿轮箱通过中国北车技术评审。风电齿轮箱产品方面：形成1.5兆瓦、2.0兆瓦、2.5兆瓦不同功率等级共计10余种机型风电齿轮箱产品，完全满足陆地风机配套需要。2兆瓦和1.5兆瓦风电齿轮箱成功挂机，并网发电；完全自主设计久和2.1兆瓦风电齿轮箱在久和鄂尔多斯组装基地装机并通过加载试验；自主设计开发重庆海装公司2兆瓦风电齿轮箱并通过用户评审，被用户作为新型技术产品引用；恒转速输出1.5兆瓦VRS新型风电齿轮箱，在上海国际风电展和北京国际风能大会上受到广泛关注。压缩风源产品方面：完成美国开利公司FF550、TX3、FF360等7种转子试制并批量供货；完成200~630千瓦系列主机设计；完成75千瓦以下皮带机、250千瓦以下直连整机以及37千瓦以下永磁变频整机研制；形成250千瓦以下常规整机研发和生产能力。工矿传动产品方面：具备市场用量最大50DB、70DB和90DB各种结构齿轮箱设计能力；开发成功38种石油机械系列产品以及其他26种工矿传动系列产品。自主开发完成宝石3200千瓦试验台机械驱动系统、科瑞防喷器吊移装置机械驱动系统和兰石70D驱动转盘油田齿轮箱；完成3.7兆瓦挖泥船推进系统齿轮箱和舱内泵齿轮箱图纸设计。全年申请技术专利13项，其中发明专利3项。

（北汽　二七装备　二七车辆　南口）

【基本建设与技术改造】年内，北京奔驰MRA项目全新长轴距C级车和北汽股份北京分公司新产品技术改造等项目实现投产；北京奔驰MFA前驱车一期项目、MRA后驱车二期建设、发动机一工厂二期建设，北京现代发动机一、二工厂技术改造，北汽福田多功能车二期建设等项目按计划推进；镇江基地、昌河新基地、北汽国际云南出口基地、福田戴姆勒OM457发动机等项目开工。

中国北车北京二七高端装备制造园项目《节能专篇》通过北京市发改委的审核，取得制造园项目建设工程规划许可证。根据北京市最新定位要求，制造园规划进行调整，项目建设延误一年。12月24日调整规划后项目立项获得北车股份公司批复，正式引入轻轨地铁车辆和有轨电车造修业务，制造园调试联合厂房主体钢结构及屋面板墙板完成吊装；组装联合厂房、零部件加工厂房主体钢结构及屋面板完成吊装；涂装加工联合厂房基础施工全部完成；钢结构厂房主体钢结构完成吊装；备料厂房除1－3轴有树苗无法施工基础外，其余厂房地下基础全部完成；室外综合管网正在进行施工。截至年底，总开工面积达17万平方米，投资额累计完成8.5亿元。科技园项目方面，中关村北车轨道交通科技创新城控规性规划方案获得北京市规划委员会正式批复同意，科技城招商引资、开发建设等工作启动。

二七车辆公司燃煤锅炉清洁能源改造项目获北京市资金支持1000万元。《构建铁路货车车辆产品快速报价系统》获第七届南车管理创新三等奖。公司获第九届全国设备管理优秀单位称号。

南口机械公司4.2亿元配套大功率机车及200公里以上动车组齿轮箱专业化生产技术改造项目累计完成投资4亿元，购置设备90台/套，新建厂房3100平方米，改造厂房3800平方米。6.8亿元交流传动机车及高速动车组传动装置与风源系统产业化能力提升技术改造项目累计完成投资4亿元，购置设备100余台/套，土建工程基本完工，新建厂房23500平方米，改造厂房34500平方米。完成新建齿轮厂房、热处理厂房、压缩机公司厂房建设；完成新建档案馆、110kV中心配电室、机电厂厂房改造；采购热处理井式炉生产线、齿轮成型蜗杆磨床等设备20余台（套）；完成铆焊厂28台设备工艺布局调整，购置设备10余台。8400万元齿轮扩能项目通过中国北车验收；4.2亿元“机车及动车齿轮箱”、6.8亿元“高速动车传动装置与风源系统产业化”两个项目初步设计方案通过中国北车评审。获得进口设备国家免税贴息和政府政策补贴共304万元。

（北汽 二七装备 二七车辆 南口）

电子信息产业

【概况】2014年，电子信息产业呈现稳步增长态势，全市电子信息制造业实现工业产值2417.8亿元，同比增长10.1%，累计实现增加值增速17%，对全市工业拉动1.6个百分点。新增固定资产投资49.5亿元，同比下降31.9%，占全市工业投资的6.9%。

传统优势企业深度调整，部分企业风险显现。诺基亚在被微软并购后，调整升级效果未实现突破，在成本、资源限制的条件下，微软决定放弃中国诺基亚工厂，将整体转移至越南。索爱手机全球市场占有率进一步下滑，凭借北京工厂的管理运营优势，在高端智能机市场仍占全球智能机市场约4%份额。联想PC业务全球市场占有率连续两年居全球第一，受移动智能终端突起分割市场影响，将部分业务调整至外地，对北京贡献值降低。

增量创新持续涌现，打造全新经济增长点。小米全面覆盖消费电子领域，致力打造互联网产品生态系统，产品涵盖手机、机顶盒、电视、路由器、智能穿戴等。2014年，小米销售手机6112万台，同比增长227%；含税销售额743亿元，同比增长135%。全年累计产值569.8亿元,同比增长167.3%。乐视构造“平台+内容+终端+应用”的垂直整合生态体系，市场占比持续高速扩张，几乎囊括了39英寸、50英寸、60英寸、70英寸电视机全部TOP1单品。紫光集团完成对展讯和锐迪科两大集成电路设计企业的收购，成为国内最大的集成电路设计企业；获得英特尔90亿元的注资，实现强强联手。大唐集团对旗下联芯科技、大唐微电子、大唐恩智浦进行整合，成立大唐半导体设计公司，力争在移动终端芯片、智能卡安全芯片、汽车电源管理驱动芯片等领域实现资本整合和技术共享，占领集成电路高端市场。紫光与大唐的产业整合，成为北京电子信息产业新的潜力增长点。

企业横向联合促进产业链高端环节跨越发展。京东方显示产品实现在小米智能穿戴设备领域的应用。中芯北方与高通在28纳米工艺制程和晶圆制造服务方面紧密合作，提升了中芯北方28纳米制程的成熟度及产能，中芯北方成功制造高通骁龙64位410处理器。

重点推进工作。落实国家战略，承接国家集成电路产业基金落地，国家基金母公司及管理公司在北京市注册完成；梳理首批重大项目，筹备与大基金公司6个设计类项目、5个制造类项目、2个装备类项目和3个产业园区类项目的进一步对接；会同相关部门就01专项项目地方配套、中小企业服务、产业空间布局、产业支持政策开展专题研究。通过产业基金并购重组的外延式发展，推动集成电路企业做大做强。推动新型投融资服务体系的建设，完成北京市集成电路产业基金（规模300亿元）的注册和首期注资；支持紫光集团收购展讯、锐迪科后引进英特尔的投资，推动紫光在京设立新的总部企业，通过兼并合作实现跨越式发展，培育出国内集成电路设计龙头企业；促进北京市集成电路设计子基金组织收购豪威科技，发挥基金杠杆作用推动企业做大做强，实现图像处理芯片国内甚至国际领先。

推进中芯北方一期项目建设。中芯北方一期项目总投资35.9亿美元（227.96亿元人民币）。截至12月，项目累计完成固定资产投资27.2亿元。其中，厂务部分投资5.5亿元，厂房建设部分投资13.92亿元，生产设备部分投资7.78亿元。截至年底，主体工程完成 100%，中央动力厂房与化学品仓库主体工程完成 100%，办公楼主体工程完成 100%，10K 净化间及厂务系统工程完成 75.15%；项目总进度完成 63.75%。生产线设备安装和改造共 52 台，形成 28 纳米 700 片的月产能。6000 片月产能的设备订单陆续发出。技术资料转移准备完成 75%。28 纳米工艺流程验证基本完成，工艺验证制品取得与中芯上海研发中心相同的成品率和性能。

（电子处）

【中国首条 8.5 代氧化物面板生产线投产】2013 年 12 月 28 日，中国首条氧化物面板生产线——京东方合肥第 8.5 代氧化物 TFT−LCD 生产线在合肥市新站综合开发试验区正式投产。京东方合肥第 8.5 代氧化物 TFT−LCD 生产线总投资 285 亿元，设计产能为 9 万片玻璃基板 / 月，除生产氧化物 TFT−LCD 显示屏外，还规划了 2000 片玻璃基板 / 月的产能用于生产 AMOLED 新型显示屏。京东方合肥 8.5 代线采用了全球最先进的氧化物 TFT（Oxide TFT）背板技术，显示产品分辨率更高，图像更逼真，刷新频率更高，更轻薄，由于光透过率提升，能耗进一步降低。京东方合肥 8.5 代线投产后，可直接带动上下游产业投资 200 多亿元，上缴税收约 30 亿元，新增就业机会 2 万余个，形成产值近千亿元的电子产业集聚群。

（全 意）

【联想集团收购 IBM 服务器和摩托罗拉手机】1 月 23 日，联想集团以 23 亿美元收购 IBM 低端服务器——X86 服务器硬件及相关维护服务业务，将使联想集团以全球 14% 的市场份额，跃升为全球第三大服务器厂商。1 月 29 日，联想集团以 29 亿美元从谷歌手中收购摩托罗拉移动智能手机业务，包括 3500 名员工、2000 余项专利、品牌和注册商标，以及全球 50 多家运营商的合作关系。此次收购有助于联想集团快速进入全球主要手机市场。

（电子处）

【京东方 BiTV 通过首批 4K 超高清电视认证】2 月 17 日，由中国电子技术标准化研究院（CESI）主办，中国电子商会承办的“见证 4K 真实力——4K 超高清电视认证发布会”在北京举行，正式对外公布了首批 4K 超高清检测认证结果。京东方（BOE）BiTV 4K 电视凭借“无损精 4K”的优异超高清性能，首次参评即通过认证。作为京东方智慧显示系统产品之一，BiTV 采用京东方独有 ADSDS 4K 超高清面板，拥有 4 倍于全高清电视的分辨率（3840×2160），可实现将近 180 度的超宽视角。京东方 BiTV 还将 4K 超高清与 3D 显示完美融合，营造出更加生动逼真的 3D 观影体验，可以实现直接点对点无损 4K 解码，避免了转码过程中的信号损耗，使画质更为清晰。据悉，共有京东方、TCL、长虹、三星、索尼、夏普、LG 等 13 家企业 35 个型号产品首批通过认证。

（全 意）

【七星携手 UCT 研发质量流量控制器】3 月 4 日，七星华创电子股份有限公司与美国 Ultra Clean Technology（简称 UCT）在上海举行战略合作签约仪式，标志七星电子质量流量计产品正式进军高端半导体市场。根据协议，七星电子将与 UCT 共同研发适用于高端半导体生产设备的质量流量控制器产品，满足日益增长的全球半导体设备采购需求。七星电子质量流量计产品能够获得高端半导体生产设备的第一手需求，并运用 30 多年的研发经验及海外研发团队力量为 UCT 量身定制产品；UCT 将在获得完全符合需求的定制产品的同时，达到优化成本的目标。实现双方优势互补，发展共赢。

（全 意）

【8 家企业入围“2014 年中国电子信息百强”】7 月 11 日，工信部举行“第 28 届中国电子信息百强”发布会，联想控股、北大方正、京东方、同方股份、航天信息、紫光股份、大唐电信、华胜天成等 8 家北京企业入围本届电子百强，合计主营业务收入达 4062 亿元，占 18.5%，其中联想控股和北大方正跻身十强企业名单。

（产研中心）

【紫光集团成为国内芯片设计龙头】7 月 19 日，紫光集团宣布以 9.07 亿美元的价格，完成对锐迪科微电子的收购，是在 2013 年耗资 17.8 亿美元完成对展讯通信的收购后，再次收购的大陆集成电路设计企业。展讯和锐迪科均是美国纳斯达克上市企业。其中展讯是基带芯片设计企业，2013 年销售额约 70 亿元；锐迪科在基带芯片，砷化镓功率放大器芯片，WiFi、蓝牙和 FM 等连接器芯片均有产品，2013 年销售额约 30 亿元。紫光完成收购后，芯片设计业务总销售额超越海思半导体，成为中国大陆芯片设计的龙头企业。

（电子处）

【牡丹集团入选 APEC 会议唯一电子赞助商】8 月 6 日，2014 年亚太经合组织会议（APEC）第三、四次高官会在北京开幕。本次 APEC 会议选用 9 家企业共 22 个赞助品牌，牡丹集团成功入选为赞助商，是品牌赞助商中唯一一家电子企业。8 月 4 日，2014 年亚太经合组织会议赞助签约仪式在北京国际饭店国际厅召开，副市长程红为赞助商颁发了荣誉证书。中共北京市委书记郭金龙视察会场时表扬牡丹："你们干得好，牡丹再次绽放。"

（全　意）

【市委领导调研电控国企改革】 8月16日上午，中央政治局委员、北京市委书记郭金龙调研市属国资国企改革发展情况，首站莅临电控公司。副市长、市国资委党委书记张工，市委副秘书长、市委政策研究室主任王力丁，市委副秘书长、市委办公厅常务副主任崔述强，市委副秘书长、市委宣传部副部长严力强，市发改委主任张建东、市国资委主任林抚生和市经信委主任张伯旭等领导陪同调研。郭金龙一行深入电控所属北方微电子公司的生产车间，参观了解了半导体装备产品的技术研发和生产销售情况。郭书记肯定了电控近年来的改革发展成果以及未来科技创新和深化改革的基本思路，强调，要把科技创新和深化改革作为企业发展的动力。电控作为市属国企中科技含量最高的高科技企业，应该义不容辞地成为市属国企自主创新的排头兵，在建设首都科技创新中心中发挥示范作用。电控要深入学习贯彻党的十八届三中全会精神和习近平总书记到北京调研时重要讲话精神，按照深化市属国资国企改革意见的要求，进一步推进企业深化改革工作，加快制订深化改革的整体方案，落实各项改革重点任务，努力探索出一条市属国企深化改革的新路径。要求，电控要坚持创新驱动，大力引进高端创新人才，加快推进显示、装备和器件等优势产业的技术研发和产业化，提高企业核心竞争力和可持续发展能力。

（全　意）

【797音响通过美国海关C-TPAT认证】 9月17日，美国海关在中国海关陪同下一行9人来到797音响密云生产基地进行C-TPAT验证。经过企业介绍、海关提问、实地验厂、中美海关会商等4个环节后，美国海关宣布北京第七九七音响股份有限公司通过美国海关C-TPAT验证，并颁发C-TPAT认证证书。C-TPAT认证对门卫、成品库区域、装货区域、服务器区域等4个区域的要求相当严格。获得中美联合认证后，在出口货物到美国时，797音响公司可享受美方较低查验率、优先放行等通关便利，缩短通关时间。

（全　意）

【国家集成电路产业投资基金在京设立】 9月24日，国开金融有限责任公司、中国烟草总公司、北京亦庄国际投资发展有限公司、中国移动通信集团公司、上海国盛（集团）有限公司、中国电子科技集团公司、北京紫光通信科技集团有限公司、华芯投资管理有限责任公司等共同签署《国家集成电路产业投资基金股份有限公司发起人协议》和《国家集成电路产业投资基金股份有限公司章程》，标志国家集成电路产业投资基金在北京正式设立。国家集成电路产业投资基金采取公司制形式，国开金融、中国烟草、亦庄国投、中国移动、上海国盛、中国电科、紫光通信、华芯投资等作为发起人，吸引大型企业、金融机构以及社会资金，共同投资设立国家集成电路产业投资基金股份有限公司。基金重点投资集成电路芯片制造业，兼顾芯片设计、封装测试、设备和材料等产业，实施市场化运作、专业化管理。

（电子处）

【2014北京微电子国际研讨会举行】 10月23日，由北京市经济和信息化委员会主办的"2014北京微电子国际研讨会"在北京经济技术开发区举行。本届会议由北京经济技术开发区、北京半导体行业协会、国际半导体设备及材料协会（SEMI）及美国华美半导体协会联合承办，工信部、科技部、中国半导体协会及北京市政府相关委办局领导出席大会开幕式。大会以"聚集创新要素，助推产业升级"为主题，围绕产业发展与资本运作、创新创业环境营造、原始技术创新等高端要素的整合，重点针对网络经济背景下智能终端、智慧医疗、大数据、物联网等应用需求，集成电路设计技术、制程工艺和先进封装测试的关键技术，重大装备及材料的国产化等内容邀请了中芯国际、紫光、三星、博通、华登国际等国内外领军企业高层进行交流。国内、台湾地区及美国相关技术及管理人员共300人出席大会。

（电子处）

【京东方首发全球65英寸OGS显示屏】 11月，京东方在"第十六届中国国际高新技术成果交易会"上首发全球最大尺寸OGS显示屏，打造多点、极速的大屏触控体验。OGS（One Glass Solution）即一体化触控技术，在减轻重量、增加透光度、节省成本等方面优势明显，广泛应用于手机、平板电脑、笔记本电脑等智能显示终端。在大尺寸屏上应用OGS触控技术，能够大幅提升产品轻薄化水平，还能使触控屏的光学透过率提升约10%，制造成本下降。京东方首次突破OGS拼接曝光技术难点，将OGS触控技术应用于65英寸4K×2K超高清显示屏，实现了大尺寸、4K超高清、OGS触控技术的融合。该显示屏采用京东方在OGS触控领域的自主技术——OGS金属网格技术（Metal Mesh），取代传统的ITO技术，在明显降低材料成本的同时大幅提升触控灵敏度，同时综合多点触控、4K 超高清分辨率、OCR 全贴合工艺、薄型化设计等亮点技术，给用户带来极佳的视觉与触控体验。

（全 意）

【京东方研制出柔性显示屏】京东方研制出 9.55 英寸 AMOLED 柔性显示屏，可随意弯曲，能够像纸一样放进口袋，该产品标志中国在柔性显示领域取得技术与工艺的重大突破。京东方研制成功的柔性显示屏可弯曲的曲率半径小于 2 厘米，屏幕可以卷曲成一个半径不到两厘米的圆筒，该技术达到国际水平。

（电 控）

【小米手机跃居全球智能手机市场前三】2014 年，小米销售手机 6112 万台，较 2013 年增长 227%；含税销售额 743 亿元，较 2013 年增长 135%。全年累计产值 569.8 亿元，同比增长 167.3%。成为北京市排名第一的电子信息制造企业。5 月 15 日，小米在京召开新产品发布会，推出小米电视 2 代和小米平板两款全新产品。7 月 2 日，小米在京发布小米 4 手机。第三季度，小米手机出货 1840 万台，首次单季度出货量超过华为的 1680 万台（其中内销 956 万台），成为国内市场第一，全球市场位居三星、苹果之后，排名第三。

（电子处）

【改革调整】2014 年，北京电子控股有限责任公司（简称北京电控）加快改革调整，围绕国资国企改革，加大科技产业发展平台建设力度，推动产业资源实质性整合。完成方略科技调整重组，组建了以方略博华为主体的文化服务业发展平台；加快推进吉乐的分离重组，将 LED 产业资源整合并入燕东；推进北无整体调整重组方案，进一步明确益泰发展信息服务产业的业务定位；深化以瑞普三元为主体的仪表产业平台建设，完成 E+H 仪表实质性并入。

4 月 17 日，北京电控在易亨集团召开会议，宣布瑞普集团和方略科技公司并入易亨集团管理的相关决定。电控分别于 2013 年 12 月和 2014 年 4 月对瑞普集团、方略科技公司进行了调整重组，实现了科技产业、文化创意产业与社保稳定和非经营性资产剥离，实现社保稳定和非经营性资产的集中管理。

9 月 22 日，北京电控在燕东公司、易亨集团分别召开吉乐集团调整重组工作会议。电控领导王岩、赵炳弟、江玉昆、张岳明、谢小明、陈勇利分别出席两次会议。吉乐集团调整重组的主要内容是：吉乐集团 LED 业务，包括 LED 封装及 SMT/ 应用照明业务通过整合进入燕东公司，吉乐集团所属吉乐电子公司成为燕东公司全资子公司。上述资产及业务重组完成后，吉乐集团存量物业及社保稳定事业整建制并入易亨集团。

年内，北京电控研究制订企业结构调整工作方案，加快推进劣势企业退出。利用破产政策，完成牡丹城和电子咨询中心的破产退出，累计获得政府支持资金 962 万元。全年累计完成 20 户劣势企业退出。加快解决制约企业改革发展的问题，统筹推进债转股企业股权回购工作；妥善处理瑞普集团 701 厂担保案，实现“E+H”股权解封；彻底解决牡丹信达金融债务和镇江农行担保债务纠纷；收回北新桥园区经营权，规避了产业发展的潜在风险。

（全 意）

【科技创新】是年，北京电控全年累计投入研发资金 29.5 亿元，同比增长 6.4%，占主营业务收入的 6.8%，实现新品销售收入 248.8 亿元；全年申请专利 5455 件，其中发明专利 2879 件，海外专利 1516 件，同比增长 20.5%；授权专利 1869 件，其中发明专利 501 件，海外专利 164 件，同比增长 5.6%。

3 月 25 日，北京市委、市政府召开 2013 年度北京市科学技术奖励大会，会议颁发了 2013 年度北京市科学技术奖获奖单位。电控企业 4 个技术创新成果获奖，分别是：北京北方微电子基地设备工艺研究中心有限责任公司完成的“磁控溅射设备研发及产业化”项目获得 2013 年北京市科学技术奖二等奖；京东方科技集团股份有限公司完成的“TFT–LCD 非晶硅行驱动技术研发及产业化”项目和“基于 FFS（ADSDS）技术的大尺寸全高清 HDTV 用 TFT–LCD 技术开发”项目分别获得 2013 年北京市科学技术奖三等奖，此外，由清华大学和北京北广科技股份有限公司等 6 家单位共同完成的“DTMB 标准国际化关键技术及应用”项目获得 2013 年北京市科学技术奖一等奖。

（全 意）

【项目建设】年内，北京电控新型光电显示产业技术创新能力和综合实力持续增强。京东方加快新一代显示技术研发和工艺水平提升，在柔性显示、高 PPI、Touch、低功耗等方面取得突破性进展，掌握了大尺寸 Oxide AMOLED 核心技术，完成 LTPS AMOLED 设计技术验证，全球首发产品覆盖率达到 38%，98 英寸 8K×4K 显示产品成功导入日本 NHK；小尺寸产品市场占有率全球第一；新产线建设和量产爬坡进展顺利，合肥 8.5 代线实现满产满销，鄂尔多斯 5.5 代 LTPS 生产线具备小批量生产能力，重庆 8.5 代线完成主体厂房建设。

电子工艺装备产业的市场开发和产业化能力大幅提升。以北方微、七星电子承担的国家 02 专项为代表的重点项目取得突破，20−14 纳米刻蚀机项目完成20 纳米刻蚀机原理机的方案设计；国产集成电路装备零部件应用工程项目完成 TSV 刻蚀和 TSV PVD 零部件验证平台搭建；28 纳米硬掩膜 PVD 产品实现销售；完成 45 纳米铜互连清洗机样机组装。兆维完成银行对公业务 VTM 和通信运营商 VSM 样机的客户端测试；完成 TFT−LCD 视觉检测设备研发并成功中标武汉天马项目。北广科技完成 13.56MHz 1kW 射频发生器的工艺测试和 13.56MHz 3kW 射频发生器样机组装；完成 1kW 宽带数字电视发射机和全固态 30kW 短波通信发射机的厂内鉴定。大华完成高精度程控电源样机和多体制雷达目标发生器的研发。瑞普三元完成特大口径电磁流量计、高精度压力变送器产品开发和小批量生产。

基础电子元器件产业的竞争力不断增强。燕东高速数据传输安全保护专用集成电路产业化项目月产能达到 6 亿只，并加快推进密云厂房建设进度；完成 8 英寸大规模集成电路装备工艺验证平台项目的技术调研和可行性分析。飞宇持续优化线性功率放大器技术平台的整线工艺水平；完成 IPM 智能功率模块初样研发。积极推动宇高级生产线建设项目，飞宇、飞行、友晟、宇翔和北光等公司完成项目建议书评估，待国防科工局立项批复。

储能与光伏应用产业的生产及技术研发能力大幅提升。爱思开积极推进动力电池包产线建设，完成全自动生产线的设备联调联试，加快推动 C33 和 C70 产品产业化，完成 1285 台电池包产品的生产。七星实现 160Wh/kg 锂离子动力电池的小批量生产；完成电子城 IT 产业园 1MW 组件安装并实现发电；山煤灵丘 30MW 光伏发电项目完成支架搭建和 5MW 组件安装。

电子信息技术应用产业的探索成果初步显现。加强对物联网、大数据、移动互联网等新兴产业的研究，探索新兴产业的商业模式，启动智能社区建设、健康医疗等项目的调研论证，培育新的经济增长点。多家企业转变发展思路，在互联网应用领域探索和布局，牡丹正式发布云网端大数据舆情监控系统；益泰积极拓展软件开发和系统集成业务，完成电控信息化系统一期等项目建设。

（全 意）

【园区建设】是年，北京电控挖潜存量资源价值，优化园区功能定位，科学谋划增量资源，加快重点项目建设，科技服务业经营效益大幅提升。电子城 IT 产业园 A3 厂房竣工验收，A5 厂房完成主体结构建设；国际电子总部 4 号地和 5 号地项目正式开工建设；来广营 89 号院正式纳入棚改定向安置房建设项目；山西朔州数码港项目完成一期工程的核准立项和地质勘查，具备开工条件，并取得二期项目用地 12 公顷；完成天津西青科技产业园项目的方案设计。北广集团 B/C 座项目完成土地现状协议出让、租户腾退和房屋拆迁等工作，基本具备开工条件。兆维深化园区服务体系建设和客户结构调整，园区价值潜力持续释放。

（全 意）

装备产业

【概况】2014 年，北京装备制造企业共计 12382 家，其中规模以上装备制造企业 1230 家，规模超 10 亿元的装备企业 44 家。规模以上装备企业累计实现工业总产值 2351.8 亿元，同比下降 0.6%，占全市工业 13.0%；实现收入 2589.5 亿元，同比增长 0.8%，占全市工业 13.3%；实现利税 324.0 亿元，同比下降 2.3%，占全市工业 13.7%；完成固定资产投资 35.6 亿元，同比下降 36.1%。

推动产业结构调整。依据首都城市功能定位，做好新增产业的禁止和限制目录制订工作，确定以智能制造、节能环保、新能源等 7 个领域为高精尖装备产业发展重点。借鉴吸收社会资本推动产业发展的经验，制订智能制造基金实施方案。会同昌平区经信委，督导完成 50 家企业整体退出任务。围绕金属制品、通用设备、海水淡化等领域，推动相关企业开展产业转移。深入开展群众路线教育实践活动，推动北重、北锅制造环节调整搬迁工作全面展开。

确保产业正常运行。加强同各开发区、重点区县和行业协会沟通，完善监测体系，保证取样数据合理；重点监测 37 家产值 10 亿元以上装备企业运行情况，梳理产业经济运行中出现的趋势性问题，加强装备产业新模式、新业态研究，调研生产性服务业对产业发展的影响。

加大政策资金支持力度。组织企业与国家开发银行、进出口银行对接，推荐海兰信、神雾热能 3 家企业申报“走出去”项目。推荐企业享受进口零部件免税政策，全年共有2615万美元零部件免征进口关税和增值税。支持企业承担国家专项项目，加大新产品、新技术研发力度。推动北二机床成功开展"曲轴柔性、精密、高效磨削加工关键技术与成套装备"研发，荣获中国机械工业科学技术奖特等奖。推动广利核核安全级仪控系统（DCS）产品通过功能安全领域国际权威机构认证。推荐和利时、仪表所、中航工业625所、清华大学等单位申报承担强基工程、智能制造装备和04专项项目，获得14995万元中央资金支持。支持东明兴业精密模具、雪迪龙环境监测系统等9个产业化项目，获得3465万元市级财政资金支持。

帮助企业开拓市场。加强与内蒙古经信委及北控、京能等市属企业沟通，推动神雾热能、航天长征的节能环保、清洁能源装备在重点工程中应用。组织通用集团、国机集团与京城机电，北车集团与西门子等企业的对接，开展市场、技术、资金全方位对接合作。支持同方威视提供巴西世界杯、金砖5国会议安检设备及服务；北车二七内燃机车获得欧盟认证并出口爱沙尼亚，钢轨打磨车交付深圳地铁公司；和利时研发的大型综合智能测控系统在北京地铁14号线全面投入使用。组织太尔时代等企业参加APEC领导人会议核心产品展示。推动碧水源的膜生物反应器和净水技术在"月宫一号"全面应用，完成模拟太空水循环试验。

推动重大项目建设。推动纵横机电研发生产基地、博电研发生产中心等项目竣工投产；推动三一重能压裂成套装备产业化、雪迪龙中关村昌平东区基地等项目加快建设；协调煤科天玛煤矿综采自动化产业基地、SMC三期扩产等项目手续办理；推进同方威视总部与研发基地、昆明中铁国际经营总部和研发中心等项目尽快落地。推动金风科技"智能微网"示范项目上网售电，中科信承建的15MW光伏屋顶并网发电。

（装备处）

【福田雷萨重机北京工厂在怀柔投产】 3月22日，福田雷萨重机北京工厂在怀柔正式投产。雷萨重机工厂是福田汽车建造的又一座现代化环保、高效工厂，是一座智能化重机机械制造基地，占地53公顷，总投资20亿元，年产能4500台。工厂将清洁能源作为产品核心建设项目。

（装备处）

【金风科技成为国内首家自发自用剩余电量上网企业】 3月，金风科技股份公司与亦庄供电公司签订"分布式电源"并网售电协议，成为国家电网颁布分布式电源并网服务新政策之后，国内首家实现自发自用剩余电量上网的风机制造企业。该公司承建的"智能微网"示范项目包括风电、光伏、燃气轮机等发电设备和多种储能方式，每年可发电260万度，相当于每年节约标准煤约1040吨，减少二氧化碳排放约2592吨，再造森林约1421立方米。

（装备处）

【京城股份资产重组完成】 4月12日，北京京城机电控股有限责任公司（简称京城机电）发布《关于重大资产置换暨关联交易实施完成的公告》，京城股份重大资产重组工作正式完成；与气体储运业务相关的天海工业88.50%股权、京城香港100%股权和京城压缩机100%股权正式置入上市公司。5月16日，北京天海工业有限公司（简称北京天海）与北京巴士传媒股份有限公司（简称北巴传媒）签订《北京明晖天海气体储运装备销售有限公司之增资协议书》，北巴传媒向明晖天海增资人民币2亿元，并持有明晖天海30.23%的股份。

（彭继旺）

【"月宫一号"完成首次密闭试验】 5月，"月宫一号"空间基地生命保障人工闭合生态系统地基综合试验装置成功，完成国内首次长期多人密闭试验。北京碧水源科技股份有限公司与北航合作研发的膜生物反应器和净水技术在"月宫一号"全面应用，实现了模拟太空水循环的成功。其中，该公司生产的膜生物反应器持续处理卫生废水达到灌溉用水标准；水处理设备净化冷凝水达到安全饮用水卫生标准，105天实验中设备运转良好。

（装备处）

【北人户外文化产业园开园】 6月28日，北人户外文化产业园正式开园。北人集团公司利用老旧工业厂房打造了一家中国最大，以户外为主题的文化创意产业园，是北人集团公司占有51%和两家民营企业占49%股份比例的混合所有制企业，也是北京市唯一一家以户外运动、户外生活体验、户外装备展示、销售为一体的资源共享平台。该园区坐落在北京市朝阳区垡头化工路9号，原为北人集团公司票据印刷机制造企业，占地面积16500平方米。北人集团公司按照首都城市功能定位中"对老厂房、旧仓库、特色工业遗址、会馆等老旧房屋设施进行文化创意改造，升级为适合创意、演艺、拍摄、会展、休闲、情景体验等多种文化创意载体的项目"的文件精神，积极争取该园区列入《2014年北京市文化创新发展专项（产业类）资金支持项目》。

（尹亚昌）

【北二机床项目获中国机械工业特等奖】 10月25日，

北二机床研发的“曲轴柔性、精密、高效磨削加工关键技术与成套装备”，荣获中国机械工业科学技术奖特等奖。该项目获得国家授权发明专利10项，授权实用新型专利3项。项目通过采用基于非圆磨削原理的双砂轮架随动式（切点跟踪）磨削技术、六轴同步插补联动磨削技术，实现一次装夹双砂轮同步磨削曲轴连杆颈和主轴颈，将传统的曲轴磨削7道工序优化为4道或5道工序；成功研发出具有敏捷柔性特征的曲轴磨削生产线总体布局技术、随动式（切点跟踪）磨削技术、智能化无编程专家系统、连杆颈相位数字化自动测量识别技术、曲轴随动同步切磨＋纵磨技术、曲轴品种的智能识别与敏捷换型技术、超精密抛光、机床几何误差及磨削圆度与尺寸误差补偿、微进给传动与高响应驱动等关键技术。同时，北二机床与清华大学等相关高校企业，共同开展了项目产品的数字化设计、机床结构分析及优化、动静态精度测试、可靠性提升、生产线加工过程与工艺参数优化、加工状态监控与信息管理技术等技术研究工作。该成套装备能够满足汽车、船舶等内燃机曲轴加工要求，对于推动国内内燃机等相关领域技术与产业发展，提供了工艺装备支撑。项目创建的技术体系还可以推广到汽车凸轮轴、机器人偏心轴等领域的非圆精密高效磨削加工。曲轴磨削成套装备的研制成功，使中国成为继英、德、日之后，第四个掌握随动式磨削技术及装备的国家，北二机床也成为国际上唯一能够提供曲轴磨削＋抛光完整精加工装备的机床制造商。

（尹亚昌）

【数字化医疗3D打印协同创新联盟成立】10月28日，数字化医疗3D打印协同创新联盟成立大会在北京工业大学举行。会上颁发“北京市数字化医疗3D打印工程技术研究中心”和“北京市数字化医疗3D打印国际合作基地”市级科技创新中心匾额。18家成员单位举行签约仪式。创新联盟将针对3D打印材料、装备、工艺、软件和应用等方面存在的主要问题，开展数字化医疗3D打印关键技术研究，进行基础研究、应用开发、产业化全研发链的协同攻关。重点突破数字化医疗3D打印材料、工艺与装备、工具软件关键技术，建立国内首创和世界一流的数字化医疗3D打印协同创新中心和服务平台，探索技术、机制体制、商业模式创新，推动数字化医疗3D打印产业链发展。

（尹亚昌）

【京城机电实现营业收入185亿元】是年，京城机电深入贯彻落实市委、市政府和市国资委全面深化国资国企改革精神，调整退出不符合首都城市功能定位的产业，停止了在北京56年的电机生产业务，实行产业转移，腾退出旧有厂区厂房，用于文化创意产业园区的建设。退出电线电缆制造业务，将北京总部作为新的投资平台，通过股权投资寻求向上游产业链延伸，在循环经济中开辟新的环保型业务。加快调整产业结构，在气体储运板块，调整实现梯次转移中低端产品生产基地目标，优化产品空间布局，促进主业结构的转型升级发展。加大新市场新领域开拓，重点推进能源、电力、环保、城市轨道交通和公共交通等领域的市场开拓，一批重大项目取得新突破：公司电气产品中标北京地铁燕房线项目，实现国内地铁国产综合保护装置首台套销售；新能源产品成功进入大型发电集团；环保项目中标北京顺义生活垃圾焚烧发电设备总承包项目、南宫生活垃圾工程项目、高安屯生活垃圾焚烧发电项目等；成功签约土耳其项目、埃塞俄比亚轻轨配电项目。年内，京城机电行业坚持科技创新驱动，不断优化产业结构，北一机床股份公司“曲轴柔性、精密、高效磨削加工关键技术与成套设备”项目荣获2014年度国家机械工业最高科技大奖。公司研制的新型复合传感多路阀达到国际先进产品水平，“先导式大流量电业比例阀关键技术”研究填补了国内空白。全年实现营业收入185亿元。

（尹亚昌）

【京仪集团国有资产达70亿元】截至年末，北京京仪集团有限责任公司（简称京仪集团）拥有3个市级工程实验室，9家市级技术中心，28家高新技术企业，授权专利351项，软件著作权141项，新增省部级科技奖11项，完成国家部委项目70项。建立了集团博士后科研工作站和6个企业分站，在北京市率先建立了首席技师制度，荣获国家技能人才培育突出贡献奖。2014年，京仪集团国有及国有控股总资产70亿元，营业收入28.8亿元。

（付宗义）

【京城机电推进企业改革调整】2014年，京城机电按照国资委《关于全面深化市属国资国企改革的意见》要求，成立了全面深化改革及转型升级领导小组；成立了与中关村高科技对接项目组、增材制造研究及推进项目组、毕捷电机公司改革退出项目组、电线电缆总厂改革退出项目组、北重汽轮电机公司深化改革项目组、北开电气公司深化改革项目组、京城重工公司深化改革项目组以及北人集团公司深化改革项目组8个专题项目组，针对公司当前的改革调整、新增长点培育等重点任务专项开展工作，推动公司向混合所有制方向发展。北京毕捷电机股份有限公司是国有中小型电机制造企业，利用电机制造的设备、品牌等存量资产，参与新三板上市的山东力久特种电机有限公司股份定向增发；利用腾挪出的房地产资源，打造京城升级版创意产业园区，园区企业产值收入逾100亿元。北京市电线电缆总厂是国有电线电缆制造企业，利用企业政策性拆迁契机，退出线缆制造业务，通过股权投资浙江京城再生资源有限公司，寻求向上游产业链延伸，进行废旧金属再生和铜产品深加工业务，实现业务转型；剥离非经资产及离退休人员，确保在政策可依，职工认可，双向选择基础上安置好职工；搭建总部在北京，基地在浙江台州的格局，实现转型。京城机电按照市国资委劣势国有企业退出项目计划的要求，2014年完成4家劣势国有企业的退出，3月注销北京荣华实业总公司、8月注销北京奥林气体有限公司、12月注销北京起重机器厂台湖分厂及北京天海西港环境技术有限公司。4家劣势国有企业的退出，减少亏损企业4家、退出四级企业1家、退出与主业关联不大的参股企业2家。

（尹亚昌）

【科技创新】年内，京城机电国产数控机床组线技术研究与示范项目通过组线技术，形成系列发动机缸体、缸盖柔性试制线成套工艺、装备和组线的全套解决方案，完成研制汽车发动机缸体缸盖柔性试制线一条，完成用户预验收，在北汽动力总成公司用户处稳定安装。“国产数控不落轮轮对车床”项目突破对车轮轮缘踏面的自动镟修等关键技术，完成首台“UGL15D-CN数控不落轮车床”产品研制，荣获第八届中国数控机床展览会“春燕奖”。应用曲轴高精高效磨削机床的随动磨削软件系统的“曲轴柔性、精密、高效磨削加工关键技术与成套装备”项目荣获2014年度国家机械工业最高科技大奖中国机械工业科学技术奖特等奖。863计划项目B2-K1018“双砂轮架随动式数控曲轴磨床”在浙江太阳股份有限公司通过用户终验收，使公司机床板块企业成为国内唯一一家可以整线配套的磨床制造商。“首都设计提升计划”项目的“链锤式餐厨垃圾破碎机的开发设计”项目通过市科委验收。全功率风力发电机组项目，FC113-3000机组完成低电压穿越试验，取得CE认证与C类设计认证证书，中标山东平邑郑城50MW风力发电机组及附属设备项目。ZFW31-126智能化项目完成研发，使GIS产品实现测量数字化、控制网络化、状态可视化、功能一体化、信息互动化，在国网智能变电站示范工程中一举中标。ZFW31-126三工位模块用普通型电动机构研发项目完成126kV GIS三工位隔离接地开关的设计、制造及调试和试验。液压工程机械关、主液压件产业化建设项目通过验收，新型复合传感多路阀研制达到国际先进产品水平。国家科技支撑计划“先导式大流量电液比例阀关键技术研究与应用”项目通过专家组的验收。“超新星DP32”数字喷墨标签印刷机采用美国memjet公司先进的喷墨印刷技术，设计制造的标签印刷机，可以将预涂、模切、烫金、覆膜等工序组合，完成标签制作的系列需求，样机参加第五届中国国际全印展。

（尹亚昌）

【技术改造】年内，北京北重汽轮电机有限责任公司技术人员编制完成数控十八米新配小刀板粗加工30万低压转子的加工程序，满足30万机组低压转子的粗加工轮槽等部位尺寸及精度的要求，提升了车间的转子加工能力，为汽轮机低压转子的加工提供了设备的保证。北京北重汽轮电机有限责任公司汽轮发电机铁芯硅钢片涂漆原使用214环氧酚醛硅钢片漆，改用水溶性漆，并对原有涂漆生产线进行相应改造，消除环保压力、改善工人的操作环境，冲片绝缘涂层采用水溶性漆，有机苯类污染物排放为零。北京巴布科克·威尔科克斯有限公司建设喷烘两用室，将产品放在喷烘两用室内进行产品的油漆和烘干，可以将喷漆和烘干过程中产生的漆雾和尘埃过滤后排放到空气中，达到北京市规定的排放标准。每年油漆加稀料总和为160吨，采用活性炭吸附装置每年总的吸附有机废气重量约44.268吨；漆雾和尘埃过滤采用过滤棉，可以使室内空气中大于10μm的尘埃粒子100%过滤，空气中直径大于等于5μm的尘埃粒子98%予以消除，漆雾捕集率93%~97%，正常运行情况下每年可以吸附4.06吨漆雾及尘埃。

（尹亚昌）

【项目建设】年内，北京京城电气工程有限公司项目根据公司“十二五”战略规划，重点加强工程承包、物流采购等共享平台，充分发挥业务板块间的协同效应，探索成立工程承包公司，整合内外部资源，成为京城控股新的经济增长点。7月29日，京城控股与北京工业大学签署战略合作框架协议，就数字化医疗3D打印项目达成合作意向。随后以控股公司中央研究院、战略与投资部、北京工业大学投资管理公司等为主，成立了数字化医疗3D打印合资合作筹备工作组。项目组对数字化医疗3D打印的相关政策、市场情况等方面做了初步分析，并对项目执行过程中的难点进行梳理，形成了项目方案。与中关村高科技对接项目，年初制定目标推进实质性合作2~3个，完成实质性合作项目4个:北京航空制造工程研究所与北人集团“全钢子午胎成型机项目”，北京航空制造工程研究所与华德液压“液压硫化机项目”,中信环保与机电院股份“江苏兴化环保产业园项目”和北京世纪阿姆斯生物技术股份有限公司与机电院股份“城市厨余垃圾无害化处理产业化项目”，完成协议项目10个，孵化项目5个。

（尹亚昌）

【人才队伍建设】年内，京城机电结合企业实际，分别从经营管理培训、技术技能培训、安全生产培训、学历提升培训、网络在线培训等方面组织了培训工作。根据中央关于人才教育培养的相关文件以及2014年重点工作，制定了《2014年度培训计划》；参照《北京市市级党政机关事业单位培训费管理办法》，制订企业培训费使用制度。培训经费主要来源于公司营业收入，推进按照工资总额足额提取教育经费。支持机械局党校、北京工贸技师学院教育培训基础设施建设。通过和京城机电培训中心、工贸技师学院开展合作，进行内部开发课程等多种形式的培训合作；和高校进行中长期培训项目的合作，开展管理及业务培训，与北京工业大学、北京联合大学、首都经济贸易大学签订校企合作战略。经统计，年内以京城机电总部牵头举办的参加人数在30人以上的培训项目达到23项，平均每月1.9项，培训对象包括公司本部及系统内企业的现职及后备干部、技术人员、生产人员、新入职毕业生等等，培训总人数1900余人，培训内容有管理、研发、生产、财务、营销等方面。

（尹亚昌）

生物与医药产业

【概况】2014年，生物与医药产业坚持稳生产、扩需求、强帮扶、推项目，在面临行业内外各种不利因素的情况下，保持了全产业的健康持续发展。全年完成工业总产值776亿元，同比增长11.3%；完成销售收入843亿元，同比增长17.9%；实现利润131亿元，同比增长4.0%；完成固定资产投资总额50亿元，同比下降12.4%。

高精尖引领，明确发展方向。年内，分领域召开多次专家研讨会，邀请监管部门、企业、科研院所、投资机构和行业组织等方面专家、领导，针对北京生物医药产业未来的发展思路和重点方向提出建议，并初步确立重点产品目录和发展目标。

京津冀协同，调整产业布局。市经济信息化委牵头与市食品药品监管局、北京经济技术开发区管委会共同推动完善首都医药产业链工作；先后6次实地考察了天津滨海新区、蓟县，河北永清、涿州、沧州渤海新区等5个园区；督查推动大兴区企业调整退出工作；响应污染预警，督促停产限产。

大项目推动，打造产业增量。重点推进同仁堂产业园、拜耳医药保健有限公司北京工厂综合扩建项目、甘李药业有限公司第三代胰岛素糖尿病药物产业化项目、北京协和药厂新基地建设项目，协调工程相关手续办理。

利用专项资金，拉动产业增长。向工信部推荐一批北京市重大生物医药产业项目，全年为生物医药产业的33个项目，争取30585万元支持资金。33个项目总投资440668万元，达产年新增销售收入139.28万元。

大品种培育，加强品牌建设。委托北京药学会收集、整理了2010年新版医保目录实施以来，市经济信息化委推荐进入目录的49个品种的销售情况以及相关成果；调研了2010年以来北京市新获批药品名单，筛选出潜力品种；调研了北京市医院药品市场情况，分析本市药品优势；提出培育重点品种的政策建议；联合市药监局共同委托北京医药行业协会设立北京展区，组织华润双鹤等60余家优秀医药企业集体参展第七十一、七十二届全国药品交易会，集中开展产业整体宣传活动；并组织了“用北京药放心”创新合作共赢——北京医药产业发展论坛活动，中国中药协会、中国化学制药工业协会、中国医药商业协会、中国医药企业管理协会、中国非处方药物协会等10多家行业协会领导和全国200多家企业代表参加了论坛。

（生物医药处）

【华润三九获国家科学技术二等奖】1月10日，2013年度国家科学技术奖励大会在北京人民大会堂举行。以华润三九独家品种“参附注射液”为研究对象的“参附注射液品质控制与产业化关键技术应用”荣获国家科技进步二等奖。“参附注射液品质控制与产业化关键技术应用”由成都中医药大学彭成校长领衔，华润三九研发团队合作研发。该项目针对中药注射剂研制与生产过程中存在的关键科学和技术问题，首次提出并总结参附注射液“品种、质量、制药、性效、临床应用”的研究思路与实践，为中药注射剂的研制与生产提供示范。

（曹秀琴）

【燕京药业甲巯咪唑片向全国供货】1月15日，北京燕京药业有限公司（简称燕京药业）正式开始在全国范围内供应甲巯咪唑片产品，首批61万片通过国药控股的销售网络发往17个省会城市，其余14个省市陆续完成供货，持续近一年的甲巯咪唑片市场短缺情况得到缓解。甲巯咪唑片是治疗甲亢的常用必备药物，市场售价每瓶不足4元。由于产品成本价格倒挂，大量企业停止了这一产品的生产供应。2013年5月，工信部对全国范围内出现甲巯咪唑片市场供应不足情况开展深入调研、组织生产保障，燕京药业作为国内唯一同时具备甲巯咪唑原料和制剂生产资质的企业，被工信部选为生产供应保障单位。为满足患者需要，企业不计得失，于7月初开始恢复甲巯咪唑制剂生产，20天时间向国内市场供应甲巯咪唑片6000万片，并通过邮递药品等方式满足了部分外地患者的需求。

2013年11月，燕京药业的扩产改造项目完成，改造后的生产线月生产原料药可达500千克，能加工1亿片甲巯咪唑制剂，可以满足国内市场需求。2014年初，经市经济信息化委协调，工信部先期向燕京药业拨付专项资金225万元，用于支持企业进行生产线改造认证。同时联系燕京药业与国药控股公司签订供销合同，帮助企业在全国各省市完成产品铺货。1月24日，工信部联合计生委、发展改革委、食药监总局共同召开“关于甲巯咪唑等低价药生产供应保障情况通报会”。31个省会城市零售布点已到位，所有患者通过指定途径都可以及时买到药品。

（生物医药处）

【艾滋病CD4检测试剂盒国产化取得突破】1月，北京经济技术开发区的北京旷博生物技术有限公司（简称旷博生物）开发、生产的艾滋病CD4检测试剂盒——“临床通用性CD4+ T淋巴细胞检测试剂盒”获得2项国家食品药品监督管理总局颁发的医疗器械注册证，成为第一家获得该类产品注册证的中国企业。该产品是国家“‘十二五’艾滋病和病毒性肝炎等重大传染病防治”科技重大专项的阶段性成果，经过中国疾病预防控制中心性病艾滋病预防控制中心参比实验室的对比验证，与国外企业同类产品相比，在产品性能和质量上完全可以实现国产替代进口，是中国艾滋病检测试剂国产化的一项重大突破。CD4+T淋巴细胞是HIV病毒攻击的主要靶细胞，在人体免疫反应中发挥着重要的功能，人体感染HIV后，该细胞的绝对数量就会减少，根据我国现行《艾滋病诊疗指南》，1微升的CD4+T淋巴细胞数小于200个就可诊断为艾滋病。该产品主要是用于艾滋病的诊断，治疗监测及疗效评估。按照专项要求，此次旷博生物研发的2项试剂盒是通用型的，可分别适用于国外和国内生产不同类型的艾滋病检测仪器。

（生物医药处）

【拜耳医药新项目签约】3月28日，时值习近平主席访问德国期间，拜耳医药保健公司与北京市在德国勒沃库森签署投资协议，决定在京新增投资1亿欧元，用于扩建全自动物流设施、分析实验室和高速包装生产线。提升拜耳医药亦庄工厂的生产能力，并保障企业未来在华心血管疾病及糖尿病类产品的生产供应能力。项目建成后，北京将成为拜耳医药全球最大的药品分包装基地。习近平主席和德国总理默克尔出席了此次签约仪式。拜耳医药保健公司在华拥有北京、广州、成都和青岛4个生产厂、员工人数超过7000人，其中北京拜耳医药保健公司是国内最大的外资医药生产企业，年产值超过百亿元人民币。大中华区是拜耳集团在亚洲最大的单一市场。2013年，拜耳集团在该区域的销售额超过37亿欧元。2014年底，拜耳集团在中国拥有13000多名员工，是拜耳全球投资的重心之一。

（生物医药处）

【同仁堂打造人才培育基地】4月10日，中国北京同仁堂（集团）有限责任公司（简称同仁堂）与北京城市学院就人才培养达成协议，双方将整合同仁堂的中医药高端人才资源和先进的产业技术、文化资源，打造中医药学专属的、以产业实际为培养目标的、多层次和多维度的人才培育基地。

（蔄 冰）

【同仁堂中医药“走出去”发展】5月28日，全国人大常委会副委员长张宝文视察了“京交会”同仁堂展位，特别关注了中医药“走出去”的发展，询问了同仁堂在海外开展服务贸易的情况。国家卫生和计划生育委员会副主任、国家中医药管理局局长王国强，北京市人大常委会主任杜德印，政协主席吉林，副市长程红陪同视察。5月30日，在中医药主题日启动仪式暨中医药服务贸易投融资大会上，同仁堂集团分别与世界针灸学会联合会、美国加州中医药大学、新西兰世一堂中药保健有限公司签署合作意向，重点在国际中医针灸和中医药人才培养、北美和大洋洲市场开发上合作。

（蔄 冰）

【市政府领导视察同仁堂药店】 7月11日，北京市副市长张工到同仁堂商业崇文门药店检查安全工作。在听取汇报后指出："药店要以安全为第一，做好APEC会议期间的安全、服务工作。"

（葛 冰）

【《同仁堂二十年改革发展记》出版】 7月，同仁堂集团印刷《传承与发展——北京同仁堂二十年改革发展记》一书。该书分为继往开来（1992—1995年）、先发展后规范（1995—2001年）、边规范边发展（2001—2010年）、边规范边发展（2011—2012年）4个篇章，对1992年同仁堂集团组建至2013年，同仁堂集团党委、董事会带领全系统干部职工锐意改革的历程进行了回顾和总结。

（葛 冰）

【同仁堂海外医师进修工作室成立】 8月20日，同仁堂海外医师进修工作室在京成立。工作室由旨在通过聘请具有海外丰富从医经历的中医名家、社会名老中医、同仁堂集团命名的中医药大师以及在中医诊疗、诊法上具有独特专长的代表性传承人作为授课导师和临床指导老师，进一步加强自有中医师队伍建设，培养优秀中医师人才，为海外发展提供人才保障。国家中医药管理局副局长吴刚，中国中医科学院副院长杨友群，北京市中医管理负责人，同仁堂集团党委书记、董事长、总经理出席成立仪式。

（葛 冰）

【同仁堂与保定市、安国市签署合作协议】 9月25日，同仁堂集团与保定、安国市政府签署战略合作框架协议。12月29日，北京同仁堂直隶中医医院项目在保定举行签约仪式。该项目是北京同仁堂与保定市政府签订《战略合作框架协议》的第一个落地项目。保定市市长、副市长，同仁堂集团党委书记、董事长、总经理出席签约仪式。

（葛 冰）

【华润三九位居中国非处方药企业榜首】 10月15—16日，由中国非处方药物协会主办的"第十一届中国自我药疗年会"在长沙召开。会议发布了2014年度中国非处方药综合统计排名及第二届非处方药品牌传播奖获奖名单，华润三九获得多项荣誉，其中三九综合排名位居中国非处方药生产企业榜首。在非处方药产品综合统计排名方面，三九的999感冒灵颗粒获中成药感冒咳嗽类第一名，999皮炎平获化药外用类第二名，三九胃泰获中成药消化类第三名，999小儿感冒颗粒获中成药妇儿科类第三名，小儿氨酚黄那敏颗粒获化药儿科类第四名，强力枇杷露获中成药感冒咳嗽类第四名，骨通贴膏获中成药外用类第四名。在品牌传播奖方面，华润三九获得五类奖项里面的三大奖：最佳平面广告奖、最佳电视广告奖和最佳品牌传播奖。

（曹秀琴）

【同仁堂与新西兰签署框架协议】 11月21日，国家主席习近平在新西兰进行友好国事访问期间，受邀参加了新西兰政府举办的农业科技展览会，与新西兰总理约翰·基共同见证了同仁堂和新西兰毛利部落Rangiwewehi、中国香港卓著投资公司、新西兰至上鹿业集团"新西兰综合养生保健中心框架协议"的签约仪式。该项目是同仁堂贯彻和响应习近平主席"加快中医中药在海外的发展"的要求，不断创新发展模式，打造国际品牌的重大突破。

（葛 冰）

【安宫牛黄丸制作技术获批国家级非遗名录】 12月3日，同仁堂安宫牛黄丸制作技艺获第四批国家级非遗扩展项目名录。在百余年发展中，同仁堂将自身的制药工艺和清宫御药房制药标准有机结合，形成了安宫牛黄丸制作技艺，具有独特的文化、医学、工艺、社会及经济价值。

（葛 冰）

【生产经营】 2014年，华润医药集团整体营业收入1069.80亿元，同比增长15.63%，其中：工业收入178.24亿元，同比下降1.77%；商业收入869.10亿元，同比增长19.22%。实现净利润43.54亿元，同比下降0.18%。产品结构得到改善，商业板块盈利能力提升1.5百分点，商业经营利润率从2.1%提升至3.6%。优化经营品种结构，高端品种引进能力提高，肿瘤、神经系统和呼吸系统用药分别销售额同比增长34%、35%和39%，医疗器械产品增幅达66%。限抗、降价因素使抗感染、内分泌药物和中成药的同比增长不足15%，销售占比相应降低1百分点。集中采购产生规模效应，提升毛利率0.02百分点；工商协同终端资源，共享协同效益，工商协同额比2013年增长55%。

是年，同仁堂集团业务涉及中药材种植及饮片加工，中成药、普通营养食品、保健食品、传统滋补品、生物制品及化妆品的生产销售、科研开发、出口贸易等方面。可生产24个剂型1400余个产品，拥有83条通过国家GMP认证的生产线。截至年末，同仁堂集团实现合并营业收入138.6亿元，同比增长6.55%，实现利润19.41亿元，同比增长7%。

（曹秀琴 葛冰）

【华润集团创新商业服务模式】 年内，华润医药集团应对基层医疗市场竞争需要，创新两个服务模式：一是N-HLI一体化服务方案在乡镇卫生院模式，为区县政府搭建区域内医院和基层医疗机构的信息集成平台，实现卫生机构、配送企业、招采平台、政府管理部门（卫生、药监、医保/农合）和结算银行等各方的一体化连接，实现药品供应、监管、结算、医保支付等多环节跨机构的在线管理、信息共享和自动化处理。河南医药在内黄县实施的N-HLI项目是其典型，2014年实现销售近亿元，同比增长20%；毛利增幅达35%，并获得耗材业务配送。二是将药店搬进医院门诊药房，开创医院药品分计量包装配送的服务模式。天津市政府“鼓励有条件的医疗机构推行门诊药品拆零销售”，卫生局和药监局等主管部门组织33家三级医院公开招标门诊药品分包装配送服务商。华润天津医药参考国际成熟的管理模式建立药品分包中心，在招标中获得28家医院的分包装配送服务。

（曹秀琴）

都市产业

【概况】2014年，都市产业产值1597亿元，同比下降2.6%，占全市规模以上工业产值的8.7%；主营业务收入1927.2亿元，同比增长1.0%；利润总额95.7亿元，同比下降6.7%。都市产业重点行业中，食品工业累计实现产值853.4亿元，同比增长0.5%，占都市产业总产值的53.4%，食品工业子行业中，农副食品加工业累计实现产值382.5亿元，同比增长1.0%；食品制造业累计实现产值278.9亿元，同比增长7.2%;酒、饮料和精制茶制造业累计实现产值192.0亿元，同比下降8.7%。服装纺织行业累计实现产值169.6亿元，同比下降13.5%。包装印刷行业累计实现产值187.5亿元，同比增长0.6%；文体工美行业累计实现产值83.0亿元，同比下降7.3%。

是年，受宏观经济低迷、重点行业增速放缓、落实非首都核心功能产业疏解、清洁空气行动计划、产业结构调整步伐加快等因素影响，都市产业中的传统产业、低端制造环节加速外迁，新型替代产业培育相对滞后，造成都市产业产值下滑。面对不利因素，都市产业加大经济运行调度，加强对二商、一轻、纺控、燕京、顺鑫等都市重点企业集团调研，做好跟踪服务，协调新竣工项目达产，做好企业入统转统工作，力促产业平稳运行。

加快产业调整思路。突破传统工业的思维定势，加强对上下游产业链的研究，引导两头在内的总部经济与上下游产业链协同发展，发展总部经济和高端产业。突破地域概念，与天津、河北工业主管部门加强合作，合理规划产业链布局，促进京津冀协同发展，京粮集团、二商集团、三元食品、依文服装等一批都市产业落户津冀。突破部门界限，加强与市发展改革委、市食药局、市文资办、市新闻出版局、市环保局等多部门合作。就家具行业污染物排放标准事宜与市环保局进行多次研究协商；同市新闻出版局探讨研究印刷行业调整思路；与市食药局就食品行业准入问题进行深入合作；就《北京工艺美术发展基金设立方案》多次征求市发改委、市财政局的意见；与市委宣传部改革办、市文资办配合协作，加强文化创意产业领域的研究。同时，发挥行业协会、社会组织机构的桥梁纽带作用，共同研究推进产业发展。

做好产业功能疏解。着力优化产业结构、促进节能高效、淘汰落后低端产业，研究提出《北京市新增产业的禁止和限制目录（2014年版）》都市产业部分，共涉及禁止和限制新增的“大类”行业3项；涉及禁止和限制新增的“中类”行业11项；涉及禁止和限制新增的“小类”行业及生产环节15项。配合节能环保处做好《北京市工业污染行业、生产工艺调整退出及设备淘汰目录（2014年版）》的落实。

构建“高精尖”产业体系。落实“十二五”规划建设现代工业，发展符合首都功能定位的健康型产业、时尚型产业、创意型产业、资源型产业。将发展食品工业创新技术、文化创意、服装研发设计、印刷包装清洁生产作为“高精尖”产业发展重点，发挥北京文化之都的资源优势，传承北京特有文化，围绕服装、家居、工美、老字号等都市工业领域，坚持把传统文化内涵同现代信息技术、新材料技术相结合，提升设计和创意服务能力，发展一批创意设计产品，APEC会议国礼产品、领导人服装受到党和国家领导人及国际友人的广泛赞誉。

落实京津冀协同发展战略。加强产业引导，协调三地相关部门加强规划、政策、布局等方面的对接，推动区域间优势互补，初步形成上下游协同发展的良好局面。3月，北京三元乳业与河北省新乐市人民政府签署合作协议，河北三元乳粉新工厂正式落户河北省新乐市；5月，组织北京工美集团与唐山市政府签订战略合作协议；6月，二商集团与唐山市人民政府签订战略合作协议；7月，北京家具行业协会与河北芦台经济开发区合作建设家具产业园签约；8月，组织以二商集团、首农集团、粮食集团、顺鑫农业等为代表的北京23家企业，与天津水产集团和河北汇丰源进出口有限公司等为代表的17家企业，举办“京津冀安全优质农产品供应商与北京市餐饮企业对接活动”；9月，河北省辛集市人民政府与北京市经济信息化委员会签订合作意向书，顺美、维克多等服装行业知名企业与辛集相关部门对接洽谈；10月，组织工美集团与承德市政府签署战略合作框架协议。

创新行业管理服务模式，设立工艺美术发展基金。按照“政府引导，市场化运作”的原则，起草完成了基金方案，多次召开研讨会，并于8月上报市政府专题会议审议通过，设立北京工艺美术产业发展基金。第一年启动资金已协调到位，重点投资项目正在征集筹备过程中。

做好APEC服务保障。11月北京APEC会议期间，北京工美集团精心组织17位大师，200多位设计师，研发设计方案400套，最终设计制作的《四海升平》景泰蓝赏瓶、《繁花》手包套装、《和美》纯银丝巾果盘3件作品被选为国礼，赠送与会各国领导人及夫人。北京市珐琅厂有限责任公司承接了APEC雁栖湖国际会都主会场室内景泰蓝装饰任务；北京华江文化发展有限公司承接APEC会议徽章、国礼“金钥匙”及水立方国宴餐具设计制作。近10位工艺美术大师创作的50余件作品，入选雁栖湖、水立方等APEC会议重要接待场所的展览展示，受到党和国家领导人的赞赏。

品牌推广和人才培育。依托北京工艺美术行业促进中心和北京工艺美术行业协会，成功举办2014年北京“工美杯”、2014年北京工艺美术创新设计大赛，做好第七次北京传统工艺美术珍品评审工作。大赛共征集参赛作品403件（套），最终评选“工美杯”获奖作品94件（套），“创新设计大赛”获奖作品49件（套）。积极引导企业“走出去”，先后组织90家企业和大师参加2014北京文化创意产业展（台北）、2014中国（青岛）工艺美术博览会、第十五届中国工艺美术大师作品暨国际艺术精品博览会，累计参展作品共计2500余件，共获奖42项。在北京市人民政府和中国纺织工业协会共同发布的《促进北京时装产业发展，建设“时装之都”规划纲要》十周年之际，市经济信息化委举办了北京“时装之都”建设十周年座谈会及10周年系列活动，加大对品牌的宣传力度。北京服装学院设计团队出色地完成了“新中装”设计，受到社会各界的高度赞誉。加强与市属高等院校、技工学校的合作，实现了从技校到专科、本科、研究生全系列的工艺美术专业教育体系，在校生规模500余人；先后举办了技艺骨干培训班、高管实战研修班，共计培训120余人，推进行业人才培养和队伍建设。

强化企业主体责任，推进食品企业诚信建设。年内，重点推进乳制品、肉类食品和酒类企业建立诚信管理体系，组织100家重点食品企业分两批开展诚信培训，加大评价力度，新增15家食品企业通过诚信评价。

落实清洁空气行动计划。按照空气重污染应急分工方案要求，认真督查区县关停、限产企业，2月、10月、11月三批次累计现场督查超过30人次，为应对雾霾天气和APEC会议举办做好保障。5月底、10月底多批次赶赴通州区现场核查调整退出企业关停情况，实地核查企业72家，帮助企业协调解决关停中出现的问题，完成清洁空气行动计划的任务。组织家具行业调整退出宣贯会议，做好产业疏解和转型升级工作。

落实诚信体系建设，按照“以保障食品质量安全和促进行业健康发展为目标，以加强质量安全诚信为核心”的要求，全面开展诚信体系建设。重点推进乳制品、肉类食品和酒类企业建立诚信管理体系，组织100家重点食品企业分两批开展诚信培训，加大评价力度，新增15家食品企业通过诚信评价。

推进文化创意产业与工业融合发展。落实市文化体制改革领导小组相关文件精神，及《2014年北京市文化体制改革重点任务》相关要求，协调规划处、科技处、软件处、信息安全协调处等相关处室，全力推进文化体制改革重点工作；同市文资办等部门加强协作，贯彻落实国家和北京市相关产业政策，协助出台《北京市文化创意产业提升规划（2014—2020年）》《北京市文化创意产业功能区建设发展规划（2014—2020年）》等文件；加大产业宣传力度，通过第九届北京文博会等展会，搭建展销平台，实现工艺美术作品展销两旺；组织工业旅游活动，让广大市民走进北京工艺美术行业的辉煌历史；举办北京“工美杯”和北京工艺美术创新设计大赛；指导北京工艺美术行业协会平稳换届，以打造产业聚集区为重点，全面推进工艺美术行业大发展。

（都市处）

【一轻企业获多项荣誉称号】3月27日，在北京市举行的2013年度（第四届）“北京质量奖”“北京知名品牌”“北京市实施卓越绩效模式先进企业”颁奖仪式上，红星股份公司获得第四届北京质量奖荣誉称号；星海钢琴集团公司获得第四届北京质量奖（入围奖）荣誉称号；红星股份公司“红星”、龙徽酿酒公司“龙徽”、义利面包公司“义利”、资生堂丽源公司“欧珀莱”、金鱼科技公司“金鱼”等5家企业的5个品牌获得北京知名品牌称号；星海钢琴集团公司获得2013年度北京市实施卓越绩效模式先进企业荣誉称号。

（一 轻）

【有色供销公司并入厨房设备公司】 4月，隆达公司所属企业北京有色金属供销公司完成整体改制，改制后该企业注册资本金10736万元，其中隆达公司净资产5260.64万元，占注册资本49%；引入外部投资共计5475.36万元。企业改制工作涉及安置职工共计74人，其中在职职工14人、退休职工57人、离休人员3人；移交管理非经资产2663.28平方米。改制后的北京有色金属供销公司并入北京厨房设备有限公司。按照隆达公司签署的八方备忘录提出的“稳健、规范、统筹、专业、示范”原则，成立北厨·东方·有色经营联合体，打造以北厨为母公司，通过组织重组、产权重组、股权交叉，对子公司相对控股；厨房公司通过改造提升现有资产，物业致力提高母公司盈利能力；东方电器通过做专铝梯业务、有色供销公司通过做专贸易提高市场能力；联合体形成高度协同的资源运作、产权适度多元化的控制能力的管理格局。

（厨 房）

【隆达公司恢复北泡集团建制】 5月，经北京隆达控股公司批准，工商变更，恢复了北泡集团建制，名称为“北京北泡集团”(简称北泡集团)。集团本部名称由“北京北泡有限公司”变更为“北京北泡集团有限公司”。北泡集团以集团本部为母公司，由北京市北泡轻钢建材有限公司、北京北泡商贸公司、北京北泡劳务服务有限公司、北京北泡管理咨询有限公司、北京市北泡实创门窗有限公司、北京首佳塑胶有限公司6家控股子公司和参股企业北京星月泡沫塑料有限责任公司共同组成。

（北 泡）

【一轻3家企业完成APEC会议物资供应】 8月4日，2014年亚太经合组织会议赞助签约仪式在北京国际饭店举行。一轻控股公司所属企业生产的龙徽牌赤霞珠干红、龙徽夏多内干白葡萄酒、北冰洋苏打水、北冰洋汽水、义利面包和三一环保再生复印纸成为2014年APEC会议赞助产品。

北京APEC会议期间，京纸集团、食品集团及龙徽酿酒公司等3家会议赞助企业，按照市委市政府统一部署，以及APEC组委会的具体要求，全力做好APEC会议期间各项物资保障工作，完成会议期间所需各种物资的供应任务。会议期间3家企业分别提供：三一牌80A4环保再生复印纸480箱；龙徽赤霞珠干红葡萄酒和龙徽夏多内干白葡萄酒1004瓶；义利面包16000个，北冰洋汽水1800箱，特供产品106千克。

（一 轻）

【节能环保】 5月，纺织控股公司所属中美制呢公司产品结构调整项目方案取得环境影响报告书的批复，解决了毛纺集团所属月季红线业搬迁调整中出现的市内异地染整项目审批的难题。8月，毛纺集团新清河公司完成清洁生产审核验收工作。12月，五洲燕阳公司完成清洁生产审核申报工作，进入验收程序。年内，铜牛股份公司、毛纺科兴源公司、光华集团马驹桥工业园先后完成11台共128蒸吨燃煤锅炉清洁能源改造项目的验收工作，项目总投资2319万元。

（纺 织）

【北京国际酒类交易所启动】 7月15日，北京国际酒类交易所举行启动仪式。经政府有关部门批准，北酒所的全称由北京国际葡萄酒交易所更改为北京国际酒类交易所，经营范围从葡萄酒交易的相关服务扩大到包括国内外烈酒、啤酒、黄酒等在内的所有品类。启动仪式上，北酒所与世界顶级酒类赛事之一的比利时布鲁塞尔国际酒类大奖赛组委会签署了全面战略合作协议。

（一 轻）

【市政府主要领导调研一轻食品集团】 8月16日，中央政治局委员、北京市委书记郭金龙到位于大兴区的北京一轻食品集团有限公司，围绕“深入贯彻落实习近平总书记系列讲话精神，全面深化市属国资国企改革，促进首都经济持续健康发展”进行工作调研。郭金龙对北京一轻实施“7+1+3”集团化发展战略，通过自主创新打造出一批深受消费者喜爱的自主品牌、通过与全球知名跨国公司合作共同打造出一批具有较高知名度的合资品牌、4个国有品牌入选2014年APEC会议官方指定用品给予充分肯定，对一轻按照京津冀协同发展和首都城市战略定位要求在加快改革调整步伐、推进企业高端转型发展、加快要素市场建设等方面深化改革的具体思路给予积极评价。郭金龙指出，要抓住京津冀协同发展契机，加强与周边地区合作，不断扩大品牌影响，带动更多老字号做大做强；要继续发挥国有资本在推动国资国企改革、产业结构调整、基础设施建设、改善民生等方面的作用，更要抓住历史机遇促进更好发展。副市长、市国资委党委书记张工，市委副秘书长王力丁、崔述强，市委宣传部副部长严力强，市发展改革委主任张建东，市国资委主任林抚生，市经济信息化委主任张伯旭，大兴区委书记李长友等一同调研。

（一　轻）

【北京轻工技师学院成立】 10 月 29 日，根据北京市人力和社会保障局《关于同意设立北京轻工技师学院的批复》意见，经北京一轻控股公司批准，北京轻工技师学院正式挂牌成立。北京轻工技师学院的前身北京一轻高级技术学校始建于 1964 年，是国家重点院校和高级技工学校。2003 年，学校通过了 ISO9000 质量管理体系认证，2014 年形成食品工程、电工电子、现代服务、玉石雕刻与设计四大专业群 12 个专门化专业，成为集学制教育、培训鉴定、公共服务等多功能为一体的高技能人才综合培养基地。在校生 5000 余人，年社会培训规模 10000 人以上，招生规模连续多年名列全市前茅，毕业生就业率 98% 以上。该院先后培养出国务院特殊津贴获得者毛懋、中央电视台糖艺比赛冠军王欢、和谐号动车组乘务长李冲等一大批高技能人才，多次获得首都文明单位、北京市职业教育先进单位和北京市技工院校教育教学贡献单位等社会殊荣。

（一　轻）

【红星蓝瓶二锅头项目获中国食品工业科技一等奖】 在 11 月 15 日召开的中国食品工业协会科学技术奖表彰大会上，北京红星股份有限公司（简称红星公司）申报的“健康因子功能菌在红星蓝瓶二锅头酒生产工艺中的研究与应用”项目，荣获 2011—2013 年度中国食品工业协会科学技术一等奖。该项目依靠现代科学技术，通过高产“四甲基吡嗪”相关健康因子功能菌的选育及应用，为白酒产业应用生物技术提升产品品质起到示范作用，是红星公司与中国科学院成都生物研究所合作完成的“中国白酒 169 计划”科研课题之一。

（一　轻）

【国际友人访问全球高效照明技术中心】 12 月 3 日，联合国副秘书长、联合国环境规划署执行主任阿奇姆·施泰纳、联合国环境规划署亚太区办主任凯卫·扎赫迪一行访问了全球高效照明技术中心（GELC）和国家电光源质量监督检验中心（北京）（NLTC）。施泰纳了解了 GELC 在亚非拉等发展中国家开展技术服务活动的情况，题词感谢全球高效照明技术中心在中国，乃至全世界对高效节能工作的支持和贡献。同时就如何加速推动全球高效照明市场转型，特别是在发展中国家落实高效照明技术推广进行了深入交流。他希望，GELC 继续加强与联合国环境规划署和国际相关机构的合作，促进高效照明技术在全球范围内的推广和传播。全球高效照明技术中心（GELC），是由联合国环境规划署和隶属于北京一轻控股有限责任公司的国家电光源质量监督检验中心（北京）于 2012 年联合成立的独立的第三方非盈利性技术机构。旨在为全球高效照明产品质量控制、实验室能力建设等提供解决方案和技术支持，推广和加快发展中国家和新兴国家高效照明技术转化，应对高效照明技术发展存在的难题，创建信息平台实现全球资源共享。

（一　轻）

【企业重组】 12 月，经市国资委和隆达公司批准，北泡集团对北京市北泡实创门窗有限公司实施国有资本退出工作。北泡集团所持有的北京市北泡实创门窗有限公司 40% 股权，按照国有资产转让的相关程序全部转出，并完成工商变更工作。北京白菊电器公司出资 1000 万元成立了专门用于开发保障房项目的全资开发公司。根据北京市政府对卢沟桥地区的最新规划要求，白菊公司占用的卢沟桥南里 8 号院由工业用地调整为住宅用地，白菊公司将改造方案由科技园区转变为保障房开发，并与丰台区住建委签订了框架协议，正式纳入北京市 2014 年保障房开发计划。中国华融、中国信达退出轻工雪花股权。为解决债转股企业轻工雪花公司历史遗留问题，拟订了华融、信达公司退出轻工雪花股权方案，并呈送董事会，相关资产评估工作已初步完成，正办理评估备案手续。华融、信达公司拟转让该部分股权合计 57.82%，初步评估价值 48354.86 万元。金鹰公司引进货币资金 1 亿元增资扩股。为解决金鹰公司厂区规划条件苛刻、开发建设受限、缓解公司资金压力，金鹰公司大股东国通公司引入战略投资者，在资产评估的基础上实施增资扩股，有色公司持有的金鹰公司股权由 21.82% 降为 8.51%，金鹰公司转由国通公司统一管理。3 月，经隆达公司董事会同意，北京瑞成斋图文设计有限公司完成增资扩股。瑞成斋公司的注册资本由 109.4331 万元增加到 213.1496 万元，新增股东用现金认购新增注册资本 103.7165 万元，认购价为 120 万元（其中 103.7165 万元为注册资本，16.2835 万元为资本公积金）。启动北京菱重印刷机技术服务有限公司和北京郎府花园印务有限公司清算工作。两家公司经营期限均已到期，按公司章程约定，成立清算小组、完成员工安置工作。

（隆　达）

【印刷包装企业实现利润 2611.8 万元】是年，北京隆达轻工控股有限责任公司（简称隆达公司）所属印刷包装国有及国有控股企业共 19 家，在岗员工 1130 人，主要从事书刊印刷、彩色印刷、商业票据印制、彩票印制、卡类印制、包装装潢印制、特种工艺印刷、特种印刷材料研制、经营印刷机械设备及印刷器材、纸张销售、技术服务与培训等，其中商业票据印制、彩票印制和彩色期刊印刷在市场占有较大份额。截至年底，实现主营业务收入 4.6 亿元，营业利润 2401 万元，实现利润 2611.8 万元。印刷二厂主动退出书刊市场，相关设备进行淘汰处置。在参加北京市国家税务局普通发票定点印刷项目招标工作中，取得普通类发票为期 5 年的定点印刷资质，并签订印制入围合同。10 月，参与全国电脑热敏体育彩票招投标，在相关省市取得中标资质，12 月签订印制合同。印刷集团和印刷二厂共同协作，以百事和大厦文创园项目为试点，在自主经营基础上引进战略伙伴欧莱克（北京）投资有限公司，开展合作经营。经印包集团公司和隆达控股公司批准，4 月 21 日正式签署《合作协议书》，预期年租金收益 2500 万元以上。同年 12 月，北京印刷集团有限责任公司和北京印刷一厂主办数码印刷项目推介会。

（隆 达）

【有色工业实现主营业务收入 8.7 亿元】是年，有色工业总公司提出并确定“二加一”发展战略，即建设两个高新产业联合体：有色所—达博公司产业联合体，诺飞公司—达博长城公司产业联合体；建设一个经营服务型总部：通过对公司机关、综服公司、银鹰公司、设备所、圣利达公司、中色亿安公司、黄金公司和建安公司的集成化管控，实现资源管理和经营服务的整体升级。全年实现主营业务收入 8.7 亿元，利润总额 2027 万元。有色所增资扩产项目全面完成，项目累计完成固定资产投资 5400 万元，其中国有资本金使用 4500 万元，添置理化检测分析仪器、购置了 1250 吨挤压机、精密四辊、廿辊轧机已经安装调试。推进诺飞公司和达博长城公司改革重组工作，诺飞公司与中诚信发投资基金管理（北京）有限公司、山东壮志商贸有限公司的增资扩股项目得到隆达公司和市国资委的批准，完成相关协议签约工作。达博长城公司股改增加国有资本所占比重工作进展顺利，合资各方已在诺飞公司增持达博长城公司股份的相关文件上签字，各项前期工作全面完成。完成银鹰公司转型升级，将银鹰公司纳入经营服务型有色总部实施集中管理，解决了银鹰公司与金鹰公司之间存在的各自实际占用土地的划界确认以及公司之间相关借款、对职工宿舍无偿管理等历史遗留问题，并按照规定程序完成了公司房屋土地整体对外出租。实施完成设备所三期改造工程，同时对原有小、散、乱及存在安全隐患的合同到期租户进行清理清退，加强公开规范招租工作，一批文化创意、规划设计方面的高素质承租户入住园区。

（隆 达）

【改革调整】年内，都市产业按照国资委《关于全面深化市属国资国企改革的意见》要求，进一步推进企业改革工作。北京一轻控股有限责任公司（简称北京一轻）推进内部资源整合，组建一轻资产经营管理有限公司，将时代文具公司、照明器材公司、红星酿酒集团、天盛建筑公司 4 家企业整建制划入一轻资产经营管理公司管理。将首酒、食品、缝绣电控确定为优先重点发展产业；将玻璃、星海、日化、京纸确定为深度调整产业，深度调整产业的战略定位、结构调整方案基本确立。台湾红星公司完成注资，正在办理营业执照。龙徽公司股东双方同意增资 3000 万元，用于怀来龙徽庄园二期建设。加快理顺产权关系，完成玻璃集团所属 4 家企业股权无偿划转工作。将乐金日化 22% 股权划转到日化集团的建议得到韩方同意。批准清算注销北京博美阳光新能源公司、北京市培轻能源测试队、成都红星酒业公司和天津宁星商贸公司，批准鸿运置业转让北京天力泽公司 3.94% 股权。依照法定程序将北京自行车材料改制厂集体股权变更为国有股权。加大劣势企业退出力度，完成 5 户劣势企业退出。

年内，北京纺织控股有限责任公司（简称纺织控股公司）共计完成企业改革调整 18 户（不含退出），其中投资新设 6 家、增资扩股 5 家、股权收购 2 家、无偿划转 3 家、吸收合并 1 家、改制 1 家。劣势企业退出 6 家（注销 3 家、转让 1 家、合并 1 家、破产 1 家），其中列入市国资委 2014 年退出计划企业 3 家（注销 2 家、转让 1 家），吸引社会资本约 4741 万元，收回国有权益约 366.28 万元，完成投资约 11908.46 万元。纺织控股公司加大投资力度，设立了北京雪莲国际时装有限公司，注册资本 2500 万元，其中控股公司持股 40%，雪莲集团公司持股 40%；设立北京佳华泰科技有限公司，注册资本 2300 万元，其中控股公司持股 43.48%，光华集团公司持股 43.48%；设立北京方喜文化有限责任公司，注册资本 100 万元，其中控股公司持股 40%，纺研所持股 54%。铜牛集团公司投资设立上海铜牛贸易有限公司，注册资本 500 万元，其中铜牛集团公司持股 70%。京工集团公司投资设立北京京工科贸有限公司，注册资本100万元，其中京工集团公司持股60%。光华集团公司投资新设北京华莉欧德商贸有限公司，注册资本500万元，其中光华集团公司持股51%。公司对全资企业北京大华衬衫厂增加投资200万元，支持品牌服装高级定制系统建设项目；对北京无咎品牌管理有限公司增加投资200万元，大华厂同比例增资300万元，双方持股比例不变。北京金三环纺织进出口有限责任公司完成增资扩股，其中雪莲集团公司增资2250万元，持股比例由原55%增加至58.75%。京工集团公司对北京京工服装进出口有限公司增加投资150万元，持股比例100%。北京五洲燕阳特种纺织品有限公司为增加资质拓展市场而增资扩股，注册资本由1000万元增加至5000万元，其中光华集团公司持股51%。经国务院国资委和市国资委分别批复同意，中粮集团将中国土产畜产进出口总公司持有中土畜雪莲股份有限公司（简称中土畜雪莲）95.429%的股份无偿划转控股公司；中土畜雪莲控股企业北京雪莲羊绒股份有限公司随之划转，完成回归。北京月季红线业有限公司由铜牛集团公司无偿划转至毛纺集团有限公司，实现资源重组。京达实业（香港）有限公司由铜牛集团公司划转至控股公司。纺织控股公司收购北京裕凯服装有限公司和上海森炎实业有限公司分别持有中土畜雪莲2.057%的股权，控股公司持有中土畜雪莲股比增至99.543%，中土畜雪莲变更名称为北京京纺雪莲股份有限公司。光华集团公司收购五洲集团持有河北燕阳特种纺织品有限公司51%的股权，将河北燕阳公司管理层级由四级提升为三级。为提高资源利用效率、避免同业竞争，控股公司运作北京清兰非织造布有限公司吸收合并北京京兰非织造布有限公司，合并后企业名称为北京京兰非织造布有限公司。北京市纺织品进出口公司整体改制为国有一人有限公司。北京衬衫厂古北口分厂、北京华泰仿瓷制品有限公司、北京浦云宾馆完成工商注销。保定铜牛澳森服装有限公司完成国有股权全部转让。北京通宝兰香非织造布有限公司（原京兰公司）完成合并。北京双羊纺织品有限公司完成破产清算。

年内，隆达公司先后完成北京有色金属供销公司整体改制工作，成立北京有色金属供销有限公司。供销公司完成了体制和机制优化，并与北京厨房设备有限公司、北京隆达东方电器有限公司组建了经济联合体。推进诺飞公司整体改制工作，通过打造“二新二高”的企业产品结构，即开发铝焊料和泡沫铝两个新产品，打造高端铸件和高端合金两个高端产品，推动企业向高新技术企业转型发展。经隆达公司董事会同意，诺飞公司以3月31日为基准日，完成资产评估、合作方遴选等相关工作。推进印刷集团整体改制工作，推动印刷公司从传统印刷产业向创意服务产业转型，提升企业核心竞争力。

年内，北京工美集团有限责任公司（简称工美集团）贯彻落实《关于全面深化市属国资国企改革的意见》，调结构促发展，成立物业事业部。工美黄金珠宝（北京）有限公司创新商业模式，优化转型，成立当代大师艺术品交易中心、中国工艺艺术品交易所·金属艺术品交易中心。

（一轻 纺织 隆达 工美）

【科技创新】是年，北京一轻全年完成科技投入1.12亿元。红星股份开展了“中国白酒3C计划研究”“大曲微生物分离及应用”等12个项目；一轻院开展科研项目44项，其中11个项目获批经费1853万元；大豪科技研发重点项目23项，完成转产7项。红星43度蓝瓶二锅头获“2014年比利时布鲁塞尔国际烈性酒大奖赛金奖”，两款新产品荣获中国白酒国家评委感官质量奖；“健康因子功能菌在红星蓝瓶二锅头酒中的应用”获中国食品协会科学技术一等奖。组织4项成果申报中国轻工业科学技术奖。开展了企业技术中心评价工作，红星股份完成国家实验室认证。加强知识产权管理，全年共申请专利46项，授权专利26项。新注册商标26个，起草国标、行标45项。大豪科技公司获得“政府标准奖项”资助。开展职工经济技术创新竞赛活动，5000多名员工参加，其中1376人参加了企业技能培训；1359人参加了技能比赛；全系统共提出合理化建议889件，采纳实施395件；技改技革、技术攻关125项，共创经济效益741.17万元。

年内，纺织控股公司主要工业企业新产品销售收入完成71589.38万元，占产品销售收入的31.30%，科技支出完成11515万元，占产品销售收入的4.79%。企业申请专利13项，其中发明专利11项；获得授权10项，其中发明专利6项。光华集团被国家知识产权局确定为第一批国家级知识产权优势企业。光华集团荣获第二十八届北京市企业管理现代化创新成果一等奖。北京五洲燕阳特种纺织品有限公司在2014中国纺织创新年会上荣获“2014年度中国纺织工业联合会产品开发贡献奖”荣誉称号。北京五洲燕阳特种纺织品有限公司的“DN250高压输送管线技术研究及产品开发”项目在2014年中国产业用纺织品行业创新发展大会上获评“2014中国产业用纺织品行业十大创新产品、技术”。北京新清河毛纺织染有限公司在2014

年度中国面料之星用户最满意产品调查活动中，荣获“2014 中国面料之星——最佳设计服务奖”。

年内，隆达公司围绕产品创新、技术创新、管理创新等重点内容开展职工经济技术创新活动立项，经审查确定 32 项创新项目。按照“四个有”标准对 20 个职工创新工作室评价验收，15 个通过验收。评选出经济技术创新标兵 22 名，经济技术创新优秀成果 10 个，“六小”创新成果 16 个，优秀职工创新工作室 8 个。对 2013 年命名的 10 名首席员工进行 5 个方面考核评价，其中 8 名继续享受待遇。北革皮业公司“研制开发转鼓自动控制器”项目荣获北京隆达控股公司经济技术创新活动“六小”优秀成果，安装转鼓自动控制器全年可使 1000 张皮提高产品品质、等级，减少经济损失 7 万元左右。

（一轻 纺织 隆达）

【一轻新产品试制 150 项】年内，北京一轻新产品试制 150 项，累计新产品投产 220 项，实现销售收入 12.5 亿元。红星股份全年推出清香典范系列、雁栖湖系列酒等 30 个新产品。大豪科技研发投入比例达到 6.9%，开发出 F 型绣框二合一伺服驱动器、工缝机横屏操作头等 16 个新产品。食品集团推出了天然酵母面包、无蔗糖面包等新产品 40 种；星海钢琴集团开发出纪念版琴、电钢琴等 14 款新产品；龙徽公司开发出宫桂葡萄酒、冰桂蜜酒等 6 种新产品；玻璃集团统计期限内新产品投产 179 种，玻壳产品海外市场开发取得新成果；日化集团推出金鱼低泡浓缩洗衣液、泡沫型洗手液等产品。一轻研究院研制出溴化镧晶体、太阳光光纤导入照明系统、高档数码钢琴等 9 项新产品。

（一 轻）

【项目建设】年内，北京一轻制定下发《一轻控股公司基建投资项目管理暂行办法》，对基建项目全过程管理做了全面系统规范。引入工程项目顾问管理机制，实行项目全过程造价咨询。石佛营地块列入市政府定向安置房建设计划，大兴黄村地块拟建保障房项目着手开展开发主体授权和规划调整。天盛建筑公司承建的丽源二期项目完成四方验收，乐金日化公司迁入并正式投产。日化集团对新建综合办公楼重新定位为资产经营项目，义利食品连锁配套加工楼项目完成结构封顶。红星股份启动山西六曲香分公司新建车间项目建设。玻璃集团研发中心项目完成控规调整工作。

年内，纺织控股公司全面推进落实“十二五”重大科技创新项目，2014 年 15 个重大科技创新项目投资合计 1.95 亿元，实现销售收入合计 11.82 亿元，利润 6800.3 万元。铜牛集团“高效 IT 服务基地建设”项目，争取国有系统内场地及客户业务资源，实施区域布局，有效拓展了 IC 配置中心等高端 IT 技术服务业务；光华集团“高技术产业用纺织品在城市应急给排水和避险系统中的应用及产业化”项目不断加强产品宣传和市场推广，准确把握不同用途产品的质量需求，提供“度身定制”的产品供应方案；“城市柔性建筑材料的研发与产业化”项目保温篷房市场推广取得实质效果。“高性能纤维助剂研发与产业化”项目推进了高性能纤维助剂研发与产业化进程；大华衬衫厂“RFID 服装智能吊挂生产系统技术研究和产业化应用”项目建成后，平均生产效率提高 20%，实现了生产过程的信息化管理，高级定制等高端订单提升 30%。毛纺集团“建立精品面料研发营销新体系”项目突出产品设计，取得两项外观设计专利，新清河荣获“中国面料之星——最佳设计服务奖”。

年内，隆达公司按照京津冀协同发展战略要求，加快调整产业结构，实施华盾公司河北固安基地建设、雪花公司大兴厂区开发、白菊零部件公司、塑机公司生产基地由城区向城外搬迁、海信（北京）公司生产基地外迁山东青岛、压机公司合肥工厂建设、北革皮业皮革鞣制环节外迁山东等项目。隆达公司所属企业固定资产投资项目实施 31 项，完成投资 11890 万元。其中，列入市国资委重大投资项目计划的有 3 项：有色所增资扩产项目实际完成固定资产投资 236 万元，印刷集团公司“防伪票证产品设计研发及产业化”项目实际完成固定资产投资 2400 万元，华盾雪花（固安）基地建设项目实际完成固定资产投资 5423 万元。其他主要技改项目：绿源公司微灌节水器材生产设备更新改造项新开项目完成全部固定资产投资 800 万元，购置内镶式滴灌带生产线、组装机、注塑机、模具等滴灌管生产及配套设备 29 台。达博公司先进封装用高性能键合铜丝的研发和产业化项目固定资产投资 212 万元全部完成。印刷一厂更新数码印刷机项目完成全部固定资产投资 190 万元并投产。宝岛公司购置烫金机项目完成全部固定资产投资 168 万元并投产。塑料所适用全自动插片机的大容量硅片承载器的研发及产业化项目完成固定资产投资 110 万元。雪花公司厂区配电室迁移改造项目完成全部固定资产投资 1601 万元，拆除旧配电室，新建 6400kVA 配电室（1600kVA 变压器 4 台）并投入使用。雪花公司燃煤锅炉改造项目完成全部固定资产投资 347 万元，淘汰燃煤锅炉，新建 2 台 4 吨燃气锅炉，并投入使用，可满足 80000 平方米的供暖供应。北泡轻钢公司燃煤锅炉改造项目完成全部固定资产投资90万元并投入使用。印刷公司“防伪票证产品设计研发及产业化”项目获得国有资本金资金支持1500万元；雪花公司燃煤锅炉改造项目获环保补助资金312万元；北泡轻钢公司燃煤锅炉改造项目获环保补助资金130万元；诺飞公司燃煤锅炉改造获环保补助资金19.5万元；皮革公司完成其爱伯勒公司退出资金支持申请工作，获得资金支持50万元；金鹰公司完成生产退出获资金支持200万元。

（一轻 纺织 隆达）

【纺织企业产品销售收入22.92亿元】是年，纺织控股公司工业企业产品销售收入完成22.92亿元，同比减少1.02亿元，下降4.2%。其中，毛纺集团完成3.23亿元，同比增长29.4%；大华天坛公司完成1.68亿元，同比增长16.6%；京棉集团完成8949万元，同比增长4.7%；京工集团完成8050万元，同比下降1.3%；光华集团完成11.08亿元，同比下降1.7%；雪莲集团完成3.28亿元，同比下降13.7%；铜牛集团完成1.90亿元，同比下降41%。销售收入超亿元的企业有9家：其中，中纺海天染织技术公司完成3.76亿元，同比增长18.6%；北京五洲佳泰新型涂层材料公司完成2.30亿元，同比下降1.5%；北京大华天坛公司完成1.68亿元，同比增长16.6%；北京埃姆毛纺公司完成1.68亿元，同比增长2.9%；北京启明峰公司完成1.65亿元，同比增长10%；北京天彩纺织服装公司完成1.60亿元，同比增长5.8%；北京铜牛服装有限公司完成1.51亿元，同比下降34.8%；北京新清河毛纺织染公司完成1.02亿元，同比增长18.6%；北京五洲燕阳特种纺织品公司完成1亿元，同比下降6.2%。工业出口销售额完成3.53亿元，同比下降26%，出口比重为15.4%；内销收入完成19.40亿元，同比增长1.2%，内销比重为84.6%，分别下降和增加4.5个百分点。

按照产业类别划分，纺织服装产业完成收入17.34亿元，同比减少1.72亿元，下降9%，比重为75.6%。其中：服装业完成收入8.23亿元，同比减少1.14元，下降12.1%，所占比重为47.5%，同比减少1.7个百分点；面料业完成收入4.08亿元，同比减少2631万元，下降6.1%，所占比重为23.5%，同比增加0.7个百分点；装饰及产业用纺织业完成收入5.02亿元，同比减少3220万元，下降6%，所占比重为29%，同比增加1个百分点。非纺产业完成收入5.59亿元，同比增加7070万元，增长14.5%，比重为24.4%。

纱总计销售1244.3吨，同比下降24.6%；布总计销售353.6万米，同比增长2.6%；精纺毛织品总计销售131.2万米，同比增长20.5%；服装总计销售754.6万件，同比下降18.3%；其中梭织服装销售563.6万件，同比下降3.9%；针织服装销售99万件，同比下降70.6%，羽绒服装销售4.9万件，同比下降31.9%。

（纺 织）

【出口创汇】是年，纺织控股公司系统15家进出口公司、企业出口创汇（按企业报关统计）24764万美元，同比减少2041万美元，下降7.6%。其中，进出口公司创汇21883万美元，同比增加356万美元，增长1.7%，进出口企业创汇2881万美元，同比减少2397万美元，下降45.4%。8家进出口公司中3家同比增长，其中北京光华时代纺织进出口公司完成5696万美元，同比增长33.8%；北京京棉进出口公司完成1446万美元，同比增长38.1%；北京市溥利进出口公司完成524万美元，同比增长75.8%。7家进出口企业中有3家同比增长，其中北京京澳毛纺公司完成588万美元，同比增长21.5%；北京雪莲同达公司完成25万美元，同比增长12.7%；北京大华天坛公司完成125万美元，同比增长2.5%。

（纺 织）

【品牌建设】年内，北京一轻所属企业红星股份获得“第四届北京质量奖”，星海钢琴集团获得“北京质量奖入围奖”。红星、龙徽、义利、金鱼、欧珀莱等5个品牌获得“第四届北京知名品牌”称号。星海钢琴集团公司获得“2013年度北京市实施卓越绩效模式先进企业”荣誉称号。红星、北冰洋、义利、五星成为第一批“北京老字号企业”。造纸一厂获北京市“品牌建设先进单位”。北冰洋汽水、义利面包和三一牌再生复印纸被认定为“APEC会议官方指定用品”，龙徽葡萄酒被认定为“APEC第三次高官会议指定用品”。在纪念抗战胜利69周年之际，向中国人民抗日战争纪念馆捐赠了一架星海牌三角钢琴。

年内，纺织系统内共有铜牛、雪莲2个驰名商标，铜牛、雪莲、雷蒙、天坛、绿典、佳泰、绿典“棉桃图形”、JINGGUAN等8个北京市著名商标。系统内重点品牌服装销售收入57054万元，同比增长60.9%。实施品牌运营策略，投资设立北京雪莲国际时装有限公司，以运营管理雪莲自主品牌及其子品牌为经营目标，紧抓羊绒制品产业链的设计研发和营销两大高端环节，成为轻资产的综合服装品牌运营商。推进品牌建设，先后制定了控股公司《品牌工作管理（暂行）办法》和《商标管理办法》，进一步规范品牌建设和商标管理工作。对系统内品牌服装及面料企业产品质量进行线上、线下监督抽查，督促企业进一步加强质量管控，确保从源头上控制产品质量，维护品牌声誉。

通过各种展会和大型活动展示品牌形象、新品宣传推广和提升品牌影响力。控股公司旗下天坛衬衫、雷蒙西服、伊里兰羽绒服和户外品牌RIPCURL集体亮相第22届中国国际服装服饰博览会（CHIC2014）北京时装之都展区。毛纺集团、铜牛集团分别参加2014年中国国际纺织面料及辅料（秋冬）博览会、2014PH Value时尚第一汇暨中国国际针织博览会。以“环保、绿色、生态、健康”而著称的绿典品牌天然彩棉系列产品登场第十七届北京国际科技产业博览会，铜牛牌针织内衣荣列2013年全国市场同类产品销量前三名，铜牛牌针织内衣裤荣列2013年度同类产品市场综合占有率第五名。铜牛、雪莲品牌荣获“2013年度北京时装之都热销服装品牌营销金奖”。天坛、雷蒙、伊里兰、绿典品牌荣获“2013年度北京时装之都热销服装品牌”。天坛、雷蒙、伊里兰品牌荣获“2004—2013年度热销品牌十周年特别荣誉商业贡献大奖”。天坛品牌荣获“CHIC2014北京时装之都品牌展最佳创新设计品牌奖”奖杯，伊里兰品牌荣获“2014CHIC展最佳创意研发品牌奖”，雷蒙品牌荣获“2014CHIC最佳产品设计品牌奖”的称号。在2014中国纺织十大品牌文化推介大会暨“北京方恒杯”中国纺织品牌文化高峰论坛上，铜牛集团获评2014中国纺织十大品牌文化企业，京工集团、大华衬衫厂获评中国纺织服装老字号品牌文化传承奖。在北京服装纺织行业协会举办的北京男装系列质量推优活动中，北京京工服装集团有限公司的雷蒙男西服、男西裤，北京大华天坛服装有限公司的天坛男衬衫荣获优质产品称号。铜牛品牌荣获由中国服装纺织行业协会和北京市文化创意产业中心授予的“2014年最具文化创意时装品牌金奖”、雪莲品牌荣获“2014年最具文化创意时装品牌银奖”。

年内，工美商标正式被国家工商总局商标局认定为“中国驰名商标”，同时成为市商务委和北京老字号协会批准的首批“北京老字号”企业。为落实“京津冀协同发展战略”，工美集团与河北省承德市人民政府、河北省辛集市人民政府签署战略合作协议。北京工美集团创新品牌传播手段，冠名北京电视台新闻频道《这里是北京》栏目，重新定位工美官方新媒体，推出北京工美官方微信。

（一轻 纺织 工美）

【园区建设】年内，天津空港云数据中心项目落地。该项目是在云计算和大数据的国家发展战略的背景下，响应国家京津冀一体化、国有企业混合所有制战略部署，依托铜牛信息新三板资本市场的力量，由北京铜牛信息科技股份有限公司、北京纺织控股公司、天纺投资控股有限公司、天纺标（天津）科技检测有限公司共同出资设立天津铜牛信息数据中心有限公司，借助天津纺控空港工业园区资源优势，建成国际先进的T4级互联网数据中心，为滨海新区、天津市电子政务和全球商务互联网客户提供互联网数据中心服务。

年内，铜牛股份公司及园区的调整转型，完成了织造车间设备303台套的处置，出租织造车间面积8689.75平方米，年租金约350万元，二期印染设备转让在北交所履行挂牌程序完成了处置。

（纺 织）

【技能人才建设】全年，北京一轻共接收大中专毕业生120名，对系统内1280名专业技术人员进行了继续教育，一个首席技师工作室被评为北京市首席技师工作室并获得资助40万元。在第十六届北京市职业技能竞赛中，全系统296人取得职业资格证书，其中2人获高级技师称号，20人获技师称号，63人获高级技工称号。一轻高级技术学校正式升格为北京轻工技师学院，被教育部、人社部、财政部确定为“国家中等职业教育改革发展示范校”，国家级高技能人才培训基地项目通过专家验收。东坝校区改扩建工程获得朝阳区政府同意。与门头沟区政府签订了合作办学协议。完成第二届APEC技能青年夏令营成员的接待任务。

年内，由市经济信息化委主办、纺织控股公司承办的第十六届北京市工业和信息化职业技能竞赛于3—10月举行，北京大华天坛服装有限公司推荐100人参赛，通过初赛及复赛的实操、理论考试，23人取得职业资格，其中技师5人，高级工5人，中级工8人，初级工5人。

年内，工美集团共引进各类人员61名。党校、培训中心与各主管部室共同完成全系统13期培训，共计培训1095人次，培训内容主要有政治理论、管理理论、思想文化和专业知识及技能4个方面，形成了专业化、规范化、技术化的培训体系。

（一轻 纺织 工美）

【安全稳定】年内，北京一轻制定下发了《安全生产“一岗双责”暂行办法》。深入推进安全生产标准化达标工作，7家企业通过安全生产标准化审核或复评验收，一轻安全生产标准化达标单位达到22家。开展“安全生产法”“职业安全健康”“相关方安全”“安全合规性评价”等主题培训。“安全生产月”活动期间，举办安全生产公开课、“幸福源于安全”心语短信征集以及征文活动。开展了全系统安全生产大检查，粉尘、液氨等专项检查，加强重大会议活动以及节假日的安全监管，深化隐患排查治理，落实各项防范措施。落实维稳责任制，加大矛盾排查化解，落实领导包案制，化解和缓解了一批重点矛盾纠纷，确保了全国“两会”、十八届四中全会、APEC会议期间的安全稳定。

年内，隆达公司开展“安全生产月”活动，其中印刷包装公司举办了第二届职工消防运动会，共有13家单位108名员工参加了比赛。隆达公司和印刷包装公司被评为2014年北京市安全生产月优秀组织奖。开展安全生产“一岗双责”专题培训，系统内党政主要领导共120人参加了培训。5月22日，组织召开宝岛包装印刷有限公司安全生产标准化现场会，各单位安全生产主管领导和部门负责人共计40余人参会。7月10日，组织举办了安全生产标准化培训班，共有16家单位65人参加培训。7月25日，组织召开2014年申报安全生产标准化（二级）单位专题会议，共10家单位参加。89次深入企业开展专项检查，排查治理隐患。隆达公司所属各单位共在安全生产上投入1643万元。

（一轻 隆达）

【工美集团完成APEC国礼任务】年内，北京工美集团完成由习近平主席亲自选定的3件APEC国礼设计制作、APEC相关会议的公文包和3款纪念品的设计制作以及国家会议中心习近平主席贵宾会客室、水立方晚宴的工艺品陈设和多处会场展览展示等任务，得到市委、市政府和APEC会议筹备领导小组的肯定和赞扬，获得2014年APEC会议突出贡献荣誉证书和副市长程红签发的感谢信。工美行业为会议研制的精美绝伦的国礼、主场馆景泰蓝装饰以及APEC徽章，向世界展现了中华民族的悠久历史和文化大国风范。

（李 刚）

【隆达公司华盾新材料产业基地落地河北固安】年内，北京隆达控股公司的国有控购企业北京华盾雪花塑料集团有限责任公司，顺应京津冀一体化协同发展和调整疏解非首都核心功能的趋势，响应市政府产业外迁的安排，按照隆达公司“强主业、增资产、控成本、调结构、促和谐”的要求，在河北固安工业园区南区建立塑料新材料产业基地。该项目占地7.6公顷，规划建设面积近6万平方米，项目计划总投资2.7亿元，其中固定资产投资2.3亿元，资金全部由企业自筹。项目将计划建有大型和超大型吹塑生产线10余条，其中进口生产线2台，2017年达产，可年产销绿色环保塑料制品37000吨，其中农膜17000吨、土工膜产品11000吨、中空产品8000吨、包装产品1000吨；实现营业收入5.6亿元，利润4000余万元。主要厂房主体结构已竣工，主要大型设备完成采购并进入加工阶段。

（华 盾）

【隆达公司英特商务园建设】是年，隆达公司所属企业北京英特塑料机械总厂以商务园建设为引擎，实现“3+1”经营模式。按照商务园的建设规划，在招商引进奔驰4S店等3家高端客户基础上，成功引进庄子工贸有限责任公司，建设服饰文化创意产业。商务园经营收入760万元，实现了短期增效、中期固化历史费用、长期增值的预期目标，初步形成了自有资金链条。

（英 特）

【隆达控股两企业腾退80家农租房】年内，隆达公司完成有色总公司原北京铜厂位于丰台区东铁营地区64家和轻工集团所属北京颐泉山庄宾馆位于海淀区青龙桥的16家（还剩余6家）农租房腾退工作。

（隆 达）

【拆除违法建筑1.91万平方米】年内，为贯彻落实市国资委《关于落实市政府要求进一步深入推进违法用地违法建设自查自纠工作的通知》精神，隆达公司制定了《关于开展企业违法用地违法建设自查自纠调查工作的通知》。经过排查统计，全系统共有违法用地29390平方米，违法建筑115579.6平方米，与各单位签订《违法用地违法建设零增长承诺书》。共拆除违法建筑面积19106平方米，其中，雪花公司18762平方米，皮革公司294平方米，兴业公司50平方米。

（隆 达）

【北京家具行业加快调整退出】年内，50多家污染严重的小家具企业关停退出；曲美家具集团投资2000万元，完成水性漆工艺技术改造，减少VOC排放90%以上，另有20多家企业进行水性漆技术改造。市经济信息化委引导家具企业加快发展总部经济，在符合环保要求前提下，将加工环节向外转移。

（隆 达）

基础与新材料产业

【概况】2014年，全市基础与新材料产业规模以上工业企业工业总产值7252.9亿元，同比增长4.4%；工业增加值1235.0亿元，同比增长11.5%；主营业务收入7594.8亿元，同比增长2.9%；利润609.5亿元，同比增长45.8 %；工业固定资产投资完成35.8亿元，同比下降38.7%。

全年基础产业主要行业中，石油加工、炼焦及核燃料加工业增加值151.3亿元，同比增加了54.0%；主营业务收入882.7亿元，同比增长7.8 %；利润15.5亿元，同比增长231.2%。化工原料及化工制品制造业增加值62.3亿元，同比增加了11.7%；主营业务收入367.3亿元，同比下降0.2%；利润27.5亿元，同比增长2075.7%。黑色金属冶炼及压延加工业增加值10.2亿元，同比下降了21.1%；主营业务收入141.7亿元，同比下降12.4%；利润1.6亿元，同比增加39.2%。非金属矿物制品业增加值75.0亿元，同比下降16.8%;主营业务收入539.6亿元，同比增加1.6%;利润17.9亿元，同比下降18.5%。原油加工量1051.1万吨，同比增加了19.2%；乙烯产量77.6万吨，同比增加7.4%；钢材产量195.0万吨，同比下降10.8%；水泥产量703.1万吨，同比下降18.8%。

协调推进重大项目建设。燕化公司总投资4.95亿元的碧水蓝天项目基本完成，燕化公司总投资1.94亿元的高等级电缆专用聚乙烯料生产线项目、中航复材总投资12.33亿元的顺义航空产业园复合材料建设项目、中石化润滑油总投资9.88亿元的年产45万吨润滑油产品和年产8万吨高端防冻液产品生产项目、江河幕墙总投资6.49亿元的北京总部基地扩建及光伏幕墙项目进展顺利。

（基础处）

【燕山石化承揽中天合创业务】根据中国石化集团公司党组决定，燕山石化整体承揽中天合创煤化工业务工作。该项目位于内蒙古鄂尔多斯市乌审旗图克镇，是由中国石油化工股份有限公司、中煤能源集团公司、申能（集团）有限公司及内蒙古满世煤炭集团公司合资建设的世界级大型煤炭—化工联合项目。2月11日，燕山石化成立项目专项领导小组，统筹领导业务承揽工作;3月10日，成立联合工作组，具体开展各项业务;8月12日，首批承揽团队84人进驻中天合创甲醇部，开展集中培训；9月3日，正式接收中天合创398名新职工进行岗位培训；9月24日，完成承揽团队高级管理层组建工作，11月14日，完成承揽团队中级管理层招聘工作，高、中级管理层干部相继于12月2日、12月16日进驻现场开展项目建设和生产准备工作。进行专业技术人员及技能操作人员招聘，各项工作进展有序。

（吴明晓）

【市政府主要领导到首钢调研】1月9日，北京市委副书记、市长王安顺到首钢生物质能源项目现场调研。4月17—18日，市长王安顺、副市长张工到首钢京唐公司调研，实地了解企业发展情况、慰问一线职工。5月17日，中共中央政治局委员、北京市委书记郭金龙参观“第十七届中国北京国际科技产业博览会”首钢展台。5月20日，副市长张延昆到首钢生物质能源项目现场调研。6月28—29日，郭金龙、王安顺率北京市代表团到河北省学习考察，其间到首钢京唐公司调研并看望慰问一线干部职工。

（李淑萍）

【首钢生物质能源项目并网发电】1月10日，首钢生物质能源项目垃圾焚烧发电厂并网发电。该项目是北京市委、市政府确定的重大民生工程和折子工程。累计接收场垃圾51.15万吨，累计焚烧垃圾39.89万吨，累计发电13432万千瓦时，上网9657万千瓦时。生物质能源项目于2011年7月破土动工，利用首钢鲁家山矿南区工业占地31.32万平方米，投资214139万元，建设4台750吨/日往复式机械炉排焚烧炉，4台82吨/日卧式余热锅炉，2台30兆瓦抽汽凝汽式汽轮发电机组，处理门头沟、丰台、海淀、石景山4个区经过分类收集、分选预处理后的生活垃圾。以热电联产方式，应用SCR脱硝技术、空冷技术、飞灰资源化工艺、沼气发电技术、烟气处理和废水零排放工艺技术，处理规模每天3000吨的生活垃圾。该项目于2013年12月21日焚烧垃圾热负荷试生产，1号发电机组一次成功完成并网发电运行。

（李淑萍）

【首钢老工业区改建工程启动】3月11日，国务院办公厅出台《关于推进城区老工业区搬迁改造的指导意见》，明确将首钢老工业区纳入城镇低效用地再开发试点范围，为老工业区开发建设提供强有力的政策支持。首钢编写《首钢老工业区整体搬迁改造实施方案

(2013—2020年)》，首钢老工业区纳入全国老工业基地整体调整改造规划范围，首钢西十筒仓改造项目一期纳入国家老工业区整体搬迁改造全国首批4个试点之一，并获取2600万元中央预算内资金补助。首钢老工业区纳入城镇低效用地再开发试点范围后，可享受国土资源部2013年2月28日《关于开展城镇低效用地再开发试点的指导意见》中的相关土地政策。首钢地区获得多项国家级试点和政策支持，先后被认定为国家服务业综合改革试点区、北京保险产业园、国家可持续发展实验区和中关村自主创新示范区，市发展改革委牵头设立"北京服务·新首钢"股权投资基金，成为西部新兴产业引入培育的投融资平台。4月10日，首钢北京园区建设项目长安街西延首钢厂区工程启动，拆除建筑总面积3.5万平方米。首钢机械厂特重型厂厂房总宽度117米，总长度188米，建筑面积约2万平方米。9月5日，该厂房拆除项目开始，工期60天，所有地上结构全部拆除至自然地平，场地平整。8月22日，北京市新首钢高端产业综合服务区发展建设领导小组第二次会议，明确包括按新规划用途落实供地政策、专项使用首钢土地收益、创新投融资模式等6项政策支持。9月25日，北京市政府出台《关于推进首钢老工业区改造调整和建设发展的意见》和《关于推进首钢老工业区和周边地区建设发展的实施计划》政策文件。截至年底，西十筒仓改造项目（一、二期）完成主体工程及部分配套工程建设，开始精装修；二型材、脱硫车间、一耐养老、晾水池东路等项目完成内部立项，其中二型材、晾水池东路项目进行初步设计，脱硫车间项目进行控规调整，一耐养老项目编制控规调整方案并推进建筑方案设计；完成长安街西延线首钢厂区建筑物、首钢广场及古南先期启动地块已腾迁区域的拆除工作；首钢水厂项目完成可研、环评、地勘报告编写工作；晾水池东路取得市规委道路工程设计方案批复，完成部分专业施工图设计，开展红线范围内部分设备设施的拆除。开展招商推广工作，举办中外知名企业投资首钢行、世界侨商创新中心建设战略合作协议签约等活动，参加科博会、乒超联赛、第十八届京港洽谈会，重点推介筒仓创意广场项目、二型材互联网金融产业园项目、首钢广场项目、侨商创新中心项目；搭建园区网站、微博及微信平台，并与市侨办、中关村管委会及招商局集团、海尔集团创新中心、中关村智慧产业联盟等单位和企业进行洽谈。

（李淑萍）

【海水淡化联合发电技术获市科技二等奖】3月25日，北京市科学技术奖励大会暨2014年市科技工作会议召开。首钢的《海水淡化联合发电关键技术研究与应用》获得北京市科学技术二等奖。海水淡化联合发电技术是首钢拥有自主知识产权的节能环保技术。该技术实现能源的梯级利用，降低海水淡化运行成本，在产生制水效益的同时，还产生发电效益，实现热、电、水的联产。每年可以节约海水淡化制水成本约6500万元。配套发电机组每年可产生发电效益2500万元。海水淡化联合发电技术在首钢京唐公司应用。

（李淑萍）

【燕山石化完成两轮有机物泄漏检测与修复】年内，燕山石化分两轮完成挥发性有机物泄漏检测与修复（LDAR检测与修复）工作。3月31日，完成第一轮LDAR检测与修复工作，共检测设备管线与组件密封点543364个，发现泄漏点2951个，泄漏率0.54%；修复泄漏点2398个，修复率81.26%。10月28日，完成第二轮LDAR检测与修复工作，共检测51套生产装置、4套公用工程辅助装置，以及所有泵、管线、储罐、呼吸阀等设备，发现泄漏点3965个，泄漏率0.56%；修复泄漏点2798个，修复率70.57%。

（吴明晓）

【年产50万吨RLG装置改建成功】4月18日，由原100万吨/年柴油加氢精致装置改建而成的50万吨/年RLG装置产出合格汽油，汽油收率40%，标志装置改建成功。该项目是中国石化"十条龙"攻关项目，用以试验"LCO加氢裂化生产高辛烷值汽油或芳烃"技术（RLG技术）的可行性。

（吴明晓）

【首钢京唐公司实现赢利过亿元】5月，京唐公司首次实现扭亏为盈，并保持良好势头，赢利水平不断提高，全年实现利润超过1亿元。全年推进产品产量520万吨。汽车板产量82.9万吨，同比增加20万吨，镀锌汽车板同比提高13个百分点。出口产品130.4万吨，其中出口汽车板实现翻番。推进产品实现增收15亿元，增利8.9亿元。京唐公司发挥综合优势，品种开发，挖潜降成本增效益，克服财务、折旧等费用负担，生产经营持续向好，同比减亏14.2亿元。公司探索现代化大型装备和先进工艺运行规律，生产水平、工艺控制能力和技术经济指标快速提高。践行"制造＋服务"的经营理念，高端领先产品大幅度增加，主要产品的国内市场占有率提升，家电板为23%，车轮钢30.1%，热轧高强钢29.6%，集装箱钢14.3%。管线钢、汽车板努力拓展国内和国际市场，管线钢已批量销往中东地区，冷轧高档汽车板出口到欧洲知名企业。研发饮料罐、食品罐等高端产品，与奥瑞金包装、中粮包装、苏州华源、上海莎隆、天津物产、临沂圣亚、远洋制罐、漳州闽达等20余家公司签订生产供货合同。

（李淑萍）

【金隅集中销毁价值2000余万元假劣品】7月4日，北京金隅红树林环保技术有限责任公司、北京生态岛科技有限责任公司协助北京市食品药品监督管理局集中销毁总重60吨、价值2000余万元的假劣药品、食品、医疗器械、化妆品。此次销毁物品共6800余件，包括一次性输液器、银翘解毒片、葡萄糖注射液、抗病毒口服液等上百个品种，违禁物品被投入水泥窑炉，实现了绿色环保处置。

（蔡　琍）

【曹妃甸协同发展示范区建设】7月25日，在北京市上半年经济形势分析会上，市委、市政府明确提出京津冀协同发展要发挥首钢等大企业的平台作用，加快建设以首钢曹妃甸园区等为突破口的4个战略合作功能区。7月31日，在北京市政府与河北省政府签署的《共同打造曹妃甸协同发展示范区框架协议》中明确"双方共同把曹妃甸打造成宜业宜居的现代化新城，打造成协同发展示范区"。在曹妃甸工业区北侧规划100平方公里，建设北京（曹妃甸）现代产业发展试验区，由首钢牵头组织建设。8月22—23日，"2014'转型发展·钢铁强国之路'高峰论坛暨京津冀协同发展首钢实践研讨会"在北京会议中心举行，第十届全国政协副主席、中国工程院主席团名誉主席徐匡迪等有关领导、专家出席；徐匡迪、首钢领导分别做了主旨演讲。11月26日，由人民日报社主办的"京津冀协同发展论坛"在京举行，首钢领导介绍先期在河北省发展情况以及要在促进京津冀协同发展上做出更大贡献的思路，受到社会关注。

（李淑萍）

【40万吨干混砂浆生产线在平谷投产】7月26日，北京金隅砂浆有限公司年产40万吨干混砂浆生产线（平谷）项目正式投产。该项目总投资5517万元，总占地面积8.3公顷。生产线分为砂浆生产和骨料制备两大系统，设备采用福建南方路基机械设备产品，混合机容积达到6立方米，小时产量100吨，为行业内仅有的，一次混合能力最大，混合效率最高的设备，计量精度可达20g等级。制砂系统利用水泥厂原有设备修旧利废，进行改造，成品制砂采用全国首例V5日本NFS-100高性能制砂线设备，生产线塔式布置，带有自清灰系统，其成品砂粒形圆润，含粉量、系度模数可调可控，质量稳定，设备运行噪音低、粉尘少，达到无尘化生产。包装工段采用德国进口KUKA机器人自动码包，包装效率高，劳动强度低，粉尘危害少。生产线建设效果满足安全、环保、节能要求。

（蔡　琍）

【年产1000万吨炼油改造工程通过验收】燕山石化1000万吨/年炼油系统改造工程项目是中国石化集团公司重点工程建设项目，2005年6月开工建设，2007年6月一次开车成功并稳定运行7年，2014年8月11日通过竣工验收委员会验收。该项目的建成投产和稳定运行，满足了2008年北京奥运会、2014年APEC会议等重要国际活动的环保要求，符合北京市清洁油品质量升级的总体需求。

（吴明晓）

【首钢京冀协同发展产业基金设立】8月22日，北京市政府明确：设立首钢京冀协同发展产业投资基金，打造以首钢为主体的投融资平台，通过吸引社会资本设立若干支子基金，用于支持首钢北京园区和曹妃甸园区的开发建设。首支基金暨首钢京冀协同发展产业投资基金采用母子基金放大模式；重点投向非首都功能疏解和多地协同发展产业、综合服务配套及首钢老工业区重振等领域。首钢京冀协同发展产业投资基金采取公司制形式，打造城市综合服务业子基金、京外落地企业投资子基金和传统工业企业重振子基金。基金创新产业融资模式，吸引社会资金，为首钢老工业区产业升级、建设新首钢高端产业综合服务区提供长期、稳定的资金。

（李淑萍）

【年产9万吨丁基橡胶装置开车成功】9月22日，燕山石化9万吨/年丁基橡胶装置开车成功，产出合格产品。该装置是中国石化重点工程建设项目，完全采用自主研发技术，设备均为国产化，建成投产后燕山石化丁基橡胶生产能力提高至13.5万吨/年。

（吴明晓）

【燕山石化完成东区动力锅炉改造一期工程】10月9日，燕山石化东区锅炉改造一期工程410吨/时CFB锅炉投产并气，11月21日发电机组并网发电，标志着一期工程完成。该系统采用先进燃煤技术，投产后用以代替东区部分燃煤锅炉，可有效降低热电成本，提高经济效益，满足环保要求，增强用汽、用电安全性。

（吴明晓）

【燕山石化完成碳八抽提苯乙烯装置改造】10月13日，燕山石化碳八抽提苯乙烯装置完成改造并实现一次开车成功。该项目是燕山石化芳烃资源整合重点项目之一，利用制苯装置的碳八、碳九馏分和氢气为原料生产高纯度苯乙烯单体，同时副产5.4万吨/年碳八抽余油和11.8万吨/年碳九馏分。

（吴明晓）

【APEC峰会期间环境防治】10月29日，首钢召开APEC峰会期间环境质量保障和冬季大气污染防治督查专题工作会，制定《首钢总公司关于2014年APEC峰会期间保障环境质量的工作方案》《2014年APEC会议期间首钢总公司安全、环保、生产、检修工作方案》，11月1日，首钢生产基地实施减排、检修方案；11月5日，河北省政府下发《关于实施最高一级重污染天气应急减排措施的通知》，首钢限产、压产，加大对环保设施的监测力度。11月8日，首钢落实政府部门下发的《关于亚太经合组织会议期间进一步采取强化污染减排措施的紧急通知》，从环保设备的使用维护管理，控制扬尘污染、废水污染、危险废物及放射性污染、噪声污染、机动车污染等6个方面做出具体安排。会议期间，按照北京市统一部署，北京首钢园区重点施工项目全部停工。首建集团承建APEC会议国家体育场鸟巢LED超大型网幕，网幕依附鸟巢西侧立面，呈弧形曲面，总面积1.5万平方米，网幕最高点距地面57.73米，最低点距地面3米，弧线长度约320米。完成APEC花坛钢结构设计制作安装工作，APEC立体花坛位于怀柔区迎宾路北环岛，花坛总长16.5米，高8米，厚度为1.6米，钢结构总用钢量超过50吨。

（李淑萍）

【首钢京唐2250生产线冷却系统投产】11月4日，首钢京唐公司2250热轧生产线停产年修，拆除常规层流冷却段前4组粗调集管和后两组粗调集管，安装前、后超快冷装置，按期完成超快冷设备上线工作。11月13日，新增超快冷系统投入轧线正常生产。提高热轧板带在同等合金成分条件下的强度指标，减少冶炼添加合金，降低冶炼成本，有助于高强钢、双相钢、TRIP钢的开发。同样成分的条件下，热轧板带可提高强度100~200兆帕，同等强度的合金钢吨钢降低冶炼成本100元。超快冷装置由东北大学进行总体设计，核心集管设备由东北大学制造。

（李淑萍）

【APEC峰会期间电力保障】11月11日，2014年亚太经合组织（APEC）领导人非正式会议在怀柔雁栖湖闭幕，国网北京市电力公司（简称北京公司）APEC会议保电任务完成，再次实现政治供电“零闪动”。自2014年7月以来，北京公司按照“组织有力、准备充分、精益求精、万无一失”的原则，超前谋划，科学合理制订APEC会议保障组织模式，首次提出“两案一标准一计划”，精心部署，从建立组织体系、完善工作机制、落实保障措施、加强应急演练、严格督导检查入手，加强通信隐患管理，开展保护通道、通信电源等专项排查治理，深入梳理网络运行方式，完成《2014年APEC会议供电保障通信网运行方式分析报告》等3项报告编制工作。扎实、深入、细致地推进各项保障工作，全面提升网络健康水平。完成APEC会议配套怀柔北、会都及相关切改工程，在工期紧张、前期协调难度大的局面下，全部按北京市政府要求如期投产，为会议供电保障奠定了基础。APEC会议电力保障实现了“服务零差错、供电零闪动、客户零投诉”的保电目标。

（电力）

【烟气脱硫项目通过鉴定】11月，在中国钢铁工业协会组织召开的《适用于球团工艺的烟气脱硫除尘一体化技术研究与应用》科技成果评价（鉴定）会上，首钢实施的矿业球团烟气脱硫项目通过鉴定。在设备一体化、能耗和稳定运行等方面达到国际领先水平，对半干法脱硫工艺技术进步具有大范围的推广意义。该项目由首钢环境产业公司与北京科技大学、首钢矿业公司共同研发完成，由北京首科兴业工程技术有限公司负责实施。该项目每年减排二氧化硫9500吨，年减排粉尘480吨。该项目在第一代密相塔脱硫技术基础上，进行改造与革新，首次实现脱硫除尘一体化装置的工业化应用；物料输送采用全气力输送方式，取代机械输送方式；生产风机与脱硫风机合并，实现生产与脱硫完全同步。

（李淑萍）

【稀土顺丁橡胶项目“出龙”】燕山石化稀土顺丁橡胶项目是中国石化“十条龙”科技攻关项目，装置投产于2012年10月。经过两年多的调整优化，解决了稳定生产和产品质量两大难题，催化剂配置成功率由70%提升至100%，产品合格率达到98%以上。2014年12月10日，项目通过中国石化集团公司“十条龙”科技攻关领导小组审批，标志着中国石化开发出具有自主知识产权的稀土顺丁橡胶生产技术。

（吴明晓）

【首钢11项产品获国家钢铁工业“金杯奖”】12月，在中国钢铁工业协会冶金产品实物质量认定名单中，首钢共有11项产品实物质量达到国内先进水平，被授予“金杯奖”称号。首钢荣获“金杯奖”的产品分别是：170P1加磷高强度冷轧钢板及钢带，DC51D+Z

连续热镀锌钢板及钢带，DC56D+Z 连续热镀锌钢板及钢带，HC220YD+Z 连续热镀锌钢板及钢带，50SW1300、50SW800、50SW600 冷轧无取向电工钢带（片），S380CL 汽车车轮用热连轧钢板和钢带，J55 石油套管用热轧宽钢带，Q345R 锅炉和压力容器用钢板，J55 石油套管用热轧宽钢带，HP295 焊接气瓶用钢板和钢带，DC03 冷轧低碳钢板及钢带。此次荣获冶金产品实物质量认定“金杯奖”的产品共有 172 项。

（李淑萍）

【钢铁产量完成 1183 万吨】 年内，首钢钢铁产量 1183 万吨，同比增加 187 万吨，增长 18.8%。其中高端领先产品产量 420 万吨，同比增加 112 万吨，增长 36.4%。重点产品产量 861 万吨，同比增加 211 万吨，增长 32%。其中汽车板产量 194 万吨，同比增加 18 万吨；管线钢产量 87 万吨，同比减少 31 万吨；电工钢产量 126 万吨，同比增加 18 万吨；耐候钢产量 109 万吨，同比增加 32 万吨；酸洗板产量 37 万吨，同比增加 16 万吨；汽车结构钢产量 54 万吨，同比增加 4 万吨；高强钢产量 33 万吨，同比增加 10 万吨；冷轧专用板产量 91 万吨，同比增加 39 万吨；能源用钢产量 63 万吨，同比增加 42 万吨。1 月 29 日，首秦公司船板正式获得挪威船级社（DNV）免检资格，成为全国首家 DNV 船板免检的生产企业。首秦公司已取得 KR、BV、DNV 三家船级社船板免检资格。首钢京唐公司轧制 1900 毫米超宽 X52 管线钢产品，其表面质量、板形和强硬度等指标均符合行业标准和客户特殊的技术要求；该公司成功研制开发用于食品业的镀锡气雾罐新产品。4 月，公司高表面级别汽车外板试制获得成功，经检测，产品表面质量和性能指标全部达到客户需求，生产线初步具备批量生产高表面级别汽车外板能力。

（李淑萍）

【首钢矿业实现利润 1.2 亿元】 年内，首钢矿业公司精矿粉产量 475.36 万吨；供应迁钢球团矿 312.98 万吨、烧结矿 889.22 万吨；销售收入 115.15 亿元，实现利润 1.2 亿元，国有资本保值增值率 104.76%。在露采、地采、选矿、球团烧结 76 项可比技术经济指标中，有 37 项排在同行业前 3 位，有 25 项排名第 1 位。矿业公司水厂铁矿供矿总量 5885.87 万吨，回收矿量 201 万吨；杏山铁矿入选矿石 268.16 万吨；大石河铁矿高品粉生产 37.92 万吨。唐首马铁矿入选矿石产粉 27.75 万吨。干选资源回收产粉 46.34 万吨。完成球团高压辊磨技改工程，秘鲁铁矿细粉配比达到 40%，实现低品矿配比和采场技术状况优化，改善烧结矿冶金性能，为高炉输送优质熟料，主生产线经济运营综合效益 2788 万元。制定实施《环保预警期间保迁钢炉料供应措施》。6 台 99 平方米烧结机及球团二系列脱硫系统和高压辊磨项目建成投入生产。完成水厂铁矿新水尾矿库恢复使用工程建设、评审验收。实施烧结老系统机头除尘器、球团一系列工艺除尘器大修，改善外排质量。马城铁矿由矿业公司开发建设，完成前期费用核实、现场工程量清点、资料交接、设计方案等工作。全年销售资源再利用产品 99.08 万吨。矿产资源综合利用示范基地项目，获得国家财政资金支持 2119 万元。杏山铁矿在国内首家通过国家安全监督管理局“地下金属矿山数字化建设示范工程”验收。矿业公司被评为“国家级信息化和工业化深度融合示范企业”，成为全国第一批两化融合管理体系贯标试点企业之一。

（李淑萍）

【钢材销售 1869 万吨】 年内，首钢钢铁业 4 地钢材产品销售量 1869 万吨。其中推进产品销售量 789.7 万吨，同比增加 51.9 万吨，占总销售量比例的 42.24%；推进产品增加收入 31.8 亿元，同比增加 1.6 亿元。带出品销售增加效益 3502.1 万元。新开发用户 244 户，同比增加 29 户，其中直供与三方直供 196 户，同比增加 41 户。热轧管线钢销售量 75.38 万吨，市场占有率连续 5 年居国内销量第一位；集装箱板销售量 108.6 万吨，市场占有率 26.16%，连续 3 年居国内第一位，热轧品种钢开发新牌号 24 个，涵盖高强钢、冷轧基料、车轮钢、耐候钢等产品。全年冷轧汽车板销售量 193 万吨，同比增长 10.92%；国内市场占有率 13.7%，居国内排名第四位。完成零件认证 284 个，与 49 家自主品牌终端用户、20 家合资品牌终端用户合作，涵盖华晨宝马、一汽大众、长安福特等知名汽车制造企业。全年家电板销售量 187.1 万吨，连续 3 年市场占有率 20% 以上，与海尔、美的、LG 等 16 家家电及配套企业建立订货关系，重点家电企业供货比例达到 22%。全年冷轧专用钢销售量 88.5 万吨，同比增加 35.8 万吨，增长 68%；新开发的油汀用钢、导轨用钢、液晶显示器背板用 IF 钢 SEC1 等实现批量供货。首钢在全国各区域分公司钢材产品销售量 496 万吨，同比提升 7 个百分点，新开发用户 224 家。华北、武汉两个区域分公司相继投入运营，天津和重庆加工配送中心前期工程建设取得进展，武汉加工配送中心项目已获批。指定 49 名客户经理、客户代表和驻厂代表，与首钢技术研究院组建现场服务团队，对36家大型战略直供户提供专业指导和技术服务。全年受理质量异议513件，平均异议处理周期12.6个工作日，同比缩短2.9个工作日。9月，迁钢顺义冷轧一体化合同信息管理平台在线评审上线，改变手工台账录入方式，缩短订单的评审周期。建立产品包装外观质量交接流程，形成包装、运输质量管控体系。利用上海钢铁交易中心平台，全年线上交易钢材3.04万吨。

（李淑萍）

【钢材创汇10.68亿美元】年内，首钢出口钢铁产品创汇10.68亿美元，出口收汇10.53亿美元。钢铁产品出口量168.94万吨。重点出口产品汽车板、管线钢、硅钢，出口量同比增长158%、106%和77%。全年推进产品出口量77.15万吨，占出口总量的45.7%，同比增长25.9%。全年首钢进口铁矿石2155万吨，进口焦煤254万吨。销售铁矿石1587万吨，其中秘鲁矿1098万吨。全年完成京唐3冷轧罩退机组、京唐3冷轧1号镀锡机组机械等5个设备的最终验收；完成迁钢冷轧2台圆盘剪、迁钢热轧加热炉改造等4个项目的最终验收工作。全年累计签约金额964万美元；累计到货135批，累计到货金额3474万美元；累计办理减免税585万元人民币。秘铁公司通过1号破碎站改造、粗粉生产线过滤系统等技术改造项目，完善优化工艺流程；主体设备保持稳定高效运行。全年秘铁公司铁矿石产量1072.9万吨，同比增加32万吨；铁矿石销量1069.2万吨，同比增加19.9万吨。

（李淑萍）

【改革调整】年内，基础与新材料产业按照国资委《关于全面深化市属国资国企改革的意见》要求，进一步推进企业改革工作。首钢制定《首钢集团深化薪酬分配制度改革的思路方案》，以京唐公司等5家单位进行分类试点。9月9日，《中共首钢总公司委员会关于首钢全面深化改革的指导意见》正式颁发；9月以来，《首钢总公司年工资实施办法》《首钢总公司异地工作补贴管理办法（境内）》《技能操作岗位分档核定方案》《四地钢铁业艰苦岗位津贴实施办法》《四地钢铁业岗位工资套改实施办法》等涉及职工切身利益的薪酬分配制度改革措施陆续实施到位；12月，总公司党委成立首钢全面深化改革领导小组，负责首钢全面深化改革的方案设计、统筹协调、整体推进。

北京化工集团推进与产业高端或具有管理优势的外资、民营资本的嫁接，是年出资3900余万元组建3个国有控股公司，促进产品优化升级。华腾新材料与意大利SAPICI公司签署合资协议，进军无溶剂聚氨酯粘合剂新领域。启动向化研院增资1000万元、华腾旌凯股权调整和集团增资1000万元的工作。

京煤集团部门由原来的19个精简为11个，并按职能要求匹配人力资源，出台了管理人员职务级别、离岗休养、岗位交流调整等管理办法。截至年底，已调整28人。权属单位改革稳步推进。昊华能源公司推进大部制改革，人员总量比年初减少2898人。金泰集团推行事业部制，职能部室由12个调整为9个。金泰地产集团设立“五个管理部门＋五个职能中心”组织架构，实现所有业务流程化、制度化、标准化、信息化，提升运营管控水平。京海发电公司推行双向选择竞聘上岗，建立人才“能上能下”的聘用通道。企业管理中心由原来8个分支机构整合为3个分中心，实行财务统一核算管理，取消原来多账户、多种核算模式，缩短了管理链条。综地公司精简组织机构，解决了职责不明、效率低下问题。京煤物业管理公司构建专业化管理经营格局，实施区域资源整合；在分公司推行4+X机构整合模式，由11个独立核算的实体分公司，整合为6个区域分公司，基层管理科室由71个简化至35个，缩编科级管理人员46人，组建成立了14个项目部；实施专业化管理，搭建起4个专业化平台，提升了物业运营效率，推动了经营物业的转型。培训中心调整组织结构，推行全员竞聘上岗，由19个科室合并成13个部室，由220人调整为169人。三河综合厂集约管理，将蓄电池厂和机械加工厂合并为生产厂。

（首钢 化工 京煤）

【科技创新】年内，首钢科技成果鉴定验收133项，其中15项成果达到国际先进水平，58项达到国内领先水平。获得上级科学技术奖励10项次，其中“留渣＋双渣转炉炼钢新工艺技术创新”“微合金化钢板坯角部缺陷形成机理及控制技术的开发与应用”“大型带式焙烧机球团技术研究开发与创新应用”3项获得冶金科学技术一等奖。全年首钢推进产品生产1183万吨，同比增加187万吨，增长18.8%。其中高端领先产品420万吨，同比增加112万吨，增长36.4%。全年增收54亿元，增利25亿元。管线钢完成高韧性X90小批量认证；与宝鸡钢管合作实现J55–Q125套管系列全覆盖。耐候钢国内市场占有率26%，其中550~700兆帕级热轧集装箱钢市场占有率70%，800兆帕级冷轧集装箱钢通过青岛太平冲压认证；新开发耐硫酸露点腐蚀钢Q295NS、耐候结构钢S355J0W、新型耐候电力塔架钢SQ420NH等耐候系列产品。900兆帕级高强搅拌罐钢和专用车车厢钢在福田等用户试用。550兆帕、600兆帕级高端车轮轮辋钢应用于宝钢金属乘用车及日上轻量化商用车。酸洗板产品为郑州日产、长城汽车、五菱汽车等企业供货。奔驰底盘弹簧臂用复相钢CPW800–P通过海斯坦普冲压认证。汽车板产品实现退火1000兆帕、镀锌800兆帕、热成型1500兆帕及以下级别全覆盖，国内市场占有率15.2%。HC400/690TRD+Z通过斯图加特梅赛德斯奔驰技术的材料认证；无Mo高Cr体系HC260/450DPD+Z取代阿塞洛进口材料；Nb–Ti系IF钢FEP04–FEP06向菲亚特公司供货6000吨；为北汽D60车型开发的HC550/980DP通过认证。为北京现代、吉利、长安，厦门金龙等企业开发HC340/590DPD+ZF合金化高强钢等多种产品。B微合金化体系搪瓷钢STC2在美的通过抗鳞爆测试，实现帅康电器小批量供货。SLED钢完成首次试制。电工钢市场占有率15.5%。实现无取向产品全系列供应能力。无取向电工钢总客户数量达到80家，直供比例超过85%。取向电工钢正品率、板形合格率达到国内先进水平，实现对国际ABB公司和国内特变电工、保定天威等三大变压器厂的批量供货。管线钢完成超低温管线钢X80、海洋工程隔水管、煤浆输送管等产品开发和供货。容器板完成临氢CrMo钢、抗酸容器钢的开发和供货。完成75Cr、8CrV、50Mn2V等锯片钢和NM400耐磨钢等产品开发，进入北美市场。高性能420兆帕级桥梁钢板应用到白沙沱铁路桥工程。特厚高建钢Q420GJGC–Z35应用到北京王府井嘉德艺术中心工程。超高强海工钢EQ51和E550实现商业供货4000吨。S420ML完成100毫米规格CE认证并中标孟加拉PADMA大桥项目；9Ni钢通过全国锅炉压力容器标准化技术委员会认证。迁钢开发XY50–G、EM12K等特种焊丝产品。首钢完成66项研发储备产品的开发，其中35项供货16万吨。新增金杯奖产品8项，金杯奖总数40项。开展短平快项目89项，完成实施45项。迁钢、顺义冷轧、首秦公司共20项短平快项目投资3203万元，产生效益1466万元。

燕山石化技术进步取得积极进展。加大战略合作力度，与石油化工科学研究院、北京化工研究院等科研院所签署战略合作协议；加快高端油品研制，确定100号航空汽油配方；完成有机热载体、高档汽车初装油配方研制及生产调和工作；完成RTS柴油超深度加深脱硫技术工业试验，3万吨/年稀土顺丁橡胶装置工业成套技术开发项目“出龙”；申请发明专利31项，实用新型专利申请3项，获得专利授权18项，完成技术转让2项；9万吨/年丁基橡胶、45万吨/年润滑油加氢、410吨/时CFB锅炉等装置开工；6万吨/年EVA改造等4个项目完成竣工验收；加速推进智能工厂建设，供应链智能管理、智能调度、设备预知维修等项目有序推进；APC投用率达到99.6%，完成黑屏操作推广应用，员工工作强度显著降低。

北京化学工业集团有限责任公司（简称北京化工集团）全年科技支出总额占主营业务收入比重达到1.33%，市国资委考核的3家重点企业科技支出比重超过3%。实现新产品收入1.9亿元。华腾新材料“食品包装材料卫生安全溯源体系”取得国家级认证；华腾新材料、华腾橡塑两家企业技术中心获得省（市）级审核批准；化研院、华腾大搪的两个研发小组通过市国资委“优秀科技创新团队”评审。华腾大搪制造出国内同行业最大规格3台100立方米搪玻璃设备。华腾丰旺“低K值酚醛保温板”“热固型EPS保温材料”两大产品通过中国石油和化学工业联合会科技成果鉴定，属国内首创。华腾东光成功研发多个牌号的丙烯酸乳液新品，带动全年生产销售突破4万吨。

北京金隅集团有限责任公司（简称金隅集团）科技投入6.5亿元，新产品销售收入25亿元，承担国家级科技项目13项，获得省部级（含行业）科技奖励19项，其中危险废物污染防治体系建设及关键技术研究与示范项目获国家环保部科学技术二等奖。获得国家专利55项，主编国家、行业及地方标准17项。实现了科技信息的网络化，实现科技、质量、环保和能源信息的共享。北京金隅砂浆有限公司、北京建材科研总院有限公司、北京建都设计研究院有限责任公司建设的干混砂浆节能环保示范生产线应用变频电机等技术，减少了装机容量，单位能耗仅为行业平均能耗的20%；北京金隅天坛家具股份有限公司生产的APEC会议家具突出环保理念，外形设计体现中国传统文化，设计理念达到国际先进水平；大厂金海燕玻璃棉有限公司实施的玻璃窑炉纯氧燃烧技术改造，实现新建窑炉综合能耗降低30%；北京金隅物业管理有限责任公司实施的环贸中心新风系统技术改造，使办公室内PM2.5显著降低。金隅集团组织27个重点科技项目实施，其中11个项目当年实现产业化。《水泥窑协同处置垃圾飞灰的产能提升及工艺优化集成技术研究》对北京市琉璃河水泥有限公司飞灰生产线进行了优化改造，达到预期目标。《水泥窑协同处置生活垃圾产业化技术集成与示范研究》完成北京太行前景水泥有限公司气化炉的建设任务，实现气化炉和直接入窑各100吨/天的处理能力。《回转窑生石灰用于加气混凝土生产关键技术研究与应用》解决了保定太行和益水泥有限公司石灰不能用于加气混凝土产品的瓶颈问题。《利用铁矿尾砂配料煅烧水泥熟料技术开发》资源综合利用与节能效果明显，在左权金隅水泥有限公司累计使用铁尾矿10万吨，吨熟料节煤4千克。采用《高性能混凝土配合比设计与质量控制方法软件开发》配制的自密实混凝土在天津金隅混凝土有限公司的周大福工程连续成功浇注38小时，达4万立方米，各项性能指标满足工程要求。《窑口和喷煤管长寿命耐火材料关键技术及仿真设计研究》开发出水泥窑用高寿命耐磨材料，销售相关产品6670吨。

北京京煤集团有限责任公司（简称京煤集团）注重科技创新，在重点领域、关键技术上均实现突破。昊华能源公司向中国煤炭工业协会申报科技进步奖7项，获得6项奖励，其中“急倾斜煤层深部开采沉陷规律与采区间协调开采技术研究”获一等奖。京煤化工公司自主研发的雷管装填线进入安装调试阶段，煤矿许用电子雷管通过国家矿用安标中心的验收审核，铅管装药机等7项专利技术获国家授权。另有3项专利申请被受理，“起爆药人机隔离”“自动化生产线”项目，获市国资委财政拨款350万元。鑫华源公司被评为国家级高新技术企业，获得一项新的发明专利授权，取得了市科委立体车库充电桩项目、国资委智能立体停车信息系统项目支持。新成立的停车设备研究所，成功研发第五代升降横移产品，使单车位重量同比下降了15%。

国网北京市电力公司（简称北京公司）国家863课题“主动配电网关键技术研究与示范”完成示范工程可研，完成配电网综合配电终端单元、配网快速切换装置的方案设计，完成主动配电网运行控制系统、规划运行决策系统概要设计。申报“交直流混合配电网关键技术研究”国家863课题。完成863课题“电动汽车有序充电及对电网的影响”主要研究任务。获批北京市科委项目3项、国网公司管理项目18项、技术标准2项。完成“延庆县智能电网综合接入关键技术研究”等北京市科技项目4项，国网公司科技项目9项。开展气体绝缘设备故障下灾害评估与防治研究、电缆隧道灾害评估与防治研究、北京电网动态仿真研究、电动汽车智能快速充电等4项重大科研课题。实现95598全业务集中系统平稳割接，一级部署协同办公、基建管理、合同全过程管理等系统顺利上线，结合PMS2.0系统建设完成国网公司统推GIS平台系统推广，全国统一电力市场技术支持平台上线运行。承担国网公司大数据试点研究工作任务，完成配电网状态监测及分析专题研究工作。完成公司信息设备资产清理工作，累计梳理信息设备23205台套。实现IMS、ERP系统的信息设备集成。累计完成基建管控、协同办公、投资计划、电网前期、内网邮箱等7个系统下线。协助开展班组减负和数据重复录入治理工作，累计调研班组85个，治理重复项共1238项，开展生产管理、营销等重要信息系统调优6次，解决基层班组提出的问题78项。年内，获中国电力科学技术奖3项、国家能源科技进步奖2项、北京市科学技术奖5项、全国电力职工技术成果奖3项、国网公司科技进步奖9项。完成公司年度专利计划指标，完成专利申请520项，其中发明申请220项，专利授权310项。北京公司获2014年国网公司科技（智能）工作先进单位荣誉称号。

（首钢　燕化　化工　金隅　京煤　电力）

【首钢特钢园区建设】首钢特钢园区15号、16号项目用地取得市规委控规调整规划意见，并分别纳入北京市2014年绿色审批通道，按照备案制方式进行项目立项，完成15号、16号地立项备案手续、道路规划方案的编制及批复。15号地项目被石景山区纳入2015年10项重点工程之一。获得市国资委国有资本金预算项目资金支持1亿元。启动实施项目方案设计工作，对15号、16号地项目进行公开展示及评审、15号地绿色建筑评估研究分析，已启动土地评估、道路测绘、相关勘察、专项设计等工作。开展能源环保等评价工作。完成资产处置及地上物拆除工作，轧钢生产线设备拆除及盘活资金3531万元，拆除建筑物近5万平方米，达到地平标准。参加在京举办的第17届科博会、中外知名企业投资首钢行、第18届京港洽谈会项目推介会，搭建绿能港网站、微信平台，宣传推介首钢特钢园区。参与区科委功能性新材料推广平台项目，获得支持资金15万元。

（李淑萍）

【节能环保】年内，首钢三地（迁钢、首秦、京唐）钢铁业吨钢综合能耗601千克标准煤/吨，同比降低8千克标准煤/吨。首钢钢铁业完成迁钢一热轧3号加热炉黑体节能技术改造、京唐公司增设外置氮压机回收低压氮气、首秦公司炼钢转炉煤气替代天然气烤包等12项重点节能项目，年节约5.17万吨标准煤。推进加热炉黑体改造、加热炉炉门优化等技术的实施应用。高炉水冲渣余热利用项目、电机永磁涡流柔性传动节电等7个节能项目落地实施，年节能量3.09万吨标准煤。加强节能减排优惠政策的搜集、研究、利用，争取政府节能项目补助等政策资金支持2730.8万元；

开展能效对标工作，制定改进措施提高能效水平。完成APEC会议期间空气质量保障工作。

燕山石化继续加强污染治理和节能环保工作，二氧化硫、氮氧化物、COD、氨氮、VOC排放量分别同比下降10.5%、10.1%、16.3%、27.8%、76.1%，工业废水排放量同比下降11.26%，分公司万元产值综合能耗降低8.83%，完成北京APEC峰会环境保障任务。

北京化工集团积极应对重大活动期间及重污染日的停产限产要求，实现生产平稳衔接。制造业万元增加值能耗同比下降13%、水耗同比下降10%；复用水率达到96%。完成化工基地、华腾橡塑污水处理和VOC专项治理项目；华腾橡塑完成全部锅炉“煤改气”，并通过市级清洁生产企业审核。

金隅集团开展环保治理改造工程，实施物料棚化近20万平方米，鹿泉金隅鼎鑫水泥有限公司三分公司、北京太行前景水泥有限公司、天津振兴水泥有限公司、保定太行和益水泥有限公司、涉县金隅水泥有限公司实施水泥窑电收尘改造，北京金隅混凝土有限公司、天津金隅混凝土有限公司、石家庄金隅旭成混凝土有限公司、邯郸金隅太行水泥有限公司实施混凝土绿色站点改造，四平金隅水泥有限公司窑脱硝改造等技改工程，取得良好效果。北京市琉璃河水泥有限公司利用水泥窑余热替代65吨燃煤锅炉实施供暖改造，西三旗热力中心实施清洁能源改造，通过改造主要污染物排放水平均优于国家和北京市地方标准，满足政府污染物排放要求。根据在京水泥企业水泥熟料生产测算，全年在京水泥企业氮氧化物排放控制在4050吨，提前1年完成北京市政府下达的到2015年氮氧化物控制在5200吨以内指标。北京太行前景水泥有限公司开展了协同处置生活垃圾、污水处理厂污泥、替代燃料中试试验，形成了较为完善的、具有自主知识产权的水泥窑协同处置废物技术路线。年内实施了重点节能工程，广灵金隅水泥有限公司、博爱金隅水泥有限公司高压风机电机变频改造项目，北京市琉璃河水泥有限公司3号、4号水泥磨尾排风机变频改造、混料机改造，鹿泉金隅鼎鑫水泥有限公司二分公司一线篦冷机、磨机节能改造，金隅大厦B3层变配电站干式变压器改造工程，大成大厦B3层空调机房冷温泵和冷却泵及阀门改造，环贸中心新风机组改造，北京兴发水泥有限公司、天津振兴水泥有限公司、北京金隅物业等高耗能落后机电设备（产品）淘汰工程相继完工，共实现年节电930万千瓦小时，节标煤8460吨。实施节能产品进工厂工程，在制造业服务业推广LED等绿色照明产品。北京市琉璃河水泥有限公司、北京水泥厂有限责任公司及北京金隅物业等全年共计完成15000多盏节能灯的更换，实现节电约126万千瓦小时。扎实推进清洁生产工程，公司清洁生产由制造业延伸到服务业，全年24家企业启动清洁生产审核工作，共计实施中、高费方案52个，无、低费方案266个，实现节煤38万吨，节电2250万千瓦小时，减少氮氧化物排放950吨，减少粉尘排放390吨，减少物料损失930吨。在京通过审核单位获得北京市清洁生产审核费用补助资金近90万元。北京生态岛科技有限责任公司被评为“北京市节水型单位”。北京水泥厂有限责任公司、北京市琉璃河水泥有限公司等被评为全国建材行业第一批“百家节能减排”示范企业。年内，北京金隅共实施节能减排技术改造项目34项，其中北京市琉璃河水泥有限公司飞灰处置线产能提升优化改造项目、北京太行前景水泥有限公司窑头电改袋项目、二分公司1#水泥磨节能改造项目、二分公司一线篦冷机节能改造项目等重点项目顺利完工。

（首钢 燕化 化工 金隅）

【碳排放权交易创效益】年内，首钢制定并下发《首钢总公司碳排放权交易管理办法（试行）》，完成碳交易配额账户、交易账户及资金专用账户开户工作，完成2013年度碳排放报告的编制、上报工作，做好北京地区涉及碳排放报告及参与碳排放交易单位的指导服务工作，相关单位全部按时完成2013年度碳排放报告、履约工作，搜集研究国家、北京市及行业碳交易相关政策文件、市场走势，编写《首钢碳讯》，建立协同联动机制，指导氧气厂、机电公司等单位参与碳交易工作，在北京市第一个履约期内共实现净收入1108.2万元；首钢开展碳排权交易管理的工作经验获得北京市发改委肯定。年内，首钢完成环保治理项目19项，包括京唐公司自备电厂脱硝加装第三层催化剂、矿业公司6台99平方米烧结烟气脱硫及旁路拆除、球团二系列烟气脱硫等19个项目，年可消减烟粉尘215吨，二氧化硫2516吨，氮氧化物500吨。

（李淑萍）

【首钢项目建设】年内，在中国钢铁工业协会组织召开的《适用于球团工艺的烟气脱硫除尘一体化技术研究与应用》科技成果评价（鉴定）会上，首钢实施的矿业球团烟气脱硫项目，在设备一体化、能耗和稳定运行等方面达到了国际领先水平，对半干法脱硫工艺技术进步做出突出贡献，具有大范围推广的意义。该项目由首钢环境产业公司与北京科技大学、首钢矿业公司共同研发完成，由北京首科兴业工程技术有限公司负责实施。该项目每年减排二氧化硫9500吨，年减排粉尘480吨。该项目采用的技术在第一代密相塔脱硫技术的基础上，进行改造与革新，取得重大技术突破。首次实现脱硫除尘一体化装置的工业化应用；物料输送方式采用全气力输送方式，取代传统的机械输送方式；生产风机与脱硫风机合并，无旁路设置，实现生产与脱硫完全同步；上述创新均是干法脱硫的首次应用。

西十筒仓改造项目。截至年底，西十筒仓改造项目完善设计，一、二期主体工程进入收尾阶段，该项目的6个筒仓被改造成创意办公空间。筒仓外共开设千余个形状规则或不规则的大小孔洞做窗户。该项目还采用光伏发电、太阳能热水、光纤照明、雨水收集利用等绿色环保技术以及BIM、GIS、照明控制等多项先进技术，成为首钢打造成智慧园区的示范项目。该项目被列为国家发改委老工业区改造的首个试点项目，享受国务院9号文政策。在第三届亚太商业地产建筑设计效能高峰论坛（Green-CREP3）上，西十筒仓改造项目荣获“亚太商业先锋大奖”。

冷轧罩式退火项目。截至年底，首钢顺义冷轧主体工程项目施工完成，附属和新增的项目施工完成；已完成对24座引进罩式炉炉台及加热罩13台、冷却罩11台等附属设备的热负荷考核，三方（业主、中冶南方、LOI）共同签署考核验收文件。该工程配套项目罩式退火生产线，包括在顺义冷轧预留场地新建主厂房及罩式退火工艺生产线设备，并配套建设公辅设施，形成60万吨/年冷轧板卷退火生产能力，主要生产汽车板和家电板。项目于2010年9月29日举行奠基仪式，国产罩式炉2011年年底建成投产。

海水淡化项目。年内，首钢京唐公司海水淡化项目进行二期建设工作，日处理海水能力10万立方米；除厂区生产使用外，可向北京等城市供给淡化海水。全年京唐公司海水淡化产量1700万立方米，吨钢耗新水同比上年降低0.08立方米，创历史最好水平。此外，公司利用海水淡化生产水与污水回用水耦合的方式实现污水全回收。

（李淑萍）

【燕山石化推进“碧水蓝天”项目】年内，为全面完成北京市环保局“十二五”主要污染物减排总量要求和《2013—2017年清洁行动计划》中主要污染物治理减排目标，燕山石化在全力做好中国石化集团公司“碧水蓝天”项目的基础上，配合启动燕山石化第二轮“碧水蓝天”项目，在厂区异味治理、水体风险防范、燃煤锅炉烟气治理等方面进行专项治理，共计建设完成34个环保项目。经北京市环保局认定，通过“碧水蓝天”项目，燕山石化全年VOC减排8183吨，预计氮氧化物减排3000吨以上。

（吴明晓）

【首钢与6家企业开展交流合作】年内，首钢与CMI和台湾中钢定期进行专题技术交流；借助与北汽联合成立的“汽车材料联合研发中心”，完成北汽C50、B40等车型的零件切换；与一汽技术中心合作完成St13等5个钢种材料认可，用于一汽集团自主品牌的全部汽车企业；联合美的公司在空调设计选材方面进行先期介入；为首钢与山东兴民共建的“车轮钢联合实验室”购置双轴疲劳试验机等设备；与南京小原签署“汽车板点焊联合实验室共建协议”，合作开展汽车板点焊焊接工艺研究。

（李淑萍）

【首钢获5项国家科技项目】年内，首钢申请国家和北京市科技计划项目（课题）6项，其中“5万t/d水电联产与热膜耦合海水淡化研发及示范”“1200~1500兆帕超高强热成形钢研发”等5项通过可行性论证。“十二五”期间，首钢总公司承担国家科技计划项目（课题）9项，共获国拨经费5325.39万元。加入“海洋工程用钢产业技术创新战略联盟”，成为会员单位。完成首钢“绿色钢铁制造技术国家重点实验室”申报。

（李淑萍）

【燕山石化整体赢利4785万元】年内，燕山石化全年累计加工原油1033.31万吨，生产成品油658.57万吨、乙烯77.63万吨、合成树脂97.42万吨、合成橡胶17.65万吨、苯酚丙酮30.43万吨；实现营业收入780亿元，上缴利税103亿元，整体赢利4785万元，其中分公司赢利6.94亿元。

（吴明晓）

【化工集团营业收入突破55亿元】年内，北京化工集团营业收入全口径突破55亿元；市国资委口径完成44亿元，同比增长8.4%，净资产收益率超预算23%。全年利润总额完成8712万元，同比增长17.4%。完成上缴国有资本收益664万元。二级企业赢利比例超过80%；职工收入继续保持稳定增长，已连续6年平均增幅在10%以上；全面推进节能减排治理，制造业万元增加值能耗同比下降13%，水耗同比下降10%，复用水率达到96%；加大科研开发工作力度，全年科技支出总额占主营业务收入比重达到1.33%。

（徐博非）

【化工集团加快制造业京外布局】年内，华腾橡塑年产7200万付高等级乳胶手套（安徽）项目完成工程建设和设备安装，为优化主导产品的京内外生产比例、进一步扩大生产规模、加快北京工厂的转型升级创造了条件；华腾橡塑瑞京公司京外OEM项目也在积极推进；在天津、南京等地的胶板产品合作加工能力大幅提升；鞋类产品外加工合作关系不断理顺，以北京为总部基地的企业发展新模式初步形成。化研院年产2万吨工程塑料（浙江）整合搬迁项目，与余姚开发区签订“投资意向书”，完成新公司注册。华腾丰旺EPS保温材料项目在天津建成生产基地，作为国内同类首款新产品，做到当年建设、当年试产、当年走向市场。华腾东光年产10万吨丙烯酸乳液（天津）项目完成可行性研究报告，正在开展项目安全、能源及职业卫生评价等前期工作。华腾大搪（河北）合资项目，已具备实施条件，将进一步完善企业“总部北京、布局天津河北”的“1+2”发展战略。

（徐博非）

【化工集团推动城市运行服务保障业发展】年内，北京化工集团巩固提高城市气体保障能力，针对高校、航空航天试验等部门的业务同比增长22%。8月份，北京化工集团与排水集团签署战略合作协议，为其提供污水处理所需产品及技术，开展相关危化品储存、使用、管理、培训、应急处置等技术合作。11月，北普公司承接高碑店污水处理项目的现场制氧工程。华腾天海为排水集团4个中水厂供应甲醇2700吨。参与“全市危化品集中管理体系”建设，围绕专业分市场开展项目筹备。华腾天海溶试剂回收提纯产品销售2750吨，同比增长44%。化工厂为环卫集团垃圾处理研制生产的环保化学试剂，全年销量达到1100吨，同比翻一番。试剂所为公交集团配套生产的汽车尾气净化剂，形成3个型号的产品系列，市场占有率稳中有升。

（徐博非）

【化工人才队伍建设】年内，北京化工集团共招收本科以上毕业生63人，引进高端人才3人。完成第二届“工程技术带头人”和“首席技师”评聘。命名第二批“技能工作室”5个，表彰29名优秀技能人才。完成首批MBA、工程硕士职业发展测评。开展技能培训，集团层面完成28个技能人才培训班，其中高级工及以上等级83人次。华腾橡塑、化工厂各有1名职工获得“2014年度市政府技师特殊津贴”（3万元/人）。

（徐博非）

【劣势企业退出】年内，根据市国资委劣势企业退出的工作要求，金隅集团加快国有资本布局调整，整合同类资源，完成北京市建筑材料质量监督检验站、北京市建筑五金水暖产品质量监督检验站、北京木材家具质量监督检测站、北京市建材锅炉压力容器检验所、北京中威森海物业管理有限公司、北京长城家具有限公司、北京恒业群盈商贸有限责任公司、北京京华玻璃纤维制品有限公司、北京成达物业管理有限责任公司、北京大江南国际酒店管理有限责任公司、北京嘉业新城劳务派遣有限公司、北京建材锅炉安装有限责任公司等12家企业的退出工作，累计获得劣势企业退出支持资金2630万元。

京煤集团根据集团发展战略和“十二五”发展规划，对连续亏损、扭亏无望的企业，通过注销的方式相继退出京浆公司、昊亚公司，对腾退出的土地资源进行开发，盘活资产。金泰集团通过退出参股企业、吸收合并、注销等方式，整合资产同质、经营同类和产业关联企业26家，注销企业6家。撤销母公司节能环保林业处编制，对北戴河疗养院实施改制，完成了公司注册。

（金隅 京煤）

【新型建材及商贸主营业务收入118亿元】是年，北京金隅新型建材制造及商贸物流主营业务收入完成118亿元，其中：国有及控股企业完成97亿元，为上年同期的72.6%，合资参股企业完成21亿元，为上年同期的98.9%。新型建材板块主营业务赢利水平提升，北京金隅商贸有限公司大宗业务和国际贸易业务实现新突破，钢材贸易额30亿元，同比增长87.5%；北京金隅天坛家具股份有限公司办公家具成功应用于APEC会议。在保证工程订货的同时，着重创新民品营销模式和促销手段，加强了零售店面建设和管理，整体赢利能力增加，80万标件家具项目建设加快推进。北京金隅涂料有限责任公司全年完成产销量2.5万吨；北京太尔化工有限公司在京津冀市场上成为行业的知名供应商，通过及时推出保温材料用低灰树脂产品，开发出岩棉玻璃棉客户，全年完成各项经济指标；北京金隅加气混凝土有限公司窦店二期项目建成投产。

（罗小兵）

【水泥及预拌混凝土销售收入127.22亿元】是年，水泥及预拌混凝土板块实现主营业务收入127.22亿元，水泥及熟料综合销量4055万吨，其中水泥销量3320万吨，熟料销量735万吨；混凝土总销量1220万立方米，骨料销量600万吨。

金隅水泥不断优化产业结构，延伸产业链条，丰富公司水泥及预拌混凝土产业“大十字”战略的内涵，稳步推进冀南、冀中、冀北建材基地建设。冀南建材基地矿渣粉项目生产线竣工投产，干混砂浆生产线项目实施，混凝土搅拌站的收购整合工作成果显著，水泥上下游延伸的产业链基本到位；冀中建材基地统筹推进“883”计划；冀北建材基地完成粉煤灰仓储项目建设。

落实重点项目，加快兼并重组步伐，增强发展动力，提高自身竞争实力，承德金隅干混砂浆项目开工建设；金隅旭成混凝土公司完成绿色环保站改造，保定和益公司白灰生产线项目、金隅砂浆平谷干混砂浆生产线项目建成投产；与河北邢台冀中能源水泥公司整合工作取得实质进展；推进邯郸、张家口、保定、沧州、长治和聊城等地混凝土市场整合工作，金隅水泥区域掌控力持续增强。

持续推进矿石资源采矿权办理和矿山扩界扩储工作，有效增加储量，加强战略合作，拓展原材料的采购渠道，加强战略资源的掌控，抢占紧缺资源，保障了水泥产业的可持续发展。

以建立生态矿山、花园厂区、绿色商砼为目标，全力打造一流生态环保企业，一批企业完成水泥窑烟气脱硝，窑头、窑尾的收尘改造、棚化，绿色矿山、混凝土环保站改造等环保项目；持续推进水泥窑协同处置绿色产业项目，承担环境治理社会责任，与城市功能接轨，加速企业转型升级，成为“城市净化器、政府好帮手”，北京水泥厂有限公司成功实现从传统水泥企业到绿色环保、服务城市的资源循环利用企业的转型。

发挥统一营销、统一供应、统一资源调配等优势，强化销售市场的运作，创新经营策略，持续提升金隅水泥、砂浆等产品的市场占有率，水泥的总体销售量及多个单体企业销售量，创造历史最好成绩，砂浆销量大幅增加，继续领跑北京市场。

强化对混凝土企业的管控，降低经营风险；狠抓产品成本的控降，强化责任考核，严抓精细化管理，全面提升执行力，运用技术创新和科学的管理，挖潜增效，丰富产业管理信息系统，不断深化对标管理，实现企业管理向科学化、精细化的转变，金隅水泥整体管理水平和核心竞争力持续提高。

（谭福生）

【建材安全管理】是年，北京金隅持续强化安全责任体系建设，落实“党政同责、一岗双责”，夯实安全管理工作基础，确保了公司安全生产和保卫工作形势总体平稳。全年对重点单位重点部位进行安全检查累计2020次，发现问题145项，现场纠正129项，其中夜查50次，316个重点部位，发现问题8项，现场纠正8项。共下发隐患整改通知书18份，向5家单位下发5份违法及隐患考核反馈单。继续深化推动安全生产标准化工作，将安全生产标准化的达标工作从制造业企业开始向其他业态覆盖转移。年内，通过一级标准化达标评审的单位1家，通过二级标准化达标评审的单位1家，通过三级标准化达标评审的单位5家。全年，公司范围内未发生工亡和重伤事故，未发生新增职业病病例，未发生有影响的其他安全事故。

（李克杰）

【煤矿安全管理】是年，京煤集团牢固树立以人为本、安全发展的理念，进一步强化各级安全责任，坚持每季度至少开展一次安全隐患大排查、大治理活动，对发现的各类隐患，按照国家标准、行业标准、技术规范等立即整改，落实到位，不留后患。按照安全生产隐患排查治理制度，登记造册，责任到人，跟踪检查、验收和销账。全年共排查出各类安全隐患2561项，整改完成2557项，整改率达到99.8%。全年，京煤集团昊华能源公司共发生5人工亡事故，未发生重伤事故，发生轻伤事故伤61人。与去年同期相比，工亡增加3人，轻伤减少2人。

（汪智利 马士彬）

【民用煤供应】年内，京煤集团落实北京市“减煤换煤、清洁空气”行动计划，全力保障优质煤供应，全年完成优质民用煤供应16.07万吨。在资源储备上，积极参与郊区县优质煤招标，严控质量监督，走访煤矿和型煤生产厂家，共签订20万块煤合同和20万吨型煤生产合同，并安排5万吨蜂窝煤生产计划；在完善配送体系上，沿北京六环路周边，新建3个优质煤储存和中转基地，并投入使用；在建设优质煤电商平台上，投资建设了金泰集团优质煤订购系统（www.bjjtcoal.com），实现了居民网上订购和电话订购，方便了政府审核、监管，村镇和各级政府部门可通过系统实时查询订购和配送数量等信息，实现信息共享。

（汪智利 马士彬）

【京煤集团完成工矿棚改】年内，历时3年，投资30多亿元，总建筑面积54.47万平方米，北京市由企业承担的最大工矿棚改项目结束，6000余户工矿棚户区居民喜迁新居。6月10日，京煤集团门头沟工矿棚户区改造项目入住活动在杨坨和王平两地同时举行。京煤集团工矿棚改的3个安置房坐落在房山区河北镇和门头沟区的王平镇、军庄镇。

（汪智利 马士彬）

【京海发电公司炉内喷钙法脱硫改造获得成功】年内，京海发电公司300兆瓦级循环流化床锅炉机组采用炉内喷钙法脱硫获得成功，成为国内首家应用300兆瓦级CFB锅炉炉内喷钙法脱硫的企业。国内300兆瓦循环流化床锅炉机组脱硫系统改造共有三条技术路线，分别为炉外湿法脱硫、炉外半干法脱硫和炉内喷钙法脱硫。其中，炉外湿法脱硫和炉外半干法脱硫技术成熟，但改造时间长、成本高。炉内喷钙法脱硫改造时间短、可节约8000万元改造费用。炉内喷钙法脱硫项目于4月16日正式开工，该公司通过对入炉煤发热量、含硫量、AGC负荷扰动、锅炉运行参数、给煤机断煤、现场设备运行方式改变等基础数据和运行状态进行反复实验和调整，先后突破喷射器无法正常运行、给料系统出力不足、脱硫系统自动跟踪等多项技术难题，于7月1日实现达标排放，二氧化硫排放小时均值达到新的环保标准要求，炉内脱硫效果达到国内同类机组领先水平。

（汪智利　马士彬）

【煤制甲醇项目3号锅炉点火成功】年内，昊华能源公司国泰化工40万吨/年煤制甲醇项目热动力站3号锅炉一次性点火成功，标志着该项目全面进入试车阶段。甲醇是重要的化学工业基础原料和清洁液体燃料，广泛用于有机合成、医药、农药、涂料、染料、汽车和国防等工业中。昊华能源公司国泰化工40万吨/年煤制甲醇项目于2011年9月27日施工建设，是该公司第一个煤化工项目，煤炭产业链的延伸，对于昊华能源公司“转型、转移”发展战略具有重要意义。

（汪智利　马士彬）

【电网建设】截至年底，北京地区共有发电厂27座，发电机组182台，总装机容量10720兆瓦；其中火电厂（含燃气）13座，发电机组46台，装机容量9422兆瓦；水电厂（含抽水蓄能）6座，发电机组18台，装机容量1013兆瓦；风电厂1座，发电机组100台，装机容量150兆瓦；垃圾、沼气及核电厂7座，发电机组18台，装机容量135兆瓦。110千伏及以上变电站454座，变压器1123台，变电容量105300.9兆伏安。110千伏及以上架空线路545条，共6663.4千米；110千伏及以上电缆线路871条，共1720.9千米。

年内，华北500千伏主网八横三纵通道中，西电东送八横中4个通道、三纵中一纵为北京电网外受电通道。北京电网500千伏层面由9座变电站形成扩大双环网结构，西北部和南部分别外扩至张家口和河北地区，通过500千伏10个通道20回线路与外网联络，为北京电网3/4的负荷提供外送电源支撑；220千伏层面由7座500千伏变电站的220千伏母联开关作为分区点，形成昌城、城顺朝、朝顺通、通安兴、兴房门、门海昌6个相对独立的供电分区，各分区之间通过联络线互为备用；110千伏及以下电网除并网线路外，全部开环运行，形成辐射状电网覆盖全市。

年内，北京市召开专题会审议通过《北京市电网中长期发展空间布局规划》。北京市将2020年前规划新建的6条外受电通道、4座500千伏变电站、51座220千伏变电站、185座110千伏变电站及应急抢修服务网点纳入城市总体规划的修编。编制完成北京电网“十三五”规划，实现“网格化”配电网规划成果与地方政府的对接发布。全面启动2014—2017年配电网提升行动计划；推出了国内首个现代配电网建设地方标准《10千伏及以下配电网建设技术规范》。

推进外受电通道前期工作，蔚县—门头沟项目取得全部市级层面核准支持性文件；北京东—顺义、北京东—通州规划选线方案取得市政府批复。签订战略合作协议，建立与市、区两级政府的常态沟通机制，完成21座变电站10.4万平方米保护性圈地。

全年新开工37项输变电工程。新建35千伏及以上变电容量807.3万千伏安，线路237.92千米；投产35项输变电工程，投产110千伏及以上变电容量665.9万千伏安，110千伏及以上线路432.95千米；投产电力设施迁改工程13项，其中电缆7.68千米、线路66.171千米；投产架空线入地工程1项；完成城区范围平房居民“煤改电”改造1.7万户；10项充电站工程具备投产条件。海淀500千伏输变电工程，历经6年建设建成投产，为优化门头沟、昌平分区电网结构创造了条件。建成国内首家机场电动汽车充电站，完成小营公交车充电站工程。

年内，北京公司建设管理同业对标首次获得国网公司专业标杆；获得国网公司设计竞赛一等奖一次，二等奖两次。成功实施时间长度达1小时的海淀500千伏电缆1.7U01交接试验，是世界上耐压等级最高、时间最长的交流变频谐振耐压电缆交接试验。海淀500千伏送电工程获得国网公司线路工程安全质量管理流动红旗，110千伏及以上输变电工程国网公司优质工程率100%。

（电力）

【电力经营】年内，北京公司固定资产投资完成161.12亿元，同比增长90.92%；售电量完成841.45亿千瓦时，同比增长2.9%；线损率累计完成6.89%。依托电网联合共建机制，落实外部渠道资金13.57亿元；完成涵盖各专业的全口径项目储备6734项，储备率

157%。组织完成了8项输变电工程后评价和39项工程第三方稽查工作。

新增用电客户33.06万户，新增容量842.68万千伏安，同比减少4.14%；节约电力12.4万千瓦，节约电量5.73亿千瓦时。

推广热泵项目应用199项，应用面积930万平方米，推广分散式居民电采暖应用增加用电量5.35亿千瓦时；累计受理客户申请报装容量1229.42万千伏安，同比减少16.86%。

北京地区年内两次电价调整，非居民电价上调6分/千瓦时。在全面解决燃气电厂上网电价和脱硝除尘等环保电价矛盾的基础上，疏导电网投资0.5分/千瓦时，超前疏导未来4年电采暖电价矛盾。争取各级财政支持，取得老旧小区改造、顺义新城等34个电网建设项目财政补贴6.56亿元。完善用户资产接收流程，年均接收配网资产20亿元。

全年共组织开展112个批次的采购工作，是去年同期的5.5倍，集中采购金额76亿元，累计节约资金2.66亿元；主要设备出厂验收合格率和一次投运合格率均达到100%。试点开展电子商务平台在线支付。仓储网络规划工作顺利完成，将公司原164个实体仓库调整为18个仓库。完成对837台变压器、1181千米电力电缆等设施设备的检测工作。组织完成国网公司供应商资质业绩核实工作10批次468条目物资。

运营监测中心建设运行工作试点验收单位率先通过国网公司综合验收；完成10个统推一级系统纵向接口贯通、12个统推二级系统横向接口贯通及3个非统推系统数据接口部署。专项重点工作取得初步成效，共监测110（66）千伏及以上输变电工程96项，变电站数52座，并协调业务部门及基层单位及时整改。调动各供电公司运营监测(控)专责的主观能动性，为各供电公司配置一台监测专用终端。

（电力）

【电力安全】年内，北京公司全面推进“大检修”体系建设。与国网公司32项通用制度对接，补充完善53项专业核心制度。明确运检专业典型员工岗位58个，典型生产单元11个，对接国网公司通用流程78项，补充完善11项制度流程，将专业核心制度分解到岗、对应到人。完成3431名运检业务人员制度普考，各项制度培训率100%，专业人员参与率100%。

全年完成政治供电任务153项，其中特级政治供电任务2项，一级政治供电任务43项，二级政治供电任务32项，三级政治供电任务76项，累计保电天数279天。

发布《标准化线路示范段建设方案》，共计完成20条输电线路、共计275基杆塔标准化治理工作；发布《架空输电线路倒塔断线隐患排查工作方案》，发现消除200项倒塔断线安全隐患；发布《国网北京市电力公司断面管理办法》，规范断面管理流程。发布智能变电站运行管理规范，组织智能机器人推广应用；加快对高损变、油开关、油纸电缆等设备的改造更换，加快完成对重载配电变压器分换装，市区“N-1”电缆比例达到99.7%，市区10千伏配电网架空线路联络率、绝缘化率和开关无油化率均达到100%；发布《配电网建设改造原则》等5项配网典设和选型原则，建设智能配电网示范培训基地；全面推进不停电作业质量管理，全年10千伏不停电作业次数累计达12166次。修订完善21项输变电设备评价标准，开展各专业月度评价48项、专项评价11项；详细制订年度状态检测计划，共计完成检测工作114076件，发现并处理设备缺陷和隐患123例。

完成扩展性改造项目审核746项、可研批复738项、项目核准完成738项。强化防汛隐患治理。围绕198户防汛重要用户开展隐患排查，查出并消除防汛重要客户隐患408项、公司设备防汛隐患227项。下达防汛相关大修技改项目82项。发现并消除安全问题47项。

（电力）

【电力营销】全年换装智能表230万具，收集客户信息开通短信服务160万户。更换分时电价及功率因数表计6.4万具、采集2.7万台区（覆盖率达到75%）。

推出远程应急送电服务，累计受理10万笔，成为公司服务品牌；发放带有“户号标识”、手机APP和微信二维码的购电卡110万张，方便客户购电、查询信息。当年开通短信服务160万户，累计开通252万户。开展微功率无线互联互通现场升级工作，全年升级1.3万台集中器，累计互通智能表360万具，全网互通率达60%。试点研究了宽带载波通信技术，实现台区光纤与集中器的采集对接。

开展重点稽查监控主题95个，常态监控281项数据质量问题，日均监控数据量高达11.69亿条，年累计整改问题数据57.62万条。

组织开展营配贯通数据采录工作。累计完成1193条专线、9.04万台专变采录建模工作，专线、专变清理完成率均100%，累计完成5.92万户高压用户采录挂接工作，高压用户挂接完成率100%，完成5.92万个高压用户点照片采录工作，高压用户点照片覆盖率100%；累计完成低压电网数据采录贯通5.82万个台区，台区贯通率完成 88.23%，累计采录挂接低压户数 682.97 万户，涉及低压计量箱 468.59 万个，电能表 688.43 万具，用户挂接率完成 92.47%；累计完成 14.30 万个营销资源采录，营销资源采录完成率 100%。

建设完成充换电站点 280 个、充电桩 5000 根。投运的充换电站服务电动汽车 9600 辆，累计提供充换电服务 105 万次，充电量 3340 万千瓦时，服务里程 8053 万公里。建成公共领域充电站点 150 个，初步形成北京地区公共充电网络。

营销业务质量管理体系有序运转，开展重点稽查监控主题 95 个，常态监控 281 项数据质量问题，日均监控数据量高达 11.69 亿条，累计整改问题数据 57.62 万条。

加强电费回收管控，开展高压客户分次划拨电费、分次抄表结算电费及电费担保等协议的签订工作。通过运用律师函、诉讼等法律手段赢得债权支持 1995 万元。

应用用电信息采集系统监测数据，出动反窃电专业人员和公安民警 2525 人次，发现并查处窃电和违约用电行为 155 起。全年查处窃电及违约用电补收电量 2029 万千瓦时，补收电费 756 万元，收取违约使用电费 3118 万元。

（电力）

国防科技工业

【概况】2014 年，北京市国防科工办加强组织领导，整合力量资源，强化规范管理，在确保全面贯彻落实各项工作任务的基础上，圆满完成重点型号任务，不断提升国防科技工业能力，深入推动军民融合发展，各项工作全面完成。

“保军”任务顺利完成。协调重型运载火箭、探月工程三期、高分工程等国防重大任务条件保障工作，探索建立武器装备科研生产条件保障长效协调机制，保障重点军工科研生产任务顺利进行。

强化安全管理措施。不断加强与国家安全、保密部门的沟通联系，扎实开展军工单位安全保密工作；进一步完善北京地区国防科技工业安全生产监管联动工作机制；组织开展安全生产检查及民爆行业安全生产专项整治行动；加强对核应急工作的组织领导，着力加强核应急救援力量建设，不断强化紧急出动和现场处置能力。

认真履行政府职责。针对军品市场准入、监管、变更等全过程管理，细化北京地区军品市场准入受理、审查与监管工作规则，确保受理与审查等全流程可追溯；规范军工固定资产投资项目等验收工作，认真开展了军工固定资产投资验收、军品配套科研项目验收、项目招投标等工作。

推动军民融合深度发展。加强军民融合体制机制建设，开展军民融合项目储备库建设，与国家军民结合公共服务平台建立资源共享机制，构建优势互补、协同高效的军民融合组织体系。发挥军工资源丰富、产业基础雄厚潜力巨大的优势，开展高精尖领域合作，发展军民结合产业，促进军工经济和区域经济的融合。

（市国防科工办）

【“嫦娥三号”相关保障任务完成】1 月 6 日，中共中央总书记、国家主席、中央军委主席习近平在北京人民大会堂接见探月工程“嫦娥三号”任务参研参试人员代表，并发表重要讲话。党和国家领导人李克强、张德江、俞正声、刘云山、王岐山、张高丽参加接见。参研参试人员代表 400 多人参加接见活动。市经济信息化委副主任熊梦参加接见活动。

习近平总书记代表党中央、国务院、中央军委，向“嫦娥三号”任务圆满成功表示热烈的祝贺，向参加任务的广大参研参试人员表示诚挚的慰问和新年的祝福。他强调，科技创新是提高社会生产力和综合国力的战略支撑，必须把科技创新摆在国家发展全局的核心位置，坚持走中国特色自主创新道路，敢于走别人没有走过的路，不断在攻坚克难中追求卓越，加快向创新驱动发展转变。创新是一个民族进步的灵魂，是一个国家兴旺发达的不竭源泉，也是中华民族最鲜明的民族禀赋。“嫦娥三号”任务是我国航天领域迄今最复杂、难度最大的任务之一，是货真价实、名符其实的中国创造。

“嫦娥三号”探测器发射期间，市国防科工办按照国防科工局的工作安排和任务要求，全力协调有关部门和单位，为“嫦娥三号”任务圆满成功提供电力、交通等条件保障。截至年底，探月工程三期在京建设项目已启动。

（市国防科工办）

【“蓝鲸”军民融合创新园建设】1 月 28 日，“蓝鲸”

军民融合创新园建设工作会议在海军大院召开。海军副司令员丁一平中将、副参谋长张建昌少将、政治部副主任郑亨斌少将和北京市委常委苟仲文、市政府副秘书长朱炎以及海军机关、市经济信息化委、中关村管委会、北京经济技术开发区管委会、大兴区政府、蓝鲸园管委会筹建办等单位的领导参加会议。会议听取蓝鲸园筹建办工作情况汇报，研究了下阶段的工作任务。苟仲文要求，要注重做好经验总结，为开展军民融合深度发展提供借鉴；注重蓝鲸园建设质量，切实发挥好平台功能；注重项目对接的数量和质量，真正起到军民融合的成效；注重工作关系融合，确保各项工作顺利推进。

（市国防科工办）

【航天材料及工艺研究所项目建设】3月7日，受国防科工局委托，市国防科工办会同航天科技集团公司组织专家对航天材料及工艺研究所军工固定资产投资项目进行竣工验收。此次项目竣工验收标志着2014年度任务正式启动。航天材料及工艺研究所隶属于中国运载火箭技术研究院，是中国航天领域材料及工艺技术的中心所。该所建有先进功能复合材料技术重点实验室、树脂基复合材料结构制造技术研究应用中心、功能性碳纤维复合材料国家工程实验室，拥有航天检测和失效分析中心、复合材料构件加工工艺技术中心、无损检测工艺技术中心、特种焊接工艺技术中心、表面工程工艺技术中心等，具备雄厚的科研攻关、试制及生产能力。

（市国防科工办）

【中航工业北京航空产业园建设】3月18日，市政府朱炎副秘书长调研中航工业北京航空产业园，实地查看园区五大业务板块的建设情况，与中航工业园区办罗雪平主任及中航复材、航电、发动机等公司的领导进行了座谈。朱炎副秘书长希望，中航结合首都圈产业发展的方向，加强园区有效空间的规划利用，优化项目结构，进一步提升园区整体科技水平。

中航工业北京航空产业园位于顺义区北京临空经济功能区内的北京汽车生产基地，计划总占地200公顷(其中一期131公顷)，园区计划总投资约165亿元，主要建设航空发动机产业基地、技术基础研发产业基地、航电系统产业基地、中航国际工贸园和中航国际瑞赛科技园等项目。

（市国防科工办）

【北通航全年签署57架P750、10架AW直升机订单】是年，北京通用航空有限公司（简称北通航）继3月18日签署“全面战略合作框架协议”后，与新西兰太平洋航空航天公司签署北汽集团收购PAL部分股权的协议，以及北汽集团、PAL合资建立北京泛太平洋航空有限公司的协议。6月和10月，北通航与芬梅卡尼卡集团—阿古斯特韦斯特兰公司先后就AW系列直升机项目合作签署“合作谅解备忘录”和正式合同文本。11月，北通航与江西省就通航产业发展合作，签署了一系列重要协议，江直投项目收尾阶段工作基本结束。年内，北通航携太平洋航空航天公司、阿古斯塔维斯特兰公司亮相珠海航展，扩大了在国内外的知名度和品牌影响力。全年共签署57架P750和10架AW直升机的购买合同和意向订单。

（张 健）

【北京通用航空产业基地建设】3月18日，北京通用航空产业基地与北京通用航空有限公司、新西兰太平洋航空航天有限公司签署共同建设中新航空产业园协议，北京通用航空有限公司与新西兰太平洋航空航天有限公司签署全面战略合作框架协议。新西兰总理约翰·基和北京市市长王安顺出席签约仪式并致辞。王安顺致辞说，积极培育通用航空产业已经成为北京发展的重大战略举措。项目的签约是签约各方建立战略合作伙伴关系的良好开端，是北京实现通用航空产业快速发展的又一重大机遇，体现了中国和新西兰全面合作迈出新步伐。衷心希望双方在项目建设中紧密合作，强强联合，携手打造高端制造国际合作品牌。北京市将在科技研发和创新、产业和政策配套、人才和规划支撑等方面予以大力支持。约翰·基致辞说，新西兰一直是通用航空产业强国，太平洋航空航天有限公司是南半球最大的通用航空飞机制造商；北京通用航空有限公司是北汽集团旗下的新企业。此次项目签约为中新两国在通用航空领域加强合作掀开了新篇章，进一步拓宽了两国经贸合作领域，祝愿双方合作一帆风顺，事事成功。中国驻新西兰大使王鲁彤、北京市副市长张工、新西兰贸易部长蒂姆·格罗泽、新西兰驻华大使伍开文出席仪式。

（市国防科工办）

【军工科研生产运行协调保障】年内，协调重型运载火箭、探月工程三期、高分工程等国防重大任务条件保障工作，探索建立了武器装备科研生产条件保障长效协调机制，确保“特事特办、急事急办”的原则落到实处，保障重点军工科研生产任务顺利进行，更好地服务国防建设。

（市国防科工办）

【军品市场准入与市场监管】年内，针对军品市场准入、监管、变更等全过程管理，进一步细化了北京地区军品市场准入受理、审查与监管工作规则，确保受理与审查等关键环节全流程可追溯。2014 年共受理二类武器装备生产许可申请、军工保密资格认证申请和涉密中介机构备案申请共 256 户，为不同主体进入国防领域提供了有力的服务保障。认真开展持证单位年度监督检查工作，对北京地区取得二、三级保密资格的单位进行了年度检查；组织对北京地区二类许可持证单位进行了 2013 年度监督检查。坚持重大事项报告制度，对资产重组、承担的军品科研生产任务发生重大变化事项及时进行上报处理；为 30 余家单位办理了证书变更。组织 40 余家许可持证单位召开座谈会，开展许可目录修订问卷调查；对 110 余家企业进行了军民融合有关数据统计，补充报送了 75 家民营企业基本信息，推荐了 15 家重点关注民营企业。

（市国防科工办）

【军工科技标准建设】全年完成最高计量器具复查 7 家单位 81 项，完成计量认可 15 家单位，委托技术机构集中培训 3 次，授权考核 3 次，完成计量检定人员培训考核 211 人次，对 8 家单位进行了现场计量督查。

组织完成“北京地区国防计量管理现状及监管体系研究”课题；制定了《北京地区国防科技工业计量监督管理规定》和《北京地区三级国防计量技术机构设置行政许可实施办法》以及《北京地区三级国防计量技术机构设置行政许可评审标准》《北京地区国防科技工业计量标准器具管理办法》《北京地区国防科技工业计量检定人员管理办法》等配套管理办法。

（市国防科工办）

【军工固定资产投资管理】是年，市国防科工办会同军工集团公司及各项目主管部门完成 40 项军工固定资产投资项目竣工验收，军工集团公司及各项目主管部门会同市国防科工办完成 27 项军工固定资产投资项目竣工验收；组织对天津市橡胶工业研究所、本溪水泵有限公司、中科院半导体所等单位承担的 7 项军工固定资产投资项目进行监督检查；完成北京市属企业 4 项军工固定资产投资项目监督检查；配合国防科工局完成 10 项军工固定资产投资项目监督检查；办理招投标备案 91 项。完成国防科工局下达的年度计划。

（市国防科工办）

【军品配套科研生产能力建设】年内，协助地方企业争取国家项目资金支持。5 个市属单位军工固定资产投资项目完成项目申报，并通过国防科工局组织的立项评审；系统地分析了军品配套科研项目指南特点和涉及的技术领域，制定北京地区军品配套科研项目申报工作要求，组织 30 多家单位对项目进行申报，并对首次参加申报单位进行了政策讲解和申报要求辅导；积极与国防科工局相关部门沟通，第一时间取得项目任务总要求，为市申报企业提供便捷的服务保障。

（市国防科工办）

【核应急管理】年内，启动《北京市核应急预案》修订工作，成立预案修订工作组，开展广泛调研、论证，进一步梳理预案修订思路，研讨预案修订框架，制定预案修订计划；加强与军队的沟通联系，及时落实驻京部队核应急专业应急救援队设备维护和培训演练等费用；探索建立核恐怖突发事件处置对接机制，以及市核应急专业救援队装备的配备、运行、维护等保障机制和核应急技术支撑体系；开展核应急培训演练和公众交流活动。组织开展“2014 北京核应急军地联合演练”，进一步验证核应急预案和执行程序的有效性和可行性；强化重大会议活动保障措施。在全国“两会”、十八届四中全会、国庆 65 周年及 APEC 等重大活动期间，进一步加强与军队协同，组织核应急队伍应急拉动，强化紧急出动和现场处置能力；加强核应急分队备勤值守，做到 24 小时应急待命，确保一旦有情况，随时能出动。

（市国防科工办）

【军工及民爆行业安全管理】年内，加强安全生产监管体系研究。进一步与各军工集团公司对接沟通，完善联动工作机制；完成了北京地区民爆行业安全生产监管体系研究课题报告，为北京市民爆行业“十三五”安全发展方向提供了基础数据和条件。

组织北京地区军工与民爆行业“安全生产月”和“安全生产万里行”活动。一是以“强化红线意识、促进安全发展”为主题，确定“安全生产月”活动的重点工作和目标，制定《北京地区军工及民爆行业“安全生产月”活动方案》；二是组织开展安全生产交叉检查，举行安全生产经验交流及生产安全事故应急演练；三是强化宣传教育，通过《军工报》《安全生产工作交流》和委门户网等媒介进行宣传，营造良好的安全生产氛围；四是开展“安全生产月”活动专项督查，指导各单位活动的有序开展，督促企业落实安全生产主体责任；五是各单位以“安全生产月”活动为契机，进一步健全和完善安全生产管理制度，强化教育培训，规范现场管理，隐患排查治理长效机制逐步形成。

组织开展民爆行业安全生产专项整治行动。对 2013 年组织的“民爆行业百日安全生产专项整治”、各类安全督查、安全生产检查等工作进行“回头看”，对照国家及民爆行业安全生产法律法规要求，检查企业生产经营行为，核查企业是否存在违法违规行为，以及企业生产线安全技术达标和安全生产标准化达标等情况，对查出的问题进行闭环整改。

军工单位安全生产标准化建设成效明显。自军工系统安全生产标准化启动以来，我办制定了《北京市军工安全生产标准化达标管理办法》和《北京市军工安全生产标准化达标管理指南》，会同在京军工集团公司，精心组织，统筹策划，持续推进军工安全生产标准化建设，军工安全生产基础管理水平得到提升，安全生产硬件条件得到改善，企业员工安全意识得到提高。

全年，对15家军工安全生产标准化达标单位进行了授牌发证，完成了29家军工单位的公告，指导监督48家军工单位的现场评审；民爆安全生产标准化达标工作，按照年初制定的计划，完成了12家生产、销售企业的现场考评，达到了工信部关于民爆行业安全生产标准化管理通则的要求。

（市国防科工办）

【国防科技工作“十三五”规划编制】年内，按照国防科工局统一部署，组织北京地区国防科技工业“十三五”规划的编制工作。经多次座谈研讨，明确了规划研究工作方案和调研实施方案，确定了规划研究的组织机构、研究内容、重点任务和调研方案，在国防科技工业能力建设、科技创新、行业发展、军民融合、体制机制、人才建设和军工保障等7个专题方向开展规划编制工作。结合军用标准化和计量科研“十三五”规划，组织对北京地区具有代表性的17家企业进行了专题调研，完成并上报了军用标准化科研和计量科研“十三五”规划分析报告。

（市国防科工办）

【航空航天产业发展】年内，为结合新常态推动北京市通航产业发展，研究编制《推进北京通用航空产业发展指导意见》，提出了建设首都城市功能保障新通道，增强城市应急响应、治理作业、商务飞行等保障能力；构建首都低空安全保障体系，提升技术装备支撑能力、安全监控能力和应急反应处置能力，促进首都低空空域安全；建设首都通用航空科技创新中心，发挥人才、研发等创新资源，打造通用航空关键技术研发、工程技术中心，推进航空验证、认证服务中心建设；构建以首都为核心的通用航空网络化运营服务体系，推动京津冀协同发展综合交通体系建设，形成以北京为核心、以京津冀为重点、辐射周边省市的网络化运营体系的发展思路。

创新财政资金支持方式，以政府资金为引导，吸纳社会投资参与，采取“市场化运作，专业化管理”的方式，与北京市谷财集团有限公司等单位协商设立“北京通用航空产业基地发展投资基金”。与市有关委办局、平谷区政府积极协调，推进北京通用航空产业基地建设和中俄直升机、北京通航P750飞机、意大利泰克南飞机等重点项目实施。2014年3月，北京通用航空有限公司与新西兰太平洋航空航天有限公司签署全面战略合作框架协议，并与北京通用航空产业基地签署了共同建设中新航空产业园合作协议，新西兰总理约翰·基和王安顺市长出席了签约仪式。与平谷区政府共同推进通航产业基地建设，启动平谷马坊临时起降点跑道和机库建设工作，多型通航飞机机库已建成，具备了通航企业入驻、复装、试飞的条件。

根据市领导对首都“低慢小”航空器管控工作的有关要求，在全市范围内开展了小型航空器生产企业摸底工作，汇总并向市有关部门提供了66家小型航空器生产企业的相关信息。协调中国久远高新技术装备公司，发挥其在国防尖端技术方面的优势，完成了“低空卫士”激光拦截系统的研发和测试，在低空安全管控高精尖技术装备建设方面取得了创新成果。

结合国家推动高分辨率对地观测系统重大专项数据产业化应用的契机，推动北京市高分专项数据应用及产业化工作。2月，国防科工局正式批复，同意依托市国防科工办成立高分专项数据管理办公室，统筹全市高分数据的接入、管理、分发和产业化应用等工作。编制了《北京高分数据管理办公室组建方案》，形成高分专项技术成果转化与产业化应用思路。12月，正式成立北京市高分数据管理办公室，依托北京市信息资源管理中心、北京二十一世纪空间技术股份有限公司，分别组建了北京市高分数据应用中心、技术服务中心。

（市国防科工办）

【军民融合】按照工信部、国防科工局要求，开展了军转民、民参军高新技术目录信息采集工作，军事训练器材与先进技术展览参展技术产品、信息征集工作。分别于5月、11月组织海淀、丰台、大兴区等相关单位和企业参加了首届军民融合高层论坛和首届军事训练器材与先进技术展览，推荐参展企业的数量和质量得到举办单位的好评。发挥军民融合领域高新技术集中的优势，依托总参某部在信息安全方面的先进技术，组织该部与海淀区、赛迪工业和信息化研究院、中国仪器进出口公司等单位进行深入对接，梳理各方优势资源，明确项目需求，选定大数据服务、信息安全保障和信息产品安全检测等项目，通过推动“军转民”

项目转化，积极推进海淀信息安全园区建设。

加强与海军军民融合办公室、中关村管委会等单位的协调，共同举办海军北京市军民融合深度发展实践探索成果展。4月29日，海军首长和市领导参观了成果展，并就海军与北京市开展军民融合工作进行座谈。

（市国防科工办）

中小企业

【概况】2014年，北京市促进中小企业发展工作围绕首都功能定位，促进产业结构调整，推动“高精尖”中小企业发展；不断转变政府职能，在优化发展环境、改革服务模式和创新工作机制等方面开展工作。

服务体系建设初具规模。加强机构体系建设，实现分层管理。2014年，市促进中小企业发展工作领导小组加大督促各区县政府贯彻落实市政府17号文和40号文，进一步加强各区县政府对中小企业工作的统筹协调力度。截至年底，16个区县中有13个区县成立了区县级领导小组，16个区县均已设立中小企业服务中心机构，增加了人员编制，基本形成了运作有效、实时联动、相互补充的市、区两级的组织架构。完善政策法规体系。3月1日，《北京市促进中小企业发展条例》（简称《条例》）正式颁布施行。5月份，市促进中小企业发展工作领导小组办公室（以下简称领导小组办公室）对《条例》中涉及的6大章的47项内容中的42个条文逐项进行了责任分解。12月8日，领导小组办公室组织召开成员单位联络员会议，确定了《条例》责任分解落实表。建设服务平台网络。2014年，北京市完成市级枢纽网络平台软件开发及系统集成项目、信息化建设监理项目、硬件和基础软件采购建设项目招标采购工作；全面完成市级实体公共服务大厅装修改造和窗口平台建设工作。截至2014年年底，北京市认定完成59家市级中小企业公共服务平台，12个平台被工信部认定为国家中小企业公共服务示范平台。59家中小企业公共服务平台已服务企业数量5.5万户（次），其中公益性或低收费服务占总服务量的43%。强化“众创空间”建设。为进一步鼓励社会服务机构提供优质资源，促进中小企业集聚发展，按照《北京市小企业创业基地管理暂行办法》要求，截至年底，北京市已认定48家小企业创业基地，入驻企业4821家，上缴税收58.4亿元，解决就业人员12.4万人。对于不符合首都功能定位、产业方向的小企业创业基地不再进行支持。此外，加快落实进一步促进首都科技企业孵化体系建设的意见，着力提升首都科技企业孵化体系的专业化、市场化、国际化水平，打造具有首都特色的孵化服务体系。北京市已打造培育各类孵化机构130多家，国家级孵化器28家，国家级大学科技园14家，在孵企业超过8000家，入驻企业总收入超过千亿元，产出境内外上市公司及新三板公司近70家。战略性新兴产业孵育基地累计达18家，累计产出上市公司近40家，引进千人计划、“海聚”等高端人才100多人。拓展中小企业政策法规发布渠道。年内，编制完成《北京市中小企业政策手册》《北京市中小企业常见法律问题汇编》《北京市中小企业融资手册》和《中小企业税收优惠政策辅导手册》，实现了滚动更新，为中小企业免费累计发放手册近5万余册。实施“三个一”中小企业宣传活动，即“一报、一刊、一微信”。依托《北京中小企业手机报》《北京中小企业期刊》和“北京中小企业微信公共服务平台”，加大中小企业的宣传力度，发送手机报80期，每期受众群体达1.5万人次，累计已达120万人次以上；《北京中小企业期刊》刊发6期。依托工信部中国中小企业网、北京中小企业网、微博等平台，发送信息6000余条。联合北京电视台，制作了“小微企业巡礼”系列节目报道。

优化市场环境。积极落实工商登记制度各项工作。根据党中央、国务院的部署，自2014年3月1日起，北京市注册资本登记制度改革工作正式全面实施。2014年全市新设企业同比增长超过70%，其中注册资本500万以下的企业超过八成。鼓励中小企业参与市场采购。政府采购为中小企业预留市场份额30%以上，为小型、微型企业提供评审优惠。对于非专门面向中小企业的项目，中小企业与其他企业同时参与政府采购的，给予小型和微型企业产品6%~10%的价格扣除，以扣除后的价格参与评审；鼓励大中型企业与小型、微型企业组成联合体参加政府采购，对小型、微型企业协议合同金额占联合体协议合同总金额30%以上的，给予联合体2%~3%的价格扣除；预算金额在300万元（含）以下的政府采购项目，从小型微型企业采购；预算金额超过300万元的政府采购项目，在同等条件下优先从小型微型企业采购。加大开展新技术新产品政府采购和应用推广。创新金融支持方式，支持中小企业参与政府采购。

减轻中小企业负担。2014年共减免涉及年收费金额约2.85亿元，减免税收174.8亿元。全市约60万户次小型微利企业享受税收优惠，共减免企业所得税8.54亿元。在小微企业增值税所属期2013年8月至2014年12月，全市累计有380万户次小微企业享受免征增值税优惠政策，累计免税额近11亿元。落实企业研究开发费用加计扣除政策，将为企业减免税收约200亿元。

缓解中小企业融资难题。构建中小企业投融资服务体系，进一步完善以市中小企业投融资服务平台为核心，16个区县投融资服务平台为支撑，带动100家金融服务机构的"1 + 16 + 100"体系架构。发挥国有商业银行的主渠道作用，截至年末，北京地区银行业金融机构小微企业贷款（含个体工商户贷款和小微企业主贷款）余额为6946.67亿元，占各项贷款余额的11.38%，较年初增加1574.43亿元，增长29.31%，同比多增446.67亿元。推动各银行设立中小企业信贷专营机构，2014年，辖内小微商业银行共规划设立小微支行94家，在中关村、郊区县及小微企业集聚区设立支行52家，银行专营机构、中关村担保等担保公司、科技小贷公司共计为科技、文化领域小微企业提供的贷款余额约1800余万元。在开设小微专营机构的同时，银行业注重小微金融服务产品的创新。据初步统计，辖内中资银行共推出小微企业产品260余种，其中包括民生银行"商贷通"、北京银行"小巨人"和"短贷宝"等一批市场影响力较强的小微特色品牌。加强民间资本融资等多元化渠道建设，全市批准设立10家村镇银行、批准小额贷款公司89家，注册资本总计125.68亿元。利用资本市场服务首都中小企业发展，截至年末，全市共有中小板上市公司41家，排名居全国第六位；创业板上市公司64家，排名全国第一；新三板挂牌公司362家，占全国的23%，排名全国第一；累计募集金额达111亿元，占全国的67%。中小企业私募债融资44.37亿元。加大财政资金的杠杆拉动效应，共安排财政资金1.1077亿元支持中小企业创新融资，其中创新融资贴息项目351项，支持金额9028万元；金融机构奖励项目13项，支持金额2049万元。截至年末，中小企业创新融资规模达到80亿元，累计融资额超过200亿元。发挥创投引导基金对初创期企业的支持作用。截至年底，引导基金参股创投企业对123家中小企业进行了股权投资，投资额超过16亿元。其中，智美传媒成功在香港上市；世纪瑞尔、太空板业两家企业成功在国内证券市场上市；龙软科技、东方时尚、青岛天能电力3家企业报送证监会审核；德鑫泉、诺思兰德、九恒星3家企业挂牌中关村"新三板"；壹人壹本、奔跑世纪成功完成并购。设立中小企业发展基金。2014年市财政局会同市经信委启动基金设立工作。基金到位资金19.2亿元，设立了创投引导基金、短期债权基金、风险补偿基金，完成基金合作机构公开征集和专家评审工作。

开展专项中小企业服务年活动。2014年开展各类系列活动300余场，参加活动的小微企业2万余家，近3万名中小企业管理人员现场接受了指导和培训。

推进首都企业诚信体系建设。2014年，全市积极推进工商、税务、金融、司法、质检、安监等部门之间的企业信用信息共享工作，不断完善"北京市企业信用信息网"和"北京市法人网上认证统一平台"，逐步建立起全市失信惩戒和守信激励联动机制。积极开展纳税信用等级评定工作，探索开展了纳税信用C级企业评定试点工作，有效推进分类管理和分类服务。推进组织机构代码在市统计局、市地税局、市人力社保局、市住房公积金管理中心、市车管所等社会管理领域的应用，服务全市经济普查、税收征管、公积金管理、车辆登记等工作。

（中小企业处）

【《北京市促进中小企业发展条例》新闻发布会召开】 2月27日，市经济信息化委会同市财政局、市国土局等10余部门在北京市新闻发布厅联合召开《北京市促进中小企业发展条例》新闻发布会。会议以"优化公共服务增强经济活力，依法促进北京市中小企业健康发展"为题对该条例以及全市支持中小企业发展的相关财政政策进行了介绍；就如何促进解决中小企业发展用地方面的问题提出了新的思路和看法。

（中小企业处）

【中小企业创投引导基金聚焦"高精尖"产业】 8月19日，北京市中小企业创业投资引导基金与第七批合作创投机构签约，基金总规模突破50亿元。第七批引导基金呈现两大特点：一是专业化程度高，参股创投企业专注一到两个领域的投资，行业聚焦"高精尖"产业或文化创意产业。二是天使投资特色明显，投资阶段更侧重种子期和初创期。另外，《北京市中小企业发展基金设立方案》完成初稿，包括创投引导基金、股权投资基金、小微企业风险补偿基金、债权融资基金、融资担保基金在内的5类专业化基金。

（中小企业处）

镇村工业

【概况】2014 年，北京镇村企业 139809 家，同比减少 6.5%。其中，规模以上企业 3067 家，同比增长 22%，规模工业企业 1663 家，同比增长 15.4%。从业人员 1073852 人，同比减少 12.7%。完成营业收入 55452169 万元，同比增长 5.2%；完成利润总额 3008559 万元，同比下降 2.5%；实现增加值 10021747 万元，同比增长 5.8%；完成出口产品交货值 1138012 万元，同比下降 6%；上交税金 2391783 万元，同比增长 12.7%。提供劳动者报酬 4605908 万元，同比增长 30.9%；人均劳动者报酬 42891 元，同比增长 49.9%。私营以上企业资产总额 69397110 万元，同比增长 4.6%；私营以上企业负债总额 46509947 万元，同比增长 4.6%；私营以上企业资产负债率 67%，与上年持平。

（赵　颖）

【经济总量稳步增长】是年，京郊镇村企业经济总量总体保持稳步增长态势。全市镇村企业累计完成营业收入 5545.2 亿元，同比增长 5.2%。其中，工业营业收入 2939 亿元，同比增长 8.5%。实现增加值 1002.2 亿元，同比增长 5.8%。其中，工业增加值 571.7 亿元，同比增长 8.4%。

（赵　颖）

【产业结构有所优化】是年，北京镇村企业（私营以上）完成增加值 885.5 亿元。其中，一产增加值 4.9 亿元，占 0.6%，所占比重比上年提高 0.2 个百分点；二产增加值 644.2 亿元，占 72.7%，所占比重比上年降低 1.4 个百分点；三产增加值 236.4 亿元，占 26.7%，所占比重比上年提高 1.2 个百分点。

（赵　颖）

【工业继续占主导地位】是年，京郊镇村工业企业 18960 家，同比减少 5.1%，占镇村企业总量的 13.6%；职工人数 513890 人，同比减少 4.7%，占 47.9%。完成营业收入 2939 亿元，同比增长 8.5%，占 53%；实现增加值 571.7 亿元，同比增长 8.4%，占 57%；实现利润总额 144.9 亿元，同比下降 9%，占 48.2%。在镇村企业产业结构中，工业继续占据主导地位。

（赵　颖）

【空间布局更加趋于合理】是年，随着首都城市功能布局调整的深入进行，北京镇村企业空间布局和区域结构更加趋于合理。城市发展新区（通州、顺义、大兴、昌平、房山）作为全市镇村经济的主体，镇村企业营业收入 3953.4 亿元，占全市镇村企业的 71.3%，所占比重比上年提高 2.1 个百分点；利润总额 210.7 亿元，占 70%，所占比重提高 0.9 个百分点；增加值 703.9 亿元，占 70.2%，所占比重提高 1.4 个百分点；工业增加值 496.6 亿元，占 86.8%，所占比重提高 6 个百分点；出口产品交货值 95.1 亿元，占 83.6%，所占比重提高 1 个百分点。城市发展新区主导地位更加显著。

（赵　颖）

【企业“融资难”有所缓解】年内，各级镇村企业主管部门与银行、担保公司等金融机构加强合作，采取搭建融资平台、拓宽融资渠道等方式解决镇村企业“融资难”问题。是年，镇村企业金融机构贷款总额 230.1 亿元，同比增长 43%；金融机构贷款余额 229.4 亿元，同比增长 22.3%。企业“融资难”得到进一步缓解。

（赵　颖）

【外向型经济取得新发展】年内，北京镇村企业加强对外经贸交流与合作，发展外向型经济取得显著效果。共有 1935 家京郊镇村企业在境外创办企业，比上年增加 1802 家，增长 13.5 倍；境外办企业累计投资额 47997 万元，同比增长 39.9%。

（赵　颖）

【创新能力有所提升】截至年末，京郊镇村企业建立技术创新中心和研发机构 34 个，比上年增加 4 个，增长 13.3%，镇村企业技术创新能力有所提高。

（赵　颖）

【职工素质显著提高】年内，全市镇村企业积极开展素质提升工程，多层次、多渠道、多形式地开展镇村企业职工教育培训，职工素质显著提高。截至年底，镇村企业职工中具有大专及以上文化程度的人数 258270 人，比上年增加 80319 人，增长 45.1%；大专及以上文化程度的人数占镇村企业职工总数的 24.1%，所占比重比上年提高 9.6 个百分点。镇村企业职工中具有中级及以上技术职称的人数 103447 人，比上年增加 34778 人，增长 50.6%；具有中级及以上技术职称的人数占镇村企业职工总数的 9.6%，所占比重比上年提高 4 个百分点。

（赵　颖）

【职工收入大幅增长】是年，镇村企业的发展有效带动了农民增收。京郊镇村企业支付职工劳动者报酬460.6亿元，同比增长30.9%；镇村企业职工人均劳动者报酬42891元，比上年增加14276元，增长49.9%。

（赵　颖）

【镇村经济实力增强】是年，郊区镇村整体经济实力进一步增强。镇村企业营业收入超过10亿元（含10亿元）的乡镇106个，比上年增加4个，占全市189个乡镇总数的56.1%，所占比重比上年提高1.6个百分点；镇村企业营业收入超过50亿元（含）的乡镇36个，比上年增加2个，占全市乡镇总数的19%，所占比重比上年提高0.8个百分点；镇村企业营业收入超过100亿元（含）的乡镇14个，比上年增加1个，占全市乡镇总数的7.4%，所占比重比上年提高0.4个百分点。

（赵　颖）

【社会贡献不断加大】是年，京郊镇村企业上交税金239.2亿元，同比增长12.7%；镇村企业支农建农及补助社会性支出总额3895万元，比上年增加3625万元，增长13.4倍。镇村企业税收和支农建农及补助社会性支出的增长有力地支援了郊区农业生产和农村各项事业的建设和发展，加快了社会主义新农村建设，推进了首都城乡一体化进程。

（赵　颖）

民政工业

【概况】按照北京市政企分开的要求，2002年以来北京市民政局所办经济实体与民政局实现脱钩，市局所属福利企业全部由总公司进行管理，总公司代行国有资产出资人的各项权利和职能，承担国有资产保值增值、集中安置残疾人就业和保障残疾人生活的社会责任。2006年12月25日，北京市社会福利事务管理中心成立后，总公司及所属企事业单位由市民政局划归中心直接管理。截至2014年年底，总公司现有企业51家，其中直属企业17家，主要涉及日化产品、印刷包装、化妆品、专用设备、仪器仪表、食品加工、医用试剂以及物业管理、汽车租赁等20多个领域。全系统职工总数为8388名，其中：在职职工2565名，离退休职工5823名。全系统有各类残疾职工3146人，占职工总数的37.5%。2014年，总公司共完成工业总产值1.79亿元，实现营业收入总额4.36亿元，完成利润总额500万元。

（王　志）

【为170多名残障职工安装助听器】4月24日，为迎接第24次全国助残日的到来，弘扬支持残疾人事业的发展，让福利企业残疾职工感受到各级组织的关怀与关爱，北京市残联辅具中心及斯达克公司的工作人员来到福企园区，来自斯达克公司的10多名专家，分为5个工作小组，根据残疾职工的听力损失曲线进行精确的声音补偿，通过取耳样，为每位职工定制最适合的助听器，并且耐心讲解了助听器的电池使用方法、售后服务方式等其他相关问题。为170多名听力障碍职工安装了助听器。斯达克是来自美国的著名助听器品牌，助听器有助于听力残疾者改善听觉障碍，提高会话交际能力，感觉到有声的世界。

（王　志）

【市属福利企事业改革改制】年内，按照市民政局、中心深化改革，建立现代企业制度，推进市直属福利企业整合改制的工作重点，成立了由总公司主要领导牵头、相关部门参与的专项工作组，开展企业改革工作。

成立福利企业集团，建立现代企业管理制度，实施以资本运营为核心的国有资产经营管理运营模式，实现福利企业土地设施资源的合理规划利用。改革内容包括体制机制改革和产业调整改革，分筹备注册期、调整布局期、快速发展期3个阶段推进。改革完成后，总公司对下属企业实行控股管理，下属企业采取引进外部资本，建立混合所有制机制。

落实现有福利企业分类改革。对于生产经营较好的企业，通过股份制改革试点，强化经营管理，实行专一企业产业化发展。对于土地资源类企业，结合资源优势，逐步向养老服务、残疾人服务产业发展。对于规模小、产能低、效益差的停产半停产企业，逐步注销，实行人员资产集中统一配置。总公司将产业布局集中在资产经营、物业管理、发展投资中心、残疾人保障、日用化工、包装材料、制药与医疗器械、建筑工程、汽车服务等行业。

夯实民政研发生产基地建设。一期工程2号生产车间（亚美日化厂）已取得房产证，完成全部建设及手续办理内容；二期工程8号生产车间已完成主体结构封顶并通过主体结构验收；园区配套管网工程已完成燃气工程验收并通气。同时，加强与大中型国有企业合作，进一步增强民政研发生产基地的带动功能。

企业困难职工帮扶。总公司投入98.8万多元慰问品、慰问金，开展了系列扶残助困送温暖活动，为系统340名残疾职工的344名子女发放“爱心助学金”212800元，缓解弱势群体子女就学压力大的问题。

（王 志）

私营个体工业

【概况】 2014年，北京市工商联会员总数37975个。县及县以下会员数15911个，企业会员小计29367个，团体会员小计427个，个体会员小计8181个。商会组织202个，其中行业商会65个、乡镇商会38个、街道商会37个、园区商会6个、异地商会26个、市场商会0个、楼宇商会2个、村商会0个，其他28个。

企业会员按地区行业统计为农林牧渔业815个，采矿业123个，制造业4096个，电力、热力、燃气及水生产和供应业193个，建筑业3159个，批发和零售业1070个，交通运输、仓储和邮政业1639个，住宿和餐饮业4572个，信息传输、软件和信息技术服务业1461个，金融业391个，房地产业921个，租赁和商务服务业977个，科学研究和技术服务业198个，水利、环境和公共设施管理业58个，居民服务、修理和其他服务业5790个，教育95个，卫生和社会工作498个，文化、体育和娱乐业3311个。

企业会员按地区注册类型统计为私营独资企业5382个、私营合伙企业414个、私营有限责任公司6795个、私营股份有限公司1022个、港澳台合资企业228个、港澳台合作企业93个、港澳台独资企业210个、港澳台股份有限公司118个、中外合资企业250个、中外合作企业341个、外资企业288个、外商股份有限公司102个、国有企业1182个、集体企业1420个、股份合作企业1245个、联营企业833个、其他有限责任公司6327个、其他股份有限公司1515个、其他企业1602个。

团体会员统计乡镇商会38个、街道商会37个、私营企业协会10个、个体劳动者协会6个、乡镇企业协会37个、行业商会91个、异地商会26个、市场商会15个、园区商会7个、其他160个。

（张一鸣）

【开展企业创新政策第三方评估】 1月上旬至2月下旬，对《国务院办公厅关于强化企业技术创新主体地位全面提升企业创新能力的意见》(国办发〔2013〕8号)贯彻落实情况进行了调查评估。本次评估组织两场座谈会，近20家机构沟通交流，发放调查问卷100余份。对评估过程中，受访民企反映的科技体制机制、财税金融政策等问题，市工商联提出做好顶层设计、加强多方联动；夯实既有政策、提升政策效果；撬动社会资本、发挥企业主体作用一系列建议。

（张一鸣）

【京津冀工商联携手促进协同发展】 3月27日，为贯彻落实习总书记关于着力推动京津冀协同发展的指示精神和北京市委全会精神，北京市、天津市、河北省三地工商联，在北京召开推动三地非公有制经济协同发展工作会。北京市委统战部副部长、市工商联党组书记、常务副主席郑默杰，天津市委统战部副部长、工商联党组书记、常务副主席李广文，河北省委统战部副部长、工商联党组书记宋晓瑛出席会议。会议认真学习习总书记在专题听取京津冀协同发展工作汇报时的重要讲话精神，讨论完善了由北京市工商联起草的“京津冀工商联关于推动三地非公有制经济协同发展的工作框架协议”，共同研究确定了确立协同发展的指导思想，建立三地非公有制经济协同发展工作机制，打造实现互利共赢的非公企业发展基地，举办拓宽发展空间的系列产业对接活动，搭建实现信息共享的信息服务平台，组建京津冀商会联盟，加强相互间的考察交流并立足热点难点问题开展调查研究的主要工作内容和目标任务。

（张一鸣）

【6位非公人士获全国“优秀建设者”称号】 11月25日，第四届全国非公有制经济人士优秀中国特色社会主义事业建设者表彰大会在北京举行。中共中央政治局常委、全国政协主席俞正声出席大会并讲话。全国100名非公有制经济人士和其他新的社会阶层人士获得“优秀建设者”荣誉称号。其中，北京联东投资（集团）有限公司董事长刘振东，北京中腾时代集团有限公司董事长陈雪峰，大前门（北京）文化艺术有限公司董事长郝金明，北京奇虎科技有限公司总裁齐向东，信永中会计师事务所首席合伙人、党委书记张克，港

铁技术咨询（北京）有限公司首席执行官易珉等6位北京企业家获得“优秀建设者”荣誉称号。

（张一鸣）

【7位科技工作者获“北京优秀青年工程师”称号】 12月15日，第二十二届北京优秀青年工程师表彰大会在北京科技活动中心隆重举行。北京荣创科宏岩土工程有限公司张亮、北京桑德环境工程有限公司刘金泉、北京嘉寓门窗幕墙股份有限公司张国峰、北京世纪东方国铁科技股份有限公司张飞、北京绿创生态科技有限公司陶明涛、北京基业达电气有限公司刘军、北京达博有色金属焊料有限责任公司闫茹共7人，荣获“第二十二届北京优秀青年工程师”称号，其中张亮荣获“第二十二届北京优秀青年工程师标兵”称号。

（张一鸣）

【开展落实企业投资自主权第三方评估】 年内，市工商联按照《全国工商联关于对落实企业投资自主权和示范项目开展第三方评估的实施方案》要求，在北京市开展第三方评估工作。此项工作共涉及5个区县、3家商会、80余家企业，召开座谈会3次，20余家企业参加，重点走访企业2家；发放调查问卷75份，回收63份，其中营业收入10亿元以下占81.8%，第二产业占11%，第三产业占89%；主动联系29个政府部门，了解各委办局在落实企业投资自主权、简化行政审批流程和推进首批社会投资示范项目方面的相关情况。

（张一鸣）

【非公企业参与APEC工程建设】 2014年APEC会议重点项目北京雁栖湖国际会展中心幕墙工程由市工商联会员企业江河创建集团股份有限公司承建。经过江河团队艰苦奋战，完成了单元体幕墙及挑檐铝板幕墙的整体建设。北京怀柔雁栖湖国际会展中心项目是2014年APEC会议及新的国宾级会议接待目的地。

（张一鸣）

【4家非公企业获国家火炬项目证书】 年内，市工商联推荐的4家会员企业荣获国家火炬计划产业化示范项目证书，分别是北京洛娃日化有限公司的“应用脂肪酸甲脂磺酸盐配比新型高效清洁产品”，中发实业集团业锐药业公司的“薄膜衣型冠心丹参滴丸”，北京德天泉机电设备有限公司的“车载蓝牙免提系统项目产业化示范”，以及北京兴科迪科技有限公司的“汽车多功能自动防炫目内后视镜产业化示范”。

（张一鸣）

校办工业

【概况】 截至2014年年底，北京地区有51所高校参加普通高校校办产业统计。其中，教育部直属高校24所、其他中央部委属高校8所、市属市管高校19所。参加统计的51所高校所投资企业共996家。其中，一级企业144家、二级企业229家、三级企业623家。年末资产总计3568.54亿元，流动资产合计2169.70亿元，非流动资产合计1398.84亿元，年末负债总计2393.31亿元，流动负债合计1465.08亿元，非流动负债合计928.23亿元，所有者权益总计1175.23亿元，实收资本（股本）89.24亿元，未分配利润121.52亿元，归属于学校方股东的所有者权益426.31亿元。年末营业收入1603.23亿元，营业成本1397.91亿元，销售费用66.06亿元，管理费用78.61亿元，财务费用72.35亿元，利润总额77.74亿元，净利润57.51亿元，其中归属于学校方股东的净利润23.49亿元。现金净流量55.70亿元。财政补贴收入19.98亿元，国有资本经营预算金0.75亿元，文化产业专项资金0.74亿元，科技创新资金0.47亿元，上交国有资本收益1.76亿元，企业实际缴纳税金总额80.89亿元。获授权的专利数1821项，登记的计算机软件及集成电路版权588项，获省市部委、国家级的奖项477项，研发费用支出72.22亿元。接纳学生实习8648人次，学生累计实习203万小时，全年累计在培硕士研究生548人，全年累计在培博士研究生119人。年末职工总人数94205人，其中，具有高等教育学历的人员55405人，研究开发人员17210人，专职管理人员10124人，已参加社保人数83064人，实际发放和支付的劳动工资总额134.06亿元。

（宋慧宇）

【企业改革】 年内，北大英华将原销售部、市场部、行业发展部整合，成立了市场营销事业部，将培训部与网教中心整合，成立了教育培训事业部。

北大明德转型天使投资孵化，将新的业务方向确定为产业投资孵化、科技研发咨询、环保科技开发及现代农业产业。其中，产业投资孵化依托北京大学化学分子与工程学院的强大技术科研力量，专注于新能源、新材料、环保节能、医疗健康等领域的孵化投资，先后注资成立北京明德康测科技有限公司（移动医疗，一体化家庭健康检测与管理平台)、北京明德清源科技开发有限公司(专注于便捷式制氢产品研发和销售,包括制氢装置和与之配套的制氢材料,旨在构建满足多种不同功率氢燃料电池应用的便捷式制氢产品系列)以及北京明德格致科技有限公司(专注于构建新能源、新材料技术和产品开发平台,形成新型能源材料与器件装置和工艺技术,并结合电子信息等技术,进一步开发基于新材料和新体系的新型储能及电子等新产品)。

启迪金控投资有限公司与浦发银行签约,尝试创新基金管理模式。签约后,启迪金控将以基金管理人的身份,与浦发银行北京分行合作,组建浦银科技发展(北京)股权投资基金。启迪金控与浦发银行的此次牵手合作是中国科技金融领域的一次创新,是银行业首次直接参与共同发起设立私募股权基金,更将银行丰富的“股、债、贷”多元化融资服务渠道融为一体,满足高科技中小企业的融资需求。此次合作,将积极致力于浦银发展基金的建设性业务推动,充分发挥各自的产业优势,顺应国家经济、金融政策的发展变化,实行信息共享、业务联动、功能互补,并依此不断加强和巩固银企新型合作关系。

(宋慧宇)

【技术改造】年内,北大维信工厂5号楼提取车间提取浓缩、真空机组、乙醇回收设备升级改造完成,可有效降低生产乙醇消耗25%,全年可节约乙醇消耗成本约100万元。

北京北大先锋科技有限公司自主研发生产的PU-1分子筛完成了生产工艺的重大革新,对于公司的长远发展具有重要意义。

北京科技大学设计研究院有限公司为莱钢集团完成了1500毫米热轧宽带钢厂生产线的升级改造,本次改造具有时间短、速度快、效率高的特点,实现了成品厚度从2.3毫米压缩到2.0毫米;大幅提高了热轧卷成品厚度、宽度、板型、卷取温度等质量指标,投产当月即恢复到日产7000吨的历史最高水平。

北京科技大学设计研究院有限公司对马钢CSP生产线二级控制系统进行升级改造,改造项目采用一台数据网关服务器实现新旧二级系统的并行运行和在线切换,在调试过程中可以对新旧系统的设定内容和控制效果进行实时“打分”,“网关服务器+双机并行”不仅为其他CSP生产线改造提供了一套完备的解决方案,也是减少投资和降低风险的最佳选择方案,开创了国产化CSP生产线的先河。

(宋慧宇)

【自主创新】年内,北京北大先锋科技有限公司黄磷尾气中试项目顺利完成既定目标,具备推广应用条件。北大先锋黄磷尾气提纯技术解决了国内黄磷生产行业尾气资源化利用的关键性难题,对黄磷厂家的业务优化、经济和社会效益的提升具有重要意义。

北大明德与石家庄国昆环保科技有限公司共同开发的扬尘抑制剂产品,可以有效减少煤炭运输过程中的粉尘污染,目前扬尘抑制剂产品由国昆公司负责市场推广,已成功被包钢、石钢、安阳钢铁、陕西龙门钢铁公司等单位应用,项目于2014年被编入科技部社发司、北京市科委联合征集的《京津冀大气污染防治技术产品推荐目录》。

展讯通信有限公司推出了其新款智能手机芯片SC6821,该款芯片以低内存配置和高集成度,极大地降低了开发低端智能手机所需的材料总成本。凭借此款芯片,手机制造商将能够为市场提供采用3.5英寸HVGA触摸屏,集成WiFi、蓝牙、FM和拍照功能的先进的手机和火狐OS的浏览器功能,并可以访问网络丰富的生态系统和HTML5应用,而价格与功能与手机相似。展讯与Mozilla已完成火狐OS与包括SC6821的多款展讯WCDMA和EDGE智能手机芯片组整合,同时推出了业界首款可支持售价150元智能手机的芯片组。

北京同方微电子有限公司实现国密算法金融IC卡试点应用。同方微电子为全球首张加载PBOC3.0国产密码算法的金融IC卡提供了符合规范的芯片产品——THD86芯片。该项目通过推进金融信息系统国产密码的应用,将打破国外密码算法及产品在金融领域应用的垄断局面,全面带动国内信息安全及金融服务相关产业发展,实现国家金融安全的重大战略。同方微电子在此项目中应用的THD86是国内首款32位CPU双界面卡芯片、国内首款通过银联芯片安全认证的双界面卡芯片、国内率先通过国密二级认证的双界面卡芯片,支持金融应用扩展,符合PBOC3.0标准,支持国外密码算法和国产密码双算法体系,对我国普及推广PBOC3.0国密多应用金融IC卡示范应用成果具有重要作用。

同方计算机本部推出Eyeer3云摄像机。该产品专为3岁以下宝宝设计,是进行幼儿智能看护、呵护其健康成长的家庭小帮手。Eyeer摄像机具备360度旋转、多点存储、社交分享、流量提醒、三步极速安装、移动侦测报警等多项功能,在网络状态下,用户可通过手机APP进行控制,随时随地看护宝宝,并进行双向语音畅聊。

展讯通信有限公司发布采用28纳米工艺的高集成度四核智能手机平台。展讯作为中国领先的2G、3G和4G无线通信终端的核心芯片供应商之一，推出采用先进28纳米工艺的高集成度TD-SCDMA/GSM/GPRS/EDGE多模四核智能手机平台——SC883XG。该款产品采用更先进的半导体工艺，有助于实现高性能和低功耗，为手机厂商提供用于中高端手机的高性价比解决方案。

同方股份有限公司推出名为Bodivis的个人健康管理系统。该系统包括Mybody智能成分秤、Mystep智能手环两款智能硬件新品，以及手机APP、云端健康管理平台，是目前市场上第一个把身体检测与运动管理相结合的互动智能健康组合，主要面向个人和家庭的健康管理需求。Mybody智能成分秤在10秒钟内可以计算出人体内脂肪、水分、骨质、蛋白质、肌肉等主要成分含量，同时还可获取体脂率、身体年龄、体型、营养水平和基础代谢率等20余种健康指标；Mystep智能手环具备计步、计量里程、计算热量消耗、监控睡眠等常见的运动手环功能，并能与Mybody智能成分秤形成共同工作的互动组合。手机APP则可以根据手环反馈的运动数据自动调整运动方案，实现健身目标，从而构成完整的“运动—健康”解决方案。

博奥生物集团有限公司的子公司博奥颐和健康科学技术（北京）有限公司推出系列创新健康产品，包括爱身谱疾病遗传风险评测芯片2.0版、空气猫P4型便携式空气质量动态监测仪、体质宝植物饮料、九叶堂遵生养心茶、康腾A-1型老年起身多功能椅，这些产品把现代前沿生物科技与传统医学相结合，形成了一个贯穿健康管理全程和全生命周期的独特、有效体系。

北京科技大学设计研究院有限公司研发的“冶金行业全流程工艺质量在线判定与分析诊断系统”在湖南华菱涟钢上线运行，整个系统分为四大功能：数据采集及预处理、数据存储与管理、在线监控及预警和全流程产品质量分析诊断。该系统以现代信息技术为手段，综合利用现代质量管理理论和方法，实现对冶金制造过程的工艺质量信息进行采集与存贮、预处理与重整，用户根据需求可利用平台提供方法快速实现制造过程质量追溯、质量分析、在线质量判定、质量控制、质量改进。整个平台上线运行后，有效提高了产品质量稳定性，减少质量异议，保证了企业高品质板带材质量管控水平。

北京科技大学设计研究院有限公司利用自主知识产权的高性能钛合金薄壁无缝管生产工艺，与河北钛合金制品有限公司共同设计开发“耐腐蚀专用油井管生产线”，与镍基合金无缝管相比具有综合性能和成本优势。生产线实施工程化，打破了我国重点石油工程项目所需的高强度、高耐腐蚀油井管严重依赖进口的局面，对促进我国石油开采行业的发展，提高石油机械产品的市场竞争力，摆脱国外技术垄断起到极大的推进作用。

北京科技大学设计研究院有限公司承接的邯郸钢铁集团热基镀锌生产线电气控制系统成功运行，该项目全部机械设备和电气系统均采用国产自主制造集成方式，产品厚度范围从0.56毫米到5.0毫米，是目前国内外热基镀锌生产线产品覆盖范围最广和生产产品最厚的生产线，每年为企业创造上亿元利润。

京微雅格（北京）科技有限公司新增知识产权授权23件，其中，“一种JTAG主控制器及其实现方法”国内发明专利1件，“一种面积优化的FPGA互连结构”“一种扩展频谱控制的锁相环电路”“一种低功耗、低抖动、宽工作范围的晶体振荡器电路”等实用新型专利16件，“Primace6.0”软件著作权1件，“ ”等商标3件，“CME-M7 FPGA”等集成电路布图2件。截至2014年年底，该公司已拥有国内发明专利1件、实用新型专利19件、软件著作权2件、商标3件。

京微雅格（北京）科技有限公司完成的“一种JTAG主控制器及其实现方法”获国家知识产权局发明专利授权。专利号ZL201110117998X。该JTAG主控制器包括JTAG信号发生器，用以获取外部的HOST指令，并对该HOST指令进行解析以得到IR指令或DR数据，从而根据该IR指令或DR数据产生相应JTAG接口信号，以通过该JTAG接口信号来驱动该目标芯片。该发明执行指令效率高，可应用于JTAG器件中。

京微雅格（北京）科技有限公司推出基于CAP（Configurable Application Platform，可配置应用平台）构架的高集成化CME-M7现场可编程门阵列（FPGA）系列产品。CME-M7在日益成熟的CAP架构上首次整合了ARM Cortex-M3内核，辅以片上存储器、AD转换器、DSP及大容量可编程逻辑，以单芯片的形式解决客户可编程芯片与嵌入式处理器之间无缝连接问题。并凭借先进封装技术，将12K容量的可编程逻辑资源，以硬核形式整合的ARM Cortex-M3内核以及丰富的I/O和存储等资源整合在一个封装内，实现了低成本、更高的I/O密度以及更便于拓展的设计便利性。该系列可用于所有细分市场，包括消费电子、工业控制、无线通信、网络应用、成像和安全产品等。

北京强新生物科技有限公司完成的“激酶抑制剂的组合物及其在治疗癌症和其他与激酶相关的疾病中的用途”获国家知识产权局发明专利授权。专利号为ZL2008801147059。该发明涉及新的作为CSCPK和相关激酶的抑制剂的噻唑取代的二氢吲哚-2-酮类，通过采用激酶抑制剂来抑制癌症干细胞的方法，含有这类化合物的药物组合物，使用这类化合物来治疗哺乳动物的蛋白激酶相关性紊乱的方法，和制备这类化合物及其中间体的方法。

（宋慧宇）

【生产经营】年内，方正证券在香港特别行政区设立方正证券（香港）金融控股有限公司，注册资本为1亿港币。新设立的香港子公司可主要开展证券经纪、期货经纪、资产管理、投资银行等业务。

北京大学医学部、北京大学第六医院与北大医疗产业集团签署了三方战略合作协议，拟成立北大六院与北大医疗合资公司“北京大学心理医院”。该医院位于筹建中的北京大学医学部第九家附属医院——北京大学国际医院附近 。

北大医疗产业集团收购新里程医院集团65%股份，共同打造一家肿瘤专科医院，使北大医疗的业务领域拓展至肿瘤医院并购管理，填补了国内肿瘤治疗服务高端市场的空白。

明德旗下的肇庆明德科技有限公司于2014年启动以聚维酮碘为基础配方的日化产品生产及销售业务。产品系列包括环境消毒液、牙膏、洗手液等。

上海期货交易所推出的新期货品种——热轧卷板期货落户苏钢集团。这是苏钢物流业拓展市场的一个新成果，使苏钢的物流业能够迅速跳出苏州扩大至全国范围，在传统的仓储业框架外多了一个开拓新市场的物流发展社会化平台。

方正中期期货获得资产管理业务资格，成功进入经纪业务、资产管理、投资咨询等多层次的综合经营模式。

方正科技收购方正宽带和方正国际两家公司100%股权（评估值分别为7.52亿元、8.23亿元），形成以客户为中心，高端PCB制造为主、FA业务为辅，以行业物联网及系统集成解决方案为培育和补充的业务模式，搭建起“PCB元器件支撑智能终端以及通信网络——高速宽带接入支撑智能家居及智慧社区——五大行业解决方案支撑智慧城市”的综合业务结构，使得方正科技在面向“智慧城市、智慧生活”的IT服务产业链条布局上更加完善。

方正证券在河南省郑州市、江西省南昌市、陕西省西安市及重庆市渝北区设立4家分公司。今年一季度，方正证券的净利润高达4.4亿元，同比增长超过30%；总资产423.7亿元，比上年度末增加15.77%。

北大软件对原有的项目管理制度、流程以及模板进行了梳理和完善，汇总了32份程序文件，170份3级文件，涵盖软件过程的8个过程域，并于7月顺利通过CMMI3级认证。

北大医药与北京大学医学部、北京大学肿瘤医院、北大医疗产业基金以及心安医疗签署战略框架协议，共同设立北大医疗肿瘤医院管理有限公司，开展肿瘤专科医疗业务。

北京北大先锋科技有限公司与湖南衡钢集团高炉煤气浓缩处理及供气项目的二期合同顺利实施，江苏九鼎、四川玻纤供气项目顺利运行，福建耀隆、山东九鼎等新的供气项目正在建设中。

北大医疗产业集团的株洲恺德医院二号住院大楼落成，恺德医院全面升级，将成为“小综合，大专科”医院。

北大医疗产业园作为中国首家医疗医药综合体正式开园，5家国家级实验室（北大医学部所属综合性创新药物研究开发技术大平台、转化医学中心、口腔数字化医疗技术和材料国家工程实验室、国家卫计委生殖医学中心、北大医学部天然药物及仿生药物国家重点实验室）成功入驻。

方正集团与淮南市政府签署全面战略合作框架协议，双方约定方正集团与淮南市在医疗、IT、医疗信息化、金融等领域开展优势合作；方正集团与珠海市政府签署全面战略合作框架协议，双方将在IT、医疗、城镇化建设、金融等领域开展全方位合作。

北大临湖公司各项业务安全、稳定，经营收入和利润取得了跨越式的增长，超额完成了经营任务指标，并上缴北京大学900万元营业利润，上缴教育部国有资产收益70万元。

北大维信血脂康实现产品销售收入3.01亿元，总资产4.4亿元，工业总产值34836万元，利润总额7801万元，上缴税费5671万元，净利润6620万元。血脂康胶囊在全国调脂药市场排名第十一位，在中药调脂药市场排名第一位。

北京北大先锋科技有限公司全年完成销售收入33480万元、税前利润9110万元，净利润7991万元。

2014年度北大校办企业共上缴学校1.8亿元，其中方正集团上缴1.2亿元、北大出版社上缴1900万元、青鸟集团上缴1200万元、未名集团上缴1000万元、先锋公司上缴633万元、维信公司上缴563万元、学园公司上缴500万元、临湖公司上缴200万元、英华公司上缴34.6万元、燕园隶德公司上缴18万元、培文公司上缴6.5万元。经初步统计，北大校办企业2014年向学校及社会捐款、捐物总值超过2500万元，已向国家交纳各项税费共计33亿元之多。

同方股份有限公司下属境外全资子公司THTF Energy-Saving Holding Limited（简称THTF ES）与真明丽控股有限公司（股票简称：真明丽，股票代码：HK1868）签署股份认购协议，约定THTF ES拟按照0.9港元/股的价格认购真明丽拟发行的100000万股新股（每股面值0.1港元），认购金额共计90000万港元。同方股份通过THTF ES持有真明丽51.6%的股权，成为其控股股东。

清华控股有限公司成立了全资子公司华控技术转移有限公司，注册资本为20000万元。该公司作为清华大学科技成果转化的平台性公司，将成为清华大学孵化、推动技术转移的实施主体。

诚志股份有限公司非公开发行A股股票通过中国证券监督管理委员会审核。

紫光集团有限公司以总价值约9.07亿美元收购锐迪科微电子有限公司。

同方股份有限公司收购荷兰全球人寿在中国现有的人寿保险公司——海康人寿保险有限公司50%的股权。

北京中石大新元投资有限公司对旗下企业进行梳理规范。2014年，新投资成立企业2家，分别为北京中石大澳达化工科技有限公司（股权比例20%）、中石大（北京）能源技术服务有限公司（股权比例20%）；股权退出企业1家，为北京中石大鲲鹏新能源科技投资有限公司；注销企业1家，为北京北油江钻井下工具有限公司。

北京中石大新元投资有限公司注册资本由1129万元增加到4579万元。

华北电力大学将其所持有的北京华电天德科技园有限公司100%股权无偿转让至北京华电天德资产经营有限公司。北京华电天德资产经营有限公司以公开挂牌方式转让所持有的华大天元（北京）电力科技有限公司20%股权，转让价格为100万元；北京华电天德资产经营有限公司以公开挂牌方式转让所持有的青岛华电高压电气有限公司20%股权，转让价格为550万元。

北京化工大学校办产业所属企业30家，其中全资企业14个，控股企业3个，参股企业13个，主要从事化工产品的研发与销售。总资产2.25亿元，2014年销售收入1.2亿元，全年实现税前利润近500万元，上缴税金700万元，累计上缴学校利润1600万元。

北京语言大学出版社有限公司2014年出版新书347种，重印书929种，独立电子音像产品44种，移动、网络出版1种，出版总量累计达到1321种，较上一年度增长12%，再次刷新建社以来的最好出版业绩。截至2014年年底，北京语言大学出版社有限公司资产总额达到2.22亿元，较2013年1.88亿元增长18.1%。2014年，全年出版物净销售码洋1.7亿元，销售收入达到8966万元，较2013年增长6%；其中对外汉语类产品销售继续保持全国领先，较上一年增长7%；外语图书销售发展迅猛，较上一年增长26%；双语图书市场板块继续扩大，较上一年增长14%，均创历史最好业绩。

北京北语留学服务中心2014年销售收入407万元，实现利润总额13万元，实现利税36万元，资产总额215万元，所有者权益143万元。

（宋慧宇）

【节能减排】年内，同方人工环境有限公司下属同方节能工程技术有限公司中标“百度国际大厦冰蓄冷系统中央空调机房工程”，合同额近1000万元。该项目采用冰蓄冷空调系统技术，蓄冰量8288RTH（冷吨小时），较常规空调系统，每年可节省运行费用200余万元。冰蓄冷系统在夜间电网负荷低谷时开启制冷模式，将冷量预先储存在蓄能装置中，在用电高峰时段释放冷量。该系统一方面可起到平衡电网、削峰填谷的作用，减少电站建设数量；另一方面，可大幅降低用户空调系统的日常运行费用。

同方泰德国际科技（北京）有限公司与上海东亚体育文化中心有限公司签署了“合同能源管理项目合同书”，负责上海大舞台（原名上海万人体育馆）及上海东亚展览馆空调系统的节能改造。该项目依据空调负荷模拟的计算方法，预计改造后中央空调系统平均每年可节约电量728444千瓦时。

同方泰德国际科技（北京）有限公司为北京职工体育服务中心路灯、体育馆篮球公园及园林LED照明节能项目提供专项节能改造服务。北京工体节能改造前，265套灯具总功率为88010W，同方泰德通过加强节能管理，并采用同方LED绿色光源替换传统光源，改造后总功率下降至25520W，较改造前节能71%。

同方人工环境有限公司R32低温空气源热泵应用于国家环保部培训中心（北京）燃煤锅炉替代工程。该培训中心以往采用燃煤锅炉为建筑供暖，现采用同方人环“R32低温空气源热泵机组＋风机盘管”取代燃煤锅炉，并采用热泵热水机制取生活热水及为泳池加热。同方人环以北京郊区农村安置房为示范点，对北京农村燃煤采暖替代R32低温空气源热泵供暖项目进行申报，目前已获得环保部“环保低碳热泵技术采暖示范项目”资金补贴。

同方数字城市产业本部签约乌海市热力公司集中供热节能改造项目，项目总供热面积1200万平方米，通过改造和升级原有系统建立集中供热计算机综合监控系统，预计每年可节约2万吨标准煤。

同方泰德国际科技（北京）有限公司为重庆远东百货江北旗舰店提供节能改造专项服务。同方泰德采用54套Techcon EEC节能专家控制系统进行智能优化控制，改造完成后，预计空调系统单项节能率在30%左右，在照明系统改造方面可节能60%以上。

北京首科兴业工程技术有限公司对首钢矿业公司二系列球团生产线烟气脱硫该项目进行了总承包施工，项目投资2927万元。该项目采用改进型密相塔半干法脱硫技术，能够保证系统更加稳定可靠的运行，各项指标均领先国内其他半干法脱硫技术。项目投产后，可达到排放烟气SO_2浓度≤100mg/Nm^{3}和排放烟气含尘浓度≤50mg/Nm^{3}的环保指标。该项目完成了环保部门下达的“十二五”主要污染物总量削减任务，SO_2年减少排放量6720吨。

北京首科兴业工程技术有限公司对安阳永通豫河球团烟气脱硫项目进行了总承包施工，项目投资2900万元。该项目采用改进型密相塔半干法脱硫技术，能够保证系统更加稳定可靠的运行，项目投产后预计每年SO_2排放量可减少5800吨。

（宋慧宇）

【基地建设】年内，北大创业家俱乐部正式成立。北大创业家俱乐部位于北大科技园南区，专属1000余平方米的创业服务区域，分为“产业研究区”“集中办公区”“项目交流区”“项目展示区”。采用“创业培训、天使投资、创业孵化、开放平台”四位一体的创业服务理念，促进科技成果转化，扶持青年人才创业，服务国家发展战略。

未名集团（合肥）生物经济实验区抗体药基地在未名集团合肥半汤生物经济孵化器（抗体药项目）现场举行奠基仪式。该项目总投资达100亿元。一期建设世界最大抗体药生产基地总计10个品种。项目全部建成投产后可实现产值500亿元，利税100亿元。预计2015年6月完成25万平方米厂房封顶；2015年年底，项目基础建设全部竣工，并交付使用。已经与美国GE已建立全面合作关系，开始进行第一条抗体生产线设备订购；2016年1月，将进行设备安装和工艺路线施工；争取到2016年年中，第一个抗体药品种试生产。

北京大学（包头）科技园开园。园区总占地面积49公顷，规划建设“两园四区”，工业区建设规模约12万平方米，综合区建设规模约35万平方米，包括科技研发区、技术转化与孵化区、产业发展区、综合配套服务区等4个功能区。园区主要承接及服务以北京大学为主，相关高校、科研院所、高科技企业的科研成果转化落地与产业化发展。

北大科技园南区正式揭幕运营。北大科技园南区将围绕科技创新链发展与创新创业生态环境打造，搭建多种新型服务平台，形成“以创新要素为基础的技术服务体系”和“以人为本的创业服务体系”。

方正集团与北京大学、北京大学医学部历时12年、总投资45亿元，共同打造的北京大学第九家附属医院——北京大学国际医院正式开业。北京大学国际医院在医疗水平、服务、科研、人才培养以及医院管理等方面均实现与国际接轨，医疗信息化系统按HIMSS（美国医疗信息和管理系统学会）国际最高级（7级）建设。

北大明德建设位于北京大学昌平分校校区内的“200号”基地，年内基本完成基地内基础设施完善、办公室装修、库存原料与设备清理等工作，未来会作为明德办公、实验、中试一体化基地。

未名集团在河北保定唐县地区建设150平方公里的“保定古北岳生物经济示范区”项目。重点打造：一山（大茂山森林生态旅游景区）、二带（撇子沟健康养老社区、通天河沿线未名公社）、一园（于家寨生物产业园）、一镇（军城镇综合服务配套小镇）。

北京辰安科技股份有限公司参与承建Babahoyo 911中心。Babahoyo 911中心是辰安科技在厄瓜多尔1101项目的一个非常重要的标准中心，主要服务厄瓜洛斯里奥斯、玻利瓦尔省。该中心自2014年1月底建成试运行以来，已经为该省的城市安全做出了杰出的贡献，每天接入报警电话2000多个，处理警情接近500起，系统运行稳定。

石家庄诚志永华显示材料有限公司TFT液晶材料生产基地投产，该基地始建于2012年，位于河北石家庄，是诚志永华独自承担的河北省重点建设项目，也是“国家彩电转型专项”的重要依托。

紫光股份有限公司将在北京市房山区投资建设大型“云服务”业务北京地区数据中心。该项目总用地面积 32000.17 平方米，总建筑面积 39725.48 平方米，将分两期投资建设。其中一期项目建筑面积 9671.44 平方米，总投资约 2.9 亿元，已具备开工建设条件，建设周期约 12 个月。

展讯通信有限公司深圳创新实验工程中心正式投入使用，标志着中国首家具备“多地百口”认证体系的手机整机测试基地正式投入使用。该中心将完全面向中国本土客户开放，通过一站式的产品测试解决方案，助力客户强化产品质量建设，帮助客户缩短产品上市周期。

北京农学院大学科技园林场开园。林场位于怀柔区宝山镇四道河村，占地 670 公顷，分为综合服务区、林下经济区、生态林修复区和原始次生林区等 4 部分。林场分两期建设，一期工程启动于 2012 年 8 月初，于 2013 年 12 月底竣工，投入经费 2000 余万元，主要建设了学生宿舍、食堂、教室、教师办公室等房屋设施 2640 平方米，林下规模化种、养殖设施 40370 平方米，以及水、电、路、护坡等基础设施。目前林场已经具备接待近百人开展教学科研、实践实习和山区沟域生态休闲农业示范的保障能力。

（宋慧宇）

【重点项目】年内，依托方正集团建设的“数字出版技术国家重点实验室”正式通过国家科技部验收，数字出版技术实验室正式进入国家重点实验室序列。该实验室由方正信产集团运维管理，是中国唯一专注于数字出版领域研究的企业国家重点实验室。

由北大科技园园区企业土人设计主持完成的美国西雅图庆喜公园（Hing Hay Park）设计方案，通过西雅图国际区的社区听证。西雅图庆喜公园“城市戏台”项目工程预期在 2015 年年底动工，并于 2016 年完成。

北大科技园包头装备制造产业园区（占地面积 144 公顷，总投资 102 亿元）24 个重点项目开工，涉及重车关键部件、新能源新材料、石油机械、工程机械、节能环保、机电设备等领域。

“北京大学创新研究院—方正信产联合创新中心”揭牌，并开展“包头食品溯源项目”。

北大青鸟在加拿大魁北克省圣布鲁诺市建北大青鸟研发生产中心（Maple Armor），北大青鸟加拿大生产研发中心（Maple Armor）是青鸟环宇消防设备公司的分支机构，占地 13500 平方米，建筑面积 7200 平方米，基建及生产、研发设备总投资 3000 万加元，是近年来中资企业在魁北克省制造业和研发领域实施的最大投资项目。

北大软件“软件协同研发支撑技术北京市工程实验室创新能力”建设项目通过北京市发改委验收。项目重点围绕软件协同开发技术领域，搭建软件协同研发产品开发、产品及社区运营两大平台，突破软件协同研发质量保障体系、软件协同研发过程元模型、应用集成机制、ALM 数据与接口等关键技术，建立支持分布式协同研发的标准体系，开发协同研发集成平台，ALM 工具集相关平台与工具，开展产业化推广应用，培养软件协同开发人才，为软件开发组织提供技术服务。

北大泰普承担建设的厦门市绿色食品工程技术研究中心顺利通过 2012—2013 年度评估。该中心于评估期两年通过联合开发、自主开发等形式完成了多项技术创新，部分已经实现了产业化，已累计新增产值 4.5 亿元。承担 2 项政府科技计划项目，4 个项目技术申报了国家发明专利。

北大英华不断开发定制项目，包括“食品安全法律信息平台”“金融企业法律服务系统”“立法文件审查系统”“法务文件审查系统”等。北大英华上线“司法考试平台”。平台包括在线答题、重点法条、法律汇编、司考大纲、法律文书、我的司考等 6 个部分。

由启迪股份与韩中交流协会共同发起的“中韩技术交易中心”在清华科技园成立。“中韩技术交易中心”的成立旨在进一步推进中韩两国企业在产品、技术和服务等各方面的合作发展。

北京清尚环艺建筑设计院有限公司与清华美院以联合体的方式中标意大利米兰世博会中国馆的设计项目。

同方数字城市产业本部签约苏州市轨道交通 4 号线及支线工程综合监控集成、采购及安装项目，合同金额达 4.12 亿元，是目前我国轨道交通综合监控合同金额最大的项目。

同方计算机产业本部中标金融行业万余台电脑大单，其中包括：中标中国人民银行集采项目 2000 台笔记本电脑、中标中国人寿集采项目 9000 台台式机和 1000 台一体机，从而打破了以往金融行业对国际品牌的采购依赖。

同方泰德国际科技（北京）有限公司的“中央集成管理系统”（IBMS）被南京奥体中心采用，该系统集成了综合布线、信息网络、智能灯光等 16 个智能化子系统，实现面向设备和客户的直接管理，在方便业主智能管控的同时，有效降低了建筑运营能耗，该项目曾获“全国十大建设科技成就奖”。

清华大学建筑设计研究院有限公司参与设计 2014 年 APEC 会址建筑雁栖塔和雁栖湖四号总统别

墅鹿鸣居。

中国石油大学同巴州人民政府签署了“全面合作框架协议”，决定建设中国石油大学科技园巴州分园。科技园区初步规划占地93公顷。拟分为两大区：教育科研区（26公顷）和创新产业区（67公顷）。计划在科技园内建设3个重点项目：一是要将未来塔里木油田给石油大学的科研项目放在科技园的平台下运作；二是设立远程、继续教育学院，通过远程及面授的培训方式在科技园内为巴州地方培养学员，加强巴州石油从业人员的专业素质；三是建立检测中心，针对塔里木油田量身打造配套服务。

中国石油大学（北京）资产公司（北京中石大新元投资有限公司）与唐山海港鑫丰机械设备制造有限公司共同投资组建唐山中石大鑫丰石油装备制造有限公司。该公司成立以来，已经研发制造了大排量泥浆泵、常规系统泥浆泵、向输送泵和压裂泵发展、升级版的固控系统。

北京首科兴业工程技术有限公司承包建设的首钢矿业公司球团烟气脱硫项目属于京津冀地区的大气污染控制减排重点项目，同时是河北省唐山市重点污染减排项目。项目总投资4700万元，每年减排二氧化硫9500吨，年减排粉尘480吨。该项目工艺采用新一代密相干塔脱硫技术，在原有技术的基础上进行了大规模的改进与优化，形成了几项重要的创新点：首次实现了脱硫除尘一体化装置的工业化应用；物料输送方式采用全气力输送方式，开创了国内半干法脱硫的先河生产风机与脱硫风机合并，无旁路设置，真正实现了生产与脱硫完全同步。

京微雅格（北京）科技有限公司的“基于CME-M5的高清视频及OSD叠加显示方案”是实现在高清视频上叠加多级图层管理菜单显示的解决方案，可以被广泛地应用在轨道交通、数字娱乐、消费类电子、工业控制、智能家居、数字监控等领域，是一款高性价比的系统级解决方案。其主要功能特性包括：输入端支持模拟视频源（CVBS/S-Video/YPbPr/VGA），全高清的VGA和DVI-I；兼容不同厂商不同尺寸不同分辨率的显示屏幕，根据客户的具体需求，视频流进行缩放，并在视频上叠加图层管理；经过缩放后的视频流在输出前根据显示屏幕的规格进行Odd/Even区分；控制端通过CME-M5扫描button状态，并进行相应事件响应和处理。

北京语言大学出版社有限公司申报的“国际汉语教学服务系统项目”和“面向外国人的汉语学习与评估在线系统项目”两个项目成功入选国家新闻出版广电总局“2014年度新闻出版改革发展项目库”，4种出版物被国家新闻出版广电总局增选为“十二五”国家重点出版物出版规划项目，申报的“MPR国家标准和技术应用项目”成功获批“2014年度国家文化产业发展专项资金”支持。

北京农学院科技综合楼奠基。科技综合楼位于北京农学院中轴线最北端，总投资1.917亿元，总建筑面积40555平方米，高度44.6米。该楼建成后，将成为北京农学院单体面积最大、投资金额最大的标志性建筑，将极大地改善学校办学条件，缓解实验科研和行政办公用房缺口。

（宋慧宇）

【重大奖项】年内，方正科技旗下方正PCB申报的“高密度互连混合集成印制电路板关键技术及产业化”项目在高密度互连电路板（HDI电路板）领域，突破了高密度互连混合集成印制电路制造中在新型印制材料、表镀与内埋器件、高密度集成互联、高导热抗电磁干扰等国际难点，成功获得“2014年国家科技进步二等奖”。

北大科技园企业方正阿帕比技术有限公司新推出的CEBX新一代版式文档技术获“新技术金奖”。

北大青鸟APTECH蝉联“质量放心 用户满意双优品牌”。

北大维信发明专利——血脂康荣获“北京市发明专利奖”二等奖。

北大青鸟APTECH获2014中国IT职业教育最具影响力机构大奖。

北大资源物业荣获2014中国物业服务百强企业。

青鸟环宇消防公司获誉“全国质量诚信优秀典型企业”。

北大青鸟APTECH揽2014年中国服务外包培训机构评选三大奖（优秀服务外包培训机构年度奖、最具规模服务外包培训机构奖、优秀服务外包人才培训国际合作奖）。

青鸟环宇消防公司获2014消防行业AAA级企业信用证书。

方正集团荣获北京产权交易所颁发的“最佳产权交易组织奖”。

方正信产依托PCB硬件制造，利用物联网、云计算、智能分析等技术，向智慧城市建设提供从顶层设计到垂直行业软硬件方案再到城市大数据运营的全面解决方案。从Founder Inside（PCB及封装基板）、Founder Connect（宽带及物联网）、Founder Solution（行业解决方案）、Founder Big Data（云计算及大数据）4

个层面贡献于智慧城市的建设，并在“2014 中国软件大会”上荣列“软件及信息服务十大领军企业”。

方正中期期货在 2014 年期货公司分类评比中获最高评级——A 类 AA 级。方正中期期货现有营业部 27 家，遍布北京、上海、天津 3 个直辖市，以及河北、山东、内蒙古、陕西、浙江、江苏、湖北、湖南、广东 9 个省份的 20 个地级市。

北大留创园企业获评北京市优秀科技项目。其中，北京智慧视通科技有限公司创始人瞿炜博士的创业项目“智能视频分析与可视化管理系统”被人社部评为“2014 年留学人员回国创业启动支持计划”优秀项目，获得奖励资助 20 万元。另一家生物医药企业华诚睿光（北京）科技发展有限公司的“牛奶体细胞检测”也获得奖励资助 10 万元。

北大法宝获得北京市科委科技服务业专项基金。

北大维信再次被北京市科委、北京市财政局、国家税务局及地方税务局联合认定为国家高新技术企业。

清华大学出版社图书和期刊获第三届“中国出版政府奖”。

同方股份有限公司 48TX6900 液晶电视获“年度创新技术和创新产品奖”。

紫光股份有限公司获评“2013—2014 中国扫描仪市场年度成功企业”。

同方锐安再获“中国 RFID 行业年度最有影响力系统集成企业”奖。

同方泰德国际科技（北京）有限公司被授予“建筑设备监控系统十大品牌”“能源管理系统十大品牌企业”和“系统集成软件六大品牌企业”3 项殊荣。

北京同方吉兆科技有限公司的“多功能高效率地面数字电视 3kW 发射机”和“增强型多频点地面数字电视宽带补点器”在中国广播电视设备工业协会组织评比的 2013 年度“广播电视科技创新奖”活动中分别荣获“科技创新优秀奖”和“科技创新奖”。

同方锐安科技有限公司在“中国物联网 RFID2013 年度评选活动”中再获“中国 RFID 领先企业”奖。

清控科创董事长兼总裁秦君荣膺“2014 中国十大品牌女性”。

中建协智能建筑分会 2013 年年会授予同方泰德国际科技（北京）有限公司“智能建筑行业十大知名产品品牌”奖，同时授予 Techcon 楼控系统 Bacnet 产品“十大创新产品品牌”奖。

同方数字城市科技公司蝉联“智能建筑行业十大品牌企业”之首、“工程量总额 60 强企业”第一。

北京清华同衡规划设计研究院有限公司风景园林研究中心完成的“天津静海新区团泊新城景观概念性规划设计”和“印象武隆项目景观设计”分别荣获第十一届国际风景园林师联合会亚太地区（IFLA APR）风景园林规划类荣誉奖和风景园林设计类荣誉奖。

博奥生物集团有限公司总裁、生物芯片北京国家工程研究中心主任程京院士荣获第十届光华工程科技奖，“光华工程科技奖”被视为目前国内工程界针对个人成就的最高荣誉。

清华大学与威视股份有限公司共同申请的专利——“物质识别方法和设备”获北京市第三届发明专利奖一等奖。

同方锐安科技有限公司连续 4 年荣获“中国一卡通行业十大最具影响力品牌”“中国一卡通行业十大企业一卡通品牌”“中国一卡通行业十大门禁系统品牌”等称号。

清华大学出版社图书《黎曼猜想漫谈》获第七届吴大猷科学普及著作奖最高奖——金签奖。

同方股份有限公司以 226.5 亿元的年营业收入和 6.77 亿元的净利润，紫光股份有限公司以 85.2 亿元的年营业收入和 1.01 亿元的净利润入选“2014 年中国企业 500 强排行榜”。

同方股份有限公司 55TX6900 电视一举荣获“2014 中国彩电行业创新产品大奖”，同方电视 DI−FI 影院技术以其优异的创新性能夺得“2014 年中国彩电行业创新技术大奖”。

博奥生物集团有限公司荣获中国出生缺陷干预救助基金会颁发的首届“特殊贡献奖”。

“清华同方”入选“2013 年度中国最具成长力商标”榜单。

《清华大学学报（自然科学版）》获评“百种中国杰出学术期刊”和“第三届中国精品科技期刊”。

同方 E 人 E 本获“中国行业信息化商务平板第一品牌”称号。

北京华环电子股份有限公司荣获“2014 年中国光传输与网络接入设备最具竞争力企业 10 强”，这是华环电子连续 8 年获得此项荣誉。

展讯通信有限公司荣获五大中国 IC 设计公司品牌奖项，展讯通信 SC883XG 荣获 2014 年中国 IC 设计成就奖年度最佳处理器 /FPGA 产品奖。

北京辰安科技股份有限公司两项创新成果“基于物联网的公共安全应急平台及装备”“核与辐射应急监测调度协同平台”在“第八届中国产学研合作创新

大会”上获得中国产学研合作创新成果奖，辰安科技总裁袁宏永获得中国产学研合作创新奖。

展讯通信（上海）有限公司获得由工信部、财政部认定的“2014年度国家技术创新示范企业”荣誉称号，成为本年度上海市获得此项殊荣的两家企业之一。

清华大学建筑设计研究院有限公司承担的金沙遗址博物馆、嘉那嘛呢游客服务中心、河北省博物馆3个项目荣获2014年FIDIC（国际咨询工程联合会）工程项目奖提名奖。

紫光股份有限公司荣获2014中国证券金紫荆“最具投资价值上市公司奖”。中国证券金紫荆奖评选活动是中国资本市场发展20多年来针对两地上市公司及其高管的规模最大、层次最高、最具公信力的上市公司评选活动。

在中国电子信息产业发展研究院（赛迪集团）主办的“2014中国信息产业经济年会”上，清华控股有限公司高级副总裁、紫光集团有限公司董事长赵伟国当选为“2014中国信息产业年度领袖人物”。“英特尔入股紫光，我国推进集成电路产业取得阶段性成果”入选“2014中国信息产业年度经济事件”。

同方泰德国际科技（北京）有限公司Techcon楼宇控制管理系统在第十五届中国国际建筑智能化峰会上位列2014楼宇自控国内民族品牌榜之首。“中国智能建筑品牌奖”被誉为智能建筑行业的“奥斯卡”。

北京清尚建筑装饰工程有限公司董事长吴晞荣获“中国建筑装饰三十年行业开创型企业暨功勋人物”称号，清尚装饰荣获了商业空间和展览陈列两个专项的“专业化百强”企业称号，清尚装饰承接的中国美术馆、清华大学新学堂和北京新保利大厦工程分别荣获“百项经典工程奖”，清尚装饰承接的北川羌族民俗博物馆工程荣获2014年度“全国建筑工程装饰奖”。

同方股份有限公司获得由工业和信息化部颁发的“国家安全可靠计算机信息系统集成重点企业”证书。

清华科技园启迪股份荣获“最具世界影响力中国品牌”称号。

华北电力大学校办企业参展在上海举办的第十六届中国国际工业博览会（中国国际工业博览会是国内唯一一个经国务院批准的具有评奖功能的大型国际工业博览会）。其中，“火电直接空冷机组空气流场导流装置”项目获得大会银奖，“面向智能电网的配电网规划数据平台及应用系统”项目获得中国高校展区二等奖。

北科大设计院公司全流程板形控制技术从热轧、冷轧、退火、精轧等工序出发，从设备、工艺、控制等方面入手，解决了高品质用钢的板形质量问题，获得冶金科学技术进步奖和安徽省科学技术进步奖。

京微雅格（北京）科技有限公司的FPGA CME-HR（黄河）系列在第十九届IIC-China 2014电子工程盛会上获年度优秀FPGA产品奖；低功耗FPGA CME-HR（黄河）开发板在中国半导体行业协会、中国电子器材总公司、上海市经济和信息化委员会共同主办的第十二届中国国际半导体博览会暨高峰论坛（IC China 2014）上获优秀参展产品奖；CME-M7（华山）在2014中国集成电路产业促进大会上获2014年度第九届“中国芯”最具潜质产品；“基于CME-M5的高清视频及OSD叠加显示方案”获智能城市方案组优秀方案奖。

京微雅格（北京）科技有限公司获2014年中国IC设计成就奖——中国风云IC设计企业。

北京语言大学出版社有限公司网站被中国出版协会和中国新闻出版研究院评为“全国出版业优秀数字出版平台网站”，北京语言大学出版社有限公司成为全国10家获奖单位之一。

北京语言大学出版社有限公司申报的13种出版物成功入选国务院新闻办“CBI重点图书推荐项目书目”。

北京语言大学出版社有限公司被商务部、中宣部、财政部、文化部、新闻出版广电总局等5部委联合认定为“2013—2014年度国家文化出口重点企业”；被中国版权协会授予“2014年中国版权最具影响力企业”，该奖项被誉为中国版权产业的“金鸡奖”，全国仅有12家出版企业获此殊荣。

北京语言大学出版社有限公司进入全国22家MPR国家标准应用示范单位之列。

（宋慧宇）

区县工业

综　述

2014 年，北京市区县规模以上工业企业总产值（当年价格）18452.90 亿元，同比增长 6.23%。其中，首都功能核心区工业总产值 1127.44 亿元，城市功能拓展区工业总产值 3893.65 亿元，城市发展新区工业总产值 8958.58 亿元，生态涵养发展新区工业总产值 1283.40 亿元。工业销售产值（当年价格）18228.21 亿元，同比增长 6.06%。其中，首都功能核心区 1132.06 亿元，城市功能拓展区 3791.73 亿元，城市发展新区 8851.44 亿元，生态涵养发展新区 1263.17 亿元。出口交货值 1426.88 亿元，同比下降 5.30%。其中，首都功能核心区 26.50 亿元，城市功能拓展区 163.37 亿元，城市发展新区 1150.33 亿元，生态涵养发展新区 86.68 亿元。全市区县规模以上工业企业单位个数 3686 家，比 2013 年增加 45 家。其中，首都功能核心区 100 家，城市功能拓展区 1023 家，城市发展新区 2033 家，生态涵养发展新区 530 家。全市区县规模以上工业企业资产总计 33557.05 亿元，主营业务收入 19776.67 亿元，利润总额 1515.75 亿元，应交税金合计 1143.66 亿元，从业人员年平均人数 1165464 人。

东城区工业

【概况】 2014 年，东城区规模以上工业企业总产值 152.36 亿元，同比增长 30.2%，销售产值 155.28 亿元，同比增长 33.9%。其中，中小微型企业工业总产值分别较去年同期增长 45.3%、26.9%、1.5%，大型企业受重点企业产品结构调整、生产布局改造和停减产的影响，工业总产值同比下降 4.5%。全区规模以上工业出口交货值 20.3 亿元，同比增长 49.9%。

（李文博）

【29 家用能单位通过节能考核】 4 月，东城区发展改革委委托专业机构联合成立考核工作组，对区重点用能单位开展上一年度节能目标责任评价考核。考核采取各重点用能单位提交节能工作自查报告、考核工作组审核评分与抽样现场核查相结合的方式，考查各单位本年度节能目标完成情况和节能措施落实情况。最终确定 35 家参评单位的考核等次，其中 5 家“优秀”、12 家“良好”、12 家“基本完成”、6 家“未完成”。

（李文博）

【开展节能宣传周活动】 6 月 8—14 日，东城区围绕“携手节能低碳，共建碧水蓝天”的主题，开展节能宣传周活动，组织区机关事务管理中心、区园林绿化管理中心、相关街道办事处等多部门联动，广泛宣传了低碳理念，营造全民参与节能活动的社会氛围。

（李文博）

【20 家单位碳排放交易近 10 万吨】 年内，东城区深入落实北京市关于碳排放控制的相关工作，督促 35 家重点排放单位在配额许可范围内排放二氧化碳，按期完成本年度碳排放交易的履约工作。其中，20 家单位参与交易，交易量达 97486 吨，交易金额达 639.7 万元。

（李文博）

【调整退出 4 家非首都功能企业】 年内，东城区按照

《北京市2013—2017年清洁空气行动计划》相关要求，组织不符合首都功能定位的企业开展调整退出工作。根据北京市经济和信息化委员会工作部署，东城区通过设备拆除等方式调整退出4家企业，即北京市邮政印刷厂、北京大磨坊面粉有限公司、金泰汇通商贸有限公司河沿门市部、北京航星机器制造有限公司。

（李文博）

【帮扶中小企业发展】 年内，东城区大力建设“1+N”的东城区中小微企业公共服务平台体系，按照“政府引导、企业主体、市场运作、社会参与”的原则，采用企业化运营与市场化合作模式，通过4家中小企业服务分中心、9家小企业创业基地，为驻区中小微企业提供基础服务、增值服务和政府购买服务。全年共组织各类企业服务活动192场，服务驻区中小微企业近9000家次，吸引企业入驻904家，组织各类银企对接18次，为驻区企业获得融资1.7亿元，帮助10家企业挂牌上市，实现转型升级。联合区科委、人保局、工商分局、地税局、团区委、工商联、私个协等部门开展企业服务，召开政策培训活动11场，参与企业670家次，组织各类企业宣传和岗位招聘活动11场。全年走访重点企业97家次，收集企业需求100余条，共储备重点中小微企业446家，重点项目464个，中小微企业集聚区项目池29家，进入拟上市培育库的中小微企业12家。全年共有10家中小微企业获得国家、市级专项资金895万元。

（丁　洋）

西城区工业

【概况】 2014年，西城区规模以上工业企业总产值972.0亿元，同比增长10.4%，其中能源供应业企业累计完成产值868.1亿元，同比增长15.1%，占西城区规上企业总产值的89.3%，销售产值972.4亿元，同比增长10.6%；产销率为100%。

（马孝林）

【加大节能减排力度】 年内，西城区开展了2014年节能改造项目征集、评选工作，确定2014年支持鼓励节能改造资金1638.11万元、其他支持补助资金179万元；金融街街道丰汇园社区经市发展改革委评审遴选，成为市级低碳社区试点之一。为深入贯彻落实北京市、西城区清洁空气行动计划，加强工业企业大气污染防治，减少工业领域污染物的排放，组织了北京市科通电子继电总厂、北京市半导体器件六厂、北京市商标印刷厂、北京华美振洋有机玻璃有限责任公司4家企业停产或退出。

（马孝林）

【规范中小企业管理】 年内，西城区规范中小企业认定及项目备案管理工作。开展中小企业认定9家、工业及软件信息服务业行政许可项目备案10个，推荐2家中小企业申报国家中小企业专项资金，推荐4家企业申报认定北京市企业技术中心、5家企业申报认定北京市中小企业公共服务平台和小企业基地、2家企业申报北京市工业企业知识产权运用能力培育工程试点。定期组织相关政府部门及行业协会召开西城区中小企业发展工作领导小组季度工作会，对中小企业新政实施效果、政府服务协调及中小企业自身发展等工作进行了全面的梳理和总结。编制印发《西城中小企业动态》。

（马孝林）

【规上非公经济收入1664.1亿元】 年内，西城区规模以上非公经济收入合计1664.1亿元，同比增长3.0%，占全区收入的比重为9.6%；利润总额达588.1亿元，同比下降23.7%，占全区利润总额的10.4%；从业人员16.9万人，同比增长1.8%，占全区从业人员的23.5%。

（马孝林）

【高新技术企业总收入675.4亿元】 年内，西城园规模以上高新技术企业主要经济指标增速迅猛，累计实现总收入675.4亿元，同比增长15.7%；工业总产值202.6亿元，同比增长17.7%；利润98.7亿元，同比增长22.2%。产品销售收入225.2亿元，同比增长1.3%；技术收入108.6亿元，同比增长10.9%。总收入过亿元的高新技术企业共有55家，比去年增加6家；收入637.8亿元，同比增长50%，占园区总收入的94.4%；利润99.6亿元，占园区的比重为109%；出口额21.1亿美元，与去年基本持平，占园区出口总额的99.1%。园区规上高新技术企业的主要经济指标的比重均超过90%，对园区经济的拉动作用明显。

（马孝林）

【电力管理】 年内，西城区与国网北京市电力公司签署了合作协议；加快协调推进老旧小区电力设施改造工程，11个临电小区已有4个小区完成改造，立恒名苑等小区正在稳步推进；认真落实好北京市2014年电力迎峰度夏运行保障；加强“两会”、APEC会议期间等重要节点电力检查和巡视；加强应急值守，要求电力保障部门完善应急预案，加强值班管理，确保区域内供电工作正常运行；开展能源电力类项目的审批核准工作，协调推进能源电力类政府投资项目落地；落实能源电力项目审批、核准、节能及光伏发电项目备案等工作。

（马孝林）

朝阳区工业

【概况】年内，朝阳区地区生产总值4337.3亿元。其中，第一产业增加值1.4亿元，同比增长0.6%；第二产业增加值346.6亿元，同比增长2.1%；第三产业增加值3989.3亿元，同比增长8.1%。三次产业结构为0.03：7.99：91.98。

在生产线外迁、节能降耗等限制因素的影响下，区域工业增速持续回落。全区294家规模以上工业企业总产值1006.8亿元，同比下降4.5%。86家高技术制造业企业实现工业总产值180.5亿元，同比增长4.3%，占全区工业总产值的17.9%。主营业务收入1068.1亿元，利润总额78.2亿元。

（陈　珊）

【支柱行业工业总产值占比过七成】年内，朝阳区工业共涉及29个行业。6大支柱行业工业总产值742.5亿元，占全区规模以上工业总产值的73.7%。其中，煤炭开采和洗选业227.8亿元，开采辅助活动152.9亿元，电力热力生产和供应业147.9亿元，计算机、通信和其他电子设备制造业73.2亿元，医药制造业72.7亿元，电气机械和器材制造业68亿元。

（陈　珊）

【加快科技园区建设】年内，朝阳园与15家重点功能产业园签订招商引资共建协议。新入驻特斯拉、泰科投资2家世界500强企业，中兴能源、南山基业、苗联网等22家注册资本亿元以上企业，卓越晨星、华茂云天等47家1000万~1亿元企业。东区国际电子总部4号地已启动基础结构施工，西区默沙东、时代凌宇完成主体结构建设，北区征地方案获得市政府批复，大望京科技商务创新区完成总建筑面积的70%。制定首问负责制、一次告知制和承诺办结制“三制”工作制度。开展多场业务培训、专场招聘、工商年检、银企对接会，惠及企业千余家。园区已有中关村高新技术企业1233家、“瞪羚”企业253家、“十百千工程”企业31家、示范区标准创新试点企业28家；有15名创业者入选“千人计划”“海聚工程”“高聚工程”，26家企业人才成功申报中关村高端领军人才技术职称，63家企业获得中关村技术创新能力建设专项资金1191.1万元。电子城科技园技术合同登记处被评为市级优秀登记处，并被选为北京市免检登记处。

（陈　珊）

【推进产业结构调整】年内，朝阳区制定《优化城市功能、加快产业转型升级工作方案》，严格执行北京市新增产业禁止和限制目录，严把新增产业准入关，鼓励和促进各类低级次产业调整退出。拆除清退四元桥汽配城等有形市场35家，清退废品回收场站11个，拆除出租大院62个，退出高污染企业28家。新引进总部企业20家，跨国公司总部达到107家。现代服务业区级收入占总量的60%。商务服务业营业收入增长10%。金融业对全区财政收入增长的贡献达到18.4%。文化创意产业营业收入占全市22%。实行“先照后证”“一口受理、多证联办”审批服务，取消47个区级行政审批事项，压缩125个事项审批时限，公布投资项目审批事项清单，制定促进中小企业发展指导意见，成立中小企业服务中心。

（陈　珊）

【固定资产投资52.98亿元】年内，朝阳区核准、备案工业及软件类企业固定资产投资项目71个，项目涉及电子信息、通信设备、医药、电力热力、非金属制造等行业，建设内容涉及企业生产线技术改造、企业信息化服务平台开发建设、企业技术中心创新能力建设、小企业创业基地建设等方面，总投资额52.98亿元。

（陈　珊）

【淘汰退出28家企业】年内，朝阳区成立空气重污染应急工作领导协调小组，加大工业企业污染控制力度。在空气重污染日，启动朝阳区空气重污染应急预案，对大气污染物排放重点工业企业实施停限产措施。对区域内重点燃煤工业企业采取关停、清洁能源改造、整体搬迁等方式，削减燃煤约1.29万吨，完成市级以上开发区外工业企业压减燃煤指标。梳理重点工业污染企业，建立工业污染企业退出工作体系，对重点工业污染企业定期入户跟踪，了解企业退出过程中遇到的问题，帮助企业综合利用现有政策，开展退出工作。

年内完成28家工业污染企业淘汰退出任务。

（陈 珊）

【出台促进中小企业发展指导意见】 年内，朝阳区出台《朝阳区促进中小企业发展指导意见》，缓解中小企业用工成本上升、生存和发展压力加大、融资难等问题，激发企业创新活力，推动企业转型升级，稳定和增加就业岗位，形成有利于中小企业提升发展水平的良好发展环境。

（陈 珊）

【开展中小微企业融资服务】 年内，朝阳区与金融机构合作，推出差异化信用类金融产品，协助20家小微企业融资4777万元。发行2014年朝阳区中小企业贷款集合资金信托计划，募集资金9700万元，14家中小企业从中受益。

（陈 珊）

【成立中小企业服务中心】 年内，朝阳区成立中小企业服务中心，隶属于朝阳区发展和改革委员会，为全额拨款事业单位。主要职责是宣传落实国家及北京市促进中小企业发展政策，维护中小企业合法权益；搭建中小企业沟通合作平台，监测中小企业发展运行情况，为中小企业提供创业指导、企业诊断、信息咨询、市场营销、投资融资等服务工作；构建中小企业信用体系等工作。

（陈 珊）

【3.6万家小微企业受惠】 年内，朝阳区享受小型微利企业税收优惠政策的企业达36140家，直接减免税款5126.7万元。落实中小企业专项支持金额共计78家企业、1904.54万元，落实促进企业上市引导资金共计20家企业、1250万元。精简办税流程，加快个体工商户注销税务登记、增值税专用发票审批、审核审批出口退税等办理流程。加快服务网点建设，方便参保单位，新开设双井、三间房等6个劳动保障服务中心，累计办理社保业务13.8万件，占社保中心业务总量的1/4。

（陈 珊）

【468家企业获高新技术企业证书】 年内，朝阳区推荐申报高新技术认定（复审）企业478家，通过科技部备案获得证书的高新技术企业共468家，其中电子城园区高新技术企业200家、园区外高新技术企业268家。截至2014年，朝阳区高新技术企业保有量共1039家，其中电子城园区高新技术企业428家、园区外高新技术企业611家。

（陈 珊）

海淀区工业

【概况】 2014年，海淀区规模以上工业企业工业总产值2026.6亿元，同比增长27.6%，比上年增加14.8个百分点，列全市第三位；工业增加值同比增长21.6%，同比增加8.4个百分点。工业总产值增速和工业增加值增速在17个区县（含亦庄开发区）均列第二位；出口交货值82.8亿元，同比下降6.2%，同比增加0.6个百分点。全区工业固定资产投资54.5亿元，同比增长27.6%；工业销售产值1951.0亿元，同比增长26.6%；规模以上工业总产值中高技术制造业产值占比59.0%，同比增加5.2个百分点，工业用电9.4亿千瓦时，同比增长1.1%。

海淀区规模以上工业企业的六大产业中，位居首位的电子信息产业工业总产值1058.9亿元，同比增长45.8%，占区工业比重的52.2%；出口37.2亿元，同比增长0.8%。重点企业北京小米通讯技术有限公司产值561.8亿元，同比增长163.6%；联想（北京）有限公司产值186.8亿元，下降18.8%；同方股份有限公司产值61.4亿元，下降12.5%；大唐移动通信设备有限公司产值31.3亿元，增长67.1%；瑞萨半导体（北京）有限公司产值22.1亿元，增长9.1%。

第二位的装备产业工业总产值541.3亿元，同比增长8.4%，占海淀区工业比重为26.7%；出口34.2亿元，同比下降14.0%。重点企业国电联合动力技术有限公司产值89.8亿元，同比增长40.7%；北京四方继保工程技术有限公司产值31.4亿元，同比增长20.3%；华锐风电科技（集团）股份有限公司产值30.0亿元，同比下降13.0%；同方威视技术股份有限公司产值29.7亿元，同比下降4.8%；北京四方继保自动化股份有限公司产值28.5亿元，同比增长7.8%。

汽车与交通设备产业保持在第三位，工业总产值174.8亿元，同比增长74.7%，占海淀区工业比重为8.6%；出口0.4亿元，同比增长18.0%。重点企业北京纵横机电技术开发公司产值94.7亿元，同比增长175.2%；中国长安汽车集团股份有限公司产值57.9亿元，同比增长26.4%；北京经纬信息技术公司产值4.4亿元，同比增长222.3%；北京新联铁科技股份有限公司产值3.4亿元，同比下降18.7%；北京新兴东方航空装备股份有限公司产值3.1亿元，同比增长34.3%。

基础与新材料产业、都市产业和医药产业分列第四、五和六位，工业总产值分别为135.7亿元、79.3亿元和36.5亿元，同比下降9.9%、增长0.7%和增长9.3%。

（刘　宁）

【数码视讯被认定为重点软件企业】 1月7日，海淀区中关村核心区企业数码视讯公司被认定为2013—2014年度国家规划布局内重点软件企业。按照相关优惠政策，国家规划布局内重点软件企业可以享受低于10%的税率优惠以及其他各项优惠政策。

（刘　宁）

【联想PC获全球年度销量冠军】 1月9日，互联网数据中心IDC公布的市场数据显示：联想集团连续第三个季度成为全球PC出货量第一名，全年PC市场销量冠军。在美国市场，联想PC销量第一次超过竞争对手苹果公司。在全球5大PC制造商中，联想是唯一保持市场份额和PC发货双增长的厂商，全年PC市场份额17.1%，PC发货量5377万台。

（刘　宁）

【北京先进产业技术研究院成立】 1月13日，“北京先进产业技术研究院”与“增材制造创新中心”成立揭牌。北京先进产业技术研究院为市科委、中关村管委会、海淀区人民政府与北京航空航天大学合作共同建立。研究院针对国家科技发展的战略需求，结合战略性新兴产业发展现状和布局，坚持“需求源于企业、技术源头培育、政府政策支持、成果共同孵化”，在政府、高校、企业和社会资本共同支持下，打造科技产业融合发展的综合改革试验区，面向激光增材制造、航空发动机、自旋电子、大数据、有机光电材料等重点领域设立创新中心，服务首都经济社会发展。

（刘　宁）

【海兰信自主研发产品达国际标准】 1月14日，中关村核心区企业海兰信公司发布“智慧桥”全自主综合导航系统和极小目标探测雷达技术两款自主研发的新产品达到国际先进水平。“智慧桥”是国内首套满足国际最新标准的全自主综合导航系统，可实现船舶智能化一人驾驶。极小目标探测雷达技术具有国际先进水平，是基于海杂波处理的独特算法，可有效提高对雷达回波信号的处理能力，对大于0.1平方米的海上极小目标具有良好的自动跟踪和识别能力，可开发出溢油探测雷达、浮冰探测雷达、海浪探测雷达、防海盗雷达等系列产品。同时，极小目标探测雷达技术还可应用于岸基和舰载对海监控领域，提升国家海上警戒水平和海洋执法能力。

（刘　宁）

【国内首款商业化碳化硅二极管发布】 1月20日，国内首款商业化碳化硅二极管发布会在海淀区举行。碳化硅大功率器件在国内已批量生产，国内首款商业化第三代半导体肖特基二极管研制成功并推向市场。产品由泰科天润半导体科技（北京）有限公司生产，公司是海淀区2010年重点引入的战略性新兴产业代表企业，是研发、生产、销售碳化硅功率器件的高新技术企业。

（刘　宁）

【中科公司研制出磁悬浮分子泵】 1月，中关村核心区企业北京中科科仪股份有限公司研制中国第一台磁悬浮分子泵。公司的前身是成立于1958年的中国科学院科学仪器厂，曾经参与“两弹一星”“正负电子对撞机”等一系列国家重大工程项目，研制生产出中国第一台扫描电子显微镜、第一台立式涡轮分子泵、第一台商用氦质谱检漏仪。2013年5月，在第十二届国际真空展会上，中科科仪展示国内首台具有高洁净、低振动、免维护、转子自动平衡、断电自动保护、任意角度安装等特点的磁悬浮分子泵。

（刘　宁）

【手足口病疫苗通过验收】 2月，北京科兴生物制品有限公司研制的手足口病疫苗通过北京市食药监局组织的生产现场验收。科兴生物研制的手足口病疫苗是具有自主知识产权的国家一类新药，价格低于同类进口药物，可减轻患者的经济负担，实现医药产业创新成果真正惠民。

（刘　宁）

【智能电表芯片项目获市科技一等奖】 3月25日，由中国电力科学研究院和北京南瑞智芯微电子科技有限公司合作完成的“智能电表关键芯片研发与应用”项目获2013年度北京市科技进步一等奖。该成果突破了电力智能化设备核心芯片关键技术，具有高可靠性、低成本的特点。约450万片各类芯片应用于北京智能终端和智能IC购电卡中，并向全国27个省市规模化推广，部分产品随终端设备出口，在非洲、南美洲等地区得到了应用。该项目先后通过北京市科委、中国电机工程学会组织的验收和鉴定，多项技术达到国际先进水平，申请专利16项（含国际专利2项）、论文8篇、集成电路布图登记3项、软件著作权3项。

（刘　宁）

【两家公司获全国创新产品奖】 3月，在由赛迪顾问主办的“2014中国IT市场年会”上，用友软件股份有限公司的“企业统一应用平台”荣获“2013—2014中国云计算市场年度创新产品奖”。年内，用友集团投资组建“企业云工程实验室”，并成为北京市重点工程实验室，主要从事企业云计算、大数据、移动、云安全等领域的开发及验证。用友公司的“企业统一应用平台”超越传统的IT管理模式，使IT资源管理更快捷、更简单、更灵活，可为企业提供高安全、高性能、可扩展和可伸缩的全面IT资源保障。

6月3日，中国国际物联网博览会暨第12届中国（北京）RFID与物联网国际峰会在京召开，会上揭晓“国家金卡工程2014年度金蚂蚁奖”评奖结果，南瑞智芯（通信用电）自研产品电子加密封印芯片荣获“创新产品奖”。这是该产品继获评第八届“中国芯”评选“最具潜质奖”、中国物联网RFID 2013年度评选“创新产品奖”之后获得的第三个行业级奖项。

（刘 宁）

【两公司构建互联网生态体系】3月27日，小米科技与金山软件联合宣布，在北京市海淀区投资建设科技产业园，共同构建移动互联网生态体系。

（刘 宁）

【煤炭物流北斗车联网成功试运行】4月11日，中国航天科工集团二院706所承研的煤炭物流北斗车联网信息系统及北斗车载终端，在山西省晋中市某矿业集团试点运行成功。该系统由车辆注册管理系统、物流计划管理系统、煤炭装运管理系统、在途监控管理系统、煤炭卸载管理系统等组成。各分系统通过综合服务信息平台，与北斗车联网煤炭物流指挥调度中心进行实时联动，实现煤炭产量运量精确统计、煤炭凭证电子化监管、煤炭车辆运行状况实时监控，以及煤炭车辆快速通关检验。

（刘 宁）

【百度全球首开“大数据引擎”】4月24日，百度公司在第四届技术开放日上，宣布对外开放“大数据引擎”，包括开放云、数据工厂、百度大脑三大组件在内的核心大数据能力，通过大数据引擎向外界提供大数据存储、分析及挖掘的技术能力，这也是全球首个开放的大数据引擎。

（刘 宁）

【国内首支知识产权运营基金成立】4月，中关村知识产权聚集区政策发布暨国内首支知识产权运营基金成立会议在中关村国家自主创新示范区展示交易中心召开。国内首支专注于专利运营和技术转移的知识产权运营基金正式宣布成立。同时发布知识产权和标准化一条街政策《支持知识产权和标准化服务业在中关村示范区集聚创新发展的办法》。

（刘 宁）

【利亚德投资40万欧元设立欧洲公司】4月，海淀区利亚德公司以40万欧元设立利亚德欧洲公司。利亚德公司全资子公司利亚德香港公司与Ing.Jozef Duenka公司等签订协议，利亚德香港公司投资40万欧元，Ing.JozefDuenka公司投资9.5万欧元。增资后，利亚德欧洲公司注册资本为50万欧元。

（刘 宁）

【联想集团发布全球首款可升级智能电视】4月，联想集团发布全球首款可升级智能电视，支持用户给家里的智能电视升级CPU（中央处理器）、GPU（图形处理器）和操作系统。该款智能电视的主机预留一个插槽，插上升级卡，即可实现CPU、GPU和操作系统的升级。可升级智能电视解决了电视屏幕还能正常使用、芯片处理速度跟不上潮流的问题。

（刘 宁）

【京台平板显示产业交流会举行】5月9日，集创北方举办京台平板显示产业交流会。集创北方CEO张晋芳、北京市人民政府台湾事务办公室主任汪明浩，以及来自京台政、产、学、研的专家学者共同研讨面板行业的尖端技术与发展方向、阐述面板市场的现状及趋势、探讨两岸互惠共赢的合作模式。集创北方是国内专注于平板显示技术的芯片设计公司，产品涵盖了屏上各类电源管理芯片、TCON芯片以及面板驱动控制芯片等。

（刘 宁）

【14家企业发起组建中国智慧城市投资联合体】5月9日，闪联携手东华软件、立思辰等14家企业，提出发起组建中国智慧城市投资最大的中国智慧城市投资联合体（www.csciu.com）。“联合体”成员主要由东华软件、综艺股份等十几家上市公司、行业龙头和投资公司组成。首届联合体轮值主席由东华软件董事长薛向东担任。

（刘 宁）

【第十七届科博会中关村创新论坛举行】5月14日，由中关村管委会、海淀区政府、北京贸促会共同主办，中关村海淀园管委会、中关村杂志社共同承办的第十七届科博会中关村创新论坛举行。全国政协原副主席阿不来提·阿不都热西提到会致辞，以色列驻华大使馆代表什洛莫·弗洛伊德等发表演讲。

（刘 宁）

【北斗星通获国家应用贡献奖】5月，第五届中国卫星导航学术年会（CSNC 2014）在江苏南京召开。北京北斗星通导航技术股份有限公司（简称北斗星通）荣获北斗卫星导航应用推进奖——应用贡献奖，该奖旨在表彰其促进北斗产业化应用、加速北斗民用化进程做出的贡献。北斗星通旗下子公司、专业从事高集成度芯片设计和高性能GNSS核心算法研发的和芯星通科技（北京）有限公司所研发的Humbird芯片，荣获应用创新贡献奖（技术创新类），北斗星通的芯片销售已经突破100万片。

（刘 宁）

【计算机病毒防治国家工程实验室成立】 7月13日，计算机病毒防治技术国家工程实验室——云计算与虚拟化平台病毒防治技术研发与试验平台在北京中关村海淀园企业瑞星公司正式挂牌成立。瑞星公司此次承担了云计算与虚拟化平台病毒防治技术研发与试验平台的承建工作，将主要研究下一代互联网、特定目标攻击、云计算和虚拟化等环境下的计算机病毒检测、病毒特征提取、病毒捕获分析和取证、病毒防护和监测等关键技术。

（刘 宁）

【紫光集团并购锐迪科微电子】 7月18日，紫光集团对锐迪科微电子公司总价值9.07亿美元的收购交易已经全部完成。锐迪科微电子公司是国内设计并大规模量产数字基带、射频收发器、功率放大器、射频开关、蓝牙、无线、调频收音等全系列数字及射频产品的集成电路供应商。

（刘 宁）

【两项战略合作协议签署】 7月22日，华胜天成与华为在北京举行战略合作协议签字仪式，宣布双方建立战略合作伙伴关系，发挥各自技术和资源优势，落实双方在政企市场规划及战略合作，促进双方在云数据中心、大数据和智慧城市等多领域，以及金融、政府、邮政等多行业的共赢发展。8月，北京碧水源科技股份有限公司（简称碧水源公司）与施耐德电气公司在北京签署协议，达成长期战略合作伙伴关系。双方在一体化工业电气解决方案、海外市场拓展等方面强强联合，布局中国水务产业。碧水源公司自主研发的膜技术和成套设备拥有完全自主知识产权，申请专利200余项。碧水源公司为“月宫一号”提供太空水处理设备系统，这也是国产膜技术和净水技术在该领域的首次应用。

（刘 宁）

【全球首颗AVS+高清编码芯片研制成功】 8月，由中关村海淀园企业北京博雅华录视听技术研究院有限公司和北京大学数字视频编解码技术国家工程实验室合作研制的全球首颗AVS+高清编码芯片“博华芯BH1200”在北京研制成功。BH1200是专业级AVS+高清编码芯片，支持1路高清或4路标清视频的实时编码。

（刘 宁）

【北京首家军民融合产业联盟成立】 9月5日，中关村核心区军民融合产业联盟成立大会在海淀区举行，北京市首家军民融合的产业联盟正式成立。会上发布《海淀区推动科技产业军民融合发展三年行动计划（2014—2016年）》。

（刘 宁）

【中关村协同创新服务平台建立】 9月24日，中关村协同创新服务平台启动暨政策发布仪式在中关村国家自主创新示范区展示中心举行。平台网站创驿网正式上线，首批13家创新驿站获得授牌，近50位专家受聘为创新导师。

（刘 宁）

【海水淡化成本降低10%】 9月，由中关村海淀园企业北京赛诺水务科技有限公司、碧水源公司等实施的中关村新能源海水淡化关键技术装备示范项目（膜法）通过专家组验收。该项目关键技术和关键装备及材料均为国产化，已形成具有自主知识产权的海水淡化成套技术，使海水淡化制水成本降低10%以上。

（刘 宁）

【小米发布4款智能硬件新品】 10月10日，小米发布4款智能硬件新品，包括小蚁智能摄像机、小米智能插座、Yeelight智能灯和小米智能遥控中心。小蚁智能摄像机是一款家用网络摄像头，配备720p的高清分辨率，111度广角和4倍变焦，支持双向语音通话；小米智能插座可以实现远程控制和定时开关，具备独立的USB接口。

（刘 宁）

【睿芯联科提供国际超高频RFID读写器】 10月16日，在工业和信息化部组织召开的射频识别国家标准产业化推进会上，睿芯联科（北京）电子科技有限公司作为GB/T 29768—2013《信息技术射频识别800/900MHz空中接口协议》的主要制定单位，成为首批能够提供符合超高频RFID国标读写器的单位。

（刘 宁）

【国内首家智能硬件产业联盟成立】 10月22日，中关村智能硬件产业联盟成立大会在中关村自主创新示范区展示中心举行。会上，京东、百度等软硬件龙头企业自发成立国内首家智能硬件产业联盟——中关村智能硬件产业联盟。同时海淀区会同中关村管委会，在中关村西区打造国内首个智能硬件集聚区，形成“平台+投资+孵化+加速+品牌+推广”的产业服务链条，吸引智能硬件企业在核心区集聚，推动智能硬件产业快速发展。

（刘 宁）

【曙光公司开发龙芯 3B 服务器】 10 月 27 日，曙光信息产业股份有限公司开发国内首款基于龙芯 3B 处理器的服务器、桌面终端产品以及全自主可控可信计算服务器产品，包括龙芯 3B 处理器的 L620–G15、L640–G15、TC4600L 三款服务器产品和 L300–G10 桌面办公终端产品。均采用国产的龙芯 Loong Son 3B 处理器，采用国产操作系统，是具有完全自主知识产权的服务器产品。

（刘 宁）

【大唐电信 4G 基带芯片实现量产】 10 月，大唐电信布局集成电路等新兴产业，其自主设计的 28 纳米 4G 基带芯片实现量产。公司推出新一代全模 SoC（系统）智能手机芯片，覆盖 LTE–TDD/LTE FDD/TD–SCDMA/WCDMA/GGE 五模，实现终端从 3G 到支持全球 LTE 的 4G 制式的无缝迁移，全面支撑 TD–LTE 4G 大规模商用和移动互联网快速发展，实现产业良性互动和转型升级，并加速集成电路产业布局。

（刘 宁）

【中小微企业服务机构联盟成立】 11 月 5 日，中关村核心区中小微企业服务机构联盟举行成立大会。首批 21 家成员单位的代表出席会议。海淀区委区政府实施创新驱动发展战略，先后发布《进一步加快核心区科技创新发展实施方案（2013—2015）》《关于进一步加快核心区自主创新和战略性新兴产业发展的意见》《核心区中小微企业助力计划（2013—2015 年）》等一系列政策文件。该联盟发挥区内中小微企业与政府部门之间的纽带和桥梁作用，协助区经信办等政府部门运营好核心区企业综合服务平台，切实为区内中小微企业做好服务工作。年内，联盟围绕区内中小微企业融资，特别是“海帆企业”融资推出一系列全方位对接活动。

（刘 宁）

【大唐金融 IC 卡芯片获“最具潜质产品”奖】 11 月 6 日，在“2014 中国集成电路产业促进大会暨第九届‘中国芯’颁奖典礼”上，大唐微电子公司的高安全双界面金融 IC 卡安全芯片 DMT–CBS–CE3D 获得“最具潜质产品”的称号。该产品通过国密、国内 EAL4+、银联卡芯片产品安全、金融 PBOC3.0 等多项资质认证，以及居民健康卡产品备案和住建部城市一卡通芯片备案，具有“一芯多用，一芯通用，应用动态管理，应用后下载”的功能特点，可用于金融支付、移动支付、公共服务、公共交通和行业增值服务等诸多领域。该公司的芯片制造发行已达 10 亿枚以上。

（刘 宁）

【中关村加快先进工业发展行动计划印发】 11 月 13 日，海淀区政府印发《中关村核心区加快先进工业发展三年行动计划（2014—2016 年）》。该计划立足产业高端，瞄准世界前沿，以加快中关村核心区先进工业向高端高效高辐射方向发展为总体目标，着力提升产业科技创新和成果转化能力，调整优化产业结构，加快先进工业在中关村核心区的进一步集聚，将海淀区打造成为中国重要的先进工业输出基地和对接全球先进工业的重要窗口，引领辐射京津冀乃至全国制造业向高端方向发展。未来 3 年，中关村核心区先进工业力争实现的主要目标：一是规模总量持续提高；二是产业结构更趋优化；三是科技创新和成果转化能力明显增强。

（刘 宁）

【圣邦微电子产品获两项殊荣】 11 月 21 日，2014 年度“中国 IC 领袖峰会”在天津举行，海淀区集成电路设计企业圣邦微电子公司分别获得 2014 年“五大中国 IC 设计公司品牌”以及“年度最佳放大器 / 数据转换器（SGM8743）”两项殊荣。圣邦微电子公司是海淀区的模拟集成电路设计企业，研发和销售高性能、高品质模拟集成电路。截至年底，公司自主研发并成功面市的产品已达 15 大类 600 余款，是小米、中兴等国内知名手机厂商的重要合作伙伴。

（刘 宁）

【小米公司入股美的公司】 12 月 14 日，美的集团发布公告，公司以每股 23.01 元价格向小米公司定向增发 5500 万股，募资不超过 12.66 亿元。发行完成后，小米持有美的集团 1.29% 股份。双方除了股权合作之外，在智能家居产业、移动互联网电商以及这两个领域的共同投资三方面进行合作。全年小米公司共售出手机 6112 万部；推出红米手机 2，与腾讯“手机 QQ”联合首发。

（刘 宁）

【启迪控股获最具世界影响力中国品牌称号】 12 月 26 日，“中国智造 · 世界影响”——寻找具有世界影响力的中国品牌颁奖盛典在北京钓鱼台国宾馆举行，清华科技园启迪控股荣获“最具世界影响力中国品牌”称号。清华科技园已经形成了具有自身特色的理论体系、运行模式和园区文化，在推动区域自主创新、搭建产学研合作平台、促进科技成果转化和孵化创业企业等方面取得丰硕的成果，园区内许多孵化成功的企业已经成长为行业中的领军者。

（刘 宁）

【神州数码连续5年入选中国500强】 年内，《财富》（中文版）公布2014年中国企业500强榜单，神州数码控股有限公司凭借2013年的690.9亿港元收入荣登榜单第104名，并在电子和电子元器件分行业榜单中位居第一。这是神州数码连续第五年入选中国企业500强。

（刘 宁）

【两企业入围全球消费电子50强】 年内，“2013—2014全球消费电子50强”在第47届国际消费电子展现场揭晓。中国企业联想集团、TCL集团等榜上有名。获得“年度全球创新智能电视大奖”的是TCL TV+，这是TCL与中关村企业百度集团旗下爱奇艺合作推出的创新产品，拥有高清免费的影视内容，实现电视直播频道与互联网视频的切换设计。

（刘 宁）

【集创北方获国内最具投资价值企业称号】 年内，在“2014中国集成电路产业促进大会暨第九届‘中国芯’颁奖典礼”上，海淀区集成电路设计重点企业集创北方入选最具投资价值企业。公司还在2014年度“中国IC领袖峰会暨中国IC设计成就奖颁奖典礼”上荣获五大杰出技术支持中国IC设计公司奖。其公司拥有自主知识产权的全新产品ICNT86系列在第13届中国国际触摸屏展上获得ACE AWARD 2014年度电子成就奖优秀产品奖，得到市场的认可和好评。

（刘 宁）

【实施品牌战略显成效】 年内，海淀区实施品牌战略，加强顶层设计，先后出台《海淀区品牌建设工作方案》等一系列政策，开展品牌创建，着重通过宣传培训、包装推介及“引进外援”等举措，提高“海淀品牌”和“中关村品牌”在高新技术、文化及消费等领域知名度。截至年底，海淀区拥有“中国名牌”和“北京名牌”39个，在北京市16个区县排名首位，位居全国同等级城市前列；6家企业获得北京市质量管理先进奖；中国驰名商标和北京市著名商标总数分别达35件和113件，均领先于全市其他区县。2014年全区国家级高新技术企业新认定通过1839家，复审421家，累计5200余家，约占全市总量的55%；技术合同成交额突破1367亿元，占全市50%以上；自主品牌、自主知识产权产品出口额位居北京市第一位。品牌企业的生产总值已占海淀区生产总值的30%以上，成为促进区域经济发展的重要力量。

（刘 宁）

【园区企业创制国际标准数量破百】 年内，海淀区中关村企业和联盟共创制标准4882项，其中国际标准数量首次破百，达到130项。这些国际标准提升了中关村企业和联盟在某些领域的国际话语权和全球影响力。

（刘 宁）

【知识产权服务协作组织成立】 年内，海淀区“中关村核心区知识产权服务协作组织”成立仪式在皇苑大酒店举行，18家知识产权服务机构成为协作组织首批会员单位。海淀区知识产权局局长王英发布海淀区知识产权工作“三大行动”和“三大工程”。

（刘 宁）

【白细胞低下症治疗取得重大突破】 年内，北京美福源生物医药科技有限公司协同其在天津经济技术开发区的天津溥瀛生物技术有限公司，在白细胞低下症治疗领域取得重大突破。公司已建成企业完全自主拥有的治疗用生物制品国家I类畅销新药研发专利技术平台，基于该平台已有10余种生物治疗药物开展临床前和临床研究。北京美福源在创新基因药物领域已在美国、中国和PCT发明专利申请共21项。其中7个美国发明专利，4个已获得授权、12个中国发明专利，9个获得授权，2个国际PCT发明申请。

（刘 宁）

【空对地飞机移动通信技术成为国际标准】 年内，由海淀区中关村北京信威通信技术股份有限公司自主研发的空对地飞机移动通信技术，获得国际电信联盟各成员国的一致认可，该项技术正式成为全球空对地飞机移动通信国际标准。此项技术是在天空与地面之间，实现飞机机载安全信息系统与地面安全信息系统的宽带数据传输。

（刘 宁）

【碧水源被指定为APEC会议饮水唯一供应商】 年内，北京碧水源科技股份有限公司被指定为APEC会议现场全部直饮水设备唯一指定供应商。APEC会议共选用碧水源公司的两个型号4款净水机器，其中包括碧水源公司最新推出的超级纳滤净水机。

（刘 宁）

【两公司为巴西足球世界杯服务】 年内，巴西世界杯足球赛期间，清华大学同方威视公司成为世界杯安检设备供应商，为巴西12个举办场馆中的9个球场提供安检设备和服务，包括巴西首都国家体育场、开幕式举办场馆以及决赛所在地里约马拉卡纳球场，囊括了揭幕赛、半决赛、季军赛和决赛赛场。华为公司承接12座世界杯主办城市的通信系统工程项目。

（刘 宁）

丰台区工业

【概况】2014年，丰台区197家规模以上工业企业工业总产值338.7亿元，同比增长2.6%，增速比上年同期下降6个百分点，低于全市3.1个百分点。在全市17个区县及开发区中，全区工业产值所占比例1.9%，排名第11位，增速排名第12位。全年工业企业销售产值336.4亿元，同比增长2.9%，其中内销产值323.3亿元，同比增长1.7%；出口交货值13.1亿元，同比增长48%。工业产销率99.3%。全区现代制造业工业总产值168.4亿元，同比增长2%，占全区总产值的49.7%；高技术产业工业总产值66.3亿元，同比增长4.3%。

年内，丰台区六大产业产值呈现“四增两降”态势，其中汽车与交通设备产业、基础与新材料产业、生物医药产业和电子信息产业均有较快增长，同比增速分别为13.6%、4.3%、21.3%和8.9%；装备产业同比下降14.2%，产值连续3年下滑，使其在全区工业总产值中的比重降低到21.1%，比上年减少7.8个百分点；都市产业同比下降2.1%。

全区前十大行业总产值270.6亿元，占全区总产值比重的79.9%。前十大行业呈现“五增五降”态势，其中铁路、船舶、航空航天和其他运输设备制造业，电力、热力生产和供应业，医药制造业分别增长24%、28.2%和21.2%。区内35家重点监测企业中，51.4%的企业全年产值超过上年，48.6%的企业全年产值比上年减少。其中，产值增长超过1亿元（含1亿元）的企业10家，占28.6%；产值增长在1亿元以下的企业8家，占22.9%；产值减少小于0.5亿元的企业8家，占22.9%；产值减少超过0.5亿元的企业9家，占25.7%。

（杨　婷）

【8家企业参展首届军民融合高层论坛】5月26—6月5日，丰台区协助总装备部、工业和信息化部举办了首届“民营企业高科技成果展览暨军民融合高层论坛”。在全市32家参展企业中，丰台区共有8家企业参展，分别是北京元六鸿远电子技术有限公司、北京爱科迪通信技术股份有限公司、北京捷世智通科技股份有限公司、北京盛博协同科技有限责任公司、北斗航天（北京）卫星传输技术服务有限公司、北京碧海舟腐蚀防护工业股份有限公司、阳光凯讯（北京）科技有限公司、北京米波通信技术有限公司，占全市参展企业总数的24%。

（杨　婷）

【重点企业发展】年内，丰台区北京京桥热电有限责任公司、北京市政路桥股份有限公司、北京首航万源包装机械有限公司、北京北方车辆集团有限公司和中国北车集团北京二七机车厂等企业订单增长较多，产值分别比上年增加5.7亿元、5.1亿元、2.7亿元、3.3亿元和7.2亿元。北京金自天正智能控制股份有限公司由于钢铁行业产能过剩，产值下降最为明显，同比减少4.1亿元。

（杨　婷）

【京津冀协同发展】年内，继京津冀一体化上升为国家战略后，北京首个央企制造业项目，丰台区新兴凌云医药化工有限公司率先整体搬迁至河北邯郸，实现节能减排，扩大产能增加效益，获得中央和市区肯定以及国家11个部委的调研关注。

（杨　婷）

【北京交通科技创新城项目获批】年内，中国北车股份有限公司与丰台区人民政府分别向北京市规划委员会呈报了北车轨道交通科技创新城控制性规划方案，最终获得北京市规划委员会的正式批复。根据控规方案，北京二七装备公司现有生产制造功能在搬迁至窦店高端轨道交通装备产业园后，以原厂区为核心，以“两轴、两带、五中心”为布局结构，开发建设享受中关村自主创新示范区优惠政策的中关村北车轨道交通科技创新城。“两轴”即以南北向道路为功能轴，以东西向延展为生态轴；“两带”，即历史文化带和生态景观带；“五中心”分别是研发中心、创新中心、历史文化中心、综合商务中心和配套居住中心。

（杨　婷）

【轨道交通产业示范基地工作方案出台】年内，丰台区围绕细化“装备制造（轨道交通装备）·北京中关村科技园区丰台园”示范基地的空间规划、产业规划和建设规划工作，出台《北京丰台区轨道交通产业示范基地2014—2016年工作方案》，促进轨道交通产业在丰台区的聚集发展。

（杨　婷）

【新认定4家市级企业技术中心】年内，丰台区新认定市级企业技术中心4家，分别是北京东方通科技股份有限公司、北京元六鸿远电子技术有限公司、北京兴竹同智信息技术股份有限公司、中航天建设工程有限公司。

（杨 婷）

【创新中小企业服务体系】年内，丰台区创新“专精特新”中小企业政策体系，认定包括北京东方通科技股份有限公司、北京鼎汉技术股份有限公司等高科技企业在内的第一批121家“专精特新”企业，鼓励和促进“专精特新”企业在区内稳步聚集和创新发展。截至年底，建成包含846家重点企业信息的中小企业服务信息化平台（一期）。平台具备了数据查询、短信互动等功能。同时，“丰台中小微”企业服务微信公众号开通，发展500家驻区企业505名项目和信息联络专员，实现“政企互动、信息直通”。

（杨 婷）

【助力18家中小企业融资】年内，丰台区通过搭建“专精特新”企业融资平台、打造“丰邮时贷”专属融资产品、探索设立中小企业发展引导基金等方式，帮助解决中小企业融资难题。通过市级平台支持18家企业融资1.94亿元，贴息补助388万元；通过区级平台融资2.36亿元，贴息补助234万元。

（杨 婷）

【中小企业市场开发】年内，丰台区组织12家企业参加第三届中国国际循环经济成果交易博览会；组织4家企业赴宁夏与吴忠市政府对接；推动北京中进恒通汽车销售有限公司等企业环保新技术在丰台区试点示范工作。共协助企业开拓近6亿元的市场空间，初步形成“政府搭台、企业唱戏”的市场开拓新模式。

（杨 婷）

【40家工业企业退出】年内，丰台区按照调整疏解非首都核心功能的总体要求，摸底调查区规模以下工业污染企业状况，建立丰台区不符合首都功能定位的企业台账，全年共退出40家工业企业，超额完成全年25家的工作任务。

（杨 婷）

【发布空气重污染日应急预案】年内，北京市共发布两次空气重污染橙色预警，分别为2月22—26日与10月9—11日。按照《丰台区空气重污染应急预案》要求，在北京市空气重污染橙色预警期间，要求需采取应急措施的12家工业企业（停产类8家，减产类4家），分别采取全线停产、减产30%及洒水防尘、公车禁止出行等相关应急措施。严格按照《丰台区空气重污染橙色应急督查工作方案》要求，确保应急值守，每日通过电话检查和现场检查等方式，对12家企业的停、减产等应急措施执行情况进行监督检查，确认12家企业均对各项应急措施严格落实。

（杨 婷）

石景山区工业

【概况】2014年，石景山区规模以上工业企业工业总产值239.4亿元，同比下降12.8%。全区8家高技术工业企业累计完成工业总产值8.4亿元，同比下降40.7%，19家现代制造业企业完成工业总产值41.5亿元，同比下降4.8%。2014年工业综合能源消费量222.3万吨标准煤，同比下降15.3%，万元产值能耗0.93吨标准煤，同比下降2.86%。

（代 蓉）

【加快产业结构调整】年内，石景山区完成了北京香香唯一食品厂、大唐国际发电股份有限公司北京高井热电厂（燃煤机组）、北京首钢机电有限公司、北京金隅加气混凝土有限责任公司（石景山生产基地）4家企业调整退出工作；西北热电中心主体基本完工，年内全面投产，压减燃煤529万吨。

（代 蓉）

【严把新增产业准入关】年内，石景山区制定了《石景山区经信委人口调控工作专项工作方案》。严格执行《北京市新增产业的禁止和限制目录》，严把产业准入关，坚决不发展占地多、聚人多、高污染、高耗水、高耗能产业；对现存低端产业进行有序清理和调整升级，促进低端产业加快调整退出。

（代 蓉）

【新云东方Power System服务器下线并量产】年内，石景山区实施创新驱动发展战略，聚焦中关村石景山园区建设，加大新首钢高端产业综合服务区推进力度，加快形成新的战略增长点。加快“腾笼换鸟”“筑巢引凤”，推动区域经济可持续发展。加快发展云计算等高新技术产业，加速总部基地设计。全力推进符合首都功能定位及符合区发展方向的高端项目建设。12月9日，由华胜天成成员企业新云东方生产的新云东方Power System服务器全系列产品下线并量产。

（代 蓉）

【促进中小微企业发展办法出台】年内，石景山区出台《石景山区促进中小微企业发展的办法》，内容包括创业扶持和环境提升、产业融合和技术创新、资金引导和创新融资、市场开拓和品牌建设、服务提升和体系保障。

（代 蓉）

【加快安全生产监管】年内，石景山区成立安全领导小组，全面落实安全生产工作责任制和事故责任追究制；对所属的4家城镇集体企业，由领导定期带队进行实地检查，督促企业及时排查治理安全生产隐患。在APEC期间的安全维护工作中，制定了《区经信委安全生产应急预案》，全面做好安全生产工作。

（代 蓉）

门头沟区工业

【概况】2014年，门头沟区规模以上工业总产值97.7亿元，同比增长21.5%；营业收入90.2亿元，同比增长6.4%；利润13.2亿元，同比增长16.9%；出口交货值16.9亿元，同比减少6.5%。

（梁 玉）

【九发药业销售收入新增1637.8万元】年内，北京九发药业有限公司投资1200万元的丸膏剂GMP车间技术改造项目完成，全年新增销售收入1637.8万元。

（梁 玉）

【8项投资项目立项备案】年内，门头沟区完成北京京煤集团有限责任公司的智能停车设备检测项目及用房、北京竞业达数码科技有限公司的基于云计算的标准化考场运维服务中心等8项非政府投资工业、软件和信息服务业固定资产投资项目的备案，项目固定资产投资共计1.8亿元。

（梁 玉）

【鑫华源公司通过市级企业技术中心认定】年内，北京鑫华源机械制造有限责任公司通过北京市第17批企业技术中心认定。

（梁 玉）

【利德衡启动小企业创业基地建设】年内，北京利德衡环保工程有限公司着手建设小企业创业基地，基地总建设面积8794平方米。

（梁 玉）

【为中小企业融资超8亿元】年内，门头沟区着力解决中小企业融资难题。组织银企对接会2次，推动银企沟通合作，促成中小企业融资2亿元左右。与北京农商行门头沟支行签订战略合作协议，为区内中小企业提供5亿元的意向性融资服务；推动集合信托、集合票据、融资租赁等创新融资方式，促成北京大源非织造有限公司等中小企业融资1.3亿元。

（梁 玉）

【重污染日应急预案】年内，门头沟区按照清洁空气行动计划以及《门头沟区工业领域空气重污染应急预案》要求，5家重点企业在重污染期间严格落实停产或减排30%的措施。为保障亚太经济合作组织会议（APEC会议）期间的空气质量，减少工业领域的污染物排放，制定《亚太经济合作组织会议（APEC会议）期间门头沟区大气污染物排放重点工业企业停产限产方案》，11月3—11日，对区内9家重点工业企业实施停产或限产减排30%污染物的措施并进行现场检查。

（梁 玉）

【调整疏解30家企业】年内，门头沟区全面落实产业调整疏解工作目标，制定石料加工企业退出政策以及《工业调整疏解工作方案》，明确今后区内不再新建和扩建工业项目，推动一般性制造企业逐步退出或转型升级。共调整疏解30家一般性制造企业，其中石料加工企业22家。

（梁 玉）

【退出6家高污染企业】年内，门头沟区制定《2014年门头沟区工业领域淘汰落后产能和压减燃煤工作方案》，退出（或生产环节退出）北京文治超硬材料制品厂、北京榕东活动房有限公司等6家高污染企业。

（梁 玉）

房山区工业

【概况】2014年，房山区工业实现总产值1165.8亿元，同比增长14.2%，全年保持了2位数增长。其中，规模以上工业企业164家，实现产值1128.6亿元，同比增长14%；完成工业税收115.2亿元，同比增长

30.5%，占全区比重的56.9%。

（刘晓会）

【多措施服务中小企业发展】8月4日，房山区中小企业法律服务云平台正式启动。平台由经济信息化委中小企业服务中心与北京寰宇卓越信息咨询有限公司合作建设，为区中小企业提供个性化、专业化的法律援助。开通了4000–234567免费法律咨询热线，为企业开展普法讲座，提供个性化“中小微企业法律风险体检”、专业诉讼代理等服务，在房山区经济信息港网站上嵌入“律答”法律服务网站及服务内容，供中小微企业进行相关的合同范本下载和法律问题在线实时资讯。中小企业担保中心充分发挥政府投资的“放大器”、银行信贷的“减压器”、中小企业信用的“孵化器”和社会经济发展的“助推器”作用，全年完成担保业务446笔，到位资金48亿元；累计完成担保业务2135笔，到位资金148.8亿元。申报创新融资项目17项，共计申请贴息金额414.84万元；共申报中小企业创新融资项目6项，申请贴息金额162万元；组织4家企业进行了公共服务平台、小企业创业基地项目的申报；组织20余家企业参加了市级技术中心认证申报培训会。

（刘晓会）

【石化新材料产业基地实现产值817.8亿元】年内，北京石化新材料科技产业基地实现工业总产值817.8亿元，同比增长11.5%。其中，燕山石化公司实现工业总产值769.9亿元，同比增长13.1%；地方工业企业实现工业总产值47.9亿元。实现税收106.6亿元，同比增长30.9%。完成区级财政收入7.75亿元，同比增长21%。中石化在燕化投资的重点项目已建成43项，完成总投资120亿元；在建和正在开展基础设计的燕化重点项目合计8项，项目总投资43亿元。社会企业12家投资项目共计15个，总投资40.7亿元，新增销售收入146亿元，利税18亿元，占地72.33万平方米，新增就业3084人。

（刘晓会）

【北京高端制造业基地建设】截至年底，重庆长安汽车股份有限公司北京长安汽车公司、北京京西重工有限公司、北京金朋达航空科技有限公司、北京国能电池科技有限公司、北京海斯特科技有限公司5家企业已投产；其中长安汽车2012年投产以来，共生产汽车近11万辆，产值近70亿元，税金近4亿元，就业3300人。特别是cs75新车型市场供不应求，日产超过600辆。加快中国北车轨道交通装备产业园、中关村新兴产业前沿技术研究院、奥祥轨道交通通风设备、九州一轨地铁减震降噪设备、普驰智能电器设备等9个项目正在建设。

（刘晓会）

【海聚工程高科技产业园建设】年内，园区内飞航吉达航空材料项目已投产，永华晴天设计包装项目主体已完工，年底竣工，西山新干线环保设备项目主体已到二层。完成《关于建设北京海聚人才创新创业基地的若干政策意见》相关条款和《关于“海聚人才创新创业基地”布局设想》。

（刘晓会）

【良乡高教园区累计完成固定资产投资20亿元】截至年底，园区建设累计完成固定投资20亿元，开复工面积75.19万平方米。园区已完成3号地东侧、4号地、8号地块、10号地（北侧两地块）上市工作，总成交额达55.18亿元。成功引进海英智汇科技孵化器有限公司入驻智汇城科技创业园示范基地，形成创造高科技企业集聚效应。已引进注册科技类公司45家，落户智汇城科技创业园示范基地、长阳CSD、青年创业园、开发区、拱辰街道等地，启动并积极推进“5511”工程。入驻高校建设成果显著，其中中国社会科学院研究生院、北京理工大学、北京工商大学和首都师范大学已完成总竣工面积约90万平方米，入住师生近3万人。北京中医药大学一期工程进展顺利，北京交通运输职业学院正在积极推进前期各项工作。今年北京校企合作促进会新增会员30家，会员单位总数达到133家；举办了金融培训、企业管理、知识产权知识培训等活动；北京理工大学与东旭集团、北京建筑大学与韩建集团河山管业有限公司签署合作协议，在联合培养高层次应用型人才、共建人才培养基地、联合开展科研攻关等方面建立合作。成功举办海内外创业精英房山行活动，实现多项创新创业项目落户房山，推动欧美同学会留美青年创业基地项目在房山落地，并以此为契机筹建留学人员创业园。以北京圣谷智汇科技发展有限公司为企业载体，引进詹启敏（肿瘤分子生物学）、郭应禄（泌尿专科）两位院士，申报建设健康管理院士工作站，并且取得了房山区科协的批复。引进北京圣谷智汇科技发展有限公司（基因测序分子生物学）、北京中细软移动互联科技有限公司（知识产权挖掘、保护、交易）、北京中科纳泰生物科技有限公司（肿瘤细胞检测），促进北京圣谷智汇科技发展有限公司与北京理工大学生命学院合作、北京中细软移动互联科技有限公司与北京成都电子科技大学合作、北京中科纳泰生物科技有限公司与国家纳米科学中心合作，招收博士后或招收博士在企业做相关专业课题研究，在3个企业中分别设立博士后（青年英才）工作站，建立北京市博士后（青年英才）创新实践基地，创新人才培养、管理模式，提升企业科技创新能力。

（刘晓会）

【中关村房山园实现总收入184.1亿元】年内，中关村房山园经济实现较快增长，已成为房山经济新的拉动引擎。全年，房山园实现总收入184.1亿元，同比增长8.1%；上缴税金8.6亿元，同比增长21.8%；期末从业人员2.1万人，同比增长3.7%；出口额0.6亿美元。

（刘晓会）

【淘汰落后产能企业87家】年内，房山区已完成工业污染和落后产能企业退出87家，为任务目标的105%，提前超额完成全年任务；同时为企业争取市级企业退出奖励资金总额达3200万元。开展工业企业清洁能源改造和压减燃煤工作，建立工作台账，把任务分解到领导班子成员和分管科室，全员行动，已完成全年工业压减燃煤8万吨的工作任务。APEC会议期间，房山区对区域内的25家企业采取了停限产措施，为保证首都空气质量做出了贡献。

（刘晓会）

【"楼宇经济"推动房山青年创业园建设】年内，房山区以北京青年创业园房山园为切入点，在发展楼宇经济上进行了尝试和探索。北京青年创业园房山园由区政府发起设立，位于良乡城市中心的盛通广场，建筑面积8000平方米。创业园于2012年11月开园，现已开发两层4000平方米，入驻企业156家，涵盖文化创意、设计、软件开发、电子商务等行业，年营业收入4000万元，税金140万元，解决就业1000人。

（刘晓会）

通州区工业

【概况】2014年，通州区工业总产值832.1亿元，同比增长5.5%；销售收入918.7亿元，同比增长6.3%；增加值213.2亿元，同比增长9.6%；利润51.7亿元，同比增长27.0%；上缴税金50.7亿元，同比增长5.3%。其中全区规模以上工业企业总产值666.4亿元，同比增长0.6%，低于全市平均增速5.1个百分点。受国内外市场需求动力不足、新城开发拆迁、淘汰落后产能、个别龙头企业产量下降等综合因素影响，全区规模以上工业企业产值增速0.6%，增幅比上年回落8.8个百分点。

（朱宝刚）

【两产业拉动全区总产值2.2个百分点】年内，通州区汽车制造业产值105.0亿元，同比增加10.6亿元，增长11.3%。烟草制品业（仅北京卷烟厂1家）产值50.8亿元，同比增加4.2亿元，增长9.1%，北京卷烟厂年产值突破50亿元。上述两个行业共计增加产值14.8亿元，拉动全区总产值增长2.2个百分点。

（朱宝刚）

【两镇产值增速回落】年内，通州新城功能区建设致使部分企业迁移，受影响较大的张家湾镇、梨园镇产值增速同比分别回落11个和21.8个百分点。其中，10余家规模企业生产受到影响并陆续停产，工业产值减少。通州工业企业中传统企业较多，年内淘汰落后产能企业128家，其中规模企业累计有20家，全部退出后减少产值近20亿元。永乐店镇化工企业多，退出企业规模大，全年产值增速同比回落15.8个百分点。

（朱宝刚）

【固定资产投资】年内，通州区投资1000万元以上的在建工业项目共计81项，计划投资总额126.5亿元，全年完成投资20.3亿元。其中，亿元以上项目22项，计划总投资104.4亿元。通州区完成非政府投资工业固定资产投资备案项目29件，总投资18.1亿元。

（朱宝刚）

【新签约千万元以上项目38个】年内，通州区加速华油北京产业园、国家集成电路产业园等一批重点在谈项目签约落地。全年新签约千万元以上工业项目38个，总投资33.87亿元，其中亿元以上投资项目11个。重点抓好甘李药业胰岛素产业园、天海、经开张家湾产业园等投资10亿元以上大项目建设。加速北汽动力总成、联东U谷永乐产业园、枢密院二期等一批续建项目的建设。

（朱宝刚）

【节能降耗】年内，通州区根据《北京市2014年清洁空气行动计划》和《通州区2014年清洁空气行动计划》的相关要求，结合通州区工业企业的实际情况，起草《通州区2014年市级以上工业开发区以外工业企业压减燃煤工作方案》。召开淘汰落后产能工作会议，安排部署工业企业压减燃煤工作，市级园区以外工业企业压减燃煤任务3.2万吨，累计完成23万吨燃煤（含东方化工厂19.8万吨），其中上年已完成压减燃煤12865吨原煤。市级园区以外已有40家企业完成锅炉拆除改造工作，累计完成压减燃煤23.3万吨。

（朱宝刚）

【淘汰落后产能企业128家】年内，通州区依据《北京市2013—2017年清洁空气行动计划重点任务分解》及《通州区"十二五"时期淘汰落后产能工作的实施意见》文件精神，起草《通州区2014年淘汰落后工作方案》，修改《通州区淘汰落后产能工作奖励暂行办法》。同时，明确北京铜牛股份有限公司、美航快速彩色印刷集团公司等128家落后产能企业淘汰退出，主要集中在化工、铸（锻）造等行业。截至年底，有128家退出企业停产，设备已拆除，完成验收工作。9月15日，市长王安顺实地检查通州区淘汰退出工作，对此项工作予以肯定。

（朱宝刚）

【帮扶中小企业37家】年内，通州区组织19家企业申报北京市中小企业创新融资贴息项目资金支持，企业融资总额2.79亿元，获得财政资金支持558万元；13家企业申报北京市中小企业专项资金，支持资金2430万元；5家企业申报北京市工业发展资金，支持资金5000万元。

（朱宝刚）

顺义区工业

【概况】2014年，顺义区335家规模以上工业企业工业总产值2923.9亿元，同比增长3.5%，占全市总量的16.2 %；销售产值2926.3亿元，同比增长4%；产销率为100%。上缴税收247.5亿元，同比增长3%，占全区总量37.1%；公共财政预算收入36.8亿元，同比增长3%，占全区总量33.3%；全区规模工业产值净增量99.8亿元。177家企业产值增量217.1亿元，其中25家企业产值增量亿元以上，占产值总增量的84.9%，其中汽车及配件企业16家，占总增量的71.9%。158家企业产值减量117.4亿元。

（顺义区）

【打造三大经济功能区】9月1日，顺义区出台《关于推进经济功能区转型和创新发展的指导意见》，确定着力打造"临空服务""科技创新""绿色生态"三大经济功能板块。三大板块管理机构已挂牌成立，运转正常。全年，经济功能区实现属地财税收入278.4亿元，同比增长9%，占全区财税收入总数的41.7%；实现公共财政预算收入56.7亿元，同比增长11%，占全区公共财政预算总数的51.3%。经济功能区规模以上工业企业工业总产值1764.9亿元，同比增长3.7%，占全区工业总产值的60.4%。

（顺义区）

【六大产业工业总产值增速呈现"四升两降"态势】年内，顺义区工业六大产业产值增速呈现"四升两降"态势。汽车与交通设备产业拉动工业增长5.1个百分点。规模以上企业41家，累计工业总产值1795.5亿元，同比增长8.8%，占全区规模工业总量61.4%，拉动工业增长5.1个百分点。都市产业、基础与新材料产业小幅度增长。都市企业共101家，工业总产值261.9亿元，同比增长0.6%；基础与新材料产业规模以上企业57家，工业总产值304.3亿元，同比增长1.5%。生物医药产业增长较为稳定，规模以上企业18家，总产值40.9亿元，同比增长7%。电子信息产业和装备产业增速下降，电子信息产业规模以上企业14家，工业总产值330.7亿元，同比下降11.5%。装备产业规模以上企业104家，工业总产值190.7亿元，同比下降5.5%。

（顺义区）

【市级企业技术中心达34家】年内，北京华邈中药工程技术开发中心、中北华宇建筑工程公司、中航复合材料有限责任公司3家企业被认定为第17批市级企业技术中心。全区市级企业技术中心数量34家，占全市总量的6.6%，全市排名第6位。

（顺义区）

【加快企业品牌建设】年内，北京康仁堂药业有限公司、北京中卓时代消防装备科技有限公司、北京蓝星清洗有限公司和北京康吉森自动化设备技术有限责任公司获第五届"北京知名品牌"称号。6家企业获第二批北京市工业企业知识产权运用能力培育工程试点企业。

（顺义区）

【重点产业项目总投资669亿元】年内，顺义区5000万元以上重点产业项目90项，总投资669亿元。其中，工业项目46项，项目总投资197亿元。9个项目已竣工投产，7月北汽越野车项目投产，月产汽车1000辆；

雅昌文化产业园、新疆有色集团等 8 个项目进行内部装修；尚峯国际、金汉王科技等 9 个项目完成主体框架工程建设。

（顺义区）

【退出企业 44 家】年内，顺义区淘汰落后产能企业任务 42 家，实际退出企业 44 家，获得奖励资金 3600 万元。关停退出的工业企业涉及电镀、铸造、沥青防水卷材、水泥制品、金属喷涂等污染行业，企业关停后综合能源消费量降低 3.2 万吨标准煤，污染物排放减少 174 吨，废水排放减少 14.9 万吨。

（顺义区）

【深化各项改革】年内，顺义区深化改革，9 月 1 日制定出台《关于推进经济功能区转型和创新发展的指导意见》。12 月 1 日正式印发《产业项目全要素综合评价实施办法》，对新引进的产业项目在产业定位、投资强度、产出效益、节能环保、人口与就业、公共管理成本等方面制定严格的准入条件。

（顺义区）

大兴区工业

【概况】2014 年，大兴区规模以上工业总产值 658.5 亿元，同比增长 5.3%；工业增加值同比增长 10.4%；销售收入 672.2 亿元，同比增长 5.9%；利润 38.8 亿元，同比增长 4.9%。全区工业固定资产投资 45.1 亿元，同比增长 2.2%。规模以上四大主导产业实现产值 356 亿元，同比增长 15.5%。现代制造业产值 249.7 亿元，同比增长 26%。高技术产业产值 61.6 亿元，同比增长 27.3%。

（李淑敏）

【项目建设】年内，大兴区开工项目 14 个，总投资 59 亿元，占地面积 77.73 万平方米；项目竣工 22 个，总投资 45 亿元，占地面积 90.13 万平方米。

（李淑敏）

【74 件备案项目实施】年内，大兴区共实施非政府投资工业固定资产项目 74 件，总投资 121.7 亿元。其中，新建项目 20 件，投资 109.5 亿元；技术改造和扩建项目 54 件，投资 12.2 亿元。

（李淑敏）

【园区基础设施投资 7.4 亿元】年内，大兴区设立基础设施建设项目专项支持资金，采用拨改投和项目补贴的方式支持园区基础设施建设，完成园区基础设施投资 7.4 亿元。

（李淑敏）

【两基地获批市级示范基地】年内，北京国家新媒体产业基地（工业设计）、北京采育经济开发区（新能源汽车）获批市级新型工业化产业示范基地。

（李淑敏）

【采育开发区入选首批国家低碳试点园区】年内，北京采育经济开发区通过工业和信息化部和国家发展改革委评审，成为第一批国家低碳工业园区试点园区。

（李淑敏）

【军民结合产业园建设】年内，“蓝鲸”军民融合创新平台项目完成工程建设。4 月 29 日，中国人民解放军海军与北京市军民融合深度发展探索实践成果展举行。8 月，蓝鲸园第一个项目大型高速三体滚装客货渡轮项目中经华澳融资租赁有限公司在长子营镇完成注册手续。10 月，北京国遥空间信息技术有限公司完成注册手续。

（李淑敏）

【工业转型升级】年内，大兴区通过市经济信息化委“北京市技术中心”认定企业共 2 家，分别是北京普莱德新能源电池科技有限公司、美巢集团股份公司，全区“北京市技术中心”“国家级企业技术中心”增至 22 家，其中市级 20 家、国家级 2 家。共 2 家企业的商标被认定为北京市著名商标，分别是北京久久神龙消防器材有限公司的“神龙”、北京本草方源药业有限公司的“本草方源”。截至年底，大兴区共有北京市著名商标 48 件，中国驰名商标 13 件。

（李淑敏）

【腾退盘活产业用地 55.93 万平方米】年内，大兴区执行《北京市新增产业的禁止和限制目录（2014 年版）》。研究制定了促进产业结构调整的政策，腾退、盘活产业用地面积 55.93 万平方米。加强与外埠地区的对接，共与 48 个地区建立联系，组织 187 家企业与外埠地区进行合作对接。编制《外埠产业园区招商政策汇编（第三版）》，为拟转移企业提供参考，加快不符合首都核心功能定位的企业转移。

（李淑敏）

【节能减排】年内，大兴区调整退出工业污染企业 73 家。生物医药产业基地、新媒体产业基地、采育经济开发区 3 个市级以上工业开发区完成 74 蒸吨燃煤锅炉改造工作。市级工业开发区以外的工业企业完成压减燃煤5.5万吨。推进3个市级以上工业开发区生态化改造工作。结合北京市工业园区生态化标准，制定园区生态化改造方案，并推进生态化重点项目建设。全区规模以上工业企业综合能源消费量29.41万吨标准煤，同比下降12.34%。规模以上工业万元产值能耗为0.0447吨标准煤，同比下降16.76%。

（李淑敏）

【服务中小企业】年内，大兴区中小企业投融资服务平台为企业提供担保贷款9.3亿元。加大新区工业企业及产品宣传，征集新区550余家工业企业及产品信息，编制《新区重点工业企业产品名录》，便于区内上下游企业对接合作。推动区内企业参与机场建设，编制《北京新机场建设企业及产品推荐目录》。完成650人的职工技能培训、认定工作。加强政策宣传，强化重点项目储备，引导企业积极申报各级政策资金支持。

（李淑敏）

【738家企业完成安全生产标准化建设】年内，大兴区推进工业企业安全生产标准化工作，共738家工业企业完成安全生产标准化建设，其中通过国家二级标准的12家、三级标准的726家。

（李淑敏）

昌平区工业

【概况】2014年，昌平区304家规模以上工业企业产值1113.4亿元，同比下降12.1%；资产1589.2亿元，同比增长4.6%；销售产值1107.3亿元，同比下降12.2%，产销率99.5%；主营业务收入1287.1亿元，同比增长5.1%；利润77.1亿元，同比增长33.4%；主营税金及附加5.5亿元，同比增长35.2%；利税117.7亿元，同比增长32.2%。

六大产业同比“一增五降”。其中，汽车与交通设备产业产值299.3亿元，同比下降5.4%；生物与医药产业产值73.5亿元，同比增长1.7%；装备产业产值266.5亿元，同比下降11%；基础与新材料产业产值407.1亿元，同比下降19%；都市产业产值50亿元，同比下降14.6%；电子信息产业产值17亿元，同比下降0.9%。

（于凌燕）

【昌平园3企业接待蒙古国官员来访】1月6日，蒙古国巴嘎诺尔地区区长GONCHIGJAV Murun一行莅临昌平园参观考察。参观了北京泽天盛海石油工程技术有限公司、北京大成国测科技有限公司和新能动力（北京）电气科技有限公司3家企业，详细了解了3家企业的技术特点、市场竞争力、入园初衷和发展规划，并就蒙古国巴嘎诺尔地区拟建科技园的整体运作、管理模式、土地开发等问题与昌平区进行了深入探讨，促进双方日后在科技园建设等方面的经验共享和开发合作。

（王红彬）

【正旦国际获全球首创肝病诊断专利】2月13日，北京正旦国际科技有限责任公司所申报的专利“一种用于检测HPS的试剂盒”获国家知识产权局专利证书。该发明试剂盒可用于肝损伤相关疾病的检测，对肝癌、肝硬化等相关疾病的诊断也有一定的临床意义。这项专利在全球范围内尚属首创。

（王红彬）

【福田康明斯公司接待美国国务卿来访】2月15日，美国国务卿约翰·克里访问了北京福田康明斯发动机有限公司。克里参观了福田康明斯全新的ISG重型发动机从机加工、总装到测试的生产线。ISG是康明斯全新研发的重型发动机平台，在满足严格排放标准的同时实现燃油效率的提升。ISG发动机平台和福田康明斯工厂是中美两国工业合作互惠互利的生动例证。总部在美国印第安纳州的康明斯与中国的福田汽车携手开发清洁动力技术，以更好地服务中国客户。

（王红彬）

【企业与政府共建听力残疾遗传干预中心】3月3日，中国聋儿康复研究中心与博奥生物集团有限公司暨生物芯片北京国家工程研究中心共建听力残疾遗传干预中心签约仪式在中国残联举行。听力残疾遗传干预中心成立后将发挥多方协同优势，致力于在全国推动耳聋基因检测技术的应用，探索听力残疾预防新模式、新机制，并进一步开展耳聋致病基因、致病机理与诊断、干预技术的科学研究。中国聋儿康复研究中心、生物芯片北京国家工程研究中心共同向山东省残联捐赠了价值60万元的遗传性耳聋基因检测试剂。

（王红彬）

【首个国产脑起搏器研制成功】4月，北京品驰医疗设备有限公司与清华大学、北京市科委、神经调控技术国家工程实验室等单位共同举办“第三届清华脑起搏器论坛”。清华大学宣布研制成功首个国产脑起搏器系列产品，达到了国际上同类产品的先进技术水平。清华脑起搏器于 2013 年获得产品注册证，在临床上与北京天坛医院、北京协和医院等建立合作关系。

（王红彬）

【国内首个无创 DNA 产前检测获发明专利】 5 月，北京贝瑞和康生物技术有限公司自主研发的用于“检测胚胎染色体拷贝数”的独有创新方法获得国家知识产权局授予发明专利权。这是我国首个获得可运用于“无创 DNA 产前检测”的专利。这套快速简便的流程保证出结果速度，也保证结果高度准确性、极低失败率和极低重抽血率，具有一定的国际领先性。

（王红彬）

【国内首台气态汞自动监测系统研制成功】 5 月，北京雪迪龙科技股份有限公司自主研制的固定污染源废气中气态汞排放连续自动监测系统设备样机测试成功，各项技术指标均达到国际同类产品标准，性能稳定、可靠，填补了我国在固定污染源废气重金属排放中汞的在线自动监测设备的空白。该系统设备可根据需求实现批量产业化生产，广泛应用于燃煤火电厂、垃圾焚烧厂、冶金厂等固定污染源废气中气态汞排放在线监测，并打破了国外产品和市场的垄断地位，提升我国分析仪器民族工业的竞争能力。

（王红彬）

【非球面人工晶状体上市】 7 月 28 日，爱博诺德（北京）医疗科技有限公司自主研发的一款非球面人工晶状体——普诺明一片式非球面人工晶状体获得国家食品药品监督管理局的注册批准，正式进入国内眼科产品市场。这款国内首次自主研发上市的非球面软式可折叠人工晶状体的临床试验，由国内眼科医疗水平领先的 4 家医院联合完成（首都医科大学附属北京同仁医院，北京大学第三医院，天津医科大学眼科医院，第三军医大学大坪医院）。普诺明一片式高次非球面人工晶状体的上市，填补了国内同类产品无自主研发、无自有专利、无自产材料的产品空白。

（王红彬）

【中关村昌平园大健康产业联盟成立】 8 月 30 日，“中关村昌平园大健康产业联盟”在中关村生命科学园正式成立。中关村科技园区管委会和昌平区相关领导以及联盟成员单位的负责人等 180 多人出席了联盟成立发布会。昌平区将在美国硅谷等国家和地区建立第一批 6 家中关村昌平园驻海外联络办公室，后者将成为国外先进技术和项目进入中国的重要通道，为昌平园整合全球资源、推动园区高新技术企业国际化发展提供资源支持，为海外人才、项目来京发展提供良好的创业服务环境。北京银行将在 3 年内为昌平园的企业成长、产业发展和园区建设提供 200 亿元的意向性授信额度，把昌平园推荐的高新技术企业选定为重点企业群体服务，建立企业贷款的“绿色通道”。

（王红彬）

【4 大企业工业总产值超 600 亿元】 年内，昌平区 4 大企业产值 604.4 亿元，同比下降 21.7%。其中：神华昌运产值 214.2 亿元，同比下降 30.3%；国电燃料产值 82.1 亿元，同比下降 10.4%；北汽福田产值 223.6 亿元，同比下降 12%；三一产值 84.5 亿元，同比下降 28.8%。剔除神华、国电、福田及三一四大企业，其余 295 家规模以上企业产值 509 亿元，同比增长 2.8%。其中，21 家年产值 5 亿元以上企业产值 241.6 亿元，同比增长 0.8%；274 家年产值 5 亿元以下企业产值 267.3 亿元，同比增长 4.7%。

（于凌燕）

【29 个重大项目落地】 年内，昌平区重点推进三一北京制造中心、北京通用航空产业园等 29 个投资在 3000 万元以上的重大项目建设。北京通用航空产业园激光成形研发生产基地等 22 个项目已开复工建设，其中北京康比特体育科技股份有限公司运动营养产业基地等 5 个项目已投入使用；北京雪迪龙科技股份有限公司生产基地等 6 个项目主体完工；中船重工北京昌平船舶科技产业园建设项目等 11 个项目主体厂房建设中。泰宁雨水综合利用研发及生产基地等 7 个项目正在办理各项手续。

（于凌燕）

【非政府投资工业项目核准备案】 年内，昌平区做好非政府投资的工业项目备案、核准等工作。全年共办理核准立项 25 个，总投资 29.7 亿元；办理备案项目立项 78 个，总投资 15.7 亿元；完成环保备案 71 个，意向总投资 5.7 亿元。

（于凌燕）

【新增 7 个市级著名商标】 年内，昌平区新增北京市飞宇商贸有限公司“第一楼”、现代农装科技股份有限公司“中农机”、北京天润园农业发展有限公司“天润园”、北京神雾环境能源科技集团股份有限公司“神雾”、北京黑六牧业科技有限公司“黑六”、北京凡元兴科技有限公司“京雷”、北京博纳电气股份有限公司“图形”7 个北京市著名商标，全区北京市著名商标累计达到 51 件。北京勤邦生物技术有限公司等 4 家企业被认定为北京市工业企业知识产权运用能力培育工程第二批试点企业，北汽福田汽车股份有限公司等 3 家企业被认定为知识产权运用示范企业。北京汉铭信通科技有限公司、北京华福工程有限公司、北京亚东生物制药有限公司3家企业通过市级企业技术中心认定，全区市级企业技术中心累计达到45家。

（于凌燕）

【清退低端产业】年内，昌平区做好污染企业退出工作，清理整治工业大院26个，清理外来人口2013人。清退不符合首都功能定位的污染企业51家，主要涉及家具、铸造、喷涂、小化工、小造纸、沥青防水卷材、水泥、粉末冶金等行业，压减外来人口775人，获得市级退出奖励资金1600万元，获得区级奖励资金6195万元。

（于凌燕）

【节能减排显成效】年内，昌平区市级以上工业开发区外的5家工业企业已压减燃煤5800吨，调整退出51家工业污染企业压减燃煤1.3万吨，共计压减燃煤约1.88万吨；推进市级以上工业开发区燃煤设施清洁能源改造工作，完成167.5蒸吨，压减燃煤约4.31万吨。落实《昌平区空气重污染日应急方案》，强化“昌平区工业企业空气重污染日减排应急工作小组”各成员单位职责，启动4次《昌平区空气重污染日应急方案》。APEC期间，高标准完成工业企业停限产任务。

（于凌燕）

【帮扶中小企业】年内，昌平区开展了北京市小企业创业基地和中小企业公共服务平台的建设工作。共有博奥联创等6家被评为市级小企业创业基地，中关村生命园孵化器等3家被评为市级中小企业公共服务平台，9家运营主体服务企业达1500家以上。举办了产业政策培训会，300多家企业参会，引导中小企业转型升级发展。开拓了中小企业融资渠道，开展集合信托等创新融资工作，21家企业通过创新融资2.54亿元。为216家企业申请各类国家、市、区专项扶持资金共计9096万元。继续拓宽中小企业网的服务范围，日平均点击量172次。研究起草了《昌平区中小企业公共服务平台建设方案》。

（于凌燕）

【推进基础设施建设】年内，昌平区新建及扩容基站994个，铺设信息管道100沟公里，建设无线宽带接入点（AP）2325个，新建及扩容4G基站1200个；完成新建有线电视双向网22578户，双向网络改造15417户，发放高清机顶盒40149户。协调开展10个镇（街）的基站建设及非法信号放大器（即“黑直放”站）关停等相关工作，关停1200余台“黑直放”。

（于凌燕）

【国有资产监管】年内，昌平区监管企业资产总额206.03亿元，同比降低2.61%；所有者权益84.58亿元，同比增长23.01%；营业收入32.49亿元，同比增长5.90%；净利润0.95亿元，同比增长393.80%；上缴税金2.28亿元，同比增长78.13%。制定出台了《关于建立健全企业法律顾问制度的工作意见》《关于监管企业主要负责人履职及监督问责暂行办法》《监管企业资产租赁管理制度》等一系列规范性文件。全年办理产权登记、转让、变更等项目52个，对16户监管企业土地、房产存量进行了调查；完成了2014年度国有资本经营预算收益收缴工作，其中国有资本经营预算收入648.81万元，支出715.8万元。

（许正兴）

【国有资产发展】年内，昌平区为未来科技城和昌建投公司等4家企业完成增资16.2亿元，增资后，昌建投公司融资平台资产总量176.95亿元，净资产71.35亿元，累计为昌平区重点项目融资61.9亿元，提供担保204.6亿元，在账担保金额151亿元。保障房公司、燕龙水务集团、永安市政公司组建工作已完成，3家企业的注册资本金分别为1.47亿元、1.6亿元和1亿元。红冶汇新集团推进金融服务和委托贷款业务，考察委贷项目59个，实现合作项目11个，累计贷款1.84亿元。昌房公司全力服务TBD功能区建设，有序推进巩华城和七里渠南北村一级土地开发和回迁楼建设工作；铭嘉公司加快推动新城东区建设，实现累计投资63.69亿元，新增投资3亿元，其中市政道路建设投资0.47亿元、土地开发投资2.53亿元；自来水公司昌平城区应急供水工程完成施工，自筹资金1666万元，与北京水务投资中心共同出资组建北京京昌水务有限公司；供销社在未来科技城南区新世纪商城北七家商场二店3900平方米直营连锁超市开业，经营各类商品6000余种；晨光公司累计为全区400家企业提供担保约105亿元；保障房建投公司年内开展回迁楼、公租房收购、回购项目4个，总建筑面积约13.23万平方米。

（许正兴）

【两家国有企业改制】年内，昌平区加快推进北京文教器材厂全资子公司北京栎昌王麻子工贸有限公司的重组改制工作，制定了企业改制方案，召开了职工大会，表决通过了改制方案，通过了区联审会的审议。推动华都酒厂资源重组工作，与科旺集团、河南张弓老酒酒业有限公司等5家公司进行商洽。

（许正兴）

【中关村昌平园建设】年内，昌平园企业总数2564家，从业人员15万人；总收入3183.6亿元，同比增长8.2%；出口总额15.1亿美元，同比增长31.4%；上缴税费145.2亿元，同比增长18.3%；利润266.3亿元，同比增长27.5%；企业内部科技活动经费支出79.5亿元，同比增长25.1%；专利申请量4963件，同比增长15.7%；专利授权量2713件，同比下降12.5%。园区有亿元级企业183家；园区共有18家上市企业，总市值达1756.9亿元，较2013年提高74.9%。

（王红彬）

【昌平园完成投资21.6亿元】年内，昌平园完成投资21.6亿元，2014年重点工程新增建筑面积约30.8万平方米。其中，新时代科研基地一期正式入驻，北大国际医院项目一期已于12月5日试营业，万泰研发生产综合楼、北医健康产业园一期、中科创新园一期、方正医药研究院一期、雪迪龙生产基地等项目陆续竣工并投入使用；北京长富投资基金（有限合伙）、北京源浩投资有限公司、中国华电集团清洁能源有限公司等重点企业入驻。

（王红彬）

【昌平园落实人才培养政策】年内，昌平园出台《中关村科技园区昌平园管理委员会支持博士后（青年英才）工作资金管理办法》；落实《中关村昌平园支持集中入住孵化器的科技中小企业房租补贴政策》，共有26家企业获得支持资金45万元；增设北大先行科技产业有限公司、北京爱康宜诚医疗器械股份有限公司、北京海燕药业有限公司、乐普（北京）医疗器械股份有限公司等4家博士后科研工作站企业分站，博士后科研工作站企业分站、创新实践基地工作站总数升至17家，进站人才20余人；“千人计划”“海聚工程”“高聚工程”人才新增5名，总人数69人；累计有大学科技园、科技企业孵化器、留创园等各类孵化器30家，孵化总面积近140万平方米；发放第一批人才公租房专项资金46万元；共有4人入选中关村高端领军人才高级工程师（教授级）职称评价，5人入选第十批海外高层次人才，3人入选北京市优秀青年人才，2人入选2014年北京市享受政府特殊津贴人员。

（王红彬）

【昌平园科技创新成效显著】年内，昌平园企业高德公司的“AutoNavi”商标荣获2013年度北京市著名商标认证；贝瑞和康取得国内首个无创DNA产前检测专利。现代农装科技股份有限公司“大型高效节水智能喷灌装备（DYP-425圆形喷灌机组）项目”和北京市三一重机有限公司“敞口式盾构机项目”入选2013年度中关村首台（套）重大技术装备试验、示范项目；北京雪迪龙科技股份有限公司自主研制的固定污染源废气中气态汞排放连续自动监测系统设备样机测试成功，填补了国内在固定污染源废气重金属排放中汞的在线自动监测设备的空白；北京勤邦生物技术有限公司的“鱿鱼、对虾等大宗水产品贮藏加工与质量安全控制关键技术及产业化”项目获全国商业科技进步奖特等奖；三一重机荣获“2014年度全球卓越绩效奖”；北京品驰医疗设备有限公司生产的“G102型双通道脑起搏器”获得了国家食品药品监督管理总局颁发的三类医疗器械产品注册证。

（王红彬）

【小汤山工业园总产值53亿元】年内，园区完成总产值53亿元，实现利润4亿元，上缴税收3.5亿元。北京永安热力公司对原有集中供热燃煤锅炉完成燃气锅炉改造工程，委托北七家污水处理厂进行污水拉运处理，解决了污水排放不达标问题。委托北京市城市规划设计研究院、北京市电信工程设计院和北京电力经济技术研究院对转化基地的市政专项进行规划，已取得转化基地的雨水、污水、燃气、供热、有线电视、电信的市政专项规划设计成果，完成转化基地内部道路规划方案及地下管线探测工作。启动一期A06、A09地块土地一级开发工作。年内，完成4块林地共10.67万平方米地上物清登评估，并对其中一块林地已完成林木补偿清退和土地接管工作。配合小汤山镇政府完成一期内砂石料厂地上物拆除工作，新承租赖马庄村集体土地5万平方米。

（张 新）

平谷区工业

【概况】2014年，平谷区工业总产值273.2亿元，同比增长5.8%；营业收入304亿元，同比增长6.3%；利润总额13.2亿元，同比下降10.9%。全区规模以上工业企业123家，工业总产值249.6亿元，同比增长3.1%；主营业务收入280.9亿元，同比增长4.3%；利润总额14.1亿元，同比下降10.1%。

（平谷区）

【固定资产投资30余亿元】年内，平谷区非政府投资工业固定资产备案项目 23 个，总投资 32.73 亿元，其中固定资产投资 27.09 亿元。全区在建工业项目 52 项（含上年结转项目 29 项），实际完成投资 12.2 亿元。升兴（北京）包装有限公司生产基地建成并投入生产；老才臣三期等 5 个项目完工并试生产；联东 U 谷平谷产业综合体项目一期工程前期投入 9581 万元，开始围挡施工。

（平谷区）

【企业获扶持资金 130 万元】年内，平谷区为企业争取资金扶持，获得扶持资金 130 万元。华都峪口禽业有限责任公司被认定为北京市工程技术研究中心，获得 30 万元资金奖励。德源化工制品有限公司和北京市燕兴隆新型墙体材料有限公司“三高”退出各获得 50 万元奖励。评审项目 7 个，申请扶持资金 339.4 万元。普析通用、长吉加油设备和维达纸业被认定为北京市级企业技术中心认定。华都峪口禽业和白象新技术有限公司被认定为北京市工业企业知识产权运用能力培育工程第二批试点企业。

（平谷区）

【扩宽企业融资渠道】年内，平谷区中小企业信用促进会建设进展顺利，会员总数 19 家，7 家企业处于考察期中。发放信用借款 45 笔，累计 4850 万元。建立上市企业后备资源库。加强与市中小企业中心的合作，举办两期“平谷区中小企业财税专题培训会”。促进金融部门与企业进行合作，区内金融机构累计为企业发放贷款 6.4 亿元。

（平谷区）

【腾退企业 5 家】年内，平谷区调整退出不符合首都功能定位企业 5 家。年节约能耗 1250.75 吨标煤，减少废水排放 10150 吨，污染物减排总量 64.48 吨。完成市级以上工业开发区内生产用燃煤锅炉改造 7 家 98 蒸吨，为企业申请工业企业燃煤锅炉清洁能源改造项目补助资金 1066 万元。市级开发区以外工业企业累计消减燃煤 6.5 万吨。

（平谷区）

【设立 2 亿元标房建设专项基金】年内，平谷区设立 2 亿元标房建设专项基金。已开工建设标准化厂房 15 万平方米。夏各庄镇龙家务村、马坊镇梨羊村为 2014 年整治镇村产业园区区域。

（平谷区）

【32 家企业获奖励资金 312 万元】年内，平谷区对重点行业和重点企业进行跟踪分析，把工业产值指标分解到开发区和乡镇，对新工业增长点进行跟踪，协助企业解决问题，发挥增长点的增长带动作用。建立项目联席会议制度，及时解决项目建设中遇到的问题，促进项目尽早竣工投产。认真做好新建投产企业入统工作。根据区政府《奖励工业产值贡献突出企业的实施办法》，确定区内 32 家企业符合奖励条件，共获区级奖励资金总额 312 万元。

（平谷区）

【平谷园建设】年内，平谷区累计认定中关村高新技术企业 68 家，待认定企业 2 家。截至年底，平谷园企业从业人数 0.9 万人，同比增长 6.2%，实缴税费总额 4.1 亿元，同比下降 0.8%。政策培训工作进展顺利。邀请国融工发公司、中诚信公司、工商银行和市地税局等相关部门，对园区内重点企业进行信用评级、信用贷款、中关村相关惠企政策、贷款推介讲解，缓解企业融资难题。强化企业服务能力，提高服务企业效率。为园区内高新技术企业申报专利、商标、标准及购买中介服务等争取补贴资金，支持企业向科技创新型转型，累计申报资金 60 余万元。完成 2 家“十百千工程”增补工作，为企业申报奖励资金 50 万元。

（平谷区）

怀柔区工业

【概况】2014 年，怀柔区规模工业安置就业 4.6 万人，总产值 551.6 亿元，同比增长 0.5%；销售收入 658.0 亿元，同比增长 5.3%；工业增加值 114.7 亿元，同比增长 11.6%。利润 33.1 亿元，同比下降 1.4%；税收 36.9 亿元，同比增长 7.7%，其中增值税 18.8 亿元。汽车及零部件业、食品饮料业和包装印刷业三大主导产业累计实现产值 466.4 亿元，同比下降 1.7%；收入 562.2 亿元，同比增长 3.5%。三大主导产业产值和收入分别占规模总量的 84.5% 和 85.4%。

全区规模工业中收入亿元企业 72 家，比 2013 年增加 9 家。亿元企业实现产值 506.5 亿元，收入 608.7 亿元，分别占规模总量的 91.8% 和 92.5%。其中 10 亿元以上企业 8 家，5 亿元以上企业 16 家。

全区 44 家出口企业实现交货值 25.7 亿元，同比增长 16.4%。亿元以上出口企业增至 4 个，其中福田重卡实现出口 10.9 亿元，比 2013 年增长 19.5%；玛氏公司出口 4.2 亿元，同比增长 4.1%，两企业出口占规模总量的 58.9%。

（刘泓汐）

【国内首家重型卡车体验店落成】 9 月 3 日，福田戴姆勒汽车首家重卡体验店在沧州开幕，标志着国内首家重卡体验店正式落成。作为国内重卡行业创新标杆及体验营销先锋，福田戴姆勒汽车在业内首开先河，建立产品价值与客户价值的对接，凭借先进科技为客户带来全新价值体验。用户还可以和更多的同行交流物流运营经验，比如购车选型、服务保养等。

（刘泓汐）

【中小企业工业总产值 226.5 亿元】 年内，怀柔区规模工业中小企业有 160 家，数量占规模的 93%，安置就业人数 2.7 万人。完成工业总产值 226.5 亿元，同比增长 8.4%；收入 252.1 亿元，同比增长 9.0%；税收 15.3 亿元，同比增长 16.5%；利润 20 亿元，同比下降 0.5%。

（刘泓汐）

【高新技术企业显活力】 年内，怀柔区 64 家高新技术工业企业完成总产值 126.9 亿元，同比增长 7.5%；收入 139.8 亿元，同比增长 9.7%；税收 9.0 亿元，同比增长 17.7%；利润 14.8 亿元，同比增长 8.0%。与 2013 年相比，高新技术产值和收入占规模的比重分别提高 1.5 个百分点和 0.9 个百分点。

（刘泓汐）

【汽车及零部件产业】 年内，怀柔区 39 家规模企业安置就业 1.28 万人，总资产 224.5 亿元，资产负债率为 49.1%。工业总产值 301.3 亿元，同比增长 0.4%；销售收入 315.5 亿元，同比增长 4.6%；税金 9.8 亿元，同比增长 16.9%。利润 4.9 亿元，同比下降 30.4%。规模以上零部件企业达 35 家，收入亿元以上企业 12 家。博萨汽车、世东凌云、斯普乐、欧曼零部件厂等 4 家企业起到强劲拉动作用。零部件企业完成总产值 56.8 亿元，同比增长 11.2%；销售收入 64.9 亿元，同比增长 25.1%。其中，福田戴姆勒销售近 10 万辆，收入同比增长 3.8%。全年生产重卡 9.88 万辆，同比减少 7733 辆、同比下降 7.3%；国内销售 9.97 万辆，同比下降 4.5%。总产值 238.9 亿元，同比下降 1.0%；收入 247.4 亿元，同比增长 3.8%；税金 6.86 亿元，同比增长 20.2%。福田戴姆勒公司在全国重卡总量排名第四位，增速排名第五位，市场占有率为 14.69%。

（刘泓汐）

【项目建设】 年内，怀柔区福田戴姆勒发动机项目完成地基和土方回填施工。健力宝厂房生产线技改项目环境评估报告、绿化园林、民防及发展改革委项目核准已完成；取得规划条件、设计方案规划复函及建设规划用地许可证。红牛儿童饮料项目主体已完工，正在进行内部装修及设备安装及调试完成，管线铺设已完成。御食园技改项目建生产车间、办公楼、库房、食堂及附属用房，总建筑面积 27136 平方米。主体工程已完工。东明模具基地项目主体及内外部装修已完成。

（刘泓汐）

【对 9 个行业 300 多家企业进行摸底】 年内，怀柔区对纺织服装、化工、家具制造等 9 个行业 300 多家企业开展了调查摸底，主要涉及纺织服装、化工、家具制造、橡胶和塑料、纸制印刷品、水泥制品、建材和钢构件、低端零部件等 9 个行业共计 242 家企业，调查内容包含企业规模、占地、用工、经营状况、资源消耗等 20 个项目。年内已完成 13 家企业的退出关闭工作。每年可减少原煤使用 6350 吨、减少烟尘排放约 61 吨，减少二氧化硫排放约 250 吨、减少氮氧化物排放约 36 吨。APEC 会期间共计停限产 172 家企业。开展清洁生产工作企业为 34 家，其中 14 家已通过认证。

（刘泓汐）

【61 家燃煤企业煤改气】 年内，怀柔区摸底调查共有工业燃煤企业 61 家（规模以上企业 38 家，规模以下企业 23 家，其中 20 蒸吨以上企业 4 家、锅炉 16 个、20 蒸吨以下 57 家、锅炉 78 个），按照压减燃煤工作分解任务，拆除力争到 2016 年底全部完成。

（刘泓汐）

【中小企业公共服务平台建设】 年内，怀柔区完成了北房镇小企业创业基地和星美中小企业公共服务平台的验收工作，区中小企业网和区投融资服务平台两网站于 6 月正式上线，区中小企业综合服务平台建设基本完成。全年为 16 家企业融资 1.8 亿元。组织开展“企业所得税汇算清缴怀柔区专场培训会”、国家和北京市扶持中小企业新政解读会等专题培训 6 次。

（刘泓汐）

密云县工业

【概况】 2014年，密云县工业总产值336.6亿元，同比增长3.7%；工业收入371.2亿元，同比增长3.1%；利润21.3亿元，同比增长17.8%。从行业来看，汽车及零部件业增速稳中有降，主营业务收入163.5亿元，同比增长11.2%，占全县工业比重44%。利润10亿元，同比增长24.1%；收入利润率6.1%，同比提高0.6个百分点。食品饮料业基本保持平稳，主营业务收入60.1亿元，同比增长3%，占全县工业比重16.2%，增幅比去年扩大0.5个百分点。利润总额4.5亿元，同比增长71.1%；收入利润率7.5%，同比提高3个百分点。生物医药业增速从高位回落，主营业务收入12.6亿元，同比增长4.5%，占全县工业比重3.4%，增幅比去年缩小54.4个百分点。利润总额2.5亿元，同比增长65%；收入利润率19.6%，同比提高7.2个百分点。黑色金属矿采选业持续萎缩，主营业务收入19.5亿元，同比下降16.9%，占全县工业比重5.3%，降幅比去年扩大13.3个百分点。利润总额8026万元，同比下降72.9%；收入利润率4.1%，同比降低8.5个百分点。纺织服装业持续低迷，主营业务收入20.5亿元，同比下降29.6%，占全县工业比重5.5%，降幅比去年扩大10个百分点。利润总额1793万元，同比下降62%；收入利润率0.9%，同比下降0.7个百分点。

（尹志东）

【“一区七基地”建设】 年内，密云县“一区七基地”工业收入299.2亿元，同比增长6.7%，拉动全县工业增长5.2个百分点。其中，经济开发区拉动全县工业增长4个百分点。

（尹志东）

【农民就业产业基地建设】 年内，密云县建成“一区七基地”入区企业数据库，完成400余家企业基础信息、腾退盘活信息、图像资料等信息的整理入库；协助河南寨镇政府起草园区腾退盘活实施方案；完成各乡镇农民就业产业基地土地资源调查摸底工作，制定相应的提升方案，明确十里堡、巨各庄、溪翁庄镇的基地基础设施提升目标；依据《北京市新增产业的禁止和限制目录（2014年版）》，形成调整归并镇村产业园区初步设想及工作思路；全年腾退企业4家、占地6.05万平方米、建筑面积12351平方米；盘活企业9家，协议投资额2.42亿元，达产后年可实现收入1.61亿元，利润730万元，税金339万元，解决就业202人。

（尹志东）

【规上企业工业总产值303.4亿元】 年内，密云县131家规模以上企业完成工业总产值303.4亿元，同比增长2.8%，占全县工业比重90.1%；主营业务收入328.8亿元，同比增长1.5%。

（尹志东）

【年收入超亿元企业工业总产值270.9亿元】 年内，密云县年收入亿元以上企业52家，工业总产值270.9亿元，占全县工业的81.2%，同比增长4.6%。其中，年收入10亿元以上企业5家，工业总产值134.6亿元，占全县工业的40.3%，同比增长16.6%；年收入5亿元~10亿元企业12家，工业总产值69.8亿元，占全县工业的20.9%，同比下降10.5%；年收入1亿元~5亿元企业35家，工业总产值66.5亿元，同比增长1.6%。

（尹志东）

【出口交货值25亿元】 年内，密云县规模以上出口企业涉及12个行业大类，其中6个行业增长。出口产品交货值25亿元，同比增长8.1%。其中，汽车及零部件业15.5亿元，同比增长16.8%；纺织服装业3.8亿元，同比下降16.7%。

（尹志东）

【签订招商项目18个】 年内，密云县累计签约工业项目18个。协议投资11.5亿元，同比下降42%。其中，协议投资1亿元以上项目5个，协议投资额8.1亿元。

（尹志东）

【工业固定资产投资20.2亿元】 年内，密云县工业固定资产投入项目56个，投入20.2亿元，同比下降0.9%。投入前三位的行业是：汽车及零部件业8.4亿元，占41.9%；电力、热力、燃气和水的生产供应业4.8亿元，占24.1%；黑色金属矿采选业2.1亿元，占10.4%。

（尹志东）

【节能减排】 年内，密云县4家页岩砖厂全部达到退出标准并通过验收，腾退土地55.49万平方米，疏解外来人口640人，节约综合能源18701吨以上标煤，压减燃煤23508吨，减少污染物排放894.1吨。完成北京昊天伟业工贸有限公司封箱胶带生产线停产退出工作，年减少VOC排放60吨，综合能源消耗减少600吨标煤。完成园区外16台39蒸吨燃煤锅炉拆除和改造。对三环公司、首云公司等 3 家重点企业实施停限产；抽调专人对 11 家 APEC 会议期间停限产企业进行督察。推荐朗迪服装公司脱硫除尘设施改造、建昌矿业公司选矿厂除尘器改造工程等 15 个项目，作为北京市工业节能减排技术改造重点领域节能项目储备。完成首云矿业、今麦郎饮品、三环公司的清洁生产审核工作；伊利实业北京乳品厂、北汽福田已完成报告等待审核；威克冶金、放马峪铁矿正在编制报告。131 家规模以上工业企业万元产值能耗 0.06917 吨标煤，同比降低 6.4%；29 家重点用能企业万元产值能耗 0.0875 吨标煤，同比降低 8.06%。

（尹志东）

【监测重点用能企业 29 家】年内，密云县 29 家重点用能监测企业综合能源消费量 148029 吨标煤，同比下降 3.26%；万元产值能耗 0.0875 吨标煤，同比下降 8.06%。从能耗总量增减情况看，10 家企业能耗同比增长，18 家企业能耗同比下降，建华铸钢停产未进行统计。从单耗同比增减情况看，10 家企业万元产值能耗同比增长，18 家企业万元产值能耗同比下降。其中，11 家企业下降幅度大于 4.82%。从行业上看，纺织服装业和黑色金属矿采选业单耗同比增长，其他行业单耗同比下降，食品饮料业和汽车及零部件业下降幅度大于 4.82%。

（尹志东）

【推进企业上市配置】年内，密云县有 3 家企业接受证监会审核。北京赫宸环境工程股份有限公司、北京百特莱德工程技术股份有限公司、北京超同步伺服股份有限公司 3 家企业在“新三板”挂牌上市。组织召开第四次上市工作联席会，确定 13 家企业成为新的上市资源企业。截至年底，共有 24 家上市资源企业，主要涉及新能源、新材料等产业。推进北京康辰药业股份有限公司完成股改。有序开展全县拟挂牌上市后备资源企业摸底工作。办理完成中电加美环保设备有限公司、北京合纵科技股份有限公司等拟上市公司落地工作。

（尹志东）

【非政府投资核准备案】年内，密云县非政府工业固定资产投资共办理核准、备案及其他类项目 18 项，其中备案项目 14 项；撤销备案项目 4 项；备案投资总额 5.79 亿元。

（尹志东）

【中小企业融资 5.24 亿元】年内，密云县对 50 家有资金需求的企业进行基本情况调查，为 31 家企业融资 3.5 亿元；与北京星展银行、北京市融资租赁公司合作试点推行融资租赁的新方式，为 4 家企业成功融资 6845 万元；与广发银行合作，采用信用贷款方式成功为力标伟业有限公司融资 600 万元；与国元证券、中信信托公司合作，1 家企业发行私募债融资 1 亿元。通过开展以上几种融资新模式，为企业融资 5.24 亿元。定期组织多家企业与银行召开协调会，为银企双方共同发展搭建平台，全年服务企业户数 198 户，融资金额 23.3 亿元，比 2013 年同期新增贷款额 7.3 亿元。

（尹志东）

延庆县工业

【概况】2014 年，延庆县 42 家规模以上工业企业总产值 70.3 亿元，同比增长 7.9%。利润 15.7 亿元，同比增长 24.2 %；主营业务收入 85.9 亿元，同比增长 15.6%；税收 4.4 亿元，同比下降 6.9%。五大产业总体呈现“二增三降”态势。其中，新能源和环保产业产值 21.9 亿元，同比增长 31.9%；基础和新材料产业产值 20.2 亿元，同比增长 6.6%；医药制造产业产值 2.75 亿元，同比下降 1%；纺织服装产业产值 15.3 亿元，同比下降 0.3%；食品产业产值 5.6 亿元，同比下降 24%。

（高建敏）

【12 家企业产值过亿元】年内，延庆县产值过亿元企业达 12 家，产值 59.1 亿元，同比增长 13.8%，占工业总产值的 84%。10 亿元以上企业有 1 家，为森特士兴集团股份有限公司。

（高建敏）

【规上新能源环保企业产值 21.9 亿元】年内，延庆县规模以上新能源和环保产业 11 家，产值 21.9 亿元，占规模以上工业总产值的 31.2%，同比增长 31.9%。其中，中材科技风电叶片股份有限公司完成产值 81653.1 万元，同比增长 62%；北京京仪绿能电力系统工程有限公司完成产值 49076.6 万元，同比增长 43.5%；北京合锐清合电气有限公司完成产值 18024.9 万元，同比增长 78%；北京玻钢院复合材料有限公司完成产值 30822 万元，同比增长 18.9%。

（高建敏）

【两园区工业产值占比93.3%】年内，延庆、八达岭两个开发区规模以上工业产值65.6亿元，占全县规模以上工业产值的93.3%。其中，延庆开发区产值32.3亿元，同比增长2.3%；八达岭开发区产值33.3亿元，同比增长17.1%。其他区域产值4.7亿元，同比下降8.9%。

（高建敏）

【重大项目投资近3亿元】年内，延庆县2兆瓦屋顶光伏电站示范项目竣工，合锐清合环网柜制造等新能源产业项目建成投产。环都拓普节能空调、京仪远东产业基地等项目开工建设，东晨阳光生产与研发基地、东方润泽生产与研发基地、国家新能源工程中心生产研发基地、智能微电网、国电华北10兆瓦低倍聚光光伏发电、中科院国家级风电叶片研发检测中心等项目有序推进。全年开工项目3个、竣工项目4个，完成投资2.95亿元。

（高建敏）

【节能减排】年内，延庆县制定了《延庆县工业空气重污染日应急预案》，定期对列入2014年北京空气重污染日限产、停产企业名单的北京玻钢院复合材料有限公司、北京华润高科天然药物有限责任公司、北京众和聚源混凝土有限公司、北京庆和食品有限公司、北京永振亮建材制品有限公司5家企业进行监督检查，与企业签订空气重污染日限产、停产承诺书。出台《2014年度工业企业燃煤设施清洁能源改造/停用计划和工业压减燃煤工作实施方案》，完成北京九龙制药有限公司、北京华润高科天然药物有限责任公司燃煤锅炉清洁能源改造工作，调整退出北京康伯机械铸造厂，共压减燃煤5200余吨。对北京八达岭酒业有限公司、北京岭北筑路材料中心2家企业进行了清洁生产认证工作。对全县工业涉污行业进行实地走访摸底调查工作，有砖瓦、石材、家具和涂料4个涉污行业，共涉及39家企业，正在研究延庆县工业污染企业调整退出实施意见。

（高建敏）

【闲置资产盘活】年内，延庆县对园区内重点工业企业进行摸底调查。共有闲置企业8家，闲置土地面积48.41万平方米、闲置建筑面积6万余平方米。针对延庆园内闲置资产，研究延庆园闲置资产盘活具体方案。

（高建敏）

【16家企业通过质量管理体系认证】年内，延庆县鼓励企业开展质量和环境管理体系认证，北京中材汽车复合材料有限公司、东晨阳光（北京）太阳能科技有限公司等16家企业符合质量和环境管理体系认证奖励要求，奖励资金共计39万元。

（高建敏）

【推动提升企业科技水平】年内，延庆县京仪绿能成为首家列入中关村“十百千”工程企业，两位企业科研骨干成为中关村高端领军人才。组织九龙制药申报第二批北京市工业企业知识产权运用能力培育工程试点企业，组织企业申报2014年工业企业质量标杆，推荐金果园公司申报专利试点企业。近两年，累计为企业申请政策支持资金4164万元。

（高建敏）

【为企业融资1000万元】年内，延庆县协调鼎华资产管理有限公司与信达天津分公司帮助北京恒阳电缆厂、北京归原生态农业发展有限公司等13家企业化解1.15亿元历史债务问题。组织云海方兴公司上报集合信托项目，为企业融资1000万元。

（高建敏）

【多举措为企业减负】年内，延庆县加强监督各项惠企政策的落实和清理行政收费项目，严厉禁止各种乱收费、乱罚款及各种乱摊派行为，组织60余家企业开展2次记名和不记名调查问卷。组织各委办局、乡镇、街道等60余家单位开展涉企收费自查排查和梳理工作，共对31项涉企收费项目进行了督查。建立了涉企收费清单目录和政府性基金及涉企收费公示制度。开展业务培训，近300家企业受益。

（高建敏）

【中关村延庆园建设】年内，延庆县编制完成《中关村延庆园管理委员会组建方案》，初步建立了“一园三基地”协调运营工作机制，出台了《延庆园管委会工作机制》文件。与中关村发展集团共同出资成立中关村延庆园建设发展有限公司。完成《中关村延庆园的产业发展规划》初稿工作。设立延庆园发展专项资金，出台了资金实施细则，专项资金对中小企业创新创业孵化、高成长企业贷款融资、重点企业做强做大、企业科技创新、企业人才队伍建设、企业转型升级6个方面给予配套资金支持。研究设立延庆园贷款及担保风险补偿机制，初步与建设银行延庆支行达成合作意向，并拟定了合作协议。编制《延庆县工业项目准入和升级改造标准（暂行）》。完成38家企业中关村高新技术企业认定工作。中关村延庆园总面积4.91平方公里，将按照“产城融合”的标准和“高精尖”产业结构的要求，建成“绿色北京”示范区，成为低碳、绿色、智慧的创新园区。

（高建敏）

开 发 区

综 述

2014年，北京市开发区主要经济指标持续增长，企业经济效益明显改善，开发区招商工作取得明显成效，土地集约利用水平进一步提高。

开发区经济规模大幅增长。年内，北京市开发区实现总收入4.06万亿元，同比增长21.5%。其中，中关村国家自主创新示范区实现总收入3.6万亿元；3个市级开发区[①]实现总收入2553.3亿元。北京市开发区实现利润总额3165.2亿元，同比增长31.2%。其中，中关村国家自主创新示范区实现利润总额3031.5亿元；3个市级开发区实现利润总额108.7亿元。

招商引资工作取得较大成效。自开始至报告期，北京市开发区招商项目个数共计44802个，项目总投资1.5万亿元，注册资本1.31万亿元。其中，三资企业注册资本2201.8亿元；外商实际投资204.3亿美元。中关村国家自主创新示范区招商项目个数35026个，项目总投资1.2万亿元，注册资本1.05万亿元。其中，三资企业注册资本1687.9亿元；外商实际投资153.3亿美元。

土地集约利用水平进一步提高。年内，北京市开发区规划面积425平方公里，与2013年基本持平。其中，3家国家级开发区规划面积412.1平方公里，占全市开发区面积的97%；3家市级开发区规划面积12.9平方公里，占全市开发区的3%。截至年底，全市开发区累计已开发土地面积和累计已供应土地面积分别为278.5平方公里和157.1平方公里，占规划面积的比重分别为65.5%和37%。累计已建成城镇建设用地面积217.3平方公里，占规划面积的比重为51.1%。全市开发区已建成城镇建设用地每公顷土地实现总收入18694.7万元。其中，中关村国家自主创新示范区每公顷土地实现总收入18337万元。

中关村国家自主创新示范区

【概况】2014年，示范区企业全年实现总收入36057.6亿元，同比增长18.2%；利润总额3031.5亿元，同比增长33.9%；实缴税费1857.6亿元，同比增长23.3%；科技活动经费支出总额1540.5亿元，专利申请量43793件，其中发明专利26413件、授权专利22960件。

坚持问题导向，深化全面创新改革。引领全国创新改革。研究提出6方面40余条政策创新建议，国务院已同意支持中关村开展外籍高端人才永久居留资格程序便利化、放宽人才中介机构外资出资比例限制、研究设立民营银行服务科技企业、调整存储生物制剂等公用型保税仓库建设标准等新的4项政策试点。“1+6”政策得到深化拓展。配合财政部等部委研究出

---

① 2012年中关村扩区为“一区十六园”之后，原有16家市级开发区中有13家纳入中关村范围，仅剩林河经济开发区、天竺空港经济开发区、房山工业园3家未纳入。为避免重复计算，市级开发区数据只包括此3家。

台了中央级事业单位科技成果使用处置收益改革、中关村股权奖励个人所得税延期缴纳试点等政策文件。全国确定20家中央级事业单位为科技成果使用处置收益改革试点单位，其中，中关村占11家。截至2014年年底，北京地区中央和地方高校、科研机构技术转让项目累计1531项，收入约107.9亿元；国有企业、高校和科研机构的104项股权和分红激励方案获得批复；累计认定高新技术企业7939家；全市所有科研项目均纳入科研项目经费管理改革试点，形成了常态化制度。此外，围绕扩大科技国际开放合作等方面，开展了进境动植物生物材料检验检疫、企业境外并购外汇管理等10多项国家层面改革试点；加大市级政策创新力度，协调出台“京校十条”、“京科九条”及其实施细则，印发实施新技术新产品政府采购和推广应用等30余项创新政策。

持续引领方向，构建“高精尖”经济结构。引领高端产业发展方向凸显新特征。互联网、大数据促进传统产业转型升级，前沿技术研发和商业模式创新催生互联网金融、互联网教育等新业态，高端制造业与服务业融合形成新增长点。加快产业前瞻布局。出台促进智能硬件、集成电路设计、健康服务业、生物医药等产业发展政策，启动了“互联网跨界融合”创新示范工程。面向国内外发掘前沿技术。发掘了全人源G蛋白偶联受体、嵌入式FPGA芯片、机器深度学习、计算机视觉等130余项前沿技术项目，支持企业引进人工智能等前沿技术领域的一批国际顶尖人才。实施支持企业国际化发展行动计划。深化与美国硅谷等13个国际创新区域的合作关系，企业在海外设立分支机构560多家，百度设立了硅谷“深度学习研究院”，联想成为全球第一大PC厂商，收购了IBM的x86服务器业务和摩托罗拉移动手机业务；小米进入“全球最具创新力公司”前列。到2014年年底，企业累计创制标准5049项，其中创制国际标准174项，在4G通信、高端显示等领域掌握产业话语权；经济加快提质增效升级，战略性新兴产业集群收入占示范区总收入近七成，现代服务业对增长的贡献率为67.3%；集约节约发展水平显著提升，万元增加值能耗约为全市平均水平的1/5，亿元增加值所需从业人员约为全市平均水平的3/4。

促进统筹发展，积极优化产业空间布局。加强示范区层面在各分园规划编制和调整中的工作统筹，指导开展延庆园、房山园、中关村软件城、怀柔科技城等规划编制。探索土地出让方式机制创新，以丰台园东区三期1516-43地块出让和通州园环渤海基地国家车联网产业基地为试点，研究建立示范区土地出让资格预审机制，促进土地集约节约利用。支持各分园和社会主体采取转让、出租、回购等模式盘活存量空间资源，释放土地与空间资源发展高新技术产业。比如，加快中关村创业大街空间整理，已累计新增腾退面积2.3余万平方米；密云园采取协商收回、诉讼收回、建立孵化基地等手段，盘活土地面积28.79万平方米；通州园盘活闲置项目7项，通过盘活闲置厂房引进项目5个。推动示范区重点项目和重大工程建设。各分园重点建设项目约329个，其中产业化项目239个，总投资约2072亿元；已开工建设项目100个。目前，中关村高端医疗器械产业园预计年底前完成建筑单体结构封顶，小米科技园已签订一级开发补偿协议，软件园三期已完成选址、新增产业用地约97公顷。

加强辐射带动，构建京津冀协同创新共同体。加强创新合作研究与策划。深入调研区域创新资源和企业需求，编制区域创新合作方案和行动计划，研究协同创新体制机制改革。扎实推进共建园区和产业基地。聚焦天津滨海新区、河北曹妃甸、新机场临空经济区、张承生态经济区等战略合作功能区，研究形成天津滨海—中关村科技园、石家庄集成电路封装测试产业基地、宝坻京津中关村科技新城、保定中关村创新中心、京津冀大数据走廊等共建方案，中关村海淀园秦皇岛分园有千方科技、碧水源、闪联、清控科创、漫游世纪等6家企业项目签约落户。支持创新主体加快跨区域布局发展。30余家产业技术联盟和社会组织参与区域创新合作，清华大学、北京大学、中科院北京分院等中关村地区高校院所在津冀建设了一批发展研究院、研发中心、中试基地和专业园区，逾1500家中关村企业在津冀设立分支机构。支撑区域生态文明建设。围绕大气污染治理、垃圾污水处理等社会关切问题，神雾集团、天壕节能、桑德环境等数十家典型企业在津冀承担合同能源管理、生物发电、污水回用、海水淡化等项目，发挥了典型示范作用。

遵循创新规律，优化创新创业生态系统。深化国家科技金融创新中心建设。积极争取中国人民银行中关村支行获批并落户，出台支持小微企业充分利用北京股权交易中心的政策措施，支持建设了互联网金融信用信息平台和全国首个大数据交易平台。支持企业运用多层次资本市场发展，全年新增上市公司24家，总数达254家；新增新三板挂牌公司146家，总数达254家。完善科技金融服务体系，在全国率先建立小微企业信贷风险补偿机制，发生创业投资案例和金额均占全国40%以上，发生天使投资案例和金额均占全国 50% 以上。推进人才特区建设。人才特区 13 项特殊政策全部落实，深化人才管理改革新的 8 项措施获得批准，示范区聚集留学归国人员逾 1.8 万人，外籍从业人员逾 9000 人，“千人计划”入选者 874 名、占全国 1/5。协调促进军民融合创新。依托中关村创新平台，加快中关村军民融合科技创新示范基地建设，与总装国防知识产权局开展军民融合国防知识产权转化应用试点，与海军共建蓝鲸军民融合创新园一期主体工程并已完工。率先形成创业新生态。推动建设“一城三街”，即软件城、创业孵化一条街、科技金融一条街、知识产权和标准化一条街，中关村创业大街挂牌运营。高校成为创业者大本营，“90 后”创业者、“创业系”、“连续创业者”成为新的创业大军，天使投资人、创新型孵化器及创客组织形成了创业新生态，科技创业井喷式增长，引领我国金融创业新时代。

切实转变职能，推动形成政府、市场和社会联合治理格局。加强示范区工作统筹协调。筹备召开了示范区第 3 次部际协调小组会议和中关村示范区第 18 次领导小组会议，发挥中关村创新平台协调服务作用。充分听取并认真采纳人大代表、政协委员、企业家顾委会的意见建议。发挥市场机制作用。创新政府资金使用方式，引导设立各类投资基金 42 支，规模逾 200 亿元，有效撬动了社会资本的参与。实施重大产业化项目股权投资，率先实现了和利时、太极等 5 个全市统筹项目政府股权退出，实现了财政资金的循环使用。推动新技术新产品示范应用，推广应用新技术新产品 2467 项，采购金额约 113.8 亿元，支持首台（套）重大技术装备和生态园区项目 46 个，其中，室内精确系统等一批新技术新产品在北京 APEC 会议活动中示范应用。发挥社会组织作用。产业联盟总数达 110 余家，协会组织 60 余家，中关村信用促进会已聚集企业 5100 余家，社会组织已成为政府服务企业的合作者。

（王 锦）

【5 家企业通过首批可信云服务认证】 1 月 16 日，在“可信云服务认证首轮（第一批企业）评估情况发布会”上，公布了工业和信息化部可信云服务认证首轮（第一批企业）评估的结果，10 家云服务商的 20 个云服务通过认证。中关村示范区百度在线网络技术（北京）有限公司、北京京东世纪信息技术有限公司、北京蓝汛通信技术有限责任公司、世纪互联数据中心有限公司、新浪网技术（中国）有限公司 5 家企业的 9 个云服务通过认证。

（王 锦）

【安天电子公司产品获 AV-Test 年度奖项】 2 月 11 日，德国 AV-Test 反病毒测试有限责任公司公布 2013 年反病毒年度大奖，北京安天电子设备有限公司研发的 AVL 手机反病毒引擎凭借在 2013 年全部 6 次横向杀毒测试中取得全年最高平均检出率的成绩，获“移动设备最佳保护”（Best Protection）奖。AVL 手机反病毒引擎是针对 android 平台开发的一款手机杀毒软件，拥有应用分析器、任务管理器、应用扫描器三大栏目，具备“全面检测、快速检测、强大的支援体系”三大特色功能，能够扫描智能手机中不同级别的恶意代码，提供多种不同配置的检测开关，以提升扫描速度和检测能力。

（王 锦）

【用友 UAP 获云计算市场年度创新产品奖】 2 月 20 日，在“2014 中国 IT 市场年会”上，用友软件股份有限公司研发的用友大中企业私有云平台（UAP），依靠其平台创新能力，获“2013—2014 中国云计算市场年度创新产品”奖。用友 UAP（Unified ApplicationPlatform）是面向大型企业与组织的计算平台，包括了开发平台、集成平台、动态建模平台、商业分析平台（用友 BQ）、数据处理平台（用友 AE）、云管理平台和运行平台 7 个领域产品，涵盖软件应用的全生命周期和 IT 服务管理过程，用于支撑平台化企业，可为大型企业与公共组织构建信息化平台提供核心工具与服务。

（王 锦）

【京东方推出“智能镜子”】 3 月 18—20 日，在 2014 中国国际平面显示器件、设备材料及配套件展览会上，京东方科技集团股份有限责任公司展示了其研发的可触控镜面显示屏——“智能镜子”。产品采用镜面显示技术，将镜子功能及显示功能相融合，通过在屏幕表面的半透半反结构，增强光线反射效果，反射率达 60%，色域 72%，应用 ADSDS 超硬屏技术，上下左右视角均可达 178 度，多触点的纳米触控功能和 Wi-Fi 功能可实现智能交互、网络浏览、通信应用等多人多点互动，可应用于家庭、酒店、商场、公共场所等领域。

（王 锦）

【被动式建筑能源环境系统亮相】 4 月 9—11 日，在“第二十五届国际制冷、空调、供暖、通风及食品冷冻加工展览会”上，清华同方人工环境有限公司展示了其研发的“被动式建筑能源环境系统”。系统是针对被动式建筑冷热负荷小、密封性好、能耗指标低的特点而设计的，采用热回收技术、低温空气源热泵技术、空气过滤等空气处理技术，具有制冷、制热、制生活热水、送新风4个功能，可以控制室内的温度、相对湿度以及二氧化碳浓度。

（王 锦）

【联想、京东签订战略协议】4月21日，由联想移动业务集团（MBG）和北京京东世纪贸易有限公司共同主办的“联想MBG & 京东战略签约暨黄金斗士S8上市发布会”在北京联想MBG望京园区举行。双方相关负责人以及媒体记者等参加，双方签订价值120亿元移动设备战略协议，其中包括联合产品开发、营销、网络促销、售后物流和售后服务。同时还发布了联想集团首款专门布局电子商务市场的手机产品S8。

（王 锦）

【百度公司推出智能硬件合作计划】4月21日，“智造未来——2014百度智能硬件峰会”在北京香格里拉大酒店举行。百度在线网络技术（北京）有限公司及合作企业的相关负责人等参加。百度公司与联想集团有限公司等合作企业联合发布云打印机、智能健康手环、车联网解决方案Carnet等20余款搭载百度技术的智能硬件产品。百度还推出创新智能硬件合作计划——Baidu Inside合作计划。对于加入Baidu Inside计划的智能硬件产品，百度公司将提供云存储、视频播放与解码、图片识别、智能语音、安全、LBS等方面的技术支持，并联合北京京东世纪信息技术有限公司、神州数码（中国）有限公司等战略合作企业，提供覆盖线上、线下的立体式销售网络，帮助传统硬件厂商将产品推向市场。

（王 锦）

【神州数码与成都市政府签署协议】4月23日，“成都市人民政府神州数码智慧城市战略合作协议签约仪式”在成都市举行。成都市政府与神州数码网络（北京）有限公司签署智慧城市框架协议。根据协议，双方将在市民融合服务平台、电子商务物流、智慧城市产业园、平安城市和IT运维服务等领域开展合作。神州数码公司将全面参与智慧成都建设，在面向市民、企业、城市服务和基础设施等方面提供IT解决方案和服务。

（王 锦）

【羲和系统成果发布】4月25日，由科技部国家遥感中心、中关村管委会、海淀园管委会、863计划地球观测与导航技术领域导航主题专家组和导航与位置服务科技专项专家组共同主办的“羲和系统科技成果中关村合作对接会”在中关村示范区展示中心举行。导航领域有关专家以及相关高校、科研院所、企业代表等100余人参加。会议宣布羲和系统室内外高精度定位导航信号提供播发服务，将向社会提供高精度室内外定位信号，支持相关芯片、模块、终端及关键设备的研制生产，使公众享受到车道级导航、米级室内定位等服务。羲和系统是《导航与位置服务科技发展“十二五”专项规划》的主要成果之一，以北斗/GNSS、移动通信、互联网和卫星通信系统为基础，融合广域实时精密定位和室内定位等技术，实现室内外协同实时精密定位，具备室外亚米级、城市室内优于3米的无缝定位导航能力。国家遥感中心与海淀园管委会签署战略合作协议，以促进羲和系统成果与中关村示范区高新技术企业的对接，并启动中关村卫星导航与位置服务科技创新公共服务平台。平台将为中关村示范区导航与位置服务的企业提供仿真验证设备和实验、测试系统及国家级实验室，帮助企业完成研究、中试、检测以及企业承接国家重大科技成果转化、新品研发和培训推广等工作。

（王 锦）

【睿创专利运营基金成立】4月25日，在“中关村知识产权聚集区政策发布暨知识产权运营基金成立大会”上，睿创专利运营基金宣告成立。基金由海淀区政府首先出资2000万元作为引导，中关村管委会出资支持，北京小米科技有限责任公司等从事智能终端与移动互联网业务的企业作为首批战略投资方参与，北京智谷睿拓技术服务有限公司作为普通合作人管理基金投资策略与日常运营。基金致力于专利运营和技术转移，将帮助国内高科技企业有效地获取核心技术专利，为企业在未来行业发展格局中获取主导权；通过组建和运营专利战略资产，提升中国企业在国际市场的核心竞争力；借助投资有市场前景的创新项目，推动科技成果转化，培育可持续发展的创新体系；利用市场机制和创造性的商业模式，帮助中国企业进军国际市场。第一期基金将重点围绕智能终端、移动互联网等技术领域，以云计算、物联网作为技术外延，通过市场化的收购和投资创新项目等多种渠道来集聚专利资产。

（王 锦）

【中科院首次解析30纳米染色质三维结构】4月25日，美国《科学》杂志（*Science*）以长幅研究论文形式发表了中科院生物物理研究所朱平研究组和李国红研究组合作利用冷冻电镜三维重构技术在国际上首次解析DNA和蛋白质折叠形成的30纳米染色质的高清晰三维左手双螺旋高级结构的研究成果。成果揭示了30纳米染色质纤维以4个核小体为结构单元，各单元之间通过相互扭曲折叠形成一个和DNA右手双螺旋类似的左手双螺旋高级结构，结构单元之间的空隙可能是组蛋白修饰、染色质重塑等表观遗传现象发生的重要调控区域。该研究首次明确了连接组蛋白 H1 在 30 纳米染色质纤维形成过程中的重要作用。项目获科技部 973 计划、自然科学基金委重大研究计划项目和重点项目以及中科院战略性先导科技专项(B类）的资助。

（王 锦）

【百家企业在北京科博会展示智慧成果】 5 月 14—18 日，在“第十七届中国北京国际科技产业博览会”上，中关村管委会以“创新驱动　智领未来”为主题，举办由智联无限、智行天下、智健生活、智净家园、智汇未来五大展区组成的中关村智慧展，130 余家示范区企业参展，集体展示 500 余项新技术、新产品和新服务。智联无限展区展示了北京友友天宇系统技术有限公司的 CloudWare 云计算基础软件产品体系等大数据、网络与信息安全等领域的成果。智行天下展区展示了北京星网宇达科技股份有限公司的智能驾考系统等智能交通、卫星应用及车载导航等领域的成果。智健生活展区展示了北京超思电子技术股份有限公司的指夹式血氧仪等在生命科学健康服务领域里智能化、小型化的医疗健康产品。智净家园展区展示了北京优格莱照明科技有限公司的全液冷 LED 照明光源等大气治理、垃圾处理、水资源利用、土壤修复、高效节能等领域的成果。智汇未来展区展示了北京易子微科技有限公司的智能人脸识别视频可视化管理系统等智慧家居、移动办公、智能楼宇控制以及文化创意领域的成果。中关村展区还展示了中关村创新创业生态系统，采用图片、数据、多媒体等方式，展示中关村示范区在人才、技术、资本、市场、空间布局、政策创新、品牌和环境等方面的优势。

（王 锦）

【碧水源膜技术应用于“月宫一号”】 5 月 20 日，“月宫一号”（空间基地生命保障人工闭合生态系统地基综合试验装置）完成中国首次长期多人密闭试验。北京碧水源科技股份有限公司与北京航空航天大学合作研发的膜生物反应器和净水技术在“月宫一号”全面应用，实现了模拟太空水循环的成功，保障了 100% 水循环再生和饮用水安全。其中，膜生物反应器持续处理卫生废水达到灌溉用水标准，水处理设备（净水机）将冷凝水净化后完全达到安全饮用水卫生标准。

（王 锦）

【小米公司成为迅雷公司最大股东】 5 月 23 日，迅雷网络技术有限公司向美国证券交易委员会（SEC）提交 F-1 招股书。招股书显示，北京小米科技有限责任公司通过旗下投资公司小米风投有限公司（Xiaomi Ventures Limited）投资 2 亿美元，持有迅雷公司 7097.7058 万股 E 级优先股，持股比例 27.2%，成为迅雷公司最大股东，并获迅雷云加速业务的授权，将全面内置在小米公司的手机、电视和互联网电视盒等产品中。

（王 锦）

【雪迪龙汞排放检测系统测试成功】 5 月，由北京雪迪龙科技股份有限公司研制的固定污染源废气中气态汞排放连续自动监测系统（SCS-900Hg）设备样机测试成功。成果获 2012 年科技部重大科学仪器专项经费支持。系统由汞在线分析仪、元素态汞标准气发生器、离子态汞标准气发生器等单元组成。其中，汞在线分析仪检测单元采用双气室长光程差分技术，提高了检测灵敏度和抗干扰技术，检测灵敏度 0.05 微克 / 立方米，可有效消除二氧化硫、氮氧化物等其他烟气组分对汞检测的干扰；汞标准气发生器可模拟发生出标定仪表所需要的单质态汞、离子态汞标准气。系统性能稳定、可靠，可应用于燃煤火电厂、垃圾焚烧厂、冶金厂等固定污染源废气中气态汞排放在线监测。

（王 锦）

【中关村现代服务业成果参展京交会】 5 月 28—6 月 1 日，在第三届中国（北京）国际服务贸易交易会上，中关村管委会以“新服务、新模式、新业态，引领现代服务业发展”为主题，组织 20 余家中关村现代服务业企业参加，通过设立“创新驱动—服务成果展区”“资源集聚—服务平台展区”和“服务民生—服务体验展区”3 个部分，展示中关村现代服务业的发展成果。服务成果展区展示了中关村示范区在推动以新技术和新模式为主要支撑的新兴服务业态以及现代化技术改造传统服务业态，促进互联网、移动互联网、大数据等新兴产业与商务、金融、文化的高度融合发展，发展科技服务业、培育新兴服务业、改造提升电子商务与现代物流业、完善现代服务业发展环境等方面的发展态势、整体情况及最新成果。服务平台展区推出金融服务、创业孵化服务、知识产权和标准服务、技术交易服务四大平台，展示了中关村创业生态系统的优势。服务体验展区展示了人人贷商务顾问（北京）有限公司的优选理财、北京超思电子技术股份有限公司的“华大夫”健康小屋、旭月（北京）科技有限公司的非损伤微测服务、北京趣拿信息技术有限公司（去哪儿网）的旅游搜索引擎、触景无限科技（北京）有限公司的“美景看看”智慧导游系统等产品，观众可以体验互联网金融、健康服务、移动生活等服务。

（王 锦）

【脑干胶质瘤特异基因研究取得突破】6月1日，英国《自然遗传学》杂志（*Nature Genetics*）在线发表由北京泛生子生物科技有限公司首席科学家阎海和北京天坛医院副院长张力伟共同主持的针对脑干胶质瘤的研究成果。成果发现脑干胶质瘤中特异的PPM1D基因突变。PPM1D基因突变不仅促进癌细胞的生长，而且能阻止癌细胞的灭亡，可能会导致患者对放射线疗法不产生任何应答（因此放疗对这类患者可能不再有效），同时还发现PPM1D基因的突变与常见的TP53基因突变总是不同时存在于同一个肿瘤组织中。这是首次发现PPM1D基因突变具有促进脑干胶质瘤生长的功能，为该类癌症的靶向治疗提供了方向。

（王 锦）

【大唐金融安全芯片获金蚂蚁奖】6月3日，在“2014年度国家金卡工程金蚂蚁奖颁奖晚宴”上，大唐电信科技股份有限公司的DMT-CBS-CE3D金融安全芯片系列产品获2014年度国家金卡工程金蚂蚁奖最佳产业配套奖。产品采用高速、低功耗CPU内核，拥有80千字节的EEPROM用户数据存储空间，可根据应用场景需要封装成单界面或双界面智能卡。芯片搭载由大唐微电子技术有限公司研发的JAVA平台，满足银联嵌入式软件安全认证要求，可支持和配合下游厂商完成应用开发和移植，实现“一芯多用”。产品可应用于金融支付、公共服务、公共交通和行业增值服务等领域。

（王 锦）

【中关村企业参展北京国际节能环保展】6月8—11日，在“第八届中国（北京）国际节能环保展览会”上，中关村管委会以“创新驱动 绿色发展”为主题，组织32家节能环保新能源企业参展，展示环保、节能、资源再生利用等领域的成果。中关村示范区展区分为工业节能减排、城市环境治理、环境监测3个板块，展出新技术新产品100余项。其中，北京源深节能技术有限责任公司的“烟气余热深度回收利用集中供热技术”可深度回收烟气余热，应用于燃气电厂，可提高热电联产集中供热系统能源利用效率40%，提高供热系统供热能力30%以上，提高热网输送能力80%，同时通过对各类烟气冷凝换热，可进一步降低烟气中的二氧化碳、氮氧化合物、细颗粒物等排放。北京雪迪龙科技股份有限公司展出的PM10/PM2.5颗粒物监测系统可以准确计算颗粒物浓度值；水泥高温气体分析系统可通过对窑炉气体连续准确的检测，分析燃烧效率及工艺过程，实现生产过程的优化控制，达到节能减排的效果。桑德集团有限公司的SMART小城镇污水处理系统解决方案采用以多功能预处理池＋高效生物转盘＋双效过滤为核心单元的污水处理全流程耦合技术，适用于小水量的分散处理，运行费用为传统方法的60%左右，并可节约用地，减少基建投资。

（王 锦）

【阿里巴巴集团全资收购优视公司】6月11日，阿里巴巴集团控股有限公司发布微博宣布，阿里巴巴集团全资收购优视科技有限公司，并以此组建UC移动事业群，优视公司董事长俞永福将担任事业群总裁，进入阿里巴巴集团战略决策委员会。UC移动事业群除了优视公司业务团队，还将整合阿里巴巴集团其他相关业务和团队，负责包括浏览器业务、搜索业务、LBS业务、九游移动游戏平台业务、PP移动应用分发业务、爱书旗移动阅读业务等方面的建设和发展。

（王 锦）

【32家企业入围中国软件业务收入百强】6月12日，工业和信息化部公布2014年（第十三届）中国软件业务收入前百家企业名单，北大方正集团有限公司、航天信息股份有限公司、同方股份有限公司、大唐电信科技股份有限公司、神州数码系统集成服务有限公司等32家北京企业入围，全部是中关村示范区企业。

（王 锦）

【30小时超长航时无人机研制成功】7月9日，国家测绘地理信息局宣布，由中测新图（北京）遥感技术有限责任公司研制的超长航时无人机遥感系统创造了续航30小时的中国遥感无人机最长续航纪录。无人机翼展3.4米、机长2.3米、飞行高度5000米，配备高性能四冲程风冷发动机，采用高轻度碳纤维复合材料机身、V形尾翼，使其重量轻、阻力小，从而实现长时间续航，保证无人机在获取空中遥感数据时的完整性、连贯性，满足较大面积的地图空白区和特殊地区的测图任务。无人机搭载基于北斗短报文通信技术的飞行远程传输装置，解决了远程传输和实时监管等关键难题，实现空管部门对无人机的统一监管、指挥调度和运行管理，还突破了基于无线电通信技术多频、多ID的同步在线技术难题，可实现同空域范围内多架飞机有序飞行，互不干扰，避免了撞击的风险。

（王 锦）

【9家企业入选电子信息百强企业】7月11日，在“2014年全国电子信息行业座谈会暨第28届中国电子信息百强企业发布会”上，工业和信息化部发布了“2014年（第28届）电子信息百强企业”名单。其中北京

地区9家企业入围，全部为中关村示范区企业，分别是联想控股股份有限公司、中国电子信息产业集团有限公司、北大方正集团有限公司、京东方科技集团股份有限公司、同方股份有限公司、航天信息股份有限公司、紫光股份有限公司、大唐电信科技股份有限公司、北京华胜天成科技股份有限公司。

（王 锦）

【福田商务汽车进入非洲市场】7月12日，“福田商务汽车非洲首发仪式”在肯尼亚举行。市委书记郭金龙等有关领导以及肯尼亚政府相关人员、企业代表等参加。北汽福田汽车股份有限公司向肯尼亚SPERO非洲有限公司交付其订购的60台福田商务汽车蒙派克S。蒙派克S是北汽福田公司融合福田戴姆勒技术和福田康明斯动力打造的新一代大商务车。同时，福田汽车公司在肯尼亚的KD工厂也落成投产。工厂总装线面积1万余平方米，设计年生产能力为1万台，具备改装和测试能力，能生产包括皮卡、轻卡、轻客、欧曼重卡等产品。

（王 锦）

【59家企业入围《财富》中国500强】7月14日，财富中文网发布2014年度《财富》中国500强排行榜。上榜的北京企业109家，其中中关村示范区内中国中铁股份有限公司、联想集团有限公司、神州数码控股有限公司等59家企业上榜。

（王 锦）

【智慧团结湖项目入选智慧城市十大解决方案】7月16日，在“第二届智慧城市标准与应用研讨会暨第七届中国SOA标准化研讨会”上，由首都信息发展股份有限公司建设的5A5S智慧团结湖项目入选由中国智慧城市产业技术创新战略联盟和全国信息技术标准化技术委员会SOA分技术委员会评选的“2014年度中国智慧城市十大解决方案”。项目基于云计算、物联网、位置服务、移动交互、智能家居等技术，打造了集透彻的感知（智慧感知）、广泛的互联互通（智慧神经）、深入的智能化（智慧大脑）、集中的大数据（智慧心脏）、规范的管理（智慧脉络）于一体的“人性化”智慧社区单元。核心应用包含：社区服务与管理系统、社区便民通信息机、掌上智慧社区、3D智慧家园、智慧居家养老服务系统、社区网格与交通综合管理系统、社区安防系统、平安家庭系统、一号定位系统、物联网垃圾分类系统等，为社区公众提供更加安全、便利、舒适的生活环境。

（王 锦）

【Star A30智能手环京东首发】7月22日，由北京超思电子技术股份有限公司研发的“我动”智能运动追踪器Star A30智能手环在京东商城首发。手环采用三角形产品外观设计，配有高亮OLED显示屏，除了常规的步数计量、距离统计、当天运动消耗卡路里以及脂肪消耗计算外，还可根据APP软件设定运动目标，统计每日目标完成百分比。“我动”APP还支持社区交友功能，测量数据可与朋友分享。

（王 锦）

【TK-2A火箭探空系统研制成功】7月，北京长峰微电科技有限公司与陕西中天火箭技术股份有限公司签订30套TK-2A火箭探空系统订单。系统由长峰微电公司与中国气象局人影中心等单位合作研制，可通过探空仪实时探测气象数据，帮助气象专家科学精准地判断人工干预天气的时机。探空仪由火箭携带升空后，在到达8千米高度时被弹出，并在降落伞的控制下以4~6米/秒的速度降落到地面，实时采集大气中的温度、湿度、气压、风向、风速等物理参数，为人工影响天气作业预警、作业条件分析以及效果评估提供气象探测数据。探空仪发射后可回收处理，在重新校准和修复后，可以重复使用。

（王 锦）

【中关村与首钢签署合作备忘录】8月12日，首钢总公司与中关村管委会第一次工作对接会在京举行，签署合作备忘录。中关村管委会主任郭洪等领导以及双方相关部门负责人参加。双方签署《中关村科技园区管理委员会、首钢总公司合作备忘录》，将围绕构建北京市“高精尖”经济结构与京津冀协同发展，共同探索合作发展新机制。《备忘录》主要包括：①共同搭建战略性新兴产业促进平台和特色产业园区。利用首钢总公司在钢铁业、环境产业、建筑及房地产业等领域的优势资源，为中关村示范区企业提供新技术、新产品的成果转化及应用平台，促进智能家居、新能源汽车、智能机器人等重大创新成果在首钢落地并产业化；将首钢北京园区建设成为中关村特色产业基地，支持首钢总公司探索“城市综合服务商”的创新经营模式。②共同推进京津冀协同发展。支持首钢总公司建设曹妃甸园区，作为京冀协同发展战略的实施平台。重点推动大数据京津冀走廊、生物质能源、海水淡化等重大应用示范工程；共同发起组建京津冀协同发展产业基金，通过市场化方式，推动京津冀新兴产业发展。③共同完善创新创业生态环境。开展支持科技创新和园区建设发展的政策创新，支持首钢总公司及所属企业组建产业技术创新联盟，将首钢总公司钢铁、环境、装备等领域的研发机构纳入中关村开放实验室试点，争取首钢新兴产业纳入中关村现代服务业试点，促进各类创新要素自由流动和优化配置，完善区域创新创业生态系统。

（王 锦）

【百度与联合国开发计划署共建大数据实验室】8月18日，“联合国开发计划署＆百度大数据联合实验室成立仪式”在百度大厦举行。联合国开发计划署、百度在线网络技术（北京）有限公司等单位的有关负责人以及相关企业的代表等200余人参加。双方宣布启动战略合作，共建大数据联合实验室。实验室将利用百度公司的大数据技术和联合国的全球发展经验，在环境保护、医疗与疾病预防、教育、扶贫等诸多领域进行研究分析，推动大数据解决全球问题的创新模式。双方还发布实验室的首个产品——“百度回收站”轻应用测试版。用户打开应用，直接拍摄家中的旧电视等电子垃圾，系统就会通过图像技术自动识别、显示电子垃圾类别和回收价格等信息；消费者填写相关信息后，就会有正规回收厂商上门进行回收。

（杜 玲）

【京企与张家口市共建张北云联数据中心】8月21日，在“张家口（张北）云计算产业园对接推介会”上，张家口市工业和信息化局和北京国电通网络技术有限公司、北京世纪互联宽带数据中心有限公司签署“关于张家口张北云联数据中心项目战略合作框架协议”，共建张北云联数据中心。项目总投资46.4亿元，占地面积30万平方米，建筑面积20万平方米，可容纳20万台服务器，建设10栋模块及配套建筑，将吸引云计算、物联网、大数据等领域的高科技企业入驻。

（王 锦）

【百度入围福布斯全球最具创新力企业榜单】8月21日，福布斯中文网发布2014福布斯全球最具创新力企业排行榜，百度在线网络技术（北京）有限公司以12个月销售额增长23.7%、5年平均年化回报率35.1%、创新溢价46.5%的业绩，排行第31位。

（王 锦）

【利亚德焕彩系列电视新品发布】8月27日，“改变·引领视界——利亚德2014年LED电视焕彩系列新品发布会”在中国国际展览中心举行。利亚德光电股份有限公司等单位相关负责人及媒体记者等参加。利亚德公司发布的LED小间距焕彩XMAX系列电视，融合“积木式DIY拼接”“极清极薄”“智能家庭影院”3个概念，基于54英寸面板单元拼接，具有高效、节能、环保、无缝拼接等特点。系列电视包含108英寸、162英寸的全高清LED电视及自由拼墙定制电视，其最大的特点是创新的可拼接设计，用“积木式”无缝拼接技术，实现“DIY自主拼接”，可打造全屏实景会议室、DIY私人定制LED家庭影院等应用场景。

（王 锦）

【海水淡化示范项目（膜法）通过验收】8月，由北京赛诺水务科技有限公司负责组织实施的中关村新能源海水淡化关键技术装备示范项目（膜法）在曹妃甸海水淡化厂通过北京节能环保中心组织的专家验收。项目关键技术装备包括由赛诺水务公司提供的超滤膜及组件、反渗透膜及组件，由北京赛美环能科技有限公司研制的海水淡化加压和能量回收一体化装置，由北京泰宁科创雨水利用技术股份有限公司提供的海水及淡水的存储设备，采用太阳能发电结合低谷电作为能源输入，在降低系统运行能耗的同时降低运行费用。成果建成日产淡水1000立方米的海水淡化（膜法）示范项目，将海水淡化制水成本降低10%以上。

（王 锦）

【和利时推出MC1000系列运动控制器】8月，北京和利时自动化驱动技术有限公司推出MC1000系列运动控制器。控制器具有8轴闭环伺服控制/开环脉冲控制、高速脉冲捕捉、高速脉冲输出等功能，采用64位双精度浮点数进行运算，实现高精度的控制运算，双核ARM Cortex-A9 667兆主频处理器让运算速度更快，确保对各个轴的基准控制，可应用于切割设备、工业机器人、冶金加工设备、雕铣设备、点胶设备、挤塑设备、拉丝设备以及其他要求高速、高精度的加工中心、数控机床、自动生产线等。

（王 锦）

【合众思壮产品获2014年卫星导航奖】9月11日，在“第三届中国卫星导航与位置服务年会暨展览会”上，由北京合众思壮科技股份有限公司易祥等研发的“UG775坚固型北斗通信定位智能移动终端”获2014年卫星导航定位优秀工程和产品奖二等奖。该产品是一款支持北斗短报文通信的智能移动警务终端，采用专业的北斗+GPS双模定位模块，与普通的追求极致轻薄的消费级手机不同的是，UG775支持北斗短报文通信、3G网络通信和北斗二代定位，可基于移动网络实现语音对讲或视频通话，在没有无线网络覆盖或紧急状态下，可直接使用北斗卫星短报文服务进行应急通信，具有一定的防尘、防水、抗跌落能力，适用于地质、林业、边防、禁毒、石油等行业。

（王 锦）

【京东方布局可穿戴智能设备领域】9月15日，京东方科技集团股份有限公司发布《投资可穿戴增强现实技术领域的提示性公告》，宣布其为实现在可穿戴智能设备和增强现实技术等创新性、颠覆性技术领域的战略布局及技术人才的积累，通过下属全资子公司BOEOH公司出资约500万美元认购美国可穿戴智能设备初创公司Meta公司部分优先股股权。Meta公司主要涉足可穿戴计算和增强现实技术领域。

（王 锦）

【华大电子产品获蓝盾杯安全仿伪技术创新奖】 9月18日，在“第九届证卡票券安全技术高峰论坛”上，由北京中电华大电子设计有限责任公司研发的高频RFID芯片CIT83128获“2014蓝盾杯安全防伪技术创新奖”。产品支持国家商用密码算法，符合ISO/IEC 15693标准，拥有防冲突机制，支持多标签识读，兼具对单一标签的安全认证识别功能，支持NFC手机识别及防伪验证，可解决二维码易被克隆和超高频RFID验证成本高的问题，基于此芯片的溯源防伪解决方案可采用NFC手机进行识别，省去其他技术在验证环节需要投入的验证终端，帮助用户降低项目投入成本。

（王 锦）

【电子城与58同城共建移动互联网创新基地】 9月19日，由北京电子城投资开发股份有限公司、北京五八信息技术有限公司共同主办的“同城携手 驱动创新——电子城股份＆58同城战略合作签约仪式”在京举行。联合国工业发展组织中国投资促进办公室、朝阳园管委会等单位有关领导以及企业代表等参加。根据协议，双方将在产业空间拓展、科技产业孵化、产业投资等方向开展合作，并着力打造优质发展环境，推动若干个互联网科技创新发展产业平台落地。双方将优先在北京地区选址，打造以移动互联、互联网金融、移动应用业态为主题，集产业聚集、服务平台、投融资平台等功能为一体的移动互联网科技创新驱动产业基地。

（王 锦）

【国内首家智能硬件产业联盟成立】 10月22日，由中关村管委会和海淀区政府联合主办的“中关村智能硬件产业联盟成立大会”在中关村示范区展示中心举行。中关村管委会主任郭洪等领导以及海淀区政府相关领导、联盟成员代表参加了大会。联盟是国内首家智能硬件产业联盟，由北京京东世纪贸易有限公司、北京小米科技有限责任公司、乐视网信息技术（北京）股份有限公司等21家单位发起成立，涵盖芯片设计、工业设计、软件、互联网和大数据、硬件、电商、检测认证等产业链环节。将建设检测认证、研发合作、知识产权与标准、大数据服务、电商推广等五大公共技术和服务平台，并在中关村核心区建设以智能硬件为主题的“平台＋孵化＋投资”的创业孵化器，培育创客、极客、高校院所及学生的创新精神，推动组建投资智能硬件的产业投资基金和创投资金，培育智能硬件创新创业生态环境。首任理事长单位为京东公司。会上，中关村管委会、海淀区政府介绍了中关村构建智能硬件产业生态情况，发布了相关支持政策，为中关村梦想实验室、中关村创业大街、海龙大厦、e世界数码广场授牌中关村智能硬件集聚区孵化基地和加速器，并举行北京创毅视讯科技有限公司、梅泰诺（北京）移动信息技术有限公司等企业入驻签约仪式。

（王 锦）

【金鸿泰产品获中国信息协会优秀产品奖】 10月22日，在“中国信息协会2014年各部委及地方信息协会负责人工作会议”上，北京金鸿泰科技有限公司研发的“光伏电站群智能化综合监控运行管理系统”获2014年中国信息协会优秀产品奖。系统是基于全面生产性维护与预防性维护理念和物联网、大数据、云计算等技术，提供不间断数据采集、实时远程监控、生产运营分析、故障告警、故障诊断、资产管理、投资决策、安全评估等功能，面向电站、区域、集团总部多级组织架构，构建新能源集团多级监管模式，实现电站无人或者少人值守；按照建站时间、区间、装机容量等多维度统计分析发电量，量化电站运行考核体系；通过设备故障自动检测、实时定位，提升管理水平。

（王 锦）

【百度杀毒3.0版通过Check Mark认证】 11月4日，英国西海岸实验室（West Coast Labs）发布评测结果，由百度在线网络技术（北京）有限公司研发的百度杀毒3.0版通过查毒能力、反木马能力、反间谍软件3项Check Mark认证。百度杀毒3.0搭载百度公司研发的雪狼杀毒引擎和冰山防御体系。雪狼杀毒引擎采用“量子查杀”技术，能够超细粒度检测各类病毒母体和各种变种体，并能全方位修复被病毒感染的程序和文档，具有检出率高、误报率低、查杀速度快、体积小等特点。冰山防御体系包括进程防护、关键位置防护、程序防注入、实时监控、注册表防护、U盘防护、网页防护、驱动加载防护、下载防护9层防护。

（王 锦）

【示范区两企业助力APEC会场安保】 11月10—11日，亚太经济合作组织（APEC）第二十二次领导人非正式会议在北京怀柔雁栖湖国际会议中心举行。北京智慧图科技有限责任公司及北京子天汇科信息技术有限公司成立专项项目组，共同为APEC会场提供安全防护及服务保障支持。会场部署了双方共同研发的“基于室内高精度定位的会议安保及人员监控系统”。系统采用“高精度室内定位技术”，定位精度达到亚米级，配合使用无线智能传感器iBeacon及智能穿戴设备，可弥补传统摄像头监控过程中的视野盲区，为会议指挥中心提供全局视角精准位置监控服务，解决了重大会议多场所无死角实时监控的难题。指挥中心通过系统可实时监控人员在会场的位置情况和任务完成情况并进行指挥调度，确保人员调度的迅速到位。

（王 锦）

【Bodivis个人健康管理系统发布】 12月18日，由同方股份有限公司主办的“做健康的我——同方健康Bodivis新品发布会”在京举行。同方公司相关负责人及媒体记者参加。同方健康科技（北京）股份有限公司推出Mybody智能成分秤、Mystep智能手环两款智能硬件产品，以及Bodivis个人健康管理系统。Bodivis系统是面向个人健康管理的云端服务，由智能成分秤、智能手环以及手机APP、云端健康管理平台构成，集成了人体成分数据管理、运动数据管理、历史曲线、健康深度评估、个性化处方等功能。Mybody成分秤拥有一层导电膜，通过发出微弱的电流采集人体各个部位的电阻抗（生物电阻抗法），可以精准地计算出体内的脂肪、水分、肌肉、骨质等成分的含量以及20余种健康指标，并通过蓝牙传输到手机中，手机上的APP还可以通过分析身体状况提出运动和饮食方面的建议。

（王 锦）

【星网宇达智能驾考系统获市科学技术奖】 年内，北京星网宇达科技股份有限公司李江城等完成的“基于北斗的高精度驾驶员智能考试系统研发及产业化”项目获北京市科学技术奖三等奖。项目属于自动化技术应用、电子信息及通信领域。成果开发了基于北斗导航系统的高精度定位定向设备，包括GNSS/INS组合导航模块、GNSS/INS/里程仪数据融合模块、四轮定位评判子系统等，突破了“惯性/北斗组合导航及姿态测量技术”“惯性/北斗/里程计组合式位置测量技术”“基于立体测量及虚拟传感的驾考评判技术”三大核心技术，实现对考试结果无人干预的智能化判定。其四大创新为：通过卫星导航、惯性导航、里程计等技术创新融合，突破了北斗导航系统仅在空旷无遮挡地区使用的限制；采用虚拟传感器技术，解决了考试结果全自动评判问题；采用考试场地测量系统，可实现场地厘米级快速精确测绘；通过对四轮定位技术的创新应用，实现车辆轮廓的快速、精确测量，为自动评判提供数据依据。

（王 锦）

北京经济技术开发区

【概况】 2014年，开发区经济运行总体平稳，质量效益突出。全年新区地区生产总值完成1472.5亿元，其中开发区完成997.4亿元，增长9.2%。开发区规模以上企业完成工业总产值2821亿元，同比增长5.6%；全社会固定资产投资完成391亿元，其中综配区政府性投资完成100亿元以上；基础设施投资68.6亿元，同比增长1.5倍；公共预算财政收入完成120亿元，同比增长19.7%；社会消费品零售额325.1亿元，同比增长13.4%。

价值链高端集聚。整合产业链资源，帮助中芯国际对接兆易存储器等上游芯片设计企业，促进京东方与冠捷、小米等下游企业合作，有效降低综合商务成本，相互扩大市场，提高增加值率。引导企业向产业链高端延伸，支持京东方建立“母子工厂”模式，亦庄母工厂向其他区域子工厂输出专利；鼓励航天长征公司系统集成服务模式，为客户提供“交钥匙”工程，形成新的商业模式和新的增长点。发展总部类企业，引进美国领英（LinkedIn）大中华区总部、腾讯华北总部、国开新能源、聚信京津冀产城融合基金等项目，形成总部集聚新优势。

高科技企业引领作用显著。新增国家级高新技术企业86家，总数达到430家。规模以上高新技术企业完成产值2201.7亿元，占规模以上企业工业产值比重达到90%以上，连续9年保持国家级开发区领先水平。企业科技研发能力不断增强，中芯国际28纳米工艺量产，实现我国集成电路制造工艺新突破；支持赛诺菲拓展高附加值制剂生产和灌装环节，实现产品首次出口发达国家；2014年，全国进入临床试验的Ⅰ类生物新药共有11个，其中5个来自开发区的神州细胞、百泰生物等企业。

六园发展更具专业特色。按照品牌、政策、招商、布局、服务、基础设施“六个统一”发展思路，安排财政专项资金，重点支持六园产业基础设施建设，提高项目承载能力。生物医药产业园，民海二期等8个项目签约落地，同仁堂科技等5个项目开工建设，协和药厂等5个项目投产见效，园区实现总收入135亿元，增长21%，税收增长38%；新媒体产业园，中国搜索等3个项目签约，文创基金产业园项目开工建设，园区实现总收入206亿元，增长15%，税收增长20%；新能源汽车产业园，以北京新能源汽车公司为龙头，全年生产整车约5000台，北京市场占有率70%以上，园区实现收入53亿元，增长25%；军民结合产业园，蓝鲸军民融合创新平台建成使用，大型高速滚装渡轮、国遥新天地等项目注册入园；生产性服务业产业园，荣华路沿线160万平方米商业楼宇投入使用，吸引入驻企业1700多家，其中世界500强项目5个，兴华大街地铁沿线宜家等重点项目全面运营；新空港产业园，主动对接国家临空经济区规划，编制新区临空产业规划，同步储备项目已达99个。

产业绿色发展水平进一步提升。开发区万元GDP能耗0.17吨标煤，同比下降6.3%，超额完成市政府下达的任务指标。万元GDP新鲜水耗2.8立方米，污水处理率保持100%，工业高品质再生水使用量3.1万吨/天，居全国领先水平。

着力打造“4+4”产业发展格局，即做强电子信息、生物医药、装备产业、汽车产业的科技研发、系统集成、总部运营等高端业态，同时培育扶持高端服务业、文化创意、节能环保、临空经济等四大新兴产业。围绕集成电路、互联网等高端产业，以研发中心和运营总部为主，盘活现有资源，参照生物医药创新园“研发+中试”模式，形成一批特色产业园。在创新招商模式方面，积极调动联盟、协会、业主、龙头企业的积极性，开展合作招商活动。推进“四个一批”高精尖项目建设，德为显示等20个项目投产，新增产值44亿元；义翘神州等20个项目开工，其中过半数为研发和总部类企业；小米互联网产业园、翟氏文创园等31个项目签约，80%为总部、研发和服务类项目；IPV6、东方晶源、中交兴路车联网等新兴业态项目注册入区。

（研究室）

【招商引资】年内，新增世界500强项目2个，引资（含增资）119.5亿美元，同比增长27.4%。奔驰二期、中芯国际二期投资超过90亿元。累计入区企业9350家，累计注册资本459.2亿美元，累计合同外资金额82.7亿美元，累计外商实际投资67.5亿美元。

（研究室）

【12家创新战略联盟组建联盟集群】3月18日，开发区12家创新战略联盟的20多家企业代表共同探讨云计算带来的合作机遇。在2月的联盟工作会后，12家联盟自发组建联盟集群，希望通过不断开展交流活动，快速实现产业对接合作、项目协作创新。首次活动的发起者是云计算知识产权创新联盟理事长单位云基地副总李京梅。

（研究室）

【拜耳医药北京工厂投资扩建】3月28日，大兴区委书记、开发区工委书记李长友与拜耳集团董事会主席戴克斯博士签署了拜耳医药北京工厂投资扩建项目的投资协议。

（研究室）

【戴姆勒投资10亿欧元扩产】3月28日，戴姆勒集团宣布将投资10亿欧元用以扩大北京奔驰产能。根据北汽集团与戴姆勒股份公司就进一步扩大北京奔驰公司产能签订的合作协议，戴姆勒股份公司将投资10亿欧元用于扩大北京奔驰更加节能的轿车产品和发动机的本土化生产。

（研究室）

【导航与测控产业化基地奠基开工】3月28日，位于科创十四街的北京星网宇达惯性导航与测控产品产业化基地正式奠基开工。在开发区建设的星网宇达科研与惯性技术产业化基地作为公司上市募投项目的建设地，拟建设惯性导航与测控产品、铁路轨道检测设备、智能驾考系统3个产业化项目和惯性技术研发中心项目。项目总投资2.85亿元，占地1.25万平方米，建筑面积4万多平方米。

（研究室）

【大族激光产业基地启用】3月，位于开发区河西区的大族激光产业基地启用，并宣布以大族激光的号召力，吸引激光设备制造的上下游企业，打造激光产业园区。基地占地22万平方米，由20栋单体建筑构成，其中有18栋单体写字楼，可作为生产厂房使用；另有两栋是配套宿舍公寓，未来将做成酒店式的公寓。基地以大族激光为主，吸引激光设备制造的上下游企业，打造激光行业产业基地；戴姆勒重卡将进入园区，以此为龙头，吸引汽车制造上下游企业入园。

（研究室）

【驻区企业专利申请量稳步增长】3月，北京经济技术开发区2013年度知识产权年报显示，开发区企业作为开发区技术创新的主体，专利申请量同比增长15.42%、授权量同比增长19.61%，创新力持续增强。

（研究室）

【150余家医药企业参加健康卫生拓展行动研讨会】5月14日，由北京经济技术开发区主办的“亦庄·科技与国际化”——克林顿健康卫生拓展行动研讨会在北京亦庄生物医药园召开，150余家生物医药企业踊跃参会，寻求走出去的良机。这次会议是开发区为进一步营造国际交流合作氛围，助推企业拓宽国际市场，积极推进国家生物医药国际创新园建设的一项重大举措。会议邀请了中国疾病预防控制中心副主任高福院士、克林顿基金会健康拓展行动项目专家，分别阐述中国传染性疾病的防控现状及中国制药企业国际化的机遇。

（研究室）

【亦庄两项目签约19亿元】5月15日，第十七届科博会“科技合作项目签约仪式”在京举行，北京亦庄签约了朵唯移动通信终端和东方百泰综合性抗体产业化基地两个项目，签约金额达19亿元。朵唯移动通信终端项目主要用于手机、可穿戴设备等手持终端产品的研发与生产。东方百泰综合性抗体产业化基地项目则着力构建具有世界先进水平的原创性全人源抗体、新型疫苗研究平台技术，计划完成用于糖尿病、恶性肿瘤、重大传染病等4个在研大品种的产业化，并实现关键技术装备和材料自主生产，完善国产抗体产业化链条。科博会期间，中共中央政治局委员、北京市委书记郭金龙参观了科博会北京·亦庄展区。

（研究室）

【集成电路先导技术研究院拟成立】5月16日，中芯国际集成电路制造有限公司与武汉新芯、清华大学、北京大学、复旦大学、中科院微电子所共同签署合作意向书，拟成立“集成电路先导技术研究院”，携手打造国内最先进的集成电路工艺技术研发机构。

（研究室）

【知识产权审查员亦庄实践园揭牌】5月18日，2014年北京（中关村）审查员实践基地暨亦庄实践园揭牌仪式举办，开发区成为2014年度首家知识产权审查员实践园区。知识产权局审查员实践基地是促进专利审查员、企业研发人员和知识产权管理人员之间相互交流、学习的平台。2013年，以京东方、北方微电子、星和众工为代表的一批开发区高新技术企业积极参与了审查员实践基地的活动。

（研究室）

【10余家企业亮相第三届京交会】5月28日，新区以“电商走进生活”为主题，携京东、百度、中科电商谷等10余家企业亮相第三届京交会。为打造电子商务生态圈的聚集中心，新区主要依托在信息流、物流、商务流等方面的综合服务优势，吸引了包括腾讯电子商务华北运营总部项目、全球优质食品领域的本来生活网、国际家居领域的美兹网、德国CDE跨境电商项目以及跨境贸易平台中的平台小笨鸟网等入驻，并推动京东商城和酒仙网二期建设，实现了电子商务零售总额在全市网络零售额占比位居第一。新区共签约8个项目，签约总额达到215.4亿元。

（研究室）

【科学技术奖励大会召开】6月5日，新区召开科学技术奖励大会暨2014年新区科技工作会议，对2013年度科学技术先进单位和个人进行表彰，部署今后科技工作重点。会议听取了2013年度新区科技工作报告，宣读了《关于2013年度新区科学技术奖励的决定》。授予“火力发电厂燃料智能在线监控系统”等30项科技成果科学技术进步奖，授予“大兴区企业安全风险评定和宏观预警研究”等30项科技成果科学技术奖软科学奖。新区领导还分别与义翘神州公司、中科晶电公司、北方微电子研究中心的企业代表签订了科技创新专项奖金协议书。

（研究室）

【开发区企业参展节能环保展览会】6月8日，以“节能低碳　清洁空气”为主题的2014年第八届中国北京国际节能环保展览会在北京展览馆开幕。开发区企业北京龙源环保、富思特、北京世能中晶等皆携新产品亮相，其中北京盈创绿纽扣科技有限公司自主研发的智能回收机尤其引人注目。

（研究室）

【促进产业转型升级研讨会召开】6月11日，由中国互联网协会、北京市信息化专家咨询委员会主办的“利用互联网融合促进产业转型升级研讨会”在开发区召开，20余位互联网以及传统产业核心企业领军人物齐聚开发区，共论互联网推动传统产业转型升级之道。云基地创始人宽带资本董事长田溯宁、中芯国际首席运营官赵海军、aFocus灵狐科技总经理金羽中、网秦首席执行官史文勇、阿里集团政研室高级专家游五洋、京东方首席运营官刘晓东先后结合本企业案例对产业互联网发展提出自己的观点，并对开发区发展互联网产业及产业转型出谋划策。奇虎360、新华网、瓦里安等企业的30余位代表与嘉宾们进行了深入探讨。

（研究室）

【中交兴路与IBM共建车联网创新中心】6月18日，北京中交兴路信息科技有限公司与IBM联合共建的车联网创新中心正式成立。此次双方强强联手，通过优势互补，加强协同创新，将大幅度提升中国车联网行业的创新能力和整体竞争力。注册于开发区的北京中交兴路信息科技有限公司是一家以“大物流、大金融、大服务”车联网服务体系为品牌发展战略的车联网服务企业。希望通过携手 IBM 共建联合创新中心，共同进行前瞻性的技术研究和行业解决方案开发，借助 IBM 在移动互联等方面积累的技术，构建一个稳定、开放、可持续发展的车联网服务运营平台，服务于整个车联网产业链。

（研究室）

【自体免疫细胞制备实验室落户开发区】6 月 18 日，舒迪安中国实验室在汇龙森 33 号楼 B 座正式落成，捷克卫生部部长斯瓦托普鲁克 · 捏麦切克特地到场祝贺。该实验室是目前亚洲最顶尖的自体免疫细胞制备实验室，投入使用后将用于研究开发更多肿瘤疗法，以改善国内肿瘤治疗技术，助力中国肿瘤治疗的发展。该实验室占地面积超过 3500 平方米，其中洁净区面积约 1000 平方米；非洁净区面积约 2500 平方米，包括培训实验室、仪器室、QC 实验室、冷库、仓库等。公司还为实验室配置了先进的医疗设备及顶尖的技术人员。

（研究室）

【京微雅格新品发布】6 月 19 日，京微雅格召开 CME-M7（华山）系列新品发布会，推出国内首颗嵌入 ARM Cotex-M3 的高性能 SoC FPGA。CME-M7（华山）是一款集成了更高级 MCU 内核和高性能 FPGA 的智能型芯片，通过将 FPGA、CPU、SRAM、ASIC、Flash 以及模拟单元等功能模块集成在单一芯片上，能够满足不同应用场合的“可定制、可重构、可编程”设计需求，实现了 FPGA 的 SoC 化。CME-M7 系列可用于所有细分市场，包括消费电子、工业控制、无线通信、网络应用、成像和安全产品等。

（研究室）

【京东方 S2 项目竣工】6 月 15 日，京东方北京工厂 S2 项目工程如期竣工。S2 项目位于开发区东区 C7 地块，总建筑面积 6 万余平方米。该工程为京东方视讯科技有限公司在北京亦庄地区的标志性建筑，主要建设内容包括厂区土建和厂房内生产线的安装、调试等。该项目拟建 6 条 Module COF 线、13 条 Module COG 线和 8 条 Cell 配套的二次切割和测试产线，主要生产 NB、TPC、MNT 类产品。

（研究室）

【北京奔驰发动机零件纳入全球采购体系】6 月 26 日，北京奔驰发动机零件出口仪式在发动机工厂举行，生产的缸体、缸盖、曲轴三大发动机核心部件将陆续起航发往德国，用于戴姆勒德国发动机工厂的整机装配，北京奔驰正式被纳入了戴姆勒全球采购供应链体系，开启了将“奔驰的中国芯”送往海外的新里程，“中国制造”也登上了展示世界高端制造业核心技术魅力的舞台。出口德国的发动机核心部件，是北京奔驰发动机工厂工艺技术标准化生产的高精度产品，可为戴姆勒全球体系下所有发动机工厂共享。

（研究室）

【京东金融推出众筹项目】7 月 1 日，京东金融宣布推出第五大业务板块——众筹业务“凑份子”，用户可通过“凑份子”参与京东众筹项目的生产、定价等环节。与此同时，12 个新奇好玩的众筹项目也同期上线。本次发布的是产品众筹，主攻智能硬件、流行文化这两个领域新奇好玩的项目，目标用户则瞄准了 3C、IT 及热衷流行文化的消费用户。

（研究室）

【企业转化基地合作共建协议签约】7 月 4 日，“中国医学科学院药物研究院成果转化中心——企业转化基地”合作共建协议签约仪式举行，悦康药业集团与其签约，成为其科研成果产业化基地。转化基地的建立是以企业为技术需求方、药物所转化中心为技术供给方的强强联合之杰作。此次共建成果转化基地协议的落实，使双方的合作发展由桌面协议走向实质。

（研究室）

【集成电路产业投资基金座谈会召开】7 月 17 日，国家集成电路产业投资基金座谈会在开发区召开。工信部总经济师周子学、财务司司长王占甫、电子司副司长彭红兵等参加会议。王占甫介绍了国家集成电路产业投资基金设立情况，各委办局领导围绕此次国家集成电路产业投资基金的使用展开研讨，提出意见和建议。根据 6 月 24 日国家发布的《国家集成电路产业推进纲要》，工信部将牵头设立集成电路产业投资基金，主要用于扶持集成电路制造、封测、设备、设计等环节。

（研究室）

【新一代奔驰车桥产品进入量产阶段】7 月 17 日，采埃孚为新一代北京奔驰 C 级轿车配套的车桥产品正式量产，产量将逐步增加。此次量产的新 C 级轿车车桥，所有产品 100% 根据客户订单即时生产，使用 Flex-line 系统全程监控零件装配扭矩等，并自动存储质量数据，具有良好的可追溯性。同时，采埃孚北京工厂已经建立了完善的灾难应急预案，可最大限度地保证及时和零缺陷的客户交付。

（研究室）

【结核病检测试剂盒成果发布】7月25日，“十二五”传染病科技重大专项“结核分枝杆菌效应T细胞检测试剂盒”成果发布会在开发区召开。由区内企业北京旷博生物技术有限公司与中国科学院微生物研究所、中国疾病预防控制中心传染病预防控制所共同研制，北京金豪制药有限公司生产的具有自主知识产权的产品——结核快速诊断试剂盒获得国家食品药品监督管理总局颁发的医疗器械注册证书，并已正式投产和临床应用。旷博生物自主研发的结核分枝杆菌效应T细胞检测试剂盒为结核病的诊断和治疗提供了有效的手段。

（研究室）

【开展知识产权培训】7月31日，为帮助区内医药企业提高知识产权能力，开发区保护知识产权举报投诉服务中心联合北京12330，在北京亦庄生物医药园孵化中心举办了“医药行业专利布局情况及知识产权纠纷概述培训”。邀请行业专家对生物医药行业的专利布局策略和典型知识产权案例进行了分享。国家知识产权局专利局、国家知识产权局复审委、律师等相关单位领导和有丰富经验的专家，针对生物医药企业高层管理人员和中层管理者不同的关注点分别进行概念、理论和案例讨论的培训。

（研究室）

【集成电路产业论坛举行】8月8日，首届中国集成电路产业创新发展千人论坛在开发区举行。来自集成电路产业的近40位“千人计划”专家齐聚一堂，分享经验体会，为我国集成电路产业发展建言献策。论坛致力于为中国集成电路设计公司、制造商、封装测试类公司以及业内相关人士搭建一个良好的沟通平台，对促进与推动国内集成电路行业的发展带来积极的影响。本届论坛由国家02重大专项实施管理办公室主办，北京经济技术开发区管委会、集成电路材料产业技术创新战略联盟、集成电路封测产业链技术创新战略联盟承办。

（研究室）

【博泰方德股东会召开】8月13日，博泰方德（北京）资本管理有限公司第一次股东会暨董事会在亦庄国投召开。会议决定成立北京亦庄生物医药产业基金，拉动开发区、京津冀乃至全国医药产业的发展。此次成立生物医药产业基金有效地整合了三方雄厚资源：亦庄国投的区位优势、亦庄生物医药投资的行业研究水平和国泰君安的资本运作实力。国泰君安创新投资有限公司、北京亦庄国际产业投资管理有限公司、北京亦庄国际生物医药投资管理有限公司相关负责人，对现阶段工作成果予以充分的肯定，会议确定了公司重要事宜，拟定了相关制度管理规则，将有效地推进北京亦庄生物医药产业基金的工作进程。

（研究室）

【拜耳扩建项目奠基】8月18日，拜耳北京工厂综合扩建项目奠基仪式在开发区举行。该扩建项目将大幅提升拜耳医药在中国的生产能力，是拜耳在全球扩张之路的又一个重大进展。根据3月28日拜耳与开发区签订的投资协议，此次拜耳医药北京工厂投资扩建项目投资约8亿元人民币，建设阿司匹林肠溶片生产及辅助设施，扩建项目达产后，预计年产值约80亿元人民币。

（研究室）

【市主要领导调研四达时代集团】8月30日，市委书记郭金龙就贯彻落实党的十八届三中全会精神、推动首都文化中心建设，到开发区企业四达时代集团调研。郭金龙依次察看了电视节目制作、播出、译制、配音等情况，并与中外员工简短交流，对集团建设具有中国特色内容平台的战略给予肯定。郭金龙称赞企业研发的技术设备非常实用，对电视普及具有革命性作用。他还听取了四达时代集团坚持“走出去”发展战略、打造具有全球影响力的传媒集团的情况汇报。

（研究室）

【云狐时代总部进驻开发区产业园】8月31日，云狐时代总部全部进驻位于开发区科创十二街和排干渠西路交汇处刚建成的产业园，云狐时代产业园一期正式投入使用。云狐时代产业园于2012年开工建设，是移动硅谷的重要产业项目，一期建设总建筑面积12万平方米，除了作为云狐时代总部的8000平方米之外，将引入智能手机、芯片、游戏、移动互联、移动金融、电商六大类企业入驻，形成移动互联智能硬件的生态共生环境，目前中电商城等企业已经签署了入驻协议，二期18万平方米的建设也将开工。

（研究室）

【海峡两岸签署传感器领域合作备忘录】8月，在陕西西安举行的第十一届海峡两岸信息产业和技术标准论坛上，赛西实验室、联发科技股份有限公司以及中国电子工业标准化技术协会，与台湾华聚产业共同标准推动基金会共同签署了《海峡两岸推动传感器领域标准研究及产业合作备忘录》。两岸将根据传感器领域发展现状及需求，充分发挥各自优势，选定智能手机传感器开展先期合作，在产品测试、方案接入、相关前沿技术研究以及产业等方面展开研究与合作。备忘录有助于两岸共同制定共通标准，为两岸融合发展提供保障和支持。

（研究室）

【新能源车配套电池包投产】 8月，为北汽新能源C33车型配套的第一批电池包下线，北京电控爱思开科技有限公司（BESK）正式投产，新能源汽车产业发展迈出了新的步伐，中国拥有了属于自己的高续航高寿命的汽车用动力电池包。BESK的这条生产线引入韩国SK集团先进的三元体系动力电池组生产技术，使用的电芯也是由SK提供的、世界一流的EC\PHEC三元材料的电芯产品，为了在生产过程中控制电芯电池包容量的平衡和工艺点完全相同，生产线还引进了先进的电源管理系统，先进的技术使得BESK的电池包较现有的磷酸铁锂体系动力电池，其能量密度提高50%以上，功率密度提高100%，车辆续航里程可提高30%以上，电池包设计寿命达到10年（20万公里）。而且其低温性能良好，可在零下20摄氏度正常工作。

（研究室）

【埃博拉病毒研究取得成果】 9月2日，京天成生物技术（北京）有限公司总裁兼首席执行官孙乐宣布：公司在国内率先用293真核细胞表达出埃博拉病毒GP1蛋白，并发现了具有自主知识产权的3个线性表面位点，为开发埃博拉病毒诊断试剂盒抗体药打下了基础。针对埃博拉病毒（Ebola virus）爆发及蔓延的趋势，中国生物技术创新服务联盟（ABO）启动了“新发传染病快速应急反应体系”，京天成是其中主要的参与者，而且率先取得了成果。

（研究室）

【北京龙兴生物医药有限公司成立】 9月4日，位于开发区路东区的北京龙兴生物医药有限公司成立。作为健能隆医药的产业化基地，龙兴生物致力于一批创新型重组蛋白药物的产业化。健能隆医药公司是一家生物科技公司，已经开发了具有自主知识产权的Di-Kine新药核心技术，并成功推出了一系列处于临床和临床前阶段的创新型生物药。龙兴生物承担着“创新型基因重组生物药的国际化开发”项目的成果转化工作，为健能隆国际、国内三期临床研究的临床用药生产、未来商业化运营生产以及发行抗体类蛋白新药。

（研究室）

【北京医疗器械与生物技术产业创新联盟升级】 9月18日，北京医疗器械与生物技术产业创新联盟召开换届大会，联盟范围从单纯的医疗器械升级为医疗器械与生物医药，整体提升了开发区医疗器械与生物医药技术产业的技术创新能力。新一届北京医疗器械与生物技术产业创新联盟将成立数个专业委员会，并为成员单位提供公共服务平台服务。会上，北京医疗器械与生物技术产业创新联盟还与中原信达知识产权代理有限责任公司和汇龙森签署了共建协议。

（研究室）

【智慧城市中德对话活动举行】 9月22日，由RSBK有限公司发起、开发区主办的可持续发展与智慧城市中德对话活动举行，来自中德的企业负责人共同就可持续性发展与智慧城市进行了探讨。德国经济与能源部高级官员米歇尔·雷布兰特、北京市经济和信息化委员会主任张伯旭讲话。来自中德两国的政治家、机构和企业负责人就此进行了深入讨论。

（研究室）

【开发区入选全国首批产业集群区域品牌试点】 9月26日，由工业和信息化部主办的“全国工业品牌培育工作座谈会”在上海召开。开发区成为全国首批22家产业集群区域品牌试点单位之一。开发区凭借在数字显示产业具有自主品牌优势明显、产业链条完整、技术水平领先、创新能力强、产业延伸性好、成长潜力大等特点，成功获批在全国率先开展产业集群区域品牌建设试点工作。

（研究室）

【微电子国际研讨会召开】 10月23日，为期两天的2014北京微电子国际研讨会在开发区召开，微电子产业精英齐聚亦庄，为开发区带来最前沿、最高水平的行业趋势和技术发展信息。本届研讨会以“聚集创新要素，助推产业升级”为主题，围绕产业发展与资本运作、创新创业环境营造、原始技术创新等高端要素的整合，重点针对网络经济背景下智能终端、智慧医疗、大数据、物联网等应用需求，集成电路设计技术、制程工艺和先进封装测试的关键技术，重大装备及材料的国产化等内容，邀请国内外重要嘉宾进行交流。

（研究室）

【德勤—亦庄高科技高成长企业20强发布】 10月23日，北京亦庄与德勤企业咨询有限公司共同发布“德勤—亦庄高科技高成长20强（2014）”，北京京东方显示技术有限公司、易美芯光（北京）科技有限公司、北京京杰锐思技术开发有限公司分获前3名。除了京东方外，此次入选20强的企业绝大多数涉及生物医药、云计算、节能环保、新材料等高精尖产业，高精尖产业已经成为北京亦庄内生增长、创新发展的主引擎。

（研究室）

【北京亦庄区域合作投资公司成立】 10月，由开发区7家企业共同注资的北京亦庄区域合作投资有限公司正式成立，公司将着力于京津冀一体化发展，探寻区域合作新模式。由瑞云云计算研发设计有限公司、北京亦庄国际投资发展有限公司、北京嘉捷美锦科技发展有限公司、北京春光世纪投资有限公司、坤鼎投资管理集团有限公司、北京市工业设计研究院以及中建一局集团第二建筑有限公司7家公司联合发起成立"北京经济技术开发区企业协会区域合作分会"。为贯彻落实和协助协会的具体工作，以7家发起企业为股东并注资1900万元成立的"北京亦庄区域合作投资有限公司"作为落实具体工作的抓手，对区域合作的前期调研提供人员支持，实质性推动区域合作项目的开展，全面启动合作区域的规划、产业布局、项目对接、周边基础设施建设等研究工作。

（研究室）

【京开数码科技园开工】10月，位于开发区路东区的京开数码科技园正式开工，开发区再增一座产业园区。数码科技园由北京经开投资开发股份有限公司出资建设，项目位于北京经济技术开发区的路东区，建设用地总面积为54928.2平方米。一期为3栋住宅楼，14栋甲级标准花园型办公楼，配套底商，包含地下车库及辅助用房；二期为4栋高品质5A级商务办公楼。此次建设的数码科技园在提升高新技术产业和高端现代制造业的层次和竞争力的同时，发挥首都科技、智力、信息优势，积极发展产业链上游研发、下游商务、行销等生产性服务业，将成为带动区域经济结构调整和经济增长方式转变的强大引擎。

（研究室）

【超云与锐捷签署战略合作协议】10月，天地超云公司与福建星网锐捷网络有限公司签署了战略合作协议，双方将在市场营销、解决方案、产品融合等领域展开全面深入合作，为用户提供自主可控的云数据中心解决方案。超云与锐捷的强强联合，促成了双方在各层面的优势互补，将为国内广大用户的IT业务应用带来更具价值的产品和解决方案。

（研究室）

【开发区生物医药产业工会联合会成立】11月5日，开发区生物医药产业工会联合会成立大会召开。大会审议通过了工会联合会筹备组工作报告和《大会选举办法》等，以无记名投票的方式选举产生了工会联合会第一届委员会。生物医药产业工会联合会对于推进开发区生物医药产业基层工会组织建设和基层民主政治建设，保护和调动广大职工的积极性、创造性，协调企业劳动关系，维护职工合法权益，创建和谐企业，促进行业发展具有十分重要的意义。

（研究室）

【天通泰文科技园与以色列签署多项协议】11月16日，由天通泰文化数码科技园有限公司携手北京市科学技术委员会、以色列驻华大使馆、北京经济技术开发区管委会共同举办的2014北京国际农业产业化展览会暨中以科技论坛举办，天通泰文化数码科技园与以色列相关企业签订多项合作协议。来自中以两国的行业专家进行了主题发言，并对企业项目进行了对接。天通泰文化数码科技园有限公司与以色列伯尔梅特公司、中国技术交易所、以色列丹福利特通信等公司签署了合作协议，共同搭建一个中以技术转移网络交易平台，旨在建立一个将技术可视化、市场化和透明化的平台，让更多的企业可以寻得良机。

（研究室）

【开发区第一届产业创新联盟联席会召开】11月17日，2014年北京经济技术开发区第一届产业创新联盟理事长联席会召开，会上透露开发区将建立产业创新联盟联席会制度，探索联盟发展新方向。截至年底，开发区已建立产业创新联盟15家，几乎覆盖区内所有产业。为了加快联盟的发展，将联盟建设成为推动开发区产业升级进步的一支重要力量，加强联盟间的互助合作和联合创新，开发区科技局制定了产业创新联盟联席会制度，目的就是探索联盟组织的发展经验，了解各联盟所在产业的发展现状，存在的机遇和面临的问题，探索政府通过政策支持联盟创新发展，发挥联盟的带动作用，形成推动开发区创新发展的新经验、新模式、新路径。

（研究室）

【两互联网企业主办创新创业大赛】11月18日，由移动硅谷、斗牛士传媒（DoNews）联合主办的MARS互联网创新创业大赛媒体见面会在北京亦庄移动硅谷孵化器召开。移动硅谷对于赛事获胜者将给予不同层面的政策扶持和鼓励，还将针对入围并加入移动硅谷大家庭的团队给予投融资服务、行政服务、技术咨询、市场拓展等企业服务，充分借助开发区的各种优势资源，助力创业团队在亦庄孵化。

（研究室）

【为区内企业提供保税物流服务】11月19日，北京京远物流股份有限公司在亦庄保税物流中心举行"项目签约暨发展研讨会"。京远物流与巴慕达科贸（北京）有限公司签订"进口家电等消费品保税仓储及物流服务协议"，为其提供进口商品保税仓储及供应链物流服务，包括仓储、快速通关、内陆运输、B2B及B2C模式下的物流配送、国际运输、进口保税、分送集报、流通加工等具体业务；与中国教育图书进出口有限公司签订“基于POD业务模式的物流服务协议”，为其提供POD业务物流服务支持，包括保税仓储、POD“一日游”、配送、快速通关、流通加工、分送集报、进出口代理等具体业务。

（研究室）

【智能工业发展论坛召开】11月20日，中国（北京）国际智能工业与信息安全技术发展论坛暨2014中国嵌入式系统年会在开发区召开。本届论坛以智能工业与信息安全融合为题研讨，突出在智能工业中互联网和移动通信的信息安全需求和重要性，同时提示，信息安全技术在智能工业实际应用中才能得到不断地完善和发展。国内外专家、院士、政企代表围绕智能工业和信息安全技术发展等主题做了演讲，开发区科技部门就开发区创新发展和智能工业情况做了专题报告。

（研究室）

【北汽新能源纯电动车亮相】11月20日，北汽新能源纯电动车型EV200正式亮相。EV200续航里程长达240公里，驾驶操作更注重智能化、安全化，整车性价比极高。截至11月，北汽新能源汽车累计订单已经超过6000台，受到了中国市场和消费者的高度认可。EV200选择了目前国际领先的韩国SK三元锂电池，一次蓄电量为30.4度，综合工况下续航超过240公里，经济时速下可行驶260公里，完全能够满足消费者日常出行要求。EV200所采用的三元锂电池，具有能量密度更高、低温性能更好、可靠性更高、寿命更长等特点，性能更突出。并且三元电池由于厚度更小，形状可进行定制。

（研究室）

【中国·芬兰北京生态创业园合作协议签署】11月25日，纯净芬兰·清洁日活动在北京举办，开发区管委会就共同建立中芬北京生态创新园与芬兰贸易科技中心签署了合作框架协议，这意味着开发区与芬兰共同建设中芬北京生态创新园迈出了实质性的一步。开发区将与芬兰共同建立政府对政府、园区对园区、企业对企业的合作机制，通过共同建设中芬北京生态创新园信息交流平台、共同研究制定园区产业生态化指标评价体系、共同推进设立相关基金的方式，推动两国企业在高科技及新能源清洁环保领域的合作与交流。

（研究室）

【翟氏17亿元在开发区投资艺术品项目】11月26日，第十八届北京·香港经济合作研讨洽谈会结束。开发区与翟氏签署投资艺术品交易、展示、存储项目合作协议，翟氏将投资17亿元在开发区建设国内最权威的艺术品鉴定中心以及继伦敦和新加坡之后的全球第三个艺术品存储中心。项目建成后，可实现年交易额约38亿元，年营业收入约20亿元，年上缴税收约1.5亿元。

（研究室）

【“专利池”构建研讨会召开】11月26日，开发区知识产权局召开北京经济技术开发区联盟专利池构建工作研讨会。邀请开发区企业分享专利池构建经验。北京泰豪智能科技有限公司介绍了目前开发区节能与新能源产业联盟专利池的构建和运营情况。汇龙森国际企业孵化器就构建开发区生物医药领域的核心专利池做了专题汇报。会议还邀请了国家半导体照明工程产业联盟的相关专利池运营机构负责人，介绍了其联盟专利池构建和发展的成功经验，来自国内顶级的专业知识产权管理公司集慧智佳的运营总监和北京天阳律师事务所的法律专家就开发区生物医药领域专利池的构建和运营提出了建议和意见。

（研究室）

【中国·荷兰孵化器国际合作协议签署】11月28日，以汇龙森为代表的中国科技孵化器与荷兰孵化器代表共同签署了中荷孵化器国际合作备忘协议，约定共同推动创新创业项目的双向孵化。参加签约的荷兰孵化器代表包括荷兰埃因霍温高新技术园、SBC高新技术加速器、SBC创业加速器以及VS风险投资公司。中荷双方代表就充分利用各自资源、努力推动创新创业项目的双向孵化等事项，达成初步合作意向。双方约定，中国技术创业协会孵化器联盟将组织成员企业以及非成员园区积极参与荷方每年的全球筛选项目，每年与荷方共同在中国组织创业项目选拔活动；同时，双方计划在人才引进、项目融资等方面开展充分合作，并建立及时讨论通道，推进创新创业的国际化合作。

（研究室）

【云狐时代推出国内首款六防极限相机】11月，在发布了全球首部六防智能手机A8两个月之后，云狐时代再次瞄准极限运动这一细分领域，推出了国内首款六防极限相机。这款可穿戴相机不仅具有防水、防尘、防震、防腐蚀、防刮、防压等功能，它还支持Wi-Fi设备远程遥控拍摄，支持高清录像数据远程无线传输，让手机与相机同时享受摄影。这款相机打破了常规摄像机要添加防水外壳的束缚，更加轻便小巧，适用领域更加广泛，真正做到了适用于大众。

（研究室）

【硅谷创新中心一期封顶】11月，北京亦庄移动硅谷有限公司创新中心一期封顶，中心建成后致力打造“基地＋基金＋服务”模式的移动产业创新园区。项目位于开发区移动硅谷产业园区的商务研发核心区，占地约13万平方米，地上建筑面积约36万平方米，建筑功能以总部、研发办公、孵化中心、专业技术平台为主，辅以综合服务平台、会议、酒店、商业、公寓等商务配套功能。移动硅谷以创新中心为载体，积极与国际创新机构对接。先后与美国、芬兰共同创办创新基金，并承办创新天使中美创新大赛。2013年，移动硅谷与法国阿登省签订协议共建法国阿登之家。

（研究室）

【北京大学7名教授获拜耳学者奖】11月，在“新药研发和转化研究论坛”上，拜耳医药保健向北京大学7名杰出教授颁发了“拜耳学者奖”，以表彰他们在新药开发科学研究中做出的突出贡献。7名获奖者分别来自北京大学的生命科学学院、分子医学研究所、化学与分子工程学院以及北京大学（深圳研究生院）化学生物学与生物技术学院。在过去的5年里，他们在相关领域取得了令人瞩目的研究成果，因而获得这一奖项。这些领域包括合成化学和药物化学、蛋白质组学、干细胞、表观遗传学及药理学研究。

（研究室）

【全球最大的65英寸触控显示屏首发】11月，京东方携公司众多显示新品亮相第十六届中国国际高新技术成果交易会，并首发目前全球最大尺寸的65英寸4K×2K OGS触控显示屏。该产品采用京东方在OGS触控领域的自主技术——OGS金属网格技术，取代传统的ITO技术，在明显降低材料成本的同时大幅度提升触控灵敏度。该产品还首次突破了OGS拼接曝光技术难点，并全面综合了多点触控、4K超高清分辨率、OCR全贴合工艺、薄型化设计等多项亮点技术，给用户带来极佳的触控体验。

（研究室）

【投资北京洽谈会签约近3亿元】12月9日，第六届投资北京洽谈会在京召开，开发区与2个高精尖项目现场签约，签约金额近3亿元。签约项目包括与北京华兴长泰签署的药品信息化智能管控系统和导航经颅磁刺激医学治疗系统产业化项目、与旷博生物签署的诊断试剂产业化基地项目。

（研究室）

【云端时代与多个战略伙伴签署协议】12月12日，2014产业互联网大会上，中国自主桌面云领导厂商北京云端时代科技有限公司除了全面展示其丰富的产品及解决方案外，还与其战略合作伙伴中国科学院曙光信息产业股份有限公司、奇虎360科技有限公司、吉大正元信息技术股份有限公司举行了合作签约仪式，桌面云启动产业链建设，实现了云端时代与合作伙伴之间的优势互补、强强联合，除了未来在技术、市场方面的深入合作外，还将形成多个产业相关的安全云计算基础设施解决方案，合力推动云计算技术向相关产业的落地和应用。

（研究室）

【北京奔驰奖励本企业30位高技能人才】12月，北京奔驰2014年职业技能竞赛颁奖仪式暨卓越高技能人才“清华”培训班启动仪式在北京奔驰厂区内隆重举行，为30位在世界级、国家级和市级竞赛中取得优异成绩的北京奔驰员工颁发了奖项。

（研究室）

【打造汽车领域人才队伍】12月，北京奔驰正式启动了汽车制造企业创新人才能力提升高级研修班项目。该项目将面向北京奔驰各部门近年来在市级以上各级技术比赛中获奖的员工，以及各部门的优秀技师、高级技师及一线的技术骨干人员，旨在促进高技能人才综合素质的持续提升，打造北京奔驰团队和中国汽车工业领域中的佼佼者和领军人物。

（研究室）

【现代服务业年度试点项目公示】12月，中关村现代服务业2014年试点项目公示，对68个项目给予立项支持。其中开发区共有8个项目获得5883万元的中央财政支持，分别是大地互联的“基于大数据分析的京医通信息服务平台”、中金数据的“中国电子技术交易和服务平台项目”、酒仙网的“酒类电子商务产业链升级及创新服务平台建设项目”、天广实的“创新性抗体构建研发及产业化服务平台”、易美芯光的“面向LED行业的应用设计、定制服务及检测平台建设及运营”、艾迪康的“北京艾迪康医学检验及信息服务平台建设项目”、协和建昊的“人类重大疾病灵长类动物模型及集成式公共服务平台”和和利时的“工业控制系统智能化安全云服务平台”。

（研究室）

其他开发区

【概况】 2014 年，北京天竺综合保税区和 16 个市级开发区完成固定资产投资 121.4 亿元，同比下降 29.7%；实现总收入 5175.7 亿元，同比增长 51.1%；实现利润总额 243.8 亿元，同比下降 27.4%；自开始至报告期累计招商项目 17603 个，项目累计总投资 2538.4 亿元，外商实际投资累计完成 59.4 亿美元。

【北京天竺综合保税区】 2014 年，保税区完成固定资产投资 9.8 亿元；完成总收入 141.9 亿元，同比增长 19%；完成利润总额 88975 万元。自开始至报告期累计招商项目 205 个，项目累计总投资 169.8 亿元，外商实际投资累计完成 4533 万美元。

【北京天竺空港经济开发区】 2014 年，开发区完成固定资产投资 13.9 亿元；完成总收入 2369.3 亿元，同比增长 58%；实现工业总产值 390.5 亿元；完成利润总额 102.9 亿元，同比增长 20.5%。自开始至报告期累计招商项目 634 个，项目累计总投资 549.4 亿元，外商实际投资累计完成 16.2 亿美元。

【北京通州经济开发区】 2014 年，开发区完成固定资产投资 7.9 亿元；完成总收入 102.2 亿元，同比增长 142.6%；实现工业总产值 84.5 亿元；完成利润总额 22.2 亿元。自开始至报告期累计招商项目 80 个，项目累计总投资 283.9 亿元，外商实际投资累计完成 41208 万美元。

【北京兴谷经济开发区】 2014 年，开发区完成固定资产投资 8.5 亿元；完成总收入 231.8 亿元；实现工业总产值 179.2 亿元；完成利润总额 145572 万元，实现扭亏为盈。自开始至报告期累计招商项目 198 个，项目累计总投资 80 亿元，外商实际投资累计完成 50918 万美元。

【北京雁栖经济开发区】 2014 年，开发区完成固定资产投资 14.8 亿元；完成总收入 363.1 亿元，同比增长 21.5%；实现工业总产值 234.4 亿元；完成利润总额 32.3 亿元，同比增长 6.9%。自开始至报告期累计招商项目 1695 个，项目累计总投资 311.4 亿元，外商实际投资累计完成 25.3 亿美元。

【北京密云经济开发区】 2014 年，开发区完成固定资产投资 12.7 亿元；完成总收入 338.2 亿元，同比增长 213.6%；实现工业总产值 170.1 亿元；完成利润总额 25.3 亿元，增长 275.66%；自开始至报告期累计招商项目 242 个，项目累计总投资 266.6 亿元，外商实际投资累计完成 48497 万美元。

【北京永乐经济开发区】 2014 年，开发区完成固定资产投资 2.8 亿元；完成总收入 4.4 亿元；实现工业总产值 2.7 亿元；完成利润总额 662 万元，同比降低 73.9%。自开始至报告期累计招商项目 26 个，项目累计总投资 19.4 亿元，外商实际投资累计完成 1487 万美元。

【北京大兴经济开发区】 2014 年，开发区完成固定资产投资 7 亿元；完成总收入 193.9 亿元，同比增长 2.1%；实现工业总产值 36.6 亿元；完成利润总额 58531 万元。自开始至报告期累计招商项目 2064 个，项目累计总投资 47.9 亿元，外商实际投资累计完成 9491 万美元。

【北京八达岭经济开发区】 2014 年，开发区完成固定资产投资 2228 万元；完成总收入 121.8 亿元，同比增长 6.05%；实现工业总产值 33.3 亿元；完成利润总额 83675 万元，同比增长 9.74%。自开始至报告期累计招商项目 1224 个，项目累计总投资 66.2 亿元，外商实际投资累计完成 60 万美元。

【北京延庆经济开发区】 2014 年，开发区完成固定资产投资 2.23 亿元；完成总收入 122 亿元；实现工业总产值 31.6 亿元；完成利润总额 11.8 亿元。自开始至报告期累计招商项目 962 个，项目累计总投资 200.4 亿元，外商实际投资累计完成 6494 万美元。

【北京房山工业园区】 2014 年，开发区完成固定资产投资 2.1 亿元，同比增长 34.9%；完成总收入 17.4 亿元，同比增长 146.6%；实现工业总产值 8.8 亿元；园区亏损 6247 万元。自开始至报告期累计招商项目 25 个，项目累计总投资 27.9 亿元。

【北京林河经济开发区】2014年，开发区完成固定资产投资26亿元，同比增长了近80倍；完成总收入166.6亿元，同比降低31.6%；实现工业总产值54.6亿元；完成利润总额64216万元，同比增长9.3%。自开始至报告期累计招商项目282个，项目累计总投资90.2亿元，外商实际投资累计完成7864万美元。

【北京石龙经济开发区】2014年，开发区完成固定资产投资9.1亿元，同比增长157.9%；完成总收入662.6亿元，同比增长近15倍；实现工业总产值24.5亿元；完成利润总额37605万元，同比降低36.7%。自开始至报告期累计招商项目9692个，项目累计总投资288.8亿元，外商实际投资累计完成6423万美元。

【北京良乡经济开发区】2014年，开发区完成固定资产投资1.3亿元；完成总收入279.4亿元，同比降低65.7%；实现工业总产值15.7亿元；完成利润总额27390万元，同比增长129.8%。自开始至报告期累计招商项目81个，项目累计总投资32.8亿元，外商实际投资累计完成1532万美元。

【北京采育经济开发区】2014年，开发区完成固定资产投资1.2亿元；完成总收入56.7亿元；实现工业总产值51.4亿元；园区亏损8425万元。自开始至报告期累计招商项目59个，项目累计总投资75.4亿元，外商实际投资累计完成780万美元。

【北京昌平小汤山工业园区】2014年，工业园区完成总收入1.1亿元；完成利润总额93万元。自开始至报告期累计招商项目78个，项目累计总投资5.3亿元，外商实际投资累计完成655万美元。

【北京马坊工业园区】2014年，工业园区完成固定资产投资1.9亿元；完成总收入3.1亿元；完成利润总额97万元。自开始至报告期累计招商项目56个，项目累计总投资23亿元。

（以上内容均为市经济信息化委规划处提供）

2014年北京市开发区土地开发情况

单位：公顷

名　　称	规划总面积	累计已开发土地面积	累计已供应土地面积	累计已建成城镇建设用地面积
国家级开发区				
北京经济技术开发区	4680.0	3700.0	3873.9	3700.0
中关村国家自主创新示范区	38610.9	25278.5	10642.8	19663.8
中关村示范区海淀园	13242.2	10683.9	697.8	9986.2
中关村示范区丰台园	1763.0	289.0	200.0	166.6
中关村示范区昌平园	5140.0	2068.9	1952.9	1719.7
中关村示范区朝阳园	2610.0	1471.9	1447.1	1240.0
中关村示范区亦庄园	2678.0	2678.0		2678.0
中关村示范区西城园	1000.0	1000.0	1000.0	
中关村示范区东城园	603.0	288.8		288.8
中关村示范区石景山园	1334.0	127.6	41.0	127.6
中关村示范区通州园	3434.5	2158.2	2007.6	1508.8
中关村示范区大兴生物工程与医药产业基地	1124.7	710.2	472.8	297.6
中关村示范区平谷园	508.0	329.0	103.4	85.2
中关村示范区门头沟园	189.0	120.0	120.0	120.0
中关村示范区房山园	1573.0	1205.4	1013.7	550.2
中关村示范区顺义园	1208.5	912.1	574.8	224.3
中关村示范区密云园	1000.8	699.3	597.0	462.4
中关村示范区怀柔园	711.0	266.3	165.3	17.9
中关村示范区延庆园	491.2	270.0	249.6	190.6
北京天竺综合保税区	594.4	349.5	320.5	178.8
市级开发区				
北京石龙经济开发区	189.0	120.0	120.0	120.0
北京良乡经济开发区	240.9	136.1	132.7	109.2
北京大兴经济开发区	414.8	278.5	272.2	261.9
北京通州经济开发区	767.0	540.6	507.4	261.5
北京雁栖经济开发区	1096.0	942.4	712.9	659.5
北京兴谷经济开发区	503.2	437.0	310.0	437.0
北京密云经济开发区	1246.4	1246.4	993.5	910.0
北京林河经济开发区	416.0	385.0	260.0	349.0
北京天竺空港经济开发区	660.0	660.0	449.0	405.4
北京八达岭经济开发区	480.8	318.6	209.6	291.6
北京永乐经济开发区	459.8	219.3	137.1	137.1
北京延庆经济开发区	418.6	173.2	143.0	221.0
北京昌平小汤山工业园区	257.3	14.3	14.3	45.3
北京采育经济开发区	355.0	327.1	327.1	299.3
北京房山工业园区	218.5	159.5	159.5	112.3
北京马坊工业园区	345.6	149.0	148.4	111.5

注：1. 本表所指开发区包括北京市级及国家级开发区情况。
2. 中关村国家自主创新示范区亦庄园数据在中关村国家自主创新示范区与北京经济技术开发区中为重叠部分。
3. 自2013年起，平谷园、门头沟园、房山园、顺义园、密云园、怀柔园和延庆园7个园区纳入中关村国家自主创新示范区统计范围，后表同。
4. 除中关村国家自主创新示范区海淀园外，中关村国家自主创新示范区各园“规划总面积”指标均填报批复土地面积，范围较2012年有所变化。
5. 表内“累计”指自开始至年末的累计数。

2014年北京市开发区招商、入资情况

名　　称	自开始至报告期累计					
	招商项目企业个数（个）	项目总投资（万元）	注册资本（万元）	＃三资企业	合同外资金额（万美元）	外商实际投资（万美元）
国家级开发区						
北京经济技术开发区	9350	37417718	28100354	7046542	826865	674801
中关村国家自主创新示范区	35026	119829035	105350075	16878610	1936643	1532869
中关村示范区海淀园	20247	45046850	39296691	8306367	1167502	763653
中关村示范区丰台园	5303	13965808	13965808	227253	26905	33239
中关村示范区昌平园	2576	20125765	20022781	902200	68643	68643
中关村示范区朝阳园	1434	9271027	9271027	1229885	103550	103550
中关村示范区亦庄园	720	15685308	8202637	4271020	341453	338956
中关村示范区西城园	473	5617476	5617476	447090	73293	73293
中关村示范区东城园	1084	1112380	1112380	101275	3293	3142
中关村示范区石景山园	2429	2862123	2862123	203505	31308	34210
中关村示范区通州园	200	1386947	641504	304009	16384	16384
中关村示范区大兴生物工程与医药产业基地	74	206809	200000	16000	5200	4750
中关村示范区平谷园	60	54669	54669			
中关村示范区门头沟园	86	908731	908731	10372	1019	319
中关村示范区房山园	58	28860	716175	221863	75	1451
中关村示范区顺义园	142	2400468	2017576	609657	94653	87891
中关村示范区密云园	84	586500	359935	25498	3003	3003
中关村示范区怀柔园	29	526365	65977			
中关村示范区延庆园	27	42948	34584	2616	363	386
北京天竺综合保税区	205	1698062	918043	318822	44796	4533
市级开发区						
北京石龙经济开发区	9692	2888137	2888137	41265	7997	6423
北京良乡经济开发区	81	328327	107545	12057	1532	1532
北京大兴经济开发区	2064	478512	817148	148943	10675	9491
北京通州经济开发区	80	2839846	657345	213306	44370	41208
北京雁栖经济开发区	1695	3113958	925292	460489	240471	252780
北京兴谷经济开发区	198	799886	315676	560325	4948	50918
北京密云经济开发区	242	2666371	519067	131210	24807	48497
北京林河经济开发区	282	902107	588209	94469	12597	7864
北京天竺空港经济开发区	634	5494036	3756030	1950481	142203	161679
北京八达岭经济开发区	1224	662045	657986	19981	60	60
北京永乐经济开发区	26	193769	47139	1000	0	1487
北京延庆经济开发区	962	2003533	1736076		5857	6494
北京昌平小汤山工业园区	78	52800	34731	6242	989	655
大兴采育经济开发区	59	753971	130317	6981	1735	780
北京房山工业园区	25	278946	129349			
北京马坊工业园区	56	230141	230141			

注：1. 中关村国家自主创新示范区亦庄园数据在中关村国家自主创新示范区与北京经济技术开发区中为重叠部分。
2. 本表中关村国家自主创新示范区统计口径为注册在园区内的法人单位，其他开发区统计口径为经营在开发区内的法人单位，部分开发区范围较2012年有所变化。

2014年北京市开发区投资、生产情况

名称	自年初累计		
	固定资产投资（万元）	总收入（万元）	利润总额（万元）
国家级开发区			
北京经济技术开发区	3910369	55953685	2495710
中关村国家自主创新示范区	6677894	360575733	30315111
中关村示范区海淀园	972816	144494589	11422645
中关村示范区丰台园	739349	36993851	2193685
中关村示范区昌平园	275038	31836041	2663048
中关村示范区朝阳园	340000	40901144	4903686
中关村示范区亦庄园	1324696	37222959	2334553
中关村示范区西城园	114223	18747680	1987501
中关村示范区东城园	862227	15019392	1464787
中关村示范区石景山园	14847	15259599	1675324
中关村示范区通州园	1255349	3835649	328829
中关村示范区大兴生物工程与医药产业基地	211764	2633186	209013
中关村示范区平谷园	4676	800251	42508
中关村示范区门头沟园	8409	1039420	71244
中关村示范区房山园	383042	1932637	15902
中关村示范区顺义园	74182	5652372	572725
中关村示范区密云园	28639	1649237	170646
中关村示范区怀柔园	51352	1903318	198533
中关村示范区延庆园	17285	654410	60481
北京天竺综合保税区	98000	1419041	88975
市级开发区			
北京石龙经济开发区	90947	6625760	37605
北京良乡经济开发区	12944	2794208	27390
北京大兴经济开发区	69550	1939455	58531
北京通州经济开发区	79151	1022455	221936
北京雁栖经济开发区	148085	3630877	323219
北京兴谷经济开发区	85061	2318314	145572
北京密云经济开发区	126674	3381768	253067
北京林河经济开发区	260040	1666175	64216
北京天竺空港经济开发区	138920	23693482	1029203
北京八达岭经济开发区	2228	1217984	83675
北京永乐经济开发区	27433	44385	662
北京延庆经济开发区	22265	1219931	118335
北京昌平小汤山工业园区	0	11336	93
大兴采育经济开发区	12395	567288	-8425
北京房山工业园区	20762	173573	-6247
北京马坊工业园区	19627	30884	97

注：1. 中关村国家自主创新示范区亦庄园数据在中关村国家自主创新示范区与北京经济技术开发区中为重叠部分。
2. 北京经济技术开发区、市级各开发区“总收入”“利润总额”指标的统计范围为规模（限额）以上法人单位。

本市47家企业获选工信部两化融合管理体系贯标试点，30家企业获选工信部首批两化融合咨询服务机构，均居全国首位

全国首套核安全级仪控系统在京建成

通州、大兴、怀柔、昌平、房山、西城等区县共组织200多家重点企业开展中小企业信息化推广活动

节能环保

Energy Saving & Environmental Protection

德威华泰科技有限公司京东方5代线高品质工业再生水项目，每年可节约新水资源400万立方米（相当于两个昆明湖水量）

10月，中科信电子装备有限公司承建的15兆瓦光伏屋顶并网发电

国家能源大型风电并网系统研发（实验）中心落成

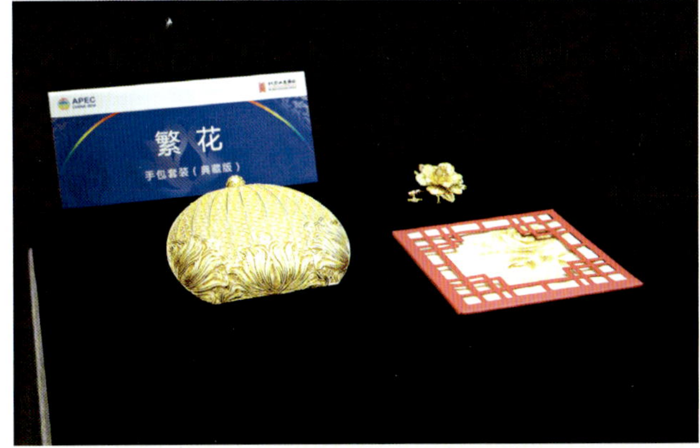

2014 年，APEC 会议三件国礼均出自北京工美集团：领导人礼品《四海升平》景泰蓝赏瓶，领导人配偶礼品《繁花》手包套装、《和美》纯银果盘

APEC 会议期间，全市工业系统 396 家工业企业采取停限产措施，市、区两级经信部门约 800 人次进行现场督察

首钢集团

4月26日，首钢党委中心组走进北京经济技术开发区（亦庄）进行集体学习

6月25日，首钢领导靳伟到西十筒仓施工现场检查安全工作

8月22日—23日，"2014'转型发展·钢铁强国之路'高峰论坛暨京津冀协同发展首钢实践研讨会"在北京举行

10月15日，驻京中外知名企业投资首钢行活动在文馆举行

11月17日，加快西部地区转型发展，推进"世界侨商创新中心"建设战略合作协议签署仪式暨中国侨商会首钢行活动举行

首钢高端产品同比增长

5月，京唐公司首次实现扭亏为盈，并保持良好势头，赢利水平不断提高

首钢北京园区开发找准定位稳步推进

首钢生物质能源项目成功并网发电

首钢医院“健康管理医学中心”

首钢领导干部周末大讲堂

5 月 23 日，同仁堂集团健康公益大讲堂活动在宋庆龄故居举办

同仁堂集团

8 月 20 日，同仁堂海外医师进修工作室启动仪式在京举办

9 月 26 日，“同仁情，中国梦”文艺演出暨庆祝新中国成立 65 周年、庆贺同仁堂创建 345 周年活动在北京环球贸易中心举行

企 业

北京一轻控股有限责任公司

北京一轻控股有限责任公司（简称北京一轻）是由北京国有资本经营管理中心出资、隶属于北京市国资委的大型国有独资公司，资产总额237.4亿元，直属企事业单位14家，中外合资企业10家。北京一轻拥有5个“中国驰名商标”（红星、大豪、星海、金鱼、龙徽）、4个“中华老字号”（红星、龙徽、义利、星海）及一个国家级非物质文化遗产（红星二锅头酿制技艺），打造形成了13个北京市著名商标（清华阳光、奥琪、宝贝、欧珀莱、熊猫、金鱼、星海、义利、五星、夜光杯、古钟、红星、龙徽）和8个北京知名品牌（红星、龙徽、义利、欧珀莱、金鱼、星海、大豪、三一）。

2014年，北京一轻完成工业总产值97.74亿元，实现营业收入144.11亿元，实现利润19.37亿元。全年完成科技投入1.12亿元。新产品试制150项，累计新产品投产220项，实现销售收入12.5亿元。

项目建设。京纸集团加快产业转型升级，积极推进京纸印务公司、河北大发公司退出，加快造纸一厂与中天福瑞的业务整合。南宫仓储分公司已正式运行，正抓紧申办京纸南宫保税库。星海钢琴集团制订了主辅分离、精干主业方案，探索与河北肃宁的合作。日化集团结构调整方案已基本确立，对亏损的11种化妆品停止生产，寻找战略合作伙伴，加大液洗产品OEM工作力度。推进大豪科技上市，完成了增资扩股和招股说明书预披露，进入排队审核阶段，发审会的各项准备工作已经完成。积极推进要素市场建设，将北京国际葡萄酒交易所变更为北京国际酒类交易所。在比利时布鲁塞尔市政厅举办了“2015年中国贵阳布鲁塞尔烈性酒大奖赛新闻发布会”，北酒所与布鲁塞尔烈性酒大奖赛组委会签订长期战略合作协议。优化资源配置，向义利食品公司增资5000万元用于义利食品连锁配套加工楼建设，义利食品商业连锁店已扩展到53家。鸿运置业成功利用优先分红权定向购置海南省三亚湾产权式酒店房产。推进文化创意产业项目，龙徽公司明确了生产功能转移到怀来、玉泉路2号院建设龙徽文创产业园的路径措施。以红星“源昇号”为题材的“一瓶酒、一本书、一部剧”工作被列入北京市历史文化重点发掘项目。食品集团面包、糕点、巧克力DIY制作室已成为广受中小学生欢迎的课外实训基地。

品牌建设。红星股份获得“第四届北京质量奖”。星海钢琴集团获得“北京质量奖入围奖”。红星、龙徽、义利、金鱼、欧珀莱等5个品牌获得“第四届北京知名品牌”。星海钢琴集团获得“2013年度北京市实施卓越绩效模式先进企业”荣誉称号。大豪科技获得“全国轻工业卓越绩效先进企业”称号。金鱼科技获“全国轻工业卓越绩效先进企业特别奖”。红星、北冰洋、义利、五星成为第一批“北京老字号企业”。造纸一厂获北京市“品牌建设先进单位”。完成了“国企品牌塑造课题调研”一轻品牌资料的编写。一轻研究院定期出版《中国照明电器》《乐器》《中外乐器信息》等杂志，助推行业发展。

食品安全。“质量安全月”期间，北京一轻组织企业质量技术人员赴三元公司进行质量安全风险防范学习交流，115名技术人员参加了“北京国际食品安全技术论坛”等学术活动。开展质量工程师继续教育，两人获得首批“首席质量官”资质。

社会责任。北京一轻成为北京APEC会议9家赞助单位之一，北冰洋汽水、义利面包和三一牌再生复印纸被认定为“APEC 会议官方指定用品”，龙徽葡萄酒被认定为“APEC 第三次高官会议指定用品”。在纪念抗战胜利 69 周年之际，向中国人民抗日战争纪念馆捐赠了一架星海牌三角钢琴。

年内，国家电光源中心与联合国环境署合作，成功举办了“全球高效照明论坛”，来自 60 多个国家、地区以及国际组织代表 270 人出席论坛，联合国秘书长潘基文和副秘书长施特纳向论坛发来了致辞；副秘书长施特纳 12 月 3 日专程来京考察电光源中心，并对一轻给予国际高效照明事业的支持表示感谢。

北京一轻在 2013 年度中国轻工业百强企业评价中总排名为第 52 名，分列“盈利能力百强企业”第 22 名、“市场能力百强企业”第 45 名及“价值能力百强企业”第 92 名。

（许 林）

北京隆达轻工控股有限责任公司

北京隆达轻工控股有限责任公司（简称隆达公司）是国有独资控股公司，是北京市人民政府授权由原二轻总公司、印刷总公司、有色总公司重组而成的国有控股公司，共有企业 70 家，其中国有及国有控股企业 48 家，总资产 53.3 亿元。公司涉足印刷包装、塑料加工、塑料建材、有色新材料、家用电器、环保设备、皮革制品、文体百货、商贸、宾馆服务等十几个产业。

2014 年，隆达公司营业总收入 36.9 亿元，同比降低 16%，营业利润 0.6 亿元，同比降低 15%；投资收益 0.05 亿元，同比降低 86.8%；三项费用 3.9 亿元，同比降低 4.7%，其中：管理费用 3.52 亿元，销售费用 0.5 亿元，财务费用 −0.12 亿元，三项费用与上年基本持平；营业外收支净额 1 亿元，同比增长 90.7%；利润总额 1.66 亿元，同比增长 30.7%；净资产 22.7 亿元；归属母公司为 12.16 亿元，同比增长 14.8%；净资产收益率 6.77%；净资产收益率（不含少数股东权益）为 8.97%，同比增长 41.3%。隆达公司所属企业固定资产投资项目实施 31 项，完成投资 11890 万元，其中列入市国资委重大投资项目计划的有 3 项。

京津冀协同发展。年内，隆达公司实施华盾公司河北固安基地建设，雪花公司大兴厂区开发，白菊零部件公司、塑机公司生产基地由城区向城外搬迁，海信（北京）公司生产基地外迁山东青岛，压机公司合肥工厂建设，北革皮业皮革鞣制环节外迁山东等项目。白菊零部件公司生产基地由丰台卢沟桥地区迁往顺义赵全营，更加贴近用户和市场。

科技投入。有色研究所加快实施产业升级项目，累计完成固定资产投资 5400 万元。诺飞公司新上增资扩股项目，金鹰公司新上增资扩股项目。同时隆达公司 11 个经济联合体建设取得新进展。雪花 · 华盾公司已经完成雪花公司老厂区的收储拆迁工作，启动了固安生产基地的建设，累计收到 9.92 亿元资金；达博公司经营团队获得 320 万股的股权奖励并完成工商登记；北厨 · 东方公司努力降本增效和优化资产结构，继续积累活化资金，并完成了有色供销公司的整体改制和北厨 · 东方 · 有色供销公司经济联合体组建；楠辰 · 惠鼎公司完成了财务、成本、安全、人员、决策的五统筹管理；塑研所 · 兴业公司经济联合体的建设正在运筹中；住宅 · 文百 · 英特公司经济联合体的组建进展顺利，组织、工作、责任、业绩的四落实，财务、成本、安全、人员、决策的五统筹工作，获得干部职工的大力支持，有关历史遗留问题和老厂区的转型升级取得明显进展；塑三 · 乾沣公司解决了世界银行的历史贷款与涉税问题；富诚 · 宝岛公司客户升级取得进展；印包公司组建胶印厂 · 物资公司与印刷研究所 · 后街文化公司的 2 个经济联合体，有色公司组建非主业大经济联合体。

隆达公司在消化历史负担后利润总额指标 5 年实现过亿元，按照隆达公司二级管理口径划分，2014 年雪花公司、印包公司、有色公司、白菊公司 4 家企业实现利润总额超 2500 万元，北厨公司实现利润超 1500 万元，初步形成 5 家企业利润总额超过 1500 万元的发展格局。

（常 江）

北京纺织控股有限责任公司

北京纺织控股有限责任公司（简称纺织控股公司）是北京市人民政府国有资产监督管理委员会出资

的国有独资公司，重点发展具有一定竞争优势的高端服装纺织业和现代都市服务业，系统内共有“铜牛”“雪莲”两个驰名商标和“铜牛”“雪莲”“雷蒙”“天坛”“绿典”“佳泰”“绿典棉桃图形”“JINGGUAN”8个北京市著名商标。

2014年，纺织控股公司主营业务收入89.8亿元，同比增长19.8%；主营业务利润12.3亿元，同比增长1.2%；利润总额3.87亿元，同比增长4.6%。全年投资11908.46万元，吸引社会资本金4741万元，实施投资新设和股权重组企业18家，劣势企业退出6家，收回国有权益366.28万元，减少亏损企业5家，减亏1270.56万元。纺织控股公司工业企业产品销售收入229244万元，同比减少10163万元，下降4.2%。主要工业企业新产品销售收入71589.38万元，占产品销售收入的31.3%；科技投入11515万元，占产品销售收入的4.79%。企业申请专利13项，其中发明专利11项；获得授权10项，其中发明专利6项。光华集团被国家知识产权局确定为第一批国家级知识产权优势企业。纺织控股公司系统15家进出口公司、企业出口创汇（按企业报关统计）24764万美元，同比减少2041万美元，下降7.6%。

支持品牌服装企业发展。无偿受让中土畜进出口总公司持有中土畜雪莲公司95.429%的股权，收购其他股东所持中土畜雪莲公司4.11%的股权，投资设立北京雪莲国际时装公司，完成对大华衬衫厂、大华“无咎”品牌管理公司的增资，铜牛户外品牌运营公司调整运营策略。整合重组无纺布线业务，搬迁到平谷毛纺园区后投产，五洲佳泰公司在高丽营生产园区落户并开工生产，投资设立北京佳华泰科技发展公司。与天津纺控、中纺恒天集团合作，全年公司贸易主营收入44.9亿元，同比增长67.3%。

项目建设。纺织控股公司15个重大科技创新项目投资合计19496.8万元，实现销售收入118166.6万元，利润6800.3万元。纺织控股公司发布《2014年科技创新工作指导意见》。河北燕阳公司应急给排水系统项目提供“度身定制”的产品供应方案；佳泰公司应急避险系统项目，与甘肃天祝藏族自治县签订50套政府样板工程；碳纤维上浆剂通过中试，已形成产品供货，逐步替换进口产品；大华衬衫厂上线RFID服装智能吊挂生产系统，实现生产过程的信息化管理，生产效率平均提高20%。

品牌建设。纺织控股公司旗下“雪莲”品牌设计研发高端、童装、老年关爱、北京礼物系列等羊绒类品种，实体店、网店和商业自采等经营良好。“红莲”品牌拓展电子商务，通过线上提升话语权和品牌知名度，线下提升体验和盈利设计。“绿典”品牌通过美国“大嘴猴”特许品牌运营，带动“绿典”自有天然彩棉品牌快速发展，实现以服装为主，鞋类、包类等品种为辅的一站式、家庭式的体验购物管理模式。“无咎”品牌实施线下高端定制战略。“PURE TOUCH”品牌采取线上线下、体验店与电商相结合的运作方式。“京工雷蒙”和“枫叶”实施整合，与服装学院展开战略合作，筹建“雷蒙”“伊里兰”品牌工作室。“铜牛”品牌进入大润发、物美等80多家连锁店，线上8个代营、自营平台运营正常。通过加强品牌的VI系统、品控和服务体系建设，以及管理维护，做实“铜牛”品牌。

节能环保。5月，中美制呢公司产品结构调整项目方案取得环境影响报告书的批复。8月，毛纺集团新清河公司完成清洁生产审核验收工作。12月，五洲燕阳公司完成清洁生产审核申报工作，进入验收程序。铜牛股份公司、毛纺科兴源公司、光华集团马驹桥工业园先后完成11台共128蒸吨燃煤锅炉清洁能源改造项目的验收工作，项目总投资2319万元。

（纺 织）

北京工美集团有限责任公司

北京工美集团有限责任公司（简称工美集团）以工艺美术为主业，传承与弘扬中华民族工艺美术文化、发展文化创意产业，是集工艺美术品设计开发、商业经营、国际贸易、检测鉴定、职业教育、文化交流等为一体的多元化综合性企业集团，是北京乃至全国工艺美术行业的龙头企业。有在册职工1483人，拥有企、事业单位27家，其中合资企业7家。具备自营进出口权、黄金批发零售权、珠宝首饰实验室、市级技术研发中心及大师工作室等特殊资质。注册资本4.66亿元。经营性房产占地总面积6万平方米，总建筑面积17.5万平方米。

2014年，工美集团营业收入67亿元，完成计划指标的134%，同比增长50%；利润7016万元，同比增长15.5%。

重大项目。工美集团完成由习近平主席亲自选定的3件APEC国礼设计制作、APEC相关会议的公文包和3款纪念品的设计制作以及国家会议中心贵宾会客室、水立方晚宴的工艺品陈设和多处会场展览展示等多项重要任务。

企业改革。工美集团成立物业事业部，对物业板块各单位在统筹物业资源，提升集团物业管控能力，降低物业管理成本，提高物业经营收入等方面起到推进作用。工美黄金珠宝(北京)有限公司创新商业模式，优化转型，成立了当代大师艺术品交易中心、中国工艺艺术品交易所·金属艺术品交易中心。

企业品牌。工美商标被国家工商总局商标局认定为“中国驰名商标”，同时成为北京市商务委和北京老字号协会批准的首批“北京老字号”企业。为落实“京津冀协同发展战略”，工美集团与河北省承德市人民政府、河北省辛集市人民政府签署战略合作协议。北京工美集团创新品牌传播手段，冠名北京电视台新闻频道《这里是北京》栏目，重新定位工美官方新媒体，推出北京工美官方微信，全方位加强对工美产品及活动的传播推广。

（李　刚）

燕山石化

2014年，燕山石化本部拥有63套主要生产装置、68套辅助生产装置，原油加工能力超过1350万吨/年，可生产94个品种431个牌号的石油化工产品，是国内第一家生产欧Ⅵ标准成品油的千万吨级炼油基地；乙烯设计生产能力71万吨/年，聚乙烯56万吨/年，聚丙烯40万吨/年，合成橡胶24万吨/年，是我国最大的合成橡胶、合成树脂、苯酚丙酮和高品质成品油生产基地之一。合成树脂包括低密度聚乙烯、高密度聚乙烯、EVA、聚丙烯以及改性专用树脂等产品。合成橡胶包括顺丁橡胶、SBS、溶聚丁苯橡胶、丁基橡胶等，其中顺丁橡胶荣获国家科技进步奖，连续3次获得国家质量金奖；丁基橡胶、溴化丁基橡胶等填补国内空白。基本有机化工原料包括乙烯、丙烯、丁二烯、苯酚、丙酮、苯、乙二醇、苯乙烯等多种产品，间苯二甲酸、间二甲苯、1-己烯等替代进口产品，畅销国内外。东方石化公司可生产醋酸乙烯、丙烯酸及脂、丁辛醇等5个系列37个品种145个牌号产品；保定石化厂可年产20万吨道路沥青。是年，燕山石化克服下半年国际油价断崖式下跌、成品油价格罕见十一连降等不利因素，奋力拼搏，绝地反击，成功实现“扭亏为盈、重站排头”的目标。全年累计加工原油1033.31万吨，生产成品油658.57万吨、乙烯77.63万吨、合成树脂97.42万吨、合成橡胶17.65万吨、苯酚丙酮30.43万吨；实现营业收入780亿元，上缴利税103亿元，整体赢利4785万元，其中分公司赢利6.94亿元。

技术进步。燕山石化与石油化工科学研究院、北京化工研究院等科研院所签署战略合作协议；加快高端油品研制，确定100号航空汽油配方；完成有机热载体、高档汽车初装油配方研制及生产调和工作；完成RTS柴油超深度加深脱硫技术工业试验；3万吨/年稀土顺丁橡胶装置工业成套技术开发项目“出龙”；申请发明专利31项，实用新型专利申请3项，获得专利授权18项，完成技术转让2项；9万吨/年丁基橡胶、45万吨/年润滑油加氢、410吨/时CFB锅炉等装置顺利开工；6万吨/年EVA改造等4个项目完成竣工验收；加速推进智能工厂建设，供应链智能管理、智能调度、设备预知维修等项目有序推进；APC投用率达到99.6%，完成黑屏操作推广应用，员工工作强度显著降低。

（吴明晓）

北京化学工业集团有限责任公司

2014年，北京化学工业集团有限责任公司（简称北京化工集团）营业收入全口径突破55亿元；市国资委口径44亿元，同比增长8.4%，净资产收益率超过预算23%。利润总额8712万元，同比增长17.4%。完成上缴国有资本收益664万元。二级企业盈利比例超过80%。

平台建设。年内，北京化工集团以华腾旌凯、华腾东光凯新科、华腾化工为依托，推进贸易平台的专业化和团队建设，全年实现营业收入19亿元，同比增长27%。

新产品生产。年内，北京化工集团化工厂液晶面板彩胶通过京东方的现场检查，试生产8次。华腾大搪制造3台100立方米搪玻璃设备。华腾丰旺“低K值酚醛保温板”“热固型EPS保温材料”两大产品通过中国石油和化学工业联合会科技成果鉴定。华腾东光研发多个牌号的丙烯酸乳液新品，全年生产销售突破4万吨。化工研究院在PC/PBT合金材料研发方面取得重要进展。

知识产权管理。年内，北京化工集团完成3个一级商标的续展工作。申请专利13项，获得授权专利7项。北普公司获北京市第一批新牌医疗认证资质；华腾橡塑氯丁手套取得欧盟CE认证；华腾大搪反应釜现场修补技术在售后服务及高端市场拓展方面发挥了重要作用。

混合所有制经济。年内，北京化工集团推进与产业高端或具有管理优势的外资、民营资本的嫁接工作，出资3900余万元组建3个国有控股公司。华腾新材料与意大利SAPICI公司签署合资协议，进入无溶剂聚氨酯黏合剂研发新领域。启动了向化工研究院增资1000万元、华腾旌凯股权调整和集团增资1000万元的工作。

人才队伍建设。年内，北京化工集团共招收大学本科以上毕业生63人，引进高端人才3人。完成第二届“工程技术带头人”和“首席技师”评聘。命名第二批“技能工作室”5个，表彰优秀技能人才29人。完成首批MBA、工程硕士职业发展测评。开展技能培训，举办技能人才培训班28个，其中高级工及以上等级83人次。华腾橡塑、化工厂各有1名职工获得2014年度市政府技师特殊津贴。

（徐博非）

北京金隅集团有限责任公司

2014年，北京金隅集团有限责任公司（简称金隅集团）资产总额1204亿元，营业收入478亿元，利润42.3亿元。其中，水泥板块实现利润总额超过3.5亿元；响应政府号召，在重大会议活动期间全面停产、限产的情况下，全年实现熟料及水泥销售量同比增长4.8%。

退出劣势企业。年内，金隅集团完成12家企业的退出工作，包括北京市建筑材料质量监督检验站、北京市建筑五金水暖产品质量监督检验站、北京木材家具质量监督检测站、北京市建材锅炉压力容器检验所、北京中威森海物业管理有限公司、北京长城家具有限公司、北京恒业群盈商贸有限责任公司、北京京华玻璃纤维制品有限公司、北京成达物业管理有限责任公司、北京大江南国际酒店管理有限责任公司、北京嘉业新城劳务派遣有限公司、北京建材锅炉安装有限责任公司等，累计获得劣势企业退出支持资金2630万元。

建材生产经营。年内，北京金隅新型建材制造及商贸物流主营业务收入118亿元，其中国有及控股企业97亿元，为上年同期的72.6%，合资参股企业21亿元，为上年同期的98.9%。

水泥生产。2014年，水泥及预拌混凝土板块实现主营业务收入127.22万元，水泥及熟料综合销量4055万吨，其中水泥销量3320万吨，熟料销量735万吨，混凝土总销量为1220万立方米，骨料销量600万吨。

科技创新。年内，金隅集团科技投入6.5亿元，新产品销售收入25亿元，承担国家级科技项目13项，获得省部级（含行业）科技奖励19项。其中，危险废物污染防治体系建设及关键技术研究与示范项目获国家环保部科学技术二等奖，获国家专利55项，主编国家、行业及地方标准17项。

节能环保。实施物料棚化近20万平方米，北京太行前景水泥有限公司等5家公司实施水泥窑电收尘改造，北京金隅混凝土有限公司等4家公司实施混凝土绿色站点改造。北京市琉璃河水泥有限公司利用水泥窑余热替代65吨燃煤锅炉实施供暖改造，西三旗热力中心实施清洁能源改造。通过改造，主要污染物排放水平均优于国家和北京市地方标准，满足政府污染物排放要求。北京水泥厂有限责任公司、北京市琉璃河水泥有限公司被评为全国建材行业第一批“百家节能减排”示范企业。

技术改造。年内，金隅集团实施节能减排技术改造项目34项，其中北京市琉璃河水泥有限公司飞灰处置线产能提升优化改造项目、北京太行前景水泥有限公司窑头电改袋项目等6企业重点项目完工，树立行业领先的金隅品牌形象，社会效益明显。

安全生产。年内，北京水泥厂有限责任公司被评为全国安全文化示范企业，北京金隅物业管理有限责任公司、涉县金隅水泥有限公司等被评为省、市级安全文化示范企业。

（蔡 琍）

北京京煤集团有限责任公司

2014年，北京京煤集团有限责任公司（简称京煤集团）资产总额491.28亿元，比上年增加19.93亿元，营业收入285.91亿元，实现利润6.64亿元。

煤炭主业适应首都功能定位，调整岩石工程部署，减少岩石进尺18860米；调整采掘部署，停止工作面19个。按照“风险大、安全系数低的煤层不采”的原则，停止掘进准备和回采工作面5个；按照“实事求是，合理选择采煤方法，提高煤质”的原则，停止工作面2个，调整工作面3个；按照“生产水平集中生产”的原则，减少生产水平和生产系统6个；调整采掘队伍数量，回采队从49个调整至46个，掘进队从63个调整至61个，岩石开拓队从46个调整至16个。面对压力，昊华精煤公司以实际行动诠释大局意识和责任担当。全年商品煤销售717.81万吨，精煤产率47.15%，实现利润10117.74万元。

煤矿安全。全年共排查出安全隐患2561项，整改完成2557项，整改率99.8%。京煤集团昊华能源公司共发生工亡事故5人，轻伤事故伤5人。与去年相比，工亡事故增加3人，轻伤事故减少2人。

民用煤供应。全年完成优质民用煤供应16.07万吨。在资源储备上，共签订20万块煤合同和20万吨型煤生产合同，安排5万吨蜂窝煤生产计划；在配送体系上，沿北京六环路周边新建3个优质煤储存和中转基地，并投入使用。

科技创新。昊华能源公司向中国煤炭工业协会申报科技进步奖7项，获6项奖励，其中“急倾斜煤层深部开采沉陷规律与采区间协调开采技术研究”获一等奖。京煤化工公司自主研发的雷管装填线进入安装调试阶段。煤矿许用电子雷管通过国家矿用安标中心的验收审核。铅管装药机等7项专利技术获国家授权，3项专利申请正在受理。“起爆药人机隔离、自动化生产线”项目获市国资委财政拨款350万元。鑫华源公司被评为国家级高新技术企业，获1项发明专利授权，取得市科委立体车库充电桩项目、国资委智能立体停车信息系统项目支持。新成立的停车设备研究所成功研发了第五代升降横移产品，使单车位重量同比下降15%，提高了市场竞争力。

（汪智利 马士彬）

国网北京市电力公司

2014年，国网北京市电力公司（简称北京公司）完成售电量841.45亿千瓦时，同比（同口径）增长2.89%；营业收入565.15亿元，同比提高6.44%；利润总额10.66亿元；固定资产投资（全口径）161.12亿元，同比增长90.92%；资产总额达到816.60亿元，同比增长7.27%。公司拥有35千伏及以上变电站477座，变电容量8450万千伏安，输电线路8875千米，电缆1813千米；历史最大负荷1776万千瓦，负荷密度约1000千瓦/平方公里；城市供电可靠率达到99.9886%，处于国内领先水平。

截至年底，北京地区共有发电厂27座，发电机组182台，总装机容量10720兆瓦。110千伏及以上变电站454座，变压器1123台，变电容量105300.9兆伏安。110千瓦及以上架空线路545条，共6663.4千米。110千伏及以上电缆线路871条，共1720.9千米。全年新开工37项输变电工程。新建35千伏及以上变电容量807.3万千伏安，线路237.92千米；投产35项输变电工程，投产110千伏及以上变电容量665.9万千伏安，110千伏及以上线路432.95千米；投产电力设施迁改工程13项，其中电缆7.68千米、线路66.171千米；投产架空线入地工程1项；完成城区范围平房居民“煤改电”改造1.7万户；10项充电站工程具备投产条件。海淀500千伏输变电工程，历经6年建设建成投产，为优化门头沟、昌平分区电网结构创造了条件。

年内，北京公司建设管理同业对标首次获得国网公司专业标杆。获得国网公司设计竞赛一等奖一次，二等奖两次。成功实施时间长度达1小时的海淀500千伏电缆1.7U01交接试验，是目前世界上耐压等级最高、时间最长的交流变频谐振耐压电缆交接试验。海淀500千伏送电工程获得国网公司线路工程安全质量管理流动红旗，110千伏及以上输变电工程国网公司优质工程率100%。

北京公司主要负责北京1.64万平方公里范围内的

电网规划建设、运行管理和717万用电客户的供电服务工作。年内，线损率累计完成6.89%。新增用电客户33.06万户，新增容量842.68万千伏安，同比减少4.14%。节约电力12.4万千瓦，节约电量5.73亿千瓦时。推广热泵项目应用199项，应用面积930万平方米，推广分散式居民电采暖应用，增加用电量5.35亿千瓦时。累计受理客户申请报装容量1229.42万千伏安，同比减少16.86%。

营销工作。全年换装智能表230万具，收集客户信息开通短信服务160万户。更换分时电价及功率因数表计6.4万具、采集2.7万台区（覆盖率达到75%）。累计完成1193条专线、9.04万台专变采录建模工作，专线、专变清理完成率均达100%。累计完成5.92万户高压用户采录挂接工作，高压用户挂接完成率100%。完成5.92万个高压用户点照片采录工作，高压用户点照片覆盖率100%。累计完成低压电网数据采录贯通5.82万个台区，台区贯通率完成88.23%。累计已采录挂接低压户数682.97万户，涉及低压计量箱468.59万个，电能表688.43万具，用户挂接率完成92.47%。累计完成14.3万个营销资源采录，营销资源采录完成率100%。建设完成充换电站点280个、充电桩5000根。全年查处窃电及违约用电补收电量2029万千瓦时，补收电费756万元，收取违约使用电费3118万元。

农电工作。公司有乡镇供电所139个，基本实现一镇（乡）一所（含分所），负责182个乡镇3783个行政村331万农村用电客户的供电服务工作，以及1.88万千米10千伏线路、3.35万台10千伏配电变压器、1231座0.4千伏低压配电室、2.12万千米农村低压线路的运行维护、事故抢修等工作，负责农村安全用电、供电优质服务及农村电气化建设工作。

（电力）

北京电子控股有限责任公司

2014年，北京电子控股有限责任公司（简称北京电控）资产总额1572亿元，营业收入434.65亿元，同比增加29.63亿元，增幅7.32%，其中主营业务收入423.21亿元，同比增长7.23%；利润总额37.51亿元，同比增加1.69亿元，增幅4.73%。全年累计投入研发资金29.5亿元，同比增长6.4%，占主营业务收入的6.8%，实现新品销售收入248.8亿元；全年申请专利5455件（其中发明专利2879件，海外专利1516件），同比增长20.5%；授权专利1869件（其中发明专利501件，海外专利164件），同比增长5.6%。以上数据为快报统计。

新型光电显示产业。京东方加快新一代显示技术研发和工艺水平提升，在柔性显示、高PPI、Touch、低功耗等方面取得突破性进展，掌握了大尺寸Oxide AMOLED核心技术，完成LTPS AMOLED设计技术验证，全球首发产品覆盖率达到38%，98英寸8K×4K显示产品成功导入日本NHK；盈利能力持续提升，产品毛利率继续保持全球领先，小尺寸产品市场占有率全球第一。

电子工艺装备产业。以北方微电子、七星电子承担的国家02专项为代表的重点项目取得突破，20—14纳米刻蚀机项目完成20纳米刻蚀机原理机的方案设计；国产集成电路装备零部件应用工程项目完成TSV刻蚀和TSV PVD零部件验证平台搭建；28纳米硬掩膜PVD产品实现销售；完成45纳米铜互连清洗机样机组装。兆维完成银行对公业务VTM和通信运营商VSM样机的客户端测试；完成TFT—LCD视觉检测设备研发并成功中标武汉天马项目。北京北广科技股份有限公司完成13.56兆赫兹/1千瓦射频发生器的工艺测试和13.56兆赫兹/3千瓦射频发生器样机组装；完成1千瓦宽带数字电视发射机和全固态30千瓦短波通讯发射机的厂内鉴定。大华完成高精度程控电源样机和多体制雷达目标发生器的研发。瑞普三元完成特大口径电磁流量计、高精度压力变送器产品开发和小批量生产。

基础电子元器件产业。燕东高速数据传输安全保护专用集成电路产业化项目月产能达到6亿只，并加快推进密云厂房建设进度；完成8英寸大规模集成电路装备工艺验证平台项目的技术调研和可行性分析。飞宇持续优化线性功率放大器技术平台的整线工艺水平；完成IPM智能功率模块初样研发。积极推动宇高级生产线建设项目，飞宇、飞行、友晟、宇翔和北光等公司完成项目建议书评估，等待国防科工局立项批复。

储能与光伏应用产业。爱思开积极推进动力电池包生产线建设，完成全自动生产线的设备联调联试，加快推动C33和C70产品产业化，完成1285台电池包产品的生产。七星实现160瓦小时/千克锂离子动力电池的小批量生产；完成电子城IT产业园1兆瓦组件安装并实现发电；山煤灵丘30兆瓦光伏发电项目完成支架搭建和5兆瓦组件安装。

电子信息技术应用产业。北京牡丹电子集团有限责任公司正式发布云网端大数据舆情监控系统；北京益泰电子集团有限责任公司积极拓展软件开发和系统集成业务，完成电控信息化系统一期等项目建设。

改革调整。组建电控社保服务管理中心，深化易亨和久益两个平台建设，构建了“一个中心、两个平台”的集中管理体系和工作机制。组建了以方略博华为主体的文化服务业发展平台；加快推进吉乐的分离重组，将LED产业资源整合并入燕东；明确了益泰发展信息服务产业的业务定位；通过实施鑫元六重组方案，构建园区物业集中运营管理体系，完成金龙与社保稳定业务的剥离；深化以瑞普三元为主体的仪表产业平台建设，完成E+H仪表实质性并入。完成牡丹城和电子咨询中心的破产退出，累计获得政府支持资金962万元，全年累计完成20户劣势企业退出。妥善处理瑞普集团701厂担保案，实现“E+H”股权解封；彻底解决牡丹信达金融债务和镇江农行担保债务纠纷；全面收回北新桥园区经营权，有效规避了产业发展的潜在风险。

（全 意）

北京京城机电控股有限责任公司

2014年，北京京城机电控股有限责任公司（简称京城机电）营业收入185亿元。公司退出电线电缆制造业务，将北京总部作为新的投资平台，通过股权投资寻求向上游产业链延伸，在循环经济中开辟新的环保型业务。公司加快调整产业结构，气体储运板块与供应商等合作，调整实现梯次转移中低端产品生产基地目标。

在国内市场一批重大项目上取得新突破。电气产品中标北京地铁“燕房线”项目，实现国内地铁国产综合保护装置首台（套）销售；新能源产品进入大型发电集团，按照制造、开发、建设、运营产业链发展模式运作；环保项目中标北京顺义生活垃圾焚烧发电设备总承包项目、南宫生活垃圾工程项目、高安屯生活垃圾焚烧发电项目等。海外市场签约土耳其项目、埃塞俄比亚轻轨配电项目等。成立京城置地房地产开发公司，启动市政府保障房建设工程；参与政府棚户区改造项目。

公司新产品、新技术成果转化成绩显著。北二机床股份公司“曲轴柔性、精密、高效磨削加工关键技术与成套设备”项目荣获年度国家机械工业最高科技奖。公司研制的新型复合传感多路阀达到国际先进产品水平，开展“先导式大流量电业比例阀关键技术”研究。

按照市国资委劣势国有企业退出项目计划的要求，京城机电完成4家劣势国有企业的退出工作。3月北京荣华实业总公司注销，8月北京奥林气体有限公司注销，12月北京起重机器厂台湖分厂及北京天海西港环境技术有限公司注销。

公司系统直属单位效能监察立项59项，其中公司本部立项1项，直属单位立项53项，三级单位立项（二级立项）5项。实施效能监察实现效能8330.09万元，其中避免经济损失422.65万元、挽回经济损失1022万元、增加效益6885.44万元，提出改进管理建议177条，建立健全制度223项，完善工作流程13项，堵塞管理漏洞16项。

京城机电国产数控机床组线技术研究与示范项目，已完成研制汽车发动机缸体缸盖柔性试制线一条，完成用户预验收，并在北汽动力总成公司用户处稳装。“国产数控不落轮轮对车床”是“UGL15D−CN数控不落轮车床”研制的首台产品，获上海第8届中国数控机床展览会（CCMT2014）“春燕奖”。曲轴高精高效磨削机床随动磨削软件系统的“曲轴柔性、精密、高效磨削加工关键技术与成套装备”项目，获2014年度国家机械工业最高科技大奖中国机械工业科学技术奖特等奖。

ZFW31−126三工位模块用普通型电动机构研发项目，满足用户对GIS的可靠性高、体积小、质量轻和免维护等的要求，同时解决公司126千伏GIS一次设备生产成本较高的问题。“液压工程机械关、主液压件产业化建设”项目通过验收，新型复合传感多路阀研制达到国际先进产品水平。国家科技支撑计划“先导式大流量电液比例阀关键技术研究与应用”项目通过专家组的验收。HD−V130T闭式通轴轴向柱塞变量泵项目完成样机性能试验、寿命试验。“超新星DP32”数字喷墨标签印刷机样机参加第5届中国国际全印展。

京城机电所属北京北重汽轮电机有限责任公司编

制完成数控18米新配小刀板粗加工30万低压转子的加工程序，满足30万机组低压转子的粗加工轮槽等部位尺寸及精度的要求，为汽轮机低压转子的加工提供设备保证。北京北重汽轮电机有限责任公司汽轮发电机铁芯硅钢片涂漆使用214环氧酚醛硅钢片漆，有机苯类污染物排放为零。北京巴布科克·威尔科克斯有限公司建设喷烘两用室进行产品的油漆和烘干，漆雾和尘埃过滤后排放，达到北京市规定的标准。

（尹亚昌）

北京京仪集团有限责任公司

北京京仪集团有限责任公司（简称京仪集团）是由北京控股集团有限公司出资并按照《公司法》设立的法人独资公司，是集科研、设计、生产制造、销售服务、工程设计和系统工程成套为一体的集团公司。注册资金10亿元，拥有二级控股子公司16户、科研院所3户、科技孵化平台1户、高级技工学校1户，与ABB、艾默生等多家国际公司建立了长期合资合作关系。

京仪集团重点发展三个业务板块：以自动化系统及仪表、科学仪器、电力电子和新能源为基础的高端装备制造业务（Manufactory），具有完整的自动化仪表产业链，具备为客户提供自动化领域全方位解决方案和“交钥匙”的工程能力；具有智能化、专用化、小型化和联用化的分析仪器、测绘仪器和真空仪器等，同时提供环保监测、生命安全等领域的解决方案；形成了具有自主知识产权的较完整的光伏产业链，同时为用户提供电力电子元件和电源装置。以光伏电站、节能环保为目标市场的投资运营业务（Operation），具有光伏电站及水质监测的建设和运营能力。以生产性服务业、科技服务业为核心内容的现代服务业务（Service），具有1家国家级仪器专业孵化器、7家市级技术中心。

年内，京仪集团学习贯彻二次党代会提出的“做优以自动化系统及仪表、科学仪器、电力电子和新能源为基础的高端装备制造业务”，以创新驱动、战略并购、资源整合为支撑，推动高端装备制造业务转型升级高端发展；“做强以光伏电站、节能环保为目标市场的投资运营业务”，以丰富融资渠道为突破口，推动投资运营业务做大做强；“做精以生产性服务业、科技服务业为核心内容的现代服务业务”，以集中资源管理为手段，搭建统一的现代服务业务管理平台。

京仪集团拥有3个市级工程实验室，9家市级技术中心，28家高新技术企业；授权专利351项，软件著作权141项；新增各类省部级科技奖11项；完成国家部委项目70项。建立了集团博士后科研工作站和6个企业分站，在北京市率先建立了首席技师制度，荣获国家技能人才培育突出贡献奖，被评为全国机械工业高技能人才队伍建设先进集体。

2014年，京仪集团国有及国有控股总资产70亿元，营业收入28.8亿元。

（付宗义）

华润医药集团

2014年，华润医药集团营业收入1069.80亿元，同比增长15.63%，其中工业收入178.24亿元，同比下降1.77%；商业收入869.10亿元，同比增长19.22%。净利润43.54亿元，同比下降0.18%。

产品建设。激活系内12个闲置产品批文，复产9个产品；对4个领域7个在研项目进行专项论证，优化9个在研项目；获得5个新产品生产批文，3个品种临床批件，新立项20个研发项目，下属各利润中心共获得35项专利，新申报专利88项（全部为发明专利）。搭建与国际知名药厂合作交流平台，技术引进工作取得新进展，华润赛科与Calex公司的A产品进口及分包装引进项目技术引进是产品引进的突出代表，与Maclecds公司的B产品技术引进项目是技术引进的范例，华润双鹤生产的产品与勃林格殷格翰公司独家授权推广合作项目是授权推广的范例。

营销管理。确定了“三线一网一基石”省级平台管理模型，实现信息化、标准化管理；8家省级平台通过认证检查和复查，产品结构得到改善。商业板块盈利能力提升1.5个百分点，商业经营利润率从2.1%提升至3.6%。优化经营品种结构，高端品种引进能力提高，肿瘤、神经系统和呼吸系统用药销售额分别同比增长 34%、35% 和 39%，医疗器械产品增幅达 66%。限抗、降价因素使抗感染、内分泌药物和中成药的同比增长不足 15%，销售占比相应降低 1 个百分点。集中采购产生规模效应，提升毛利率 0.02 个百分点；工商协同终端资源，共享协同效益，工商协同额比 2013 年增长 55%。一是 N-HLI 一体化服务方案在乡镇卫生院模式；二是将药店搬进医药门诊药房，开创医院药品分计量包装配送的服务模式。

（曹秀琴）

中国北京同仁堂（集团）有限责任公司

2014 年，中国北京同仁堂（集团）有限责任公司（简称同仁堂集团）整体实现合并营业收入 138.6 亿元，同比增长 6.55%，实现利润 19.41 亿元，同比增长 7.14%。

科研发展。年内，组织系内工业单位拟定了药物警戒关键数据，并与中国中药协会合作，确定中成药用药周期方案。组织和推荐专家参与科技部国家科技重大专项课题的研究工作，参与新版药典通则的制定，建立同仁堂中药材和中药饮片中有毒有害元素的质量控制方法和检测平台。

节能环保。年内，同仁堂集团投资 710 万元对在用的 6 个污水治理设施进行了维护和升级改造。

人才文化建设。4 月，同仁堂集团与北京城市学院就人才培养达成协议，双方将整合同仁堂丰富、优秀的中医药高端人才资源和先进的产业技术、文化资源，打造中医药学专属、以产业实际为培养目标、多层次和多维度的人才培育基地。7 月，同仁堂集团出版发行了《传承与发展——北京同仁堂二十年改革发展记》一书。该书分为继往开来（1992—1995 年）、先发展后规范（1995—2001 年）、边规范边发展（2001—2010 年）、先规范后发展（2011—2012 年）4 章，对自 1992 年同仁堂集团组建至 2012 年同仁堂集团党委、董事会领导全系统干部职工锐意改革的历程进行了回顾和总结。9 月 26 日，“同仁情，中国梦”文艺演出暨庆祝新中国成立 65 周年、庆贺同仁堂创建 345 周年活动在北京环球贸易中心举行。通过同仁堂职工自编、自导、自演的形式，庆祝建国 65 周年、庆贺同仁堂创建 345 周年，增强干部职工的爱国爱企情节，弘扬同仁堂文化，丰富干部职工的精神文化生活。12 月 3 日，同仁堂安宫牛黄丸制作技艺获批第四批国家级非遗扩展项目名录。在百余年发展中，同仁堂将自身的制药工艺和清宫御药房制药标准有机结合，形成了安宫牛黄丸制作技艺，具有独特的文化、医学、工艺、社会及经济价值。

培育增长点。年内，同仁堂科技积极推进收购龙泉高科项目。同仁堂健康药品股份有限公司新设立辽宁林下参项目、收购大连东泽海产品项目、转型发展健康四川酒厂项目。同仁堂中医医院在保定投资建立了北京同仁堂直隶中医医院。积极探索了电子商务领域，开办非处方药品、食品、保健食品和化妆品的线上销售。

海外发展。5 月 30 日，在中医药主题日启动仪式暨中医药服务贸易投融资大会上，同仁堂集团分别与世界针灸学会联合会、美国加州中医药大学、新西兰世一堂中药保健有限公司签署合作意向，重点在国际中医针灸和中医药人才培养、北美和大洋洲市场开发方面开展合作。8 月 20 日，同仁堂海外医师进修工作室在京成立，工作室聘请具有海外丰富从医经历的中医名家、社会名老中医、同仁堂集团命名的中医药大师以及在中医诊疗、诊法上具有独特专长的代表性传承人 10 人作为授课导师和临床指导老师，为海外发展提供人才保障。

签署框架合作协议。9 月 25 日，同仁堂集团与保定、安国市政府签署战略合作框架协议。旨在深入贯彻落实中央提出的“京津冀协同发展一体化战略”，为同仁堂集团在保定和安国地区推进项目建设和合作奠定基础。12 月 29 日，北京同仁堂直隶中医医院项目在保定举行签约仪式。该项目是北京同仁堂与保定市政府签订《战略合作框架协议》以后的第一个落地项目。项目建成后，将为保定居民带来同仁堂专业优质的中医药服务。

（葛 冰）

北京同仁堂股份有限公司

北京同仁堂股份有限公司（简称同仁堂股份）是由中国北京同仁堂（集团）有限责任公司独家发起，以募集方式设立的股份有限公司。同仁堂股份是集生产、销售、科研、配送为一体的产品公司，总占地面积近百万平方米。公司在大兴、昌平、通州、亦庄分别建有6个现代化的生产基地，2个经营单位，1个研究单位（科研所），1个配送单位。拥有经国内外质量认证的25条生产线，拥有537个产品批准文号，常年生产243种，涵盖29个产品剂型，形成12个不同系列的品种群。

2014年，实现收入同比增长11.14%，营业利润同比增长18.69%，圆满完成年度经营目标。根据研发项目的增加及资金使用进度安排，研发支出较上年增加23.81%。同仁堂股份成为北京市第一个完成新版GSP换证验收工作的企业。北京同仁堂安宫牛黄丸制作技艺已被正式列入国家非物质文化遗产代表性目录的传统医药项下。

股本规模。截至年底，同仁堂股份总股本为13.11亿股。同仁堂股份收回同仁堂天然药物部分股权119.42万元，持股比例增加到53.10%；增资同仁堂吉林人参357万元，持股比例不变，仍为51%；投资7000万元，组建全资子公司北京同仁堂股份集团（安国）中药材物流有限公司，持股比例为100%。

利润分配。年内，同仁堂股份按照合并报表实现归属于上市公司股东的净利润7.64亿元，全年可供股东分配利润为26.92亿元。

技术创新。研发的8类新药坤宝片，为公司重点推介品种坤宝丸的片剂产品，已于报告期内完成全部临床实验，并申报生产；为协助公司开发食品酒市场，科研部门增加了2个食品酒品种的研制工作，对其工艺变更、稳定性考察与成品质量检测均为合格，有助于下一步实施生产转化；科研部门对公司丸剂生产中的原粉灭菌技术取得重要突破，经过百余原粉制剂品种工艺研究与可行性验证，完成了国内首台中药原粉灭菌设备的研发，该成果为共性技术研究，可多方面满足生产应用；此外，科研部门为公司科研品种的市场转化提供助力，巴戟天寡糖胶囊、参丹活血胶囊等品种进入四期临床研究，将为经营团队开发市场提供更多科研数据支持。

节能减排。同仁堂股份新建厂区投资2000万元建设地源热泵冷暖空调系统，每年可节约200余万千瓦时用电；完成生产基地炼蜜冷却水改造项目，年节水可达2万余吨；投资26万元，更新2720套LED节能灯，年节电23万千瓦时。

（葛 冰）

北京三元食品股份有限公司

北京三元食品股份有限公司（简称三元食品）是以奶业为主，兼营麦当劳快餐的中外合资股份制企业，其前身是成立于1956年的北京市牛奶总站，1968年更名为北京市牛奶公司，1997年成立北京三元食品有限公司，2001年公司改制成为北京三元食品股份有限公司。北京麦当劳食品有限公司和广东三元麦当劳食品有限公司的中方权益是三元食品的一个重要组成部分，公司拥有北京麦当劳50%的股份，间接拥有广东麦当劳25%的股份。三元食品的产品涵盖屋型包装鲜奶系列、超高温灭菌奶系列、酸奶系列、袋装鲜奶系列、奶粉系列、干酪系列及各种乳饮料、冷食、宫廷乳制品等百余个品种，日处理鲜奶达1000余吨，在内蒙古海拉尔市、河北迁安、河北石家庄、天津静海、广西柳州等地建立了十六大生产基地，拥有“三元”“燕山”等著名商标；销售网络覆盖北京各城区、郊县及全国50多个省、市及地区。

三元食品于2000年3月通过ISO9001国际质量体系认证；2004年7月，公司成为国家质检总局通过市场准入，获得“QS”标志的乳品企业；同年，公司产品被指定为人民大会堂宴会用牛奶。2007年1月，公司顺利通过了ISO9000、ISO14000、ISO22000、OHSAS18000四大管理体系的审核，成为通过四合一管理体系整合的食品企业。2009年，公司获得“中国驰名商标”称号。2012年，三元食品被国家质检总局授牌，成为中小学质量教育社会实践基地。同年，被工业和信息化部、财政部评为国家技术创新示范企业，同时被国家发展改革委、科技部、财政部、海关总署、国家税务总局评为国家认定企业技术中心。

几十年来，三元食品一直作为历届“人大”“政协”“两会”等中央及北京市重大政治活动、经济文化大型活动的乳品供应商。

三元食品始终热心投入公益事业。自2000年开始，三元食品为在京的老红军战士终生无偿提供鲜奶；2003—2007年，连续5年赞助平谷山区贫困学校；2007年，向安徽抗洪救灾前线捐赠9万箱牛奶；2008年汶川地震期间，向北京无偿献血者提供价值10万元的牛奶，并为地震灾区捐赠价值1000万元的鲜奶。

三元食品拥有ESL奶加工技术，契达干酪、马苏里拉干酪、重制干酪工业化生产技术，低乳糖奶加工技术（国家“十五”重大科技攻关课题成果），奶酪加工技术，益生菌发酵乳加工技术（国家“十五”重大科技攻关课题成果）在内的多项核心技术，并且具有国内领先水平的早餐奶加工技术、高钙鲜奶加工技术、加速干酪成熟技术，以及日趋成熟的膜技术。年内，获得了由北京市人民政府授予的“特色乳制品现代化加工关键技术研究与产业化”三等奖以及北京市大兴区人民政府授予的“北京市大兴区科学活动突出贡献”一等奖。

年内，三元食品第一次临时股东大会审议通过了公司非公开发行股票方案，同意公司向北京首都农业集团有限公司、上海平闰投资管理有限公司、上海复星创泓股权投资基金合伙企业（有限合伙）非公开发行不超过612557426股A股股票，募集资金总额不超过40亿元。11月20日，中国证监会以证监许可核准了公司申请。本次非公开发行完成后，公司股本总额将变更为1497557426万股。通过本次非公开发行及引入复星集团作为战略投资者，公司的资本实力得到大幅增强，可为公司大力发展婴幼儿配方乳粉业务，以及优化产品结构奠定坚实基础。

（冯 强）

北京市手工业生产合作社联合总社

2014年，北京市手工业生产合作社联合总社（简称联社）通过民政局指定的第三方评估机构北京德诚社会组织对社团的评估，规范了联社内部治理结构。联社收回投资收益864万元，净资产达到3.74亿元。联社在职会员（职工）奖励分红连续7年，分红数额比上年有所提高。联社委派4人到投资企业北京白菊电器有限公司和北京厨房电器有限公司董事会任新一届董事和监事，积极参与企业经营战略决策制定，了解被投资企业生产经营状况，联社开展适度理财经营业务，“闲置资金”和“闲散资金”实行集中管理，统一打包运作，理财收益比上年提高37万元。2014年营业收入突破5亿元，较同期翻一番，其中贸易部营业收入4.32亿元。联社全资组建的轻工集团收入增长显著，三项利润10265万元，同比上升7%；三项成本费用8841万元，同比下降3%。物业、宾馆、贸易3个事业部改变经营理念，创新经营方式，收入全部超预算完成。贸易部首次尝试“融资型贸易”铜材项目，交易额达到2.61亿元，实现利润213万元。贸易经营规模比去年同期增长160%，同时收回应收账款363.5万元，消化潜亏133.4万元。轻工集团内部5名年轻干部进行为期半年的挂职锻炼交流，外聘教育机构对系统中青年干部54人进行提升综合素质和管理能力的培训。轻工集团全系统梳理管理制度，完善颁布制度44个。集团所属各三级企业也进行制度建设工作，全系统形成管理制度体系。

（北京市手工业生产合作社联合总社）

首钢集团

首钢集团是以钢铁业为主，兼营矿业、电子、机械、建筑、服务业和海外贸易的大型企业集团，以首钢总公司作为母公司，下属北京首钢股份有限公司、首钢迁安钢铁有限责任公司、秦皇岛首秦金属材料有限公司、北京首钢特殊钢有限公司、首钢矿业公司、中国首钢国际贸易工程公司、北京首钢房地产开发有限公司、北京首钢机电有限公司、北京首钢自动化信息技术有限公司、北京首钢实业有限公司、北京首钢国际工程技术公司、北京首钢建设集团有限公司等12家子公司及其他独立经营单位，2014年1月1日起撤销北京首钢新钢有限责任公司；国内其他7家钢铁企业分别是山西长治钢铁公司、贵州水城钢铁公司、贵阳特殊钢公司、新疆伊犁钢铁公司、吉林通化钢铁集团、贵州首黔资源开发有限公司和首钢凯西钢铁有限公司；在香港有4家上市公司，分别是首长国际企业有限公司、首长四方集团有限公司、首长科技集团有限公司、首长宝佳集团有限公司；在南美洲有首钢秘鲁铁矿股份公司等海外企业。

2014年，首钢集团销售收入1828亿元，实现利润4.36亿元。集团生铁产量3138万吨，粗钢3078万吨，钢材2909万吨。首钢推进产品产量1183万吨，同比增加187万吨，增长18.8%。其中高端领先产品产量420万吨，同比增加112万吨，增长36.4%。全年首钢钢铁业整体运行趋稳。5月，京唐公司首次实现盈利；8月，4地钢铁业首次实现总体盈利。京唐公司被授予中国钢铁工业清洁生产环境友好企业。迁钢公司成为国内第二家全低温工艺生产高牌号取向硅钢。

园区开发建设。总公司在落实京津冀协同发展战略上获得国家、北京市、河北省的支持。成立曹妃甸园区和生态城开发建设筹备组，配合政府部门，参与组织有关企业到曹妃甸对接，研究园区建设规划和政策。按照国务院办公室9号文件和国家发改委有关文件，北京首钢园区已纳入全国城区老工业区搬迁改造试点范围。北京市政府颁发《关于推进首钢老工业区改造调整和建设发展的实施意见》，给予首钢按照新规划用途落实供地、专项使用首钢土地收益、创新投融资模式、合作招商选资引智、建立健全工作机制等6项政策支持。

资本运营平台。首钢股份公司资产置换获得中国证监会核准，首钢股票价格大幅度上涨。8月22日，北京市政府同意设立首钢京冀协同发展产业投资基金，12月22日，基金公司正式成立，由母子基金构成，用于支持北京和曹妃甸园区的开发建设。12月19日，首钢设立财务公司获得中国银监会批准。探索“金融+基地”运营模式，北京服务·新首钢基金运行稳健，入选国家发改委战略新兴产业创投支持计划并设立北京移动互联基金，入选市经信委创投合作单位并设立首钢节能环保产业基金，构建小额贷款、担保、保理的金融服务链条。

深化改革工作全面启动。制定《首钢全面深化改革指导意见》，搭建钢铁板块管理平台，细化实施方案，运输部划归矿业公司，整合矿业公司烧结厂、球团厂，实施铁前一体化管理，制定《首钢集团深化薪酬分配制度改革思路方案》及12个配套实施办法。

非钢产业转型取得新成效。10月，首钢鲁家山生物质能能源项目建成试生产，首钢实施污染土壤修复项目。承揽APEC会议灯光网幕工程，并取得立体车库制造和安装许可证。承揽并完成天安门周边地区部分防撞装置工程，参与北京市道路护栏标准制定。

（李淑萍）

北京汽车集团有限公司

北京汽车集团有限公司（简称北汽集团）成立于1958年，是中国主要的汽车集团之一。北汽集团已拥有“北京”“绅宝”“昌河”“福田”等自主品牌，先后引进“现代”“梅赛德斯－奔驰”“铃木”等国际品牌，汽车整车产品覆盖轿车、越野车、商用车和新能源汽车等各个门类。北汽集团已建立起涵盖汽车零部件、汽车服务贸易、进出口和汽车金融的完整产业链，实现了产业向通用航空等领域的战略延伸，已发展成为涵盖整车研发与制造、通用航空产业、汽车零部件制造、汽车服务贸易、投融资等业务的国有大型汽车企业集团。

2014年，北汽集团整车销量240.1万辆，同比增长10.9%；营业收入3115.6亿元，同比增长15.4%；经营利润170.3亿元，同比增长13.3%。

战略发展。北汽集团提出了“北汽集团由传统制造型企业向制造服务型和创新型企业转型”的发展战略。

市场营销。北汽集团的绅宝D50、D60、威旺M20等新车型成功上市，北汽自主品牌乘用车产销一举突破50万辆大关，实现产销51万辆，同比增长90.8%，成为2014年北汽集团利润增长的第一动力。

产业整合。北汽集团重组昌河汽车以来，举全集团之力全方位驰援昌河汽车，“双品牌”导入工作稳步推进，昌河汽车相比重组前发生了翻天覆地的变化。此外，北汽银翔2014年实现销量19.9万辆，同比增长2.8倍，成为集团增长的突出亮点。在商用车方面，北汽福田以产销55.5万辆的成绩依然稳居国内自主品牌商用车销量第一的位置。

产业布局和基地建设。北汽集团以北京为中心，建立了分布全国10余个省市的八大乘用车、九大商用车生产基地，并在全球20多个国家建立了整车工厂。北京奔驰MRA项目全新长轴距C级车和北汽股份北京分公司新产品技术改造等项目如期实现投产；北京奔驰MFA前驱车一期项目、MRA后驱车二期建设、发动机一工厂二期建设，北京现代发动机一、二工厂技术改造，北汽福田多功能车二期建设等项目按计划推进；镇江基地、昌河新基地、北汽国际云南出口基地、福田戴姆勒OM457发动机等项目正式开工，集团产能规模持续扩大，2015年全集团实际可利用产能为310万辆。

资本运作。12月19日，北京汽车股份有限公司于香港联合交易所主板正式上市，募集资金总额达到126.79亿港币，同时也创造了两个“最高”：一是在香港首发上市融资额最高的中资汽车制造商，二是在香港首发上市融资额最高的北京市属国有企业。北汽股份的上市，标志着北汽集团在国际资本市场迈出了历史性的一步。

合资合作。北汽与戴姆勒签订了梅赛德斯－奔驰新一代豪华紧凑车型国产化协议；北京现代第四、第五工厂分别落户河北和重庆。零部件业务方面，成功收购德国Meta发动机100%股权，海纳川与采埃孚集团底盘系统、德国海拉车灯分别成立了合资公司。战略性新兴产业方面，新能源公司与Atieva公司、西门子电机、SK电池等合作项目顺利开展；北通航在国家领导人的见证下，与PAL公司签署收购其50%股权、合资建立北京泛太平洋航空公司等协议，与芬梅卡尼卡集团就阿古斯塔项目签署正式合作协议。

产业集群。鹏龙股份持续夯实物流网络基础，积极谋划开展零部件上线物流，拓展出租租赁业务新领域；鹏龙紧跟集团战略转型步伐，已初步形成全国26家4S店、覆盖国内11个省市的经销网络布局，正在向大型汽车经销商企业迈进；财务公司积极拓展汽车金融、保险代理等新业务，有力地支持了自主品牌的销售；产投公司通过设立基金，打通了境外人民币投资境内股权市场的通道，为集团今后探索、拓展多种产业投资方式起到了积极的示范作用。

国际化。北汽国际已初步形成2个中心、3个基地和4个子公司，及遍布全球100多家经销商和服务商网络的产销体系，完成了18个国家的渠道开发，其中包括中东、南美、北非等地12大重点国家布局。

新能源汽车产业。实现了市场化全面转型和跨越式发展，销量达5462辆，占有率在北京市达到66.2%，全国达到18.6%，生产经营取得了全面突破。新能源汽车（含天然气）实现销量11964辆。

通用航空产业。北汽集团与新西兰太平洋航空航天公司、意大利芬梅卡尼卡集团－阿古斯特韦斯特兰公司以及江西省就通航产业发展合作，签署了一系列战略合作协议。年内，北通航公司携手战略合作伙伴太平洋航空航天公司、阿古斯特韦斯特兰强势亮相珠海航展，扩大了在国内外的知名度和品牌影响力。全年共签署57架P750和10架AW直升机的购买合同和意向订单。

（张 健）

北京二七轨道交通装备有限责任公司

北京二七轨道交通装备有限责任公司（简称二七装备公司）隶属中国北车股份公司。公司主要经营的项目是开发、设计、制造、修理、销售铁路及城市轨道交通运输设备、电子设备、机械电器设备等。拥有机械动力设备3000余台（套），占地面积43万平方米，厂房建筑面积16.5万平方米。公司产品出口20多个国家和地区，遍布全国18个路局、100多家路外工矿企业，矿山车辆领域正在形成从50吨到400吨的产品系列，是世界上唯一同时拥有整车集成和交流传动核心技术的矿车制造商。公司先后通过了IRIS体系认证、ISO9001:2000质量管理体系认证、ISO10012测量管理体系认证、ISO14001环境管理体系认证、OHSAS18001职业健康安全管理体系认证和EN15085焊接体系认证，获得中国钢结构协会颁发的中国钢结构制造一级企业资质。DF7G－E型机车通过欧盟标准认证。公司已具备新造电力机车100台，新造内燃机车100台，修理内燃机车80台，大型养路机械60标准节的能力。主要产品：HXD3、HXD3C型7200kW电力机车，DF7系列内燃机车、GK1E和GK31E型内燃机车，铁路大型养路机械LZC－800型路基处理车，GMC96B型钢轨打磨车，多功能作业车，边坡清筛车等。

2014年，二七装备公司销售收入17.36亿元，净利润－1.19亿元。销售工程机械车收入占主营业务收入的41.33%；销售新造电力机车收入占主营业务收入的29.48%；销售新造内燃机车收入占主营业务收入的13.33%；修理内燃机车收入占主营业务收入的9.03%；销售配件收入占主营业务收入的6.83%。

科技创新。完成专利申报共计46项，其中实用新型、发明各23项。共获得授权专利24项，其中实用新型为17项、发明7项，均已取得专利证书；科技研究投入资金近1亿元，其中用于研发投入资金总额2100万元。在科研方面分别与西南交大、大连交大、铁科等国内院校，齐二机床厂等国内企业，SPENO公司和DHTE公司等国外企业积极开展科技合作，共同进行产、学、研攻关。DF7G-E型内燃机车取得爱沙尼亚国家技术质量监督局的批准文件《轨道车辆注册登记证书》，标志着该车型的设计制造水平全面达到了欧盟标准要求，获得了进入欧盟国家铁路网运行的通行证。DF7G-E型内燃机车成为首台取得欧盟国家铁路运行资质的机车。

制造园项目。年内，中国北车北京二七高端装备制造园项目《节能专篇》通过了北京市发展改革委的审核，正式取得制造园项目建设工程规划许可证。根据北京市最新定位要求，制造园规划进行调整，项目建设延误一年。12月24日，调整规划后项目获得北车股份公司批复。截至年底，总开工面积达17万平方米，投资额累计8.5亿元。

科技园项目。中关村北车轨道交通科技创新城控规性规划方案获得北京市规划委员会正式批复同意，科技城招商引资、开发建设等各项工作开始启动。根据北京市丰台区人民政府要求，科技园开发与丰台河西地区市政改造协调发展加快推动步伐，由二七公司拿出科技园与周边地区配套改造方案，即公司生产制造功能在搬迁至房山区窦店北车二七高端制造园后，以原厂区为核心，以“两轴、两带、五中心”为布局结构开发建设享受中关村自主创新示范区优惠政策的中关村北车轨道交通科技新城。“两轴”即以南北向道路为功能轴，以东西向延展为生态轴；“两带”即历史文化带和生态景观带；“五中心”分别是研发中心、创新中心、历史文化中心、综合商务中心和配套居住中心。已与市规划院签署道路规划设计和交通影响评价合同。

（胡跃平）

南车二七车辆有限公司

南车二七车辆有限公司（简称南车二七）隶属于中国南车股份有限公司，为国内铁路货运平车、平车—集装箱两用车和特种平车的制造基地。具备年新造铁路货车4000辆、修理铁路货车3000辆的综合能力，同时拥有年产MT、HM-1型缓冲器2.5万套，交叉支撑装置6万份，轴承保持器300万件的配件生产能力。

截至2014年年底，南车二七所有生产用地63.02万平方米；房屋建筑19.36万平方米；设备2852台，其中主要生产设备1477台。

规划发展。南车二七全年签订新造订单2490辆、检修车2746辆，完成报废车84辆。海外订单在沉寂8年后实现突破，中标了泰国112辆集装箱平车检修配件合同；签署了阿根廷贝尔格拉诺货运铁路通用平车300辆合同，该合同包含3种轨距产品，合同总金额超过1亿元。在公司全年新造车新增订单中，国铁、自备、出口所占比例分别为25%、63%、12%，非国铁订单占比达到了75%，充分体现了公司市场开拓工作的新成效。

改革改制。开展资本运营，启动隆长泰公司存续分立暨设立隆长泰投资公司项目。完善投资管理，燃煤锅炉清洁能源改造工程投资项目按责任书落实，资本性支出重点项目实施后评价。组织资产大清查活动，修订了物资管理和清查标准，明确了物资管理、资产清查流程及各单位职责。完善存续企业出租资产管理，启动了南戴河招待所资产处置工作。

经营管理。全年降低成本费用约6086万元，其中采购降成本2700万元，降幅达5.18%。加强应收账款管理，收回应收账款16.8亿元。全年可享受财税优惠政策1682万元。

科技创新。开展了9个整车的新产品研发工作。SQ7型运输汽车—普货两用车通过铁总组织的样机评审，实现了小批量生产。完成宁东敞车及棚车设计工作并实现批产。SQ8型三联关节式双层汽车运输专用车、NA1型运输卡车专用车、卷钢—矿粉运输专用车、柔性货车和泰国20吨轴重米轨集装箱专用车等重点项目完成了阶段性研制工作。参与研制神华载重100吨铝合金漏斗车轻量化方案设计工作。完成阿根廷、老挝、肯尼亚项目方案设计，完成快捷货车用160千米/时转向架的优化设计。快捷货车用YQ30型液气缓冲器通过铁总验收。JN30型胶泥缓冲器完成样机装用。HM-1G型重载货车缓冲器完成试验验证，在铁道学会的重载运输技术研讨会上进行了交流。HDDG型弹性体缓冲器实现销售。城市客运低地板车胶泥缓冲器装车进行试验。开展了木地板承载能力与阻燃防腐性能等19项基础性技术研究和试验。

生产运营。完成了80吨级C80E（H）型敞车、GQ80型罐车的试制和小批量生产，投入运用考验。试制的GQ70型罐车、P70型棚车和KZ70型石渣漏斗车等新车型通过技术评价，新造货车产品品种实现了敞、平、棚、罐、漏的全覆盖。厂修X6K、SQ3K、DL1、NX70A、SQ6等整车产品通过CRCC认证，取得检修资质。弹性胶泥芯体等6项配件通过CRCC复评认证，保持生产资质。公司目前有型号合格证42项、制造许可证22项、维修许可证15项。

市场营销。针对SQ6发车困难，厂内面临被迫停产的被动局面，采取了公关发车为主、外单位存车为辅的方式，在条件极其困难的情况下兑现了合同要求。组团参加第十届柏林轨道交通技术展览会、第十二届中国国际现代化铁路技术装备展，了解国内外铁路装备技术发展情况，展示了公司产品和形象。与万邦嘉泰签订战略性合作意向。传感器项目部、长纤维项目部、诺安舟公司共实现销售收入1513万元。装备能源服务分公司积极开拓市场，实现收入49万余元，其中外委收入占54%。

基建与技改。燃煤锅炉清洁能源改造项目获北京市资金支持1000万元。“构建铁路货车车辆产品快速报价系统”获第七届南车管理创新三等奖。公司获第九届全国设备管理优秀单位称号。

质量管理。作为南车“6621运营管理平台”试点企业之一，公司以C80E（H）、JSQ6试点导入标准工位与两模线建设，依靠工位制节拍化提高了生产效率，JSQ6车日产最高达到10辆。IRIS管理体系以72%得分率通过第一次换证审核。测量管理、焊接管理等体系通过年度监督审核。建立了涵盖7个类别、2项报表支撑的质量损失管理体系。典故排名检修车一季度、三季度分获第一名和第三名，春季货车质量抽查检修排名第一。

（刘　浩）

北京南口轨道交通机械有限责任公司

北京南口轨道交通机械有限责任公司（简称南口机械公司）于1906年创建，隶属于中国北车股份有限公司。固定资产原值9.88亿元，净值7.23亿元。占地面积51万平方米。有各类设备1146台（套），其中大型精密设备74台、进口设备84台。公司产品涵盖轨道交通、石油及风电机械、风源集成装置等市场领域。

2014年，南口机械公司风电、风源、工矿相关机械制造及加工产品实现销售收入18604万元，较上年同期增加9803万元，增幅137.09%。完成主要配件品种85项、产量85852件（套）。其中，完成和谐2型技术引进机车主动齿轮2255个、从动齿轮1636个、抱轴箱铸件2114个、齿轮箱上箱铸件1968个、齿轮箱下箱铸件1887个；和谐3型技术引进机车从动齿轮1063个；东风7G型机车主、从动齿轮共计364个，东风4型机车主、从动齿轮共计521个；各型空压机94台、主机油泵996台；各型喷油泵上体装配1724套、下体装配1080套，各型喷油器869套，各型喷油器偶件20412副、柱塞偶件5536副。

市场开拓。风电齿轮箱实现5个风场140台批量销售，开启风电齿轮箱销售规模增长进程；与重庆海装公司签订样机合同，与浙江运达、北京京城新能源两大客户建立市场合作关系；成功进入天津苏司兰、华电国际等风电修理市场。高速动车齿轮箱研制成功，为公司进入轨道交通产品高端市场提供有力技术支撑；和谐1型机车牵引齿轮顺利通过株电B级供应商评审，为进入新市场提供契机；配套出口阿根廷米轨动车齿轮箱批量供货，地铁车辆专用齿轮箱研制成功，为打开城轨车辆齿轮箱市场创造条件。宝石公司2000马力油田齿轮箱批量供货，形成规模营销良好开端。压缩机整机产品建立达尔曼自主品牌，通过品牌营销和经销商代理销售等多种销售模式，开创市场新局面，与8家经销商签订经销合同。

基本建设与技术改造。南口机械公司4.2亿元配套大功率机车及200公里以上动车组齿轮箱专业化生产技术改造项目累计完成投资4亿元，购置设备90台/套，新建厂房3100平方米，改造厂房3800平方米。6.8亿元交流传动机车及高速动车组传动装置与风源系统产业化能力提升技术改造项目累计完成投资4亿元，购置设备100余台/套，土建工程基本完工，新建厂房23500平方米，改造厂房34500平方米。完成新建齿轮厂房、热处理厂房、压缩机公司厂房建设；完成新建档案馆、110千伏中心配电室、机电厂厂房改造；采购热处理井式炉生产线、齿轮成型蜗杆磨床等设备20余台（套）；完成铆焊厂28台设备工艺布局调整，购置设备10余台。公司8400万元齿轮扩能项目通过中国北车验收；公司4.2亿元“机车及动车齿轮箱”、6.8亿元“高速动车传动装置与风源系统产业化”两个项目初步设计方案通过中国北车评审。获得进口设备国家免税贴息和政府政策补贴共304万元。

（陈宗河）

北汽福田汽车股份有限公司

北汽福田汽车股份有限公司（简称福田汽车）是在上交所上市的股份公司。1998年6月发行A股，截至2014年年底，公司总股本28.10亿股。其中，北京汽车集团有限公司持925186047股，持股比例为32.93%；北京国有资本经营管理中心持148313200股，持股比例为5.28%。

2014年，福田汽车在经济增速放缓和柴油车排放法规升级的双重影响下，全年实现销售整车55.51万辆，商用车继续排名第一位。品牌总价值达到671.27亿元，同比增长31.96%，连续10年蝉联商用车第一品牌。福田汽车作为一家跨地区、跨行业、跨所有制的国有控股上市公司，目前拥有欧曼、欧辉、欧马可、奥铃、时代、萨瓦纳、拓陆者、萨普、风景、蒙派克、雷萨等业务品牌，生产车型涵盖轻型卡车、中型卡车、重型卡车、轻型客车以及大中型客车等全系列商用车及核心零部件发动机。年内，福田汽车以科技创新和管理创新为抓手，不断提高核心制造能力和质量水平，产品的制造质量和效率大幅提升，中高端产品销量大幅上升，在产品结构优化和转型升级、产品创新能力和全球化战略推进等方面取得显著成绩。通过不断推进转型升级，坚持从低端向高端转型、投资向消费转型、国内向国外转型、制造业向服务业转型、黄金价值链延伸，重点聚焦高附加值产品，坚定不移地加大高端产品开发力度，2014年，福田汽车中高端产品销售比重提升至46%。

2014年，福田汽车实现销售收入336.9亿元，累计销售汽车55.51万辆(含福田戴姆勒合资公司销量)，在商用车行业中排名第一。其中：中重型卡车实现销量120026辆，下滑幅度低于行业平均水平，市场占有率达到12.1%，较2013年同期上升0.1%；轻型卡车（含微卡）实现销量389688辆，受国Ⅳ政策影响，下滑幅度大于行业平均水平。公司结构调整效果明显，中高端轻卡欧马可销量同比上升38%，上升幅度大于行业，轻卡总量依然保持全国行业第一，市场占有率达到17.8%，较2013年同期下降2.6个百分点；大中型客车实现销量5810辆，较2013年同期上升16.7%，行业同比下滑4.6%，市场占有率为3.5%，较2013年同期上升0.6个百分点；轻型客车实现销量32349辆，较2013年同期上升14.3%，行业同比上升14.1%，市场占有率达到7.3%，与2013年同期持平。此外，在国内整体市场出口销量下滑的形势下，福田汽车设计线逆势增长，全年实现整车出口54330辆，较去年同期增长13.2%。

年内，福田汽车各个产品类型均有新品推出：配备康明斯强劲动力的欧曼GTL超能版高端重卡进行了全球发布，全新SUV产品“萨瓦那”正式发布，配备绿色环保动力系统的欧曼GTL第三代智能渣土车持续热销，满足欧Ⅳ/欧Ⅴ排放标准的欧马可3系继续保持中国高端中轻卡领先地位，更节能、更环保、使用成本更低的奥铃CNG轻卡起步就达到国Ⅴ排放标准，打通“城市微循环”欧辉BJ6650快充式纯电动城市客车正式面世，拓陆者B系列皮卡正式上市，轻客升级版产品新风景G7全面上市。这些充分展示了福田汽车在战略、技术、产品、营销上的创新和突破。

（张 健）

北京汽车股份有限公司

北京汽车股份有限公司（简称北京汽车）成立于2010年9月，是北京汽车集团有限公司聚合乘用车整车资源及核心零部件和业务发展的平台，是北京市政府重点支持发展的企业。12月19日，完成首次公开发行H股并在香港联交所主板挂牌上市，H股股票简称北京汽车，H股股份代号1958。公司在香港首发上市创造了两项“第一”：一是上市中资汽车制造企业融资规模第一；二是北京市属国有企业融资规模第一。

公司注册资本金 75.95 亿元。

北京汽车旗下囊括北京奔驰汽车有限公司、北京梅赛德斯－奔驰销售服务有限公司、北京现代汽车有限公司、北京汽车股份有限公司汽车研究院、北京汽车动力总成有限公司、北京汽车股份有限公司北京分公司、北京汽车股份有限公司株洲分公司、北汽（广州）汽车有限公司、北京汽车销售有限公司等整车、研发、销售与核心零部件企业。公司产品覆盖了合资豪华、合资中高端、自主品牌中高端和自主品牌经济型乘用车不同的细分市场。车型覆盖了中大型、中型、紧凑型及小型轿车；SUV、MPV 和交叉型乘用车产品，可满足消费者对不同种类车型的需求。

北京汽车品牌影响力不断增强，公司获得了“2014 年中国品牌年度大奖”“ 2014 年汽车营销十大优秀案例”“最亲民品牌奖”“搜狐年度风云企业大奖”“年度品牌传播奖——北汽绅宝”等奖项。

截至年底，公司所属各单位员工共计 39618 人，其中自主品牌企业员工 11901 人。

2014 年，北京汽车自主品牌、合资品牌合计完成整车销量 157.5 万辆，同比增长 16.8%，其中：自主品牌北京品牌全年销量近 31 万辆，增速超 50%；北京奔驰完成整车销售 14.5 万辆，同比增长 25.4%；北京现代在设计产能 100 万辆的瓶颈制约下，再次实现了完成整车销售 112 万辆，同比增长 8.7%。

年内，北汽公司完成 VOCs 减排 133 吨，公司及其下属单位环境污染事故为零且无环保行政处罚事项。经市发展改革委核定的公司碳排放配额为 91095 吨 CO_2，最终排放量为 60837 吨 CO_2，配额余量为 30258 吨 CO_2。

（北 汽）

同方股份有限公司

2014 年，同方股份有限公司紧密依托清华大学的科研实力与人才平台，在信息和能源环境两大领域中致力于科技成果的产业化，孵化和培育了智能卡芯片、计算机、数字城市、大数据应用、多媒体、移动互联、知识网络、军工、公共安全、半导体与照明、环境科技、节能环保等与国家发展、国计民生密切相关的主干产业集群，并在全国建成了 9 大具全球化产能的、与产业配套的科技园区。同时发展金融产业，旗下已有泰豪科技、同方泰德、同方国芯、同方友友等多家上市公司。2014 年，同方股份有限公司总资产近 500 亿元，年营业收入近 260 亿元，净利润超过 12 亿元。

科技创新。同方坚持走产学研结合之路，在“技术＋资本”战略引导下，逐渐形成一套科技成果产业化的理论体系，探索出以“创新孵化”为核心的企业发展模式。以清华大学为虚拟研究院，通过“带土移植”的形式，把学校、科研院所高水平的研发能力及人才队伍与同方自身的资本能力、产业能力、市场开拓能力相结合，以一种“拟风险投资”的方式进行成果孵化，形成主干产业，并沿产业链形成主干产业集群。同方累计申请中国专利超过 2000 项，申请涉外专利近千项，承担国家科技项目和科技重大专项超过 300 项。

产业布局。同方在信息、国防与公共安全、节能环保等与国家发展战略密切相关的产业方向上，形成自主核心的产业基础和集成服务的综合实力。信息产业方面，聚焦自主安全可控，将新一代信息技术广泛应用于城市信息化建设和智慧管理领域，提供从芯片、智能终端硬件、自主软件，到信息系统集成的信息化解决方案。国防与公共安全产业方面，依托核放射技术、电子信息技术，构建了以公共安全、国防安全为核心，向多领域延伸的国防与公共安全产业矩阵。节能环保产业方面，以城市综合节能、可再生能源回收利用、环境治理等领先科技，服务国家节能环保事业。

重点项目。信息领域：为全国居民健康卡普及发卡项目提供芯片；为全球首张加载 PBOC3.0 国产密码算法的金融 IC 卡首批试商用发卡提供芯片；北京市统计局第三次全国经济普查统计数据网络报送系统项目；辽宁省国家水资源监控能力建设项目的平台设计与应用系统建设项目；遵义“智慧城市”建设项目；“智慧钟山”总体规划建设战略合作；湖南省龙山县教育信息化“三通两平台”建设项目；苏州市轨道交通 4 号线及支线工程综合监控集成、采购及安装项目；广州轨道交通工程线网指挥中心系统接入及改造项目；2014 年国税系统与中央国家机关批量计算机集中采购项目。节能环保领域：以“政企银”三位一体模式承接重庆市公共建筑节能改造项目；山东省冬季热泵采暖项目；香格里拉县城集中供热工程；西山煤电集团和三门峡开曼铝业热电厂吸收式热泵余热回收项目；山东日照“山水龙庭”被动房屋示范区空调项目；2014 青岛世界园艺博览会景观照明工程。国防与公共安全领域：2014 年博鳌亚洲论坛年会安全检查保障项目；2014 巴西世界杯、“金砖五国”会议和中巴和谐合作 40 周年庆祝活动安全检查保障项目。

获得荣誉。同方股份有限公司入选首批《北京市重点总部企业名录》；2014 年（第十三届）中国软件业务收入前百家企业；位列 2014 年（第 28 届）电子信息百强企业排名第 16 位；获得由工业和信息化部颁发的“国家安全可靠计算机信息系统集成重点企业”证书；“智能建筑行业十大品牌企业”之首、“工程量总额 60 强企业”第一；南通同方半导体有限公司在中国 LED 芯片竞争力 10 强排名中列第二位；清华大学与同方威视共同申请的专利——“物质识别方法和设备”获北京市第三届发明专利奖一等奖；“面向智慧型城市建设的城市综合服务管理平台”荣获 2014 国家科技创新科技成果一等奖；“面向大型调水及重要河湖的水利管理平台”荣获 2014 国家科技创新优秀成果奖；同方泰德国际科技（北京）有限公司 Techcon EEC 节能专家控制系统获得第十届精瑞科学技术奖“人居智能化创新优秀奖”；“高铁三合一读卡模块”产品获国家金卡工程 2014 年度金蚂蚁奖“优秀应用成果奖”。

（李 晨）

巴可伟视（北京）电子有限公司

巴可伟视（北京）电子有限公司成立于 2003 年 2 月 21 日，是一家为专业市场设计并开发可视化解决方案的全球领先技术公司。公司占地面积 27643 平方米，员工总数约 120 人。

2014 年，巴可伟视（北京）电子有限公司收入达到 8 亿元，利润总额达到 6000 万元，与上年同期基本持平。

科技研发。2014 年，高新技术产品收入达到 5.6 亿元，并实现发明专利 1 个和实用新型专利 2 个，从事研发人员的比例达到总人数的 25%。

新产品生产。2010 年 12 月，巴可伟视建立了中国自己的数字电影研发团队，是第一家将数字电影研发转移到中国的厂商。巴可伟视拥有世界一流的生产线和自主研发的视觉测试系统以及经验丰富的研发队伍，设计生产品质卓越的大屏幕 LED 显示设备、数字电影放映系统、背投拼接系统、投影显示及控制系统，并且提供固定安装的综合解决方案。2014 年开始组建 3Mpixel 和 5MPpixel 医用显示器的组装调试生产线。

ISO 体系管理。巴可伟视（北京）电子有限公司建立和完善了旨在持续改进的质量管理体系和环境管理体系，获得了 ISO90001 的国际质量管理体系认证、ISO14000 的环境管理体系认证和 ISO13485 的医疗产品质量关系体系认证，此外，还通过了美国 CTPAT 安全管理要求。巴可伟视的显示设备，以其独有的创新技术，融合强大的操作功能，完美匹配使用环境，确保呈现逼真的图像质量、饱和的色彩、极佳的均匀性和高超的亮度水平。

节能减排。公司年内进行了空调系统的改造，比上年同期节约了 7% 的电能。公司同时报停了天然气茶水炉，并响应国家绿化环境的号召，植树 970 棵，为节能减排做出了应有的贡献。

人才队伍建设。公司有博士 3 人，硕士 17 人，本科 44 人，同时有归国留学人才 5 人，外籍员工 5 人。公司大力开展和园区所属大专院校的合作，其中包括中国石油大学、北京市工贸技师学院和北京市新媒体技师学院，为以上院校毕业生的实习和就业提供了良好的机会。

（王红彬）

北京中电科电子装备有限公司

北京中电科电子装备有限公司是由中国电子科技集团公司与第 45 研究所（平凉半导体专用设备研究所）共同出资兴办的高新技术企业，注册资金 2400 万元，坐落于北京经济技术开发区南部新区，占地 4 公顷多。

公司凭借中国电子科技集团公司国有大型企业雄厚的技术和经济实力，以及第 45 研究所在电子装备领域 40 多年丰富的技术积累和技术精湛的研发人才优势，致力于我国超大规模集成电路关键装备及其他电子制造关键装备的研究与开发。

公司主要从事集成电路平坦化工艺设备及先进封装设备等电子成套装备的研发、设计、制造与市场服务，建设微电子装备国家工程研究应用中心。并在半导体照明（LED）生产制造设备、太阳能电池生产制造设备等信息产业制造装备的研发与制造方面形成独特优势。

（开发区研究室）

京微雅格（北京）科技有限公司

京微雅格（北京）科技有限公司2010年8月注册成立，投资总额5800万美元，是世界上除美国外唯一自主研发并成功量产现场可编程逻辑FPGA(Field Programmable Gate Array）产品的公司。

公司首创研发并已开始产业化的集FPGA/CPU/ADC/ASIC/SRAM/Flash为一体具有“按需定制，随时可用”市场优势的多功能高性能低成本的可配置应用平台CAP（Configurable Application Platform）芯片代表着集成电路行业新的发展趋势。利用CAP灵活多变、适用性强的“可定制、可编程、可重构”特点，实现了同一芯片可使用在不同领域，从而极大地拓宽了产品应用范围，缩短了市场进入周期，增强了差异化设计，延长了产品寿命，降低了研发成本。这种“万能芯片”在工业控制、视频驱动、信息安全、网络交换、通信设备、安防监控、医疗仪器、车载终端、智能家居、消费电子及数据处理等经济建设的不同领域中具有广泛的应用前景。2014年度，京微雅格（北京）科技有限公司获得中国IC设计成就奖——中国风云IC设计企业。

（张宏伟）

北京日立北工大信息系统有限公司

北京日立北工大信息系统有限公司成立于2003年10月，是由北京工业大学与日立制作所分别持有40%和60%股份的合资企业。董事长由北京北工大投资管理有限公司总经理兼任。

公司业务领域涉及数字教育、智能交通、专利技术服务及软件系统研发与集成。主要产品有贴心广角ZoomSight、手指静脉、证书卫士、μ-chip微型芯片等。目前已经获得信产部系统集成3级资质及软件过程改进CMMI 3级和ISO9001。至2014年底，公司员工规模在140人，销售额近6000万元。

2014年，参与北京市郊区15所中小学示范数字校园建设，并为社保养老金领取身份认证提供上万台指静脉系统，同时公司研制的大规模视频检索系统获得2014年上海工博会银奖。

（王建华）

北京赛孚制药股份有限公司

北京赛孚制药股份有限公司（简称赛孚制药），股票名称赛孚制药，证券代码430133。位于中关村科技园，是集兽药开发、生产、经营于一体的高新技术企业，主要致力于兽用粉针剂、粉剂、散剂、预混剂产品的研制、开发、生产和销售。公司始终坚持“保健动物、健康人类”的企业宗旨和“共同发展、共赢未来”的经营理念，以严格的管理、精湛的技术生产优质的产品，为客户提供优质服务，赢得了市场的认可和客户的青睐，初步形成了粉针剂、粉剂、散剂、预混剂系列兽用产品，并严格按照GMP要求建设生产。

技术创新。赛孚制药特别重视新产品的研发，近年来和中国农业大学、华南农业大学、内蒙古农业大学、中国农业科学院等科研单位合作开发一些新兽药产品，正在申报的国家级新兽药注射用多西环素就是其中典型代表。

市场销售。赛孚制药拥有强大的市场营销网络，为客户提供全面优质服务，具有代表性的客户有：北京三元奶牛集团公司、北京华都峪口禽业有限公司、上海光明荷斯坦牧业有限公司、上海牛奶集团有限公司、广东温氏畜牧集团有限公司、武汉中粮肉食品有限公司、现代牧业有限公司等，在群雄并起的市场经济海洋中，以独有的理念、独特的视角、快捷的速度，秉承“以质量求生存，以科技谋发展，以服务占市场，以诚信树品牌”之企业精神，始终坚持以市场为导向、以客户为中心，根据每一位客户的需求制定个性化的服务程式，创造辉煌成绩。

年度经营。北京赛孚制药股份有限公司为建立和发展行业合作关系、拓展经营渠道，经第一届董事会第十三次会议和2013年年度股东大会审议，同意公司在天津新技术产业园武清开发区投资设立全资子公司天津力孚生物科技有限公司，并于2014年4月8日披露《对外投资公告》。天津力孚生物科技有限公司已经取得天津市工商行政管理局武清分局核发的营业执照、税务登记证，项目在建中。天津力孚生物科技有限公司投资金额3300万元，总公司将以货币资金方式出资，公司投资期限为长期。

控股情况。北京赛孚制药有限公司成立于2004年5月9日，股份有限公司成立于2012年1月16日，挂牌时间为2012年8月1日，法定代表人杜海月为公司控股股东及实际控制人。公司注册资本2616万元，普通股股东人数共计10人，总股本共计2616万股。控股股东及实际控制人杜海月2014年初持有赛孚制药股份1585万股，本年转让股份30万股（占总股本1.15%），转让后，期末持有股份总数1555万股，持股比例由期初的60.59%降到期末的59.44%。本次转让后杜海月仍为公司控股股东及实际控制人，总股本不变。

章程的修改情况。根据《公司法》《证券法》《非上市公众公司监督管理办法》《全国中小企业股份转让系统业务规则（试行）》及其他相关法律、法规和规范性文件，结合公司的实际情况，公司于2014年1月2日第一届董事会第十次会议，审议通过了关于修改公司章程的议案，因公司经营范围发生了变更，需相应修改公司章程第十一条第二款的内容；2014年1月17日，第一次临时股东大会审议通过了关于公司章程修改的议案。

公司发展战略。公司稳定发展兽药产业，加快发展具有市场前景的优势产品；按照农业部要求完善规范产品包装，重点以绿色无残留、预防保健类药物为产品研发方向，重点开发养殖集团大型客户。

（谭玉鑫）

爱博诺德（北京）医疗科技有限公司

爱博诺德（北京）医疗科技有限公司是由国家“千人计划”引进的海外人才所创立，并由清华启迪创投基金、美国富达（Fidelity）基金等国内外知名风投机构出资，在引进国外设备和制造工艺的基础上，研发眼科医疗产品，包括植入类眼科耗材、眼科手术器械、眼科手术设备、眼视光、眼科药品等系列产品，覆盖白内障、青光眼、眼视光等诸多领域，是代表民族品牌的现代医疗科技企业，为中国的患者和医生提供世界前沿的技术和服务。

新产品生产。2014年，爱博诺德（北京）医疗科技有限公司生产的普诺明A1-UV可折叠人工晶体获得国家食品药品监督总局批准注册上市，产品可替代进口，填补了我国软式人工晶体技术和市场的空白。

科技研发。年内，爱博诺德（北京）医疗科技有限公司研发投入为1530.96万元，比上年增长18.96%，完成多个新产品的研发任务。

知识产权管理。年内，爱博诺德（北京）医疗科技有限公司共申请国内专利8项，其中发明专利3项，实用新型专利5项。2014年授权的发明专利2项，实用新型专利8项。PCT国际申请两项，其中一项已进入国家阶段，包括美国、欧洲、日本3个国家（地区）。

引入风险投资。年内，爱博诺德（北京）医疗科技有限公司与美国富达风险投资达成战略合作协议，后者向爱博诺德投资6250万元人民币，用于眼科医疗器械的研发和生产。

人才队伍建设。年内，爱博诺德（北京）医疗科技有限公司共招收大学本科以上毕业生3人，硕士3人，解决昌平当地下岗职工再就业2名。为提高团队凝聚力及福利待遇，逐步为职工投保补充商业保险。

（王红彬）

北京诚益通控制工程科技股份有限公司

北京诚益通控制工程科技股份有限公司成立于2003年7月，是国内较早从事医药、生物工业自动化的民营企业，公司专注于制药、生物制品生产过程中的自动化控制应用，以自主研发的核心技术和自主生产的关键设备及组件为依托，面向大中型制药、生物企业，提供个性化的自动化控制系统产品及整体解决方案。经过多年的发展和积累，公司形成了多项自主研发的专利及非专利核心技术，具备了执行器、控制器等自动化控制系统关键产品的自主设计、研发和加工能力，能够提供发酵/合成、分离纯化、成品制备、辅助工段等四大类自动化控制系统。公司产品以其突出的性价比、高技术标准和高适用性，赢得了客户青睐。

2014年年底，公司合计总资产72888万元，同比增长15.91%，营业收入31948万元，同比增长11%，利润总额6103万元，同比增长17.85%，整体保持稳步增长的势头。

节能减排。公司目前在研发的“发酵过程尾气处理系统”“发酵装置灭菌过程节能降耗装置”项目，将自动化控制技术与工艺过程结合，配合装备改进，降低能耗。

科技研发。公司以自动化控制技术为核心，以生物工程技术、制药工程技术为平台，以传感技术、执行器技术、灭菌及消毒技术、节能环保技术、流体技术为重点，形成了较为完整的研发技术体系。公司自2008年被认定为北京市高新技术企业以来，注重创新，不断加大研发力量和技术研发投入，于2012年被认定为北京市企业技术中心。

新产品生产。公司生产的“固体制剂自动化配料系统”“无菌检验隔离器”“生产信息管理系统”等产品采用无菌隔离与自动包装技术，将产品与操作人员隔离，从源头切断交叉污染途径，保证无菌产品质量；通过生产管理信息系统实时采集生产与检验数据，实现物料跟踪与管理，提高产品可追溯性。

知识产权管理。公司现有专利60项，2014年度最新获得了10项专利，其中新批两项发明专利为“用于无菌生产自动线的铝桶盖内盖机械手”和“计量振实机构”。2014年公司获得北京市工商局颁发的“北京市著名商标”荣誉称号。

人才队伍建设。公司现有研发技术人员158人，占员工总人数的27%。公司核心技术人员均有一定比例的股权。公司制定人才激励制度，员工有细化的绩效薪酬考核标准，优化人力资源配置，使员工人尽其才、才尽其用。

（王红彬）

北京北大未名生物工程集团有限公司

北京北大未名生物工程集团有限公司（简称未名集团），成立于1992年，注册资金5437.14万元，位于北京市海淀区上地西路39号北大生物城，是北京大学的参股公司。主要从事生物产业的发展和生物经济体系的建立，重点投资生物医药、生物农业、生物能源、生物环保、生物服务、生物制造、生物智能七大领域。

未名集团成立20余年来，秉承“科教兴国、产业报国、健康强国”的理念，致力于“构建生物经济体系，打造生物经济旗舰”，形成了“坚实的产业基础、创新的经济体系和独特的发展思路”三大优势，为中国生物产业的发展做了大量开创性和突破性工作，取得了令世人瞩目的成绩。在中国生物产业发展进程中创造了多个“世界第一”和“中国第一”：成功运作中国第一个具有独立知识产权的基因工程药物——重组干扰素α1b（赛若金）上市，并使“赛若金”成为中国干扰素市场的第一品牌；成功经营中国第一家现代生物制药企业——深圳科兴公司；北京科兴公司成功研制出世界上第一个“SARS病毒灭活疫苗”、中国第一个“人用禽流感疫苗”，成功生产出世界第一支甲型H1N1流感疫苗，成功研发世界首个手足口病疫苗；厦门北大之路公司成功研制并生产出世界上第一个神经创伤的治疗性药物——“神经生长因子”，这也是唯一由中国人率先产业化的诺贝尔奖成果；未名凯拓公司成功研发的第三代杂交育种技术将引发第三次农业革命；未名博思公司的生物智能技术（第五代计算机的核心技术）处于世界新一代信息技术的领先水平；特别是未名集团已初步建立世界首个“生物经济孵化器”，创立生物经济理论，创造生物经济模式，未名集团已成为世界生物经济的策源地。

2014年，未名集团销售收入28亿元，总资产超50亿元。未名集团及下属公司在研项目达51项，其中，国家“863”计划、国家“973”计划、星火计划和国家部委项目共13项，省市级项目6项，其他项目32项。

（鲍延磊）

百泰生物药业有限公司

百泰生物药业有限公司成立于2000年8月，是中国和古巴在生物技术领域水平最高、投资规模最大的合作项目，公司以研发和生产治疗恶性肿瘤的人源化性单克隆抗体和疫苗为主营方向，承担了国家高新技术产业研究发展计划、国家高技术产业化示范工程等重大项目。

百泰生物药业拥有中国第一个世界水平的抗体人源化技术平台，代表了国际生物医药发展的核心技术和主流方向。公司设计建造了中国第一条全自动大规模哺乳动物细胞培养生产线，是目前国内规模最大、设施最完备、技术最先进的大规模细胞培养技术平台。百泰生物药业成功地开发了我国第一个人源化单抗药物——泰欣生尼妥珠单抗，该药物于2005年4月获得国家食品药品监督管理局颁发的生物I类新药证书，填补了我国人源化单抗药物的空白。百泰生物药业在积极开展国际化技术转化的同时，致力于培育自主创新能力，正在开发的新药包括用于癌症治疗的EGF疫苗、用于治疗牛皮癣和类风湿性关节炎的人源化抗CD6单抗、用于逆转器官移植排斥反应的抗CD3单抗等。

百泰生物药业以现代化大型生物制药企业为目标，以提高抗体药物研发能力与生产水平、提高人民健康为宗旨，通过国际化、产业化、标准化、规模化的运营模式，致力于将生物科技发展的最新成就融入21世纪的健康事业，不断为社会奉献最先进、最优异的抗体药物。

（开发区研究室）

北京石草溪医药技术有限公司

北京石草溪医药技术有限公司成立于2004年，是一家以创新药物研发为核心的中美合资企业，具有雄厚的科研力量。2012年公司完成重组，2013年被认定为中关村高新技术企业，承担北京经济技术开发区亦庄生物医药园透皮贴剂项目，进行透皮贴剂（2类）、皮肤表面制剂（3类）的研发。此外，公司还与中国和美国多家科研院所在透皮贴剂项目上开展广泛的合作。

公司在北京的研发中心下设新药合成、药物制剂、药物分析、药理、临床研究和知识产权管理等部门，独立完成国家各类新药研发的任务。

公司高管均具有国内外知名企业多年研发和管理经验，研发团队由毕业于国内外知名大学且有多年研发经验的人员组成，30多人的研发队伍中，有博士6人、硕士20人。

（开发区研究室）

北京市亚美日化厂

北京市亚美日化厂创建于1987年9月，隶属北京市民政局，是开发、生产和销售美容护肤用品的国有企业。2014年，在北京市民政局的大力支持下，15000平方米的新厂房已投入使用。企业拥有20多年的化妆品生产经验，现有职工100余人，拥有相当数量的专业技术人员。秉持“好人品才能做出好产品”的宗旨，致力于“迷奇”系列化妆品的开发、生产和销售。

“迷奇”系列化妆品从功效上分为保湿、抗皱、滋润、抗辐射、美白等多个品种。产品富含多种名贵中草药提取液，以其天然成分对抗和解决肌肤问题，

20多年来畅销日本，一直备受消费者的青睐。“迷奇”从诞生至今已获得十余个重大奖项。1987年“迷奇”牌高级系列化妆品荣获中国出口名特产品“八七”金奖；1988年荣获“太极杯”全国最优化妆品大奖赛一个一等奖、两个二等奖及“全国首届妇幼康乐杯奖”；1989年12月，“迷奇”牌高级系列化妆品以其独特的天然成分及自然美容的功效，荣获第38届布鲁塞尔尤里卡世界发明博览会化妆品类唯一金奖；1992年被92中国友好观光年组委会定为92中国友好观光年指定产品；1996年11月，“迷奇”商标正式在日本注册，并于2007年续展。2008年3月，“迷奇”产品再获日本厚生省批准进口。

2014年，完成工业总产值2500万元，实现销售收入2100万元，同比2013年增长32%，实现利润总额260万元。

新产品开发。北京市亚美日化厂本着自主创新、开拓进取的精神，开发研制了包括BB霜、防晒霜在内的多种高品质护肤产品。2014年更是对经典产品重新进行定位，推出“经典套装礼盒”“黄金时代组合”“流金岁月组合”等礼盒，满足不同消费群体的需求。

（王 志）

北京百花蜂业科技发展股份公司

北京百花蜂业科技发展股份公司是一家具有90多年历史，集科研、生产、经营于一体的蜂产品高新技术企业。公司创建于1919年，前身是我国近代著名养蜂学家黄子固在北京创办的李林园养蜂场。1956年更名为北京市蜜蜡加工厂；1988年市供销社组建专业公司，成立了北京市蜂产品公司；1999年，公司实行现代企业制度，进行了股份制改造。经过几次重大的历史变革和几代人的苦心经营，公司获得了长足的发展。2004年7月，为了谋求更好的发展环境，公司将总部迁入了北京经济技术开发区，并在开发区建成了符合国家标准的GMP保健品生产车间。在房山长阳新建了蜂蜜生产加工基地，完成了生产基础设施和技术的升级。2006年4月，为了加大科研对企业发展的作用，公司更名为北京百花蜂产品科技发展有限公司。2011年4月再次更名为北京百花蜂业科技发展股份公司。公司经营经历了原料经营、产品经营、品牌经营三个阶段。

北京百花蜂业科技发展股份公司经营范围从最初的蜂蜜、蜂蜡原料，扩展到自主开发蜂蜜、蜂花粉、蜂王浆、蜂胶、日化、蜂产品制品等六大类140多个产品，其中蜂蜜类产品销往全国23个省市。百花公司经过近几年不断发展，现已成为全国蜂产品的行业龙头企业。“百花牌”品牌在公司多年的培育下，拥有较高的知名度和美誉度，连续4届被评为“北京市著名商标”；连续4届被评为“北京名牌产品”；2006年12月被国家商务部评为“中华老字号”；2006年和2007年连续两届被中国连锁经营协会评为中国零售业十大优秀特许品牌；2008年成为奥运会、残奥会餐饮原料供应商，获得奥组委颁发的荣誉证书。

（开发区研究室）

朗姿股份有限公司

朗姿股份有限公司于2006年11月9日在顺义区马坡镇白马路63号注册，注册资金2亿元，主营品牌女装的设计、生产与销售，主攻高端女装市场，以“引领中国高端女装品牌走向世界，振兴中国服装产业，实现产业报国”为己任。公司目前女性时尚产业经营的主要品牌有：一线奢侈品牌（FF）、优雅成熟品牌（朗姿LANCY FROM25、莫佐MOJO S.PHINE、莱茵LIME FLARE、LIAA）、流行少淑品牌（玛丽marie n° mary）、时尚个性品牌（吉高特JIGOTT）等；绿色婴童产业经营的主要品牌有：婴童服装（agabong、dearbaby、Gymitt、NAP）、婴童用品（ETTOI、Putto、2ya2yao）、孕妇服装（destination maternity）和孕妇产品（Putto）。

2011年8月30日，朗姿股份有限公司在深圳证券交易所中小板成功上市。股票名称朗姿股份，股票代码002612。公司秉承“诚仁智美、领秀未来”的经营理念，将公司发展成为以女装为主业、辐射整个服装行业以及相关时尚业界、在国内具有重要地位、在国际市场具有较强竞争力和品牌影响力的企业集团。

2014年，公司营业收入12.35亿元，同比下降

10.40%；营业利润 1.41 亿元，同比下降 48.74%；归属于上市公司股东的净利润 1.21 亿元，同比下降 48.14%。公司实施外部多元业务扩展的整体部署，通过多品牌经营的策略继续发力中高端成熟品牌女装。同时，公司也结合国内外需求现状和消费模式的转变，通过产业链的延伸，进军绿色婴童产业，实现公司稳步发展与战略性调整的经营目标。

年内，公司分别在北京与韩国首尔设立 2 个研发设计中心，拥有北京市首个服装企业青年英才创新实践基地（博士后工作站）、北京市企业技术中心和北京市工业创新中心，与北京服装学院建立了产学研结合的战略合作关系。公司获得国家高新技术企业的认证，研发投入符合高新认定的标准。获得国家工业和信息化部与中国纺织工业联合会认可的“重点跟踪培育服装家纺自主品牌企业”。朗姿“LANCY FROM 25”注册商标被国家工商行政管理总局商标评审委员会认定为驰名商标。

在女装市场，公司通过“自主创立”和“代理运营”两种模式在中高端女装市场进行多品牌布局。拥有自主品牌共 4 个，分别是 LANCY FROM 25、LIME FLARE、marie n° mary、liaalancy，代理品牌共 3 个，分别是 MOJO S.PHINE、JIGOTT、FABIANA FILIPPI。通过多元化的产品定位及设计风格，一方面满足女性客户多层次的价值需求，如追求自我、强调品质、充满活力等；另一方面满足她们多种年龄段的表达诉求，如成熟女装、中淑女装、少淑女装等。

公司始终坚持产品自主设计与开发，年内用于产品设计研发的投入达 6061.31 万元。

（顺义区）

江河创建集团股份有限公司

江河创建集团股份有限公司（简称江河创建）始建于 1999 年 2 月，注册资金 11.5 亿元。2011 年 8 月，于上海证券交易所A股主板上市，股票名称江河幕墙，股票代码 601886。2012 年 6 月，收购承达国际控股有限公司 85% 股权。2013 年 5 月，由原北京江河幕墙股份有限公司正式更名为“江河创建集团股份有限公司”，股票名称江河创建，股票代码 601886，并成立子公司北京江河幕墙系统工程有限公司，同年完成收购北京港源建筑装饰有限公司 65% 股权。2014 年初，完成收购梁志天设计有限公司 70% 股权。由此成为下辖江河幕墙、承达集团、港源装饰、梁志天设计四大产业单位，集幕墙、内装、装修设计三大业务体系为一身的跨国性集团上市企业。江河创建已通过了 ISO9001、ISO14001 及 OHSAS18001 三大体系认证，是中国建筑建材行业首家、北京市唯一一家国家认定技术创新示范企业，同时也是行业内首家国家高新技术企业、国际认可 CNAS 出口企业检测中心，还是行业内唯一一家获得国家级企业技术中心认定的单位，是北京市科技研发机构、北京市专利示范单位，同时也是国家火炬计划重点高新技术企业、国家认定博士后科研工作站设站企业、全国企事业知识产权试点单位、顺义区十佳文化创意企业，综合实力处于全球的领军行列，具有较高的市场知名度和行业影响力。已拥有专利权 174 项，多项产品通过了“国家重点新产品”认证，并自主设计研发了 S60、U80 等标准化新型幕墙系统，自主设计的产品曾两次获得有“中国工业设计奥斯卡奖”之称的“中国创新设计红星奖”。

2014 年，江河创建销售收入 159.04 亿元，同比增长 33.6%；通过对投标精度进行深耕，优质中标率大幅上升，中标额 186 亿元，同比减少 14%（其中幕墙业务 97.5 亿元，同比减少 28.8%；内装业务 88.5 亿元，同比增长 10.6%），利润总额上浮 28.5%，达 3.9 亿元；上缴税金 5.27 亿元，同比增长 82.98%。

由旗下江河幕墙自主创新专利“折扇形双曲面单元式建筑幕墙系统及其施工方法”获中国专利优秀奖；自主研发的创新型产品“Z 字形单元体高效节能幕墙”获国家重点新产品认定；自主设计的产品“拉索式支承陶棍幕墙”获顺义区科技二等奖；参建的中国国家博物馆改扩建工程（新馆）、新疆大厦、利通大厦、黄花机场、中央电视台新址等 5 项工程获 2012—2013 年度中国建设工程鲁班奖（国家优质工程）；承建的绿城千岛湖喜来登度假酒店、中海城南一号一区办公楼两个项目荣获 2012—2013 年度国家优质工程奖。江河幕墙已经掌握了包括双层幕墙、预应力索网幕墙、电动开合采光顶、新型人造板幕墙、光电幕墙等数十项核心技术，其中有 20 余项技术为国内领先、11 项技术国际领先。同时江河幕墙先后选派优秀科研人员参与了 10 多项行业技术标准的起草及修订，占到行业主要技术标准的 70% 以上。

公司主营产品主要为节能单元式幕墙、节能构件式幕墙、光伏幕墙、智能双层幕墙、建筑钢结构、节能采光顶、节能门窗。全年北京基地的幕墙生产量已超过 300 万平方米；产值能耗是 1310.58 吨标煤，单位产值能耗同比下降 0.04%。

（顺义区）

蓝星（北京）化工机械有限公司

蓝星（北京）化工机械有限公司是在原北京化工机械厂基础上搬迁组建的公司，1966 年建厂，1998 年成为中国蓝星（集团）股份有限公司全资子公司，以“发展中国式的离子膜电解槽，为赶超世界先进水平做贡献”为己任，是国内唯一具有研发、设计制造离子膜电解槽，提供成套离子膜电解工艺技术和装置，并提供工程服务的专业化公司。

公司具有年产 300 万吨（烧碱）的离子膜电解槽设备和 500 万吨（烧碱）电极的生产能力，国内离子膜法烧碱市场占有率约为 47%。公司以离子膜电解技术和电解槽为核心向上下游延伸，盐水精制、烧碱蒸发、烧碱制片已形成模块化供货并形成专有技术产品。向国内和世界各地的 130 多家氯碱生产企业提供了年产能超过 1600 万吨烧碱的离子膜电解槽装置，其中最新膜极距电解槽超过 800 万吨。公司是世界三大离子膜电解槽制造厂之一，是中国氯碱协会的常任理事单位。

公司资产总额近 13 亿元，职工人数超过千人。“北化机”牌电解槽一直是北京市名牌产品，2008 年进入中国名牌产品评价目录，被中国石油和化学工业联合会评为中国“知名品牌”。NBZ 膜极距离子膜电解槽荣获 2010 年科学技术部“国家重点新产品”证书，同时荣获中国石油和化学工业联合会科技进步一等奖。

公司具有一、二、三类压力容器设计制造许可证，并拥有美国机械工程师学会 ASME 证书及 U 和 U2 标志钢印、欧洲 CE 认证，技术、工艺及装备水平先进。

蓝星（北京）化工机械有限公司致力于成为全球绿色节能电解技术持续领航者，突出自主创新，以实施 SHE、ISO9001、GBT28001、ISO14001、精益生产、世界级制造（WCM）、组织变革等为手段，实施战略营销和品牌延伸战略。公司逐步完善服务体系、生产管理体系、营销体系、项目管理体系、研发体系建设，通过引进全球最佳化工实践，打造成为专业化、工程化、服务化、国际化知名公司。

（开发区研究室）

北京首科兴业工程技术有限公司

北京首科兴业工程技术有限公司是由北京科大资产经营有限公司、首钢总公司与北京首钢国际工程技术有限公司共同出资的冶金环保行业的高新技术企业，于 2009 年在北京市石景山区八大处高科技园区注册成立，注册资金 1000 万元。公司地址位于北京市石景山区中关村科技园石景山园古城基地 B 座 7 楼。公司以烟气脱硫除尘工程为主要业务，逐步开展烟气脱硝工程及其他环保工程的承揽和技术服务。主要经营范围包括：密相干塔烟气脱硫工程、除尘工程、烟气脱硝工程、固废处理、水处理以及其他冶金环保工程专业承包；成套设备的设计、制造、销售和安装调试、售后服务；技术开发、技术咨询、技术培训；环保设备、备件、材料的经营等。公司拥有多项烟气脱硫及其他冶金环保方面的专利技术，并先后获得北京市科学技术奖二等奖、中国冶金科学技术奖二等奖、中国环境保护科学技术三等奖、北京市发明专利三等奖等奖项。此外，公司还具有工程设计承包甲级、环境工程专项设计甲级、工程咨询甲级等多项资质，可独立承接环保项目的设计、研发、咨询及建设服务。公司现阶段核心技术包括新型密相干塔烟气脱硫技术和烟气除尘技术，且已多次应用于实际工程项目，主要工程业绩包括：首钢矿业公司 360 平方米烧结烟气脱硫工程，唐钢北区 210 平方米烧结烟气脱硫工程，秦皇岛首秦金属材料有限公司烧结机烟气脱硫工程，首钢矿业公司一系列及二系列球团生产线烟气脱硫工程，首钢长钢钢铁有限公司 4 号、5 号烧结机烟气脱硫工程项及安阳豫河永通球团有限公司烟气脱硫工程等。其中，采用新一代密相干塔脱硫技术的示范项目已成功通过钢铁工业协会组织的“适用于球团工艺的烟气脱硫除尘一体化技术研究与应用”科技成果鉴定。

2014 年，公司实现销售收入 4434 万元，资产总额

5065万元，承包实施的脱硫环保项目均顺利通过竣工环保验收，完成了环保部门下达的“十二五”主要污染物总量削减任务，实现了良好的经济与社会效益。

（龚媛媛）

北京首航艾启威节能技术股份有限公司

北京首航艾启威节能技术股份有限公司（简称首航节能）创建于2001年，是一家以节能环保为宗旨，不断开发节能技术的深交所A股上市公司（股票代码002665），专业从事电站空冷系统、光热利用系统、水务技术、余热利用系统的研发、设计、制造、销售、安装、管理、调试、培训及电站总承包、电站设计等服务的高新技术型企业。截至2014年，公司已承揽超过140台空冷系统机组，总装机容量超过50000兆瓦。国内用户覆盖大唐集团、大唐国际、华电集团、神华集团等知名企业在“三北”地区的各种气候及地貌条件投资的项目。公司产品还远销英国、韩国、澳大利亚、印度、伊朗、科特迪瓦、巴基斯坦等国家。下属企业包括：首航节能天津分公司、新疆西拓能源有限公司、首航节能光热技术股份有限公司、敦煌首航节能新能源有限公司、首航节能（香港）有限公司、上海鹰吉数字技术有限公司、广东东北电力工程设计有限公司、北京东方模具有限责任公司等。

经营管理模式。公司董事会设立战略委员会、审计委员会、薪酬与考核委员会、提名委员会4个专门委员会及董事会秘书处。拥有以教授级高工、博士为骨干的大批懂经营、善管理、精设计、通施工的优秀人才团队，在职员工中包括教授级高工10余人，高级工程师40余人，以及来自于清华大学、西安交通大学和北京航空航天大学等国内外著名高校的博士、硕士数十人，专业覆盖整个工程所需。

技术创新。年内，首航节能新增16项国家专利，年末公司拥有28项国家专利技术，包括1项发明专利，4项软件著作权。首航节能承担了国家及北京市科委科研项目，并先后荣获国家科技进步二等奖、北京市高新技术企业等数十项荣誉。

首航节能在巩固传统优势的同时，不断推进其他业务延伸。自主研发的“3万吨级低温多效蒸馏法海水淡化”中试装置已顺利出水。年内，首航节能正式开工建设亚洲第一座、世界第三座商业化的塔式带熔盐储热系统光热发电站。与北京航空航天大学共同承担实施的“光气互补太阳能斯特林发电系统研究与开发”课题项目实施完毕，该课题项目已通过市科委专家组的验收，并实现并网发电。

节能减排。截至年底，首航节能的产品已实现年节水量10亿吨的突破，相当于1200万城市人口一年的生活用水量。

（郑晨曦）

协会组织

综 述

2014年，北京工业领域行业协会落实中央对首都工作的新要求和市委、市政府的各项部署，发挥各自优势，主动协助推进调整和疏解非首都核心功能、促进产业升级和产业转移，确定了“地区联合、产业联盟、协会联系合作”推进京津冀协同发展的工作意见。北京工业经济联合会（简称北京工经联）先后组织与河北迁西县对口座谈6次，分两批组织了15个相关行业协会和10个企业约50多人参加。北京建材行业联合会组织会员企业赴河北唐山曹妃甸、天津、乐亭、宝坻、河北廊坊、河南安阳等工业园区进行实地考察，洽谈合作意向。北京家具行业协会牵头，组织有规模、有影响力的家具企业，对河北省部分县进行考察，在调研基础上与河北芦台签订了在芦台区建立“北京家具生产园区”的合作意向书。北京包装技术协会邀请天津、河北包装行业协会，举办了“京津冀包装行业协同发展研讨座谈会”，依托京津冀三地包装协会联合成立“京津冀创新包装产业联盟”，开展京津冀包装行业协同发展战略研究，打造京津冀创新包装产业园。产业园以科技创新为支撑，以高精绿色环保包装制品及相关产业为依托，搭建企业合作平台与服务体系，推动国内外包装行业高新技术的转移与合作，打造产业链上下游的产业集群，形成硬件设施完备、服务体系健全、环境条件优美的总部孵化基地。北京印刷协会在“服务首都核心功能，科学统筹北京印刷业转型发展”调研课题框架之下，先后考察天津、河北有关单位，进行座谈，为三地印刷业协同发展寻踪探路。北京工美集团有限责任公司与承德市人民政府签署战略合作框架协议，双方将在品牌、产业、产品、展览展销、人才培养建设等多个领域开展合作。在北京市经济和信息化委员会都市处、区域合作办和河北省辛集市政府的主导支持下，北京服装纺织行业协会、辛集市商会组织举办了2014年“北京—辛集两地服装企业对接会”，两地企业进行了产业链对接交流，协会与辛集皮革城制衣工业区管委会签署了战略合作协议。协会先后两次与中纺联企协、衡水经济开发区管委会、招商合作局就北京、衡水两地行业经济合作进行沟通与交流。5月18日，京津冀协同发展商会联盟在河北廊坊宣布成立，北京电源行业协会作为该成员单位，在会上推介了京仪集团北京京仪敬业电工科技有限公司与北京电源行业协会共同推出的微型电动车项目。北京电子商会为北京电子控股有限责任公司、北京电子城投资开发股份有限公司与天津市西青区人民政府、天津西青经济技术开发区管委会开展战略合作，投资建设“电子城·天津西青科技产业园”项目做了具体服务落实工作。北京市企业发展促进会组织多家企业赴唐山丰南区和曹妃甸考察。

年内，北京工经联完成两个地方标准制定。协同六大主要产业相关协会、重点企业完成“北京工业能耗水耗指导指标”调整修订工作。完成市科委“工业企业节能降耗实时监测评价系统研发与应用示范”研究课题。发挥市级“枢纽型”组织的联系、服务、管理的作用，组织行业协会座谈和工作交流，提升行业协会协调服务能力和水平。开展行业协会“政府转移职能”调研工作，为行业协会深化改革提出政策性建议。

北京医药行业协会坚持以政策服务为先导，以满足市场需求为重点，努力开拓服务领域，共承办各项政府专项达23项，其中《医药制造业清洁生产评价指标体系》被北京市质量技术监督局批准为北京市地方标准，2015年开始实施。北京医药中小企业公共服务平台，为医药企业提供投资融资、研发创业、生产加工、市场开拓、人才培训、政策法规支持等服务，是北京市中小企业公共服务平台的重要组成部分，2014年被工信部列为全国中小企业平台。医药协会承办的北京市医药工商业统计和药监统计，数据准确、上报及时，年年受到相关上级单位表彰，2014年继续保持了荣誉。2014年药品广告审批、备案共受理2264卷，通过2152卷。医疗器械广告受理620卷，通过559卷，审查数量一直为全国之最。北京表面工程协会受工信部委托，编制完成《电镀行业准入条件》（征求意见稿）和《电镀行业准入公告管理暂行办法》（初稿）；受国家发改委环资司和环保部环科院委托，完成整合《电镀行业清洁生产评价指标体系》；受环保部环科院委托编制的《清洁生产审核指南〈电镀行业〉》结题并上报环保部；与中国环境科学学会合作，完成《电镀工业污染防治技术政策》相关调研工作，完成初稿，提交相关意见和建议。北京市豆制品协会向各级政府部门多次反映生产企业是微利行业，税负过重致使企业缺少发展资金，要求降低税负，得到政府相关部门重视。2014年7月，北京市国税局对使用农产品为原料的加工食品企业扣税办法进行了改革试点，减轻了企业的税负压力。北京饲料工业协会参与了20余家饲料企业生产许可的验收，审核24期《饲料与畜牧》广告发行，促成115种天然植物进入国家饲料原料目录。北京玩具协会带领民间艺人走进北京市第二监狱，向监狱服刑人员传授传统民间工艺，配合狱方的帮教工作。北京建材行业联合会发挥“二级枢纽型”协会平台作用，联合相关协会共同完成10篇调研分析报告，受到政府有关部门的肯定。经市科委授权，坚持开展“科学技术奖”评奖活动，经过专家评审最终评出一等奖3个，二等奖8个，三等奖14个，技艺工法奖5个，获奖项目整体水平和科技含量较高，一等奖项目在技术上有较大创新，达到国内领先水平。受市工商管理局商标监督处和中国技术交易所有限公司的委托，北京机电行业协会发挥专业优势，对2013年申请认定“北京市著名商标”的20项机电类项目进行审核，同意推荐提请复审的14个机电类项目和初次申请的6个机电类项目为“北京市著名商标”。为推进本市高端、先进装备制造业发展，该协会组建成立了3个专业委员会，即产品与技术专业委员会、管理与改革专业委员会、文化建设专业委员会，为社会资源、拓展交流合作、细化服务内容、搭建工作平台。北京电源行业协会与北京知识产权举报投诉服务中心（北京12330）成立的北京电源行业12330工作站已达两周年，通过走访全部会员企业，了解会员企业知识产权状况，帮助企业建立健全知识产权管理制度，加强知识产权保护意识，为减少市新能源与电源行业的知识产权纠纷做工作。

2014年换届的协会有：北京建材行业联合会、北京服装纺织行业协会、北京化学工业协会、北京市豆制品协会、北京市饲料工业协会、北京信息产业协会、北京照明电器协会、北京电子电器行业协会、北京机电行业协会、北京室内装饰协会。

2014年北京工经联和北京医药行业协会被市民政局评定为“5A级社会组织”。

（吴　彧）

【北京企业联合会】2014年，在第一届理事会成员的共同努力下，企业联合会各会员单位积极主动，企业自治自律责任意识不断增强，借助企业联合会的自身职能，各会员单位带头贯彻落实基地的各项工作部署，有效发挥了与政府、企业间的桥梁纽带作用，形成了企业率先垂范的联动效应，共同参与了基地的经济和环境建设，为园区经济发展和转型升级等工作提供了动力。2014年联合会理事成员因工作调动人员变更，在第二次理事会会议上，理事成员和监事成员对变更事项进行了审议。企业联合会理事会在成立大会上，与5家银行签署了战略合作协议，为40家会员企业提供金融服务近40亿元。包括贷款服务18亿元、存款服务13亿元，理财服务7.4亿元。6月18日，企业联合会金融论坛在国家新媒体产业基地管委会多功能厅召开，企业联合会会员及园区50余家企业参加论坛。论坛邀请了中关村发展集团和北京市股权交易中心的专家、大兴区7家银行就行业政策、融资事务、金融产品进行了讲解和推介。组织中关村零信贷小微企业金融服务拓展活动。12月11日，人民银行、中关村管委会就如何开展“送贷上门”服务和如何提高企业贷款信誉，降低融资成本方面分别进行了阐述。中国银行和北京文化科技融资租赁公司分别进行了金融产品介绍。除企业联合会会员单位，还有其他近40家企业参会。企业联合会积极引导会员企业产业升级，以产业空间转移专项推介会为手段，以政策为抓手，推动会员单位改造升级、降低能耗、提高产能。其中，北京三元基因工程有限公司带头进行生产线技术改造升级，扩大了产能；北京北箱信发包装有限公司成功转型做孵化器，6家企业生产环节外迁。新媒体产业基地技工贸总收入、纳税额、财政收入均保持两位数的增长，新媒体产业基地技工贸总收入实现 239 亿元，同比去年增长 16%；纳税 7.3 亿元，同比增长 24.5%；财政收入完成 9782 万元，同比增长 37.4%。定向服务助解企业难题。对外来务工子女入学问题，联合会邀请教委和观音寺街道办事处领导，为企业讲解大兴区幼升小政策、入学程序及准入条件。企业联合会与基地管委会无缝对接促进园区建设，基地相继开展供热改造煤改气工程、企业文化广场建设设施改造工程、“美丽园区”春季行动、“强弱电入地”等活动优化产业发展环境。企业联合会也积极参与基地环境建设，为基地产业环境建设做贡献。

（企业联合会）

【北京工业经济联合会】2014 年，北京工业经济联合会（简称北京工经联）贯彻京津冀一体化协同发展战略，为促进京津冀协同发展牵线搭桥。年内，成立了“北京工业经济联合会京津冀协同发展工作促进小组”及工作办公室，设有专人负责联络、协调、跟进和落实。依据强化首都核心功能、构建“高精尖”经济结构的首都城市战略定位精神，收集整理了新增产业禁止和限制项目内容及 4 类功能差异化管理措施等信息、资料。协同工业和信息化领域相关协会，先后与河北省工经联、迁西县、任丘县、芦台区、乐亭县、沧州市、邯郸市、广平县、青龙县、古冶区等多次交流座谈，牵头或协助组织的互通互访 10 余次。北京工经联与河北迁西县是第一家相互联系单位，双方先后组织 6 次对口座谈，在交流情况和意见的基础上，北京工经联分两批组织 15 个行业协会和 10 个企业的 50 多人，到迁西实地考察。北京工经联与河北省工经联在促进环渤海经济发展中多年交流合作，双方商定在推进京冀合作共同发展中发挥桥梁纽带作用，签订了“关于推动京冀两地工业协同发展合作协议”。京津冀协同发展促进工作办公室与迁西县开发区管委会签署了“战略合作框架协议”，经实地考察，北京龙和食品有限公司确定在迁西建设一条果醋生产线。北京工经联、北京表面工程协会等 6 家北京行业协会共同参与了“北京 · 任丘产业对接会”，北京表面工程协会与任丘市签署了在任丘开发区建立“北京表面工程产业园区合作意向书”，中国留学人才发展基金会服务中心（会员单位）、中国表面工程协会与任丘市商务局三方签署了“共同合作引进海外人才”协议。北京工经联积极牵头组织协调行业协会参与北京工业经济结构调整、产业提升和城市环境及社会建设，累计完成 14 项工业单位产品能耗限额地方标准制定，参与标准制定工作共有 5 家行业协会、6 家集团（控股）公司、22 家工业企业、7 家标准化专业机构、200 多位专业技术人员。协同六大主要产业相关协会、重点企业，完成“北京工业能耗水耗指导指标”调整修订工作。承办并完成市科委“工业企业节能降耗实时监测评价系统研发与应用示范”研究课题。对现代汽车有限公司和新能源汽车有限公司进行企业能耗状况调研、数据采集，开展能耗趋势、构成、节能科技、策略等分析，提出了企业能耗监测系统设计方案及应用示范，为企业科学管理提供技术支持。在市科委的指导和支持下，与北京源深节能技术有限公司、北京京西燃气热电有限公司、北京国环清华环境工程设计研究院有限公司共同承办了“北京市燃气供热系统余热利用现状调研及发展研究”“城市再生水回收与电厂的技术评估及循环冷却排污水深度处理关键技术开发和示范”项目及课题。组织行业协会参与北京清洁空气行动，促进城市环境建设。在北京市清洁空气行动计划动员会上，北京工经联代表工业行业向全市企业提出树立可持续发展观、转变发展方式、淘汰落后产业、减少污染物排放、履行社会责任的倡议书。完成了“北京市清洁空气行动计划”中工业新上项目能评数据测算、对比及分析工作，帮助联系促进“亚行”为北京供热节能降耗、提升效率、提高供热能力的低息贷款（1%）供热系统改造项目。组织工业经济领域 9 家行业协会开展了市社工委、社会办主导的 12 项社会公益活动，其中有建材联合会的“推广绿色环保家装”、医药协会的“药品回收及用药知识讲座”、电子商会的“回收废旧电池”、包装协会的“食品及生活包装物的认识及正确使用科普宣传示范项目”、与博展文创联盟共同开展的“博展文化进社区”等。北京工经联发挥市级“枢纽型”组织的联系、服务、管理作用，组织行业协会座谈和工作交流，提升行业协会协调服务能力和水平，相互启发、合作、借鉴、帮助。开展行业协会“政府转移职能”调研工作，为行业协会深化改革提出政策性建议，召开 3 次座谈会，约 50 余家重点行业协会参加，收集、整理、分析工业经济领域行业协会调查问卷，形成《政府转移职能报告》。《报告》将工业经济领域行业协会承接政府转移职能分为“已承接政府相关转移职能”“已承接政府委托事项”“希望承接政府相关部门转移职能或委托职能”3 部分，反映行业协会现状、建议和诉求。以建立二级“枢纽型”社会组织为基础，推进工业领域行业协会体系建设。根据市委社工委、市社会办的文件要求和授权，市级“枢纽型”社会组织可以组织认定二级“枢纽型”社会组织，工经联在认定北京建材行业联合会、北京工艺美术行业协会、北京医药行业协会3家为二级“枢纽型”社会组织试点的基础上，又培育和认定了北京汽车行业协会、北京机电行业协会、北京表面工程协会、北京服装纺织行业协会、北京电子商会5家协会为二级“枢纽型”社会组织，初步建立北京工业经济领域网格化管理和二级“枢纽型”行业协会组织机制的管理、协调、服务体系。

（工经联）

【北京信息产业协会】2014年，北京信息产业协会以促进公共服务为中心，发挥桥梁、纽带作用，为会员单位服务。协会和北京信息科技大学招生就业工作办公室举办以“践行公益、服务社会”为主题的“北京信息科技大学专场校园招聘会”。参加招聘单位109家，参加招聘会学生1800余人。组织、动员会员参与政府购买社会组织公益服务项目活动，7家会员单位提交申请项目，经北京工经联初审后，分别向社工委、市总工会申报3项。参与协办市经济信息化委、市知识产权局、团市委及市科研院主办的2014年首届“物联网感智创新大赛”，推荐协会会员单位微诺时代（北京）科技有限公司的“室内环境检测仪”项目参赛，获得“家庭智能”类二等奖。分别向市经济信息化委和工信部提出“建立中国计算机博物馆，保护工业文物”“京津冀一体化的电话区号调整”建议，得到工信部、市政府有关部门的采纳和表扬。协助会员单位北京网联泰富公司在中国科技会堂召开“协同京津冀、决战大数据”北京论坛，协会部分会员单位和专家参会，提出建议。与大数据厂商联盟举办“2014大数据应用企业决策层论坛”，近百家厂商和多家合作媒体参会。根据北京市社会团体管理办公室的规定，办理了换届手续和相关证书、组织机构、税务、银行手续，年检合格。编制协会会员手册，内容有单位简介、主要产品、联系方式等。

（信息产业协会）

【北京质量协会】2014年，北京质量协会召开第五届理事会会员大会，选举产生了第五届理事会。开展质量品牌创新专项行动，63家工业企业建立工业品牌培育管理体系，24家企业有效运行品牌培育管理体系，7家工业企业成为品牌培育示范企业。开展品牌培育专业人才培养，确定北京质量协会为品牌专业人才合格培训机构，为本市工业企业培养52名品牌经理，组织推动北京经济技术开发区数字显示产业园和中关村科技园区软件与信息产业集群区建设品牌培育示范区。继续开展第五届北京质量奖、北京市实施卓越绩效模式先进企业奖等创优争先推选表彰活动，按照企业自愿申报、专家评审、网上公示、征询政府相关监管部门意见和市场（消费者）认可等工作步骤，经北京质量协会质量审委会审定，北京超市发连锁股份有限公司获北京质量奖称号，国贸物业酒店管理有限公司、北京市汽车工业高级技工学校两家企业获北京市实施卓越绩效模式先进企业称号，大唐电信科技股份有限公司、北京星海钢琴集团有限公司、北京利达华信电子有限公司3家企业获北京市实施卓越绩效模式先进企业特别奖称号，雅派朗迪、雪伦、高德地图软件、吴裕泰等25家企业的28个品牌产品荣获第五届北京知名品牌质量品质荣誉称号。开展QC小组和质量信得过班组建设活动，改进企业现场管理水平，推荐北京市企业获得“2014年全国优秀质量管理小组”31个、“全国质量信得过班组”19个、“全国质量管理小组活动优秀企业”2家、“全国QC小组活动卓越领导者”3人、“全国QC小组活动优秀推进者”3人。开展“北京实施用户满意工程先进单位”及“全国用户满意企业、产品、服务、建筑工程”的复评和推荐工作，25家企业获北京市用户满意企业称号，9家企业获全国用户满意企业称号。举办两期首席质量官培训，100多名学员获得企业首席质量官任职资格培训合格证书。举办3期QC小组诊断师考评班，254人参加学习。推荐19位企业QC骨干参加中质协举办的国家QC小组活动初级诊断师考评班学习，均取得资格证书。

（陈永莲）

【北京建材行业联合会】2014年，北京建材工业年产值2000万元以上企业主营业务收入620亿元，比上年增长3.3%；利润总额23亿元，比上年下降18%。北京建材行业联合会发挥“二级枢纽型”协会平台作用，为政府服务、为会员企业服务，效果显著。联合会承担调研课题，主动提出行业合理化建议。与家具、水泥、墙体、装饰、门窗等协会一起完成《家具行业重点企业2013年及2014年1—7月企业经济运行状况调查》《小微企业的分布及经济运行情况分析》《北京耐火材料行业调查报告》《北京石材行业调研报告》《北京人造板行业调研报告》等调研分析报告。在实施京津冀一体化发展大战略中，联合会加强对外联系，为会员企业发展拓宽渠道，与相关专业协会多次召开座谈会、研讨会，引导企业服从大局，积极组织会员企业赴河北唐山曹妃甸，天津乐亭、宝坻，河北廊坊，河南安阳等工业园区进行实地考察，洽谈合作意向。联合会及各专业协会积极承接政府购买服务项目，经北京市工经联审核、北京市社会工委批准购买的“推广绿色环保家装，让百姓安心政府放心”环保家装社区行公益活动，以绿色环保家装为切入点，在普及环保知识的同时倡导居民使用绿色低碳产品，参与绿色志愿服务，免费发放宣传手册3000多本，受众面1万多人。联合会组织开展环渤海六省市建材行业协会“最具影响力企业、诚信企业、知名品牌”推荐评价活动，北京地区荣获环渤海六省市建材行业最具影响力企业2家、诚信企业32家、知名品牌7家，符合“北京地区建材知名品牌”标准的有3家，召开了表彰大会，对获奖单位予以表彰并颁发了铜牌和荣誉证书。经市科委授权，北京建材行业坚持开展“科学技术奖”评奖活动，收到评奖申请项目43个，经过联合会科技委员会专家终审，有30个项目获奖，占申报项目的69.8%。其中，一等奖3个，二等奖8个，三等奖14个，技艺工法奖5个。联合会进行ISO体系认证和推优工作，发挥“国建联信认证中心北京地区认证工作站”作用，对52家企业的233项次进行年度监察审核；举办新标准三体系内审员培训班，有69人获得证书；向中国建材联合会推荐优秀项目，有9家企业被评为优秀企业，30个项目被评为优秀项目，3家企业参加QC论文评选获得3等奖。开展工程系列（建材）中级职称的评审。组织开展建材工程技术系列的中级专业技术资格评审工作，共131人申报，有102人通过，获得中级专业技术职称证书。开展绿色环保节能节水建材产品的推荐工作，办理绿色建材证书企业5家，完成第四批12家企业的质量登录工作。加强国内、国际交流，提升行业整体水平。家具行业协会2014年先后组织企业代表参加意大利米兰、德国科隆家具展。水泥协会组织金隅、冀东等大型企业集团参加中国水泥协会组织的赴欧洲考察活动。加强协会组织建设，北京建材行业联合会、北京室内装饰协会和北京硅酸盐学会完成换届工作。

（建材联合会）

【北京化学工业协会】2014年，协会完成北京市安全生产监督管理局委托编写的《北京市工业气体生产经营单位主要负责人、安全管理人员危险化学品专业培训教材》，编写的北京市地方标准《实验室危险化学品安全管理规范》通过市质监局审查，参与编写了《北京市危险化学品安全管理条例》。受开发区安全生产监督管理局委托，对开发区300余家生产经营单位生产、经营、使用危险化学品数量摸底调研，组织专家采用抽样方法，到重点企业现场核实，并对现场存在问题提出整改建议。为开发区开展涉氨行业专项整治及项目验收工作、危险化学品建设项目的安全评审工作、危险化学品统一配送体系的建立等提供技术支持，为开发区涉危人员进行危险化学品管理技术培训服务。受市经济信息化委委托，完成农药和监控化学品监管技术支持工作，正在进行《东方化工厂及关联企业调整转型课题研究》和《北京东方化工厂调整转型专项工作推进》两个课题的调研。完成北京市工程技术系列（化工）职称评审工作，共有304人申报高级职称评审，321人申报中级职称评审。为企业退出北京做服务工作，先后参加沧州临港工业开发区、曹妃甸工业开发区的招商引资工作，接待、对接营口开发区、徐州开发区、安阳开发区招商工作。受市经济信息化委委托，编写《北京志·工业志》中的石油化工章。完成4家单位实验室的定级认证工作，为11家企业开展危化品相关知识进行培训，举办化学分析检验工职业资格培训班1期，完成10家企业危险化学品应急救援预案的备案评审服务工作及30家企业突发环境事件应急救援预案的备案评审服务工作。协会召开第四届会员大会，完成理事会换届。每季度编写“协会简报”一期。

（化学协会）

【北京电力行业协会】2014年，北京电力行业协会围绕电力企业发展重点工作，服务大局，服务会员单位。对北京市电力公司各部门及下属各单位成立、参加、挂靠的社团组织进行了调查和统计，提交了调查报告。对公司各部门参加的社团组织的会费缴纳，实现统一预算、统一上缴管理。对原有会员单位重新审核，梳理联系方式，明确联系人，确定会员单位为155家，其中新入会3家企业。北京电力行业协会是全国电力系统唯一有资格在会员单位中进行专业技术资格申报与评审工作的省级电力行业协会，受国网人才评价中心委托，在会员单位中开展了2014年度专业技术资格申报工作和评审工作，评定高级职称20人，涉及11个单位；评定中级职称21人，涉及9个单位；评定初级职称1961人。举办了北京电力行业QC成果评审，有18个会员单位的28项成果参加评审，涉及发电、供电、修造三大类。其中，6项优秀成果上报至中国电力企业联合会水电质量协会。完成1家会员单位的企业信用评价。《北京电力行业信息》恢复双月刊，全年共编印6期。年底，协会有正式员工9人，设置综合管理部、协会业务部、协会管理部、财务部4个部门。

（李嫚莉）

【北京机电行业协会】2014年，北京机电行业协会推进行业信用体系建设，与北京企业评价协会联合开展“诚信长城杯创建”工作，动员业内企业参与创建，协会推荐13家企业获得首批“诚信长城杯创建”称号，被纳入市工商局的《北京市企业信用信息网》查询系统。加强业内企业的品牌建设工作，开展“北京知名品牌”和“北京市著名商标”的评审推荐工作。协会对参加“北京知名品牌”产品评选的机电类产品进行专业评审，将6家企业申报的9个项目推荐给“北京知名品牌”推选办公室。受市工商管理局商标监督处和中国技术交易所有限公司的委托，协会对2013年申请认定“北京市著名商标”的20项机电类项目进行审核，同意推荐提请复审的14个机电类项目和初次申请的6个机电类项目为“北京市著名商标”。北京机电行业协会与上海重型装备制造行业协会、沈阳市装备制造行业协会、大连市机械行业协会、鞍山市装备制造业协会、广州机电行业协会、成都市机械行业协会发起成立非营利性的联合组织——高端装备制造业协会合作联盟，整合高端装备制造领域在技术、产品、应用、服务等方面资源，建立为国内相关行业协会以及企业提供服务的开放性交流协作平台。为落实“京津冀一体化”工作，协会领导参加市经济信息化委、市工经联组织的赴河北迁西开发区和曹妃甸开发区的考察，接待河北机械行业协会、河北固安工业园区、香河开发区、天津北辰经济技术开发区、天津西青经济技术开发区、辽宁营口、河南龙安以及四川江油等开发区的来访。参加河北唐山市、河南安阳市的招商引资推进对接会议。协会利用各种机会了解企业需求，开展服务工作。为落实首都城市战略定位，加快构建“高精尖”的经济结构，协会参与《北京市不宜发展的产业目录》和《北京市工业污染行业、生产工艺调整退出及设备淘汰目录（2014年版）》编制和贯彻工作。推荐专家提供经济技术咨询服务，针对《目录》贯彻落实情况开展调查研究。协会配合有关部门开展行业调研工作，为中国机械联合会提供北京地区机床、印刷机械、液压元件及系统装置、电站锅炉等企业的发展现状、企业当前经营中急需解决的问题及今后发展方向的调研材料。配合市发改委综合处和市经济与社会发展研究所开展“现阶段北京产业升级和提质增效路径调查”研究课题，组织召开企业座谈会，探讨行业发展面临的机遇和困难以及政策建议，邀请典型企业介绍技术创新、业态升级、产业融合等方面的经验和做法。协会受北京市人力社保局委托，继续承担北京市机、电专业工程技术人员中、高级专业技术资格评审工作，在总结历年评审工作基础上，修改量化考核标准，举办两期60余人参加的专家培训班，举办3次300余人参加的论文写作辅导及政策咨询活动，获得高级工程师资格256人，工程师资格729人。继续承担北京地区机、电专业相关工种技师和高级技师考评工作，获得社会化职业资格的高级技师270人，技师481人，机械行业特有工种考评鉴定合格49人。为推进本市高端、先进装备制造业发展，协会组建成立产品与技术专业委员会、管理与改革专业委员会、文化建设专业委员会，搭建拓展合作工作平台。协会年初召开第四届会员大会，完成协会换届工作。完善网站建设，发布电子期刊为会员单位提供宏观政策、市场信息、行业动态等信息服务，向协会各位理事发送内部期刊《机电行业市场信息发展动态报告》12期。

（魏人英）

【北京汽车行业协会】2014年，北京汽车行业协会配合市政市容委等部门，参与北京市地方标准《建筑垃圾运输车辆标识、监控和密闭技术要求》的制定、宣贯，企业资质及产品报备，监督检查等实施全过程，协会发布报备信息20期，报备产品66个型号，实现建筑渣土运输车更新改造8330辆。联合北京新能源汽车产业协会、北京电子商会同台湾区电机电子工业同业公会，在台北共同主办了主题为“新能源汽车与互联网”的2014（第九届）京台汽车电子论坛。落实京津冀一体化发展战略，先后4次组织召开专题座谈会，研讨京津冀一体化战略下产业调整和转移方案；组织企业进行产业转移考察。配合市商务委组织京津冀三地机电进出口管理部门和有关行业，组织研讨三地合作共赢开展外贸服务工作方案。协助市经济信息化委开展专用汽车准入管理，承担市专用汽车准入管理的前期审查和政策咨询工作。受市经济信息化委委托，组织召开“汽车及相关产业政策学习宣贯会”，学习交流产业政策、经济形势、市场环境、产品认证、政府监管等情况。发挥协会优势，服务行业发展，协助完成《中国汽车工业史（1991—2010）》编辑工作，历时两年多，书籍正式发行。协会配合市发展改革委、市节能环保中心，针对重点用能大户开展调研、能效领跑者方案策划等工作。推进外贸转型升级示范基地建设，在获得市商务委批准“北京市外贸转型升级示范基地”的基础上，协会指导部分企业积极申报外贸公共服务平台建设资金项目，获得资金支持。协会协助市商务委和北京国检局推进北京地区出口汽车产品质量安全示范区建设，完成北京市汽车标准化技术委员会换届工作，完成月度统计快报及季度经济运行分析报告。与北辰集团亚运村汽车交易市场合作，通过参加信息发布会等活动宣传北京汽车产业的发展态势和成就，协助北汽新能源公司与亚市建立展示窗口，共同打造“新能源汽车政策、科普主题展厅”。服务会员企业，促进行业交流，会同北京机电行业协会，组织会员单位推选全国机械工业先进集体和先进个人。经北京市和全国两级评先办审核，北京现代汽车有限公司获“全国机械工业先进集体”称号，3 人获“全国机械工业劳动模范”称号，1 人获“全国机械工业先进工作者”荣誉称号。组织部分会员单位在北京中卓时代消防装备科技有限公司召开现场会议，学习交流企业先进经验。会同市标准化协会组织行业交流，赴天津—中国汽车研究中心标准化所现场观摩车辆碰撞试验，请全国汽标委专家进行车辆安全方面标准培训。组织会员单位参加专用车产业发展国际论坛、参加 2014 上海法兰克福零部件展、参加 65 届汉诺威商用汽车展。编辑整理《汽车产业及相关政策汇编》，改进《北京汽车信息》，提高服务质量。组织两次双源无轨电车产品鉴定，为市政府 2014 年新能源公交客车推广整体计划服务。加强协会自身建设，努力创建优秀协会，召开四届二次理事会议及四届五次常务理事会议，充实调整了协会秘书处人员。协会获得北京市社会组织系统先进集体荣誉称号。积极申报市社工委政府购买服务项目，获得市社工委购买协会专职工作岗位 1 个。联合北京模具行业协会和北京电子商会申报，获得“首都高校毕业生职业发展行业服务中心”项目。

（汽车协会）

【北京医药行业协会】2014 年，北京医药行业协会以政策服务为先导，以满足市场需求为重点，努力开拓服务领域，不断提高服务能力和水平。协会确立每年度第一次会长会议内容，固定为听取行业、企业对国家产业政策的意见和建议。协会积极为产业发展建言献策，整理出药品注册审批时效、仿制药质量一致性评价、药品招标采购 3 个提案素材，提供“两会”代表、委员。还以“对医药产业政策的意见和建议”为题，把包括药品价格改革、支持民族医疗器械产业发展、零售药店建设等其他 6 个方面的意见和建议，分别书面报告北京市政府和国家医药主管部门。协会积极搭建政府部门与企业面对面政策沟通平台，先后就中小企业发展专项资金支持政策、医疗器械产品国家采购政策、GMP、GSP 改造升级等相关政策，组织专题沟通会议，邀请政府部门做政策专题解读，面对面解答企业提出的问题。协会就药品生产企业产品电子监管码运行、中药饮片集中采购及集中检验、医疗器械优化产品注册审批及再注册、义齿生产企业长效监管、儿童用药生产现状及建议等专题进行调查，提出改进建议，为政府部门调整政策提供科学依据。协会把政策服务融入工作推进之中，建起涵盖化学、中药、医疗器械、药品流通等门类的 146 人专家库，向首批 75 名专家颁发专家证书。在企业认证前期培训中，协会特邀国家认证中心官员介绍全国认证企业现场检查中发现的问题，提出改进措施，警示认证企业把问题解决在认证之前。协会积极与药监部门沟通，承揽了丰台、西城、朝阳、大兴 4 区药品零售企业药学服务规范化建设项目，按照药监部门确定的原则、标准，组建专家队伍进行培训，到基层一对一指导企业 438 家。协会成立药物临床试验机构专委会，成员由中央、地方和驻京部队医疗机构药物临床试验机构组成，促进医疗科研与医药生产的密切合作，提升北京生物医药产品科技水平。协会多途径承办政府专题项目 23 项，其中，《医药制造业清洁生产评价指标体系》标准的编制工作是市经济信息化委委托的政府项目，已被北京市质量技术监督局批准为北京市地方标准，开始实施。药品生产企业药品不良反应（ADR）调研项目是食药监局药物不良反应监测中心委托的政府课题，通过对 17 个区县 134 家企业的监测管理制度、不良反应事例、重点品种监测的调查，撰写出调查报告，为市药监部门对药品不良反应监测管理提供了科学依据。北京医药中小企业公共服务平台项目，是市经济信息化委委托承办的政府项目，是北京市中小企业公共服务平台的组成部分，被工信部列为全国中小企业平台。协会根据商务部标准化建设工作部署，负责北京药品流通企业评级的全国试点工作，选择“诚信企业”和“百千万示范企业”先行试点，通过首批 12 家 3A 企业现场评审。协会积极开展国内外交流，建立京台、北京 · 华盛顿为主体的海外、国外合作机制。在 2014 年第五届“京台医药论坛”上，嘉林药业、赛升药业、康仁堂等北京医药企业分别做了主题演讲。协会还与香港相关部门签订了医疗器械和卫材合作意向书。协会组团赴美国参加由华盛顿州生物技术协会举办的西北生命科学创新大会。华盛顿州生物技术协会率领华盛顿州商业投资代表团来京，带来肿瘤治疗仪器等项目，寻求与中方合作。协会药械代表团赴欧州 4 国实地考察，为北京医药企业及产品走出国门建桥、铺路。协会应云南协会要求，在京举办大理招商推介会，加强了北京与云南的医药企业合作。协会还分别组团参展第 71 届、第 72 届广州全国药品交易会。协会承办的药品广告，审批、备案共受理 2264

卷，通过2152卷；承办的医疗器械广告，受理620卷，通过559卷。审查数量为全国之最，保持了全国医药广告审查工作先进单位荣誉。承办市食药监局所有处室的档案管理工作，整理档案14404卷，在电子数据的收集、整理和维护，档案的保密、保存、收藏和借阅方面，形成比较完善、稳定的工作系统。协会共举办各类培训54班次，培训专业上岗人员8500人次。在两年一届的全国医药职业技能大赛上，北京代表团获得技能竞赛团体总分第一名。北京26（医药）职业技能鉴定所完成52批次4103人次鉴定。其中，初级1396人，中级2324人，高级383人。协会被民政部门评定为“5A级社会组织”。协会编辑《协会会员简介》，涵盖330家会员单位。发展新会员单位19个。协会被评为二级枢纽组织。

（杨希民）

【北京服装纺织行业协会】2014年，北京服装纺织行业协会围绕企业结构调整和产业转型，推进时装之都建设，促进设计产业提升，搭建服务平台。开展时装之都建设10周年系列活动，在50多家品牌企业中开展北京“时装之都”建设10年回顾总结问卷调研，编辑出版《时裳纪》专著及宣传光盘，组织召开了20多位企业家、设计师、院校媒体等方面代表参加的行业发展战略研讨会，组织了北京时装之都10周年——爱慕之夜时尚展示，召开了行业各方面代表共100余人参加的北京“时装之都”建设10周年座谈会。推进品牌建设，组织开展了2014北京最具文化创意十大时装品牌金奖评选。爱慕、探路者、铜牛、依文、朗姿、李宁、威可多、白领8个品牌获得金奖。组织北京服装品牌整体参展“中国国际服装服饰博览2014CHIC展”，展出面积506平方米，红都、造寸、华表、双顺、天坛、伊里兰、雷蒙、Rip Curl、HEBBOURNE（赫本）9个北京品牌集体亮相。组织北京时装之都2013年度热销服装品牌发布，近50个品牌以良好的销售业绩被授予“热销品牌”和“营销金牌”。主办方特别设置热销服装品牌10周年特别荣誉商业贡献大奖，雷蒙、顺美、伊里兰、杰奥、派克兰帝、水孩儿、天坛、绅士、赛斯特、圣三利、圣媛获此殊荣。协会参与编制和发布了《2013年度北京市服装纺织产品质量报告》。加强协会职业装专业委员会工作，组建职业装专业委员会评标专家库，召开了职业装专业委员会2014年工作会议，总结通报情况，商议年度计划。同时组织召开21位行业评标专家座谈会，商议促进行业职业装提升发展。组织评标专家组分别到依文服饰股份公司、大华天坛公司进行职业装招投标工作调研。开展品牌设计推广活动，组织北京品牌企业参加“2014第十一届‘北京礼物’旅游商品大赛”，爱慕的《青春的碰撞、行走中的北京》获得银奖；举办薄涛、郭培、劳伦斯·许、刘薇等设计师代表参加的北京时装之都建设10周年“北京时尚之都时尚经典艺术展”策展研讨会；向北京服装学院推荐知名品牌及知名设计师，参加APEC国家领导人服饰设计，完成设计任务；组织设计师参加第二届全国十佳服装制版师大赛；组织文创企业参加北京市第九届文博会，玫瑰坊时装公司获得工美杯创新设计大赛一等奖和二等奖。推进京津冀一体化发展战略，按照市经济信息化委要求，对重点企业调查摸底，汇总了“京津冀协同发展企业项目梳理表”，集中收集了北京主要皮衣企业生产经营、原料采购、质量管控方面信息。市经济信息化委与协会联合组织奥豹皮衣等10余家企业赴河北辛集参观第22届中国辛集国际皮革博览会，两地企业进行了产业链对接交流，协会与辛集皮革城制衣工业区管委会签署了战略合作协议。协会先后两次与中纺联企协、衡水经济开发区管委会、招商合作局就北京、衡水两地行业经济合作进行沟通与交流。搭建学习培训平台，协会、北京纺织控股公司共同主办，在光华集团举办“网络营销理论与实战”高研班，有70多人参加培训。协会与纺织控股公司联合举办、光华集团协办“2014年首都纺织服装行业全面提升科技创新能力的探索和实践高研班”，24个企业的42名学员参加学习。协会参与北京工贸技师学院轻工分院服装营销课程方向研讨。协会与新疆和田地区经信委和北京服装学院签署新疆和田地区专业人才培训合作协议。搭建信息宣传平台，向市经济信息化委和市工经联报送协会行业信息25条，会员信息142条。办《时尚北京》杂志和时装之都网站，开辟党建专栏。在服装时报做10多个版面的宣传，进行时装之都十周年系列活动、8个金奖品牌企业的宣传报道。加强协会自身建设，完成协会换届工作，召开了第九届会员代表大会暨九届一次理事会会议。协会秘书处7人赴广东省服装服饰行业协会、服装设计师协会和深圳市服装行业协会，学习考察推进品牌建设社团服务、市场化运作、内部管理等方面的工作与经验。协会组织参加全国服装百强企业申报活动，爱慕内衣、威克多制衣、依文服饰、卓文时尚纺织公司进入2013年度全国服装行业销售收入、利润总额百强企业，爱慕内衣公司入选“2014中国纺织服装行业品牌价值50强企业”，依文摘得“中捷第十届中国服装品牌年度大奖——价值大奖”，光华集团获评首批国家级知识产权优势企业，铜牛集团“新型纺织材料助力‘神十’飞天”荣获“中国十大纺织科学新闻”，WSFM荣获中国质量万里行荣誉证书，大华天坛服装公司跻身“中国职业装50强企业”，京棉集团、雪莲集团、方恒置业公司荣获“全国纺织先进党建示范企业（单位）”称号，铜牛集团获得“2014中国纺织十大品牌文化企业”称号，京工集团、大华衬衫厂荣获“纺织服装老字号品牌文化传承奖”，凡客诚品（北京）科技有限公司、裂帛（北京心物不二电子商务有限公司）荣获“首届中国最佳电商服装品牌”。依文服饰公司设计总监刘铁轶获得“2014中国服装年度人物”称号，北京五洲燕阳特种纺织品有限公司被评为2014年度中纺联“产品开发贡献奖”，雷蒙、五木、天坛、雷蒙·派登、艾庄顿、多伦波尔等品牌西服、西裤、男衬衫、休闲夹克、大衣经过推优检测被协会推荐为2014年北京优质产品。

（纺织协会）

【北京工艺美术行业协会】2014年，北京工艺美术行业协会加强组织建设，新增会员20家。工美行业成立文化经济、商业流通、牙骨木雕、古典家具、陶瓷紫砂、民艺织绣、现代研发7个专业集团，成立人才教育集团，在北京工美联合企业集团内形成从人才培养到产品设计、制作、推广的产业链。组织专业培训，加强人才培养。协会与北京工艺美术行业发展促进中心组织了第四批工美大师带徒及带徒津贴的申请工作，确认141名大师带徒397人的申请，并签订合同。举办“北京工艺美术行业技艺骨干培训班”，来自企业生产一线的78名技术骨干参加培训。协会和北京工商大学联合举办“北京工艺美术企业高级管理人员营销实战培训班”，来自“京工美联企”的46名高管学员参加培训。推进政府收藏工艺美术大师优秀代表作品项目，协会和行业发展促进中心联合实施，收藏薛龙冠等5位工艺美术大师代表作品6件（套）。开展经验交流和总结表彰。举办北京工艺美术发展论坛，企业代表、行业专家、工美大师等200余人参加，论坛就行业发展趋势、传承创新、跨界融合等组织专题演讲。组织召开2014年度北京工艺美术行业总结大会，会上公布2014年北京工美杯、北京工艺美术创新设计大赛与第二届北京工艺大师书画作品展的获奖单位和个人，对在APEC会议礼品设计创新中做出突出贡献的北京工美集团技术中心等4家企业进行了表彰，会上授予李进华、朱洪、李苍彦3人北京工艺美术行业杰出贡献奖。组织工艺美术展览展销活动，参加第49届全国工艺品交易会，在“2014金凤凰创新产品设计大奖赛”中，北京展团共获得金、银、铜等34个奖项。组织15家企业携17大类300件作品参加“2014北京文化创意产业展（台北）”，组织21家企业参加“第十五届中国工艺美术大师作品暨国际艺术精品博览会”，在“百花杯”中国工艺美术精品奖评选中，北京工美行业获奖项42项。由市经济信息化委主办、北京工艺美术行业发展促进中心和北京工艺美术行业协会承办的第八届北京工艺美术展，展示北京工艺美术大师创作的精品和50余家骨干企业的优秀作品，展览接待观众20万人次，参展企业意向签约5千多万元。协会还举办了“2014皇家风范漆艺精品展”“京城国粹雕漆—满建民从艺50年作品展”“中华古韵·明清古床艺术展”等工艺美术精品专业展览。创新工作内容，助力行业发展，协会发起了成立“北京工美·当代大师艺术品交易中心”，是北京首个以当代大师艺术品为载体，以“燕京八绝”为特色的艺术品交易中心。协会全年编辑出版《工艺美术家》杂志4期,《北京工艺美术》报7期。组织编写《中国工艺美术全集·北京卷》，其中的《漆器与家具篇》完成，《工艺雕塑篇》形成送审稿。2014年，协会被北京工业经济联合会认定为“二级枢纽型”协会组织，被市民政局、市人力资源和社会保障局联合授予“北京市社会组织系统先进集体”称号。

（工美协会）

【北京电子商会】2014年，北京电子商会受北京市经济和信息委员会委托，开展电子行业服务管理工作。负责北京电子信息制造业经济运行数据的统计、汇总、监测及分析工作，召开“2014年北京电子信息制造业年报统计工作会议”。参加工信部组织的年报审查，汇总全系统全年经济运行数据，向市经济信息化委提供了年度经济运行分析。继续开展北京市诚信创建活动，向70多家企业宣传，和企业进行沟通，经自愿申报、第三方征信、社会公示、协会评价，评选出18家企业为北京电子商会2014年度“北京市诚信创建企业”，举办了北京电子信息行业诚信创建企业颁奖仪式。申报3个中关村资金支持项目，通过中关村项目审核，获得专项资金支持。完成中关村管委会课题“第八届APEC技展会技术交流大会”验收工作。承接社工委“为社团组织管理制作APP云平台”及“爱护环境、低碳生活、废旧电池回收换购”课题。积极配合南水北调工程，为实施北京电子信息产业与十堰市的合作发展打基础。参与中关村社会组织联合会的筹建和工作平台建设，参加了京津冀一体化工作中心、国际化专委会、知识产权专委会、人才建设专委会的工作。协办首届京津冀协同创新共同体高峰论坛及京津冀ICT、文创企业合作对接分论坛工作，签署了战略合作协议。按照市台办统一部署，商会组织电子信息参访团赴台，承办“智慧可穿戴式分论坛”。商会与台湾合作方交流，就成立两岸智能可穿戴企业联盟进行了沟通。协助会员企业办理国家高新技术企业复审工作，将高新认证工作纳入常态化平台管理体系。邀请多家会员企业领导参加了由中国工业经济联合会主办的“2014年经贸形势报告会”。组织企业参加第三届中国（北京）国际服务贸易交易会（京交会）、第十七届中国北京国际科技产业博览会、2014中国产业新区高峰论坛。与市经济信息化委中小企业处合作，组织企业参加了在浙江的“第八届APEC中小企业技术交流展览会”，与慧聪网合作组织5家企业参展。和中国质量协会合作，组织会员企业质量专职人员参加了“北京质协质量官”的认证培训。组织会员企业参加由国家科技部、中国科学院、北京市人民政府5家单位共同主办的2014中关村论坛年会。商会作为协办单位在北京市经济和信息化委员会领导下与北京半导体行业协会、国际半导体设备及材料协会（SEMI）和美国华美半导体协会（CASPA）共同组织了“2014北京微电子国际研讨会”。与北京市中小企业服务中心合作，举办了北京电子企业创新战略专题培训班。商会同元器件交易网联合举办“2014年元器件交易网优秀店铺年度评选”活动。组织会员企业摄影爱好者，举办了北京电子商会摄影展，获奖作品陆续刊登在商会会刊。商会在西坝河东里社会广场举办“回收废旧电池，换取日用品”的公益活动，辐射周边8个社区。商会与中国工业经济联合会、中国电子质量协会领导及企业家一行30余人，参观了北京京东方科技股份集团公司。商会接待了内蒙古通辽市科尔沁区企业家到京东方、爱国者、航星科技3家企业参观考察。商会加强自身建设，召开“第五届会员大会暨第四届理事会第五次换届会议”，商会主办的双月刊《信息科技与文化》改版，商会网站成为展示和宣传商会企业科技、文化、产品和商务活动的重要窗口，商会正在进行微信服务平台建设。

（电子商会）

【北京食品协会】2014年，北京食品协会坚持“服务”宗旨，履行行业协会职能，为促进首都食品行业发展做出贡献。按照政府主管部门提出的要求，做行业统计调查工作，进行信息统计分析，报送至市经信委。主动搞专项调查统计，对二月雾霾期间应急停限产情况调查25家食品企业，对劳动生产率情况调查20家食品企业，对食品工业节能减排情况调查10家食品企业。参与京津冀一体化发展，联系津冀行业协会，加强京津冀区域沟通、协同，推进产业优化升级。对食品企业在河北省建厂项目情况进行调查了解，参加了市经信委组织的“京津冀协同发展暨曹妃甸（北京）现代产业试验区政策研讨会”，与北京食品学会共同主办京津冀食品产业一体化发展论坛，协会主持了北京食品企业与河北开发区合作对接会。配合有关部门，推进食品企业节能减排、清洁生产，对食品企业节能环保项目情况进行调查，提出建议，汇报给市经信委。组织会员企业参加市卫生局召开的食品安全标准宣贯会，对《北京市食品安全企业标准》和国家食品安全标准（食品中致病菌限量GB29921—2013等）进行宣贯。参加市卫生局召开的食品安全标准专家座谈会，对《北京市食品安全企业标准》进行研讨，提出行业意见和建议。协助市卫生、计生部门，组织了“食品安全国家标准跟踪评价”问卷调查。参加“北京市食品安全企业标准备案问答（第二版）”征求意见座谈会，阐明协会意见和建议，应邀参加了北京市食品安全地方标准审评委员会成立会议。参与市经信委召开的行业结构调整研讨、“十三五”行业发展规划研讨会，提出食品行业发展建议。组织8家企业（集团）主要领导参加北京食品产业发展战略研讨会，就京津冀一体化背景下，研讨行业发展规划。开展品牌建设工作，支持会员企业参加知名品牌、著名商标、龙头企业评审。参加北京知名品牌评审会，对2013年申报的知名品牌和北京质量奖项进行专家评审；参与第十一届“北京礼物”旅游商品大赛活动，推荐1家会员企业参赛；推荐北京市糖业公司商标“京糖”、北京信远斋饮料有限公司商标“信远斋”参与北京市著名商标认定；支持北京市美丹食品有限公司申报北京市农业产业化龙头企业。与北京食品学会合作，利用院所资源，搭建平台，支持食品科技进步，助力食品企业技术创新；支持“2014CBIFS第七届中国北京国际食品安全技术论坛”在国家会议中心举行；与北京食品学会合作，举办“燕京杯”首届大学生食品节；共同主办以“技术革命与市场发展”为主题的第六届食品科技北京论坛；与北京食品学会联合主办了“2014第七届中国北京国际食品安全高峰论坛”；与旷世恒达展览展示公司合作，组织会员企业参加了“2014中国国际食品安全检测设备展览会”。承办第九届中国（北京）餐饮·食品博览会，展会规模10000平方米，200多家企业参加，参展观众5万人次。北京食协组团走出去，参加“2014中国上海国际食品博览会”。组织北京36家企业，参展摊位34个，参展面积300平方米。组织行业企业参加第十六届北京市工业和信息化职业技能竞赛食品检验工竞赛，参赛选手321人，有1人取得国家一级（高级技师）职业资格证书，9人取得国家二级(技师)职业资格证书，18人取得国家三级(高级工）职业资格证书，10人取得国家四级（中级工）职业资格证书，17人取得国家五级（初级工）职业资格证书。加强行业信息服务，采集的行业信息、统计分析、行业发展动态、产业结构变化、区域发展变化等信息通过会刊向会员企业提供信息服务。协会月刊《北京食品信息》出刊12期，设栏目60余个，总文字约80万字。加强诚信体系建设，按照国家工信部和市经信委的要求，建立工作规范，有14家食品企业通过评价。与北京食品学会合作，在北京联合大学功能食品科学技术研究院举办了推进肉制品检测技术应用研讨会。组织企业参加“中国食品工业科学技术奖”评选活动,4项目获一等奖。配合市经济信息化委，牵头组织专家参与对会员企业的北京市工业发展资金支持项目验收工作，参加了北京市北郎中屠宰厂“猪肉分割加工与冷藏保鲜技术改造”项目评审，参与了北冰洋(北京)饮料食品公司饮料生产项目、今麦郎(北京)食品有限公司生产项目。积极参加会员单位活动，提供服务,为北京六必居食品有限公司博物馆提供“振兴老字号”材料，应北京营养源研究所邀请介绍北京食品产业情况和发展方向，接待北京进军世间美食有限责任公司、北京西红轩食品有限公司、北京荣涛食品有限公司相关领导来访，为企业提供帮助。加强协会自身建设，协会召开例会12次。完成2013年度社团年检。加强协会之间交流，参加了中国食品协会会长（扩大）工作会、北京工业经济联合会第五届理事会第四次会议、季度联席会议和“政府购买社会组织服务项目”工作会，参加了中国民促会饮食文化委员会年会、“毛泽东饮食文化委员会”年会、朝阳区商联会食品分会年会，与中国食品工业协会冷冻冷藏食品专业委员会、北京食品学会、北京酒类协会、北京保护健康协会、北京糖尿病防治协会等行业协会互访沟通。积极履行社会责任，协会和分支机构分别完成报表填报，参加通州区社会管理服务中心召开的社会服务座谈会和“什邡市文化产业发展规划发布暨项目投资说明会”。

（食品协会）

【北京印刷协会】2014年，北京印刷协会举办了华北东北八省市区印刷行业发展论坛，围绕转型发展进行交流。与中国印刷及设备器材工业协会联合举办了2014中国按需出版论坛，围绕新经济时代商业模式的重构和创新研讨。成立政府主管部门、协会秘书处和业内专家组成的调研组，先后到天津、河北和珠三角地区，进行调研交流。开展绿色印刷认证工作，到2014年年底有79家印刷企业通过绿色印刷资质认证，占全国通过绿色印刷资质认证企业的10.7%。绿色印刷教科书覆盖面扩大，在九年义务教育阶段中小学教科书绿色印刷全覆盖基础上，秋季学期高中阶段教科书也基本实现绿色印刷。开展清洁生产审核工作，6家企业通过清洁生产审核评估，24家企业列入自愿性清洁生产审核名单。协助政府制订北京市印刷行业清洁生产评价指标体系，正式颁布执行。举办了2014年北京绿色印刷产业促进商务交流会，和国家新闻出版广电总局召开的2014年绿色印刷推进会同期同地举行，首次融入京津冀协同发展内容。对总局召开的绿色印刷推进会进行了网络直播，举行了出版单位、供应商与三地印刷企业的签约仪式和产业园区招商活动。三地印刷企业组队参加了印刷法规知识竞赛，表彰了一批积极推进绿色印刷工程的出版、印刷、发行和供应商单位。由北京市新闻出版广电局主办、北京印刷协会承办第十六届北京市印刷行业职业技能大赛暨第四届全国印刷行业职业技能大赛北京赛区竞赛，293名参赛选手获得1~5级职业技能等级认证。

（印刷协会）

【北京包装技术协会】2014年，北京包装技术协会强化企业对接服务，承担北京包装印刷行业企业调整退出调研、北京市包装装潢印刷业重点污染物治理的研究、印刷业清洁生产评价指标体系建设等多项研究课题。协会主动承担政府推进项目，有福彩公益金资助社会组织开展公益服务—扶持贫困山区农民建立纸箱厂项目、北京市使用市级社会建设专项资金购买社会组织服务项目等。协会积极参与区域协同发展，推进京津冀包装产业联盟建设，依托京津冀三地包装协会联合成立的“京津冀创新包装产业联盟”，多次召开座谈会，对区域包装行业发展、产业结构、重点分工、区域布局、合作平台、运作机制等进行研讨，提出深化改革意见。在天津举办了“2014年塑料包装新材料、新工艺、新装备行业峰会暨京津冀协同发展论坛”。打造京津冀创新包装产业园，搭建三地行业协同发展平台。协会创新会员服务模式，围绕产业链发展会员，由包装生产制造企业向包装用户企业拓展。坚持“促进信息与资源的互联互通，推动生产发展的互补互动，实现服务合作的互利互信”的“六互”原则，联络医药协会、工美协会、北京食品协会、北京肉类食品协会等相关行业组织，发展用户会员，推荐服务会员。协会联合印刷学院设计艺术学院，共同建设北京包装印刷设计产业公共与网络服务平台，以“北京包装创意联盟”形式亮相“中国北京国际文化创意产业博览会”，展示首都包装创意领域发展成果。协会积极开展行业交流服务，先后组织了2014绿色印刷推进会暨2014北京绿色印刷产业促进商务交流会（京津冀协同发展绿色印刷产业促进商务交流会）、“创意设计点亮印刷”第一届创意设计与印刷工艺交流会、2014华凝文化大型天津瓦楞彩盒创新技术·创新发展高端论坛暨中国纸包装工业100强年会等行业交流活动。先后组织企业赴北美洲、欧洲、东南亚、南美洲等区域考察，组织企业参加阿根廷共和国投资机会研讨会暨中阿企业一对一洽谈会，组织纸箱包装及装备企业和塑料软包装企业一行53人赴泰国曼谷进行国际商务考察，并参加2014第六届中国东盟经贸论坛—中泰包装技术经贸合作分论坛。

（包装协会）

【北京玩具协会】2014年，北京玩具协会开展跨界传艺、服务帮教活动，在送艺下乡、传艺进社区工作基础上，发挥民间艺人才艺优势，会同北京市监狱管理局开展“非遗助教、传承文明——非物质文化遗产项目进监狱”活动，举办北京传统手工技艺推介会和现场展示，民间艺人到现场展示绝技，市监狱管理局领导与服刑人员代表200余人参加。北京民间工艺大师向监狱服刑人员传授传统民间工艺，配合狱方帮教工作，在延庆监狱举办玲珑枕、葫芦工艺、珠编、万花筒、面塑、内画、蛋雕、毛猴、编结、太平燕、太平鼓等10多个门类的培训班共19期，受教2000人次。在北京市第二监狱举办了堆绣、面塑、泥塑3个门类的培训班共6期，受教500人次。协会与北京市监狱管理局在延庆监狱共同召开“非遗助教、传承文明”非物质文化遗产进监狱活动现场会，展示服刑人员作品数百件。协会配合北京市中小学生社会实践教育，开展向中小学生传授学习传统技艺实践活动，和百荣世贸商城联合举办编结、珠编、脸谱、风筝、蛋雕、灯笼、软陶、国画书法8个门类的培训，200余名小学生和来京务工人员未成年子女参加学习培训。在新街口街道“民间手工艺培训基地”开展了“暑期小学生学习传统技艺实践活动”。在北京市丰台区七中举办了民间工艺10个门类现场献艺，大师边讲边示范，学生们亲自参与制作、观摩。协会承办第四期“外国人领养中国儿童家庭夏令营”与中华传统文化对接活动，来自美国、荷兰、澳大利亚等5个国家的144名营员，在华声天桥民俗文化园学习老北京民间工艺。举办“2014年优秀华裔大学生——金辉北京营”“2014中国文化行——中国寻根之旅北京营”，来自美国、德国、西班牙等国家的100多名海外华裔青少年参加了传统手工艺制作，来自新加坡、泰国、中国台湾等15个国家和地区的APEC经济体成员、115名未来之声访问团成员向民间工艺大师求师问艺。协会组织民间艺人参加第五届中国（北京）国际玩具动漫教育文化博览会和第九届中国（北京）国际文化创意产业博览会，展示老北京手工技艺20余个门类。北京民间工艺还献艺第十三届中国园林茶文化节、第二届北京农业嘉年华、第十六届国际玩具展览会。协会向地处宣南文化的93号院博物馆授牌“非物质文化遗产传承教育基地”，在93号院博物馆举办了“马宁核雕·雕漆艺术展”“杨晓康蛋雕艺术展”。协会积极参与推动京津冀一体化协同发展战略，为河北省民营企业促进会同市工经联协作牵线搭桥。协会对北京地区灯笼灯彩生产制作经营走访调研，召开了有北京怀柔红庙灯笼村、密云古北口御道宫灯、平谷王辛庄灯彩、大兴青云店灯彩基地与北京传统灯笼制作艺人参加的北京灯笼研讨会。

（宁 爽）

【北京日化协会】2014年，北京日化协会加强协会建设，发挥桥梁纽带作用，积极开展各项活动。协会组织召开“2014民族化妆品企业发展联谊会董事长圆桌论坛”，主题是“新形势下中国化妆品企业竞合关系”，就专营店渠道、中国品牌如何通过合作来提高头利率、中国企业如何通过竞合减少内耗等进行研讨。又召开联谊会峰会，对民族企业联谊会的未来进行规划和探讨。协会举办“第四届中国化妆品科技大讲堂”，邀请3位行业专家围绕“美白、防晒功效化妆品、原料、法规及技术”讲课，90名日化行业科技人员及科研机构人员参加。协会在北京工商大学举办“2014年中青年科技工作者学术研讨会”，9名来自高校和企业的中青年科技工作者进行技术、法规、营销模式的专题演讲，日化行业100余科技人员参会。在北京章光101科技股份有限公司举办“第五届中国化妆品科技大讲堂”，针对“头皮护理及养生”专题进行研讨。协会参加在广东召开的“2014中日化妆品国际交流论坛”，主题是“日本技术与中国市场的结合点”，中日两国政府代表及企业代表200余人参会。协会举办“化妆品申报及相关问题解析”专题讲座，邀请国家食品药品监督管理总局化妆品安全专家委员会教授，针对化妆品申报及相关问题进行专题讲座，近100余人参加。协会参加在京举行的“One Asia Beauty Forum in China2014 会议”，有中韩两国政府代表及行业、企业代表 300 余人参会，加强中韩两国化妆品行业之间了解。台湾化妆品科技学会受邀来访协会理事长单位北京工商大学，双方交流化妆品行业情况。协会为会员服务，为政府搭桥，与市食药监局联合举办“关于组织收集《已使用化妆品原料名称目录（征求意见稿）》意见沟通会”，参会单位 100 余家。参与北京市工经联组织的“肥皂及合成洗涤剂单位产品能源消耗限额”地方标准编制工作和清洁生产标准—日用化学工业《化妆品》征求意见的相关工作。协会受国家食药监总局和市食药监局委托，组织召开《化妆品监督条例》修正稿征求意见企业座谈会，17 家企业代表参会，与政府部门直接对话。协会对《北京日化》杂志的版面、栏目及内容重新规划设计，《北京日化》成为宣传会员企业、为会员服务和科技交流的平台。协会加强网站建设，建立了微博、微信平台。协会组织会员单位参加在深圳召开的“中国国际化妆品（工业）论坛”，参与中国—东盟行业协会暨化妆品界交流活动，为会员创造交流化妆品新技术、新原料、新工艺的平台。组织开展“诚信长城杯创建”工作，多家会员单位被评审为诚信长城杯创建企业，授予诚信长城杯企业荣誉称号，并被录入北京市工商局网站—北京市企业信用信息网。协会参加海淀区“科学生活创新圆梦”科技周主场活动，以“安全使用日化产品、倡导绿色健康方式”为主题，以咨询、体验、讲解相结合的形式，进行科普活动，做展板 6 块，发放宣传资料 600 余份、产品试用装 300 余份，皮肤黑色素及水分检测和咨询 600 人次。协会在朝阳区常营福地社区、鑫兆家园、亚运村华严北里社区、奥运村绿色家园、三间房艺水芳园等社区，以“安全、正确使用洗涤用品”“中医体质与皮肤养生”“中老年病的防治—骨质疏松病”为主题，进行科普知识讲座，发放科普知识问答、问卷调查，进行义诊咨询。协会全年举办讲座 6 场，参加活动专家 29 人次，技术人员 49 人次，覆盖社区 6 个，受益群众近千人次，发放化妆品试用装 700 余份、宣传册近千份。

（日化协会）

【北京市矿业协会】2014 年，北京市矿业协会积极推动北京矿产资源综合利用及绿色矿业发展，支持并参与政府部门职能转移工作，协助完成了社会组织承接政府转移职能（事项）的调研，为市政府决策提供了依据。协会主动与市国土资源局相关部门沟通，举办了第二期地质灾害危险性评估《技术规范》培训班，15 个单位的 99 名相关人员参加培训。协会参与北京市地质矿产勘查开发局和北京大学地球与空间科学学院主办、国土资源部地质信息技术重点实验室、中国地质调查局发展研究中心协办的“地学新进展及大数据时代的地质信息化技术及应用”高级研修班，给 38 家相关单位下发通知书。协会得知矿泉水即将提高矿产资源补偿费之事，通知矿泉水委员会，写出书面材料，拿出数据，反映诉求，使有关单位采纳了协会意见，矿泉水的矿产资源补偿费没有进行调整。协会组织国家级绿色矿山建设规划验收小组，对北京市水泥厂有限责任公司凤山矿绿色矿山规划实施情况进行验收，凤山矿被授予“国家级绿色矿山”称号。协会积极开展北京地区绿色矿山工作，指导绿色矿山企业建设，促进了矿山企业的环境治理和尾矿、废石综合利用，组织召开了“深入开展绿色矿山工作座谈会”。协会参加北京市经济和信息化委员会召开的“尾矿综合利用示范工程”项目评审专家会议，对北京水泥厂等 8 个单位的项目审查提出意见。协会召开了以“巩固绿色矿山建设成果、打造北京绿色矿业”为主题的获得国家级绿色矿山称号的企业负责人座谈会。协会支持并配合矿泉水委员会向北京市公安交通管理局递交关于解决桶装水配送使用电动三轮车的申请报告，并安排接受了电视台采访，解决了桶装水行业电动三轮车不能在五环内行驶的问题。协会参加矿泉水委员会组织的首届北京饮用桶装水行业峰会，为评选出的 156 家“放心水店”颁发牌匾，编印《北京矿业》杂志矿泉水专辑，宣传矿泉水委员会的工作和活动。协会不断加强与外省市矿协和本市协会间的联系、交流、合作，拓展工作领域，接待了到北京学习尾矿综合利用先进经验的山西省左权县团队，参加了北京建材联合会举办的主题为“环渤海地区建材行业最具影响力、诚信企业、知名品牌评价工作”启动会并参与到活动中，参加了水泥协会组织的关于废旧矿山的综合利用事宜调研的河北之行，与市砂石混凝土协会、墙体协会定期开展工作交流，核对、沟通数据。协会编辑发行《北京矿业》杂志 3 期。

（张爱武）

【北京水泥行业协会】2014 年，北京水泥行业协会积极为政府、为企业、为社会服务。落实京津冀一体化发展战略，压减水泥产能，协会请专家做京津冀一体化发展战略应对措施和政策解读，提出京津冀地区水泥企业挑战雾霾、治理环境、规范市场、加速转型定位的发展意见。组织企业参加国际峰会，了解国际水泥行业发展新趋势、新技术及新装备。协会转变工作方式，自觉创新促转型，为企业提出以环保产业为主，水泥、石灰等建材产品为副产品的转型方向，把发挥企业人才和科研优势作为企业新的经济增长点，吸收外来资金助推科研成果、促进全行业技术进步等建议。利用市总工会政府专项资金，培育为社会服务项目，配合中国水泥协会，对国家《“十三五”水泥工业产业政策》（2014 年修订）（征求意见稿）和《第二代新型干法水泥技术装备研发标准》提出修改意见。利用《中国建材报》《中国水泥杂志》《中国企业报》《中国水泥年鉴》《北京工业年鉴》《北京建材》《水泥信息》等媒体和宣传手段，扩大协会的影响力。对企业进行专访，报道、宣传企业在生产经营、节能减排、转型升级、绿色发展、协同处置等方面的先进经验和做法。组织完成 2014 年北京水泥企业化验室合格证的年度检查。组织开展《水泥行业准入条件》工作，完成对北京 4 家水泥企业的年度复查。组织企业集团参加中国建材联合会和中国水泥协会组织的赴欧洲考察。

（王小民）

【北京家具行业协会】2014 年，北京家具行业协会围绕“清洁空气行动计划”及行业、企业诉求，加大与政府职能部门沟通，深化改革，行业转型升级提速。协会对所属重点企业 2014 年产值进行统计，总产值约 200 亿元，销售收入达到 260 亿元。作为市百项技改试点示范单位的曲美公司，“油改水项目”完成通过验收，全线产品正式启用无毒无害水性漆。在曲美公司示范效应带动下，企业纷纷加入到清洁空气行动计划，百强、黎明等公司已将技改方案上报至环保局，天坛、强力等众多公司也正在研究并积极申报。协会完成《清洁生产评价指标体系——家具制造业》地方标准的制定，专门成立编制工作组，形成了标准文本征求意见稿及编制说明，进入报批程序。协会按照市创建活动指导小组的统一安排和部署，开展诚信创建工作，共有 73 家家具企业获得“北京市诚信创建企业”荣誉称号。协会响应政府关于“污染调整退出、首都非核心功能疏解”号召，利用会议研讨等形式以及网站、微信等平台进行相关政策宣传和贯彻，利用曲美成功经验举办现场水性漆改造推广活动。协会携手 30 余家“北京品牌”企业，借中国（广州）国际家具博览会开幕之际，举办“秀给你看”主体宣传活动，展示北京企业实力。又在北京大饭店举办“京艳中国——北京品牌家具 2014 推介会”，商家和经销商直接见面，疏通北京家具品牌走向全国渠道。协会积极参与国际交流，提升行业整体水平，组织企业代表 60 人次分别参观了意大利米兰及德国科隆家具展，了解全球家具市场技术动向。

（何法涧）

【北京室内装饰协会】2014 年，北京室内装饰协会召开第五届会员代表大会，完成换届工作。调整和修改入会管理办法，建立完善电子档案，实现数字化和动态化管理。发展新会员 174 家，是协会成立以来最多的一年。协会拓宽服务模式，特色办学，为会员企业服务。应南方一品工长俱乐部邀请，组织有关人员到公司为 48 名工长进行了项目经理培训。全年共培训项目经理 143 人，设计师 79 人，安全员 98 人，古建壹级项目经理 125 人，共计 445 人。完成北京市总工会专项资金支持项目《“鲁班”工程——培养古建室内非物质文化遗产技术继承人》实施工作，在河北省承德市举办两期仿古建室内高级项目经理培训班，有 160 余名会员企业学员参加培训，项目被评为 2014 年度社会组织公益服务优秀品牌。协会连续 3 年参加北京市社会建设工作领导小组办公室组织开展的“北京公益行——社会组织大型公益系列活动”，直接受益人群千余人次。与会员单位瑞博文融发装饰公司共同举办服务京城百姓公益活动，为到场群众提供咨询服务，解答装修遇到的问题，发放协会印制的《环保家装知识手册》400 余册。开展企业诚信星级认定工作，申报的诚信星级企业达 145 家。连续两年参加北京市企业诚信创建工作，经企业自愿申报、第三方征信、社会公示、协会评价等程序，推荐 26 家企业为诚信星级企业，经社会公示被评为“北京室内装饰协会 2014 年度诚信创建企业”。连续 14 年开展“评优”工作，调整了评优工作专家组成员，全年评出“优秀企业”38 家，优秀企业家 39 人，优质工程 33 个，优秀设计奖 1 个，优秀项目经理 60 人，优秀设计师 38 人。

（室内装饰协会）

【北京照明电器行业协会】2014 年，北京照明电器行业协会组织会员单位学习十二五规划中有关节能环保产业结构调整内容，结合北京地区照明电器制造业逐渐退出和减少的情况，联系四川巴中地区，河北青县、曹妃甸地区做沟通工作，为照明电器应用组装型企业转移选址提供信息。与香港雅式展览公司合作协办“2014 中国（北京）国际照明展览会暨 LED 照明技术与应用展览会”，组织会员企业参观，聆听专题讲座，为市场商户拓宽进货渠道。和中国照明电器协会共同举办主题为“科技、健康、节能迎接智能照明时代的到来”中国 2014 智能照明应用与发展行业峰会，就智能家居应用、智能照明产品发展趋势、用光创造价值——照明设计的场景应用为专题邀请专家宣讲。加强协会自身建设，协会及所属广告照明、照明工程、灯具灯饰市场专业委员会完成换届选举工作，成立北京照明电器行业协会智能专业委员会大会，协会所属照明工程、广告照明、灯具灯饰市场、智能4个专业委员会进行资质和信用等级评定工作。全年发展新会员25家。其中，广告照明1家，智能专业委员会2家，灯具灯饰市场专业委员会品牌会员22家。

（胡秀英）

【北京表面工程协会】2014年，北京表面工程协会落实电镀行业清洁生产技术推行方案，开展清洁生产咨询工作，重事达工贸有限公司等5家单位通过政府相关部门组织的清洁生产审核评估，北京长空机械有限责任公司等5家单位的清洁生产审核通过专家评估。组织企业资质认证，推进电镀行业优化升级，罗森伯格亚太电子有限公司等9家单位经过评审获得“电镀生产企业资质证书”，至年底全市共有47家企业通过电镀生产资质核查。受工信部委托，编制完成《电镀行业准入条件》（征求意见稿）和《电镀行业准入公告管理暂行办法》（初稿），组织部分会员单位代表在京召开了“电镀行业准入条件”研讨会。受国家发改委环资司和环保部环科院委托，完成整合《电镀行业清洁生产评价指标体系》。受环保部环科院委托编制的《清洁生产审核指南 电镀行业》结题并上报环保部。与中国环境科学学会合作，完成《电镀工业污染防治技术政策》相关调研工作。向环保部有关部门建议，在工业园区废水排放监测口设置问题上，考虑到污染物中重金属离子因“共沉淀效应”提高沉淀速率和重金属去除率，不必单独处理。配合北京市经信委对北京电镀企业调研，编写完成调研报告和相关资料并上报。开展技术咨询，帮助德国汽车厂商寻求头枕支架三价铬电镀加工企业，向寻找真空镀加工、镀铬生产线的企业提供厂家信息，为长城汽车公司推荐合格电镀工程师人选。开展项目评审，派出专家参与中国科学院过程研究所承担的《六价铬工业污染解析与策略研究》课题结题评审，参加中航宇航救生公司电镀生产线改造项目方案评审，参加中航航空发动机维修有限责任公司电镀车间改造方案评审，参与中航技经贸公司对电镀生产线评标工作，参与航空625所研发的精密航空过滤机生产厂家评标工作，参加考察张家口涿鹿县科技园区并提出改进意见。国内交流，参加中华锌协会召开的氧化锌在工业应用研讨会并发表专题报告；组织会员参加2014年重庆国际表面处理展，开展“面对面专家答疑”“专家咨询日”活动，现场解答观众提出的电镀难题；与中国汽车工程学会开展系列合作，协助举办2014第二届中国汽车防腐蚀与老化技术论坛，并派专家在会上做“电镀在汽车腐蚀防护应用”的专题报告；出席江苏省靖江市电镀集中区运行管理研讨会，做题为“电镀园区运行管理重点关注的问题”的报告；参加《中国电镀史》第二次编委会，并执笔编写电镀在印刷业的应用、电镀清洁生产发展历程、全国电镀行业组织发展史等章节；组织会员单位参加第三届环渤海表面精饰论坛、第三届电镀园区研讨会、中韩表面处理研讨会、媒体交流会、2014（广州）国际表面处理展等活动。国际交流，赴俄罗斯参加亚洲表面精饰大会，赴新加坡参加亚太表面精饰会议暨展览会，参观新加坡科技研究局下属技术中心和新加坡制造技术研究院，辅助开展世界表面精饰大会（Interfinish2016）的宣传工作。协会为提升电镀行业人员专业素质，举办电镀工培训班，共培训电镀初级工12人，中级工17人。其中27人取得职业资格证书。协会组织了成立三十周年庆典活动和网上电镀知识有奖竞答活动，对为电镀行业发展做出突出贡献的优秀企业和个人进行了表彰，发放了北京表面工程协会三十年纪念册。邀请北京地区高等院校师生参与申报“中表镀——安美特奖学金”，其中北京航空航天大学2名硕士生和1名本科生获得奖学金。推进会刊与网站建设，至2014年12月，《中国电镀》刊物发行到第15期，发行量较上年增长10%。北京电镀网（bj-plating.com）和协会维护的微信公众平台中国电镀（微信号：zgddxh），积极传达行业动态与活动信息，报道行业政策、热点问题、前沿技术等内容。

（刘 娥）

【北京电源行业协会】2014年，北京电源行业协会参加京津冀协同发展商会联盟，作为成员单位在会上推介了京仪集团微型电动车项目。协会与中国电源工业协会和相关企业共同发起成立中国微型电动车产业技术创新联盟。受枣庄市政府邀请，协会组织参加了2014中国（枣庄）新能源·锂电产业博览会。协会组织会员参观北京知识产权举报投诉服务中心，帮助企业建立健全知识产权管理制度。参加北京市2014年度企业诚信创建活动，组织110家企业申报，其中17家企业被评为诚信创建企业。

（刘 维）

【北京电器电材行业协会】2014年，北京电器电材行业协会坚持为政府、为企业服务宗旨，围绕行业发展积极工作。受北京市经济和信息化委员会第十六届职业技能大赛组委会委托，协会承办高低压开关板（柜）装配配线工工种竞赛，全行业200余名选手参赛，50

余名选手取得国家职业高、中、初级证书。对3家企业研发生产的30余种产品进行了鉴定。开展技能培训，举办高低压电器装配工培训班4期，300多人参加培训。开展新产品新技术推介工作，举办技术交流产品推介活动两次。协会开办“电协兴电器电材经营部”，为会员单位提供服务，全年对20余家企业进行了产品配套服务和咨询服务。加强信息交流，办好会刊，免费为会员单位提供了《北京电器电材之窗》。

（电器电材协会）

【北京光机电一体化协会】2014年，协会参加北京市经济信息化委召开的京津冀协同发展暨曹妃甸（北京）现代产业试验区政策研讨会，并与有关政府部门及企事业单位进行了互动交流。参加了北京市工经联组织的赴迁西开发区考察。协会携手北京光学学会、北京经济技术开发区科技处、北京工业大学科协联合在亦庄开发区举办了“北京市第五届首都先进制造应用技术研讨会”。协会在京举办了第十一届北京激光技术前沿论坛会，完成市经济信息化委年度下达的“高端装备产业特色产业基地建设工作推进”“智能制造装备发展专项管理服务工作”两个课题项目结题工作。

（光机电一体化协会）

【北京模具行业协会】2014年，北京模具行业协会为提高本行业制造水平，促进企业健康发展，在行业内推行了行业自律与诚信工作，在修订行业协会章程的基础上，制订出新的行业行规，专门印制单行本发到各个企业。在贯彻过程中20%的企业落实较好，如北京东明兴业科技有限公司、北京京城环保股份有限公司的模具制造公司、北京比亚迪模具有限公司等，80%的企业落实一般。为提升企业知名度，模具行业与海名会展公司和中国模具工业协会分别在3月和5月举办了模具制造展览会。利用北京高新技术资源开发新的经济增长点，模具协会在亦庄光机电开发区华联科技大厦召开了《增材制造3D打印技术发展研讨会》，邀请了北京光学学会、北京铸造协会、北京汽车行业协会、电子仪器协会、工艺美术协会、照明协会有关人员进行探讨。参会的3D打印企业提出可否成立3D打印技术产业联盟，协会听取了意见，正在筹办。

（模具协会）

【北京铸锻行业协会】2014年年底，北京还在生产的铸锻造企业70余家（不包括军工或央企的铸锻造车间），全年铸件产量约16万吨，锻件产量约4万吨，总销售收入约20亿元，其中铸造15亿元，锻造5亿元，总税收1.3亿元，其中铸造1亿元，锻造3000万元。2014年，北京铸锻行业协会与天津市铸锻行业协会、河北省铸造行业协会、泊头市铸造协会在唐山市召开由协会、政府、企业等多方面业内人士参加的座谈会，商讨筹建京津冀铸锻造产业联盟，按照中央对三地的功能定位，推进铸锻造行业在京津冀区域协同发展。按照《北京市大气污染防治条例》和北京市清洁空气行动计划2014年重点任务要求，协会配合北京市经济和信息化委员会进行《北京市工业污染行业、生产工艺调整退出及设备淘汰目录（2014年版）》宣贯，为铸造锻造行业2016年年底退出北京做准备。协会联合河南省铸锻工业协会、林州机械铸造协会在河南省林州市组织主办了3期“中国好铸造”技术讲座，探讨行业发展趋势，交流新技术、新设备、新材料和管理经验。加强协会自身能力建设，两人次参加市委社会工委及市社会办与北京大学合作举办的“北京市社会组织治理创新高级研修班”；多人次参加市委社会工委举办的党的十八大理论政策解读讲座。加强区域交流合作，协会与北京周边的河北省、山东省、河南省、辽宁省、内蒙古自治区的多个县市进行交流互访，引导北京铸锻造企业搬迁转移。其中，两次组织北京铸造企业赴河北省邢台市任县邢湾工业集聚区考察交流。在铸造行业推广增材制造3D打印新技术。

（铸锻协会）

【北京针织行业协会】2014年，北京针织行业协会举办第四届传统针织品展销会，开发新市场。服务企业，开展清洁空气行动，为首都蓝天做贡献，北京铜牛股份公司退出制造领域。寻找市场切入点，为会员企业拓展销售平台，就北京企业参加2015年上海针织全国博览会事宜进行准备工作。帮助企业贯彻执行新产品标准，帮助企业解决印花生产中质量问题，购置检测仪器。帮助转型企业处理设备、成品、坯布等，搭建供需合作平台。加强自身建设，提高服务本领，协会参加了北京市社会工作委员会组织为期一周的“北京市社会组织治理创新高级研修班”。

（针织协会）

【北京市豆制品协会】2014年，北京市豆制品协会积极为会员企业服务，多次向政府部门反映企业诉求，要求降低税负，得到政府相关部门重视。北京市国税局对使用农产品为原料的加工食品企业扣税办法进行改革试点，农产品进项税由原来的凭票扣除改为按销售产品的适用税率额度扣除，减轻了企业税负。协会多次走访政府相关部门，反映修改GB2711-2003《非发酵性豆制品及面筋卫生标准》必要性并全程参与修改。协会积极推进行业科技进步，倡导企业与科研院所合作，加快行业技术创新，参与“高值化大豆食品现代加工关键技术集成与产业化（2012BAD34B03）”研究项目。协会努力为行业培训技术人才，与北京市劳动技能鉴定中心第69所联合举办第四期豆制品制作工技师、高级技师国家职业资格等级鉴定培训班，有21人被授予技师（国家职业资格二级）、高级技师（国家职业资格一级）证书。协会召开第二届换届选举大会，修改了协会章程，修订、充实、完善了选举办法和会费管理办法。

（豆制品协会）

【北京酿酒协会】2014年，北京酿酒协会成立北京酿酒协会二锅头酒分会。组织技术交流、参观学习活动，二锅头酒分会组团至港台参加“台中国际品酒嘉年华”，参团人员回京后召开联谊会，交流企业经营管理经验，参观酒厂。协会在北京牛栏山酒厂举办了北京二锅头酒发展史讲座，二锅头酒分会会员60多人参加。组织二锅头酒文化研究会会员到红星博物馆高景炎工作室体验二锅头酒的生产过程，参观红星酒文化博物馆。组织红星股份有限公司和牛栏山酒厂，接待台湾中华酒业发展协进会及酒业人员一行8人，交流经验。协会先后举办一级和三级白酒品酒师培训班，共培训学员127人。学员分别参加一级和三级评酒师的考试，并全部合格。协会协助名誉会长、白酒专家高景炎先生组织全国清香型酒论坛，在鄂尔多斯市召开第二届清香类型白酒重点企业董事长联谊会，在湖北省大冶市召开了第六届清香类型白酒高峰论坛预备会。协会组织会员单位参加了国际展览中心举办的“第三届百家会员企业亲情联谊会”“产业产品团购会”。组织食品生产企业负责人和有关人员参加了北京市卫生局组织的北京市食品安全标准宣贯会、食品安全标准（专家库人员）培训会、食品安全国家标准研讨会，组织会员单位填写对食品安全国家标准的跟踪评价调查问卷。参加市发展改革委、北京节能协会组织的北京酿酒行业能耗限定指标讨论会，反映相关意见。为方庄酒厂南路烧非物质文化遗产事宜咨询。为会员单位推荐白酒工艺大师和评酒大师，推荐第二届中国白酒科学大会优秀技术成果奖论文。

（酿酒协会）

【北京市饲料工业协会】2014年，北京市饲料工业协会加强自身建设，提升服务能力，完成首批首次协会评估定级（4A），对企业中央控制室操作工68人进行职业技能培训，参与了近20余家饲料企业生产许可验收，组织参加了2014年度“全国饲料工业展览会”，审核了24期《饲料与畜牧》广告发行。协会协助北京天福莱生物科技有限公司争取到北京市民政局3万元的“健康养殖”项目；协助北京三元禾丰牧业有限公司争取北京市农业局75万元的“新型仔猪饲料试验示范”项目；协助北京昕大洋科技发展有限公司争取北京市农业局58万元的“新型生物投入品试验示范”项目；协助北京科为博生物科技有限公司争取到北京市农业局60万元的“复合型芽孢杆菌制剂的应用研究及试验示范”项目；协助北京三元禾丰牧业有限公司、北京昕大洋科技发展有限公司、北京市爱德利都饲料科技开发有限公司、亿如科技（北京）有限公司、北京伟嘉人生物技术有限公司5家企业争取共计1000万元的“农机项目政策补贴”项目；协助北京英惠尔生物技术有限公司争取北京市科委248万元的“发酵液态乳猪料产业化关键技术研究与产品开发”项目。协会打造首都饲料产品科技与安全品牌，打造饲料企业优秀人才队伍，通过企业自主申报、协会副会长扩大会及行业专家评审、主管部门核准，评选邵根伙为“创建世界级农业科技企业报国兴农杰出人物”，马红刚为“创新管理模式延伸并推动产业发展突出贡献人物”，范学斌为“与国际接轨助推中国农牧业发展杰出职业CEO”，孙皓为“创禽业辉煌兴农富民杰出人物”。评选北京大北农科技集团股份有限公司、北京九州大地生物技术集团股份有限公司、北京华都峪口禽业有限责任公司、北京昕大洋科技发展有限公司为“首都饲料行业跨越发展标杆企业”。还评选出12名“北京市饲料行业领军人物”、12名“北京市饲料行业新兴人物”、19名“北京市饲料行业先进工作者”、20家企业为“北京市二十强饲料企业”、13家企业为“北京市饲料行业优秀创新（特色）团队”、30家企业的39个产品为“北京市四行业影响力品牌”。协会挖掘优秀企业文化，搭建行业间交流平台，主办“群英聚会迎接新常态、会师京城挑战大时代”的会员大会，企业以舞蹈、小品、戏曲、沙画、独唱等作品呈现企业文化。协会的天然物添加剂专业委员会再次召开天然植物饲料技术标准研讨会，商讨天然植物饲料的安全规范及发展。至2014年年底，全市有115种天然植物列入了国家《饲料原料目录》。

（饲料工业协会）

【北京市企业发展促进会】2014年，北京市企业发展促进会搭设会员单位展示才艺与企业文化的舞台，举办第三届蟹岛杯赛歌会，报名参赛歌手116名，24名歌手进入决赛。举办第二届百家会员企业亲情联谊产品团购会，共签“百家企业产销合作同盟”，实现在协会平台共惠共赢。促进会组织区县会员单位互访，相互观摩、相互借鉴、相互交友，增强凝聚力。组织顺义、房山两区企业家互访交流，利用双方销售网络拓展市场，就互为市场、人才交流、线上线下互联网市场营销进行交流。组织顺义、昌平、延庆、房山4个区县会员单位考察观摩现代汽车伟力通汽车空调生产厂、现代汽车可附特汽车部件制造公司、曲美家具顺义生产基地，30多位会员企业参加。组织海淀、顺义、昌平、延庆4个区县会员共聚延庆永宁古镇八达岭酒业，40多位参会会员各自介绍自家产品，达成彩钢、有机农产品、产品包装制作、资金融贷等多项合作。主办八达岭酒业窖藏封坛活动，邀请八方来宾共聚八达岭酒业交友联谊。促进会组织会员企业广交朋友，促进跨省市交流互访，联合兄弟商会协会组团参加唐山市丰南家具项目恳谈会，有30余家家具、木器企业参会，曲美家具、强力家具、宏森木业、西沃国际家具等企业签订了合作意向书。组织20余家企业赴曹妃甸，参观考察工业园区，企业家就土地政策、产业对接、劳动力薪酬等交流信息。组团赴苏州吴江学习考察，10余家会员企业参加。促进会与北京市企业家协会、首都企业家俱乐部、北京外商投资企业协会、北京市青年企业家协会、北京市女企业家协会、北京市私营个体经济协会、中关村科技企业家协会8家协会共同组成北京优秀企业家评审委员会，两年进行一次评选，2014年共83人入选。促进会推荐先进会员单位、企业家参加全国先进评选，在农业部乡镇企业局、中国乡镇企业协会召开的乡镇企业发展与新型城镇化建设大会上，北京韩建集团董事长田雄、北方集团董事长左权、京洲企业集团董事长邢仲山被授予“中国乡镇企业30年功勋人物”，北京蟹岛集团、北京慧远电线电缆、城外诚家居广场3家企业被授予全国新型城镇化突出贡献企业，北京宏福集团董事长黄福长、窦店农牧工商总公司董事长仉锁忠、玉渊潭农工商总公司总经理刘凤英、新发地农产品公司董事长张玉玺、鸿恒基幕墙装饰工程公司总经理王宗木5人被授予“全国新型城镇化突出贡献人物”。

（企业发展促进会）

【北京企业评价协会】2014年，北京企业评价协会遵循“服务政府、服务企业、服务社会”工作宗旨，开展活动。协会将“诚信长城杯”创建作为2014年政府购买社团服务项目申报，通过终审，正式纳入“2014年度北京市市级社会建设专项资金支持项目”，得到市政府拨付资金11万元支持。举办第六届北京企业诚信论坛，北京市消协、市场协会等发起单位及企业代表200多人参加。组织开展“中企评协杯”第六届北京企业诚信论坛优秀论文征集活动，对首批诚信长城杯创建企业进行表彰，首批315家企业通过诚信长城杯创建，建立了企业信用档案，录入“诚信长城杯企业征信系统”，对接市工商局的《北京市企业信用信息网》查询系统。组织开展“北京企业评价协会科技创新奖”和“中国质量评价协会科技创新奖”评选工作，评选出“北京企业评价协会科技创新奖”和“中国质量评价协会科技创新奖”380项，召开2014年度科技创新工程推进大会，北京市及全国各地科技创新优秀企业代表200多人参加。开展“北京市企业品牌建设推进活动”，举办第四届北京市企业品牌建设推进大会，市质监局、市消协，以及相关行业协会领导、企业代表计200人参加。组织开展了“2014年北京市民最喜爱的品牌”“北京婴幼儿（孕）消费市场品牌”调查评价活动。协会组织举办“2014年北京评价机构自律发展研讨会”，来自北京师范大学、大公信用、中金浩评估等评价机构和部分被评价企业的代表30多人参加会议。组织开展了第三批北京市企业评价服务机构申报备案工作。协会组织申请“北京市中小企业公共服务平台网络首批合作服务机构”，经过材料审核、专家评审、见面约谈等环节，最终入选。协会加入北京市工业经济联合会会员组织，作为北京市著名商标的评审机构参加了阶段评审工作，向中国质量协会推荐优秀企业参加“全国用户满意先进单位”等工作。协会组织开展“会员服务需求调查活动”，先后多次到会员企业走访调研。为会员提供相应资金减免服务，凡本会会员参加联盟各评价机构举办的活动，均能优惠减免政策。协会与相关机构联合举办了“政策·发展·投融资大讲堂”活动、顾客满意度管理培训班、“诚信长城杯”创建培训。通过“两刊一网”宣传窗口，为会员传递行业资讯、政策法规等信息，为会员企业服务。

（企业评价协会）

产 品

【E150 纯电动汽车动力电池系统】北京普莱德新能源电池科技有限公司产品。该产品搭载于北汽新能源的纯电动 E150 车型，采用 80 安时磷酸铁锂电芯，串并方式为 1P100S，能量密度达 90 瓦时 / 千克，整车满充荷电 25 度，行驶里程达 150 公里。产品采用螺栓紧固的采集线工艺，高压器件集成技术，拼接式模组框，连续激光焊技术，铸造底箱等工艺，使其具备外壳高级别防护等级、快速充电、低温使用、远程监控及实时数据采集等功能。产品具有结构紧凑，体积能量密度高、安全可靠等特点。该产品具有自主知识产权的电池系统集成技术，是国家“863”计划重点支持项目。

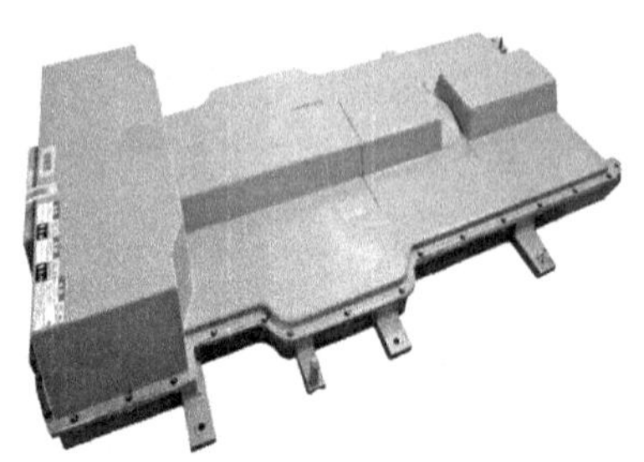

截至年底，累计投放市场近 5000 套，主要用于密云、平谷、大兴、通州等区县出租车示范运营，并在京津冀和长三角等地区实现销售。电池系统集成技术的提升推动了新能源汽车的产业化发展，优化了交通能源构成。

地址：大兴区采育经济开发区采和路 1 号
邮编：102606
电话：80278688
传真：80278677
网址：www.pride-power.com
电子邮箱：guoxin@pride-power.com
法定代表人：高力

（夏立新）

【电动汽车电池箱】北京诺飞金属材料有限责任公司生产。电动汽车是以电能作为动力的汽车，C30 电池箱就是该种汽车上用以摆放若干个蓄电池组的 1 个箱体件。此件为框形结构，最大轮廓尺寸为 1808 毫米 ×1088 毫米 ×64.5 毫米，投影面积约 1.5 平方米，主要壁厚 6 毫米，中部有几个较宽的筋条和 20 个直径 20 毫米的凸台，四周有 11 个较厚的耳子，毛重 40 千克，为 1 个大型薄壁件，材料采用 ZL104 铸造铝合金。该产品要求满足相应的化学成分及机械性能，不渗漏，总长和总宽尺寸偏差不超过（－2，+1）毫米，最大变形量 1.5 毫米以下；表面光洁，无明显的铸造缺陷。

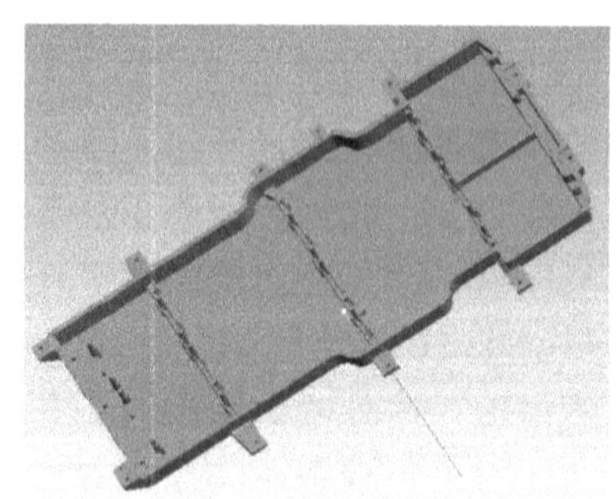

地址：通州区中关村科技园区金桥科技产业基地景盛北一街 9 号
邮编：101102
电话：60595121
传真：60595121
网址：www.nfmetal.net
电子邮箱：lqco6770@163.com
法定代表人：胡智信

（有　色）

【铁路货车用注塑工艺心盘磨耗盘】由北京隆轩橡塑有限公司生产。产品采用改性热塑性工程塑料，其机械性能、摩擦性能优异，工艺性良好；心盘磨耗盘工作位置为车辆转向架上、下心盘之间，上、下心盘的平面和圆周边缘部分都被心盘磨耗盘隔离，避免了上、下钢质心盘间的直接磨损，也改善了上、下心盘面的承载均衡性，因此，采用注塑工艺心盘磨耗盘可以有效提高上、下心盘的使用寿命及降低检修工作量，降低铁路车辆运营成本、提高运营安全性。该产品采用注塑工艺成型，生产过程基本无环境污染问题。已有K6、K5、K2、Z8型产品应用于我国铁路货车。2014年，该产品销售1万余件。

地址：丰台区南四环西路188号5区8号楼
邮编：100070
电话：83883807
传真：83883807
电子邮箱：liu10007@163.com
法定代表人：戴树林

（杨 婷）

【注塑工艺JC型旁承磨耗板】由北京隆轩橡塑有限公司生产。JC型注塑工艺旁承磨耗板采用改性热塑性工程塑料，其机械性能、摩擦性能优异，工艺性良好。注塑旁承磨耗板具有以下特点：摩擦系数和产品质量稳定，韧性高，磨损率小，能保证车辆安全平稳运行。其良好韧性能保证产品与上旁承摩擦板接触良好，摩擦磨损均匀，能提供稳定的回转阻力矩，能够保证车辆运行的平稳性。该产品采用注塑工艺成型，生产过程基本无环境污染问题。该产品方便车辆检修，降低检修成本，已应用于我国铁路货车。2014年，该产品共销售1.5万件。

地址：丰台区南四环西路188号5区8号楼
邮编：100070
电话：83883807
传真：83883807
电子邮箱：liu10007@163.com
法定代表人：戴树林

（杨 婷）

【铁路货车与客车滚动轴承工程塑料保持架】由北京隆轩橡塑有限公司生产。铁路滚动轴承用工程塑料保持架具有重量轻、惯性小、机械性能良好、摩擦系数小、耐磨损、自润滑、耐腐蚀、运转灵活、尺寸精度高和安全可靠等特点，一般采用注塑工艺成型，具有良好的制造工艺性和环保性。工程塑料保持架适应快速、高速列车的需要，成为铁路轴承技术的发展趋势。我公司结合“提速货车滚动轴承用工程塑料保持架的应用研究”项目，先后开发352226X2、353130、353130B、353130B DX、353132A、353132B和3226X1等规格工程塑料保持架产品，已广泛应用于我国铁路车辆上，促进了我国铁路轴承行业的发展。2014年，该产品共销售260万件。

地址：丰台区南四环西路188号5区8号楼
邮编：100070
电话：83883807
传真：83883807
电子邮箱：liu10007@163.com
法定代表人：戴树林

（杨 婷）

【工程塑料隔球器】由北京隆轩橡塑有限公司生产。工程塑料隔球器是大型轴承内部的关键零部件，主要应用于工程机械及风力发电的回转支撑轴承。隔球器组装在轴承内部，为钢球提供支撑，使钢球被均匀地间隔开，避免钢球直接碰撞，起到隔离和保护钢球的作用，并能在轴承工作过程中使与隔球器凹弧面接触的钢球表面得到有效的润滑，从而避免了轴承运转寿命缩减的现象发生。目前，我公司已开发多种规格工程塑料隔球器产品。2014年，该产品销售135万件。

地址：丰台区南四环西路188号5区8号楼
邮编：100070
电话：83883807

传真：83883807
电子邮箱：liu10007@163.com
法定代表人：戴树林

（杨 婷）

【铁路货车制动主管过球试验用球】由北京隆轩橡塑有限公司生产。该产品是为铁路车辆制动主管过球试验开发的一种具有可追溯性和防裂损的新型试验球。该球体采用热塑料性聚酯弹性体材料，外部可以刻打标识，内部增加了刻打使用单位代号的金属标识和具有唯一电子编码的电子标签。该产品不仅具有内外标识，且具有耐冲击、不裂损、不易磨损等特性，既实现了试验用球的可追溯性，又解决了球体裂损和不便管理的问题。新型试验用球已在铁路货车制动主管过球试验中大量应用。2014年，该产品共销售1万余件。

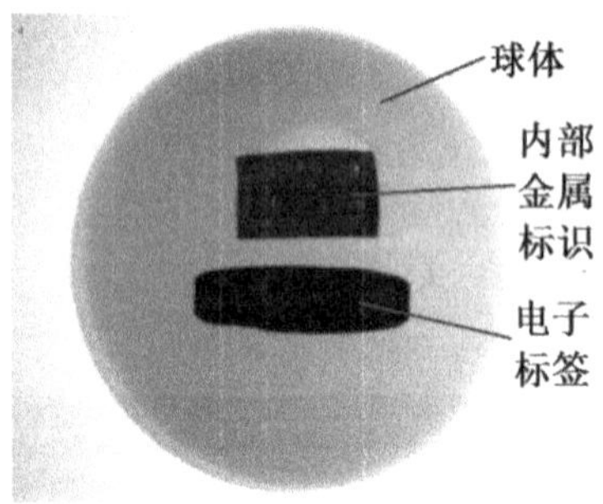

地址：丰台区南四环西路188号5区8号楼
邮编：100070
电话：83883807
传真：83883807
电子邮箱：liu10007@163.com
法定代表人：戴树林

（杨 婷）

【四旋翼无人机 Power Quad】由北京臻迪智能科技有限公司自主研发生产，于2014年年初投入使用，主要应用领域为电力巡检。其飞行时长大于25分钟；挂载最大1.5kg；最大空速大于50km/h；最大运行高度5500m；最大控制及图像传输范围大于50km（追踪天线）；风速大于12m/s；温度-20℃~50℃；噪音小于70（dBA@3m）；体积（W×D×H）为690毫米×560毫米×200毫米。传统的人工巡检方法不仅工作量大而且工作条件艰苦，特别是对山区和跨越大江大河的输电线路的巡检，以及在冰灾、水灾、地震、滑坡、夜晚期间巡线检查，所花时间长，人力成本高，困难大，风险高。电力无人机巡检系统不但能保证及时全面地进行设备巡检工作，还能记录运行数据、设备缺陷和异常情况。同时，可按用户的实际工作需求生成各种管理报表，并且能将巡检工作的结果嵌套到相关的系统中，供相关工作人员随时查询，及时掌握设备运行状况。电力无人机巡检系统已经实现一键自动检测功能，无人机在悬停一分钟之内，即可完成对完整杆塔的可见光及非可见光检测。通过图像拼接算法实现了完整复现杆塔全貌，图片资料可以覆盖从塔基到地线的每一个零件，实现100%的覆盖检测，达到了无死角、无盲区。无人机巡线的主要作业项目包括可见光录像、远距离摄影、红外热成像、绝缘子检测；使用的主要设备有高速摄像机、摄影机、红外热成像仪等。

地址：昌平区昌平镇振兴路8号8001室
邮编：102200
电话：84927768 18600673020
传真：84900668
网址：www.powervisions.com.cn
电子邮箱：nelson.li@powervisions.com.cn
法定代表人：郑卫锋

（王红彬）

【3种无线通信宽带天线】由北京米波通信技术有限公司生产。MG-O15A（B/C/D）固定式短波倒V形宽带天线应用于无线固定通信台站。产品获得国家实用新型专利，是作战和指挥车辆在停止间展开后实现通信的配套天线，可与工作频率在2~30兆赫兹，发射功率在150瓦、500瓦、1000瓦、2000瓦的各类车载和固定台站的电台配套使用，是短波电台实现全方向无静区、免调谐通信的优选天线，是具有独立知识产权的军用战术天线。该天线采用阻抗非整比变换和振子线末端加载技术，使天线的工作频带有效加宽，具有

可免天线调谐、全方向、高效率、结构新颖可靠、携带架设方便等特点。车载携行式天线两人8分钟内即可架设完成，固定式天线可方便地架设在地面或楼顶。该天线电气和机械性能优良，环境适应性强，适宜在各种恶劣环境条件下工作。尤其是该天线具有的突出宽带和中高仰角特性，以及快速架设和撤收能力，使该天线成为车载停止间通信和固定台站通信的优选天线。2014年，MG–O15A（B/C/D）型车载携行式短波倒V形宽带天线产品销量400套，共计380万元，客户主要是部队和各地军工厂。

MG–O15A 车载携行式短波倒V形宽带天线

MG–212D/E型短波垂直菱形宽带天线主要应用于固定通信台站，可与工作频率在3~30兆赫兹，发射功率在2000瓦、5000瓦以下的各类短波电台配套使用。天线采用模拟加粗天线体技术，使天线在整个工作频率范围内电气性能优越、天线通信仰角低、辐射效率高、水平面内无方向性、承载功率大、可免天线调谐，是固定台站中大功率电台全方向中远距离通信的优选天线。该天线结构新颖可靠，架设方便，占地面积小；天线馈电仓内安装了避雷器，具有一定的防雷击功能；天线结构设计独特，环境适应性强，可在各种恶劣环境条件下正常工作。尤其是该天线所具有的宽带、水平全向和低工作仰角的特性，使该天线在固定通信台站通信中以优良的性价比独树一帜。2014年，MG–212D/E型短波垂直菱形宽带天线产品销量10套，共计120万元，客户主要是部队和各地军工厂。

MG–210D型短波10米鞭状宽带天线主要应用于固定通信台站，也可应用于舰船，可与工作频率在3~30兆赫兹，发射功率在2000瓦的各类电台配套使用。该天线采用内置不平衡阻抗变换器等先进水平，使其工作频带宽，天线阻抗随频率变化平缓，全频段电压驻波比较低，电气性能优越。该天线体采用环氧布玻璃钢做外支撑杆，天线振子的连接全部采用不锈钢金属材料和内置式结构，提高了天线的抗腐蚀性、耐老化性和安全性。该天线杆体为自立结构，占地面积小。该天线环境适应性强，适宜在各种恶劣环境条件下正常工作。2014年，MG–210D型短波10米鞭状宽带天线销量6套，共计22万元，客户主要是部队和各地军工厂。

地址：丰台区南四环西路188号总部基地10区35号楼
邮编：100070
电话：52220815
传真：52220936
网址：www.mibosat.com
电子邮箱：mgkj@mgkj.com
法定代表人：王剑

（杨 婷）

【L波段自动跟踪卫星天线】由北京米波通信技术有限公司生产。该天线是车载自动跟踪卫星天线，适用于多种L波段同步轨道卫星通信系统，具有自动选择、识别和跟踪卫星的功能。利用配套的调制解调器，用户可通过同步轨道卫星实现卫星通信宽带业务。其主要技术特点为：天线集成化设计结构精巧，自动化程度高，操作便捷灵活，适用于多个卫星系统，对星时间短，跟踪精度高，具备较强的环境适应性，工作稳定可靠。2014年，L波段自动跟踪卫星天线产品销量230套，共计2760万元，主要用于部队装备配套使用。

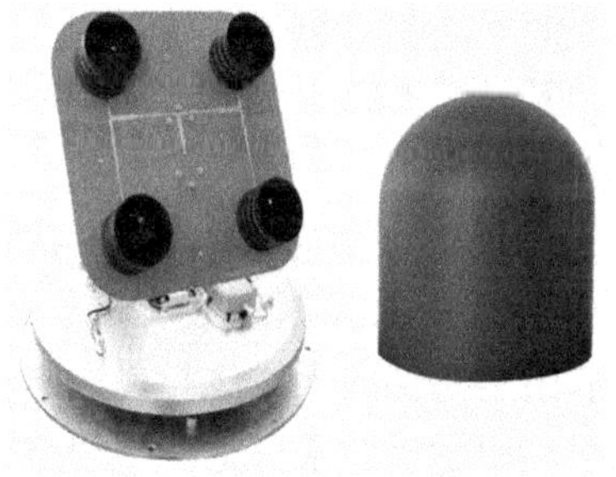

地址：丰台区南四环西路188号总部基地10区35号楼
邮编：100070
电话：52220815
传真：52220936
网址：www.mibosat.com
电子邮箱：mgkj@mgkj.com
法定代表人：王剑

（杨 婷）

【MG–S05方管形丝杠升降杆】由北京米波通信技术有限公司生产。方管形丝杠传动升降杆获得国家发明专利，是专为野外条件下通信天线或相关装备设计的升降设备，可装车使用，也可在地面使用。升降杆采用丝杠同步螺旋旋转传动结构，多节杆体同步升降原理设计，具有较小的丝杠螺旋升角，可以精确保证升降杆在有效行程内停在任何高度，在很大程度上提高了工作的稳定性、可靠性和安全性。其独特的丝杠滑动螺旋传动原理将螺旋运动变成直线运动，既能用较小的转矩得到很大的推力，又可作为减速装置，得到很大的减速比，具有体积小、载荷大、升降速度快、操作简便、应用范围广、可在规定任意高度工作等特点。同时该升降杆采用方形结构，便于稳固地安装在各种载体上，现已形成 5 米、7 米、9 米、12 米、15 米、18 米系列产品，可保证不同用户的需求。2014 年，MG-S05 方管形丝杠升降杆产品销量 35 套，共计 87 万元，主要用于部队装备配套使用。

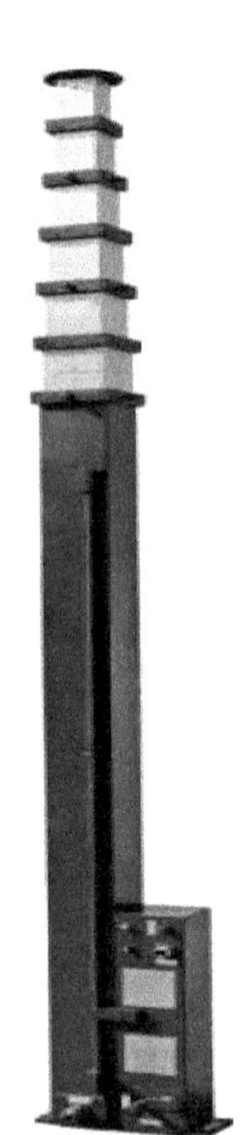

主要技术参数：起始高度 1.8~2.4 米，最大升高 5~18 米。

地址：丰台区南四环西路 188 号总部基地 10 区 35 号楼
邮编：100070
电话：52220815
传真：52220936
网址：www.mibosat.com
电子邮箱：mgkj@mgkj.com
法定代表人：王剑

（杨 婷）

【MB-300 系列短波车载半环天线】MB-300 系列短波车载半环天线是采用共振原理设计的。短波高 Q 值共振天线是利用呈感性的天线体与真空电容形成高 Q 值的共振辐射。由于天线采用了特殊的结构设计，使得其损耗电阻极低，Q 值很高。从谐振原理可知，在共振时天线的辐射功率是电台激励功率的 Q 倍，通常 Q 值大于 10。这就是说共振天线使用 125 瓦电台工作时会产生相当于 500 瓦（或以上）电台接常规天线的通信效果。该产品主要有以下 4 个特点：采用国际最新“高 Q 值”短波车载天线技术；采用 γ 耦合馈电技术，具有很高的效率，核心器件全部国产化；天调无发热器件，故没有风扇，系统效率高；天线结构稳定可靠，外轮廓低，适合安装于各种车辆。2014 年，MB-300 系列短波车载半环天线产品销量 20 套，共计 190 万元，主要用于部队装备配套使用。

地址：丰台区南四环西路 188 号总部基地 10 区 35 号楼
邮编：100070
电话：52220815
传真：52220936
网址：www.mibosat.com
电子邮箱：mgkj@mgkj.com
法定代表人：王剑

（杨 婷）

【30 瓦功率放大器】由北京米波通信技术有限公司生产。本产品适用于 L 波段功率放大，具有良好的稳定性，并能在 -40℃ ~+60℃的环境温度下正常工作，可根据用户需求进行设计。产品工作频率为 1.5GHz 或 1.6GHz，供电电压为直流 27V，输入输出接口为 SMA，最大功耗 500W。2014 年，30W 功率放大器产品销量 115 套，共计 2300 万元，主要用于部队装备配套使用。

地址：丰台区南四环西路 188 号总部基地 10 区 35 号楼
邮编：100070
电话：52220815
传真：52220936
网址：www.mibosat.com
电子邮箱：mgkj@mgkj.com
法定代表人：王剑

（杨 婷）

【紫光云计算机】紫光云计算机是紫光股份有限公司于 2013 年 12 月在全球率先推出的全新产品。特点是采用了与个人计算机和超级计算机完全不同的分布式体系架构、虚拟化技术和自主知识产权的云计算机操作系统，使信息系统的资源管理模式从分散管理变为集中管理，将 CPU 资源利用率提高 60% 以上，解决了传统信息系统资源利用率低、硬件资源浪费严重、网络环境复杂、运维成本失控和系统可靠性降低等一系列问题。紫光云计算机的计算能力和存储能力可根据用户业务需求变化，随时按需无限扩展。紫光云计算机使用软件容错技术，在节点计算资源发生故障的情况下仍能正常继续运行，并可在不切断云计算机电源的情况下取出和更换损坏的计算单元或存储单元，从而提高整机的扩展性、灵活性，以及对灾难的及时恢复能力等。紫光云计算机突破了云计算技术在行业应用中的瓶颈，可节省90%以上的部署时间，使复杂的云计算技术在行业应用中变得易于部署、运行及维护。紫光云计算机为行业用户提供了设备级的云计算解决方案，可实现一站式交付和快速部署，使复杂的云计算在行业信息化应用中真正落地，促进云计算技术在智慧城市、物联网、智能电网、智能交通、智能医疗、食品安全等新领域的广泛应用。2014年，紫光股份实现销售收入111491万元，实现利润12582万元，资产总额466992万元，所有者权益177941万元。

地址：海淀区清华大学东门外紫光大厦
邮编：100084
电话：62789898
传真：62770880
网址：www.thunis.com
电子邮箱：unis@thunis.com
法定代表人：王济武

（紫光股份有限公司企划部）

【被动式建筑能源环境系统】 被动式建筑是基于被动式设计而建造的低碳建筑，用非常小的能耗（普通建筑的10%）即可创造舒适、健康的室内环境，代表着目前世界上最先进的超低能耗建筑设计理念，是未来建筑节能的发展方向。同方人工环境有限公司“超低能耗被动式建筑能源环境系统”采用热回收技术、低温空气源热泵技术、空气过滤等多功能空气处理技术，专门针对被动式建筑冷热负荷极小、密封性极好、能耗指标极低的特点而设计，具有制冷、制热、制生活热水、送新风四大功能，有效控制室内温度20℃～26℃、相对湿度40%~65%、CO_2浓度1000ppm以下，热回收效率75%以上，并可显著降低室内PM2.5浓度。同方人环“超低能耗被动式建筑能源环境系统”高效利用可再生能源，为被动式建筑室内高质量的空气环境提供了可靠保障。同方人环参与实施的秦皇岛“在水一方”项目是“中德被动房和低能耗建筑”首批示范项目，并被列为住建部2012年国际科学技术合作项目。该项目总建筑面积8万平方米，已建成楼盘采用清华同方研发的“超低能耗被动式建筑能源环境系统”共计约200套。该项目全部建成后，每年可节约标准煤998吨，节省采暖、制冷费用198万元。仅以冬季供暖为例，该系统与集中供暖相比每年可节省运行费用75%以上，而且采用该系统的被动式住宅与普通住宅相比，室内PM2.5浓度可降低80%以上。该项目已于2013年10月通过德国能源署组织的验收，并获得由中国住建部和德国能源署共同颁发的“中德超低能耗被动式建筑质量标识证书”。2014年，同方人环营业收入超过7.32亿元，净利润4851万元，总资产超过9.34亿元。

地址：海淀区王庄路1号清华同方科技广场B座22层
邮编：100083
电话：82378866
传真：63241080
网址：www.thrh.com.cn
法定代表人：陆致成

（同方公司企划部）

【E-cloud节能云服务中心】 E-cloud节能云服务中心是同方股份有限公司下属同方泰德国际科技（北京）有限公司依托自身在能耗监测平台、节能诊断分析、建筑设备监控系统、暖通空调节能控制领域的核心技术，为用户提供综合性节能解决方案的集中体现。通过完善的系统架构，E-cloud将能耗检测、节能诊断和节能控制等多重功效融为一体，可将接入建筑的运行情况完整直观地展现在节能云服务中心监测平台上，节能专家团队可以据此进行综合诊断分析，并给出节能运行建议。同时节能运行规律可以固化到节能控制系统中，从而达到长期节能运行效果。结合EMS能源管理系统制定的行为节能管理，节能率可达5%~10%。搭配EEC节能专家控制系统，城市级节能服务综合节能率可达30%~50%。目前，同方泰德已为重庆、武汉、湖南、克拉玛依、赤峰等20多个地区提供了城市级建筑节能服务。2014年3月20日，在2013年度中国智能建筑行业产品系统品牌企业颁奖大会上，同方泰德被授予“建筑设备监控系统十大品牌”“能源管理系统十大品牌企业”和“系统集成软件六大品牌企业”3项殊荣。2014年，同方泰德总资产近23亿元，年营业收入超过13亿元，实现利润超过2亿元。

地址：海淀区王庄路1号清华同方科技广场A座22层
邮编：100083
电话：82399521
传真：82399380
网址：www.techcon.thtf.com.cn
法定代表人：陆致成

（同方公司企划部）

【FPGA CME-HR（黄河）开发板】京微雅格（北京）科技有限公司自主研发的低功耗FPGA CME-HR（黄河）开发板，是京微雅格2014年面向智能手机、平板电脑、平面显示器、便携式媒体播放器，以及家庭互联网等热门应用领域推出的低功耗系列FPGA产品，基于HR的低功耗开发平台具备丰富的IO接口，可以简单地帮助用户上手开发。其产品特点：业界超低的静态功耗；40纳米台联电低功耗工艺；高达16K LP（Logic parcel）4输入查找表；片上具有高速接口，多通道差分通道；片上集成OSC（片上晶振），减少客户的设计复杂度；海量的存储单元，实现形式多样：真双口RAM、FIFO、ROM等；高精度模拟锁相环，方便实现时钟管理；灵活与最小的封装形式，媲美ASIC；高安全性，AES加密算法，最大限度地保护客户设计安全无虞；高逻辑资源利用度，专业Primace软件。2014年度，FPGA CME-HR（黄河）开发板在工业和信息化部、科学技术部、上海市人民政府指导，由中国半导体行业协会、中国电子器材总公司、上海市经济和信息化委员会共同主办的第十二届中国国际半导体博览会暨高峰论坛上获优秀参展产品奖。

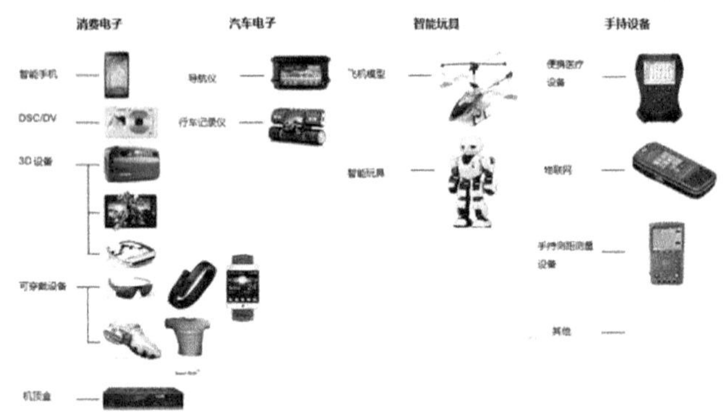

FPGA CME-HR（黄河）系列产品

地址：海淀区学院路30号科大天工大厦B座20层
邮编：100083
电话：62660566
网址：www.capital-micro.com
法定代表人：朱伟人

（张宏伟）

【FPGA CME-M7（华山）】京微雅格（北京）科技有限公司自主研发的高集成度FPGA CME-M7（华山），将12K容量的可编程逻辑资源以硬核形式整合的ARM Cortex-M3内核，以及丰富的IO和存储等资源整合在一个封装内，实现了低成本、更高的I/O密度，以及更便于拓展的设计便利性。其主要特性包括：先进的可编程架构，支持高达300MHz的ARM Cortex-M3性能，以及200MHz的FPGA逻辑性能；业界最低的静态和动态功耗，适用于消费电子、工业和汽车等领域；集成千兆以太网、USB2.0、ADC以及CAN IP；热插拔I/O避免了通信、存储和计算应用中的系统停机时间，使得组件的更换不会影响系统其余部分的正常工作；3.3~1.5V多电压，支持与多I/O标准和协议支持，如LVDS、RSDS等；基于Efuse和AES的保密机制；商业级和工业级温度范围支持。CME-M7系列可用于所有细分市场，包括消费电子、工业控制、无线通信、网络应用、成像和安全产品等。2014年，CME-M7（华山）获第九届“中国芯”最具潜质产品。

地址：海淀区学院路30号科大天工大厦B座20层
邮编：100083
电话：62660566
网址：www.capital-micro.com
法定代表人：朱伟人

（张宏伟）

【日立指静脉识别产品】由北京日立北工大信息系统有限公司生产。手指静脉识别是一种利用近红外线对生物体体内的静脉进行照射，对取得的图像进行加密，并完成认证的技术。与其他生物体识别技术相比，它具有手指静脉隐藏在身体内部，被复制或者盗用的机会很小，使用者心理抗拒性低，受生理和环境因素的影响小，克服了皮肤干燥、油污、灰尘、表面异常等因素，原始手指静脉影像从被捕获到数字化处理，整个过程不到1秒，并可触发的高准确识别率（认假率为0.0001%，拒真率为0.01%，注册失败率0%）等多项重要的特点，使它在高度安全和使用便捷上远胜于其他生物识别技术。主要可应用于企业业务系统中的客户信息管理及登录不同业务系统的信息管理等认证用途。手指静脉认证产品的外形尺寸为宽59毫米×长82毫米×高74毫米。认证数据管理软件主要用来录入手指静脉数据、管理中心的服务器认证处理以及管理手指静脉数据等。可以把认证数据分散至多台服务器，以分散认证处理负荷和风险。2012年至今，已在社保养老金领取、公务员考试、驾校考试等领域有了广泛应用。手指静脉识别产品的特点与优势：高精密度、高安全性、高可靠性、高适用性。应用范围与用途：社保医疗、金融银行、教育考试、工矿企业等需要进行身份识别的各行各业。2014年，全国销售量达11000台，销售额1100万元。

地址：朝阳区南磨房路37号华腾北搪商务大厦401室
邮编：100022
电话：51908013
传真：51908112
网址：www.hbis.com.cn
法定代表人：党杰

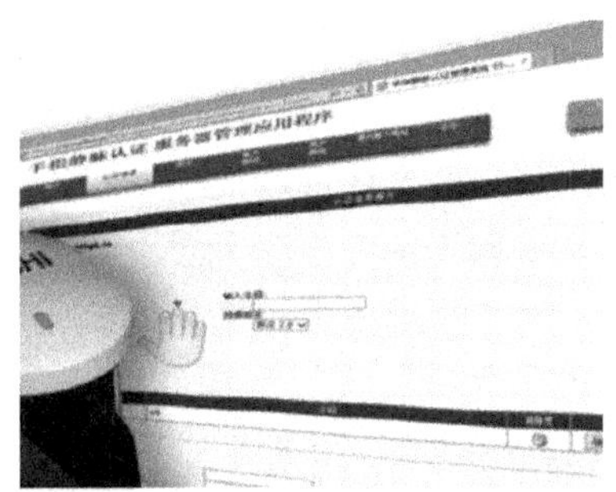

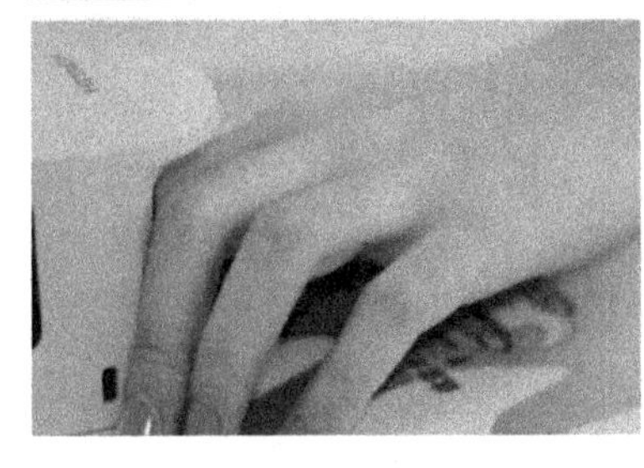

（王建华）

【智能板书互动仪一体机】由北京日立北工大信息系统有限公司生产。智能板书互动仪一体机采用红外线和超声波技术，定位准确，反应速度快，可以将电脑、中控、音箱、实物展台、绿板、投影、互动仪发射器有效地整合在一起，成为具有一键开关机功能的智能一体机。它集书写、记忆、存储、打印、控制、演示等功能于一体，真正实现人机合一、人机交流。智能板书互动仪一体机特点与优势：符合传统书写习惯，同时与多媒体完美结合；采用环保的搪瓷绿板，无眩光，可以更好地保护视力；抗磨损、易维护、可视性强；一次性施工，无须在使用时来回推拉白板，避免造成损坏；课件资源丰富。应用范围与用途：各大、中、小学院校的教育教学。2014年，全国销售量1000台，销售额2500万元。

地址：朝阳区南磨房路37号华腾北搪商务大厦401室
邮编：100022
电话：51908013
传真：51908112
网址：www.hbis.com.cn
法定代表人：党杰

（王建华）

【大推力振动试验系统】由北京航天希尔测试技术有限公司生产，是世界单台最大推力的70吨振动试验系统，标志着我国大型装备的研制能力达到了世界领先水平，将为我国航天事业、军民结合产业的发展做出巨大贡献。在中央电视台对此项成果进行连续报道后，70吨振动试验系统在全国乃至全世界范围内引起了广泛关注，为公司抢占大推力振动试验系统的国内国际市场提供了良好机遇。新研制的70吨电动振动台正弦峰值激振力达到700千牛，一阶共振频率1500赫兹，位移峰峰值100毫米，速度峰值2米/秒。该振动台采用了多项新技术，填补了国内外空白。振动台运动部件采用了新材料，在同等条件下可以提高运动部件共振频率30%以上；承载和导向采用了可扩展性设计理念，可以根据用户要求，方便地提高承载力和导向性能；功率放大器采用了水冷式高电压输出IGBT技术，相对于传统功率放大器，结构更加紧凑，效率更高，单柜输出功率是传统功放的3倍，这样原本需要10个功放柜的系统，现在只需要3个功放柜就可以满足要求。

地址：丰台区星火路1号昌宁大厦2Q
邮编：100070
电话：57812257
传真：68383130
网址：www.etssolution.net
电子邮箱：sales@etssolution.net
法定代表人：徐宏利

（杨 婷）

【感应式振动试验系统】 由北京航天希尔测试技术有限公司生产。该发明填补了国内空白项目，在国外也只有少数国家进行感应式振动台研制。感应式振动台具有运动部件无线圈、质量轻、无水电接头、冲击量级大，并且处于零电位等特点，可靠性比直接耦合式电动振动台有明显的提高，并且故障率明显低于其他类型振动台。9吨感应台进入优化设计阶段，其各项性能指标符合设计要求，同时，也满足用户使用要求，受到国外同行专家的认可，现已销往海外。2014年，感应式振动台销售情况良好，共销售4台套9吨感应式振动试验系统，标志着感应式振动台的优秀性能与先进技术特点得到了客户的认可。

地址：丰台区星火路1号昌宁大厦2Q
邮编：100070
电话：57812257
传真：68383130
网址：www.etssolution.net
电子邮箱：sales@etssolution.net
法定代表人：徐宏利

（杨 婷）

【XKR50A五轴联动加工中心】 由北京机电院机床有限公司自行设计制造的XKR50A五轴联动加工中心于2014年完成，主要用于加工燃机压气机叶轮和小型模具、特型小箱体等各种具有空间曲面、形状复杂的特殊零件，是航空、汽车、机车、模具等行业必不可少的设备。XKR50A的前部为双摆角数控转台。工件运动系统安装高精度角度编码器闭环控制。机床的刀具运动系统采用高精度滚珠丝杠驱动，安装高精度光栅尺闭环控制。为保证高速加工性能，机床的运动部件采用高强度、高刚性、轻质量的结构设计，并选取大螺距丝杠和大推力伺服电机传动。XKR50A五轴联动加工中心具有多项自主知识产权，技术处于国内行业领先水平。该产品的成功研制，填补了我国飞机发动机叶盘、机车、汽车增压器叶轮、真空分子泵转子、空分压缩机转子叶轮等加工技术方面的空白，可满足国内市场需求，在一定程度上摆脱了对国外产品的依赖。XKR50A五轴联动加工中心售价仅为进口同类产品的1/2左右。已实现销售收入370余万元，应用效果良好。

地址：朝阳区工体北路4号

邮编：100027
电话：85236939
传真：85235277
网址：www.bmeimt.com
电子邮箱：kouleilei2010@163.com
法定代表人：谷立恒

（李海涛）

【低温液体迷你型储罐】 北京天海工业有限公司充分发挥深冷介质储运设备的设计制造技术优势，2014年自主设计开发完成了容积为1~3立方米的低温液体迷你型储罐。迷你罐属于深冷低温液体储罐的一种，主要用于高纯低温液体（液氮、液氧、液氩、液态二氧化碳、液化天然气等）的储存。迷你罐主要由固定平底座、罐体及各功能管路系统组成，是在便于移动、安装的固定平底座上加装了高真空多层绝热的深冷低温液体储罐，并集成了低温液体充装、自增压、连续供液、连续供气、安全防护等多种功能的系统集成式小型供气设备。迷你罐体积小、移动方便，通过小型槽车可以直接把高纯低温液体供应给安装在现场的迷你罐，用户可获得连续不间断的高纯气体供应，避免了搬运钢瓶的麻烦，使低温液态气体供应变得快捷、简易、安全、经济，在提高生产效率、减少浪费方面收效显著。迷你罐作为代替钢瓶和杜瓦瓶的新型供气模式，其技术已日臻成熟，得到了广泛的推广使用。

地址：朝阳区天盈北路9号
邮编：100121
电话：67383444
传真：67367022
网址：www.btic.cn
电子邮箱：Techdept@btic.com.cn
法定代表人：胡传忠

（李海涛）

【双框架式LNG供气系统】 北京天海工业有限公司2014年开发完成的双框架式LNG供气系统能够加注和储存LNG（液化天然气），并提供满足发动机压力和流量要求的气态天然气，是国内众多重型卡车主机厂的主流配置。双框架式LNG供气系统由框架组件、上下气瓶瓶组、管路系统（包括充液组件、汽化器、缓冲罐）、压力和液位显示系统组成，一般安装在重型卡车驾驶室后方，通过框架组件的底梁与重型卡车大梁固定。上下气瓶组用于储存LNG；管路系统用于加注LNG，将LNG由液态汽转化为气态，并调节其压力以满足发动机使用要求；能够实时显示气瓶内压力和剩余液量，便于司机掌握气瓶情况，及时加液，保证车辆安全运行。双框架式LNG供气系统能够满足重型卡车正常运行的要求，且相比柴油节约了燃料成本。

地址：朝阳区天盈北路9号
邮编：100121
电话：67383444
传真：67367022
网址：www.btic.cn
电子邮箱：Techdept@btic.com.cn
法定代表人：胡传忠

（李海涛）

【LNG标准双泵橇】 北京天海工业有限公司2014年开发完成的LNG标准双泵橇，是将潜液泵、汽化器、管阀系统、仪表系统等集成在一个橇体上，与储罐、加气机连接后，满足汽车加注LNG（液化天然气）功能的高度集成设备。LNG标准双泵橇的特点：一是设备高度集成、质量可控，现场施工更加快捷方便；二是整站运营过程中两泵既可分别为两台加气机供气，也可以在某一台泵出现故障时自动切换到另一台泵来完成交叉供气，以保证了加气站的正常运行。通过优化双泵橇的流程设计，在保证功能齐全的情况下，与同行业其他厂家相比，阀门用量明显减少，降低了产品的成本，提升了产品的市场竞争力。由于泵橇在工厂内完成制造、试验和调试，使产品具有质量可靠、安全性好、自动化程度高等优点，同时也降低了现场施工难度和工作量，使施工周期由原来的一个半月缩短到一个月。LNG标准双泵橇的成功研发，有效地支撑了天海公司加气站业务的快速发展，同时加快了天海公司“瓶、罐、车、站”的产业链布局。按年产10台LNG标准双泵橇来计算，该项目每年可为公司创造销售收入650余万元。

地址：朝阳区天盈北路9号
邮编：100121
电话：67383444
传真：67367022
网址：www.btic.cn
电子邮箱：Techdept@btic.com.cn
法定代表人：胡传忠

（李海涛）

【1000兆瓦等级超超临界燃煤电站锅炉】1000兆瓦等级超超临界燃煤电站锅炉是北京巴布科克·威尔科克斯有限公司的主打产品之一，也是市场上新生代大容量高参数锅炉的代表产品。产品于2013年完成试制，2014年完成性能测试。在高效率、低排放的驱使及保证安全可靠性的前提下，目前电力市场主要以超临界、超超临界参数为主。舟山电厂2×1000兆瓦机组投入商业运行后，锅炉整体运行情况良好：在锅炉50%至额定负荷之间运行时，脱硝入口NOx排放均小于250mg/Nm³，有效降低了电厂脱硝运行成本；锅炉额定负荷效率为94.65%，在75%、50%负荷锅炉效率分别为94.85%、94.36%。锅炉各项技术经济指标和环保指标均优于设计值，为电厂安全稳定生产做出了贡献。经过水动力设计优化，采用螺旋管圈下炉膛及上部炉膛垂直管设计，从而降低了炉膛阻力，减少了给水泵的电耗，降低电厂运行成本。这款锅炉产品具有良好的着火和启动特性，独特的抗结焦性，燃烧的高经济性及合理的炉膛布局，煤质适应性和低负荷稳燃能力，适用于火电厂大容量高参数骨干机组。

舟山电厂外貌

地址：石景山区石景山路36号
邮编：100043
电话：68862244
传真：68861336
网址：www.bwbc.cn
法定代表人：张利群

（李海涛）

【数控不落轮旋床】该产品是北京北一机床股份有限公司研发团队，在充分消化吸收国外不落轮机床先进技术的基础上，经过自主改进、创新后形成的新产品。产品于2013年初启动设计研发，2013年12月完成首台试制产品的整机装配。产品的研制被列为“首都科技提升计划”和“北京市科技计划”课题。产品参加了2014年中国数控机床展会并荣获“春燕奖”。产品适用于地铁、动车、机车、货车及服务车辆，在车辆轮对不解体的条件下，对车轮轮缘踏面自动旋修，也适用于单个轮对轮缘踏面自动旋修，以及刹车盘的旋修。产品配备高自动化数控系统，可自动执行以下工作循环：轮对的举升和定心；轮对几何尺寸的测量；数据读出和加工设定；切削量的优化；新轮廓的测量；打印加工后轮对的主要数据报告。也可连接内部局域网络。机床的核心技术包括：拥有轮对独立的举升、对中、卡持单元，在加工过程中，轮对始终保持在正确的轴线位置上；保持摩擦驱动滚轮和车轮表面的接触；压紧、支撑、驱动机构的受力直接作用在立柱上，横梁只承受刀架重量和切削力。该产品的研制成功，适应国内高速铁路、轨道交通行业发展的要求，缩小了国产机车轮机床与国外的差距，有利于提高国产轮对机床修复技术水平，逐步替代进口产品，降低用户的采购成本。

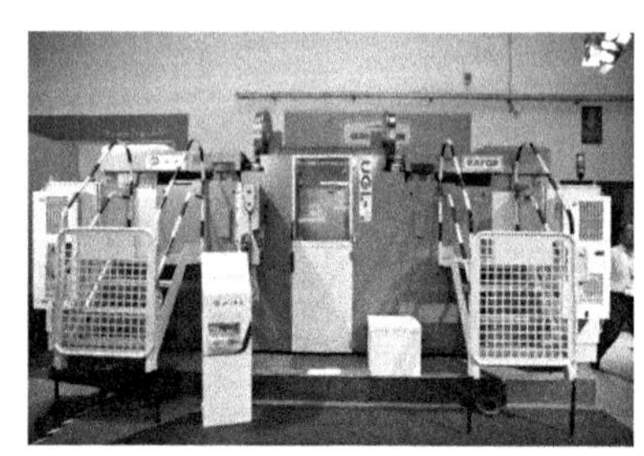

地址：顺义区双河大街 16 号
邮编：101300
电话：89496161－6690
传真：89451869
网址：www.byjc.com.cn
电子邮箱：zhouxi@byjc.com.cn
法定代表人：王旭

（李海涛）

【B3HM－039 高精度小孔珩磨机】是北京北一机床股份有限公司的产品。该机床是为汽车电控共轨柴油燃油喷射系统中燃油喷射泵组件加工特殊设计的高端珩磨类产品，也是国家 2004 年重大专项子课题之一。产品从 2012 年 1 月开始设计开发，2013 年 6 月完成。机床通过了国家机床检测中心的认证。机床适用于小孔零件高精度孔的精密珩磨加工，可加工材质硬度不同的各类通孔、盲孔和间断孔。该机床是我公司首次将高速直线电机、电主轴及光栅尺等运用到珩磨过程中，其灵活的配珩系统，解决了高压共轨系统密封的难题。通过在线自动测量装置测得的数据返回给系统，由系统自动分配珩磨余量，从而达到配珩的目的。该机床的研制成功，不仅打破了国外公司垄断此类机床国内市场的局面，而且为国家电控共轨系统国产化提供了重要支持，对国家汽车行业的发展起到推动作用，尤其是对军用汽车所需国产装备的配备有着深远的影响。随着国四排放标准的实施，在车用燃油喷射系统配套产品中，电控燃油喷射系统的比重将加大。电控高压共轨是实现国四以上标准的最重要途径，而珩磨机又是实现此技术必不可少的装备，也是加工电控共轨核心零部件喷油气体偶件的关键环节。自主电控共轨系统年产 50 万套，共需珩磨机 21 台，按每台售价 500 万元（仅是国外此类产品价格的 1/2）计算，设备销售收入可达 10500 万元，净利润按 10%计算，可达 1050 万元。

地址：顺义区双河大街 16 号
邮编：101300
电话：89496161－6690
传真：89451869
网址：www.byjc.com.cn
电子邮箱：zhouxi@byjc.com.cn
法定代表人：王旭

（李海涛）

【18 吨 ~25 吨中型履带式挖掘机用马达】行走马达 HD－XM1V174HM，以及回转马达 HD－HM1F128CM 是北京华德液压工业有限责任公司与徐州科源液压有限公司合作研发的新品项目，所研制的产品应用于 18 吨 ~25 吨中型履带式挖掘机。行走马达 HD－XM1V174HM 采用内藏式的平衡阀和溢流阀，制动采用反控制模式。其最高工作压力为 34.3MPa，最大排量为 174ml/r，最大输出转速为 2800r/min。回转马达 HD－HM1V128CM 内部装有机械式制动装置，具有良好的液压稳定性，将具有吸收冲击功能的溢流阀和补油阀紧凑地设计在马达上，并携带反转防止阀，其最高工作压力为 24MPa，最大排量为 127.9ml/r，最大输出转矩为 698.7N·m，最大输出转速为 1700r/min。该系列产品已完成 1000 小时工业性实车试验。项目的研制成功填补了国内空白，提高了我国装备制造行业的国产化水平，扭转了国内中型挖掘机液压核心零部件受制于人的局面，可为国家节省大量外汇。项目实施过程中的技术创新及引进应用，有利于提高国内液压行业制造技术的水平。

地址：北京经济技术开发区同济北路 5 号
邮编：100176
电话：83895364
传真：83895364
网址：www.huade-hyd.com.cn
电子邮箱：hd_design@sohu.com
法定代表人：杜旭东

（李海涛）

【HD－LIQZO－LES 系列高频响比例流量插装阀】北京华德液压工业有限责任公司的 HD－LIQZO－LES 系列高频响比例流量插装阀有 25、32、40、50 通径产品，主要应用于陶瓷压机、注塑机、吹塑机、冲孔机和轧板设备等。可根据输入信号的大小提供无压力补偿的流量控制。此阀与电子放大器协同工作，放大器向比例阀提供适当的驱动电流，以校准阀的调整流量，使之与供给放大器的输入信号相对应。LIQZ0−LES 三通型比例流量插装阀为集成块式安装，根据输入信号的大小提供流量控制。流量调节通过带双先导面积的阀芯滑入阀套，并提供给 LVDT 位置传感器信号来实现。阀芯由一个高性能比例方向阀强行对强的震动和机械冲击进行控制。集成式放大器经过工厂预调，保证了阀的良好性能，阀的安装和电气连接简单。产品创新点：采用两组放大器及两个位移传感器并配合比例阀，形成双闭环控制，代替高频响先导阀（伺服阀）的阀芯与阀套零遮盖结构，降低了加工难度；主阀芯采用分体结构，便于加工；采用葛莱圈封油，摩擦阻力小，运动平稳，封油效果好；主阀芯与主阀套采用配磨方式，保证配合间隙，减小泄漏量。

地址：北京经济技术开发区同济北路 5 号
邮编：100176
电话：69082994
传真：69082111
网址：www.huade-hyd.com.cn
电子邮箱：fyfs2012@sina.com
法定代表人：杜旭东

（李海涛）

【先导式大流量电液比例阀】本项目是由北京华德液压工业集团有限责任公司等单位承担的“十二五”国家科技支撑计划“先导式大流量电液比例阀关键技术研究与应用”课题，项目所研制的比例阀是全系列带位置反馈的先导式大流量电液比例方向阀。该系列产品是一种高性能比例方向节流阀，其先导级采用比例换向节流阀结构，同时主级引入位移—电反馈。与一般比例阀相比，频率响应更好，控制精度更高。位移—电反馈的引入，使得该比例方向阀可以在一定程度上实现流量的比例控制，配合叠加式压力补偿器后，能够替代比例流量阀。本项目的比例阀通径为 NG10~35，其额定流量得到大幅提高，能满足工程应用所要求的 80~1000l/min 流量范围，可应用于冶金、矿山、船舶、航空航天、军工、建筑、运输、能源、轻工机械等领域。NG10~35 系列先导式主级带位置反馈比例方向阀及配套的数字式比例放大器产品整体技术指标达到国际同类产品先进水平，产品在滞环、重复性、动态响应时间等关键指标方面处于国际领先水平。集团具备年产 20000 台的生产能力。预计该系列产品年销量为 4000 台，以单价 0.8 万元计算，可实现年产值 3200 万元，创利税 900 万元。自 2011 年项目实施以来，产品累计销售 1.2 万台，实现产值 8223 万元。该系列产品填补了我国关键基础件在先导式大流量电液比例阀技术方面的空白，打破了国外产品的价格垄断。

地址：北京经济技术开发区同济北路 5 号
邮编：100176
电话：89080425
传真：89080425
电子邮箱：fajishu@163.com
联系人：周维科
法定代表人：杜旭东

（李海涛）

【污泥干化焚烧系统及成套装备】北京机电院高技术股份有限公司生产的该成套系统，以温州项目为依托，采用以桨叶式干燥机干化 + 流化床焚烧为核心的污泥处置工艺，并配套与之相契合的余热利用、尾气处理及灰渣处理系统，将含水率 80% 的湿污泥干化至含水率 30% 的半干污泥，并将半干污泥和湿污泥混合后送入焚烧炉焚烧，充分利用半干污泥的自身热值，降低了辅助燃料的投加量，进而降低处理的直接运行成本。烟气经过尾气处理系统达标排放。该污泥处理工艺及设备，实现了污泥处置的减量化、稳定化、无害化及资源化，在国内属于领先水平。温州项目为国内首例污泥干化 + 焚烧集中处理项目，于 2013 年正式投产，缓解了温州市区的污泥处理压力，改善了周边的生活环境，并带动了配套服务业的发展，为国内其他污泥干化焚烧项目起到示范作用。本项目于 2013 年获得京城控股公司技术进步二等奖。利用污泥焚烧过程中产生的热能进行污泥干化，使热能得到高效利用，同时降低了污泥处理系统的能耗，进而降低了污泥的直接处理成本。以温州项目为例，年运行成本降低约470万元。

地址：朝阳区工体北路4号
邮编：100027
电话：85236805
传真：65023278
网址：www.bmei.net.cn
电子邮箱：lujinqi999@163.com
法定代表人：赵莹

（李海涛）

【餐厨垃圾资源化处理系统】 该成套系统是采用北京机电院高技术股份有限公司专利，将“高温湿热处理技术”和“微生物好氧发酵技术”相结合，包括生物柴油制备系统、高浓度有机废水厌氧发酵系统及高效除臭系统。处理规模从100~500吨/天，可满足不同城市餐厨垃圾资源化处理的需要。该自主开发的工艺流程符合我国餐厨垃圾特性，形成多项自主知识产权，项目工艺先进，系统稳定可靠，达到国内行业领先水平，使餐厨垃圾的处理真正达到了减量化、无害化和资源化。本工艺充分实现资源的循环有效利用，具有良好的经济效益。在预处理阶段通过分选对金属类物质进行回收利用。每100吨餐厨垃圾可形成生物柴油约1.5吨、饲料或肥料约9.5吨、沼气约1250立方米。

地址：朝阳区工体北路4号
邮编：100027
电话：85236779
传真：65023278
网址：www.bmei.net.cn
电子邮箱：yangjie@bmei.net.cn
法定代表人：赵莹

（李海涛）

【铬渣无害化处理技术成套设备】 北京机电院高技术股份有限公司通过技术创新和优化，针对当前国内的铬渣污染事件，开发研制出一系列无二次污染的铬渣无害化处理系统，形成70吨/天的铬渣干法无害化处理成套设备和450吨/天的铬渣湿法无害化处理成套设备。70吨/天的铬渣干法无害化处理成套设备适用于处置企业新产生的铬渣，其运行稳定，还可处置企业其他种类的危险废物，为企业节约环保投资成本。450吨/天的铬渣湿法无害化处理成套设备适用于处置历史遗留的铬渣，产品处理量大，可以就地建设，减少运输的风险。该设备可以通过增加生产线的形式扩大处理规模。该成套系统已经建成示范工程项目，运行情况良好，状态稳定，排放指标达到设备研发目标，并符合国家排放标准。

地址：朝阳区工体北路4号
邮编：100027
电话：85236805
传真：65023278
网址：www.bmei.net.cn
电子邮箱：lujinqi999@163.com
法定代表人：赵莹

（李海涛）

【2兆瓦高速永磁同步风力发电机】 该高速永磁同步风力发电机研发项目依托北京京城新能源有限公司引进Windtec公司高速永磁风力发电机组整机技术，按Windtec公司整机配套风力发电机技术要求，完成自主研发。在该发电机的研发过程中，参考公司自主设计的2兆瓦空冷型、1.5兆瓦空冷型和水空冷型双馈异步风力发电机技术，针对永磁机的特点，设立了两项科研课题进行技术攻关。2兆瓦高速永磁同步风力发电机与其他风力发电机相比，具有巨大的优势，如体积小，可在地面与变频器等机组配套装置实现机组联调试验，多数故障可在地面排除，提高了机舱上塔后的安全性和可靠性；机舱密闭性好，使机舱内各部

件运行的安全性、可靠性提高；整个机舱无特大型部件，现场安装条件与双馈机型相同，安装费用降低；电机发生故障时维修、更换费用低；制造时可与现有的双馈电机共用一个生产平台，生产线无须追加设备投入；发电机转子励磁采用永磁材料，替代了励磁绕组，电机的可靠性提高，故障率降低；发电机通过全功率变频器与电网连接，低电压穿越功能易于实现。

地址：石景山区吴家村路 57 号
邮编：100040
电话：51792570
传真：51792570
网址：www. jcnewenergy.com
法定代表人：仇明

（李海涛）

【3 兆瓦全功率变频高速同步风力发电机组】 北京京城新能源有限公司的 FC113–3000 全功率变频高速同步风力发电机组是额定功率为 3 兆瓦的三叶片、主动偏航、上风向的变桨距全功率变频风机。风轮直径为 113 米，轮毂中心高度 100 米，额定风速 10 米 / 秒，设计等级 IEC IIIB/IIB。FC113–3000 机组是公司在 FC2000 高速同步系列机组的基础上开发的新一代 3 兆瓦海陆两用风电整机。该机组在传统双馈及直驱技术的基础上实现了集成创新，兼备双馈技术及直驱技术各自的优点。该机组在结构上采用双馈机组成熟的传动系统，配备高速永磁发电机，通过全功率变频器并网，继承了双馈机型稳定、成熟的传动链设计，同时为了提升低电压穿越、有功无功调节等电网适应能力进行了转型升级设计，采用了全功率变频技术。全功率变频技术的使用不仅从根本上改善了电网特性，而且有效地降低了机组的载荷，使整个机型具有结构紧凑、电能质量好、发电效率高、易于维护等优点，是新一代电网友好型风电技术，在电网相对薄弱或对并网要求较高的地区具有明显优势，有着广阔的市场前景。公司已完成 3 兆瓦全功率变频高速同步风力发电机组样机的测试工作，通过了低电压穿越测试，为全球首台通过低电压测试的 3 兆瓦全功率变频高速同步风力发电机组。

地址：石景山区吴家村路 57 号
邮编：100040
电话：51792570
传真：51792570
网址：www. jcnewenergy.com
法定代表人：仇明

（李海涛）

【数控随动式（切点跟踪）曲轴磨床】 北京第二机床厂有限公司的数控随动式（切点跟踪）曲轴磨床是一款针对汽车发动机曲轴主轴颈、连杆颈精密磨削的超高速精密磨削设备，采用国际最先进的随动式磨削连杆颈技术，可用于曲轴生产线成线配套使用。该产品为国家“863 计划”、国家“高档数控机床与基础制造装备”重大科技专项的科技成果，达到国际先进水平。该产品能够一次装夹实现主轴颈和连杆颈的高效、精密磨削加工；采用超高速磨削技术、C 轴头尾架同步驱动等国际先进技术，具有敏捷、柔性、高效、精密的特点，能够一次装夹实现曲轴连杆颈、主轴颈的批量精密加工；机床采用矩形床身工作台固定，双砂轮架结构，砂轮架后移动式布局；采用国际最先进的随动式（切点跟踪）磨削连杆颈技术，通过对砂轮架进给轴与工件回转轴进行数控联动的全闭环控制；采用 120 米 / 秒高速 CBN 砂轮；能实现一次装夹、柔性调整，完成曲轴的不同相位连杆颈和各主轴颈的连续磨削，避免了传统偏心夹具式曲轴磨床加工柔性差、调整复杂的缺点；具有工件的在线测量装置与误差补偿功能。此产品销售后用户反映使用状况良好，操作简便，性能可靠，加工精度高。目前已与多家曲轴企业达成销售意向。本磨床的研发成功，填补了我国在此技术领域的空白，达到了替代进口的目的，售价仅为进口同类产品的 1/3~1/2。

地址：丰台区卢沟桥南里 4 号
邮编：100165
电话：83219527
传真：83219527
网址：www.bemtw.com.cn

电子邮箱：bjgmqi@163.com
法定代表人：王波

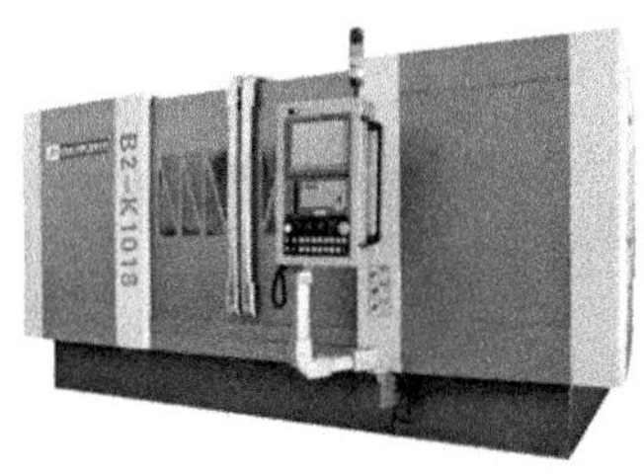

（李海涛）

【高精度数控内外圆复合磨床】北京第二机床厂有限公司的高精度数控内外圆复合磨床，是工业和信息化部2010年"高档数控机床与基础制造装备"科技重大专项成果产品，达到国际先进技术水平。产品是公司在多年从事数控磨床设计制造的基础上，通过自主创新掌握关键核心技术而开发的一款针对轴类、轴套类零件进行高效精密加工的高档数控磨床。本机床采用先进的柔性复合加工技术，一次装夹完成工件外圆、内圆、端面、锥面、非圆、曲面等部位的磨削加工，改变多台机床分序加工的传统加工方式。本产品具有加工精度高、加工效率高及加工柔性高的特点。高精度、高速、复合磨削是我国航天、航空、汽车、船舶、军工等领域不可或缺的技术，也是国外限制我国进口的产品。本机床价格仅为进口同类产品的1/3~1/2。本机床已销售两台，实现销售收入500余万元，用户应用效果良好。

地址：丰台区卢沟桥南里4号
邮编：100165
电话：83219527
传真：83219527
网址：www.bemtw.com.cn
电子邮箱：bjgmqi@163.com
法定代表人：王波

（李海涛）

【凸轮轴砂带抛光机】B2—6006型凸轮轴砂带抛光机是北京第二机床厂有限公司吸取国外先进技术，自行设计开发制造的用于凸轮轴零件外圆表面抛光加工的机床。其特点为：翻转上料结构可满足机床接入自动化生产线的要求；砂带走带机构保证在抛光过程中砂带都处于紧绷状态，保证凸轮轴的超精效果；通过油缸和超越离合器的配合，卷带机构能够保证在抛光完成后走带平稳，对走带量精确控制，确保砂带无浪费；抛光块随动结构能保证超精后的凸轮型线和均匀去除量，并能实现抛光块的快换；自动化程度高，一次装卡完成所有14个轴颈的加工；可与机械手和数控凸轮磨床配合完成全自动化磨削和超精抛光；水箱采用筒式过滤器及磁辊式过滤器两级过滤，过滤精度可达到10μm；具有完善的气压、油压、水位、油位、油温、阻塞、断带、砂带用完等报警功能，并带有工件计数器，以作为更换砂带及抛光块的参考；带有内部冲洗功能，保证内部床身保持清洁；采用全封闭防护，配有自动开关门，并有工件确认和工件加工完成确认，保证加工过程中的安全。本机床已应用于用户的发动机凸轮轴精加工生产线。此机床的研发成功，缩小了与国外产品的差距，增强了与国外抛光机竞争的能力。

地址：丰台区卢沟桥南里4号
邮编：100165
电话：83219527
传真：83219527
网址：www.bemtw.com.cn
电子邮箱：bjgmqi@163.com
法定代表人：王波

（李海涛）

【板带钢控制冷却装置】板带钢控制冷却装置是北京科技大学设计研究院有限公司生产研发的产品，完成时间为1999年，该产品包括机械设备及其自动化系统，全部拥有自主知识产权，该装置能够显著提高板带钢生产过程中的产品质量和生产效率。装置的最大冷却强度、冷却均匀性等各项指标都达到国内领先水平。该装置占地面积小，投资低，易于维护。以年产100万吨钢板的中厚板厂为例，采用控制冷却装置的每年的合计效益将在3350万元以上。2002年应用于舞阳钢铁公司的控制冷却装置，成功地开发了应用于北京奥运"鸟巢"建造所需的Q460E/Z35钢板，填补了国内空白，为实现我国科技奥运的承诺做出了应有的贡献。2014 年，该系统及相关技术实现成果转化收入 303.41 万元，系统销售收入 1216 万元。

中厚板控制冷却装置

带钢控制冷却装置

地址：海淀区学院路 30 号北京科技大学冶金工程研究院
邮编：100083
电话：62332598
传真：62332947
网址：nercar.ustb.edu.cn
法定代表人：唐荻

（何春雨）

【可充电双通道脑起搏器】 由清华大学研发、北京品驰医疗设备有限公司生产的可充电双通道脑起搏器于 2014 年 7 月获得国家食品药品监督管理总局颁发的产品注册证。该产品应用时将电极植入大脑深部，脉冲发生器植入胸前皮下，延长导线在皮下连接脉冲发生器和电极。由脉冲发生器发送电刺激信号，通过电极触点作用于脑内靶点核团，从而减轻帕金森病的症状。可充电双通道脑起搏器可通过电磁耦合的方式，采用无线方式给植入体内的刺激器充电，将产品使用寿命提高到 10 年以上，比国外同类产品（质保 5 年、使用年限 9 年）的承诺要长，而价格仅为国外同类产品的 60%。本产品是第二代用于治疗帕金森病的脑起搏器，能够让患者告别频繁更换脑起搏器的痛苦。可充电双通道脑起搏器的上市，标志着我国成为全球第二个掌握体外可充电技术的国家、脑起搏器技术步入全球先进行列。该产品上市以来，已在全国 50 多家医院进行销售，2015 年销售额超过 4000 万元。

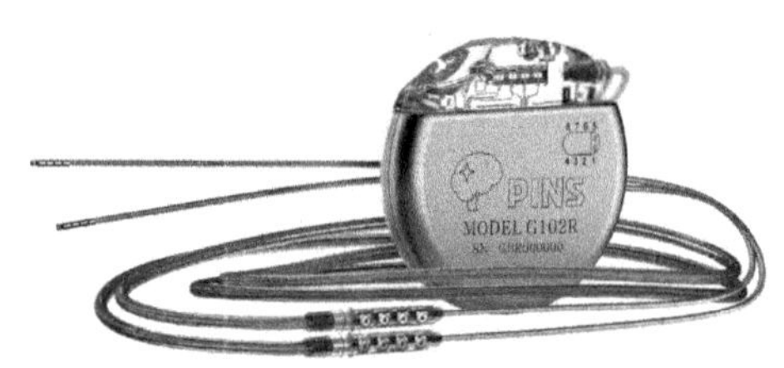

地址：昌平区科技园区兴昌路 1 号 1 幢
邮编：102200
电话：60736388-613
传真：60731567
网址：www.pinsmedical.com
电子邮箱：huchunhua@pinsmedical.com
法定代表人：张光林

（胡春华）

【联馨人工麝香】 麝香具有开窍醒神、活血通经、消肿止痛的功能，广泛用于数以百计的中成药中，但由于麝科动物栖息繁衍的特点，加上麝资源的破坏，导致麝资源难以短时间内恢复至正常捕猎条件，因此天然麝香十分稀缺。“人工麝香”是国家保密产品、国家一类新药，北京联馨药业有限公司是唯一的生产厂家。自 2004 年转为正式生产后，市场销售已遍布全国 31 个省市，近 433 种中成药、多种剂型完全用人工麝香代替了天然麝香。目前，除 6 个品种还使用天然麝香外，其他品种全面使用人工麝香代替天然麝香。自人工麝香产品技术产业化转化及推广以来，销量逐年稳步增长，成品质量得到市场的认可，产业化实施成果显著。2014 年实现产值 6.25 亿元，为保护野生麝资源，传承和满足人们对传统中医药需求做出了突出贡献。

地址：大兴生物医药基地天贵大街 29 号
邮编：102600
电话：56330366
传真：56330366
网址：bjdaxing05016.11467.com
法定代表人：王珂

（刘梅芳）

【麦邦健康自助小屋】 是北京麦邦光电仪器有限公司自主研发的社区健康筛查产品，系统应用公司多项专利技术，是北京社区健康管理自助筛查系统的第一示范系统，得到全国多个社区卫生服务机构及居民的好评，也得到了中央及一些省市领导的肯定。它能实现心脑血管病、糖尿病、心肺功能疾病、动脉硬化及骨质疏松疾病等慢性病的筛查，系统可语音提示对每个测量设备的使用，支持多人同时应用、测量、查询；支持多种身份识别卡。测量完成后数据自动传输到医生工作站及居民健康档案系统，系统查询机提供居民对测量参数、分析报告、健康变化趋势的查阅，医师医嘱及健康提升计划的编辑，提供多种自动专家评估功能，日常检查提醒居民关心个人健康，预防重大疾病的发生。2014年，产品产值达1500多万元，产品销售到北京、河北、山西、山东、陕西、黑龙江、四川、贵州等10余个省市的医院、社区卫生中心、街道等。

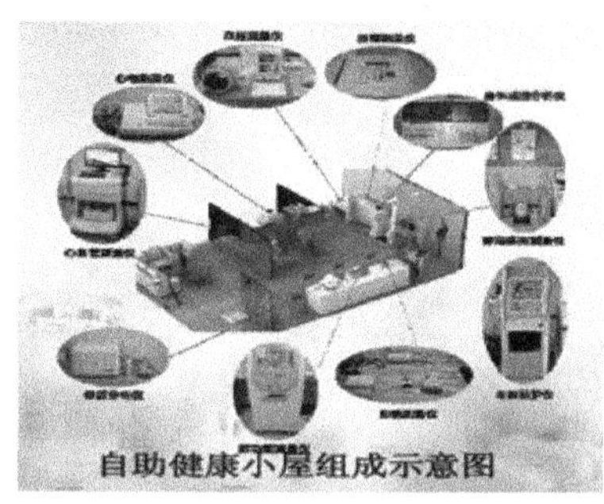

地址：大兴生物医药基地永旺路27号
邮编：102400
电话：61253800
传真：61253794
网址：www.mbelec.com
法定代表人：刘忠英

（张润令）

【麦邦居家健康监测管理】北京麦邦光电仪器有限公司自主研制生产的医疗级居家健康监测管理产品，可用于慢性病监测管理及养老健康服务，应用公司多项专利，系统有居家监测使用的心电测量仪、血压测量仪、血氧饱和度测量仪、峰值流速仪、血糖仪等健康测量设备，有外出监测使用的网络计步器、定位功能，及实时脉率测量功能、颠倒报警功能的迷你监测手表，还有夜间照护用的非接触式心率呼吸监测床垫。系统可将测量结果语言播报，同时传送短信给老人家属，自动传送到健康管理平台，供医生诊疗时查询病情，供个人查看自己的健康状况。可满足居民，特别是慢性病患者、亚健康人群、老年人等重点人群的需要。已应用于许多社区卫生服务机构、家政服务公司、有老人的家庭，并得到好评。2014年，该产品产值20余万元，在北京、山东的集中养老机构和居家养老机构示范建设使用。

地址：大兴生物医药基地永旺路27号
邮编：102400
电话：61253800
传真：61253794
网址：www.mbelec.com
法定代表人：刘忠英

（张润令）

【麦邦村医随诊箱】是北京麦邦光电仪器有限公司自主研制生产的城乡居民便携式体检设备，可通过设置测量计划，自动依次按照设定好的检测计划，开展血压、心电、血脂、肺功能、血糖、体质辨识等项目的测量，测量结果可存储在村医工作站中，并可自动通过网络传输到社区卫生服务中心健康管理平台，进行体检结果统计、分析，以及健康变化趋势的查阅。村医随诊箱基本检测项目有心电图、血压、血糖、肺功能、血脂检测、血氧、呼吸、体温及中医体质等功能，使用方便，自动形成检查报告。本产品还可与社区的血常规、尿常规、糖化血红蛋白检测仪（糖尿病诊断）、同型半胱氨酸检测仪（脑卒中筛查及孕程健康检测）、动脉硬化检测（血管健康筛查）、骨密度检测、胎心率等联网，实现卫生信息管理、慢性病预防控制、妇女保健、老年保健、健康教育等应用。产品在北京、河南等社区卫生服务中心示范应用，是医生随访的好助手。2014年，该产品产值10余万元。

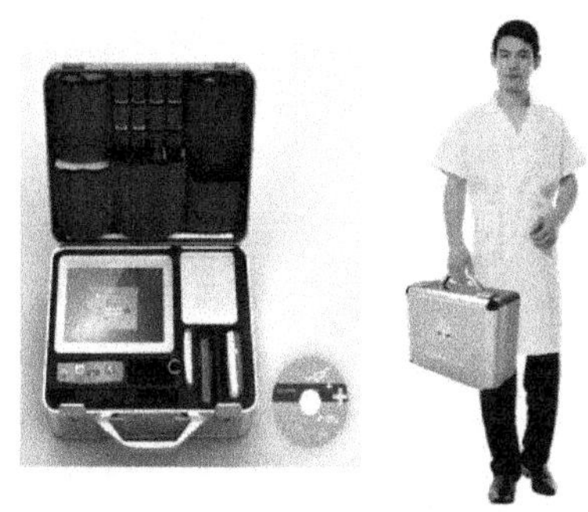

地址：大兴生物医药基地永旺路27号
邮编：102400
电话：61253800
传真：61253794
网址：www.mbelec.com

法定代表人：刘忠英

（张润令）

【III 型前胶原氨端肽】由北京北方生物技术研究所有限公司研制。PIIINP 是 III 型前胶原在细胞外形成原胶原前，被相关酶切下后，进入血液，由肾脏排泄，但部分也可从肝窦内皮细胞经受体介导而摄入。本指标升高早于纤维组织增生，且与慢性肝炎的组织学活动度和纤维化程度有显著相关，因而是反映肝损伤的指标。PIIINP 在慢迁肝、慢活肝中也升高，而在肝硬化晚期时反而下降。该产品属于肝纤维四项产品之一，2014 年，年销售量 1000 余套，临床符合率达到 80% 以上，对肝纤维化的早期诊断以及肝硬化的防治产生积极作用。

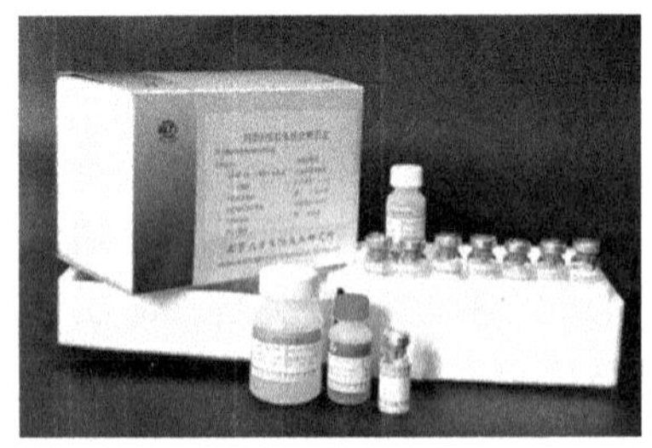

地址：丰台区潘家庙甲 20 号
邮编：100076
电话：87503116
传真：87504192
网址：www.bnibt.com
电子邮箱：bfsw_cw@163.com
法定代表人：王丁泉

（杨　婷）

【IV 型胶原（IVC)】由北京北方生物技术研究所有限公司研制。IVC 是肝脏间质基底膜的主要成分，即肝脏所含胶原的主要成分之一。在轻度肝损伤合并肝纤维化肝内胶原总量增加尚不明显时，血清 IVC 含量即可明显增加。与肝纤维化相关性较好，IV 型胶原升高者，一般预后较差。该产品属于肝纤维四项产品之一，2014 年年销售量 1000 余套，临床符合率达到 80% 以上，对肝纤维化的早期诊断以及肝硬化的防治产生积极作用。

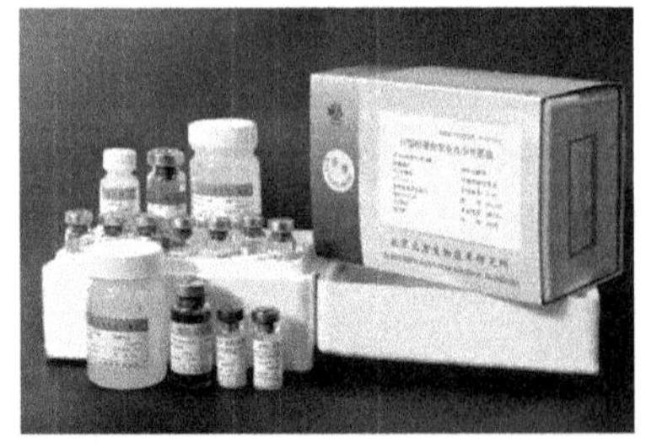

地址：丰台区潘家庙甲 20 号
邮编：100076
电话：87503116
传真：87504192
网址：www.bnibt.com
电子邮箱：bfsw_cw@163.com
法定代表人：王丁泉

（杨　婷）

【透明质酸（HA)】由北京北方生物技术研究所有限公司研制。HA 是结缔组织基质的重要成分，是反映内皮细胞功能和肝硬化的有实用价值的新指标，受损肝脏对 HA 的分解能力下降，因而可反映活动性肝纤维化和肝功能衰竭，而且能区分肝纤维化与一般的急、慢性肝炎。肝癌病人 HA 增高明显。该产品属于肝纤维四项产品之一，2014 年年销售量 1000 余套，临床符合率达到 80% 以上，对肝纤维化的早期诊断以及肝硬化的防治产生积极作用。

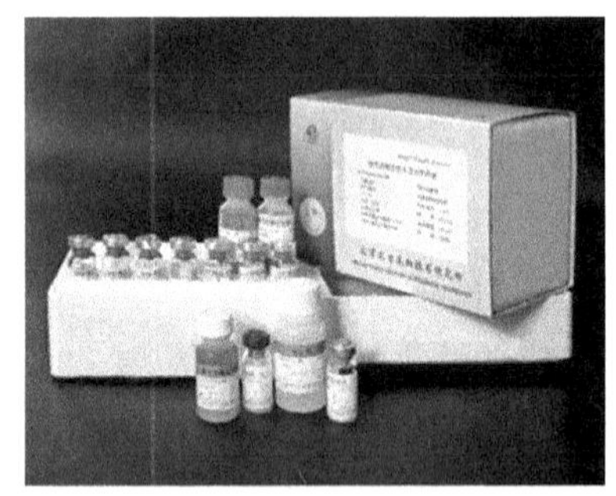

地址：丰台区潘家庙甲 20 号
邮编：100076
电话：87503116
传真：87504192
网址：www.bnibt.com
电子邮箱：bfsw_cw@163.com
法定代表人：王丁泉

（杨　婷）

【层黏蛋白（LN)】由北京北方生物技术研究所有限公司研制。LN 是细胞外间质的一种非胶原性结构糖蛋白，肝纤维化时，LN 在肝窦内有明显沉积。与肝纤维化及门静脉压力升高有关，因而同时反映慢性肝病门静脉高压，该指标在酒精性肝硬化患者中表示更为显著。该产品属于肝纤维四项产品之一，2014 年年销售量 1000 余套，临床符合率达到 80% 以上，对肝纤维化的早期诊断以及肝硬化的防治产生积极作用。

地址：丰台区潘家庙甲 20 号
邮编：100076
电话：87503116

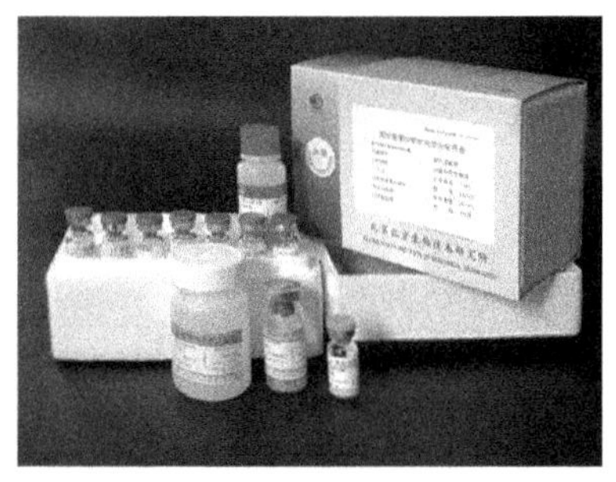

传真：87504192
网址：www.bnibt.com
电子邮箱：bfsw_cw@163.com
法定代表人：王丁泉

（杨 婷）

【HLA-B27 核酸检测试剂盒和相关检测仪器平台】 HLA-B27 核酸检测试剂盒（荧光 PCR 染料法）和相关检测仪器平台是博奥生物集团有限公司生产研发的产品。2011 年获得 CFDA 认证。试剂盒采用 Real-Time PCR 原理，定性检测人基因组 DNA 中 HLA-B27 基因。实时荧光定量 PCR 方法检测 B27，具有试剂耗材价格低廉、特异性好、准确性高、无须专门使用新鲜血液、通量较高、可进行大规模样本集中检测，且有利于实验室间数据的横向比较等优点。适用机型广泛，如 RT-CyclerTM 136、RT-CyclerTM 236 等多款实时荧光定量 PCR 仪等。HLA-B27 核酸检测试剂盒是 HLA-B27 检测领域唯一获 SFDA 认证的 PCR 产品。HLA-B27 核酸检测试剂盒可应用风湿科、骨科、眼科等多科室，可用于强直性脊柱炎的早期辅助诊断，可鉴别诊断相关脊柱、关节、眼科的疾病，便于及时诊断并合理治疗，节约诊疗成本；配套仪器设备相对小巧、简便、经济，可满足不发达地区的医院快速诊断需要；新鲜血和陈旧血都可使用，适合灵活操作的需要。该产品目前已经在国内 30 多家医院使用。2014 年，博奥生物实现销售收入 32155 万元，利润 1826 万元，资产总额 81327 万元，所有者权益 50325 万元。

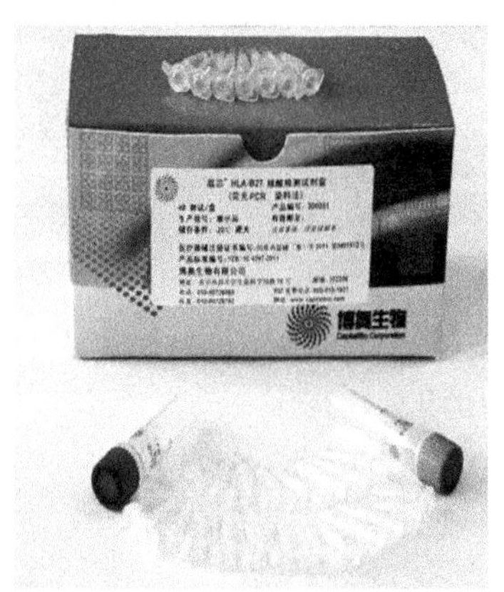

地址：昌平区生命科学园路 18 号
邮编：102206
电话：80715888 80726868
传真：80726898
网址：www.capitalbio.com
电子邮箱：office@capitalbio.com
法定代表人：周立业

（博奥生物集团有限公司企划部）

【金鱼牌内衣净】 是北京一轻日用化学有限公司产品，它是特殊污渍清除产品，技术领先。公司独有的活性酶添加技术，破解了使活性酶在液体洗涤剂产品体系中保持活性的难题。活性酶洁净因子能深入衣物纤维，轻松“吃掉”附着的各种顽渍，呵护纯棉、真丝等各种质地的内衣，护形护色。同时，产品选用了简单高效的无磷体系，温和无刺激，安全环保。在产品设计上，使用方便的喷头结构，使用时仅需少量喷洒于污渍处，稍事放置后轻轻搓洗，过水即净，本品是现代女性健康生活的好帮手。

地址：通州区中关村科技园通州园·光机电一体化产业基地科创东六街 6 号
邮编：101111
电话：81503351
传真：81503351
网址：www.bjyqrh.com
法定代表人：李锰

（一 轻）

【金鱼牌果蔬一洗净】 是北京一轻日用化学有限公司产品，它专为果蔬清洗设计，适用于蔬菜、水果、餐具的清洗。产品选用高品质原料、温和绿色表面活性剂，能快速溶解顽固污垢，洗净残留于果蔬表面的化学物质，清洁力佳；采用弱酸性食品级配方，不含磷、荧光增白剂等成分，温和安全，使用更放心；低泡沫特殊配方，100% 生物降解，易冲洗无残留，无毒无污染；优选食品级果蔬香型，使用时散发清新水果香味，安全无危害。独特的瓶口设计，拔出即可方便取用。

地址：通州区中关村科技园通州园·光机电一体化产业基地科创东六街 6 号
邮编：101111
电话：81503351
传真：81503351
网址：www.bjyqrh.com
法定代表人：李锰

（日化）

【铂金内衣产品】铂金内衣是北京铜牛集团有限公司研发的新产品。铂金内衣面料是采用铂金纤维与优质长绒棉科学混纺，与莱卡完美结合编织而成。铂金纤维中含有纳米级超微粒子白金光离子粉末，其含量不小于 0.5%，该纤维可使宇宙中的光量子反复增幅作用于人体，从而产生呵护人体健康的多种功能。产品具有加快血液循环和抑制血栓形成的作用，能够显著改善人体微循环，促进人体新陈代谢；具有抵抗疲劳、延缓衰老的功能；具有极强的抑菌和抗菌作用，抑菌率达 99%；具有极佳的亲肤透气性，是高品质生活和馈赠亲友的上选精品。该产品的成功研发，促进了铜牛产品的结构调整和品牌建设；增加了产品的附加值，满足了服装市场多元化的需求；促进了北京市纺织服装产业的进步和产业化升级；促进了新材料在纺织服装行业中的应用，市场前景广阔。

地址：朝阳区金台里甲 9 号
邮编：100026
电话：65858596
网址：www.topnew.cn
电子邮箱：mail@topnew.cn
法定代表人：张为民

（葛顺顺）

【北京方庄二锅头酒】由北京隆兴号方庄酒厂有限公司出产，该公司是“北京老字号”、“大兴区非物质文化遗产”、中华人民共和国进出口企业。该产品传承大兴南路烧传统酿酒技艺（源于 1688 年），与现代微生物技术相结合，成为引领新一代二锅头酒酿造的典范。该企业是北京市发展速度最快的白酒企业之一，2014 年实现产值 7605 万元。公司于 2014 年推出核心战略产品方庄“好下口”系列，在包装上突破了其他北京二锅头产品外观单一化的不足，采用时尚瓶形、特殊颜色。在酒的品质上传承于南路烧，具有独特的 300 年酿造工艺及独特的五粮复合香型口感。结合现代酿酒技术、针对当今消费者的消费习惯演变，首创出极受消费者青睐的独有香型，以优质高粱、玉米、大麦、小麦、糯米为原料，突破固有单粮生产模式，进行五粮酿造。采用青砖窖池，四壁外敷以秘制材料培养好的黄泥进行发酵，其秘制材料能使泥土加速在酿酒过程中的化学反应，促使醇、酯、酸的形成。所酿之酒具有“清而不淡、浓而不艳”的特质，酒体醇厚、丰满，既能保持清香型酒的风格，又有别于其他的清香型白酒，成就了北京方庄二锅头酒独树一帜的五粮复合香型产品特点。

地址：大兴区黄村镇桂村富贵路 3 号
邮编：102699
电话：61240697
传真：61257248
网址：www.bjfz9.com
电子邮箱：bjfz@126.com
法定代表人：王志军

（王志军）

【100立方米搪玻璃锥形储罐产品】由北京华腾大搪设备有限公司设计和生产的100立方米搪玻璃锥形储罐产品是国内目前技术领先、规格最大的搪玻璃产品。该产品因规格大、形状特殊、搪烧过程中易变形、易爆瓷，因而设计和制作难度很大，对工装和技术有严格的要求。该产品使用华腾大搪独有的引进技术进行生产，耐酸性强，使用寿命比普通产品长1~2倍。该产品锥形设计部分保证下料干净、不堆积物料。产品可广泛应用于石油、化工、农药、环保、制药、食品等领域。该产品及生产设备获得国家两项专利。

地址：通州区中关村科技园通州园光机电一体化产业基地嘉创二路8号
邮编：101111
电话：81502146
传真：81502146
网址：www.htdt.com.cn
电子邮箱：htdtjlb@126.com
法定代表人：高建青

（徐博非）

【锂离子电池电解液产品】由北京化学试剂研究所研发生产。锂离子电池电解液适用于各种类型锂离子电池，生产规模3000吨/年。主要有以下几大产品体系：锂离子动力电池电解液；高倍率放电锂离子电池电解液；高温锂离子电池电解液；低温锂离子电池电解液；锰酸锂、磷酸铁锂离子电池电解液；耐过充锂离子电池电解液；阻燃型锂离子电池电解液。锂电池电解液产品适用于各类一次锂电池，如锂锰扣式、柱式、异型电池，锂铁以及安全电液电池。产品规格型号齐全，可满足各厂家制作各类型电池的不同要求，如大电流快放电、小电流慢放电、高温放电、低温放电和闪灯放电等。

地址：大兴区安定镇安定南街1号
邮编：102607
电话：80239006
传真：80239006

网址：www.bicr.com
电子邮箱：bicr@bicr.com
法定代表人：周玉斌

（徐博非）

【碳纤维上浆剂】“碳纤维上浆剂的研发与产业化”是北京中纺海天染织技术有限公司自主研发项目。本项目通过对环氧树脂化学改性和对碳纤维复合材料中碳纤维与基体树脂界面性能的研究，开发出系列碳纤维上浆剂，申请发明专利3项，已授权1项，形成企业标准1项。本项目所研制的上浆剂产品稳定性好，在纤维表面铺展均匀，与环氧树脂具有良好的润湿性。经其处理后的碳纤维在集束性、润滑性、开纤性、硬体等方面达到国外进口产品性能。本项目研究技术成果处于国内领先水平，打破了国外产品对碳纤维上浆剂的垄断。产品品质达到进口上浆剂水平，能够替代进口，现已形成规模化生产。本项目的实施，提高了碳纤维复合材料的国产化率，推动了北京纺织产业的结构调整和升级，并带动相关产业的发展，在节能减排、环境保护、人才培养、扩大就业等方面取得了明显的社会效益。

地址：朝阳区光华路8号
邮编：100026
电话：65830837
传真：65830835
网址：www.zfht.com.cn
电子邮箱：ghjt@bjghjt.com
法定代表人：陈伟康

（葛顺顺）

【城市柔性建筑材料】 城市柔性建筑材料的研发与产业化是北京五洲佳泰新型涂层材料有限公司自主研发项目。本项目在新型涂层材料和节能保温篷房研发设计上进行全面攻关，拥有实用新型专利5项，申请发明专利2项。新型涂层材料应用于节能保温篷房，具有耐老化、耐低温、耐日晒、阻燃抑烟、自洁、遮光和高强力等特点。通过柔性篷面材料、主体框架结构等方面的研发设计，推出可以满足不同高度、跨度和面积、有人或无人环境、高寒、高太阳辐射地区的使用需求，应用于畜牧养殖和蔬菜种植等领域的系列节能保温篷房。本项目研究技术成果处于国内领先水平，以柔性建筑材料新产品研发和产业化为依托，促进在文化、景观、体育、商业和工业设施等领域中膜结构产品的推广应用，为节能环保做出贡献。项目产品推广应用于新疆和甘肃等高寒地区的畜牧养殖和蔬菜种植领域，为建设“丝绸之路经济带”贡献力量。

地址：顺义区高丽营镇高仁路6号
邮编：101303
电话：69272575
传真：67676838
网址：www.coatmaterial.com
电子邮箱：ghjt@bjghjt.com
法定代表人：万志潭

（葛顺顺）

【汽车结构用热连轧钢带】 为首钢京唐钢铁联合有限责任公司产品，牌号为380CL，规格为2.5~15.5毫米×1150~1830毫米×L。首钢京唐公司自2009年年底开发330CL~590CL系列车轮用钢，330CL~490CL级别车轮钢已经实现批量生产，市场认知度逐渐提高。其中380CL产量41.1万吨，占车轮钢总产量77%，成为京唐公司的支撑产品。车轮钢主要用于汽车车轮的轮辋和轮辐制作，具有稳定的力学性能、高的夹杂物控制水平和良好的表面质量。京唐380CL以其稳定的质量赢得了广大车轮制造企业的普遍认可。2012年获得中国钢铁协会颁发的“冶金产品实物质量金杯奖”。

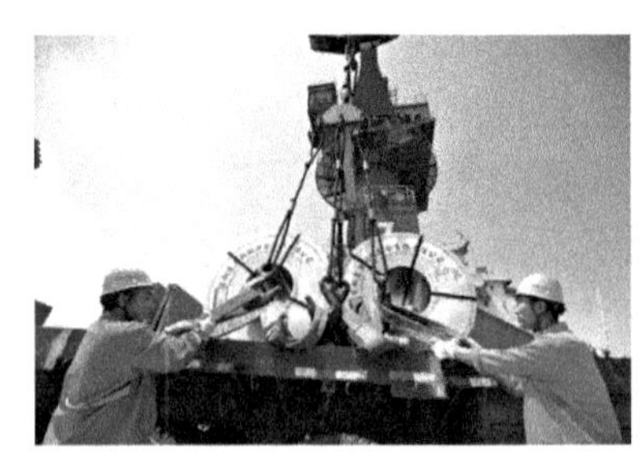

地址：河北省唐山市曹妃甸工业区
邮编：063200
电话：0315—8870066
传真：0315—8870067
网址：www.sgjtsteel.com
电子邮箱：sgjtbgs@126.com
法定代表人：张功焰

（京唐公司）

【稀有气体】 为北京首钢氧气厂产品。品种有氦、氖、氩、氪、氙产品。氧气厂生产的稀有气体产品曾获亚洲及太平洋国家贸易博览会金奖及首钢总公司十大名优产品称号，其利用液体泵与原料气瓶相结合制备超高纯气体的方法获国家发明专利。该厂生产的高纯氖气纯度可以达到99.999%。2008年生产出纯度为99.9999%的超高纯氩气和氮气。稀有气体产品广泛用于全国16个省、市、自治区，曾出口日本、美国、德国、伊朗等地。

地址：河北省唐山市曹妃甸工业区
邮编：063200
电话：0315—68872451　88294757
传真：0315—88295212　68873456
网址：www.sgoxygen.com
电子邮箱：webmaster@sgoxygen.com
法定代表人：邱银富

（韩广军）

物

2014年北京市工业主要领导干部

本名单中，区县和相关部门只列主管工业的领导，市属控股（集团）公司（包括部分中央在京工业企业）只列党、政副职以上领导。领导任职、离任时间以上级组织部门批文为准。

市级、委办局级领导

北京市人民政府副市长（主管工业） 张 工

北京市经济和信息化委员会

（北京市国防科学技术工业办公室）

党组书记 李 平

主　　任 靳 伟（2013年12月离任）

张伯旭（2月任职）

副 主 任 梁 胜（5月离任）

熊 梦（12月离任）

姜贵平（女，12月离任）

李 洪

王学军

万新恒（2013年12月离任）

童腾飞

樊 健

毛东军

纪检组组长 张国栋

委　　员 刘京辉（女）

杨旭明（12月离任）

任世强

副巡视员 邹 彤（女）

张兰青（女）

副 局 级 陈志峰

汪进军（6月离任）

王颖光

北京市无线电管理局

局　　长 陆恭超

区、县及其他单位领导

东城区

主管副区长 许 汇

产业和投资促进局局长 李照宏（9月离任）

陈 平（9月任职）

西城区

主管副区长 苏 东

发展改革委主任 吴向阳

朝阳区

副 区 长 张维刚

发展改革委主任 常树奇

海淀区

副 区 长 孟景伟

经信办主任 何建吾

丰台区

常务副区长 刘树苹（女）

经济信息化委主任 吴神赋

石景山区

副 区 长 李 艳（女）（1月离任）

司马红（女）（1月任职）

经济信息化委主任 李元涛

门头沟区

副 区 长 陈国才

经济信息化委主任 李国庆

房山区

副 区 长 吕守军

经济信息化委主任 赵永祥

通州区

副 区 长 洪 波

经济信息化委主任 陈国庆

顺义区

副 区 长 盛德利

经济信息化委主任 郭振江

大兴区

副 区 长 喻华锋

经济信息化委主任 刘士忠

昌平区

副 区 长 苏贵光

经济信息化委主任 王志刚

平谷区

副 区 长 底志欣

经济信息化委主任 崔东辉

怀柔区

副 区 长 张 勇

经济信息化委主任 周怀明

密云县

副 县 长 郭 鹏

经济信息化委主任 姜 博

延庆县

副 县 长 刘 兵

经济信息化委主任 祁增华

北京市工商业联合会

主 席 程 红（女）

常务副主席 郑默杰（女）

副 主 席 张卫江 佘运高

郑勇男 王爱民

王报换（1月任职） 王 蓓（女）

王子华 王长田

王幼君 尹卫东

刘振东 齐向东

安 庭 李玉立

李璟瑜 吴 双（女）

张宝全 陈东升

陈进忠 郃武淳

周一晨 周明德

赵 勇 赵瑞海

秦升益 秦剑锋

夏 敏 徐生恒

郭 为

中关村科技园区管理委员会

主 任 郭 洪

副 主 任 马胜杰（正局级）

杨建华（保留正局级）

宣 鸿

廖国华

王汝芳

白智勇（挂职）

周国林（挂职）

贾 堤（挂职，8月28日任职）

北京经济技术开发区管理委员会

主 任 张伯旭（2月离任）

梁 胜（3月上任）

副 主 任 高言杰

王合生

绳立成

程 京（挂职，1月离任）

袁立洪

张 伟（挂职，7月离职）

陈小男

首钢总公司

董 事 长 靳 伟
副董事长 徐 凝（1月任职）
总 经 理 徐 凝
副总经理 王 毅 张功焰
白 新 孙永刚
孙伟伟（女） 强 伟
赵民革 胡雄光
韩 庆（4月任职）
党委书记 靳 伟
党委副书记 徐 凝 姜兴宏（7月离任）
许建国 何 巍（4月任职）

北京汽车集团有限公司

董 事 长 徐和谊
副董事长 吕振清
总 经 理 张夕勇
副总经理 韩永贵 张 健
马童立 蔡速平
叶正茂 张 欣
陈 江 孔 磊
党委书记 徐和谊
党委副书记 李志立

北京电子控股有限责任公司

董 事 长 王 岩
副董事长 王东升
总 经 理 赵炳弟
副总经理 吴文学 袁汉元
谢小明 张劲松
陈勇利
党委书记 王 岩
党委副书记 江玉崑 张岳明

北京京城机电控股有限责任公司

董 事 长 任亚光
总 经 理 仇 明
副总经理 王国华 蒋自力
王 军
党委书记 任亚光
党委副书记 仇 明 赵 莹

北京京仪集团有限责任公司

董 事 长 侯子波（2月离任）
史红民（6月任职）
副董事长 张 华（7月任职）
总 经 理 史红民（6月离任）
高玉清（6月任职）
副总经理 刘世华
崔 健（7月离任）
李英龙
杨睦民（7月任职）
秦海波（7月任职）
李 晓
党委书记 史红民（6月任职）
党委副书记 侯子波（2月离任）
史红民（6月离任）
高玉清（6月任职）
李英龙（9月任职）
李学江（7月任职）
张 华 刑莉萍（2月离任）

北京化学工业集团有限责任公司

董 事 长 项大北
总 经 理 刘文超
副总经理 吕德明 张 建
孙绍刚 苏建军
何燕卿 陈 宇
党委书记 项大北
党委副书记 刘文超
张荣立

北京京煤集团有限责任公司

董 事 长 付合年
总 经 理 阚 兴
副总经理 孙德刚 周建裕
肖志军 支现伟
党委书记 付合年
党委副书记 阚 兴
常海波

北京金隅集团有限责任公司

董 事 长 蒋卫平
副董事长 王建国
党委书记 蒋卫平
党委副书记 吴 东 石喜军

北京一轻控股有限责任公司

董 事 长 张金钢（1月离任）
苏志民（1月任职）
副董事长 郭秀健（女，3月离任）
总 经 理 苏志民（1月离任）
阮忠奎（1月任职）
副总经理 彭 林 王旭东
杜罗坤 张学清
李俊杰 袁新民
于吉广（6月任职）
马建秋（12月任职）
党委书记 张金钢（1月离任）
苏志民（1月任职）
党委副书记 苏志民（1月离任）
阮忠奎（1月任职）
郭秀健（女，3月离任）
洪艳华（女，3月任职）

北京隆达轻工控股有限责任公司

董 事 长 李 玎（女）
总 经 理 张德华
副总经理 粟国锦 董 淳 李文宽
党委书记 李 玎（女）
党委副书记 张德华 战 英（女）

北京纺织控股有限责任公司

董 事 长 吴 立
总 经 理 李学彬
副总经理 顾伟达 赵宏晔
吴鹤立 贠天祥
党委书记 吴 立
党委副书记 李学彬 徐经力

北京工美集团有限责任公司

董 事 长 李 节
总 经 理 曹胜龙（2013年12月离任）
魏连伟（1月任职）
常务副总经理 王 健（3月任职）
副总经理 孟繁民
党委书记 李 节
党委副书记 曹胜龙（2013年12月离任）
魏连伟（1月任职）
杨中俊

中国北京同仁堂（集团）有限责任公司

董 事 长 殷顺海（1月离任）
梅 群（1月任职）
副董事长 梅 群（1月离任）
总 经 理 梅 群（12月离任）
高振坤（12月任职）
副总经理 丁永玲（女）张庆增（回族）
马保健（女）顾海鸥
党委书记 殷顺海（1月离任）
梅 群（1月任职）
党委副书记 梅 群（1月离任）
王 泉 高振坤（12月任职）
陆建国

北京同仁堂股份有限公司

董 事 长 梅 群
副董事长 丁永玲（女）
总 经 理 高振坤
副总经理 刘向光 朱共培
宋卫清（女） 张建勋
李兴毅 韩春举
党委书记 侯德英（女）

中国石化集团北京燕山石油化工有限公司

董 事 长 罗 强
总 经 理 罗 强
副总经理 王 哲 李 刚
党委书记 王 哲
党委副书记 罗 强 许 光

中国石油化工股份有限公司北京燕山分公司

总 经 理 罗 强

副总经理　王　哲（2013年7月任职）
华　炜（10月离任）
李清河
焦　阳（10月任职）
从　煜（10月任职）

国网北京市电力公司

总经理　尹昌新
副总经理　杨新法　李百顺（11月离任）
刘润生　安建强
杜小波　唐屹峰
党委书记　杨新法
党委副书记　尹昌新

北京二七轨道交通装备有限责任公司

董事长　杨永林
副董事长　马建勋
总经理　杨永林
副总经理　闫建华（4月离任）
高维寅　荣海峰
张志宏　曹宏晏
王洪义　乔红波
郭凤江
党委书记　马建勋
党委副书记　王玉麟

南车二七车辆有限公司

执行董事　史硕致
总经理　兰　叶
副总经理　张志山　安　卫
戴志勇　孙　斌
贾春亮　王武建
党委书记　史硕致
党委副书记　兰　叶（兼）　杜向东

北京南口轨道交通机械有限责任公司

董事长　孙　凯
副董事长　张秀臣
总经理　孙　凯
副总经理　耿　刚　樊学军
武德全　王　珩
王文颖（8月任职）
党委书记　张秀臣
党委副书记　孙　凯　宋焕其（8月任职）
曾建平（8月离任）

北京市民政工业总公司

总经理　姜　武
副总经理　张怀麟　王　瑾
王怀宁　席培利
黑昱晨　郭进生
党委书记　姜　武
党委副书记　王　瑾

京工人物

【王春光——全国机械工业技术能手】王春光，男，1982年6月出生，汉族，中共党员，技师。王春光于2002年参加工作，被分配到北京北一机床股份有限公司精密部件制造部，先后从事过普通车床、数控车床、立式加工中心、数控磨床的操作工作。现担任企业市场营销中心技术部工艺试切员。

王春光勇于创新、勤于思考，查找关键技术难点，为企业解决了多项技术加工难题。如为了减轻操作者的劳动强度，提高生产效率，完成了“助力杆”机构的技术革新；根据现场实际需要，有针对性地自制了多种适用于数控车床的轴类定位堵、工具夹头、万能尺寸车爪器和大孔径测量表等工装夹具和量具。王春光深入学习和研究轴类零件尤其是细长轴和螺旋类零件的加工，针对主轴螺纹精车、高表面质量环槽、细长轴、螺旋冷却套和尾座套筒的加工总结出了一整套切实可行的方法。2008年，王春光参加京城控股公司的技术比赛，取得数控车工组第一名的成绩，并荣获“状元”称号；2010年，参加北京市职工数控技能大赛，取得第七名的成绩；2012年，参加第五届全国数控技能大赛，取得职工组数控车床第六名的成绩。王春光先后获得北京市知识型职工先进个人、北京市青年岗位能手、全国优秀共青团员、机械工业技术能手等荣誉称号。2014年，王春光被全国机械工业联合会、人力资源社会保障部授予“全国机械工业劳动模范”称号。

（张文杰）

【申维真——全国机械工业劳动模范】申维真，女，1972年12月出生，汉族，大学本科学历，九三学社社员，毕业于河北煤炭建筑工程学院。历任首钢集团施工技术员，晓清集团副经理，北京市机电研究院设计负责人、项目负责人，北京机电院高技术股份有限公司（后更名为北京京城环保股份有限公司）设计室主任、工程中心主任、事业部副经理。

近20年来，申维真立足环保技术岗位，工作在市政污泥、危险废物，以及污水处理的工艺设计、设备设计及研发领域，担任国内多个首台套项目负责人及众多大型危废、污泥处理项目技术负责人，在技术创新、科技研发、团队建设等方面卓有建树。申维真在科技研发方面刻苦钻研，一次次定位新技术、新工艺，为公司注入技术活力。通过引进日本污泥处理技术并加以优化，采用“桨叶式干燥机＋流化床焚烧炉＋烟气净化装置”技术路线，使之适合中国泥质的焚烧，已形成市政污泥干化焚烧成套设备产品，并成功应用于多个污泥处理项目，推动了我国污泥处理技术的产业化发展。同时，申维真带领设计人员取得了10余项发明及实用新型专利，为公司的知识产权保护工作做出了贡献。申维真在团队建设方面，凭借自身扎实的专业技能以及高度敬业的工作态度，带领“申维真创新工作室”科研团队，围绕降本增效的原则，攻坚克难，优化调整方案，出色地完成了公司交予的各项设计任务，科研成果已在温州、上海、佛山、呼市、青岛等多个市政污泥处理项目中成功应用。“申维真

创新工作室”于2012年获得北京市市级优秀职工创新工作室荣誉称号。2014年，申维真被全国机械工业联合会、人力资源社会保障部授予“全国机械工业劳动模范”称号。

（张文杰）

【刘凤娟——全国五一巾帼标兵】刘凤娟，女，1971年4月出生，汉族，中共党员，毕业于哈尔滨电工学院（现为哈尔滨理工大学）。1993年7月参加工作，历任北京北重汽轮电机有限责任公司工艺处工艺员，绝缘室试验开发员，技术部副主任工艺师、主任工艺师，电机技术部绝缘防锈室主任，电机副总工艺师。

刘凤娟在汽轮发电机新产品开发、工艺改进提高、科研攻关等方面开拓创新，成绩显著，成长为学科带头人，获得行业的认可。刘凤娟参与或负责完成了中

法合作机型24千伏/330兆瓦发电机定子线棒、转子线圈、绝缘件和配套励磁机线圈等多个关键部套的国产化工作，在产品上采用了许多国内外的新技术、新工艺、新材料，攻克了24 kV定子线棒整机防电晕技术、水电接头一体化焊接技术等多项难题，促使北重公司绝缘技术水平和线圈制造工艺水平达到国内领先地位，使得该机型制造成本大幅度降低，经济效益显著，与进口定子线棒相比，每台可节省1360万元，目前已在50多台机组中成功应用，提高了公司的市场竞争力。刘凤娟成功组织完成了10多个科研技术攻关项目，多个项目获得奖励。“24千伏/330兆瓦汽轮发电机定子线棒的研制”项目分别荣获海峡两岸职工创新成果展金奖、第十八届全国发明展览会银奖、中国机械工业科学技术三等奖、石景山区科学进步二等奖；“330兆瓦机组无刷励磁机绝缘结构设计及线圈制造工艺创新”荣获市总工会、市科委的2012年度首都职工自主创新成果三等奖；“数控铣孔机专用刀具质量攻关”项目获全国机械工业优秀QC成果一等奖；“330兆瓦汽轮发电机定子国产化端箍质量攻关”项目获全国机械工业优秀QC成果二等奖；“Q96 330兆瓦汽轮发电机转子线圈匝间短路质量控制”项目获全国机械工业优秀QC成果二等奖;“330兆瓦无刷励磁汽轮发电机”项目获京城机电公司产品创新奖二等奖；“Q59定子线棒绝缘结构研究”项目获得京城机电公司优秀创新项目。2008年，刘凤娟被推选为全国绝缘结构（SAC/TC301）标委会委员，致力于编纂绝缘结构的国家标准和电机行业标准。2010年，北重公司工会创建了以刘凤娟为带头人的职工创新工作室。职工创新工作室年年破解难题，自成立以来获奖的创新成果达20余项，立项完工的经济技术创新项目50余项，并成功应用于企业产品生产。2010年6月，职工创新工作室被北京市总工会、北京市科委命名为“刘凤娟创新工作室”。2012年，“刘凤娟创新工作室”被中国机冶建材工会全国委员会授予“工人先锋号”。刘凤娟荣获北京市总工会三八红旗奖章、首都劳动奖章和中华全国总工会授予的“全国五一巾帼标兵”。2014年被全国总工会授予“全国五一劳动奖章”称号。

（张文杰）

【李奇——中国食品工业协会专家委员】 李奇，男，1961年6月出生，汉族，北京义利面包食品有限公司首席技师。

懂技术，好钻研，能吃苦是李奇的特点，厂里的实验室就是他的办公地点，在他的日历中没有节假日，经常是晚上10点以后离厂。李奇每天在生产线上巡视，对每批产品的选料、投放、制作包装过程进行全方位的监控，并形成记录。每月定期召开质量评比会议，分析产品的质量管理状况。根据面团的颜色、硬度、拉伸度，李奇只要看一看、摸一摸，就能准确判断出面粉的筋度和制作过程中的操作是否正常、规范，投料是否准确。为了把老产品做精，李奇根据消费者的喜好，增加了果料的投放比例，使面包吃起来口口有果料。在发展传统产品的同时，每项新产品几乎都是他一手研制，俄式的大列巴，欧式的法棒，切片类的香橙、鲜奶油、胡萝卜等各类面包均出自李奇之手。研发的精品果子、精品维生素面包，一上市就受到了业内人士的高度评价，被称为面包中的极品，使得传统产品得到升华，跨入礼品行列。为了丰富产品，他从上海、广州、香港等地请来技师进行交流，实现了南味北调，口味更新。作为一个具有丰富经验的高级技师，李奇不仅仅提升自身的技能，还立足长远，培养了一批批年轻技术骨干，为企业发展添后劲。他在研发每个产品的同时，总是与青年骨干一起动手，现场指导，共同探讨，培养他们的专业技能。鉴于李奇对面包工艺技术理论的深刻理解和精湛的操作技艺，2003年他成为修订全国面包行业标准主要起草人；2007年作为GB/T20981-2007《面包》国家标准起草人参加了标准的制定工作。2007年李奇被中国食品工业协会聘为专家委员，并任北京食品协会理事。2010年李奇被北京一轻控股有限公司聘为首席技师。

（一　轻）

【杨朝辉——全国机械工业“金牌教练”】 杨朝辉，男，1967年3月出生，汉族，中共党员，大学本科学历，北京市工贸技师学院高级实习指导教师、高级技师、高级考评员、高级裁判员、教育督导员。

杨朝辉为北京市工贸技师学院一线教师，钳工专业带头人，“北京市杨朝辉钳工首席技师工作室”负责人。从教28年来，他深入行业企业一线，及时掌握技术发展信息并不断增加教育培训内容，共培养了

千余名合格毕业生，很多毕业生已成为首都航空航天、现代制造企业的技术骨干。他专业技能精湛、实践经

验丰富，曾7次被聘为全国技能大赛北京市钳工代表队教练员，2次被聘为国家级技能大赛裁判员，多次主持了北京市钳工技能大赛。经他指导的学生在各类技能大赛中屡获佳绩，2人获得北京市职工技能大赛冠军，9人获得北京市学生技能大赛冠军，7人在全国技能大赛中取得名次；在2011年全国职业院校技能大赛中，他培养的两名学生分别获得第一名和第七名，同时拿到两个全国一等奖，他本人被授予全国“优秀指导教师”称号。杨朝辉潜心钻研技术，自主研发的“卧式车床深孔套料钻”技术填补了国内该项工艺的空白，取得国家专利证书并获得第十届全国技工院校教学教研技术开发优秀成果一等奖。杨朝辉积极参与教育教学改革，主编、参编教材4本，主持、参与审定市级以上技能鉴定题库4套，主持完成了北京市机械检查工题库的开发工作。经过多年的不懈努力，杨朝辉已成长为一名知识型、技能型、创新型的人才，成为一名在行业久负盛名的专家型教师，并为国家技能人才的培育做出了突出贡献。杨朝辉曾荣获北京新世纪首届职业技能大赛工具钳工冠军；2014年被全国机械工业联合会、人力资源社会保障部授予“全国机械工业先进工作者”称号。

（张文杰）

【张利群——集众多荣誉于一身的劳动模范】 张利群，男，51岁，汉族，中共党员。1984年8月毕业于西安交通大学热能工程专业。现任中外合资企业北京巴布科克·威尔科克斯有限公司党委书记、执行总裁。

作为公司的带头人，张利群积极带领管理团队科学制订公司发展规划，引进国际先进的管理体系，转变经营思路、开拓培育海外市场，使公司在行业中具备了技术领先的竞争优势。张利群任职以来，公司分别实现了多项重大市场突破。2008年，制造了世界首台60万千瓦“W”型火焰超临界锅炉。2009年，签订了直接出口越南翁岸60万千瓦锅炉岛项目，使公司由以往单纯制造锅炉而成为电站锅炉设备成套供应商。张利群领导下的公司党、工、团紧密配合，服务于企业的生产经营活动，推进党的建设和企业文化建设，确立了中外双方认同和遵循的企业文化理念，秉承“明天比今天做得更好”的企业精神，凝聚员工力量，助推企业发展。张利群带领的党委先后荣获了市国资委先进基层党组织、市先进基层党组织、中国企业文化建设先进单位等荣誉称号。多年来，张利群心系员工，把提高员工收入当作头等大事，在解决职工后顾之忧的同时，也体现了公司对员工的人文关怀，赢得了员工的高度赞誉。张利群先后荣获“北京市优秀企业家”“首都劳动奖章”“全国企业文化建设先进工作者”“全国企业党建先进工作者”等光荣称号，2014年张利群被全国机械工业联合会、人力资源社会保障部授予“全国机械工业劳动模范”称号。

（张文杰）

【陈牧云——最美丽的“电力雷锋”】 陈牧云，女，1976年2月出生，汉族，中共党员，大学本科学历，工程师，继电保护中级工。1997年7月参加工作，现任国网北京城区供电公司营销部（客户服务中心）主任工程师兼共产党员服务队队长。

作为一名党员，陈牧云同志一直以满足客户用电为宗旨，在大力拓展服务内涵、创新服务形式方面做出了突出贡献。营业厅是供电公司服务首都百姓的重要平台。陈牧云带领城区供电公司客户服务中心营业厅全体成员，通过模拟情景演练提高员工业务能力，增强应变能力，设立优质服务阳光班青年文明岗，调动员工学习热情；开展“服务因您而变，意见换礼物”活动，体现企业真诚、展现国网公司企业形象，用心做到尽善尽美。

2010年9月，公司创建“陈牧云创新工作室”，推出了新的服务举措“一站式服务”。她优化服务流程，

减少工作节点，将报装接电时间由30天缩短到5个工作日，使客户省去了来回跑路的麻烦，直接装上一户一表。“一站式服务”得到广大用电客户的欢迎与认可，客户满意度达到100%。创新工作室于2011年被北京市电力公司正式命名，陈牧云先后在《中国电力报》《中国科技财富》发表论文。

2011年，城区供电公司成立国家电网首都电力共产党员服务队专职队伍，陈牧云任队长。她带领队员们在北京东城区、西城区设立了34个挂牌服务站，先后为60余户爱心卡用户义务改造老旧内线；为社区260位高龄老人和残疾家庭免费安装遥控节能小夜灯；为北京狭窄胡同安装“太阳能路灯”，解决居民夜间出行难问题；走进学校开展“安全用电进校园”活动，增强学生的安全用电意识；连续17年在西城区福绥境敬老院开展志愿服务……累计开展差异化用电延伸服务760余次，直接受益群众5万余人。陈牧云被社区百姓亲切地称为最美丽的“电力雷锋”。

陈牧云2010年获国家电网公司服务之星、北京市电力公司建功立业标兵、优秀共产党员、巾帼岗位标兵、十佳服务之星称号；2011年获北京市电力公司十大首都电力之星称号；2012年获北京市“三八”红旗奖章、全国能源化学系统五一劳动奖章；2013年获首都劳动奖章，被评为中央企业劳动模范、国家电网公司先进班组长、国家电网首都电力共产党员服务队优秀服务队员标兵；2014年获全国五一劳动奖章。

（范晓辉）

【王小宁——首都志愿者之星】王小宁，男，1979年4月出生，汉族，中共党员，硕士，工程师。2000年7月参加工作，现任国网北京朝阳供电公司国家电网首都电力共产党员服务队朝阳供电公司分队队长。

王小宁工作10余年间，干过线路，出过方案，做过文秘，从事过用电报装服务。无论在哪个岗位，他热情细致的服务、踏实肯干的务实风格从未改变。由于工作业绩突出，2011年8月，王小宁调任首都电力共产党员服务队朝阳供电公司分队队长，成为北京市电力公司首支专业化服务队的带头人。

将党员服务队打造成为一支技术强、作风硬、服务好的标准化团队，是公司党委的要求，更是王小宁的工作方向。在服务队成立之初，王小宁积极配合相关部门开展工作，参与制定《党员服务队安全管理办法》《党员服务队工作流程》等11项管理制度及服务流程，为服务队规范化、标准化及专业化建设奠定了坚实基础。

王小宁懂得，真正高品质的服务绝不是一时冲动，而是要保证服务活动有序、高效和持久地开展下去。于是，他细心观察、认真总结，根据不同服务对象建立起“帮扶对象资料库”，将每次的服务时间、内容及效果全部记录下来，保障了服务的延续性和针对性；他积极走访北京电力客户服务中心，建立有效的互动机制；他将服务队队员按区域分组，确保工作任务的合理分配及不间断服务。2013年，王小宁带领服务分队严格落实北京公司党委“标准化、专业化、常态化”建设要求，搭建了以专业化班组为核心、兼职队伍为支撑、志愿者队伍为延伸的服务体系，在拓展服务范围、提升服务能力的同时，将党员服务队建设成为锻造品质、孕育爱心的红色摇篮。

朝阳供电公司党员服务队成立以来，先后荣获国家能源化工系统工人先锋号、国网北京电力红旗班组、首批服务队优秀示范点等称号，真正成为践行党的群众路线、彰显供电企业责任的优秀党建品牌。

王小宁被评为2011年度北京市电力公司建功立业标兵；2012年被评为北京市电力公司党委党员先锋、北京好人、北京市电力公司建功立业标兵、首都电力之星；2013年被评为北京市孝亲敬老之星、首都志愿者之星、国家电网公司特等劳动模范；2014年获首都劳动奖章。

（范晓辉）

【王雪阳——医药行业“女状元”】王雪阳，女，1975年11月出生，汉族，群众，主管药师，现为北京同仁堂商业投资集团有限公司同仁堂药店调剂部员工。

1995年，王雪阳被分配到同仁堂药店，她在学识上不断充实提升，考取了北京中医药大学中医本科专业，通过了执业药师资格考试。王雪阳在工作中任劳任怨，一丝不苟。面对繁重的工作任务，王雪阳心中首先想到的是始终坚守同仁堂的质量工作方针。在2013年，经王雪阳复核的15000余张处方未出现任何差错。为了帮助年轻同志更快更好地熟悉业务，王雪阳将自己总结的几百种中药的复习手册交给部门，方便大家学习使用；并在部门每周组织开展的业务学习活动中，承担起辅导年轻人学习的重任，充分发挥了一名同仁堂金字塔人才的作用。2012年，在全国举办的中药调剂员技能大赛中，王雪阳荣获了全国第一名。2014年，王雪阳荣获北京市总工会颁发的首都劳动奖章。

（葛　冰）

【方文军——北京市职业技能大赛冠军】方文军，男，1980年9月出生，汉族，中共党员，大学本科学历，高级技师。2000年7月参加工作，现任国网北京检修分公司吕村运维队副队长。

方文军从事变电运维工作14年来，作为基层班组技术负责人，主要参与220千伏吕村变电站全站消隐改造、多座变电站保护改造、10千伏系统改造、变电站新发间隔、线路切改等工作，在方文军的不懈努力和带动下，其所在的班组一直保持良好的安全生产形势。

220千伏吕村站全站消隐改造时期，方文军在工作上投入巨大的精力，无暇照顾生病住院的母亲，直到母亲去世也没有因为母亲的病情请过一天假，没有耽误过一天的工作。方文军为解决变电站220千伏大卡口地线操作困难的难题，研制了“临时固定地线装置”，并在工作中进行试用，取得了较好效果，在公司2012年群众性创新工作当中通过了专家组的验收。

2013年，方文军获得北京市职业技能大赛变电站值班员技能竞赛的冠军。在此次大赛当中，他获得初赛、复赛、决赛3次第一名的优异成绩，取得这样的好成绩在不了解他的人看来，会觉得有些不可思议，然而，对于熟悉他的同事们，这样的结果却在意料之中，这与他多年来在变电站运行值班工作中的辛勤付出、经验积累、严谨态度有着密不可分的联系，可以说，正是这些年脚踏实地地默默努力，造就了他今天破茧成蝶的成就。

技术传承是技术人员的重要任务，也是一项使命，身为检修公司变电运维中心吕村运维队副队长的他，全面负责班组的培训工作，把自己的学习体会、所得经验毫无保留地传授给同事们，帮助新职工提高理论水平、掌握设备知识和实际操作技能。

方文军2013年分别获得北京市职工高级职业技术能手、国网北京市电力公司先进工作者、北京市职业技能大赛变电站值班员比赛冠军等荣誉；2014年获首都劳动奖章。

（范晓辉）

【田建英——纺织战线上的“女铁人”】田建英，女，1960年5月出生，汉族，中共党员，北京五洲佳泰新型涂层材料有限公司生产总调度、党总支书记。

田建英1979年进厂，从普通工人、车间工段长成长为企业生产总调度。田建英1988年进入制品车间，作为生产主管，对制品排版、裁剪消耗、印刷字体、缝纫加工、成品合活等样样精通；2001年初，在计算机排版技术还不是很普及的情况下，为了弄清帐篷的制作工艺和排版，她一块块地裁料核准，最大限度地利用材料、降低消耗，最终攻克技术难关。2003年5月，田建英担任生产总调度后，面对从未接触过的涂层生产线和众多的技术、工艺盲点，面对从国外引进的机器设备，她每天晚上在家背工艺、学习理论知识，白天在车间里认真看工人师傅操作，下班后她拿着工艺单、卡片、色样继续到车间里比照实物反复识别，仅用短短3个月时间就掌握了从上纱、穿头、经编、配料比例、黏度到涂层的车速、温度，以及成品检验等一系列技术，使得她负责的六大车间的生产调度准确无误。

2009年，公司在订单增加的情况下，面临企业搬迁却不能停产的艰巨任务，她组织公司的青年突击队利用7天时间完成了10个办公室的搬迁工作；她每天往返于两地，采取两地生产、两地发货、两地分工合作的模式，最终实现了按时按量发货，搬迁过程中没有耽误一笔订单。20世纪90年代末，田建英率先在车间推行计件工资制，在全厂进行机制改革，实行员工工资与产品质量、生产数额挂钩，调动了职工的劳动积极性，企业产值从90年代初期的30万元增加到2002年的2000万元，提高了近70倍。在接到“512

汶川抗震救灾”帐篷生产任务后，她十几天没离开岗位一步，提出“和谐生产、共荣共进”口号，科学合理地安排生产，改分机台单干为流水作业，以提高单机效率，使设备、人员达到满负荷，每人工作24小时休息8小时，一个月里率领全体员工完成了12000顶救灾帐篷的制作，比以往30天完成4000顶产量的效率提高了3倍；2008年，公司引进宽幅涂层设备后，她在自学计算机应用排产的同时，将科学发展的思想引入生产实践，打破传统涂层模式，形成以老带新、以点带面的全员流水式生产管理，为2007年后连续3年实现1亿元经营目标立下了功劳。2015年，公司研发出了新型隔热保温涂层材料、保温帐篷等新产品，她又投入到新的生产和管理中去。田建英多次被评为北京纺织控股有限责任公司和北京光华纺织集团有限公司企业级“先进个人”“优秀共产党员”“三八红旗手”，2005年4月荣获“北京市劳动模范”，2010年4月荣获全国劳动模范，她所带领的团队先后于2003年5月荣获“全国五一劳动奖状”，2008年6月荣获“全国工人先锋号”，2013年7月荣获“郝建秀小组式全国纺织先进班组”等荣誉称号。

（李 颖）

【任铁——从部队战士到电力系统高级技师】任铁，男，1982年9月出生，汉族，中共党员，大学专科学历，高级技师。2002年7月参加工作，现任国网北京电力科学研究院计量中心现场检定工区关口运维班班长。

2005年，任铁同志从部队退伍到北京公司工作，从一名“持枪”战士成为手提“秤杆”的电力计量人。刚入职时，他是电力行业的“门外汉”，他知道，在电力行业飞速发展的今天，只有不断学习新知识、更新新观念，才能使自己跟上时代的步伐。所以，31岁的他，本着“热爱本职、忠于职守、积极钻研、开拓创新”的信念，通过自己的努力，一步步从“门外汉”变成现在的技术骨干。

2013年，北京公司承办了北京市以“创新驱动发展、技能成就未来”为主题的职业技能竞赛，这是一次将技术比武与生产实践相结合、与技术创新相结合的比赛，是发现人才、培养人才、选树人才的重要平台，也是对北京电力人精神风貌、技术水平和意志品质的一次集体检阅。在经历了激烈的初赛、复赛的比拼后，任铁走上现场气氛空前紧张的“装表接电工”决赛赛场。面对高手云集的决赛，任铁感到肩上沉重的压力。他给自己制订了“决赛准备计划”：在专业理论知识上，知识面要更广；在专业技能操作规范上，要更加娴熟精准。任铁主要负责北京市用电关口计量工作。这是一项需要有严谨科学态度的工作，差之毫厘，谬以千里，来不得半点马虎。只有在平时练就一手过硬的技术操作能力，才能确保每一次操作都准确无误。只有具备平时专业知识的积累，才能应对工作中可能突发的各种疑难问题。任铁把参加决赛准备工作与日常工作的标准化要求结合起来，相互促进，终于在2013年北京市职业技能竞赛决赛中取得理论知识与实际操作综合排名第一名的好成绩。

北京奥运会期间，任铁带队完成变电站GIS式互感器437台的现场检验等重要任务，他的团队被北京市电力公司评为“青年突击队”。任铁在工作中认真负责，他管理的46座变电站的1364具电能表，实现了自其担任组长以来连续3年多关口计量零差错。工作中，他善于发现问题，勇于创新，通过对电能表校验仪箱体的改进，使电能表现场试验时间缩短了33%，该成果获得华北电网2011年QC活动成果发布会一等奖。业余，他钻研专业技术理论，参与编写了多项标准化作业指导书和《智能站计量装置验收管理规范》，为标准化作业的推广和智能变电站计量装置顺利验收做出了贡献。

任铁2011年获北京市电力公司青年安全生产示范岗称号；2013年获北京市第三届职业技能竞赛装表接电工技能比赛第一名、国网北京市电力公司先进工作者称号；2014年获首都劳动奖章。

（范晓辉）

【孙敏——北京市三八红旗奖章获得者】孙敏，女，1961年12月出生，汉族，中共党员，研究生学历，现任北京七星华电科技集团有限责任公司党委书记、纪委书记、工会负责人。2014年由北京市妇女联合会、北京市人力资源和社会保障局和北京市总工会授予北京市三八红旗奖章。

孙敏长期从事党务工作，具有强烈的事业心和责任感，作风深入，爱岗敬业，有奉献精神，曾任北京市人民政府电子工业办公室团委书记，北京电控党委常委、组织部部长，兆维集团党委书记等职务，在所负责的各项工作中成绩突出。2011年组织调动孙敏到七星集团担任党委书记，面对年收入15亿元，拥有

7000名员工，1.4万名退、离休和下岗职工的大型企业，她继续秉持求真务实的工作作风，面对复杂局面，认真履职，敢于担当，取得明显工作业绩，得到了七星集团干部职工的一致好评。

孙敏具有很强的大局意识和战略思维能力，善于从全局的角度上把握和分析问题、开展工作，注重将党建工作与企业生产经营相融合，通过开展卓有实效的工作，营造良好氛围，推动和促进了企业和谐稳定发展。她注重制度建设，不断规范干部的选拔、任用和管理工作，结合新时期产业战略发展需要，积极推动企业优秀人才储备和培养工作，为集团发展做好人才保障。她关心职工生产生活，重视职工权益，推动企业集体合同的签订，同时进一步完善企业文化建设，强化职工的归属感和责任意识，推动企业综合竞争力的提升。

孙敏思维敏捷、创新力强，具有较高的政策水平和较强的组织领导、统筹协调和推动工作的能力。面对企业改革调整中出现的职工上访、退休人员利益诉求集体访、孙河农租房腾退安置等复杂问题，她主动担当，耐心接待，并多方协调整合资源，妥善处置矛盾，化解不稳定因素，为企业和谐发展和社会稳定做出了突出贡献。

（全 意）

【杨晓敏——北大未名生物工程集团领军人物】杨晓敏，女，出生于1962年12月8日，汉族，中共党员，现任北京北大未名生物工程集团有限公司董事、总裁，主要负责企业管理、品牌建设、工程建设管理等工作。曾在航空部三零二医院任职，担任妇产科医师、主治医师；在北京医科大学第三医院担任主治医师。具有丰富的医学知识及多年从事临床及教学的工作经历；不仅熟悉医学科研、临床、教学及相关工作，而且熟悉生物制品及相关药品立项、报批政策与法规。具有丰富的新药临床试验管理及新药报批经验；曾负责国家一类新药α1b干扰素的Ⅲ期临床试验管理，为该项目顺利完成研究开发到产业化、商业化奠定基础；在α1b干扰素的商业化进程中，为打造中国干扰素第一品牌——赛若金创造过令同行叹服的销售业绩；以现代企业管理、商品售后管理、企业形象管理等优势专长，成功打造世界生物经济策源地、中国最具国际影响力和竞争潜力的生物产业龙头企业——北大未名生物工程集团有限公司；与其高管团队成功经营其下属企业、中国第一个现代生物技术制药企业——深圳科兴生物工程有限公司；参与国家863计划“生物技术产品数据分析和处理”课题研究，协助编著发行《中国生物产业调研报告》。杨晓敏在经营企业之外，同时还担任中国医药生物技术协会副理事长，中国医师协会理事，南京医科大学副董事长、兼职教授，中国生物工程学会产业促进会特聘《生物与新医药产业动态》编委等职务。

（鲍延磊）

【李嘉强——拥有多项技术发明的医学博士】李嘉强，男，博士，中国国务院侨办海外专家咨询委员会委员，美国内科学院特邀直选院士，哈佛大学临床医学科学家，生物科技研发专家与企业家。现任强新科技集团董事长，哈佛大学BIDMC医院董事兼艾克曼分子治疗研究中心主任，哈佛大学内科消化道疾病专家与博士后导师，美国波士顿生物技术公司董事总裁兼临床研发执行官，国际住友制药集团执行官兼全球癌症研发与事业总裁。

李嘉强是拥有50多项发明的国际领军生物技术研发专家。李嘉强发明的不对称RNA技术被国际同行专家认为是有望取代当今其他技术的设计人类基因干扰治疗药的新一代基础核心技术。李嘉强及其团队在基因干扰治疗和新型抗癌药物的设计方面的一系列创新处于国际领先地位。（1）癌症治疗。发明了国际最领先的癌症干细胞靶向药物（BBI608），在FDA的I/II期临床试验中对晚期癌症显示超常疗效潜力。发明了国际上第一个癌转移基因（cMet）特异靶向药物（ARQ197），在全球多中心临床试验中对癌症有显著疗效。（2）基因干扰治疗。发明了不对称RNA干扰技术（aiRNA），是基因干扰药设计的基础技术，被认为有潜力用于设计治疗包括癌症、病毒病、糖尿病、心血管病等在内的人类疑难疾病的药物。李嘉强发明了跨界基因干扰技术，研发出世界第一个口服基因干扰药，获FDA批准进入临床试验。

李嘉强是国际上成功创建改建生物技术公司为数最多的企业家之一，包括Cyclis公司（并购）、ArQule公司（纳斯达克）、Cequent/美瑞纳公司（纳斯达克）、AIRNA和BBI生物技术公司等。李博士的发明在美国融资近2亿美元，是保持全成功纪录的极少数生物技术系列企业家之一。他曾任拥有数百位研发科学家的公司的总科技执行官，ArQule-罗氏联合研发委员会主席，曾是美国上市生物技术公司中最年轻的总科技执行官之一，是最早在美国的上市企业中总管从药物设计到临床试验的医药研发全部过程的中国人。

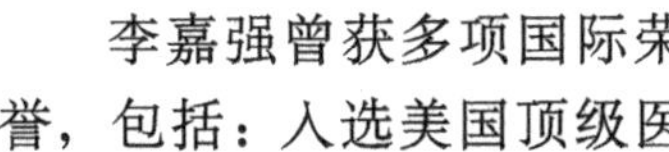

李嘉强曾获多项国际荣誉，包括：入选美国顶级医师、美国内科学院特邀直选院士（第一个直接入选的来自中国的华人）、韩国科技部生物技术国际研究奖、2010年美国年度技术创新奖、韩国著名Dongguk大学荣誉教授、美国麻州亚美委员会颁发的杰出亚裔成就奖（唯一获奖华裔，2012）、中国旅美科技协会终身成就奖（2013）、美国麻省杰出移民企业家奖（高科技企业类唯一获奖者，2013）等。2014年李嘉强博士当选美国国家发明家科学院（National Academy of Inventors）院士。

（张宏伟）

【张冬梅——“北京榜样”评选十强】 张冬梅，女，1965年4月出生，汉族，中共党员，享受政府特殊津贴技师，现任北京同仁堂股份有限公司同仁堂制药厂亦庄分厂综合车间传统工艺展示线（简称“安牛班”）班长。

多年来，张冬梅立足岗位，以高标准严格要求自己，发挥创新思维，通过实施“轮岗制”工作方法，有效提高了班组职工的生产技能和生产效率，不仅确保了安宫牛黄丸的产量逐年递增，而且勇于探索、开拓创新、引领示范，培养了多名技术工人，为班组高质量地完成车间和厂部下达的生产任务奠定了基础。张冬梅以精湛的技法，先后向来自世界各地七八十个国家和地区的上万名中外宾客，展示了同仁堂的传统手工加工绝活。2009年，张冬梅所在的安牛班荣获北京市总工会颁发的“工人先锋号”称号。张冬梅连续多次被同仁堂集团评聘为“首席职工”“首席技师”；2010年，张冬梅被北京市政府授予“北京市劳动模范”称号；2014年，张冬梅入围中共北京市委宣传部、首都精神文明建设委员会办公室、北京市人力资源和社会保障局主办的“首都精神文明建设奖之北京榜样”评选十强。

（葛 冰）

【陈炎顺——首都劳动奖章获得者】 陈炎顺，男，1965年3月出生，汉族，中共党员。陈炎顺同志1994年加入京东方科技集团股份有限公司（原北京东方电子集团股份有限公司，简称京东方），现任京东方副董事长、总裁、党委副书记，知名企业家，经济学硕士，高级会计师，财务专家，国内著名资本运作、企业并购和企业管理专家。

京东方是一家致力于显示领域的高科技企业，在陈炎顺直接负责和指导下，京东方紧紧抓住国内证券市场创新发展机遇，于1997年6月在深圳证券交易所发行境内上市外资股（B股），于2000年12月增发A股，成为北京市唯一一家A、B股上市企业。企业成功上市为京东方产业发展赢得崭新平台和机遇，为京东方实现战略提升和企业能力提升创造积极条件。

2001年，京东方实行“走出去”战略，发展新型显示器件——薄膜晶体管液晶显示器（TFT-LCD）业务。在董事会领导下，由陈炎顺负责，通过跨国并购方式，使京东方走出了一条跨越式TFT-LCD发展道路。2003年1月，京东方以3.8亿美元收购韩国现代（Hydis）TFT-LCD业务，进入一直被国外厂商垄断的显示领域，成为全球主要TFT-LCD厂商之一；该笔收购也成为当时中国高科技企业最大的海外收购案。收购后，京东方迅速实施该产业“国内落地”计划，于2003年9月在北京投资建设第5代TFT-LCD生产线，并于2005年5月成功量产。京东方通过“境外收购—海外融资—国内建设—带动配套”发展模式，不仅实现企业自身快速发展壮大，而且也带动引进大量国外资金、先进技术和管理经验，在较短时间内推动国内相关产业实现跨越式发展。

2006年，陈炎顺出任京东方总裁，带领经营团队深入贯彻科学发展观，坚持自主创新，大力推进目标责任制，促进企业快速发展，先后投资建设成都4.5代线（2008年3月）、合肥6代线（2009年4月）、北京8.5代线（2009年8月）、TFT-LCD工艺技术国家工程实验室（2009年4月），现均已实现成功运营；2011年以来，又先后建设合肥8.5代线、鄂尔多斯5.5代线及重庆8.5代线，占据新型显示战略先机，为未来实现弯道超越奠定良好基础。在生产和技术统筹运营方面，陈炎顺始终坚持“专业、敬业、简单、高效”原则，对内指导、协调集团及各子公司经营管理，确保集团各事业部之间协调运行，全面完成董事会提出的各项主要经营指标，对外开发和沟通客户、投资者，拓展集团业务，维持客户关系；在规范公司治理结构方面，通过改善提高公司业务管理水平，确保集团经营合规、可控和运营有效；在模式创新方面，积极探索制度创新、管理创新和商务模式创新，以适应企业超常规发展对管理提升的要求。今天的京东方已成为中国领先的显示产品与解决方案提供商，是中国唯一能够生产全系列半导体显示产品的企业，也是唯一自主掌握显示产业完整技术能力的企业。截至2013年12月31日，公司注册资本超过135亿元，总资产近千亿元，员工人数超过33000人。

陈炎顺一直非常注重企业自主创新能力提升以及技术人才培养，推动京东方技术创新体系建设、专利与专利风险防范，扎扎实实做好技术人才发展工作。2013年，京东方年新增专利申请数量超过4000件，位居全球业内前两名，培养出一大批半导体显示产业管理和技术人才，为中国半导体显示产业进步做出积极贡献。2014年，他获得首都劳动奖章。

（全　意）

【赵胜军——爱岗敬业的好职工】赵胜军，男，1964年6月出生，中共党员。赵胜军原是一家国有企业的下岗职工，竞聘来到合资企业北京华联印刷有限公司就业。他凭着脚踏实地、勤于学习、甘于奉献和爱岗敬业的精神，在平凡的岗位上，做出了不平凡的成绩。来到华联后，他对新的工作十分珍惜，很快就顺利地进行了角色转换。十几年来，他勤勤恳恳、任劳任怨、不计名利得失，从物料部仓储科一名普通员工一步一个脚印地被被提升为仓储科主任。在他的安排和带领下，库房环境得到了明显的改善，在公司每月安全大检查中，没有出现过一次失误，多次受到公司领导的嘉奖表扬。他凭着认真、努力和一丝不苟的敬业精神，把杂乱无序的库房工作整理得井井有条，大大提高了库存管理的效能，每年都能为公司节省纸张损耗20多吨，增收10多万元，十几年共为公司节约100多万元。电脑对于年近半百的赵胜军来说是个新鲜事物，为了学好电脑，他在繁忙的工作之余，勤奋学习，公司的领导、同事、下属，甚至他的儿子都是他的老师。很快他就能熟练地运用电脑管理各项业务，“干一行，爱一行，专一行，精一行”一直是他的工作目标。由于表现突出，他多次受到北京华联印刷有限公司的嘉

奖，2003年被评为“公司十佳员工”，2004年荣获中国印刷总公司“先进个人”称号，2009年被评为“中华安全保卫突出员工”。他曾连续3年被评为开发区“爱企业的好职工”。

2012年8月，公司组建储运部，公司领导再一次把重任托付给了他，让他主要负责运输科的工作，他凭着对工作的执着，满腔热忱地投入到一个新的领域。面对困难重重的物流运输工作，他并没有退缩，通过半年的努力，他规范了发货流程，将之前的“零乱差”变成了现在的“示范岗、零投诉”。不但圆满完成每月3000多单发货任务，还为公司节约了几十万元运费，得到了公司领导的认可。2013年5月他所带领的团队荣获共青团北京市委经济技术开发区工作委员会“青年文明号”称号，也是在这一年，他光荣地加入了中国共产党。2014年他获得首都劳动奖章。

（研究室）

【胡婷——机器人研究领域女博士】胡婷，女，1980年3月出生，中共党员，博士。任安川首钢机器人有限公司技术部仿真设计科科长。

她有强烈的事业心和责任感，并有广泛的群众基础。她爱岗敬业，勇于创新，甘于奉献，在增强自主创新和产业核心竞争力，建设创新型企业方面做出了突出贡献。2007年她进入公司后，运用自己掌握的理论知识，在生产中进行积极探索和实践，使机器人仿真技术在公司得到较快的提升。南京长安福特马自达白车身自动化生产线是公司首次在大型生产线上运用离线编程技术，她刻苦钻研，攻克了工作站内机器人

之间的路径规划、干涉区设置、节拍预测等难题，创造了干涉区设置方法，总结、编制了点焊项目离线编程的工作流程，填补了公司机器人仿真技术干涉区设置方法的空白。汽车内饰件机器人水切割项目，由于切割的工件大部分都是不规则的复杂形状，按常规方法做机器人仿真，不能同时满足加工精度和生产节拍的要求。为解决这一难题，她创造了直线插补提高节拍和切割部分单独校准的仿真方法，获得了成功，其仿真技术处于国内领先水平，对提高国内机器人水切割方面的技术水平起到了促进作用。她不仅具有突出的技术创新能力，而且具有较强的组织协调和管理能力。在坚持严谨的科学作风的同时，她善于组织课题，带领团队攀登一个又一个技术高峰。她在自己平凡的工作岗位上，不断积累经验，创造了一个又一个令人瞩目的成绩，其中，机器人本体误差校准达到国际先进水平。2014年，她获得首都劳动奖章。

（研究室）

【荣喜元——北京市创业企业家】荣喜元，男，1955年3月出生，汉族，大学文化，中共党员。现任北京厨房设备有限公司副董事长、北京隆达东方电器有限公司执行董事。先后在北京寰宇电器公司、北京市东方电器公司、北京王麻子工贸集团担任总经理职务。

荣喜元从事企业经营管理工作40余年，有着深厚的企业管理理念和丰富的企业管理经验。他先后任职的这几家企业都是受命于企业危难之际，到企业任职后，面对企业的种种困难，能够以一个共产党人满腔的热忱，用高度的责任感、使命感和不断开拓进取的精神，脚踏实地、忘我工作、无私奉献，带领广大干部职工锐意进取、克服各种困难，最终使企业逐步走出生存困境，走向健康赢利的良性轨道。北京厨房设备有限公司步入2000年后，经营日益困难，集团整体效益逐年下滑，2010年厨房公司年度亏损达360万元，公司经济跌至低谷，生存受到了严峻挑战。在北京厨房设备有限公司极度困难的情况下，2010年8月份荣喜元受命于该企业任党委书记和法定代表人。按照隆达公司关于北厨公司与东方电器实施组织重组工作安排，荣喜元根据企业现状，经认真调查研究，决定实现两个企业的管理合并，要求管理干部人人任实职、干实事、工作满负荷，通过重组，减员约50%，采取待岗、下岗、签订试用协议3种方式妥善安排了不胜任岗位要求的员工，形成了领导班子统一、管理机构统一。首先他从企业基础管理和资源管理找准突破口，提出了“止血、堵漏、干活、挣钱、吃饭”的十字工作方针，同时制定了企业3~5年发展规划，并全力实施。履职半年中，他通过管理整顿，清理厨房挂靠人员34人，为企业节约保险支出60多万元。他组织相关部门开展全面整章建制工作，先后制订、修订、完善各项制度47个，并编制了企业员工手册。他突出“严格”二字，强调一切用制度，用制度管人、管事，在全体员工中形成了敬畏制度、自觉遵章守制的良好习惯；通过全面预算管理及经济责任制考核，在企业建立了明责、履责、问责机制，使职工明确了工作职责、工作标准、奖惩标准，并严格落实，增强了员工的责任感和使命感，在企业中形成了遵章守纪、积极向上的良好工作氛围。为了更好地规范企业管理工作，他带领员工利用3年时间，完成了企业ISO 9000质量认证、安全生产标准化二级企业创建工作，并通过不断监督、检查，使企业基础管理工作常态化，真正诠释了管理出效益。在加强基础管理整顿的同时，荣喜元对经济实体行为进行了规范，与二级企业签订了管理合同，在接受集团监控的前提下自负盈亏、自主经营，每年按一定比例收取各分公司净利润额，仅一项就每年增加公司收入20万元。在挖掘资源潜力、提升资产质量上他也狠下功夫，将原有市区办公场地进行物业经营，集团本部迁至门头沟办公，每年年增加收入100余万元；将大兴区所属的闲置厂房简易改造用来进行物业经营，每年增加收益300万元；对企业现有主要资产进行了认真、详细的调查研究，提出了自我开发和合作开发的方案，预计3~5年资产质量得以大幅度提升，预期提高效益3000万元以上。铝梯产品出口项目是东方电器公司经营10多年的产品，荣喜元始终把技术创新作为提升铝梯产品国际市场竞争力、提高产品品质、降低产品成本、提高生产效率的关键。近3年来共开发新产品8项，通过技术改造和引进机器人焊接技术，不仅降低了人工成本，更提高了工作效率，通过一系列的技术改造，使日产180台增加到650台以上，销售收入从2010年的1500万元递增至2013年的4537万元，产品质量也得到了外商的高度赞扬。荣喜元深知，只有充分挖掘国有资产的潜在能力，提高企业的市场竞争力，才能使企业甩掉历史包袱，迅速转型，为此，他积极推进企业的改制工作，任职期间，于2012年12月份完成北京厨房设备有限公司改制工作，引进活化资金4421.76万元；2013年4月完成北京市东方电器公司改制工作，引进活化本金3579.02万元，厨房+东方联合体通过改制，共吸引活化资金8000.78万元，为企业的转型发展，奠定了坚实的基础。履职4年来，主营业务收入4年累计完成16870万元，环比增长151%；总资产率由2010年12月底的8771万元增长至2014年的28828万元，环比增长229%；利润总额4年累计完成2963万元，环比增长12920%；资产负债率从2010年12月底的67.88%，下降到2014年12月的40%；在职职工收入每年保持了12%以上的高速增长，真正实现了企业健康赢利，员工健康成长的核心价值观，使员工充分享受了改革成果。荣喜元2014年度被评为北京市创业企业家。

（厨房公司）

【**贾清水——教育战线首都劳动奖章获得者**】贾清水，男，1967年9月出生，汉族，中共党员，北京信息职业技术学院教务处处长。

贾清水热爱党的教育事业，长期从事教学管理工作和教科研工作。对待本职工作始终勤勤恳恳，兢兢业业，工作严谨，责任心强，勇于开拓，不断创新。参加国家骨干高职院校申报和建设工作，草拟学院国家骨干建设项目总结报告，为学院骨干校建设获得教育部“优秀”评价做出突出贡献。他作为学院ISO 9000质量保障体系教学运行与管理有关工作规程的主要执笔人，积极推进学院高职教育教学标准化工作，加快了学院教学工作规范化，提高了教学工作质量。他积极研究和推进教育信息化，主持学院网络学习空间（网络课程教学平台、远程学习平台、移动学习平台）的研制工作，组织教师参加信息技术应用能力培训和信息化教学大赛，通过加快信息化保持学院持续改进、改革创新优势。2013年度，他承担了成人本科《数据库原理》和普通高职《办公软件高级应用》的教学任务，掌握学生学习的实际情况，积极推动学院81门公共选修课建设。他积极推动以信息处理能力培养为主线的高职计算机基础课程改革，组织在京高职院校立项高职计算机基础课程改革项目12项，研制丰富的教学案例。初步完成教育部“十二五”规划教材《计算机应用基础》和《计算机应用基础实训指导》立项，参加教材编写并投入使用，在全院启动计算机信息处理教学改革。他积极参与院内技术服务项目立项研究工作，成功立项“学籍学历管理共享平台”和“基于Web实时课表查询系统”，加深教学管理工作信息化，同时促进教师技术研发和技术服务能力的提高。他参加了国家社会科学基金教育学重大课题“我国现代职业教育体系研究”（AJA110003）第5子课题“职业教育层次结构研究”工作，子课题结题后参与了总课题研究报告的撰写工作。

他参加了北京市委组织部优秀人才培养资助项目“北京电控公司高技能人才培养机制创新与实践”的研究工作，课题成功结题。他参加北京市教育教学改革立项课题“GPTC课程方案研究与实践”，该课题成果《GPTC课程模式》获得2009年北京市优秀教学成果一等奖、国家级教学成果二等奖。在此基础上，他继续参与通用能力素质教育研究工作，推进学院素质教育，作为该研究成果的《能力模型开发与通用能力教育》获得北京市高等教育教学成果一等奖。2012年他率领的团队被评为“全国高等教育学籍学历管理工作先进集体”。2014年，他获得首都劳动奖章。

（全 意）

【**商波——国企楷模之北京榜样**】商波，男，1966年1月出生，汉族，中共党员，北京化工集团所属北京东方亚科力化工科技有限公司生产第一事业部生产主管，高级工。

作为生产主管，商波需要把生产人员、产品品种、生产批次、产品包装储存等环节有机地串联起来，保持生产的满负荷运转。他的岗位总是流动于操作台、主控室、配料间、包装间、库房。有时在叉车驾驶室，有时又在装置旁。每天清晨，商波就开始了他的必修课——生产场所的巡回检查。遇到疑问他会立刻停下来，仔细观察、记录，以便着手解决。他没有固定的休息日，有事随叫随到，现场解决问题。商波细心周到地了解销售人员的订货及发货需求，合理安排各设备的生产批次和品种，认真组织生产操作人员的各项工作，使生产能保证销售工作的正常进行，为近几年企业产销量达到3万吨以上付出了努力。商波多年来坚持学习提高，从多方面改进生产过程，使乳液生产在产量逐年增加的同时操作工艺过程更加合理，保证了产品质量的稳定和产能的增加。商波在对乳液生产工艺进行认真分析后，提出自己的改进方法，将原料按一定比例进行稀释，这样物料的黏度降低了，在常温下就可进行操作，同时由于稀释后物料的含量降低，相应地提高了物料的称量准确度，使产品的质量稳定性有了明显提高。以往煮釜清除耗时非常大，为了提高效率，商波开动脑筋，组织实验，摸索出了一套独特的煮釜办法——通过合理安排产品品种和批次，把煮釜前的一批产品调整为适合人工清除的品种，经过安全的通风置换，配备专门的防护用具，通过下釜人工清理，既保证了清釜的质量，又抢出了宝贵的时间。2014年，商波荣获2014国企楷模之北京榜样优秀人物光荣称号。

（徐博非）

【程敬博——十年“磨”就的技术尖兵】程敬博，男，1981年12月出生，汉族，中共党员，辽宁石油化工大学化学工程与工艺专业，现任化工二厂生产技术部副主任兼一聚装置长。

2004年8月，程敬博毕业后到燕山石化工作，曾于化工二厂三聚装置实习，后任三聚装置工艺员、安全员，化工二厂生产技术部责任工程师。从大学本科毕业生到厂里的技术尖兵，程敬博用了整整10年时间。“十年磨一剑”的苦功，让程敬博解决了生产过程中的许多“不平事”。他理论联系实际，主笔撰写的《以品牌战略为主导，高新尖产品研发创新管理机

制的构建与实施》《以柔性生产实现企业综合实力刚性提升》等论文，为突破生产技术瓶颈和创新管理模式提供了理论依据和指导方向。这些论文被评为北京市管理现代化创新一等奖和中国石化管理现代化创新一等奖。程敬博提出的为丁烯单元增设脱水塔、脱氧塔和氮气加热器等建议，提升了公司拳头产品三元共聚产品的质量。2006年，程敬博撰写的《中等流动抗冲共聚K7708研制开发》获得燕山石化科技进步一等奖。程敬博懂得感恩，经常跟周围的技术人员分享自己的经验心得：“每一位职工都是老师。你尊重他，他才会教你，而那些经验是几十年工作积累下来的，是书本里找不到的。”在他的带动下，厂里技术人员群策群力，建立聚丙烯副品回收系统，对粉料和粒料回收再利用，每年减少效益流失78万元；对一聚装置进行尾气回收系统改造，年回收丙烯2000吨。2013年，化工二厂所属的三套装置物耗均创历史最好水平，分列中石化同类装置前三名。程敬博曾获第二十届北京优秀青年工程师、燕化公司十大青年标兵等多项市级和公司级荣誉称号。2014年荣获首都劳动奖章。

（吴明晓）

【解思江——电力行业的特等功臣】解思江，男，1974年5月4日出生，汉族，中共党员，硕士学历，高级工程师。1995年7月参加工作，现任国网北京市电力公司信息通信分公司信息通信调控中心主任。

解思江在工作中兢兢业业、精益求精，朝八晚八一直是他的工作时间表，敬业爱岗、技术精湛是大家对他的一致评价。

近几年来，随着信息化的不断发展，电力企业的“信息高速公路”基本建成，通过构建由数据中心、应用集成、企业门户、IT基础设施与信息安全、技术架构体系及IT管理和服务等组成的信息一体化体系，实现了电网支撑数字化、业务管理信息化、分析决策智能化的目标，电力行业信息产业化工作取得了重要突破和成绩。与此同时，面临的考验和形势也越来越严峻，因为对信息系统的服务也不断提出了更高更严格的要求。

作为一名长期在一线从事生产、管理的信息人，解思江刻苦钻研专业技术知识，熟练掌握信息系统、信息安全、数据库、中间件等专业技能。在生产管理方面，摸索出一套行之有效的管理方法。他制定本单位管理有关规定和标准化工作流程，协调开展好各项工作，不断推进管理，通过优化管理架构和流程提升信息运维管理和工作水平。此外，他通过推行差异化信息系统运维理念、强化系统监控能力，研究信息系统状态检修，保障信息系统安全平稳。与此同时，他

自主开展了多项研究，通过搭建多套基础架构的虚拟化平台，两套用于数据库集中的集群数据库以及多模板统一管理的中间件平台，实现了在搬迁过程中对信息系统架构的调整和优化，结合数据中心搬迁项目提出了公司软硬件资源池建设的思路和方式，采用虚拟化技术完成了“3个虚拟池建设”。

精细的管理、扎实有效的研究和举措强化了运行维护与检修操作责任边界，从系统层面提高了应用的可靠性，保障了业务系统的稳定运行。

解思江获2008年北京市能源运行监测先进个人、北京市电力公司保奥运安全供电功臣；2010年国家电网公司信息化工作先进个人；2012年北京市能源运行监测先进个人、北京市电力公司十八大保障特等功臣；2013年国网北京市电力公司劳动模范；2014年首都劳动奖章。

（范晓辉）

【魏伟——勇于探索、不断创新的高级工程师】魏伟，男，1982年6月出生，汉族，中共党员，2005年7月毕业于成都理工大学电子信息工程专业。同年7月被分配到北京鑫华源机械制造有限责任公司工作，曾任该公司停车设备事业部电控装配车间主任，停车设备事业部总工程师，停车设备销售公司管理部部长、总工程师，现任山西鑫华源智能立体停车设备制造公司总工程师。

2006年8月，魏伟首次承担了北京国家安全局车库工程。他针对车库两层升降横移电气设计，认真查找存在的问题，他查阅资料，反复试验，最终解决了车板下降钢丝绳反弹技术难题和车库无序状态下的智能运行问题。同年，他又参与了山西柳林停车设备项目的技术设计，两层升降横移技术在这个200多个车位的项目中得到了进一步完善，形成了一套升降横移类车库设计、调试技术的标准程序，掌握了“吊挂”这种新型车库的安全运行方式。

两项工程完成后，魏伟又参与了多项车库技术设计工作。2006年11月，在北京歌华有线正阳大厦车库项目设计中，魏伟加倍努力，与时间和工期赛跑。他利用新的技术手段，仅用一个月的时间，就完成了车库控制、编写程序和调试工作，这是他在所有车库项目单个车位调试中所用时间最短的，提高了生产效率。从此，产品订单逐步上升，产值从2005年的417万元，增至2006年的2413万元。初期的成果饱含着魏伟的辛勤汗水。

停车设备的竞争，关键是核心技术的竞争。2007年，魏伟与同事一道排疑解难，实施多项技改项目，连续攻克了操作器、升降横移类变频技术，以及地坑式立体车库的全新电气设计难关。魏伟深知眼前的一点成绩，难以满足市场需求，要想把车库做强做大，还有回转盘、地下两层直接升降类车库、8车位循环三位一体车库等技术难题需要解决。面对困难，他毫不退缩，大胆尝试新的设计方法。汽车回转盘的技术设计，他首次使用并掌握了变频驱动技术；8车位循环类车库的技术设计，他加入了数学编码计算法，不仅可以保证8个车位在无序下智能寻找最佳动作方式，而且还缩短了取车时间。为了使用户满意，他多次与对方技术人员联系沟通、耐心讲解调试技巧和方法，圆满完成了海外第一个工程设计，开创了鑫华源公司产品出口的先河。

2011年6月，“魏伟创新工作室”成立。创新工作室共有31人，其中硕士学历3人，本、专科以上学历20人，高级工程师2人，高技术等级操作工人3人，80%以上是“80后”的年轻人，是一支高素质充满活力的队伍。创新工作室的成立更激发了魏伟的创新热情，他带领这些专业人员，又投入到了停车设备分布式控制系统的改进中，将分布式控制系统的数字信号刷新时间从100毫秒缩短到50毫秒以内，确保了停车设备控制系统运行的快速性、准确性，接着又将汽车搬运器液压传动系统改为电动传动系统，压缩汽车搬运器的体积，缩短了存取车时间。

魏伟，在技术创新中默默耕耘，贡献突出，企业停车设备事业由小到大，由弱到强，不断发展，产品遍及国内十几个省市，并打入西班牙、俄罗斯等国外市场，产品订单由2007年的2958万元增长到2014年的4688万元。魏伟先后被评为京煤集团学习型员工、京煤十大杰出青年，并多次获技术创新奖。2006年获北京市总工会合理化建议奖，2010年获北京市劳动模范称号。

（王秀鹤 汪智利）

法规政策文件

北京市人民政府关于印发北京市进一步促进软件产业和集成电路产业发展若干政策的通知

京政发〔2014〕6号

各区、县人民政府，市政府各委、办、局，各市属机构：

现将《北京市进一步促进软件产业和集成电路产业发展的若干政策》印发给你们，请结合实际，认真贯彻执行。

二〇一四年二月八日

北京市进一步促进软件产业和集成电路产业发展的若干政策

为促进我市软件产业和集成电路产业的新发展，加速培育战略性新兴产业，进一步发挥软件产业在首都经济和社会发展中的支撑作用和支柱作用，提升集成电路产业的战略性基础作用，特制定以下政策。

一、软件产业政策

（一）加速软件产业转型升级。按照首都人口资源环境协调发展的总体要求，充分发挥创新资源优势，支持软件企业大力发展自主、高端、新兴的技术和产品，打造中国软件产业创新发展高地。与首都经济圈和环渤海经济带中具备条件的城市建立合作机制，促进人力密集型的软件和信息技术服务企业，以及能耗较高的数据中心企业向京外转移。

（二）打造中关村软件城。以海淀区上地及周边地区为核心，积极推进中关村软件园三期工程建设，盘活区域内存量产业用地，推动区域业态调整，促进软件产业集中成片发展，建成覆盖面积约30平方公里的中关村软件城，并在产业规模、公共服务能力、土地集约利用、综合配套水平、园区形象等方面达到国际领先水平。

（三）支持软件产业特色园区建设。在具备条件的中关村科技园区特色产业基地中，布局建设定位明确、职住一体的软件产业特色园区。发挥市场机制作用，调动各类投资主体的积极性，综合利用土地、规划、财税政策，将一批腾退的工业、商业、企业用地提升改造为软件产业特色园区。政府有关部门在建设公共平台、建立服务体系、公共租赁住房配套以及各项手续办理等方面予以支持。

（四）降低小微软件企业创业成本。集中扶植一批软件企业创业孵化基地。对服务特色鲜明、领域聚焦的创业孵化基地实行挂牌制度，由市、区（县）政府加大支持力度。在海淀区开展“创业社区”试点，选择在智力资源密集、交通便利、商业配套成熟的社区周边，建立专为初创企业服务的创业孵化基地。战略新兴领域的小微企业入驻政府投资的创业孵化基地，可享受低租金优惠政策。

（五）加大财政资金统筹支持力度。在全市重大科技成果转化和产业项目统筹资金中将软件产业列为重点支持产业，按年度发布重点支持方向，支持一批重大产业化项目、中关村软件城和特色园区建设项目、新兴领域关键核心技术研发项目、标准创制项目以及大型并购项目。

（六）进一步拓宽产业融资渠道。发挥政府引导作用，支持设立一批软件产业投资基金。积极推进科技金融创新，在完善信用体制机制、创新金融产品等方面开展先行先试。鼓励市属国有企业参与软件园区投资建设和软件企业并购投资。

（七）鼓励软件企业开展企业并购。政府相关部门加强同政策性银行的战略合作，促进更多软件企业境外并购专项贷款享受政策性银行出口信贷优惠利率。对利用商业银行贷款实施的大型并购项目，给予贷款贴息。对企业合并后新总部落户本市的软件企业，按照《北京市人民政府关于印发加快总部企业在京发展工作意见的通知》（京政发〔2013〕29号）等有关政策予以支持。

（八）做好国家相关重大科技专项组织实施工作。支持以企业为主体申报国家重大科技专项。对于符合本市产业发展方向并在本市实现产业化的项目，由市、区（县）政府共同遴选后，加大资金配套比例。配套资金由市、区（县）政府通过多种资金渠道安排。

（九）进一步开放政府和国有企事业单位信息化市场。各级政府部门和国有企事业单位原则上不再新建、扩建自用数据中心。鼓励将信息化建设和数据处理工作中的一般性业务发包给专业软件和信息服务企业，支持在公共云平台上或者政务云平台上迁移和部署信息化应用。信息化主管部门组织对政府机构数据开放程度进行评估，并向社会公开。

（十）严格落实软件知识产权保护制度。进一步推进计算机销售环节正版软件预装工作，推动正版软件服务工作站和正版软件采购平台建设，依法打击各类侵权行为，全面推行软件正版化。

（十一）加大软件消费新型市场渠道建设力度。鼓励互联网应用商店、内容分发和开放平台发展，对于符合软件企业条件的，经认定后可享受软件企业相关优惠政策。

（十二）加强软件出口服务。支持软件企业以市场联盟、产品合作、系统集成工程整包等多种形式开拓国际市场。经产业主管部门确认的高新软件出口企业，其在商务部门软件出口合同登记中归入《中国高新技术产品出口目录》软件类的产品，享受出口免税政策。

（十三）吸引和集聚高端软件人才。对本市软件企业高级经营管理人才、专业技术人才，按照本市高级人才政策给予奖励。设立软件行业人才工作服务站，加强对纳入国家“千人计划”和本市“海聚工程”、中关村“高聚工程”的软件行业领军人才的跟踪服务。

二、集成电路产业政策

（十四）集成电路设计业视同软件产业，适用软件产业有关政策。

（十五）推进集成电路产业集聚发展。在中关村科学城建设国家级集成电路设计产业基地，在南部高技术制造业和战略性新兴产业发展带建设国家级集成电路产业园，为集成电路设计、制造、封装测试、装备材料及整机终端生产的集聚发展提供新的空间。基地或园区所在区（县）政府提供完善的基础设施配套条件，并在产业用地和公共租赁住房等方面提供支持。

（十六）创新集成电路产业投融资模式。发挥政府资金引导作用，拓展创业投资基金等资金渠道，鼓励和吸引机构投资者、产业资本和海外资本参与组建集成电路产业发展基金，以股权投资等方式支持集成电路产业链各环节协同发展，推动重点企业兼并重组和产业园区建设。

（十七）进一步鼓励集成电路设计企业与生产企业开展合作。对利用本市集成电路生产线开展符合一定条件的工程产品首轮流片的集成电路设计企业，按该款产品掩膜版制作费用的60%或首轮流片费用的30%给予研发支持。

（十八）支持高端集成电路生产性项目建设。对于线宽小于65纳米的新建或扩建12英寸及以上生产线、特色工艺生产线、高端封装测试生产线、关键装备及材料生产线等集成电路产业重大投资项目，鼓励和引导产业发展基金、社会资本对项目进行股权投资，市、区（县）政府对重点项目给予代建厂房或贴息支持。

（十九）打造集成电路工程化创新平台。针对集成电路产业关键技术环节和重大需求，整合产业链上下游资源，积极推进国家级和市级工程（技术）研究中心、工程实验室、重点实验室、企业技术中心等创新平台建设，为本市及全国集成电路产业提供完整的技术支撑和服务。

三、政策落实

（二十）完善全市软件和信息服务业发展协调机制，加强对全市软件和信息服务业发展及中国软件名城、全国软件与信息产业知名品牌创建示范区建设的统筹规划和组织协调。

（二十一）认真贯彻落实《国务院关于印发进一步鼓励软件产业和集成电路产业发展若干政策的通知》（国发〔2011〕4号）中关于增值税、企业所得税等各项税收优惠政策。财政、税务部门和产业主管部门建立联合工作机制，协调政策落实过程中的有关问题。

（二十二）产业相关部门强化行业公共服务支撑，完善产业统计监测和评价体系，支持行业中介组织发展，研究进一步简化软件企业与集成电路设计企业认定和软件产品登记等审批流程。

（二十三）本政策自发布之日起实施。

北京市人民政府关于推进首钢老工业区改造调整和建设发展的意见

京政发〔2014〕28号

各区、县人民政府，市政府各委、办、局，各市属机构：

首钢搬迁调整是党中央、国务院做出的重大战略决策，首钢老工业区（首钢老工业区是指新首钢高端产业综合服务区中首钢总公司的权属用地范围，包括首钢主厂区、首钢二通厂区、首钢特钢厂区、首钢第一耐火材料厂区，面积约9平方公里）已被国家确定为首批城区老工业区搬迁改造试点。推进首钢老工业区改造调整和建设发展，是坚持和强化首都城市战略定位、构建“高精尖”经济结构、推动京津冀协同发展的重大举措，对调整疏解非首都核心功能、孵化培育新兴产业、深化服务业综合改革具有重要作用。为深入贯彻落实《国务院办公厅关于推进城区老工业区搬迁改造的指导意见》（国办发〔2014〕9号），有序推进首钢老工业区改造调整和产业转型升级，现提出如下意见。

一、总体要求

深入贯彻党的十八大、十八届三中全会和习近平总书记系列重要讲话，特别是考察北京工作时的重要讲话精神，全面落实国家关于城区老工业区搬迁改造工作的战略部署，立足首都城市战略定位，坚持以城市功能精细再造和产业结构深度调整为导向，以生态园区和智慧园区建设为重点，科学规划，有序推进，推动首钢老工业区实现产城融合，促进区域人口、资源、环境协调可持续发展；充分发挥市场配置资源的决定性作用，积极支持社会各方面力量参与，加快新首钢高端产业综合服务区建设发展；注重发挥首钢在京津冀协同发展中的战略支点作用，推动首钢老工业区和曹妃甸北京产业园双基地建设，实现首钢外埠钢铁主业和在京城市服务业融合发展，努力将首钢老工业区打造成在全国乃至国际上有影响力的传统工业转型升级示范区和国家绿色低碳示范园区。

二、主要任务

（一）有序开展土地开发再利用。创新土地开发利用模式，按照优先保障首钢总公司在京发展新产业用地需求的原则，采取自主开发建设、产业定向开发和土地开发上市相结合的方式，加快推进首钢老工业区土地开发再利用。鼓励多元市场主体参与，引入中央企业、大型金融机构及外资企业等企业主体合作发展。根据土地新规划用途和产业类别确定供地方式，强化土地节约、集约、高效开发利用。合理安排土地开发时序，条件成熟一块，开发建设一块，实现滚动开发。优先做好废旧厂房拆除和土壤污染治理修复工作，为开发建设创造良好条件。

（二）先行推进基础设施建设。坚持高起点规划、高标准建设、精细化运营，适度超前建设一批重大功能性基础设施。科学编制区域综合交通规划、市政管线综合规划、地下空间开发利用规划等专项规划。加快建设中低速磁浮交通示范线（S1 线）、地铁 6 号线西延，实施丰沙铁路入地改造。建设长安街西延、北辛安路、古城南街、锅炉厂南路，构建“五横六纵”骨干路网。同步建设晾水池东路、滨河路等城市次干路，推动苹果园交通枢纽等节点设施建设，提高公共交通换乘效率。配建安全高效的市政设施，加快西北燃气热电中心管线及调峰锅炉房建设，完善区域供排水系统，因地制宜建设雨洪利用设施，加快推进首钢厂区居民用电设施升级改造，建设永定、石景山等 220 千伏及首钢、石龙等 110 千伏变电站。布局建设建筑垃圾资源化等项目，建成鲁家山静脉产业基地，积极打造国内首个国家循环经济示范园区。结合永定河绿色生态发展带建设，推动生态系统与城市开放空间联通融合，打造多层级生态体系。坚持绿色低碳发展理念，并贯穿于规划设计、开发建设、运营管理等各个环节，构建高端、高效、低碳的生态型生产生活体系。

（三）培育构建现代产业体系。发挥国家城区老工业区搬迁改造试点、国家服务业综合改革试点区、北京保险产业园、中关村国家自主创新示范区的政策优势，突出科技创新和文化创新双轮驱动，紧抓产业链和创新链高端环节，吸引中央企业、民营企业、华商侨商等国内外优势资源落户，引进和培育金融保险、商务、设计、咨询等生产性服务业，打造全国制造业总部基地。发挥首钢总公司技术优势，提升研发设计水平，引导新技术和新产品的应用展示交易中心、产业创新联盟等集聚发展。积极培育创新能力强、市场发展前景好的新兴产业，巩固壮大节能环保、信息通信等高技术服务业。鼓励改造利用老厂区老厂房老设施，培育发展文化创意、工业旅游等新兴特色服务业。支持首钢总公司建设养老服务、健康医疗、教育、城市停车等方面的公用设施，发展城市综合服务产业。支持配套发展商业、康体娱乐、社区服务等生活性服务业，完善园区综合服务功能。严格产业准入门槛，提高园区产出效率。

（四）提升公共配套服务能力。立足首钢老工业区发展和高端产业新区建设需求，建立功能完备、运营高效、布局合理的社会公共服务体系。积极承接城市核心区功能疏解，引导教育、医疗等领域优质公共服务资源向该区域转移。采取就地改造提升、高水平转移引进和社会投资配建等 3 种模式，完善配套公共服务设施，力求实现公共服务便利化、多样化、精细化和均衡化。促进首钢总公司自办的教育、医疗、物业等内设服务机构向独立经营主体转变，推动区域公共服务社会化、市场化改革。适应产业发展需求，合理开发建设产业配套住房，推进产城融合发展。

（五）加强工业遗存保护再利用。深入挖掘首钢老工业区工业遗存的历史价值，科学做好工业遗存保护，规划建设首钢博物馆等文化设施。合理开发利用工业遗存资源，适当引入文化休闲、展览展示、工业旅游等功能，建设科学普及、爱国主义教育等基地。处理好建设与保护的关系，建立工业遗存保护开发利用的工作机制。

三、政策措施

（一）按照新规划用途落实供地政策。利用首钢老工业区原有工业用地发展符合规划的服务业（含改扩建项目），涉及原划拨（或原工业出让）土地使用权转让或改变用途的，按新规划条件取得立项等相关批准文件后，可采取协议出让方式供地。经行业主管部门认定的非营利性城市基础设施用地，可采取划拨方式供地。对于首钢老工业区范围内规划用途为 F 类的多功能用地，可采取灵活的供地方式。

对于土地权属明晰、无纠纷，能够确权给首钢的项目，可按时序、分批次、相对集中地办理协议出让手续。对首钢特钢厂、二通厂、第一耐火材料厂区等无土地证，但土地权属明晰、无争议的土地，相关区国土部门可依照《确定土地所有权和使用权的若干规定》等有关政策规定进行土地确权，报区政府同意后，可由区政府出具土地权属认定意见，办理立项等前期手续，国土部门核发国有土地使用权证。建立健全市相关部门、区政府和首钢总公司统筹协调和协同联动的工作机制，会商解决边界相邻土地置换使用等问题。

（二）专项使用土地收益。首钢权属用地土地收益由市政府统一征收，专项管理，定向使用。扣除依法依规计提的各专项资金外，专项用于该区域市政基础设施项目红线内征地拆迁补偿、城市基础设施、土壤污染治理修复、地下空间公益性设施等开发建设。

首钢权属用地土地收益按照规定实行“收支两条线”管理。首钢总公司依照基本建设程序，采取项目管理的方式，就符合规划和资金使用范围的项目，向市新首钢高端产业综合服务区发展建设领导小组办公室申请使用该专项资金。专项资金使用要依法依规，确保专款专用。

（三）创新投融资模式。市政府与首钢总公司共同出资设立产业投资基金，吸引社会资本，扩大基金规模，创新基金管理和运营模式，支持首钢老工业区和曹妃甸北京产业园建设发展。支持首钢总公司开展资产证券化、房地产信托投资基金等金融创新业务，充分利用股权投资基金、企业债、中期票据、短期票据和项目收益性票据等融资工具，进行多种渠道融资。

积极争取国家发展改革委安排的城区老工业区搬迁改造专项资金，以及国务院有关部门安排的产业发展、市政基础设施和公共服务设施建设、污染治理等专项资金，支持首钢老工业区改造调整和建设。按照现行体制及政策，进一步加大市政府固定资产投资倾斜力度，优先支持区域重大基础设施和社会公共服务设施建设，安排国家专项资金配套投资。积极利用市相关部门设立的科技、文化等产业专项资金，加大对首钢老工业区改造调整和建设的支持力度。

（四）推进行政审批制度改革试点。按照“加快、简化、下放、取消、协调”的要求，深入推进行政审批制度改革试点，进一步简化行政审批程序，提高行政审批效率。根据项目类别、投资主体、建设规模、产业政策等明确市、区两级项目审批、核准、备案事权，由市区相关部门依法依规办理项目前期手续，重大建设项目纳入市政府绿色审批通道。

（五）加大合作招商选资引智力度。相关区政府落实招商选资引智主体责任，充分利用国家和本市各类试点政策，创建良好区域发展软环境，做好资本、人才双引进工作。首钢总公司积极引进符合未来产业发展需求的人才队伍，加强职业教育培训和转岗人员再就业培训，定向培养专业技能人才。加强区企合作，鼓励相关区政府与首钢总公司搭建联合招商平台，创新招商选资引智模式，积极吸引社会投资。市区相关部门落实好国家和本市相关政策，研究建立区企利益共享机制，做好各类市场主体投资服务，实现合作共赢。

（六）建立健全工作机制。市新首钢高端产业综合服务区发展建设领导小组要加强统筹，定期召开领导小组会议，研究议定重大事项，部署开展重点工作。加强领导小组办公室机构建设，协调推进新首钢高端产业综合服务区建设发展，组织做好相关政策规划制订实施，督促落实重点工作。相关区政府和首钢总公司按照领导小组工作部署，充分发挥主体作用，积极有效落实好土地开发、基础设施建设、项目招商、产业培育发展等任务。领导小组各成员单位要切实履行各自职能，落实相关政策，形成工作合力，共同推进首钢老工业区改造调整和建设发展。

二〇一四年九月二十三日

北京市人民政府办公厅关于进一步加强煤矿安全生产工作的实施意见

京政办发〔2014〕30号

房山区、门头沟区人民政府，市政府有关委、办、局，市属有关单位：

为认真贯彻落实《国务院办公厅关于进一步加强煤矿安全生产工作的意见》（国办发〔2013〕99号）精神，进一步加强本市煤矿安全生产工作，经市政府同意，现提出如下实施意见：

一、提高煤矿安全管理和装备水平

（一）严格煤矿管理人员和专业技术人员配备标准。从事煤炭生产的企业必须有相关专业和实践经历的管理团队。煤矿必须配备矿长、总工程师和分管安全、生产、机电的副矿长，以及负责采煤、掘进、机电运输、通风、地质测量工作的专业技术人员。矿长、总工程师和分管安全、生产、机电的副矿长必须具有安全资格证，且严禁在其他煤矿兼职；专业技术人员必须具备煤矿相关专业中专以上学历或注册安全工程师资格，且具有3年以上井下工作经历。

（二）提高煤矿防灾能力。开采具有冲击地压、水文地质情况和条件复杂等煤炭资源的企业，要具备相应灾害防治能力，并经过有相应资质的机构评价，在确保安全的前提下方可开采。

（三）严格煤矿生产工艺和技术设备准入。严禁使用国家明令禁止或淘汰的设备和工艺。煤矿使用的设备必须按规定取得煤矿矿用产品安全标志，设备选型必须符合设计规范和煤层地质条件。

二、严格落实安全生产责任制

（四）建立责任倒查的考核机制。按照“一岗双责、齐抓共管”的原则，进一步细化、完善煤矿各级管理人员、各职能部门的安全管理责任，建立责任倒查的考核机制，把安全管理责任落实到岗位、落实到人。

（五）严格落实煤矿矿长责任制度和矿领导下井带班制度。煤矿矿长要落实安全生产责任，切实保护矿工生命安全，确保煤矿证照齐全，严禁无证照或者证照失效非法生产；必须在批准区域正规开采，严禁超层越界或者巷道式采煤、空顶作业；必须做到通风系统可靠，严禁无风、微风、循环风冒险作业；必须做到监控系统有效，瓦斯超限立即撤人，严禁违规作业；必须落实井下探放水规定，严禁开采防隔水煤柱；必须保证井下机电和所有提升设备完好，严禁非阻燃、非防爆设备违规入井；带班领导必须确保员工培训合格、持证上岗，严禁违章指挥。达不到安全生产要求的煤矿，一律停产整顿。

（六）完善管理人员责任制度。完善煤矿各级管理人员岗位责任；制订矿长以下的各级管理人员、重要岗位操作人员的禁止性规定，并严格贯彻落实。

三、建立健全隐患排查治理和安全预防控制体系

（七）建立健全隐患排查治理体系。要继续完善煤矿隐患排查治理体系建设，严格执行国家关于隐患认定、排查和治理的相关规定，严格对重大事故隐患、较大事故隐患和一般事故隐患进行分级分类和排查治理；规范隐患排查治理程序和标准，明确各级管理人员隐患排查治理责任，建立隐患排查治理责任追究制度；采用信息化手段，完善隐患排查治理的跟踪和预警机制，确保隐患排查治理落实到位。

（八）建立健全安全预防控制体系。要加强对煤矿风险点和危险源的监控和管理，建立风险排查的组织机构，明确监控和管理的责任部门和责任人；加强对风险的辨识、监控、巡视和检查，建立管理台账，制订风险防控应急预案，确保风险可控；积极采用先进的信息化、物联网、遥感监控等技术，逐步实现对重大风险的远程、地面、实时数据或视频监控，有效防范较大以上事故发生。

四、大力推进煤矿“五化”建设

（九）加快推进煤矿安全生产法治化建设。进一步增强法治意识，依法治矿、依法办矿，严格执行国家有关煤矿安全生产的法律法规、行业标准，不断完善有关煤矿安全生产的规章制度，并加强对制度落实情况的监督检查，推进煤矿安全管理工作法治化。

（十）加快推进煤矿机械化建设。继续推进在复杂地质条件下应用机械化采掘新技术，并进一步完善工艺流程；加快推进机电、运输和采掘工作面辅助环节机械化建设，提高机械化水平。

（十一）大力推进煤矿安全质量标准化建设。深入开展以“点”（岗位、班组）、“线”（科段、专业）、“面”（煤矿）为主要内容的安全质量标准化建设工作，定期修订完善岗位达标、班组达标、科段达标的具体内容和考核制度，实施动态管理，强化动态达标。

（十二）大力推进煤矿自动化建设。加强对煤矿自动化技术的研究，推进自动化技术在各生产系统、重点环节、重点部位的运用，尤其要加强对辅助环节自动化技术的研究和运用，实现自动化控制，提高煤矿运行的可靠性和安全性。

（十三）大力推进煤矿信息化建设。煤矿必须确保安全监控、人员定位、通信联络系统正常运转，并持续推进信息化、物联网技术应用，充分利用和整合现有的生产调度、监测监控、隐患排查、安全风险预警、办公自动化等信息化系统，建设完善安全生产综合调度信息平台，做到视频监视、实时监测、远程控制。

五、夯实煤矿安全生产基础工作

（十四）加强煤矿班组建设。持续推进“安全·和谐”班组创建工作，全面提升班组安全管理水平。进一步加强“安全·和谐”班组的制度建设，建立健全班组自主管理、班组长培训、内部考核等制度，切实推进班组安全管理体系建设。

（十五）加强煤矿通风管理。严格执行煤矿通风管理的有关规定，优化通风系统，完善通风设施，加强对通风设施的管理，加强对风流、风量的调控，严格按风量组织生产。加强瓦斯及瓦斯监控系统的管理，发现瓦斯超限仍然作业的，一律按照事故查处，依法依规处理责任人。

（十六）全面普查煤矿隐蔽致灾因素。要加强煤矿建设、生产期间的地质勘查，查明井田范围内的水、冲击地压、火、瓦斯等隐蔽致灾因素，分析、探明采空区及周边小煤矿的积水情况；否则，一律不得继续建设和生产。

六、加强劳动用工管理

（十七）规范煤矿劳动用工管理。在一定区域内，建立劳务合作基地，公布煤矿企业招工信息，统一组织报名、资格审查、身体检查。煤矿统一招录的务工人员，要组织开展岗前培训，合格后签订劳动合同，按时足额缴纳社会保险。同时，要严格实施工伤保险实名制。

（十八）维护煤矿工人合法权益。推动行业性工资集体协商机制，建立正常的工资增长机制。提高下井补贴标准，提高煤矿工人收入。严格执行国家法定工时制度。

（十九）提高煤矿工人素质。加强煤矿班组安全建设，加快变“招工”为“招生”，强化矿工实际操作技能培训与考核。所有煤矿从业人员必须经考试合格后持证上岗，严格教考分离、建立统一题库、制订考核办法、对考核合格人员免费颁发上岗证书。健全考务管理体系，建立考试档案，切实做到考试不合格不发证书。

（二十）加强对特种作业人员的管理。煤矿要根据本单位实际工作需要，确定本单位特种作业岗位及人员配备数量，配足配齐特种作业人员，并制订特种作业岗位安全生产责任制度、日常管理制度和操作规程，加强对特种作业人员的培训和管理，严禁无证上岗、持假证上岗。

七、强化煤矿安全生产事前防控

（二十一）加强职业危害的预防。要加强对煤矿职业危害的防治与管理，做好作业场所的职业卫生和劳动保护工作。采取有效措施控制尘、毒危害，保证作业场所符合国家职业卫生标准。煤矿必须按照国家有关法律、法规的规定，对新入矿工人进行职业健康检查，并建立健康档案；定期对接触粉尘、毒物等有害物质的作业人员进行职业健康检查；对离岗工人必须进行离岗职业健康检查。必须依法配备劳动保护用品，建设标准化的食堂、澡堂和宿舍。

（二十二）加强对轻重伤及涉险事故的调查处理。要进一步强化事前防控，树立隐患就是事故的理念，依法健全完善对轻重伤及涉险事故的调查处理工作。要按照“科学严谨、依法依规、实事求是、注重实效”的原则，查清并分析涉及管理、技术等方面的深层次原因，认真组织开展事故调查处理工作。建立轻重伤及涉险事故的统计分析制度，真正做到安全生产，预防为主。

（二十三）加大根治“三违”（违章指挥、违章作业和违反劳动纪律）的力度。加强对员工安全意识、遵章守纪的教育和规范操作的培训，树立“三违”是最大隐患的理念。定期对“三违”现象进行分析，提出有针对性的预防控制措施。建立治理“三违”工作的长效机制，为员工提供安全、有利于正规作业的工作环境。

（二十四）加强环境保护。要加强煤矿开采过程的环境保护，充分应用先进的技术和方法，加大矸石回填、污水处理、环境恢复、厂区绿化美化等方面的力度，实现绿色开采。

八、提升煤矿安全监管和应急救援科学化水平

（二十五）落实部门安全监管职责。按照管行业必须管安全、管业务必须管安全、谁主管谁负责的原则，进一步落实各部门监管职责。创新监管监察方式方法，通过开展突击暗查、联合执法，提高监督管理的针对性和有效性。煤矿安全监管监察部门发现煤矿存在超能力生产等重大安全生产隐患和行为的，要依法责令停产整顿；国土资源部门要严厉打击煤矿超越批准的矿区范围采矿等违法违规行为。投资主管部门要提高煤矿安全技术改造资金分配使用的针对性和实效性。

（二十六）加强煤矿应急救援能力建设。煤矿要加强对应急救援队伍建设，每个班组必须配备一名经过培训合格的急救人员，每个工作面必须配备急救装备，建立快速有效的应急处置机制，提高应急救援能力；每年至少组织一次全员应急演练。加强煤矿事故应急救援指挥。在煤矿抢险救灾中牺牲的救援人员，应当按照国家有关规定申报烈士。

（二十七）加强煤矿应急救援装备建设。煤矿要按照规定建设完善紧急避险、压风自救、供水施救系统，配备井下应急广播系统，储备自救互救器材，配备适用的排水设备和应急救援物资，提升煤矿应急救援装备水平。

二〇一四年五月七日

北京市人民政府办公厅关于印发《北京市电动汽车推广应用行动计划（2014—2017年）》的通知

京政办发〔2014〕39号

各区、县人民政府，市政府各委、办、局，各市属机构：

《北京市电动汽车推广应用行动计划（2014—2017年）》已经市政府同意，现印发给你们，请结合实际认真贯彻落实。

二〇一四年六月十六日

北京市电动汽车推广应用行动计划（2014—2017年）

为深入贯彻落实国家《大气污染防治行动计划》和《北京市2013—2017年清洁空气行动计划》，切实做好电动汽车推广应用工作，努力实现大气污染防治目标，特制定本计划。

一、总体要求

紧紧围绕首都城市战略定位，坚持市场导向和政府推动相结合，以政策服务创新为牵引，以重点应用示范为突破，以市场全面开放为动力，以基础设施建设为支撑，在公共领域率先示范，兼顾有序培育私家电动汽车市场，营造全社会共同关注创新、共同支持减排的良好氛围，努力将北京建设成为电动汽车全国示范应用的新标杆、应用规模全球领先的新高地。

一是，着力推进政策服务创新。将推广应用电动汽车的政策从购车环节向用车环节延伸，覆盖购车、用车、基础设施建设及运营、服务保障等全链条。鼓励各类金融机构开发金融产品，全面参与电动汽车推广应用。

二是，着力推进重点应用示范。聚焦示范效应突出、节能减排效果明显、应用模式相对成熟的细分市场，大领域以点带面，小行业集中突破，加大在公交、出租、公务车领域的推广力度，引导和带动单位及个人购买使用电动汽车。

三是，着力推进市场全面开放。立足纯电驱动，坚持以市场为导向，将产品准入、基础设施建设及运营等全面开放，突出质量与服务并重，强化企业主体责任。

四是，着力推进基础设施建设。坚持公用充电桩以快充补电为主、自用充电桩以慢充为主的原则，适度超前布局，充分发挥政府规划引导作用，吸引社会力量全面参与，推动形成市场化的建设、运营、管理机制，建成较为完善的充电设施服务网络。

二、重点任务及责任分工

（一）坚定不移推进公交电动化。将电驱动公交车的推广应用与交通体系深化改革相结合，使技术创新与商业模式创新相协调，因线制宜，实现换电、场站集中充电、在线充电、停靠站分散补电等多种供电模式的有机协同和车辆、供电、营运之间的有效匹配。以公交电动化为突破口，聚焦主要线路和重点区域，大力推进公交电动化。2014年，投运电驱动公交车不低于900辆。到2017年，投运电驱动公交车不低于4500辆。

1. 推进重点公交线路电动化。长安街沿线、三环路环线等重点公交线路全部采用电驱动公交车。2014年在重点公交线路上投运电驱动公交车700辆。

牵头单位：市交通委

责任单位：市发展改革委、市规划委、北京市电力公司

2. 实现全部城市快速公交线路（BRT）电动化。将现有4条城市快速公交线路全部更新为电驱动公交车。

2014 年重点启动南中轴快速公交线路首批 40 辆电驱动公交车的更新工作。

牵头单位：市交通委

责任单位：市发展改革委、市规划委

3. 实现全部轨道交通接驳微循环线路电动化。现有及新增轨道交通接驳微循环线路全部采用电驱动公交车。2014 年重点在 6 条以上微循环线路投运电驱动公交车不低于 100 辆。

牵头单位：市交通委

责任单位：市发展改革委、市规划委、北京市电力公司

4. 推动新城城区主要公交线路电动化。新城城区内主要公交线路全部采用电驱动公交车。2014 年重点在怀柔亚太经济合作组织会议会址、亦庄新城、昌平未来科技城等的主要公交线路投运电驱动公交车 60 辆。

牵头单位：市交通委

责任单位：北京市电力公司、门头沟区政府、房山区政府、通州区政府、顺义区政府、昌平区政府、大兴区政府、平谷区政府、怀柔区政府、密云县政府、延庆县政府、北京经济技术开发区管委会

5. 推动机场运营车辆电动化。首都机场更新或新增各类运营车辆、摆渡等旅客保障车辆全部采用纯电动汽车。2014 年完成首批电动汽车示范运行，规划建设配套充电站。

牵头单位：首都机场集团公司

责任单位：市经济信息化委、市环保局、北京市电力公司

（二）大力推进电动汽车在出租行业的应用。

6. 加大市区出租车采用电动汽车力度。市区内新增出租车全部采用电动汽车。加快研究出台出租车更新为电动出租车的鼓励政策，推动存量出租车有序更新为电动汽车。

牵头单位：市交通委

责任单位：市发展改革委、市规划委、北京市电力公司

7.10 个郊区县区域出租车全部采用电动汽车。各郊区县要加快充电站选址建设，完善快速充电网络。

牵头单位：市交通委

责任单位：北京市电力公司、门头沟区政府、房山区政府、通州区政府、顺义区政府、昌平区政府、大兴区政府、平谷区政府、怀柔区政府、密云县政府、延庆县政府

（三）加快推进电动汽车分时租赁示范应用。

8. 开展电动汽车分时租赁示范运行。建设电动汽车分时租赁网络，使其成为城市多层次交通体系的组成部分。

牵头单位：市交通委

责任单位：市科委、市发展改革委、市规划委、北京市电力公司

（四）全力推进末端物流电动化。

9. 打造绿色末端物流配送体系。适应电子商务快速发展需要，聚焦末端物流配送，在邮政快递、电子商务末端物流等领域推广应用电动物流车。

牵头单位：市商务委、市交通委、市邮政管理局

（五）坚决推进公务车示范应用。

10. 推动公务用车率先采用电动汽车。新增的公务车、具备更新条件的公务车、党政机关机要通信车原则上均采用电动汽车。参照《北京市居住公共服务设施规划设计指标》要求，在本市党政机关和企事业单位现有公共停车位，建设一定比例的充电桩，专门用于电动汽车的充电和停车。

牵头单位：市财政局

责任单位：市发展改革委

（六）持续推进电动环卫车示范运行。

11. 推进环卫车电动化进程。确保已投运的环卫车满负荷运营。全力推进已采购的电动环卫车投入运营。新增环卫车中电动环卫车比例要超过 50%。

牵头单位：市市政市容委

责任单位：各区县政府

（七）有序推进单位及个人购买使用电动汽车。

12. 鼓励单位及个人购买使用电动汽车。在基础设施不断完善、市场能够支撑的条件下，提供17万辆电动小客车的指标。2014年完成2万辆电动小客车指标配置，争取出台有关政策鼓励老旧机动车更新为电动汽车。

牵头单位：市科委

责任单位：市经济信息化委、市交通委、市财政局、市环保局

（八）统筹推进基础设施建设。

13. 加大公共领域充换电站建设力度。在公交领域，建设大型充换电站3座；对直充式电驱动公交车、增程式公交车分别按照不低于2∶1、10∶1的车桩比建设快速充电桩。在出租领域，对市区电动出租车按照不低于3∶1的车桩比建设快速充电桩；对区域电动出租车分别按照不低于1∶1、5∶1的车桩比建设交流充电桩、快速充电桩；同时在出租企业建设慢充桩。2014年力争完成小营公交车充换电站建设，启动通州土桥和昌平未来科技城公交车充换电站建设，推进电动出租车充电设施建设。

牵头单位：市发展改革委

责任单位：市交通委、市规划委、各区县政府、北京市电力公司

14. 全面建成较为完善的公用充电服务网络。在社会公共停车场、交通枢纽停车场（含P+R）、大型商超停车场、高速公路服务区、电动汽车专业销售（4S）店、具备条件的加油站等建设10000个快速充电桩。全面调动社会力量参与基础设施建设的积极性，加快推动形成基础设施建设、运营、管理的市场化机制。研究推进建设京津冀一体化充电服务网络。2014年重点研究制订在首都机场、南苑机场、北京站、北京南站、北京西站等大型交通枢纽，以及公共停车场、高速公路服务区等公共场所充电设施配建规范，完成1000个快速充电桩建设，在五环内初步建成5公里半径快速充电网络。

牵头单位：市发展改革委

责任单位：市交通委、市规划委、市商务委、北京市电力公司

15. 推进单位及个人自用充电桩建设。2014年，市发展改革委发布实施《北京市示范应用新能源小客车自用充电设施建设管理细则》，做到流程清晰、标准明确、方便快捷、规范有序；市规划委发布实施《北京市居住公共服务设施规划设计指标》，明确新建及改建建筑要按照不低于18%的停车位比例配建充电设施，并将此作为规划审批条件；市住房城乡建设委发布《关于推进既有居住区新能源小客车自用充电设施安装的通知》，明确既有居住区内用户、物业、充电设施建设单位等各方的权利和义务，要求协调配合推进充电设施建设。

牵头单位：市发展改革委、市规划委、市住房城乡建设委

责任单位：市科委、北京市电力公司

（九）统筹政策形成合力。

16. 发挥政策叠加效应。在发布实施《北京市示范应用新能源小客车管理办法》及相关细则、《北京市纯电动汽车示范推广市级补助暂行办法》的基础上，将政策从购车环节向用车环节延伸，在购车、用车、基础设施建设及运营、服务保障等环节实现全覆盖。

在购车环节，邮政、物流等企业购买的纯电动专用车，按照国家标准1∶1的比例给予市级财政补贴，并支持电动客车在单位班车、旅游客车等方面开展示范运行。在用车环节，积极研究差异化停车费、电动物流车优先配置货车通行证等政策。在基础设施方面，研究制订加快充电设施建设和有效运营的相关政策。同时，积极争取国家相关政策支持，申请在本市开展先行先试政策试点。

牵头单位：市发展改革委、市财政局、市公安局公安交通管理局

责任单位：市科委、北京市电力公司

三、保障措施

（一）完善工作协调机制。充分发挥新能源汽车联席会议制度的作用。新能源汽车联席会议负责计划制订、政策及资金统筹、重大事项协调等工作，牵头单位负责制订具体工作方案并组织推进，责任单位按部门职能分工及属地管理原则认真落实。市科委负责组织协调、及时汇报工作进展，并适时提请联席会议协调解决重大事项；市发展改革委牵头成立专项工作小组，统筹推进基础设施建设；市环保局加强对重点应用领域机动车排放情况的检查监督；市质监局加强对车辆安全运营的监管。

（二）加强资金和用地保障。在资金保障方面，全面落实市级购车财政补贴和基础设施建设财政补贴，积极争取国家财政补贴。在用地保障方面，盘活存量，用好增量，保障充换电站建设的用地需求。研究设立新能源汽车碳交易基金，推动在本市运行的电动汽车整体参加碳交易。

（三）加大科技创新支撑。持续加大科技创新及产业化力度，引导产学研用紧密结合，重点提升动力电池、驱动电机、整车电控等关键核心技术水平，支持新型动力电池开发，加强共性技术平台建设。积极发展车联网技术，将电动汽车打造成移动智能终端，实现车人、车车、车路、车网等交互，推动电动汽车和大数据平台有机融合，实现车辆智能化、交通智能和信息动态化。

（四）鼓励商业模式创新。通过融资租赁等方式，加快在公交、出租等领域大规模应用电动汽车。在完善贷款贴息、电池租赁政策的基础上，积极探索公私合营（PPP）等模式，通过共享油电差价等机制，鼓励社会资本参与充电设施建设与运营、车辆购买与维护。引导设立电动汽车发展基金，鼓励充换电设施建设运营单位实行有偿服务，推动形成车位所有者、基础设施建设者和运营管理者等多方共赢的运营模式。

四、全社会共同参与

（一）强化企业主体责任。

1. 整车企业全面保障产品质量和服务。整车产品须满足低温运行等地域性特征要求。整车企业负责对废旧动力电池回收处理；建立车辆运行保障体系，重点对车辆安全运营信息进行监控，并实现实时故障预警；建设一定规模的充电设施并承诺对社会开放。

2. 电力部门全面推进基础设施建设。开辟绿色通道，进一步优化报装验收流程；完善智能充换电服务管理平台，满足公众预约、查询、结算等使用需求；加快在社会停车场、交通枢纽建设快充服务网络。

3. 物业管理单位全面参与充电桩建设运营。小区物业管理单位、业主委员会等应支持具备条件的单位或个人开展自用充电桩建设；具备条件的社会停车场应建设一定比例的充电桩向社会开放，并按照相关规定收取服务费用。

4. 公用企事业单位全面开展电动汽车示范运行。全市范围内的公交、出租、环卫、邮政物流等公用企事业单位，应成为推广电动汽车应用的重要示范载体，率先推广应用电动汽车，积极探索创新运营机制和商业模式。

（二）倡导公众全面参与。公务人员率先使用电动汽车，自觉成为电动汽车推广应用的推动者。倡导电动汽车行业从业人员身体力行，自觉成为电动汽车理念的传播者。倡导广大市民积极参与电动汽车推广应用活动，成为电动汽车应用的践行者。

（三）加大宣传监督力度。新闻媒体进行全方位、多层次、宽视角的科普宣传，切实增进社会公众认知程度，营造易于接受、乐于使用电动汽车的良好环境。重点加大政策宣传力度，通过专家解读、专题报道、典型案例等形式进行宣传报道，使公众清晰、消费者明晰、执行者熟悉。强化舆论监督作用，重点关注产品质量、服务保障、设施建设等关键环节，共同维护电动汽车良好的发展态势和局面。

北京市人民政府办公厅
关于印发市经济信息化委、市环保局制定的《北京市工业污染行业、生产工艺调整退出及设备淘汰目录（2014年版）》的通知

京政办发〔2014〕56号

各区、县人民政府，市政府各委、办、局，各市属机构：

经市政府同意，现将市经济信息化委、市环保局制定的《北京市工业污染行业、生产工艺调整退出及设备淘汰目录（2014年版）》印发给你们，请认真遵照执行。

二〇一四年十月二十三日

北京市工业污染行业、生产工艺调整退出及设备淘汰目录（2014年版）

说　明

为深入贯彻落实首都城市战略定位，加快构建“高精尖”的经济结构，切实推动京津冀协同发展，依据国家发展改革委《产业结构调整指导目录》、工业和信息化部《部分工业行业淘汰落后生产工艺装备和产品指导目录》和《北京市大气污染防治条例》，市经济信息化委、市环保局联合制定了《北京市工业污染行业、生产工艺调整退出及设备淘汰目录（2014年版）》（以下简称《目录》）。

一、《目录》所列条目主要是污染较大、耗能较高的行业和生产工艺，以及国家明令淘汰的落后设备

二、《目录》所列条目后面标注的年份为退出期限，如“（2015年）”是指应于2015年年底前退出，未标注年份的应立即退出

三、按照国家及本市有关规定，对列入《目录》的条目，有关部门不予审批和核准新的投资项目、不予批准新增用地、不予办理生产许可等

四、对《目录》所列条目涉及的企业，有关部门要严格进行环境、安全、土地、规划、节能等执法监察

五、《目录》为2014年版，将根据相关法律法规和首都经济社会发展需要适时修订

北京市工业污染行业、生产工艺调整退出及设备淘汰目录

一、行业及生产工艺

（一）钢铁

1. 铁合金生产（2016年）
2. 普通钢丝、钢绞线生产（2016年）
3. 彩涂板生产（2016年）
4. 预应力钢材生产消除应力处理的铅淬火工艺

（二）有色金属

1. 再生铅生产
2. 再生铝生产
3. 常用有色金属冶炼
4. 贵金属冶炼
5. 铜线杆（黑杆）生产
6. 提取线路板中金、银、钯等贵重金属工艺
7. 烟气制酸干法净化和热浓酸洗涤工艺

（三）建材

1. 平板玻璃生产
2. 沥青类防水材料生产（2016年）
3. 水泥生产（有水泥窑协同处置危险废弃物除外）（2017年）
4. 玻纤增强水泥（GRC）制品生产（2016年）
5. 石棉水泥制品生产（2015年）
6. S-2型混凝土轨枕生产
7. 石灰生产（2015年）
8. 石材加工（汉白玉加工、石材雕刻除外）（2016年）

9. 建筑陶瓷生产（2016 年）
10. 黏土砖生产
11. 建筑渣土烧结砖生产
12. 页岩砖生产（2015 年）
13. 粉煤灰砖生产（2015 年）
14. 湿法模塑成型的混凝土路面砖、路缘石生产
15. 石膏砌块生产（2016 年）
16. 年产 10 万立方米以下的轻集料混凝土砌块生产线（2016 年）
17. 纸面石膏板生产
18. 手工制作墙板生产
19. 燃煤倒焰窑耐火材料及原料制品生产
20. 岩棉制品生产（2015 年）
21. 土砂石开采
22. 不符合环保、安全生产要求的非金属矿开采，非机械化非金属矿开采
23. 非蒸压养护加气混凝土生产线，手工切割加气混凝土生产线
24. 年产 15 万立方米以下的加气混凝土生产线（2016 年）
25. 年产 50 万件以下的卫生陶瓷生产线（2016 年）
26. 陶土坩埚玻璃纤维拉丝生产工艺
27. 真空加压法和气炼一步法石英玻璃生产工艺
28. 聚乙烯丙纶类复合防水卷材二次加热复合成型生产工艺
29. 装饰石材矿山硐室爆破开采技术、吊索式大理石土拉锯工艺
（四）化工
1. 农药合成及乳油制剂生产（2016 年）
2. 含苯类溶剂型油墨生产
3. 有机溶剂型涂料生产（2016 年）
4. 改性淀粉涂料生产
5. 含有机锡的防污涂料生产
6. 含三丁基锡、红丹的涂料生产
7. 含滴滴涕的涂料生产
8. 含异氰脲酸三缩水甘油酯（TGIC）的粉末涂料生产
9. 未达到《玩具涂料中有害物质限量》标准的玩具涂料生产
10. 未达到《汽车涂料中有害物质限量》标准的汽车涂料生产
11. 未达到《室内装饰装修材料内墙涂料中有害物质限量》（GB18582）标准的内墙涂料生产
12. 含苯类、苯酚、苯甲醛和二（三）氯甲烷的脱漆剂生产
13. 聚氯乙烯建筑防水接缝材料（焦油型）生产
14. 氯碱生产
15. 钛白粉生产（2015 年）
16. 铬化合物生产（2015 年）
17. 氯化汞催化剂生产（2015 年）
18. 乙炔生产（2015 年）
19. 甲基溴生产
20. 多氯联苯（变压器油）生产
21. 超薄型（厚度低于 0.015 毫米）塑料袋生产
22. 以氯氟烃（CFCs）为发泡剂的聚氨酯、聚乙烯、聚苯乙烯泡沫塑料生产

23. 200 万吨 / 年及以下常减压生产线
24. 年产 3 亿只以下的天然胶乳安全套生产线
25. 半水煤气氨水液相脱硫工艺
26. 一氧化碳常压变换及全中温变换（高温变换）工艺
27. 芒硝法硅酸钠（泡花碱）生产工艺
28. 以四氯化碳（CTC）为清洗剂的生产工艺
29. 以三氟三氯乙烷（CFC−113）和甲基氯仿（TCA）为清洗剂和溶剂的生产工艺
30. 用火直接加热的涂料用树脂生产工艺

（五）纺织印染

1. 棉印染工艺（2015 年）
2. 麻印染工艺（2015 年）
3. 丝印染工艺（2015 年）
4. 化纤织物印染工艺（2015 年）

（六）人造板及家具

1. 人造板生产及加工（2016 年）
2. 使用有机溶剂型涂料的家具制造工艺（2016 年）
3. 使用有机溶剂型涂料的木制品加工工艺（2016 年）

（七）医药

1. 化学原料药制造（化学原料药的研发和中试除外）（2017 年）
2. 高耗能大规模发酵生物产品生产（2016 年）
3. 含汞类体温计、血压计制造（2015 年）
4. 铅锡软膏管、单层聚烯烃软膏管制造（肛肠、腔道给药除外）
5. 安瓿灌装注射用无菌粉末制造
6. 药用天然胶塞制造
7. 非易折安瓿制造
8. 输液用聚氯乙烯（PVC）软袋制造（不包括腹膜透析液、冲洗液用）

（八）机械

1. 铸造生产加工（2016 年）
2. 锻造生产加工（2016 年）
3. 电镀生产加工（2016 年）
4. 手工、开放式的注汞技术和液汞电光源制造（2015 年）
5. 含汞类电池制造
6. 含铅类电池制造
7. 糊式锌锰电池制造

（九）印刷

1. 使用苯类、酮类有机溶剂的塑料印刷工艺（2015 年）
2. 丝网印刷工艺
3. 铅排、铅印工艺
4. 使用苯胺油墨的凹版印刷工艺

（十）造纸

1. 文化纸生产（2016 年）
2. 白板纸生产（2016 年）
3. 化学法制浆工艺
4. 单条 2 万吨 / 年及以下、以废纸为原料的制浆生产线

（十一）其他

1. 猪、牛、羊、禽手工屠宰

2. 皮革鞣制加工工艺（2015 年）

3. 毛皮鞣制加工工艺（2015 年）

4. 电子行业含铅电镀工艺（2016 年）

5. 国家和本市明令淘汰的其他行业和生产工艺

二、设备

1. 倒焰窑

2. 生产地条钢、普碳钢的工频和中频感应炉

3. 有效容积 18 立方米及以下轻烧反射窑、有效容积 30 立方米及以下重烧镁砂竖窑

4. 再生有色金属生产中直接燃煤的反射炉

5. 燃煤和燃发生炉煤气的坩埚玻璃窑，直火式、无热风循环的玻璃退火炉

6. 建筑卫生陶瓷土窑、多孔窑、煤烧明焰隧道窑、隔焰隧道窑、匣钵装卫生陶瓷隧道窑

7. 用于制备轻烧氧化镁的土焙烧窑、土煅烧窑

8. 轮窑、立窑、无顶轮窑、马蹄窑等土窑

9. 不符合国家现行城市生活垃圾、医疗废物和工业废物焚烧相关污染控制标准、工程技术标准以及设备标准的小型焚烧炉

10. 箱式空气介质加热的电阻炉

11. 坩埚式电阻炉

12. 井式气体化学热处理炉

13. 井式空气介质加热的回火炉

14. 中频无芯感应熔炼炉

15. 低效电机（含 J02 系列、J03 系列、J2 系列、BJ0 系列、JB3 系列、JZ、JZ2、JZR、JZR2、JZB、JZRB 系列等）

16. 低压三相异步电动机（2003 年前生产的 Y 系列电动机）

17. 低压低效三相异步电动机（2003 年前生产的 Y2、Y3 系列及电机生产企业自行命名的电动机）

18. 中小型配电变压器（含 SJ、SJl、SJ2、SJ3、SJ4、SJ5、SJL、SJLl、S、Sl、SZ、SL、SLZ、SLl、SLZ1 系列等）

19. DJMB 系列照明用干式变压器和 DBK 系列控制用干式变压器

20. 配电变压器（含 SL7 30/10-SL7 1600/10、S7 30/10-S7 1600/10 配电变压器等）

21. 接触调压器 TDGC、TSGC 系列

22. SCB8 干式变压器 SCB8−30~2500/10

23. 直流弧焊电动发电机 AX1−500 型

24. 直流弧焊电动发电机 Ap−1000 型

25. 交流弧焊机 BX1−330 型

26. 交流弧焊机 BX1−135、BX2−500

27. 磁放大器式直流电弧焊机 ZXG、MZ

28. LHS 型立式冲天管结构燃油、燃天然气锅炉

29. 立式水管燃油、气蒸汽锅炉 LHS1−0.7−Y（Q）、LHS2−1.0−Y（Q）

30. DZL2−1.0−AⅡ.P 未改进的水火管快装锅炉

31. 2t/h 手摇炉排蒸汽锅炉（DZH2−1.0−AⅡ）

32. 立式固定炉排有机热载体锅炉 YGL−160MAⅡ、YGL−200MAⅡ

33. 往复炉排热水锅炉（含 DZW1.4−0.7/95/70−AⅡ、DZW2.8−0.7/95/70−AⅡ等）

34. 卧式内燃链条炉排锅炉（含 WNL1−13−A3、WNL2−13−A3、WNL4−13−A3 等）

35. 沸腾锅炉 SHF6−SHF35

36. 以氯氟烃（CFCs）为制冷剂的制冷空调产品

37. 12JD 型深水井泵
38. GC 型低压锅炉给水泵
39. 热动力式疏水阀（含 S15H－16、S19H－16、S19H－16C、S49H－16、S49H－16C、S19H－40、S49H－40、S19H－64、S49H－64 等）
40. “二人转”式有色金属轧机
41. 溶剂型即涂覆膜机、承印物无法降解和回收的各类覆膜机
42. J1101 系列全张单色胶印机（印刷速度每小时 5000 张及以下）
43. W1101 型全张自动凹版印刷机、AJ401 型卷筒纸单面四色凹版印刷机
44. DJ01 型平装胶订联动机，PRD－01、PRD－02 型平装胶订联动机，DBT－01 型平装有线订、包、烫联动机
45. 离心涂布机
46. 照像制版机
47. 列入工业和信息化部《高耗能落后机电设备（产品）淘汰目录》的其他设备
48. 未达到国家强制性能效标准要求的用能设备
49. 危及生产和人身安全，不具备安全生产条件的设备
50. 国家和本市明令淘汰的其他设备

北京市经济和信息化委员会
关于印发《2014 年北京市两化融合重点工作任务计划》的通知

京经信委发〔2014〕51 号

各有关单位：

为贯彻落实市政府《关于印发推进两化融合促进首都经济发展若干意见及任务分工的通知》（京政发〔2011〕2 号）精神，结合各单位提交的 2014 年两化融合工作计划和正式反馈意见，我委制订了《2014 年北京市两化融合重点工作任务计划》，现印发你们，请各单位高度重视，积极推进产业领域信息化深度应用，认真抓好重点项目的实施和示范项目的推广应用。

特此通知。

二○一四年五月十二日

2014 年北京市两化融合重点工作任务计划

为深入贯彻落实党的十八大提出的“推动信息化和工业化深度融合”的战略部署和工信部《信息化和工业化深度融合专项行动计划（2013—2018 年）》，全面推动信息化与一、二、三产业深度融合，提升企业核心竞争力，加快促进产业转型升级。根据《北京市人民政府关于印发推进两化融合促进首都经济发展若干意见及任务分工的通知》（京政发〔2011〕2 号）精神，现制定 2014 年北京市两化融合重点工作任务计划如下：

一、推动信息化与产业深度融合

（一）推进智能制造生产模式快速发展

任务内容：组织研究北京市信息化和工业化深度融合专项行动计划（3~5 年）。重点在设计与制造集成、集

团管控、产业链协同等领域，开展关键环节集成应用示范，支持一批制造业两化深度融合示范项目，推动制造业向网络化、智能化、柔性化和服务化转变。

牵头单位：市经济信息化委

配合单位：市发展改革委、市科委、中关村管委会、北京经济技术开发区管委会

（二）推进战略性新兴产业快速发展

任务内容：推动新一代信息技术与新能源、新材料、节能环保、生物医药、新能源汽车等战略性新兴产业融合创新。支持在高档数控机床、3D 打印、机器人等领域，开展绿色制造、智能制造装备研发和产业化。推动下一代互联网、集成电路、多模多频手机芯等领域实现关键核心技术突破，培育一批具有技术主导权的产业集群。

牵头单位：市发展改革委、市经济信息化委

配合单位：市科委、北京经济技术开发区管委会、中关村管委会

（三）推进金融业信息技术深度应用

任务内容：围绕创新金融业务服务模式，推进信息化在前台交易、后台结算和移动金融（手机银行、手机钱包等）、网络支付等领域以及 IC 卡在公共服务领域行业拓展的深度应用。协调推进金融功能区和科技金融信用信息平台建设。继续开展“三通”和“村村通”工程建设，提升便民服务水平。

牵头单位：市金融局

配合单位：人民银行营业管理部、市发展改革委

（四）推进物流业信息技术深度应用

任务内容：完善公共物流信息平台升级改造。推动物联网、云计算、自动分拣、移动互联网、可视化、空间位置定位等技术在物流领域的应用示范。

牵头单位：市商务委

配合单位：市经济信息化委、市发展改革委、市科委

（五）推进文化创意产业信息技术深度应用

任务内容：推进文化创意产业功能区信息化支撑体系建设。推动文化创意产业深度应用三维仿真等新一代信息技术，培育一批具有较强国际影响和竞争力的创意设计品牌企业。支持开展基于智能终端的文化传媒推广服务等示范应用。

牵头单位：市文资办

配合单位：市发展改革委、市经济信息化委、市科委、市商务委、市文化局、中关村管委会、北京经济技术开发区管委会

（六）推进商贸服务业信息技术深度应用

任务内容：推动供应链管理、客户关系管理、商业智能等系统在商贸流通企业示范应用。鼓励商贸流通企业开展信息化建设，大力推动网上零售业快速发展。稳步推进电子发票应用试点工作。

牵头单位：市商务委

配合单位：市经济信息化委、市科委

（七）推进旅游业信息技术深度应用

任务内容：拓展北京旅游网便民服务功能。完善旅游公共服务体系建设。推进调度中心系统、重点场所高清视频监控网络和人群动态感知系统等项目建设。加大手机智能终端软件和景区自助导游软件系统推广应用力度。引导旅游企业应用旅游网络营销、网上支付等新型服务模式。

牵头单位：市旅游委

配合单位：市商务委、市文化局、市农委、市经济信息化委

（八）推进农业信息技术深度应用

任务内容：开展“221 信息平台”优化升级和推广应用，推动物联网等信息技术在农业生产中的示范应用。探索“北京休闲农业移动信息技术应用”模式。支持一批农民专业合作社、休闲农业园区开展都市型现代农业试点示范。

牵头单位：市农委

配合单位：市科委、市经济信息化委、市商务委、市旅游委

二、提升首都两化深度融合综合发展实力

（九）提升中关村国家自主创新示范区创新能力

任务内容：完善产学研用相结合的技术创新体系建设。推进中关村开放实验室和国家科研设施共享试点，推动全球研发机构与中关村企业开展合作，搭建协同创新平台。加快国家技术转移聚集区，中国网上技术市场建设。发挥企业在技术创新中的主体作用，掌握一批具有国际先进水平的两化融合共性关键技术。支持一批以企业为实施主体的重大科技成果转化和产业化项目。

牵头单位：中关村管委会

配合单位：市科委、市发展改革委、市教委、市经济信息化委

（十）提升软件和信息技术服务业服务能力

任务内容：加快工业软件关键技术研发和创新，形成一批面向重点领域的综合解决方案。推动重点行业信息技术应用公共服务平台建设。支持嵌入式软件、控制软件、大数据分析软件和高性能计算机应用软件的研发。

牵头单位：市经济信息化委

配合单位：市科委、市发展改革委、市教委、中关村管委会

（十一）加大引进两化融合高端人才力度

任务内容：继续实施“海聚工程”、回国留学人员创业支持计划。支持中关村科学城、未来科技城等重点区域、重点行业和重点企业，对两化融合高端人才的需求。

牵头单位：市人力社保局

配合单位：市国资委、市经济信息化委、市科委、中关村管委会、北京经济技术开发区管委会

（十二）提升生产性服务业对全国重点产业的服务能力

任务内容：加快生产性服务业信息化融合创新，提升金融、物流、科技、信息等领域支撑全国重点产业发展的服务能力和水平。

牵头单位：市发展改革委、市经济信息化委

配合单位：市金融局、市商务委、市科委

三、夯实基础，重点突破

（十三）提升国有重点大型企业信息化发展水平

任务内容：研究推进市属国有企业两化融合和电子商务工作的相关政策措施，加快市属国有企业电子商务发展，推广交流企业典型经验，指导并支持一批保障首都城市运转、服务社会民生、促进企业转型升级、提升集团管控能力等信息化项目。

牵头单位：市国资委、市经济信息化委

配合单位：市发展改革委、市商务委、市农委、市科委、中关村管委会、北京经济技术开发区管委会

（十四）推动大型企业及国有重点企业建立首席信息官（CIO）制度

任务内容：推动在全市大型企业及国有重点企业建立首席信息官制度，组织市属国有企业信息化负责人（CIO）培训。

牵头单位：市国资委、市经济信息化委

配合单位：市发展改革委、市商务委、市农委、中关村管委会、北京经济技术开发区管委会

（十五）开展信息化发展水平评估和重点企业两化融合水平等级认定工作

任务内容：开展企业信息化及电子商务发展状况调查和区域两化融合发展水平评估。在工信部指导下，开展两化融合管理体系试点企业贯标行动和达标认定工作。

牵头单位：市经济信息化委

配合单位：市国资委、市发展改革委、市商务委、市旅游委、市文化局、市农委、市统计局、中关村管委会、北京经济技术开发区管委会

（十六）加强服务体系建设，开展咨询引导和人才培训

任务内容：按照工信部规范要求，创建一批两化融合咨询服务机构。进一步开展对重点企业两化融合的咨询引导，加强对企业信息化人员的培训。

牵头单位：市经济信息化委

配合单位：市国资委、市发展改革委、市人力社保局、市教委、市科委、市商务委、市旅游委、市文化局、市金融局、中关村管委会、北京经济技术开发区管委会

（十七）提升中小企业信息化应用能力和水平

任务内容：继续完善“工业云”服务体系和服务联盟建设，推动服务平台面向各区县和产业园的中小企业普及。持续开展面向中小企业的信息化应用推广培训，支持中小微企业应用信息技术，提升集成应用、协同创新、生产控制和电子商务等业务能力和水平。

牵头单位：市经济信息化委

配合单位：市商务委、市科委、市文化局、市旅游委、中关村管委会、北京经济技术开发区管委会

（十八）推进重点领域电子商务创新发展

任务内容：推动传统商贸业、制造业与电子商务代运营、第三方支付、配套物流等服务业深度合作。加大对电子商务服务企业与大企业应用电子商务的支持力度。推动互联网、移动电子商务与制造业集成创新应用示范。推动电子商务产业聚集发展。

牵头单位：市经济信息化委、市商务委、市发展改革委

配合单位：市工商局、市金融局、中关村管委会、北京经济技术开发区管委会、通州区、大兴区

（十九）推进现代流通领域电子商务快速发展

任务内容：完善现代流通领域电子商务发展支撑体系。支持一批电子商务服务平台和大型商场、购物中心、商业街区等移动电子商务应用项目建设。进一步完善跨境电子商务运行流程和监管模式，加快跨境电子商务公共信息平台建设。

牵头单位：市商务委、市经济信息化委

配合单位：市发展改革委、市工商局、市金融局、中关村管委会、北京经济技术开发区管委会

（二十）推动智慧园区建设

任务内容：研究制定产业园区智慧化标准规范。支持区县开展一批智慧园区公共服务平台和产业链协同应用试点示范项目，重点完善产业园区的信息基础设施，推动移动互联网、云计算和物联网等技术的应用，全面提升园区综合服务能力，促进园区要素聚集、产业聚合、融合创新、管理模式转变。

牵头单位：市经济信息化委

配合单位：市科委、中关村管委会、北京经济技术开发区管委会、市发展改革委

四、进一步优化发展环境

（二十一）加强工作对接

任务内容：充分发挥首都资源优势，完善两化融合工作推进体系。开展在京重点央企的信息化状况调研。

牵头单位：市经济信息化委

配合单位：市发展改革委、市教委、市科委、市财政局、市人力社保局、市农委、市商务委、市文化局、市国资委、市工商局、市统计局、市旅游委、市金融局、中关村管委会、北京经济技术开发区管委会

（二十二）加强两化深度融合支撑环境建设

任务内容：加快电子政务建设。加强重要工业控制系统信息安全监管。实施“宽带中国2014”行动计划。加大高校、科研院所和企业产学研用协同推进力度，提升两化融合服务支撑能力。

牵头单位：市经济信息化委

配合单位：市科委、中关村管委会、市教委、市国资委

（二十三）加大两化深度融合宣传力度

任务内容：对接国家两化深度融合要求，树立一批重点行业两化深度融合示范企业，总结典型做法，推广应用经验。

牵头单位：市经济信息化委、市委宣传部

配合单位：市发展改革委、市商务委、市科委、市国资委、市农委、市人力社保局、市文化局、市旅游委、市统计局、市金融局、中关村管委会、北京经济技术开发区管委会

北京市经济和信息化委员会　北京市发展和改革委员会
北京市财政局　北京市国税局　北京市地税局
关于印发《北京市集成电路设计企业认定管理实施细则》的通知

京经信委发〔2014〕54 号

各有关单位：

为贯彻落实《集成电路设计企业认定管理办法》(工信部联电子〔2013〕487 号)，规范北京市集成电路设计企业认定与年审工作，促进我市集成电路设计产业健康有序发展，我们制定了《北京市集成电路设计企业认定管理实施细则》，现予以发布，请遵照执行。

二〇一四年五月十三日

北京市集成电路设计企业认定管理实施细则

第一章　总　则

第一条　为进一步规范和促进集成电路设计产业发展，落实国家优惠政策，加强对本市集成电路设计企业认定工作的管理，依据《集成电路设计企业认定管理办法》(工信部联电子〔2013〕487 号)，结合本市实际情况，制定本细则。

第二条　本细则所称集成电路设计企业，是指在本市行政区域内依法设立的从事集成电路功能研发、设计及相关服务，并符合财税〔2012〕27 号文件有关规定的企业。

第三条　北京市经济和信息化委员会（以下简称“市经济信息化委”）负责在本市设立的集成电路设计企业认定或年审的受理，以及申报材料的真实性审核工作。

第四条　市经济信息化委委托中介专业机构承担本市集成电路设计企业申请认定和年审的具体工作，包括材料初审、组织专家评审、证书发放等。北京半导体行业协会组织开展相关政策的宣传、辅导、咨询工作，开展政策实施情况评估和诚信体系建设等工作。

第五条　市经济信息化委、市发展改革委、市财政局、市国税局、市地税局建立会商机制，协调解决本细则实施过程中遇到的问题。

第六条　按照《中华人民共和国政府信息公开条例》有关规定，市经济信息化委对集成电路设计企业认定和年审的法律依据、流程和认定结果等相关信息进行公开，并与相关部门共享。

第二章　认定条件和程序

第七条　申请认定的集成电路设计企业须符合下列条件：

（一）在本市行政区域内注册成立，从事集成电路功能研发、设计及相关服务的法人企业；

（二）签订劳动合同关系且具有大学专科以上学历的职工人数占企业当年月平均职工总人数的比例不低于 40%，其中研究开发人员占企业当年月平均职工总数的比例不低于 20%；

（三）拥有核心关键技术，并以此为基础开展经营活动，且当年度的研究开发费用总额占企业销售（营业）收入总额的比例不低于6%，其中，企业在中国境内发生的研究开发费用金额占研究开发费用总额的比例不低于60%；

（四）集成电路设计企业的集成电路设计销售（营业）收入占企业收入总额的比例不低于60%，其中集成电路自主设计销售（营业）收入占企业收入总额的比例不低于50%；

（五）主营业务拥有自主知识产权；

（六）具有保证设计产品质量的手段和能力，并建立符合集成电路要求的质量管理体系并提供有效运行的过程文档记录；

（七）具有与集成电路设计相适应的生产经营场所、软硬件设施等开发环境（如EDA工具、合法的开发工具等），以及与所提供服务相关的技术支撑环境。

第八条 企业申请集成电路设计企业认定须提交下列材料：

（一）集成电路设计企业认定申报表（可从工信部、市经济信息化委门户网站下载）；

（二）企业法人营业执照副本、税务登记证以及企业取得的其他相关资质证书等（以上均为复印件，需加盖企业公章）；

（三）企业职工人数、学历结构、研究开发人员情况及其占企业职工总数的比例说明，以及企业职工劳动合同和社会保险缴纳证明等相关证明材料；

（四）经具有国家法定资质的中介机构鉴证的企业上一会计年度财务报表（含资产负债表、损益表、现金流量表）以及集成电路设计销售（营业）收入、集成电路自主设计销售（营业）收入、研究开发费用、境内研究开发费用等情况表；

（五）企业自主开发或拥有知识产权（如专利、布图设计登记、软件著作权等）的证明材料；

（六）企业生产经营场所、开发环境及技术支撑环境等相关证明材料；

（七）保证产品质量的相关证明材料（如质量管理认证证书、用户使用证明等）；

（八）其他需要出具的有关材料。

第九条 北京市集成电路设计企业认定按照下列流程办理：

（一）每年5月10日前申请企业对照本细则的要求，进行自我评价，符合认定条件的，可向中介专业机构提出认定申请。

（二）中介专业机构统一受理本市企业申请，对企业申请材料进行汇总、真实性审核及组织专家评审，并于申报年度6月5日前将本市所有申报企业情况报送市经济信息化委。

（三）市经济信息化委对中介专业机构提交的材料进行复审，并于申报年度6月底前将本市所有申报企业情况报送工业和信息化部，同时抄报市发改委、市财政局、市国税局、市地税局。

（四）依据工业和信息化部最终审核结果，市经济信息化委公布本市集成电路设计企业认定和年审合格企业名单，并由中介专业机构代为发放集成电路设计企业证书。

第十条 集成电路设计企业认定实行年审制度。年审的条件、提交材料及流程参照集成电路设计企业认定的相关要求。初次进行年审的集成电路设计企业须符合本细则第七条规定的条件；第二次及以上进行年审的集成电路设计企业，除符合本细则第七条规定的条件外，企业上一会计年度销售（营业）收入原则上不低于（含）200万元。

第十一条 经认定和年审合格的集成电路设计企业凭本年度有效的集成电路设计企业证书，可按财税〔2012〕27号文件规定向有关部门申请享受相关税收优惠政策。

第十二条 逾期未报或年审不合格的企业，即取消其集成电路设计企业的资格，集成电路设计企业认定证书自动失效，并在市经济信息化委门户网站上公示。按照财税〔2012〕27号文件规定享受定期减免税优惠的集成电路设计企业，如在优惠期限内未年审或年审不合格，则在认定证书失效年度停止享受财税〔2012〕27号文件规定的相关税收优惠政策。

第十三条 经认定的集成电路设计企业发生更名、分立、合并、重组以及经营业务发生重大变化等事项时，应当自发生变化之日起15个工作日内，向市经济信息化委进行书面报备。变化后仍符合集成电路设计企业认定条件的，办理相应的变更手续；变化后不符合集成电路设计企业认定条件的，终止认定资格。

第三章 监督管理

第十四条 经认定和年审合格的集成电路设计企业有以下情形之一的，由市经济信息化委上报工业和信息化部取消其认定和年审资格，三年内不予受理企业认定申请，同时在工业和信息化部门户网站上公示。

（一）在申请过程中提供虚假信息；

（二）有偷、骗税等行为的；

（三）在安全、质量、公司管理等方面有重大违法行为，受到有关部门处罚；

（四）未及时报告使企业认定条件发生变化的更名、分立、合并、重组以及经营业务重大变化等情况。

对被取消集成电路设计企业认定资格且当年已享受税收优惠政策的，由有关部门予以追缴。

第十五条 参与集成电路设计企业认定工作的人员如有下列行为之一的，由其所属部门或机构责令限期改正，并依法给予行政处分；构成犯罪的，依法追究刑事责任。

（一）违反认定工作程序和工作原则；

（二）滥用职权、玩忽职守、徇私舞弊、索贿受贿；

（三）违反认定工作保密规定等要求；

（四）其他违反本办法规定的行为。

第四章 附 则

第十六条 2011 年 1 月 1 日前完成认定的集成电路设计企业，在享受企业所得税优惠政策期满前，仍按照《集成电路设计企业及产品认定管理办法》（信部联产〔2002〕86 号）的认定条件进行年审，优惠期满后按照本办法重新认定，但不得享受财税〔2012〕27 号文件第三条规定的优惠政策。

第十七条 本细则由市经济信息化委负责解释。

第十八条 本细则自发布之日起实施。原有规定与本细则规定不一致的，按照本细则执行。

工业数据

综述

本栏目资料反映了年度内北京工业经济方面的基本情况，主要包括规模以上工业企业的主要经济指标数据，还包括国有控股工业企业、股份制工业企业、港澳台及外商投资工业企业、大中型工业企业的主要经济指标数据，以及高技术制造业主要经济指标、能源消费总量和主要能源品种消费量，区县规模以上工业企业产值、主要财务情况，镇村工业企业主要经济指标。具体指标包括单位数、工业总产值、工业增加值、资产总计、负债合计、主营业务收入、主营业务成本、主营业务税金及附加、利润总额、应交增值税、总资产贡献率、资产负债率、成本费用利润率、主要工业产品产量、生产能力等。

本栏目工业企业统计数据主要来源于北京市统计局、国家统计局北京调查总队。其中，规模以上数据为全面调查，规模以下数据为抽样调查。

2014 年北京市规模以上

项　　目	企业单位个数（个）	#亏损企业	工业总产值（当年价格）	工业增加值	工业销售产值（当年价格）	#出口交货值
合　计	3686	684	184528984	36119531.27	182282093	14268774
按隶属关系分组						
中央企业	238	35	66335419	12080648.91	65908552	526425
地方企业	3448	649	118193565	24038882.36	116373541	13742348
按登记注册类型分组						
内资企业	2834	495	112021231	21400353	110522824	3294544
国有企业	81	15	34574780	6031856	34448335	22669
集体企业	45	12	315318	106485	312246	5850
股份合作企业	60	9	877087	107217	884117	23466
联营企业						
有限责任公司	1264	262	43545672	8339352	43030157	1828945
股份有限公司	240	44	22664424	4498251	22275952	971099
私营企业	1143	153	10041078	2316653	9569372	442515
其他企业	1	0	***	***	***	***
港澳台商投资企业	209	50	18105818	2349904	17537926	1777347
港澳台合资经营	105	19	4462121	1242767	4394090	783092
港澳台合作经营	6	2	37071	16751	37202	0
港澳台商独资企业	87	29	12654918	961927	12187359	863160
港澳台商投资股份有限公司	11	0	951708	128459	919275	131095
外商投资企业	643	139	54401935	12369275	54221343	9196882
中外合资经营	245	49	35180739	8126161	35123884	6590860
中外合作经营	11	3	211575	100413	218229	35813
外资（独资）企业	376	84	18235755	3925154	18104901	2514482
外商投资股份有限公司	11	3	773867	217546	774329	55727
按城乡分组						
#农村企业	77	17	1173159	207367	1170804	20445
按控股类型分组						
#国有控股	765	174	106747664	21183125	106003753	2780059
集体控股	125	22	3039685	596954	2948160	148567
私人控股	2061	315	24836486	5921108	24044721	1025054
港澳台控股	154	45	15451953	1530315	14955172	1347844
外商控股	555	121	34070663	6835313	33950478	8950083
按轻重工业分组						
轻工业	1259	259	25680273	7666166	25099323	1608049
重工业	2427	425	158848711	28453366	157182771	12660724
按规模分组						
#大中型企业	748	137	150395400	30140259	148721905	12588508

注：工业增加值按生产法计算。

工业企业主要经济指标

单位：万元

平均用工人数（人）	资产负债						
	资产总计	流动资产合计	# 存货	# 产成品	# 应收账款	固定资产合计	固定资产原价
1167685	335570497	140424729	22962586	7650639	35791072	62778442	115329380
198052	149351575	39922867	4758366	1249405	8013594	29612887	59939935
969633	186218922	100501861	18204221	6401234	27777478	33165555	55389445
777242	264651243	96695434	14748156	4905540	24300571	50620477	91891914
52956	113911074	23160536	1246755	147954	2757933	20432393	39892491
7539	420788	302356	91471	46468	62347	78888	158004
9107	587092	438605	109289	56085	147344	96359	162971
379724	90314448	42089916	7220759	2378555	12658687	23222088	39527575
176442	46324416	21420733	3749563	1288032	5453607	4949593	9269370
151446	13091774	9282314	2329993	988395	3220630	1840480	2880827
28	***	***	***	***	***	***	***
100186	20579699	13398840	2663378	857971	3354064	3108269	6210467
45284	5124026	3192919	567119	232497	992144	1274922	3317794
953	160406	145112	9012	3714	15489	12187	24623
46744	11595412	7411965	1391514	587403	1270697	1727635	2676866
7205	3699855	2648844	695734	34358	1075735	93526	191185
290257	50339555	30330454	5551053	1887128	8136436	9049695	17226998
138942	31457107	18027659	2959469	908605	3575967	5164569	8636988
6268	286553	212018	-8201	5829	58748	61749	154388
134732	16730993	11474283	2505302	926945	4355098	3532268	7824594
10315	1864902	616495	94483	45748	146624	291110	611028
15224	1196274	940534	229941	83500	448619	176380	341022
500883	244008987	80888751	10599818	3133843	16160660	50425583	92616730
28027	3682095	2774036	632824	194282	1177354	396242	703026
336345	44410921	27638581	5876045	2226665	9305327	4602903	7204013
74907	15511672	9875399	1874779	713429	2040574	2229699	3620045
222763	27161912	18638108	3905737	1357668	6971209	5056735	11054203
363518	37730012	22468313	5363616	2385593	4823391	6969035	12955532
804167	297840485	117956415	17598970	5265046	30967681	55809406	102373847
840908	284503770	108045472	15635960	4843892	24964596	56234140	103959001

2014 年北京市规模以上

项目	资产负债					营业收入
	负债合计	#流动负债合计	#应付账款	所有者权益合计	#实收资本	
合　计	171375654	112548697	38275019	163891012	69116104	201794110
按隶属关系分组						
中央企业	73860857	37768946	10011808	75490718	29843084	68791838
地方企业	97514797	74779751	28263211	88400295	39273020	133002272
按登记注册类型分组						
内资企业	133084379	79402915	22988739	131273238	53688965	121086161
国有企业	54006193	20817860	3596936	59904880	20922153	34751236
集体企业	262075	227045	70092	158713	36479	332854
股份合作企业	376247	354629	172880	210846	98017	951411
联营企业						
有限责任公司	52710088	36942301	12133716	37604360	22422695	49258285
股份有限公司	18319017	14098289	4314909	27716539	7634920	25290070
私营企业	7409821	6962230	2700056	5677187	2574408	10499661
其他企业	***	***	***	***	***	***
港澳台商投资企业	11752128	10697042	4842916	8827571	4063627	22194107
港澳台合资经营	2476240	2228916	790698	2647786	1595446	4922305
港澳台合作经营	11047	11047	3866	149359	39379	54531
港澳台商独资企业	7274100	6760611	3292521	4321312	1486830	16036025
港澳台商投资股份有限公司	1990741	1696469	755831	1709114	941972	1181247
外商投资企业	26539148	22448740	10443364	23790204	11363512	58513842
中外合资经营	16525969	13644930	6077051	14931138	6077348	36498260
中外合作经营	153699	143737	58776	132854	158547	422336
外资（独资）企业	9199744	8134290	4193564	7521045	4502446	20720726
外商投资股份有限公司	659736	525783	113973	1205166	625170	872521
按城乡分组						
#农村企业	795877	721841	351869	400397	157678	1273808
按控股类型分组						
#国有控股	124036910	70031330	19727427	119972077	51140870	113981233
集体控股	1974760	1778978	946096	1707336	581077	3171859
私人控股	21120456	18736525	6775018	22996839	8253897	26548951
港澳台控股	9596539	8859806	4051410	5915133	2234735	19356096
外商控股	14262643	12782326	6672653	12889066	6732744	38296601
按轻重工业分组						
轻工业	18631065	16070967	4523398	19098947	8592109	29805005
重工业	152744589	96477730	33751621	144792066	60523995	171989105
按规模分组						
#大中型企业	144556355	88386686	28632741	139947415	56894159	163631110

工业企业主要经济指标（续表）

单位：万元

损益										
# 主营业务收入	营业成本	# 主营业务成本	销售费用	管理费用	财务费用	利润总额	应交税金合计	# 营业税金及附加	# 主营业务税金及附加	# 应交增值税
197766666	170121159	166994443	8675519	9191424	2144861	15157524	11436589	3067618	3051352	5615607
67640226	62228341	61254753	457850	1573346	1028285	5479152	3832099	1268089	1262805	1827371
130126441	107892819	105739690	8217669	7618078	1116576	9678373	7604490	1799529	1788548	3788236
118683701	104997732	103166274	3238617	5778778	1863612	9113002	6323381	1692830	1677353	3300377
34595852	31832518	31731193	140071	319598	755884	4104199	1929678	431130	430095	1026017
320901	266642	260733	15831	35130	10	17849	25336	3964	3733	17178
939504	851814	850142	34562	33828	4304	29736	27297	2742	2741	18235
48051805	43513299	42573334	1211353	2840516	752992	2249191	1816960	195932	185846	1139307
24444277	20293256	19622115	1163244	1649389	269397	2041490	2044074	1011966	1008486	784825
10328717	8237863	8126419	673483	900239	80973	670440	480006	47092	46447	314791
***	***	***	***	***	***	***	***	***	***	***
21662031	19167654	18721159	1345290	897832	83756	970510	695798	65596	65081	435265
4690632	3826840	3618124	280327	270557	30109	517757	321406	29757	29606	169498
54225	41598	41389	4291	6975	-36	1320	4815	384	384	3324
15870909	14310774	14198120	1006147	536637	-2547	396811	317661	27308	26944	219328
1046265	988441	863525	54525	83663	56230	54623	51916	8147	8147	43115
57420934	45955774	45107010	4091613	2514814	197493	5074012	4417410	1309192	1308919	1879965
36045647	28890364	28569376	1827927	1383844	98087	3667221	3191272	1207810	1207708	1161132
416070	364993	357730	41037	20600	-3059	-1333	23293	1978	1978	18059
20112941	16035519	15535159	2143388	1033992	82864	1351191	1155160	94552	94387	664608
846276	664898	644745	79261	76378	19600	56935	47686	4853	4847	36166
1230471	1065899	1038913	35464	73123	4176	106160	70511	5282	5263	34488
111807499	99312004	97634598	2438405	4081217	1698204	9372714	7376847	2705394	2692307	3138617
3119570	2550682	2531017	168072	245716	9498	233166	145855	16436	15582	91050
26046840	20009651	19656372	1933848	2394680	294946	2251506	1408284	142306	140933	908649
18988003	17087743	16794184	1141600	704473	32178	619977	480764	45701	45326	306097
37370486	30794838	30014679	2973981	1735479	104913	2660389	2006483	156112	155848	1159628
28983246	20366041	19771815	4441954	2322174	236476	2399925	2558703	583498	580599	1442742
168783420	149755118	147222628	4233565	6869250	1908385	12757599	8877886	2484120	2470753	4172865
160397750	138236952	135660661	7136735	6436166	1844530	13034993	9844200	2913664	2901997	4641494

2014年北京市规模以上

项　　目	企业单位个数（个）	#亏损企业	工业总产值（当年价格）	工业增加值	工业销售产值（当年价格）	#出口交货值	平均用工人数（人）
合计	3686	684	184528984	36119531	182282093	14268774	1167685
煤炭开采和洗选业	4	0	5491992	304987	5478195	117539	13961
石油和天然气开采业	2	***	***	***	***	***	2009
黑色金属矿采选业	7	0	1316681	116056	1316032	0	25598
非金属矿采选业	5	0	23348	10886	19392	0	409
开采辅助活动	6	1	2029296	1085338	2029296	190028	21019
农副食品加工业	144	38	3825018	532388	3757399	100084	34115
食品制造业	125	32	2789079	390499	2764594	145393	53272
酒、饮料和精制茶制造业	42	11	1919525	550854	1939771	14159	28161
烟草制品业	1	***	***	***	***	***	922
纺织业	27	4	206051	32488	216906	29021	4628
纺织服装、服饰业	141	35	1379236	559481	1260652	243381	45404
皮革、毛皮、羽毛及其制品和制鞋业	15	3	111189	25896	109874	17842	2199
木材加工和木、竹、藤、棕、草制品业	16	3	135018	23401	135828	10208	2633
家具制造业	70	13	798476	185339	784341	54817	15445
造纸和纸制品业	41	12	644423	221096	641614	52194	5948
印刷和记录媒介复制业	118	27	1230727	522334	1228303	11027	25484
文教、工美、体育和娱乐用品制造业	35	9	830143	32379	853294	62702	6868
石油加工、炼焦和核燃料加工业	23	1	8453806	1513100	8398458	0	14031
化学原料和化学制品制造业	215	44	3520728	623228	3423208	109960	35555
医药制造业	193	25	6690347	2831080	6413928	92180	72780
化学纤维制造业	3	***	***	***	***	***	572
橡胶和塑料制品业	124	25	1128322	295822	1121812	103257	20651
非金属矿物制品业	251	48	4880385	750441	4863115	122846	55607
黑色金属冶炼和压延加工业	26	8	1338253	102292	1335940	127673	7437
有色金属冶炼和压延加工业	38	4	686892	90458	650971	136872	5800
金属制品业	228	45	3062268	635495	3037213	206331	42397
通用设备制造业	252	44	5505967	1473050	5343680	797856	57256
专用设备制造业	329	53	5903160	1326336	5817569	713898	72785
汽车制造业	237	41	36476369	7262437	36418374	626085	142515
铁路、船舶、航空航天和其他运输设备制造业	74	6	3815408	968593.61	3567187	62587	36392
电气机械和器材制造业	267	40	7375878	1455022	7155958	506604	57418
计算机、通信和其他电子设备制造业	299	62	24244643	3050912	23548493	9365251	127396
仪器仪表制造业	176	18	2573411	681523	2556176	124858	33029
其他制造业	24	3	523436	157282	507787	25253	7133
废弃资源综合利用业	8	5	76471	13391	76706	343	836
金属制品、机械和设备修理业	15	1	382012	161357	372137	76468	7703
电力、热力生产和供应业	63	18	40869661	6819739	40868572	0	59705
燃气生产和供应业	22	3	2988642	483064	2988642	0	11908
水的生产和供应业	20	2	613411	304301	610787	0	10704

注：行业划分执行2011年国民经济行业分类标准（GB/T 4754—2011）。

工业企业主要经济指标（按行业分）

单位：万元

资产负债						
资产总计	流动资产合计	# 存货	# 产成品	# 应收账款	固定资产合计	固定资产原价
335570497	140424729	22962586	7650639	35791072	62778442	115329380
3071628	1918941	149170	148144	580422	54508	196383
***	***	***	***	***	***	***
21247871	6714689	278883	43049	1492434	3980819	5811507
67711	41169	4995	4393	15931	8610	10834
4958487	2462069	296845	6596	854660	1213880	2529914
3878152	2679549	541316	277116	405761	466905	776593
3425544	2130538	408140	190820	482715	718982	1309226
4196516	1669685	267790	88364	124965	617131	1323853
***	***	***	***	***	***	***
571015	363172	61702	38766	74773	101941	166378
1661225	1284947	591936	371268	242666	215543	371343
101100	83246	43091	19524	21669	8689	16687
171495	97778	20036	4614	25826	50478	98800
929166	605611	170751	78131	150430	173182	259349
597684	371783	97475	29876	128145	159634	353494
2044328	1146792	260374	106020	246319	634013	1497200
895368	723238	363817	199113	127964	84499	150759
2725934	1101106	639989	230853	162285	829473	2786294
5268425	3245945	516600	227388	832699	1129836	2522637
10359697	6193772	1537629	612074	1485820	1570311	2438361
***	***	***	***	***	***	***
1759639	850065	196244	103144	277214	300427	572408
9369033	6862301	912756	243602	3326736	1080970	2100604
3856477	585661	209853	74773	155911	525301	827240
737689	497038	149652	49164	153508	118244	189553
5221470	3256296	853843	333402	800566	798866	1377251
8983941	6500055	1894247	573628	1750173	1124425	2047688
14586184	9581691	1866747	559220	2759265	1073104	1794889
32767138	17838118	2446233	1040306	4717389	6139243	9128067
6018410	4436977	1557427	164806	1445060	1027109	1273658
11492623	8843171	1764277	499977	4007105	677975	1408200
28565227	17120996	3483243	1118398	4132195	4380565	9156529
4627691	3412809	874461	155763	1141902	402565	650305
1172316	687473	127339	32003	209105	282607	479803
94693	37604	5825	2226	2890	46830	63334
495447	269479	95808	4813	105022	190374	349835
126076039	22618603	126837	916	2796856	27534700	53858104
4509837	1348946	12538	7502	411564	1450171	2009520
7264111	2477098	16475	547	112661	3110787	4772500

2014 年北京市规模以上

项目	资产负债						
	负债合计	#流动负债合计	#应付账款	所有者权益合计	#实收资本	营业收入	#主营业务收入
合计	171375654	112548697	38275019	163891012	69116104	201794110	197766666
煤炭开采和洗选业	1597542	1418176	788835	1474086	691325	5514667	5488906
石油和天然气开采业	***	***	***	***	***	***	***
黑色金属矿采选业	12360947	4980333	904992	8886923	2873054	3754500	3587761
非金属矿采选业	34785	34785	7202	32925	13150	30543	29831
开采辅助活动	1889229	1691464	569929	3069257	2693319	1815679	1811851
农副食品加工业	2290176	1961726	312485	1587977	634608	4357455	4323505
食品制造业	2170397	2035096	660204	1255147	1070338	4761732	4663987
酒、饮料和精制茶制造业	1735960	1580184	357907	2460556	800371	2188028	2085172
烟草制品业	***	***	***	***	***	***	***
纺织业	290887	205150	59306	280129	217344	380245	372547
纺织服装、服饰业	984375	924565	283382	676851	304468	1466430	1431743
皮革、毛皮、羽毛及其制品和制鞋业	67244	66020	13319	33856	12563	126707	124905
木材加工和木、竹、藤、棕、草制品业	103681	99581	23781	67814	71874	150846	144127
家具制造业	514933	470684	120193	414233	218571	786066	771232
造纸和纸制品业	301031	282537	98120	296653	182667	765021	749340
印刷和记录媒介复制业	856314	746715	282951	1188014	702369	1384408	1310553
文教、工美、体育和娱乐用品制造业	565480	531796	260851	329888	227019	998092	979612
石油加工、炼焦和核燃料加工业	1516928	1487190	379502	1209006	87531	9411608	8827155
化学原料和化学制品制造业	2757198	2528773	558410	2511227	1750150	3762352	3673159
医药制造业	4599731	3898685	1116826	5759966	1836668	6855598	6626299
化学纤维制造业	***	***	***	***	***	***	***
橡胶和塑料制品业	865928	668444	211931	594648	363352	1390434	1341234
非金属矿物制品业	5742890	5454999	2349259	3626143	1578572	5527267	5395978
黑色金属冶炼和压延加工业	1278606	445598	230680	2577871	876153	1435124	1416745
有色金属冶炼和压延加工业	319482	292532	112296	418207	146655	847976	743947
金属制品业	2859325	2493382	801902	2362146	1169164	3625111	3430665
通用设备制造业	4153953	3812176	1297720	4829630	1953029	5987845	5852872
专用设备制造业	7791593	6336000	2244938	6794591	2850728	6800516	6550560
汽车制造业	18746044	15537768	8044294	14021094	5687452	37793594	36921815
铁路、船舶、航空航天和其他运输设备制造业	3940266	3640828	1334983	2078144	845704	3920857	3865492
电气机械和器材制造业	6722706	6312763	2550683	4769917	2825476	7909140	7742663
计算机、通信和其他电子设备制造业	14456595	12103159	5688116	14108632	6744365	28447408	28155056
仪器仪表制造业	2254671	2078460	880303	2373020	771289	3068130	3023490
其他制造业	407330	282918	131869	764986	286246	567283	552893
废弃资源综合利用业	67750	44031	4485	26943	19351	76995	76457
金属制品、机械和设备修理业	244958	242798	59939	246081	168304	387797	377533
电力、热力生产和供应业	61158589	25279293	5205541	64917451	24249723	41015205	40915292
燃气生产和供应业	1481480	1175780	170739	3028357	799293	3036963	2996932
水的生产和供应业	3427248	1118447	59823	3836863	3093079	800623	788152

工业企业主要经济指标（按行业分）（续表）

单位：万元

损益						应交税金合计			
营业成本	#主营业务成本	销售费用	管理费用	财务费用	利润总额		#营业税金及附加	#主营业务税金及附加	#应交增值税
170121159	166994443	8675519	9191424	2144861	15157524	11436589	3067618	3051352	5615607
5376139	5371443	9216	51781	7212	99380	85000	20612	20594	56485
***	***	***	***	***	***	***	***	***	***
3725872	3559188	9084	168352	259235	218117	96645	15201	13880	70102
20970	20582	297	5507	182	8689	3821	500	468	1755
1625999	1625554	9360	88539	26505	23116	78309	30445	29841	20791
3684610	3665323	267944	187470	45650	156333	204371	90827	90809	79661
3160815	3072060	1121221	260382	19524	170996	312032	26399	26085	224278
1609868	1526691	362285	132916	6545	79794	232336	84901	84746	115035
***	***	***	***	***	***	***	***	***	***
328377	325734	8058	29392	6995	12858	13207	2122	1851	7848
997458	970852	229829	139624	11273	100314	108542	9697	9586	78671
106592	104930	5688	6135	876	7169	6033	434	434	3589
129932	124099	8191	10859	838	1431	6795	657	520	5585
619382	609959	64924	64406	6979	33908	38796	3913	3791	26913
609576	598757	23420	35193	594	93076	56740	3356	3225	26613
1045935	996667	43393	168344	833	122841	110028	9825	9400	70681
918724	913511	27989	47851	10233	-475	17905	2780	2214	12154
8282669	7705798	62436	147748	25930	154929	1009472	733296	732266	230574
3062737	2992018	285332	303699	57339	274527	185967	18857	18729	117965
3256104	3061726	1835777	655425	103106	1125810	805041	65390	65149	538696
***	***	***	***	***	***	***	***	***	***
1178312	1142653	43595	96065	12726	62112	62129	6516	6329	38443
4722823	4626306	227070	358531	72650	179391	178559	26936	26235	109864
1325490	1310475	51288	37318	24338	16382	13473	2070	1940	10890
756241	658488	12987	43609	4063	29200	25779	10024	9983	8877
3063926	2913485	103654	276919	36423	147448	129498	20803	19862	75763
4598589	4518159	322267	467574	42921	557450	384579	31551	31287	231247
5081275	4926609	396695	732564	97687	753399	367588	43992	43245	218654
31165303	30523882	1341074	1400437	26479	3180988	2975012	1234307	1233715	975111
3152456	3113613	66655	303173	30407	361870	162197	13356	12689	98936
6272574	6131098	394982	562438	83484	603639	393455	32288	32130	248265
25101434	24885634	1039961	1444663	56683	988411	580394	57157	54963	328024
2182207	2163584	218283	354260	12736	357033	201799	18644	18037	126967
392608	381684	18866	80003	489	79036	37949	3223	3223	20671
72609	72241	285	6423	676	571	3879	353	333	3049
278843	273952	5687	75133	7317	29421	24076	1507	1496	13707
38599915	38537443	8870	206000	988773	4516327	1932403	173783	172537	1202423
2770128	2746023	32698	125251	23446	308316	170352	16261	15464	128492
584484	577923	3341	58875	16458	239190	73404	3034	2309	12991

2014年北京市规模以上

项　　目	工　业 经济效益 综合指数	企　业 亏损面	总资产 贡献率	资产保值 增值率	资　产 负债率	流动资产 周转率 (次)
合　计	288.41	18.56	8.23	112.32	51.07	1.48
按隶属关系分组						
中央企业	472.00	14.71	6.62	108.60	49.45	1.81
地方企业	251.98	18.82	9.56	115.71	52.37	1.35
按登记注册类型分组						
内资企业	262.02	17.47	6.39	112.95	50.29	1.28
国有企业	803.23	18.52	5.67	108.80	47.41	1.55
集体企业	175.64	26.67	9.80	105.23	62.28	1.08
股份合作企业	161.44	15.00	9.14	111.53	64.09	2.06
联营企业	0.00	0.00	0.00	0.00	0.00	0.00
有限责任公司	212.79	20.73	5.15	109.64	58.36	1.23
股份有限公司	260.26	18.33	9.86	127.74	39.55	1.12
私营企业	188.62	13.39	9.21	117.76	56.60	1.24
其他企业	225.09	0.00	9.62	216.24	56.78	2.30
港澳台商投资企业	241.13	23.92	9.19	160.65	57.11	1.81
港澳台合资经营	304.97	18.10	16.53	143.33	48.33	1.70
港澳台合作经营	163.35	33.33	2.97	94.93	6.89	0.36
港澳台商独资企业	234.25	33.33	7.78	260.87	62.73	2.60
港澳台商投资股份有限公司	176.44	0.00	4.20	93.20	53.81	0.36
外商投资企业	385.33	21.62	17.20	98.30	52.72	1.97
中外合资经营	499.37	20.00	21.01	114.07	52.53	2.18
中外合作经营	166.19	27.27	6.72	94.72	53.64	1.94
外资（独资）企业	280.58	22.34	12.41	82.27	54.99	1.75
外商投资股份有限公司	208.25	27.27	5.43	65.81	35.38	0.99
按城乡分组						
#农村企业	195.94	22.08	13.10	108.59	66.53	1.43
按控股类型分组						
#国有控股	357.86	22.75	7.32	110.35	50.83	1.45
集体控股	227.64	17.60	9.82	107.49	53.63	1.11
私人控股	210.15	15.28	8.86	127.04	47.56	1.00
港澳台控股	225.78	29.22	8.44	195.42	61.87	2.28
外商控股	299.62	21.80	14.70	91.65	52.51	1.99
按轻重工业分组						
轻工业	239.45	20.57	13.01	111.37	49.38	1.36
重工业	313.92	17.51	7.62	112.45	51.28	1.50
按规模分组						
#大中型企业	320.80	18.32	8.31	110.15	50.81	1.56

工业企业主要经济效益指标

单位：%

成本费用利润率	全员劳动生产率（元/人）	产品销售率	增加值率	人均销售收入（元）	流动比率（倍）	速动比率（倍）
8.11	309326	98.78	19.57	1693665	1.25	1.04
8.52	609974	99.36	18.21	3415276	1.06	0.93
7.89	247917	98.46	20.34	1342017	1.34	1.10
7.99	275337	98.66	19.10	1526985	1.22	1.03
12.46	1139032	99.63	17.45	6532943	1.11	1.05
5.73	141246	99.03	33.77	425655	1.33	0.93
3.22	117730	100.80	12.22	1031628	1.24	0.93
0.00	0	0.00	0.00	0	0.00	0.00
4.75	219616	98.82	19.15	1265440	1.14	0.94
8.99	254942	98.29	19.85	1385400	1.52	1.25
6.85	152969	95.30	23.07	682007	1.33	1.00
3.84	192416	92.09	18.76	944607	1.74	1.16
4.61	234554	96.86	12.98	2162181	1.25	1.00
12.33	274438	98.48	27.85	1035825	1.43	1.18
2.51	175769	100.35	45.19	568997	13.14	12.32
2.52	205786	96.31	7.60	3395282	1.10	0.89
5.16	178292	96.59	13.50	1452137	1.56	1.15
9.77	426149	99.67	22.74	1978279	1.35	1.10
11.50	584860	99.84	23.10	2594295	1.32	1.10
-0.32	160200	103.15	47.46	663800	1.48	1.53
7.19	291331	99.28	21.52	1492811	1.41	1.10
6.94	210903	100.06	28.11	820432	1.17	0.99
9.22	136211	99.80	17.68	808244	1.30	0.98
8.85	422916	99.30	19.84	2232208	1.16	1.00
7.89	212993	96.99	19.64	1113059	1.56	1.20
9.27	176043	96.81	23.84	774408	1.48	1.16
3.32	204295	96.78	9.90	2534877	1.11	0.90
7.64	306842	99.65	20.06	1677589	1.46	1.15
8.96	210888	97.74	29.85	797299	1.40	1.06
7.96	353824	98.95	17.91	2098860	1.22	1.04
8.63	358425	98.89	20.04	1907435	1.22	1.05

2014 年北京市规模以上国有

项目	企业单位个数(个)	#亏损企业	工业总产值(当年价格)	工业增加值	工业销售产值(当年价格)	#出口交货值
合计	765	174	106747664	21183125	106003753	2780059
按隶属关系分组						
中央企业	229	33	66156271	12070285	65722706	503335
地方企业	536	141	40591393	9112840	40281047	2276724
按轻重工业分组						
轻工业	195	41	6750979	2266890	6644426	102857
重工业	570	133	99996685	18916235	99359327	2677202
按规模分组						
#大中型企业	273	61	94894140	19769545	94317146	2620026

2014 年北京市规模以上国有

项目	资产负债						
	负债合计	#流动负债合计	#应付账款	所有者权益合计	#实收资本	营业收入	#主营业务收入
合计	124036910	70031330	19727427	119972077	51140870	113981233	111807499
按隶属关系分组							
中央企业	73221908	37277018	9873205	75088766	29746638	68351921	67268982
地方企业	50815002	32754312	9854222	44883311	21394232	45629313	44538517
按轻重工业分组							
轻工业	6697739	5013845	998145	8525537	3200005	7909990	7702254
重工业	117339171	65017485	18729282	111446540	47940865	106071243	104105245
按规模分组							
#大中型企业	114512496	61922191	16748771	113231951	46552550	100619115	98788031

控股工业企业主要经济指标

单位：万元

平均用工人数（人）	资产负债						
	资产总计	流动资产合计	#存货	#产成品	#应收账款	固定资产合计	固定资产原价
500883	244008987	80888751	10599818	3133843	16160660	50425583	92616730
193468	148310674	39371936	4690960	1224859	7903949	29567694	59846650
307415	95698313	41516815	5908858	1908984	8256711	20857888	32770080
93416	15223276	7961399	1788600	720997	1162816	3128684	6014507
407467	228785711	72927352	8811218	2412846	14997844	47296899	86602223
431777	227744447	71355295	8655944	2345326	13306335	47896097	88331171

控股工业企业主要经济指标（续表）

单位：万元

损益									
营业成本	#主营业务成本	销售费用	管理费用	财务费用	利润总额	应交税金合计	#营业税金及附加	#主营业务税金及附加	#应交增值税
99312004	97634598	2438405	4081217	1698204	9372714	7376847	2705394	2692307	3138617
61851857	60940304	439933	1538644	1012262	5459764	3813591	1266425	1261140	1814527
37460147	36694295	1998472	2542573	685942	3912949	3563256	1438969	1431167	1324090
5765348	5633768	610562	688343	57524	654019	963143	441154	439591	388698
93546656	92000830	1827843	3392874	1640680	8718694	6413704	2264240	2252716	2749919
87370539	85935542	2177127	3386993	1552986	8725741	6939623	2660909	2650951	2877582

2014 年北京市规模以上国有控股

项　　目	企业单位个数（个）	#亏损企业	工业总产值（当年价格）	工业增加值	工业销售产值（当年价格）
合计	765	174	106747664	21183125	106003753
煤炭开采和洗选业	4	0	5491992	304987	5478195
石油和天然气开采业	2	***	***	***	***
黑色金属矿采选业	4	0	1248959	93534	1250665
非金属矿采选业	1	***	***	***	***
开采辅助活动	3	***	***	***	***
农副食品加工业	26	9	1813070	292086	1757006
食品制造业	15	5	549874	111077	546108
酒、饮料和精制茶制造业	8	2	597305	214939	599780
烟草制品业	1	***	***	***	***
纺织业	11	3	57793	6252	67068
纺织服装、服饰业	6	1	40912	6841	44491
皮革、毛皮、羽毛及其制品和制鞋业	2	***	***	***	***
木材加工和木、竹、藤、棕、草制品业	1	***	***	***	***
家具制造业	4	2	57470	14759	55821
造纸和纸制品业	4	2	25401	544	28549
印刷和记录媒介复制业	33	7	593976	289279	600093
文教、工美、体育和娱乐用品制造业	7	2	94674	-5522	107201
石油加工、炼焦和核燃料加工业	8	1	7673520	1437363	7618938
化学原料和化学制品制造业	36	12	1339563	29602.05	1297969
医药制造业	33	1	1430380	622177	1392505
化学纤维制造业	2	***	***	***	***
橡胶和塑料制品业	13	2	173001	36435	170945
非金属矿物制品业	59	19	1519919	211482	1506762
黑色金属冶炼和压延加工业	5	4	817974	24452	811951
有色金属冶炼和压延加工业	10	2	354680	41827	325319
金属制品业	34	12	1134486	152347	1123876
通用设备制造业	45	16	940950	199276	912498
专用设备制造业	64	10	1724306	358857	1693941
汽车制造业	42	13	23507614	5368304	23473498
铁路、船舶、航空航天和其他运输设备制造业	35	5	3265380	806738	3029221
电气机械和器材制造业	29	7	1931336	163696	1894172
计算机、通信和其他电子设备制造业	77	13	4337617	1161883	4223331
仪器仪表制造业	48	6	847222	181771	851911
其他制造业	11	1	462520	139991	446016
废弃资源综合利用业	2	***	***	***	***
金属制品、机械和设备修理业	4	0	306700	121977	299653
电力、热力生产和供应业	47	13	40682920	6825782	40693607
燃气生产和供应业	13	1	505640	68289	505640
水的生产和供应业	16	1	578755	290366	576263

注：行业划分执行2011年国民经济行业分类标准（GB/T 4754—2011）。

工业企业主要经济指标（按行业分）

单位：万元

#出口交货值	平均用工人数（人）	资产负债						
		资产总计	流动资产合计	#存货	#产成品	#应收账款	固定资产合计	固定资产原价
2780059	500883	244008987	80888751	10599818	3133843	16160660	50425583	92616730
117539	13961	3071628	1918941	149170	148144	580422	54508	196383
***	2009	***	***	***	***	***	***	***
0	24339	21161425	6668174	267869	40879	1486219	3944483	5757448
***	69	***	***	***	***	***	***	***
***	19777	***	***	***	***	***	***	***
9392	12490	2072974	1546738	274562	176161	123086	196825	308781
5715	9763	695165	308744	68163	35952	97414	138496	223347
3851	11529	2596829	977009	128543	36496	30277	199432	518401
***	922	***	***	***	***	***	***	***
9293	2497	361618	211835	28098	18959	20244	75364	101857
14909	1765	68354	44088	22290	11656	11905	16901	26834
***	427	***	***	***	***	***	***	***
***	147	***	***	***	***	***	***	***
2483	1719	140834	72346	19976	13899	14101	29321	46668
0	379	62658	40249	11168	3722	15358	12767	20828
112	12177	1060080	591861	110863	55888	117358	321805	856177
6206	2047	473395	390535	225574	125833	84430	40074	62835
0	12468	2539648	956286	598205	221838	131495	807680	2745247
2637	11428	2753018	1596089	203054	94940	245546	621004	1570067
6110	19550	3455531	1923437	582586	185466	370238	567846	895172
***	528	***	***	***	***	***	***	***
36118	4270	287268	173291	43861	27594	36775	72362	125112
29963	21413	3855191	2738809	236560	90499	1134288	538672	1021433
76477	3451	3470999	290084	100632	42443	38950	479817	698509
87566	2827	408903	281776	87768	25402	77127	84033	127514
139302	14986	2199533	1068496	261045	83646	220993	445897	705349
68483	15407	2403291	1694578	655070	125557	348116	235877	452500
49686	25222	4061616	2946950	813499	266450	952737	449733	778716
373163	83933	24268021	12150383	1563955	670932	1560560	4559687	6528504
60280	31376	5082595	3758536	1407222	124119	1156526	968688	1172039
74257	9340	4285363	3360287	694010	81766	1750538	117392	255984
1299102	35108	10679870	5740561	1050791	321666	1294095	2426821	4470971
8807	10189	1266433	981637	298586	57124	278290	115135	197477
5124	5940	1069959	617518	115854	27800	185779	260492	449760
***	287	***	***	***	***	***	***	***
74897	6851	370139	178049	77623	165	71356	173447	319665
0	56622	125760878	22445116	94716	3	2762360	27458658	53744863
0	3581	562434	326962	8752	6586	39215	214872	323981
0	10089	7175567	2439939	9908	22	102640	3087594	4732035

2014年北京市规模以上国有控股

项目	资产负债						
	负债合计	#流动负债合计	#应付账款	所有者权益合计	#实收资本	营业收入	#主营业务收入
合计	124036910	70031330	19727427	119972077	51140870	113981233	111807499
煤炭开采和洗选业	1597542	1418176	788835	1474086	691325	5514667	5488906
石油和天然气开采业	***	***	***	***	***	***	***
黑色金属矿采选业	12314262	4936428	897168	8847164	2870989	3687633	3529619
非金属矿采选业	***	***	***	***	***	***	***
开采辅助活动	***	***	***	***	***	***	***
农副食品加工业	1307476	1100012	86273	765498	199367	2226954	2218659
食品制造业	438599	378338	116399	256567	199834	640038	627199
酒、饮料和精制茶制造业	798932	678246	26549	1797897	108235	693391	660317
烟草制品业	***	***	***	***	***	***	***
纺织业	183066	99436	15347	178553	158187	142874	135709
纺织服装、服饰业	63730	63493	9591	4624	49305	66609	64659
皮革、毛皮、羽毛及其制品和制鞋业	***	***	***	***	***	***	***
木材加工和木、竹、藤、棕、草制品业	***	***	***	***	***	***	***
家具制造业	76967	55306	16808	63867	27945	74436	69784
造纸和纸制品业	24881	17886	7512	37777	10417	98826	97373
印刷和记录媒介复制业	364281	310739	102774	695799	443441	720662	660541
文教、工美、体育和娱乐用品制造业	323106	296073	201535	150288	137839	155174	151373
石油加工、炼焦和核燃料加工业	1457425	1427941	349604	1082223	63184	8499173	7915642
化学原料和化学制品制造业	1651398	1493465	227886	1101620	1107449	1397805	1344467
医药制造业	1162232	826839	201266	2293298	677003	1454712	1437053
化学纤维制造业	***	***	***	***	***	***	***
橡胶和塑料制品业	162366	158352	22527	124902	82648	303241	281841
非金属矿物制品业	2323562	2226924	724578	1531629	750806	1827842	1774742
黑色金属冶炼和压延加工业	1068065	257140	137787	2402935	793025	859388	843202
有色金属冶炼和压延加工业	124624	104978	49192	284280	85635	452819	352545
金属制品业	1118670	917267	330681	1080863	542885	1474745	1369651
通用设备制造业	1398569	1303831	300334	1004722	603623	1083622	1056441
专用设备制造业	2658369	2213194	826163	1403247	860007	1996331	1955544
汽车制造业	13767001	10941927	4913280	10501020	4248558	23893562	23467099
铁路、船舶、航空航天和其他运输设备制造业	3530401	3252820	1129482	1552195	659755	3283774	3235917
电气机械和器材制造业	2809097	2669091	1026606	1476266	1201509	2020754	1953044
计算机、通信和其他电子设备制造业	5071589	3629698	999954	5608281	3580876	5156392	5075156
仪器仪表制造业	694600	597869	208091	571834	258193	954712	938064
其他制造业	363496	245561	122638	706463	255295	502546	489933
废弃资源综合利用业	***	***	***	***	***	***	***
金属制品、机械和设备修理业	202836	202651	41069	167303	142393	307543	297875
电力、热力生产和供应业	60907393	25089223	5149754	64853486	24207293	40824850	40725759
燃气生产和供应业	276913	256993	51504	285521	190638	532432	506665
水的生产和供应业	3391524	1094280	55920	3784043	3067020	765166	752852

工业企业主要经济指标（按行业分）（续表）

单位：万元

损益						应交税金合计	#营业税金及附加	#主营业务税金及附加	#应交增值税
营业成本	#主营业务成本	销售费用	管理费用	财务费用	利润总额				
99312004	97634598	2438405	4081217	1698204	9372714	7376847	2705394	2692307	3138617
5376139	5371443	9216	51781	7212	99380	85000	20612	20594	56485
***	***	***	***	***	***	***	***	***	***
3673347	3513635	7770	159667	258535	216169	88807	12940	11619	65147
***	***	***	***	***	***	***	***	***	***
***	***	***	***	***	***	***	***	***	***
1855864	1853664	146665	71943	21318	63133	165134	88598	88593	59505
486074	474246	96943	35199	5492	4594	24157	2289	2289	19101
543105	519794	68369	41963	-603	57793	120734	67914	67759	42080
***	***	***	***	***	***	***	***	***	***
116146	113708	1932	20375	4764	1922	5950	1467	1199	3160
69611	68936	1309	6066	2072	4983	2573	361	358	1840
***	***	***	***	***	***	***	***	***	***
***	***	***	***	***	***	***	***	***	***
53624	51249	12440	7065	-64	1085	6448	774	653	4914
94865	94440	836	3435	-199	-880	1878	167	89	1002
515167	475307	12946	110059	-2203	82518	70434	6421	5997	42714
127986	126997	14126	15783	6104	-9312	5775	884	865	3898
7450825	6874423	41324	134938	24890	112767	980158	729135	728107	216507
1304689	1263566	28121	142901	46451	102953	30732	3089	2996	21510
792402	783000	203303	182723	16905	309877	166344	14978	14803	108134
***	***	***	***	***	***	***	***	***	***
264794	250330	7767	23405	2078	8109	11206	1541	1473	6209
1581461	1539425	68935	139838	31495	80213	54969	8611	8012	31974
829940	815328	33436	17793	20806	-24106	-6719	560	476	2524
403516	308891	6331	23783	1188	13132	17219	9252	9211	4231
1300894	1220224	27462	110527	9562	36519	34733	7485	7001	17614
898084	881230	35050	110444	10928	25855	65928	6667	6423	49650
1548925	1527414	93824	232774	18337	129298	105598	14228	13551	67851
18844745	18597170	1124117	939783	3516	2328558	2449306	1204268	1203877	704899
2720078	2685019	33789	238452	28132	259480	105606	9604	8939	68538
1744218	1682070	98832	126995	54611	24599	55764	4379	4312	52287
4067992	4019227	183904	495782	79161	424270	170450	19882	17961	96370
763942	756524	36674	107440	3413	69412	48824	5695	5326	33659
346283	336562	14856	72234	-810	74811	34707	2699	2699	18755
***	***	***	***	***	***	***	***	***	***
232954	228314	1443	62620	6806	8872	14463	812	802	7804
38408576	38346456	4895	188673	984672	4506565	1929479	173277	172031	1201992
509511	496349	5285	33002	-2024	36155	31753	2540	2110	18829
562084	555554	1647	52445	15392	236662	71124	2630	1906	11331

2014 年北京市规模以上股份制

项目	企业单位个数（个）	#亏损企业	工业总产值（当年价格）	工业增加值	工业销售产值（当年价格）	#出口交货值
合计	1504	306	66210096	12837603	65306109	2800045
按隶属关系分组						
中央企业	183	29	31861049	5813771	31558517	413569
地方企业	1321	277	34349047	7023832	33747592	2386475
按轻重工业分组						
轻工业	435	91	9184076	2718110	8986537	162457
重工业	1069	215	57026020	10119493	56319572	2637587
按规模分组						
#大中型企业	349	74	48656367	10220886	48060141	2438677

2014 年北京市规模以上股份制

项目	资产负债						
	固定资产原价	负债合计	#流动负债合计	#应付账款	所有者权益合计	#实收资本	营业收入
合计	48796945	71029105	51040590	16448624	65320898	30057614	74548355
按隶属关系分组							
中央企业	19462159	20260281	17242244	6400923	16456099	8336782	34053470
地方企业	29334786	50768824	33798346	10047701	48864799	21720832	40494885
按轻重工业分组							
轻工业	6382570	8848051	7116156	1646707	9302059	4069825	10447583
重工业	42414375	62181054	43924434	14801917	56018839	25987789	64100773
按规模分组							
#大中型企业	43448370	57104662	38385890	11400565	52285701	23755259	54838743

注：应交税金合计包括应交增值税、应交所得税、营业税金及附加和管理费用中的税金。

工业企业主要经济指标

单位：万元

平均用工人数（人）	资产负债					
	资产总计	流动资产合计	# 存货	# 产成品	# 应收账款	固定资产合计
556166	136638864	63510649	10970322	3666586	18112295	28171682
151780	36716381	17617813	3545329	1124223	5200533	9066660
404386	99922483	45892836	7424994	2542364	12911762	19105021
131301	18150110	10544909	2354653	1067684	1858245	3624633
424865	118488753	52965740	8615669	2598903	16254049	24547049
415634	109390363	46870308	7344254	2270917	12563276	25008391

工业企业主要经济指标（续表）

单位：万元

损益							应交税金合计			
# 主营业务收入	营业成本	# 主营业务成本	销售费用	管理费用	财务费用	利润总额	应交税金合计	# 营业税金及附加	# 主营业务税金及附加	# 应交增值税
72496082	63806555	62195449	2374597	4489905	1022389	4290681	3861034	1207899	1194332	1924131
33082416	30623535	29792274	383381	1243470	240717	1202948	1875298	866413	861713	785750
39413666	33183020	32403174	1991216	3246434	781672	3087733	1985736	341486	332620	1138381
10251902	7493463	7383708	988656	948758	99032	1155256	834167	174505	172071	464759
62244180	56313092	54811740	1385941	3541147	923357	3135425	3026867	1033393	1022261	1459372
53222233	46848029	45542866	1799829	3183775	871010	3337394	3150079	1134635	1124231	1490397

2014年北京市规模以上股份制

项目	企业单位个数（个）	#亏损企业	工业总产值（当年价格）	工业增加值	工业销售产值（当年价格）	#出口交货值
合计	1504	306	66210096	12837603	65306109	2800045
煤炭开采和洗选业	4	0	5491992	304987	5478195	117539
石油和天然气开采业	2	***	***	***	***	***
黑色金属矿采选业	5	0	1275159	100670	1275788	0
非金属矿采选业	2	***	***	***	***	***
开采辅助活动	3	***	***	***	***	***
农副食品加工业	62	17	2091709	370655	2028522	3285
食品制造业	35	10	513841	132613	501783	38555
酒、饮料和精制茶制造业	12	5	153504	76840	155263	1687
纺织业	15	4	102169	12056	106821	7930
纺织服装、服饰业	32	6	445662	205474	400869	33054
皮革、毛皮、羽毛及其制品和制鞋业	4	1	20899	1671	21649	6152
木材加工和木、竹、藤、棕、草制品业	6	2	34078	9697	34400	0
家具制造业	18	3	142375	38866	137915	3075
造纸和纸制品业	15	4	84977	10305	87396	1499
印刷和记录媒介复制业	37	9	580485	278832	575242	3437
文教、工美、体育和娱乐用品制造业	14	4	718185	6654	722741	5014
石油加工、炼焦和核燃料加工业	11	1	7608430	1417762	7565231	0
化学原料和化学制品制造业	82	17	1584239	157305	1540439	13647
医药制造业	88	11	2685576	1141072	2644447	15079
化学纤维制造业	2	***	***	***	***	***
橡胶和塑料制品业	36	9	316252	48088	309660	36913
非金属矿物制品业	133	33	3304004	444660	3308709	75513
黑色金属冶炼和压延加工业	14	7	910204	52908	902392	82346
有色金属冶炼和压延加工业	15	3	488189	57956	448301	90875
金属制品业	85	21	1594179	310591	1550424	127250
通用设备制造业	88	22	1111852	339273	1048839	50425
专用设备制造业	136	18	3551775	685895	3495249	213157
汽车制造业	71	22	6028434	447153	6034087	366254
铁路、船舶、航空航天和其他运输设备制造业	44	5	2003055	453786	1864757	61514
电气机械和器材制造业	113	18	4040365	564491	3882455	51872
计算机、通信和其他电子设备制造业	145	30	5155602	1257967	5061272	1162462
仪器仪表制造业	86	10	1387874	411295	1374159	24775
其他制造业	13	1	485010	146244	469077	6856
废弃资源综合利用业	4	2	49888	13464	50527	343
金属制品、机械和设备修理业	8	0	58127	24626	56352	0
电力、热力生产和供应业	38	9	9124387	1762752	9109139	0
燃气生产和供应业	12	1	401986	79703	401986	0
水的生产和供应业	14	1	557046	271988	554740	0

注：行业划分执行2011年国民经济行业分类标准（GB/T 4754—2011）。

工业企业主要经济指标（按行业分）

单位：万元

平均用工人数(人)	资产负债：资产总计	资产负债：流动资产合计	资产负债：#存货	资产负债：#产成品	资产负债：#应收账款	资产负债：固定资产合计
556166	136638864	63510649	10970322	3666586	18112295	28171682
13961	3071628	1918941	149170	148144	580422	54508
2009	***	***	***	***	***	***
24631	21193870	6686446	271156	41037	1486955	3955387
213	***	***	***	***	***	***
19777	***	***	***	***	***	***
16192	2973144	2075743	297753	169222	252570	265683
10833	865090	602332	116415	35531	95995	129689
3539	481791	275160	93571	47376	32226	107972
2798	457923	282220	43882	29760	38800	79437
13949	681178	490693	214162	156109	104900	96256
363	10327	9419	4920	1761	2051	908
1153	65706	42274	8508	1299	11527	12676
3457	229117	133743	49867	27266	23165	49971
1863	100426	45629	14806	7063	19577	24636
10839	951044	541460	123837	54420	84531	294093
3910	702598	561878	305405	161504	90354	68279
12531	2499971	940520	575476	207588	133575	789198
16078	2954294	1860605	247878	111521	342249	528479
35909	5848945	3224504	740844	259948	652407	986817
528	***	***	***	***	***	***
6285	904505	288835	76748	43542	64281	109427
36707	6916983	5102740	579770	168725	2405620	753276
5594	3594493	368206	136399	59371	54601	511011
3811	532454	336485	113451	36052	94564	95774
20713	2819148	1556904	447419	131481	384281	521682
19921	3289010	2022398	542924	172719	612329	381154
39633	9742866	6220132	1224745	393729	1688068	643235
54171	8140294	3436443	628530	282197	1167249	1503238
23326	3691548	2747550	727725	93006	1182618	452350
26999	6365035	4777587	817611	247629	2417480	342809
47755	15261273	6978977	1365502	445160	1886636	2458733
18576	2817451	2001399	555474	95854	620131	234064
5965	1121169	659038	118992	28084	200584	262749
556	85019	33519	4832	1625	1047	41670
883	133558	75667	25393	414	27697	25396
39058	14797880	2352907	56344	758	400003	7689269
2162	364389	231416	1786	13	36891	106780
9518	7064969	2365199	9539	22	102638	3044764

2014 年北京市规模以上股份制

项目	资产负债						
	固定资产原价	负债合计	#流动负债合计	#应付账款	所有者权益合计	#实收资本	营业收入
合计	48796945	71029105	51040590	16448624	65320898	30057614	74548355
煤炭开采和洗选业	196383	1597542	1418176	788835	1474086	691325	5514667
石油和天然气开采业	***	***	***	***	***	***	***
黑色金属矿采选业	5772311	12328968	4951134	897796	8864902	2872444	3713354
非金属矿采选业	***	***	***	***	***	***	***
开采辅助活动	***	***	***	***	***	***	***
农副食品加工业	410503	1698187	1416979	144085	1274957	425647	2503001
食品制造业	200464	661926	603026	104340	203164	161272	561423
酒、饮料和精制茶制造业	159300	299913	293832	73587	181878	119107	215480
纺织业	111905	222539	138909	42138	235384	186724	242164
纺织服装、服饰业	154711	341537	325392	97810	339642	147713	527756
皮革、毛皮、羽毛及其制品和制鞋业	2014	7461	7461	-1117	2866	3538	22267
木材加工和木、竹、藤、棕、草制品业	26412	43776	42676	10698	21930	17557	49565
家具制造业	77156	123132	97768	33470	105985	60299	165948
造纸和纸制品业	40387	63415	62007	27420	37011	29311	125088
印刷和记录媒介复制业	719501	331111	304439	112013	619933	375458	638910
文教、工美、体育和娱乐用品制造业	121525	454865	421738	221044	247733	199076	860081
石油加工、炼焦和核燃料加工业	2723488	1441730	1411992	346998	1058242	40231	8423510
化学原料和化学制品制造业	1450084	1704614	1601204	259358	1249680	1129261	1668771
医药制造业	1480065	2272366	1886298	472028	3576579	1046359	2734041
化学纤维制造业	***	***	***	***	***	***	***
橡胶和塑料制品业	195570	454916	270351	50085	160729	136752	485190
非金属矿物制品业	1395877	4265000	4010834	1603788	2651983	1103831	3824548
黑色金属冶炼和压延加工业	769975	1150548	339046	160770	2443945	809614	958042
有色金属冶炼和压延加工业	149546	210215	186191	63212	322239	103455	586096
金属制品业	816321	1455437	1245884	452330	1363710	668870	1796417
通用设备制造业	621270	1501441	1353692	359717	1787569	842476	1271122
专用设备制造业	1027452	5111649	3893645	1440791	4631216	1993062	3844566
汽车制造业	2004652	4729439	3742710	1746432	3410855	1657682	6730383
铁路、船舶、航空航天和其他运输设备制造业	766930	2365276	2243101	963676	1326272	703316	2125361
电气机械和器材制造业	600772	4192720	3961794	1438950	2172315	1297983	4165045
计算机、通信和其他电子设备制造业	3872178	5856364	4415794	1306957	9404909	3918187	6318826
仪器仪表制造业	371195	1246727	1168278	421492	1570724	469574	1573874
其他制造业	452921	379865	259828	126933	741305	271035	524931
废弃资源综合利用业	56459	59445	35746	579	25574	17650	50418
金属制品、机械和设备修理业	35616	49783	49403	28977	83776	46233	60396
电力、热力生产和供应业	14327637	8540753	5934882	1966410	6257127	2606327	9258078
燃气生产和供应业	137015	235984	228083	54117	128405	110889	426820
水的生产和供应业	4651089	3342996	1048402	55958	3721973	3030514	744262

工业企业主要经济指标（按行业分）（续表）

单位：万元

损益										
# 主营业务收入	营业成本	# 主营业务成本	销售费用	管理费用	财务费用	利润总额	应交税金合计	# 营业税金及附加	# 主营业务税金及附加	# 应交增值税
72496082	63806555	62195449	2374597	4489905	1022389	4290681	3861034	1207899	1194332	1924131
5488906	5376139	5371443	9216	51781	7212	99380	85000	20612	20594	56485
***	***	***	***	***	***	***	***	***	***	***
3551962	3694441	3531612	8089	162872	258716	216678	91267	13927	12606	66384
***	***	***	***	***	***	***	***	***	***	***
***	***	***	***	***	***	***	***	***	***	***
2482003	2037088	2027488	162166	116748	32247	133264	172132	88812	88798	61002
552561	415737	407688	62036	38591	12845	32068	39481	2861	2549	24086
212193	157792	156521	8629	18433	5618	-5240	46505	32355	32308	12139
235683	206124	204701	3346	23936	5072	4497	7488	1600	1329	4175
521399	305086	303198	104966	61586	4165	64102	51498	4611	4607	35712
22259	19561	19560	1412	1141	199	55	652	51	51	547
43024	39440	33614	2536	5680	476	1076	2779	301	164	2265
161297	130704	128335	16889	12522	1149	4651	11985	1207	1086	8822
121090	113029	109456	3570	8926	556	-864	2660	201	201	2093
617469	458228	450030	13403	88274	-1799	80355	63609	4934	4536	37976
842408	804302	799422	20539	35856	8886	-3083	11118	1868	1302	7350
7839615	7384927	6808372	38084	131611	23798	110774	976137	728967	727940	213386
1611196	1472338	1426207	64339	161229	40154	160573	48724	4212	4121	33507
2685821	1366916	1333947	480420	322445	17199	704138	318408	25612	25388	202833
***	***	***	***	***	***	***	***	***	***	***
455181	440721	419652	11279	29770	9397	-3223	14266	2055	1868	8648
3730319	3321259	3243025	131302	247647	56394	93861	100569	19076	18392	61388
940109	909638	894639	35423	26590	23174	-18738	-1629	1055	925	5979
485822	524644	428958	8152	28421	3335	19717	20466	9362	9320	5945
1724209	1522691	1477069	33403	139432	16321	85634	55852	9999	9514	28534
1233448	970701	947668	63891	151302	19552	78222	80739	7560	7376	54229
3739910	2925363	2841859	186137	367033	67763	507964	192690	27253	26718	111925
6422804	6051891	5852740	207722	447434	9599	80241	218423	66655	66264	109407
2084138	1742676	1713415	42748	190652	23085	120126	91545	7439	6771	57059
4134385	3396551	3381993	223127	325414	59054	166074	144189	14965	14890	101603
6237110	4881162	4833217	304714	698815	82990	491877	252475	27984	26127	155929
1548324	1094336	1082124	93468	207663	7062	210848	110914	10313	9858	70502
512318	360885	351165	16580	73565	-253	78047	35817	2944	2944	19205
50283	44588	44424	285	5651	407	3062	3104	274	274	2362
58217	35631	34627	4483	10302	712	14435	6086	436	426	3999
9192839	9045054	9002877	6000	149042	172919	438752	407892	33272	32211	296526
404840	377779	365650	4579	17865	-674	31658	26521	1985	1709	15850
731953	549203	543355	209	46959	15575	235673	69503	2482	1758	10326

2014年北京市规模以上港澳台及

项目	企业单位个数（个）	#亏损企业	工业总产值（当年价格）	工业增加值	工业销售产值（当年价格）	#出口交货值
合计	852	189	72507753	14719179	71759269	10974229
按隶属关系分组						
中央企业	11	0	1138414	424014	1146001	95072
地方企业	841	189	71369340	14295165	70613268	10879158
按轻重工业分组						
轻工业	311	85	11042345	3253976	10817724	1231408
重工业	541	104	61465409	11465202	60941546	9742821
按规模分组						
#大中型企业	265	51	64482435	12999825	63797606	9933425

2014年北京市规模以上港澳台及

项目	资产负债							
	固定资产原价	负债合计	#流动负债合计	#应付账款	所有者权益合计	#实收资本	营业收入	#主营业务收入
合计	23437466	38291276	33145782	15286280	32617774	15427139	80707949	79082965
按隶属关系分组								
中央企业	1789642	1029769	844144	191341	1566681	852997	1374312	1291684
地方企业	21647824	37261507	32301638	15094939	31051093	14574141	79333637	77791281
按轻重工业分组								
轻工业	4170886	6061007	5664413	2017903	5678400	3388626	13650802	13149732
重工业	19266579	32230269	27481370	13268377	26939374	12038513	67057147	65933233
按规模分组								
#大中型企业	20089784	32078499	27811958	13189450	26298675	11919584	71508976	70075970

外商投资工业企业主要经济指标

单位：万元

平均用工人数（人）	资产负债					
	资产总计	流动资产合计	#存货	#产成品	#应收账款	固定资产合计
390443	70919253	43729294	8214431	2745099	11490500	12157964
11856	2596451	830160	121926	23393	264270	710316
378587	68322803	42899134	8092505	2721706	11226231	11447648
140477	11739407	7582453	1800667	840105	2051193	2015034
249966	59179846	36146842	6413764	1904994	9439307	10142930
319810	58377174	36084995	6474282	2142396	9016147	10414294

外商投资工业企业主要经济指标（续表）

单位：万元

损益									
营业成本	#主营业务成本	销售费用	管理费用	财务费用	利润总额	应交税金合计	#营业税金及附加	#主营业务税金及附加	#应交增值税
65123428	63828168	5436903	3412647	281248	6044522	5113208	1374788	1374000	2315230
1038487	968861	18607	113488	30507	241250	117290	5947	5947	55702
64084941	62859308	5418296	3299158	250741	5803272	4995918	1368841	1368053	2259528
8659267	8263476	2993558	909877	109435	867437	1096959	104171	104046	728621
56464161	55564692	2443345	2502770	171814	5177085	4016250	1270617	1269954	1586608
57795641	56642562	4939570	2718810	199455	5294835	4606209	1332780	1332280	2023719

2014 年北京市规模以上港澳台及

项　　目	企业单位个数（个）	#亏损企业	工业总产值（当年价格）	工业增加值	工业销售产值（当年价格）
合计	852	189	72507753	14719179	71759269
开采辅助活动	3	***	***	***	***
农副食品加工业	27	12	671624	82211	677589
食品制造业	45	15	1926515	183564	1917222
酒、饮料和精制茶制造业	23	6	1281842	316560	1304282
纺织业	6	0	75640	15329	81280
纺织服装、服饰业	28	13	329952	124858	303659
皮革、毛皮、羽毛及其制品和制鞋业	3	***	***	***	***
木材加工和木、竹、藤、棕、草制品业	1	***	***	***	***
家具制造业	14	4	311448	52988	307212
造纸和纸制品业	14	5	503934	195478	498306
印刷和记录媒介复制业	17	1	229419	95106	227755
文教、工美、体育和娱乐用品制造业	10	1	54899	15399	74696
石油加工、炼焦和核燃料加工业	3	***	***	***	***
化学原料和化学制品制造业	43	13	1030982	320983	987013
医药制造业	37	7	3304428	1448053	3098494
橡胶和塑料制品业	27	7	390116	134427	394304
非金属矿物制品业	26	7	543946	175845	537833
黑色金属冶炼和压延加工业	4	0	387437	46054	390508
有色金属冶炼和压延加工业	3	***	***	***	***
金属制品业	40	11	752675	199715	776440
通用设备制造业	86	14	3348129	783442	3390603
专用设备制造业	86	23	1588793	401683	1571625
汽车制造业	117	11	29977210	6724328	29965755
铁路、船舶、航空航天和其他运输设备制造业	8	0	234530	50911	236031
电气机械和器材制造业	46	11	2358676	682735	2377880
计算机、通信和其他电子设备制造业	75	19	18356161	1578640	17790674
仪器仪表制造业	38	3	837678	179531	841166
其他制造业	6	1	23952	7193	22920
废弃资源综合利用业	1	***	***	***	***
金属制品、机械和设备修理业	4	0	301720	122254	295817
电力、热力生产和供应业	4	0	726635	258306	730992
燃气生产和供应业	6	1	2468665	415649	2468665
水的生产和供应业	1	***	***	***	***

注：行业划分执行2011年国民经济行业分类标准（GB/T 4754—2011）。

外商投资工业企业主要经济指标（按行业分）

单位：万元

#出口交货值	平均用工人数（人）	资产负债					
		资产总计	流动资产合计	#存货	#产成品	#应收账款	固定资产合计
10974229	390443	70919253	43729294	8214431	2745099	11490500	12157964
***	1242	***	***	***	***	***	***
68384	9151	467018	291873	120641	35972	79655	117809
100345	34347	2210061	1309261	216685	134982	325315	511494
10208	15853	1432537	631408	105258	33400	80315	340465
20103	1299	89582	63135	11753	5208	28646	19776
167881	12433	345167	290448	120983	67327	39132	34556
***	844	***	***	***	***	***	***
***	151	***	***	***	***	***	***
32532	4391	243171	173253	51682	27371	57069	42334
50433	3232	399394	269665	71460	18861	87771	105818
5504	4383	302600	184792	34781	17288	54505	91179
38501	1873	117973	105980	46286	32366	17862	9098
***	1133	***	***	***	***	***	***
54563	9659	1268639	720123	117839	52867	233344	409376
69941	26660	3446891	2374265	654043	312422	626055	343738
57943	7747	405970	269903	54558	24857	109560	103893
32596	7939	795367	550327	166153	25643	215996	157470
42185	1332	227717	189931	68015	13694	90327	9372
***	324	***	***	***	***	***	***
61788	8764	1275017	851202	175758	54901	230040	171115
655271	25979	4474354	3579424	1111196	283756	843346	600468
434690	17693	3214165	2160215	346557	91075	678543	262767
253025	82356	24205957	14113601	1747369	721288	3419018	4550284
1060	988	196184	182679	43432	15082	78052	11187
447134	17179	3617437	2932486	651700	110853	1227676	213332
8171343	68363	12111279	9199942	1917231	610193	1952593	1830318
83086	7912	1121960	919984	219020	33175	350127	76700
16183	653	13119	9355	4571	2296	1618	2949
***	126	***	***	***	***	***	***
76468	6552	338205	173160	62249	2086	70153	163755
0	1362	3854713	600590	15223	0	109624	639948
0	8126	3917008	1009340	3897	774	373171	1227924
***	397	***	***	***	***	***	***

2014 年北京市规模以上港澳台及

项目	资产负债						营业收入
	固定资产原价	负债合计	#流动负债合计	#应付账款	所有者权益合计	#实收资本	
合计	23437466	38291276	33145782	15286280	32617774	15427139	80707949
开采辅助活动	***	***	***	***	***	***	***
农副食品加工业	231429	329548	314602	105056	137470	135789	757291
食品制造业	994118	1305122	1234613	477417	904939	830461	3810675
酒、饮料和精制茶制造业	727630	820978	791321	264626	611559	673888	1451987
纺织业	50381	54975	54975	12820	34607	25835	106994
纺织服装、服饰业	76969	235122	222428	65305	110045	76354	363579
皮革、毛皮、羽毛及其制品和制鞋业	***	***	***	***	***	***	***
木材加工和木、竹、藤、棕、草制品业	***	***	***	***	***	***	***
家具制造业	64385	134050	132050	23481	109121	40079	245475
造纸和纸制品业	273212	177394	174894	60137	222000	138206	531330
印刷和记录媒介复制业	222983	97453	80847	31892	205147	118989	252183
文教、工美、体育和娱乐用品制造业	17122	55208	54699	20056	62766	10824	77164
石油加工、炼焦和核燃料加工业	***	***	***	***	***	***	***
化学原料和化学制品制造业	741827	505691	412224	121643	762947	442262	1031894
医药制造业	629713	1691413	1490461	493678	1755478	624568	3441888
橡胶和塑料制品业	226686	169359	167831	73367	226407	132012	460534
非金属矿物制品业	377223	424657	416885	136567	370710	217360	575438
黑色金属冶炼和压延加工业	49798	104700	83193	64997	123017	58636	429157
有色金属冶炼和压延加工业	***	***	***	***	***	***	***
金属制品业	369264	608709	490808	127864	666307	286276	989264
通用设备制造业	1205034	2052823	1880399	728134	2421531	935861	3741202
专用设备制造业	469309	1877782	1697085	554167	1336383	515124	2104589
汽车制造业	6989829	13721620	11518778	6172394	10484337	3975639	30637877
铁路、船舶、航空航天和其他运输设备制造业	22010	128475	128413	67989	67709	20584	297282
电气机械和器材制造业	614290	1716584	1558521	808348	1900853	1059067	2773732
计算机、通信和其他电子设备制造业	5139203	8102865	7224993	4183212	4008414	2613590	21333531
仪器仪表制造业	157921	638229	614519	340425	483732	181561	1094422
其他制造业	6909	6409	6405	2074	6710	6745	24126
废弃资源综合利用业	***	***	***	***	***	***	***
金属制品、机械和设备修理业	310926	187492	187451	27179	150713	120471	306553
电力、热力生产和供应业	1595001	1514582	978713	87092	2340130	1352591	731303
燃气生产和供应业	1676659	1188973	903193	112649	2728035	600695	2485922
水的生产和供应业	***	***	***	***	***	***	***

外商投资工业企业主要经济指标（按行业分）（续表）

单位：万元

损益							应交税金合计			
#主营业务	营业成本	#主营业务成本	销售费用	管理费用	财务费用	利润总额		#营业税金及附加	#主营业务税金及附加	#应交增值税
79082965	65123428	63828168	5436903	3412647	281248	6044522	5113208	1374788	1374000	2315230
***	***	***	***	***	***	***	***	***	***	***
746179	651743	643111	60531	43180	8115	-5860	18020	1485	1484	11321
3722845	2439187	2358993	1020756	194203	3702	123686	252063	21977	21976	185291
1385159	1029652	970564	288009	84699	6887	25721	111579	19143	19143	71985
105781	95607	94388	2565	4084	1884	7578	4609	412	412	2861
338706	291866	268203	33637	28596	3647	7822	18622	1850	1743	13332
***	***	***	***	***	***	***	***	***	***	***
***	***	***	***	***	***	***	***	***	***	***
236830	175599	169470	32681	23663	1996	9088	8891	1111	1111	6487
522284	395445	388627	18746	21433	-651	93837	51776	2851	2851	23283
247249	188039	186453	13289	20925	-312	30165	18783	1608	1608	11913
76796	62687	62508	4346	6962	241	2728	5452	649	649	3826
***	***	***	***	***	***	***	***	***	***	***
1022505	679957	673928	173154	78565	9772	76866	99861	11377	11377	57905
3265352	1486207	1328019	1266373	243866	80536	316474	428669	35348	35331	297424
444312	368126	355504	21990	38950	884	28135	26476	2618	2618	16627
565039	457923	452908	26118	45198	7028	36404	45660	4167	4167	29856
429123	372143	372143	14111	9099	792	34621	14091	781	781	4321
***	***	***	***	***	***	***	***	***	***	***
905171	818581	738985	45154	74274	12632	39751	48820	5555	5555	32497
3670030	2937631	2889618	196247	225514	18373	355015	240574	17790	17790	138281
1970617	1571965	1505786	136629	234467	22057	173016	119730	10458	10452	71271
30083445	24747513	24312218	1121266	926239	13782	3083887	2739549	1166327	1166321	854012
296088	219049	218907	12096	12443	-1285	54071	28012	1353	1353	11874
2654304	2108432	1992625	117173	155521	12704	381773	203497	13271	13198	114317
21141452	19675349	19518108	676738	625005	-27272	416733	277318	23780	23612	139436
1083334	817662	813426	95650	80941	3240	106326	65055	5497	5496	39873
24100	19422	19393	1560	2422	253	452	497	109	109	286
***	***	***	***	***	***	***	***	***	***	***
298468	232035	228149	8	60762	6520	10775	15683	908	908	8239
727114	512411	510624	0	30575	66081	314821	93692	4485	4485	40352
2471268	2243324	2232162	25366	91808	25469	273439	138843	13597	13189	109831
***	***	***	***	***	***	***	***	***	***	***

2014 年北京市大中型

项　　目	企业单位个数(个)	#亏损企业	工业总产值(当年价格)	工业增加值	工业销售产值(当年价格)
合　计	748	137	150395400	30140260	148721904
按隶属关系分组					
中央工业	103	14	59052787	11446521	58674576
地方工业	645	123	91342612	18693738	90047328
按登记注册类型分组					
内资企业	483	86	85912965	17140435	84924299
国有企业	34	4	34084127	5882129	33977553
集体企业	4	0	93391	48183	96769
股份合作企业	2	***	***	***	***
联营企业					
有限责任公司	241	54	27819486	6114723	27578068
股份有限公司	108	20	20836881	4106163	20482074
私营企业	94	7	2995125	934104	2702329
港澳台商投资企业	70	15	16117342	1867440	15601207
港澳台合资经营	37	7	3495291	947273	3448368
港澳台合作经营	1	***	***	***	***
港澳台商独资企业	24	7	11747567	809833	11299274
港澳台商投资股份有限公司	8	0	867723	108047	846944
外商投资企业	195	36	48365093	11132385	48196399
中外合资经营	81	9	33045622	7707701	33003811
中外合作经营	4	2	177352	99860	183077
外资（独资）企业	104	22	14435956	3122526	14304967
外商投资股份有限公司	6	3	706163	202297.34	704543
按城乡分组					
#农村企业	12	4	799808	130176	799856
按轻重工业分组					
轻工业	275	59	17710106	5634927	17279214
重工业	473	78	132685294	24505332	131442691
按规模分组					
#大型企业	164	31	119939196	22652103	118756536

工业企业主要经济指标

单位：万元

#出口交货值	平均用工人数(人)	资产负债					
		资产总计	流动资产合计	#存货		#应收账款	固定资产合计
					#产成品		
12588507	840908	284503769	108045472	15635961	4843892	24964596	56234139
476396	178241	143754166	35798925	3820340	839201	6773010	29125649
12112111	662667	140749603	72246547	11815621	4004691	18191586	27108491
2655082	521098	226126595	71960477	9161679	2701496	15948449	45819846
19903	47002	112843351	22571003	1147046	116593	2590365	20136810
0	2884	110654	78717	14980	2809	8706	25950
***	2864	***	***	***	***	***	***
1590867	259600	70863878	28372194	4221470	1239218	8155010	20454654
847811	156034	38526486	18498114	3122783	1031698	4408266	4553737
184133	52714	3679570	2370067	629357	289515	771544	620573
1552746	82550	17443108	11111650	2197475	652663	2747573	2747214
646606	35736	3670919	2160406	390903	139807	718045	1065898
***	424	***	***	***	***	***	***
775045	39517	10318083	6481813	1158525	479691	1012316	1595122
131095	6873	3452323	2467772	647599	32948	1016188	86069
8380680	237260	40934066	24973345	4276807	1489732	6268574	7667079
6264632	118350	26150179	15702011	2435566	747213	2974710	4525858
30203	5540	238226	185064	-16876	2840	51873	45152
2036982	103958	12786858	8530308	1779029	700000	3126204	2832294
48864	9412	1758804	555961	79089	39679	115788	263775
7136	7057	641100	535940	94933	26124	321269	77301
1065915	247897	25964233	14416136	3173763	1392822	2821128	4997503
11522592	593011	258539537	93629336	12462198	3451070	22143468	51236636
10668149	519539	235154330	78945998	9537191	3125469	14499241	47921484

2014年北京市大中型

项目	资产负债						
	固定资产原价	负债合计	#流动负债合计	#应付账款	所有者权益合计	#实收资本	营业收入
合计	103959001	144556355	88386686	28632741	139947415	56894159	163631110
按隶属关系分组							
中央工业	58777515	70522606	34621637	8453127	73231561	28434776	60738088
地方工业	45181486	74033749	53765049	20179615	66715854	28459383	102893022
按登记注册类型分组							
内资企业	83869217	112477856	60574728	15443292	113648740	44974575	92122134
国有企业	39352324	53469870	20438393	3471518	59373481	20691682	34149034
集体企业	66098	43770	40990	7097	66883	12880	99534
股份合作企业	***	***	***	***	***	***	***
联营企业							
有限责任公司	34794341	40675613	25885113	7587777	30188265	17572487	31883865
股份有限公司	8654028	16429049	12500777	3812787	22097436	6182772	22954878
私营企业	961880	1831596	1686484	551373	1847974	500754	2942863
港澳台商投资企业	5489363	10194042	9241850	4268111	7249066	3291559	19822902
港澳台合资经营	2904705	1787671	1587231	616243	1883247	1242871	3858587
港澳台合作经营	***	***	***	***	***	***	***
港澳台商独资企业	2405455	6565042	6107563	2985095	3753041	1141199	14859425
港澳台商投资股份有限公司	178224	1839774	1545502	665690	1612549	905722	1098268
外商投资企业	14600421	21884457	18570109	8921338	19049609	8628025	51686075
中外合资经营	7475998	13851077	11643944	5532017	12299103	4514411	34153593
中外合作经营	118095	122976	113362	47621	115249	145207	386972
外资（独资）企业	6432076	7301073	6335253	3243742	5485785	3365759	16352828
外商投资股份有限公司	574252	609332	477549	97959	1149472	602648	792682
按城乡分组							
#农村企业	146392	466607	435664	235559	174492	57184	858014
按轻重工业分组							
轻工业	9372755	12377508	10311359	2669764	13586724	5337442	20719645
重工业	94586246	132178846	78075327	25962977	126360691	51556718	142911466
按规模分组							
#大型企业	88941135	120207853	67865629	20948251	114946477	45822116	128859304

注：应交税金合计包括应交增值税、应交所得税、营业税金及附加和管理费用中的税金。

工业企业主要经济指标（续表）

单位：万元

损益							应交税金合计			
#主营业务收入	营业成本	#主营业务成本	销售费用	管理费用	财务费用	利润总额		#营业税金及附加	#主营业务税金及附加	#应交增值税
160397751	138236953	135660661	7136735	6436166	1844529	13034993	9844200	2913664	2901997	4641494
59759198	54794796	53943124	361012	1336070	993376	5185070	3661913	1249149	1245103	1721505
100638553	83442157	81717537	6775722	5100096	851154	7849923	6182287	1664516	1656894	2919989
90321781	80441312	79018099	2197165	3717356	1645075	7740158	5237991	1580884	1569717	2617775
34018579	31370424	31279976	105039	249705	755169	4062472	1890974	426932	426350	1003154
92579	69795	64832	5994	14141	-709	8102	13903	2033	2033	10216
***	***	***	***	***	***	***	***	***	***	***
30983303	28320884	27574162	767287	1834487	632526	1435928	1221268	136586	129482	770985
22238930	18527144	17968704	1032542	1349288	238484	1901466	1928811	998048	994749	719413
2897224	2104625	2082153	267855	260282	19534	317134	173563	16534	16352	106798
19327457	17299807	16878352	1202910	728377	80508	762102	555552	53910	53439	353265
3641228	3046709	2847691	183038	187034	29042	393042	242383	22915	22808	121374
***	***	***	***	***	***	***	***	***	***	***
14714367	13319781	13221309	971160	464139	-2579	321810	264504	23037	22673	190429
965241	928203	804237	47578	76778	54046	47356	48120	7903	7903	40976
50748513	40495834	39764210	3736660	1990433	118947	4532734	4050657	1278870	1278842	1670454
33755636	27041113	26763756	1706317	1177625	21208	3443285	3050004	1195252	1195229	1072352
380967	334504	327372	40016	14735	-3702	980	21735	1848	1848	17046
15840731	12515177	12085080	1914950	730487	83677	1036727	935769	77263	77263	548157
771179	605041	588002	75376	67586	17763	51742	43149	4508	4502	32899
833443	723607	703165	22519	40323	2547	73544	45195	3069	3069	20351
20055274	13273017	12783252	3806210	1570677	173761	1802083	2074150	538718	536468	1138682
140342476	124963936	122877409	3330525	4865488	1670769	11232910	7770050	2374947	2365529	3502812
126986233	111249318	109745384	5013525	3894686	1515264	9692374	7544072	2473264	2465506	3407742

2014 年北京市大中型工业

项目	企业单位个数(个)	# 亏损企业	工业总产值(当年价格)	工业增加值	工业销售产值(当年价格)	# 出口交货值
合计	748	137	150395400	30140260	148721904	12588507
煤炭开采和洗选业	1	***	***	***	***	***
石油和天然气开采业	2	***	***	***	***	***
黑色金属矿采选业	6	0	1290480	108920	1290909	0
开采辅助活动	4	1	1998988	1065429	1998988	190028
农副食品加工业	30	7	2411634	423050	2358528	29501
食品制造业	41	14	2113913	236226	2103261	94095
酒、饮料和精制茶制造业	14	3	1688518	460185	1708321	13830
烟草制品业	1	***	***	***	***	***
纺织业	2	***	***	***	***	***
纺织服装、服饰业	41	17	842903	400597	760104	179708
皮革、毛皮、羽毛及其制品和制鞋业	3	***	***	***	***	***
木材加工和木、竹、藤、棕、草制品业	2	***	***	***	***	***
家具制造业	9	1	453825	118328	443853	29424
造纸和纸制品业	6	1	431154	169168	422400	19617
印刷和记录媒介复制业	18	2	628182	277456	639934	7303
文教、工美、体育和娱乐用品制造业	3	***	***	***	***	***
石油加工、炼焦和核燃料加工业	5	1	7750355	1464138	7708127	0
化学原料和化学制品制造业	23	6	1606954	326064	1558779	35046
医药制造业	51	4	5255075	2284205	5049744	62258
化学纤维制造业	1	***	***	***	***	***
橡胶和塑料制品业	15	2	497192	171394	492845	71865
非金属矿物制品业	39	9	2848814	487028	2857123	90718
黑色金属冶炼和压延加工业	6	2	913546	44065	906255	115714
有色金属冶炼和压延加工业	5	1	293146	51795	260702	96294
金属制品业	29	8	1517608	281415	1502087	150903
通用设备制造业	44	7	3761797	1079474	3601672	620872
专用设备制造业	54	9	3559332	728327	3546826	519143
汽车制造业	71	9	33895832	6836323	33873392	540627
铁路、船舶、航空航天和其他运输设备制造业	22	3	3158932	763528	2930165	52761
电气机械和器材制造业	46	5	5255944	1028403	5132158	435234
计算机、通信和其他电子设备制造业	81	14	21374576	2488593.09	20780640	8953984
仪器仪表制造业	29	2	1242559	340322	1248573	40661
其他制造业	7	1	439290	135420	423202	5122
金属制品、机械和设备修理业	1	***	***	***	***	***
电力、热力生产和供应业	29	7	40144453	6775721	40143827	0
燃气生产和供应业	3	0	***	***	***	***
水的生产和供应业	4	0	512005	249494	512005	0

注：行业划分执行2011年国民经济行业分类标准（GB/T 4754—2011）。

企业主要经济指标（按行业分）

单位：万元

平均用工人数（人）	资产负债						
	资产总计	流动资产合计	#存货	#产成品	#应收账款	固定资产合计	固定资产原价
840908	284503769	108045472	15635961	4843892	24964596	56234139	103959001
13578	***	***	***	***	***	***	***
2009	***	***	***	***	***	***	***
25306	21215426	6696417	275596	42891	1491698	3969914	5796644
20756	4887496	2402149	295381	6596	837785	1207076	2520125
23711	3010537	2082264	358464	205746	238210	309294	511683
43393	2399616	1408479	237094	133374	310841	553781	981148
24565	3516101	1315128	182811	43286	82035	473194	1077764
922	***	***	***	***	***	***	***
1119	***	***	***	***	***	***	***
31358	945650	697187	323766	220603	120620	148347	244832
1194	***	***	***	***	***	***	***
1432	***	***	***	***	***	***	***
8760	490504	276275	66092	33395	74116	114596	158062
2538	284050	190715	61465	14973	40314	68739	192736
13286	976333	522786	122379	55475	97115	330095	836329
2365	***	***	***	***	***	***	***
13077	2585886	1007578	582000	205862	142195	796402	2732911
19881	2980329	1838875	192985	86505	383502	586361	1599385
53134	7956763	4619257	1216213	502433	1067447	1178224	1775512
448	***	***	***	***	***	***	***
10680	417474	241678	64403	34057	96493	111082	221243
32734	5985963	4141296	600285	134358	1852503	663423	1255825
5494	3577723	343848	136616	54838	57128	503904	765416
2902	385506	263387	82750	27897	77723	62225	96332
20479	2899483	1604459	378790	103524	313569	467390	734769
34244	5956151	4318543	1276059	381601	1061064	768028	1449279
42603	9963396	6095633	1064524	336062	1536838	626844	1112935
122822	30638861	16248230	2043072	890106	4048530	5805913	8594812
30076	4816019	3578870	1343263	92955	1088661	920822	1108646
34080	7815626	5991542	1118588	232401	2935952	418950	943768
99687	21101250	13754974	2704967	816899	3137482	4070337	8617498
15422	1990441	1470107	398544	73321	482798	178009	316650
5483	1048995	598298	110607	25452	179280	258882	446085
6464	***	***	***	***	***	***	***
56277	122197339	21717242	109842	758	2556219	26641826	52315119
10365	***	***	***	***	***	***	***
8264	6760477	2220074	8604	22	101274	2953008	4497783

2014年北京市大中型工业

项目	资产负债						
	负债合计	#流动负债合计	#应付账款	所有者权益合计	#实收资本	营业收入	#主营业务收入
合计	144556355	88386686	28632741	139947415	56894159	163631110	160397751
煤炭开采和洗选业	***	***	***	***	***	***	***
石油和天然气开采业	***	***	***	***	***	***	***
黑色金属矿采选业	12346241	4965627	904364	8869184	2871599	3728778	3565418
开采辅助活动	1867882	1682493	568951	3019614	2655032	1784078	1780250
农副食品加工业	1693705	1413485	170486	1316832	467942	2737790	2718632
食品制造业	1541890	1453258	526197	857726	770224	4006982	3914348
酒、饮料和精制茶制造业	1427670	1278110	268990	2088431	544267	1891149	1793858
烟草制品业	***	***	***	***	***	***	***
纺织业	***	***	***	***	***	***	***
纺织服装、服饰业	479675	453694	140343	465975	182127	858506	831891
皮革、毛皮、羽毛及其制品和制鞋业	***	***	***	***	***	***	***
木材加工和木、竹、藤、棕、草制品业	***	***	***	***	***	***	***
家具制造业	259282	220110	45830	231223	62982	398608	387222
造纸和纸制品业	151062	150531	46475	132988	54088	452675	440967
印刷和记录媒介复制业	329675	301150	113074	646658	374079	694956	644081
文教、工美、体育和娱乐用品制造业	***	***	***	***	***	***	***
石油加工、炼焦和核燃料加工业	1448798	1419314	354934	1137087	45041	8632074	8049105
化学原料和化学制品制造业	1564464	1460765	193669	1415866	1075498	1660516	1616184
医药制造业	3612249	3046332	797087	4344514	1190444	5435087	5228241
化学纤维制造业	***	***	***	***	***	***	***
橡胶和塑料制品业	250227	241183	77998	167247	78353	527325	517482
非金属矿物制品业	3314831	3091003	1185705	2671132	929961	3358686	3257274
黑色金属冶炼和压延加工业	1113152	302264	163532	2464571	840291	983573	966724
有色金属冶炼和压延加工业	114891	95782	53974	270615	54613	304555	300043
金属制品业	1435786	1146888	369372	1463697	604690	1835048	1728393
通用设备制造业	2491805	2273829	764210	3464346	1214810	3909140	3807391
专用设备制造业	5086393	3996296	1396195	4877002	1805086	4028894	3817709
汽车制造业	17433700	14291595	7240445	13205161	5281562	34980473	34222161
铁路、船舶、航空航天和其他运输设备制造业	3384713	3124992	1037024	1431306	564368	3191072	3165152
电气机械和器材制造业	4612737	4309997	1651435	3202889	1822738	5556455	5424570
计算机、通信和其他电子设备制造业	12259486	10056520	4810002	8841764	5339517	25100627	24855347
仪器仪表制造业	899115	836732	328346	1091326	300874	1510061	1491287
其他制造业	354374	236687	117865	694621	251517	469522	460016
金属制品、机械和设备修理业	***	***	***	***	***	***	***
电力、热力生产和供应业	58939733	23780303	4968032	63257606	23240400	40272702	40182223
燃气生产和供应业	***	***	***	***	***	***	***
水的生产和供应业	3210387	944069	47831	3550091	2916133	698181	689335

企业主要经济指标（按行业分）（续表）

单位：万元

损益						应交税金合计	#营业税金及附加	#主营业务税金及附加	#应交增值税
营业成本	#主营业务成本	销售费用	管理费用	财务费用	利润总额				
138236953	135660661	7136735	6436166	1844529	13034993	9844200	2913664	2901997	4641494
***	***	***	***	***	***	***	***	***	***
***	***	***	***	***	***	***	***	***	***
3704778	3541210	8765	165148	259055	217608	94185	14213	12892	68865
1615776	1615331	8575	79455	25493	13461	77201	29579	28975	20791
2203838	2195775	199652	127543	34293	141682	184388	89778	89763	68315
2558079	2473083	1069134	200596	9059	143695	271847	23187	22875	197001
1375660	1295271	344467	112482	5004	61142	207796	79184	79056	103399
***	***	***	***	***	***	***	***	***	***
***	***	***	***	***	***	***	***	***	***
511762	490775	174602	93118	6119	82404	76821	6743	6636	54542
***	***	***	***	***	***	***	***	***	***
***	***	***	***	***	***	***	***	***	***
293586	285355	46045	35587	4447	23931	23122	2531	2439	16438
325893	316172	17841	17841	202	89949	46659	2714	2714	20514
530820	492585	20606	96364	-1428	46856	60032	5099	4767	40985
***	***	***	***	***	***	***	***	***	***
7538256	6962472	55966	133654	23459	144227	996095	731621	730593	221999
1304226	1270125	178279	154566	35074	208074	99651	11984	11922	66266
2461063	2283973	1614912	478654	100474	881771	661569	54944	54749	446878
***	***	***	***	***	***	***	***	***	***
417196	409713	16848	43701	3792	44513	31087	2961	2960	18503
2833752	2752640	123213	224232	51826	127856	119126	20512	20015	76772
922084	907171	45560	27373	23764	-22312	-3306	1186	1077	4904
251924	249617	7201	21020	883	17253	16040	9270	9270	3403
1517057	1437187	47790	156262	21223	99977	63767	10610	10379	35188
2991587	2925382	207071	255414	26979	434956	270387	21426	21296	159512
3047009	2907206	235700	411148	78641	504646	201305	24804	24640	120380
28717126	28166347	1286252	1252590	29296	3015453	2866747	1226561	1226165	912187
2629705	2615240	36037	218776	24682	277467	111128	8827	8730	67334
4400721	4284809	300953	345426	57330	466527	286464	22226	22224	180487
22459541	22274327	897195	1062597	50990	783835	422970	41444	39587	222742
1073377	1062825	114589	140556	6359	217890	109360	9337	9140	68202
321558	314631	14291	66926	-916	72294	33346	2555	2555	18020
***	***	***	***	***	***	***	***	***	***
37907717	37848640	6646	169507	899195	4333141	1875986	169709	168465	1175045
***	***	***	***	***	***	***	***	***	***
505062	501720	109	39259	16780	230517	67563	2316	1691	10292

2014年北京市规模以上高技术制造业主要经济指标

单位：万元

项目	工业总产值	主营业务收入	利润总额	应交税金
合计	3716.0	4156.7	277.0	173.8
按登记注册类型分组				
内资				
国有	64.0	64.6	6.3	2.2
集体	1.3	1.6	0	0.1
股份合作企业	3.9	4.2	0.1	0.2
联营企业	0	0	0	0
有限责任公司	742.0	791.9	89.1	40.7
股份有限公司	325.8	408.7	63.4	32.7
私营企业	186.4	191.9	25.5	14.1
其他	0	0	0	0
港澳台商投资	1059.3	1328.0	24.4	14.9
外商投资	1333.3	1366.0	68.3	68.9
按高技术领域分组				
信息化学品制造业	4.9	5.2	-0.4	0.1
医药制造业	669.0	662.6	112.6	80.5
航空、航天器及设备制造业	178.4	183.8	14.2	5.0
电子及通信设备制造业	2122.2	2198.2	93.7	52.5
计算机及办公设备制造业	369.3	690.0	3.7	7.0
医疗仪器设备及仪器仪表制造业	372.1	416.9	53.1	28.7

注：应交税金合计包括应交增值税、应交所得税、营业税金及附加和管理费用中的税金。

2014年北京市规模以下工业企业主要指标

项目	单位个数（个）	从业人员平均人数（人）	工业总产值（当年价格，万元）
合计	27134	258156	7322175
法人工业企业	18885	220257	6795681
个体经营工业单位	8249	37899	526494

注：规模以下工业企业指年主营业务收入2000万元以下的法人工业企业和全部个体经营工业单位。

2014年北京市主要工业产品产量

工业产品名称	单位	本年产量	工业产品名称	单位	本年产量	工业产品名称	单位	本年产量
单晶硅	千克	122372.8	机床数控装置	套	61072	风力发电机组	万千瓦	439.4
中成药	万吨	4.4	工业电炉	台	161	锂离子电池	万只	5509.6
沥青和改性沥青防水卷材	万平方米	6653.6	环境污染防治专用设备	台套	79645	移动通信手持机手机	万台	17983.6
纤维增强塑料制品	万吨	3.2	汽车	万辆	216.7	微型计算机设备	万台	1015.6
耐火材料制品	万吨	50.3	#基本型乘用车轿车	万辆	118.6	服务器	台	164099
冷轧薄宽钢带	万吨	106.4	运动型多用途乘用车SUV	万辆	33.4	液晶显示模组	万套	7616.5
单一稀土金属	千克	272553.0	载货汽车	万辆	51.2	显示器	万台	548.1
发动机	万千瓦	12616.3	改装汽车	万辆	1.9	集成电路	亿块	54.3
气动元件	万件	20645.6				彩色电视机	万台	193.6
数控金属切削机床	台	13890						

2014年北京市能源消费总量和主要能源品种消费量（按行业分）

单位：万吨

项目	能源消费总量（万吨标准煤）	煤炭	焦炭	汽油	煤油	柴油	燃料油	液化石油气	天然气（亿立方米）	热力（万百万千焦）	电力（亿千瓦时）
采矿业	22.21	1.90	0.01	0.13		1.52		0.04	0.01	13.85	6.19
煤炭开采和洗选业	5.53	0.94		0.03		0.06		0.04		1.40	1.60
石油和天然气开采业	0.01										
黑色金属矿采选业	15.22	0.93		0.06		0.85			0.01	12.17	4.43
有色金属矿采选业	0.01										
非金属矿采选业	1.22	0.03	0.01	0.01		0.56				0.14	0.12
开采辅助活动	0.22			0.03		0.05				0.14	0.04
其他采矿业											
制造业	1332.76	214.13	0.62	15.73	0.05	16.08	3.45	1.70	9.70	3680.41	174.29
农副食品加工业	26.16	12.14		0.44		0.35	0.01	0.06	0.14	54.22	4.40
食品制造业	30.02	7.22		0.49		0.58		0.13	0.42	86.68	5.26
酒、饮料和精制茶制造业	31.10	20.32		0.26		0.26		0.01	0.18	51.48	4.13
烟草制品业	1.99								0.10		0.28
纺织业	5.49	2.52		0.14		0.03		0.01	0.02	10.56	0.97
纺织服装、服饰业	14.34	6.74		0.67		0.14		0.03	0.03	40.27	2.23
皮革、毛皮、羽毛及其制品和制鞋业	1.14	0.19		0.06		0.01				3.80	0.26
木材加工和木、竹、藤、棕、草制品业	5.56	0.59		0.18		0.10		0.01		0.53	1.38
家具制造业	7.65	1.40		0.54		0.11	0.01	0.03	0.02	12.94	1.74
造纸和纸制品业	11.69	5.06		0.35		0.17		0.02	0.07	9.07	2.12
印刷和记录媒介复制业	24.47	2.19		0.90		0.21		0.04	0.18	62.21	5.84
文教、工美、体育和娱乐用品制造业	4.39	1.16		0.19		0.05		0.02	0.02	19.08	0.80
石油加工、炼焦和核燃料加工业	477.21	0.67		0.07		0.17		0.08	2.74	1132.17	17.25
化学原料和化学制品制造业	97.66	12.70		0.75		0.72	0.54	0.19	0.19	928.36	13.58
医药制造业	32.30	7.53		0.52		0.23		0.04	0.36	146.15	5.82
化学纤维制造业	1.30	0.02		0.02					0.03		0.30
橡胶和塑料制品业	27.39	4.05		0.54		0.25		0.13	0.12	78.71	6.60
非金属矿物制品业	168.30	100.88	0.01	0.99		8.74	2.83	0.08	0.81	39.33	18.45
黑色金属冶炼及压延加工业	24.78	0.58	0.60	0.11		0.31		0.01	0.81	2.16	4.73
有色金属冶炼及压延加工业	5.26	0.25		0.10		0.04		0.04	0.02	12.86	1.45
金属制品业	34.37	4.67		1.31		0.49		0.41	0.37	57.05	7.44
通用设备制造业	30.35	3.36		1.18	0.01	0.46		0.13	0.15	136.71	6.46
专用设备制造业	23.59	2.39		1.19		0.30		0.04	0.12	124.70	4.84
汽车制造业	102.63	1.47		1.99	0.01	1.23		0.11	2.22	158.63	22.20
铁路、船舶、航空航天和其他运输设备制造业	17.12	9.42	0.01	0.23		0.20		0.01	0.04	119.21	2.66
电气机械和器材制造业	22.09	2.91		0.98		0.10		0.04	0.08	96.43	4.61
计算机、通讯和其他电子设备制造业	85.90	0.88		0.69		0.42		0.01	0.27	207.24	25.52
仪器仪表制造业	8.07	0.62		0.57		0.03		0.01	0.05	55.24	1.46
其他制造业	5.54	1.53		0.10		0.12		0.01	0.02	29.38	0.79
废弃资源综合利用业	1.10	0.14		0.03		0.04			0.02	0.85	0.22
金属制品、机械和设备修理业	3.80	0.53		0.14	0.03	0.22	0.06		0.10	4.39	0.50
电力、热力、燃气及水生产和供应业	518.54	964.88		1.02		1.71	0.24	2.40	61.70	155.13	117.84
电力、热力生产和供应业	417.76	964.51		0.57		1.55	0.24	0.38	56.44	120.00	105.23
燃气生产和供应业	63.89	0.01		0.26		0.06		2.00	5.16	7.60	0.87
水的生产和供应业	36.89	0.36		0.19		0.09		0.02	0.10	27.53	11.74

注：各行业能源消费总量为各行业终端消费量与各行业分摊的损失量和加工转换损失量之和，不等于分品种能源消费量（标准煤）的合计。

2014 年北京市区县规模以上工业企业产值情况

单位：万元

区　　县	工业总产值（当年价格）	#国有控股	#内　资	#港澳台商投资企业	#外商投资企业	工业销售产值（当年价格）	#出　口交货值
全　　市	184528984	106747664	112021231	18105818	54401935	182282093	14268774
首都功能核心区	11274413	7482169	8276717	2551568	446129	11320567	265006
东 城 区	1615998	566513	1137871	73064	405063	1648004	202746
西 城 区	9658415	6915656	7138846	2478504	41066	9672563	62260
城市功能拓展区	38936526	20654008	26304859	9341933	3289735	37917315	1633718
朝 阳 区	10067563	7132752	7858925	827575	1381063	9971995	468386
丰 台 区	4342259	2977545	3894013	118476	329770	4277818	148256
石景山区	2414399	1994757	1974066	38010	402323	2458993	101985
海 淀 区	22112305	8548954	12577855	8357872	1176579	21208509	915091
城市发展新区	89585827	44604931	39841911	5328385	44415530	88514357	11503282
房 山 区	10646518	8747746	10219071	75308	352140	10509691	97878
通 州 区	6910537	1855694	4456260	275462	2178815	6844470	518249
顺 义 区	29836106	16151877	5862187	868401	23105519	29879268	3812228
昌 平 区	11336893	7280186	9473796	410354	1452742	11244850	480032
大 兴 区	6645870	1480632	4766880	814165	1064824	6303396	185623
北京经济技术开发区	24209903	9088796	5063717	2884695	16261490	23732682	6409272
生态涵养发展区	12834019	2108358	5699545	883933	6250542	12631657	866769
门头沟区	985074	332780	923905	34724	26445	839328	168427
怀 柔 区	5526979	518395	1653731	198120	3675128	5570134	248131
平 谷 区	2539141	72388	844041	112582	1582518	2498670	96695
密 云 县	3089563	917589	1739175	454797	895591	3067580	257838
延 庆 县	693262	267206	538693	83710	70860	655945	95678

注：1. 统计范围为年主营业务收入 2000 万元及以上的工业法人单位。

2. 根据有关规定，国家电网公司、华北电网有限公司、冀北电力有限公司的“工业总产值（当年价格）”“工业销售产值（当年价格）”由北京市统计局统一核算，故表中“工业总产值（当年价格）”“工业销售产值（当年价格）”指标分区县数据之和不等于全市合计。

2014年北京市区县规模以上工业企业产值情况（续表）

单位：万元

区　县	工业总产值（按规模分组）			工业总产值（按轻重工业分组）	
	#大型企业	#中型企业	#小型企业	轻工业	重工业
全　市	117093923	30486228	31013221	25680273	158848711
首都功能核心区	9099972	1408619	753150	1592094	9682320
东城区	332973	965911	307008	907941	708058
西城区	8766999	442708	446142	684153	8974262
城市功能拓展区	19209241	9753905	9864488	3807976	35128550
朝阳区	3348008	2414260	4277289	1535064	8532499
丰台区	1499391	1278665	1532607	703602	3638657
石景山区	1626552	544631	243216	53910	2360489
海淀区	12735290	5516349	3811376	1515400	20596905
城市发展新区	52114623	15656998	16710604	16903927	72681901
房山区	8346522	474313	1741080	543771	10102748
通州区	1262241	2488998	2993836	2559776	4350761
顺义区	23114094	3319183	3291249	3444629	26391477
昌平区	1638190	2055031	3223018	1732744	9604149
大兴区	1236286	2145778	3140478	2748405	3897465
北京经济技术开发区	16517290	5173695	2320943	5874602	18335301
生态涵养发展区	4771886	3666707	3684981	3376278	9457742
门头沟区	655017	68932	257517	144810	840264
怀柔区	3184581	826090	1411782	1539562	3987417
平谷区	382599	1228474	895436	588140	1951001
密云县	468036	1161744	900657	866816	2222747
延庆县	81653	381467	219589	236950	456313

注：2011年开始，企业大中小型划分标准执行国家统计局《关于统计上大中小微型企业划分办法》（国统字〔2011〕75号）。

2014年北京市区县规模以上工业企业主要财务指标

单位：个

区　　县	企业单位个数	# 国有控股	# 内　资	# 港澳台商投资	# 外商投资	从业人员年平均人数(人)
全市	3686	765	2834	209	643	1165464
首都功能核心区	100	49	84	4	12	77979
东城区	40	17	32	1	7	15036
西城区	60	32	52	3	5	62943
城市功能拓展区	1023	337	861	50	112	333904
朝阳区	294	108	233	20	41	97080
丰台区	206	78	185	6	15	59183
石景山区	49	21	40	3	6	39797
海淀区	474	130	403	21	50	137844
城市发展新区	2033	309	1509	116	408	606550
房山区	176	32	157	4	15	48142
通州区	451	57	363	16	72	84471
顺义区	394	60	245	29	120	154301
昌平区	309	58	253	15	41	91695
大兴区	425	56	369	16	40	77814
北京经济技术开发区	278	46	122	36	120	150127
生态涵养发展区	530	70	380	39	111	147031
门头沟区	45	5	39	4	2	21931
怀柔区	170	17	111	15	44	47679
平谷区	133	8	89	7	37	30605
密云县	139	26	105	12	22	37058
延庆县	43	14	36	1	6	9758

注：统计范围为年主营业务收入2000万元及以上的工业法人单位。

2014年北京市区县规模以上工业企业主要财务指标（续表）

单位：万元

区　县	资产总计	负债合计	所有者权益合计	营业收入	主营业务收　入	利润总额	利税总额	应交税金合　计	#应　交增值税
全　市	335570497	171375654	163891012	201794110	197766666	15157524	24078630	11436589	5615607
首都功能核心区	126746211	60140934	66605277	43931070	43742175	4603296	6141228	1326175	2102262
东城区	2164252	1017847	1146405	1924748	1867108	179554	271649	76226	118566
西城区	124581959	59123087	65458872	42006322	41875067	4423742	5869579	1249949	1983696
城市功能拓展区	92859320	48949179	43905732	48033580	46837413	3356552	4767861	1099352	1831588
朝阳区	20243648	10645908	9597740	11223272	10681411	782146	1202756	323647	588379
丰台区	8325913	4722956	3598549	5170485	5051987	317275	491843	144300	231469
石景山区	28446684	15029610	13417074	4984131	4817283	520970	677824	128343	170776
海淀区	35843075	18550705	17292369	26655692	26286732	1736161	2395438	503062	840964
城市发展新区	98863308	52704662	45859225	94863096	92740230	6195890	11591317	2744785	6741055
房山区	7578629	4605743	2972886	11148542	10839416	50541	1081572	281469	1072955
通州区	7834760	4580722	3254038	8034113	7866425	499862	1050663	261627	638214
顺义区	29289012	16042662	13246351	31255506	30684561	2771816	4622282	881454	2460004
昌平区	16840252	8077471	8473920	12290782	11749138	717147	1055928	267872	449577
大兴区	8022802	4388701	3633743	6915776	6807613	384339	635789	209851	338847
北京经济技术开发区	29297853	15009363	14278287	25218377	24793077	1772185	3145083	842512	1781458
生态涵养发展区	17101658	9580877	7520780	14966364	14446849	1001786	1578226	445295	761684
门头沟区	1917941	794690	1123252	913183	877707	133381	223300	65190	101360
怀柔区	5275503	3108217	2167286	6594911	6486006	332204	576394	186966	315529
平谷区	2610043	1546508	1063534	3035282	2857843	147299	229273	68701	126153
密云县	3658608	2213578	1445029	3512812	3354370	226436	356081	100213	174607
延庆县	3639563	1917884	1721679	910176	870923	162466	193178	24225	44035

注：应交税金合计主要包括应交增值税、应交所得税、营业税金及附加和管理费用中的税金等。

2014年北京市镇村工业企业主要经济指标

单位：万元

区县	企业个数（个）	从业人员年末数（人）	增加值	总产值	营业收入	利润总额	上交税金	劳动者报酬	资产总额	负债总额	固定资产原价
合计	11559	436164	5448829	26537819	27907732	1336642	1297312	2920228	34032316	20608983	9739959
朝阳	98	7343	80280	343497	349291	25289	21776	31481	766026	561422	193254
丰台	102	5142	52512	104256	160321	1957	4724	18989	258755	147821	115094
海淀	236	6130	57297	193479	210152	15707	8400	27497	446323	154220	127005
门头沟	54	1915	11029	76318	75227	3528	2312	5467	33665	18423	14918
房山	451	21858	206836	1189315	1256120	22126	49508	102848	2307760	1522390	804071
昌平	653	38264	743310	2786901	2809658	292332	119258	213243	6601488	3146915	791540
顺义	2027	98997	1417345	7733894	7724814	349659	337230	466083	7496305	4714722	2438532
通州	3457	111532	1192018	4979948	5751120	207169	267959	435956	4924476	3314557	2059806
大兴	2792	84641	1185620	6560788	6748704	364660	384193	1362643	7544975	4304879	1898127
平谷	826	24128	174776	899986	927276	3002	26377	90953	1313741	1158043	487300
怀柔	207	15806	189312	878895	1096289	30044	44713	98057	1124233	782037	406928
密云	525	17011	120801	719489	715727	21137	28010	59728	929571	532533	366089
延庆	131	3397	17693	71053	83033	32	2852	7283	284998	251021	37295

2014年北京市镇村规模工业企业水和主要能源实物量消耗情况

名称	计算单位	本年消耗量	上年消耗量
水	吨	30872483	25136987
原煤	吨	888074	1144032
焦炭	吨	8989	10712
汽油	吨	247991	156340
煤油	吨	1744	673
柴油	吨	108369	110853
液化石油气	吨	12190	8095
天然气	立方米	181700285	135419165
电	千瓦时	2521876933	2567040973

2014年北京市镇村规模工业企业生产销售情况（按行业分）

单位：万元

行业分类	企业个数（个）	从业人员年平均数（人）	工业增加值	现价总产值	现价销售产值	营业收入	利润总额	上交税金	劳动者报酬
总计	1663	257653	4247920	21473272	20820829	22704690	1193288	1031236	1528618
煤炭开采和洗选业									
石油和天然气开采业									
黑色金属矿采选业	3	1211	22272	67722	65368	58141	2601	10258	5545
有色金属矿采选业									
非金属矿采选业	3	398	6255	39385	38260	39201	-691	2259	2177
开采辅助活动	2	100	913	9118	11703	11703	359	39	129
其他采矿业									
农副食品加工业	65	11629	167845	1324639	1320824	1390589	17428	12427	51416
谷物磨制	1	100	1820	7570	7570	7570	180	86	256
饲料加工	24	2435	31390	211821	208482	216070	8344	1613	9751
植物油加工									
制糖	1	556	11010	52550	52550	52550	785	1580	1508
屠宰及肉类加工	23	6897	104940	922151	917853	980000	486	5553	32522
水产品加工业	2	181	1238	8710	8886	9231	-301	397	747
蔬菜、水果和坚果加工	6	849	11510	75681	80382	79423	5663	1175	3730
其他农副食品加工	8	611	5937	46156	45101	45745	2271	2023	2902
食品制造业	76	22457	384377	1181667	1157184	1943981	5018	86599	138024
焙烤食品制造	17	6843	55797	182694	174104	183272	-1156	12624	33198
糖果、巧克力及蜜饯制造	4	741	6349	21002	22928	25146	-1075	1071	4146
方便食品制造	11	2829	69091	148829	148255	158374	7544	12737	37488
乳制品制造	6	6103	139762	419831	416464	1051658	-16810	28948	23699
罐头食品制造	2	611	4660	15873	16126	15802	441	1355	2003
调味品、发酵制品制造	9	1276	12932	58391	50514	57462	1109	2395	6094
其他食品制造	27	4054	95786	335047	328793	452267	14965	27469	31396
酒、饮料和精制茶制造业	12	4958	74636	279191	291565	441737	11771	22408	33035
酒的制造	5	788	12906	49468	50387	50288	1434	4696	3084
饮料制造	7	4170	61730	229723	241178	391449	10337	17712	29951
纺织业	15	2603	19179	83878	81872	94267	104	2571	10194
纺织服装、服饰业	186	23385	103237	650854	613639	647366	30912	41913	95025
皮革、毛皮、羽毛及其制品和制鞋业	22	706	2264	31282	33109	33596	-1708	962	2995
木材加工和木、竹、藤、棕、草制品业	9	1212	9852	43396	43211	46231	1786	3042	5606

2014 年北京市镇村规模工业企业生产销售情况（按行业分）（续表）

单位：万元

行业分类	企业个数（个）	从业人员年平均数（人）	工业增加值	现价总产值	现价销售产值	营业收入	利润总额	上交税金	劳动者报酬
家具制造业	48	10690	98276	640979	619728	580191	24118	24347	52342
木质家具制造	32	6289	43263	453075	447229	397842	10274	14688	30569
竹、藤家具制造									
造纸和纸制品业	23	3258	29310	151862	154125	169200	4124	6631	13392
印刷和记录媒介复制业	36	4940	60439	216649	214839	232119	5353	12516	25515
文教、工美、体育和娱乐用品制造业	14	2874	23515	119659	126518	137729	2204	3758	12683
石油加工、炼焦和核燃料加工业	13	1498	78843	380992	368073	515085	42881	29074	12517
化学原料和化学制品制造业	75	8073	150519	794065	806143	848247	35450	35337	46658
医药制造业	59	12413	315043	848170	855761	873077	146227	86386	84296
中药饮片加工	19	3274	95396	245849	289589	296815	46248	25765	28322
中成药生产	8	2088	71127	186278	173042	172471	35939	19902	13332
生物药品制造	8	1745	27103	78271	74958	75337	10816	5249	9686
化学纤维制造业	5	382	4800	39598	40498	36740	3661	1687	2683
橡胶和塑料制品业	53	6362	67079	390219	385300	421435	1510	14317	34762
非金属矿物制品业	68	16324	195169	2007772	1775112	1891783	10490	49342	103917
黑色金属冶炼和压延加工业	15	3416	19538	123387	123548	165936	8366	4163	16138
有色金属冶炼和压延加工业	16	1169	12565	88481	89910	111347	1053	3115	4798
金属制品业	130	17327	205391	1668946	1809788	1740946	31059	37446	81617
通用设备制造业	101	15976	437860	1595157	1536477	1558459	202163	64462	104533
专用设备制造业	133	20709	401293	1611759	1546523	1587066	110352	98217	135043
汽车制造业	92	27280	681931	3704426	3564016	3807253	216872	194643	210633
铁路、船舶、航空航天和其他运输设备制造业	16	6357	238418	713102	636917	743879	139752	72644	46945
电气机械和器材制造业	50	7809	135114	691836	653197	687505	51003	37082	55807
计算机、通信和其他电子设备制造业	22	3219	64906	262637	253984	286917	24012	13317	26980
仪器仪表制造业	15	3231	47483	158835	151463	160499	12788	11133	22590
其他制造业	263	13775	150772	1338736	1240408	1231549	47326	43092	66487
废弃资源综合利用业	5	370	8015	44717	43738	43851	-15	732	3486
金属制品、机械和设备修理业	8	602	14575	126250	125393	120832	2074	3268	12862
电力、热力生产和供应业	5	394	4699	15014	15014	16785	-1233	672	2565
燃气生产和供应业	2	85	2672	13686	13686	14296	1852	693	804
水的生产和供应业	3	461	8865	15206	13935	15152	2266	684	4419

北京市第二十九届企业管理现代化创新成果获奖名单（235项）

编号	成果名称	企业名称
	一等奖85项	
1	汽车制造企业精益成本管理创新	北京现代汽车有限公司
2	汽车生产车间“三位一体”标准化管理创新	北京现代汽车有限公司
3	自主品牌汽车制造企业有效控制成本价值链的创新与实践	北京汽车股份有限公司
4	特大集团型企业项目后评价管理体系的构建与实施	北京汽车集团有限公司
5	大型汽车企业集团化战略的创新与实践	北京汽车集团有限公司
6	汽车零部件企业跨国整合“五位一体”模式的构建与实施	北京海纳川汽车部件股份有限公司
7	房地产企业经营决策数字化平台的构建与实施	金融街控股股份有限公司
8	环保企业工程项目管控体系的构建和实践	北京机电院高技术股份有限公司
9	环保骨干企业技术创新管理体系的构建与实施	北京机电院高技术股份有限公司
10	复合型公私合营（PPP）方案在北京轨道交通领域的创新与实践——以地铁16号线为例	北京市基础设施投资有限公司
11	信息系统应用服务管理体系	新华人寿保险股份有限公司
12	海外油气勘探开发技术支持项目适应式管理组织创新建设	中国石油化工股份有限公司石油勘探开发研究院
13	首都地域特色的国有企业社会责任管理创新实践	国网北京市电力公司
14	电网企业内部控制体系的构建与实施	国网北京市电力公司
15	首都电网应急体系的构建与实施	国网北京市电力公司
16	电网企业运营监控管理体系的创建	国网北京市电力公司
17	输电线路运维体系分类差异化管理的创新与实践	国网北京市电力公司
18	电力企业重点岗位人员廉洁从业监督与防控	国网北京市电力公司
19	具有首都特色的主配网停电计划管理体系构建与应用	国网北京市电力公司
20	电网企业资金集约管理的深化应用实践	国网北京市电力公司
21	电力沟道建设“两控一优”管理方法创新	国网北京市电力公司
22	首都高速公路文化品牌建设	北京市首都公路发展集团有限公司
23	打造劳动关系和谐企业的创新与实践	北京市首都公路发展集团有限公司
24	“服务型”安全机制的建立与运行	北京市首都公路发展集团有限公司

续表

编号	成果名称	企业名称
25	首都高速公路服务区星级标准管理	北京市首发高速公路经营管理有限公司
26	“绿树哲学”企业文化的构建与实施	北京市首发天人生态景观有限公司
27	大型商业企业服务蓝图管理体系的构建与实施	北京燕莎友谊商城有限公司奥特莱斯购物中心
28	网格化管理在安全生产工作中的应用	北京光华纺织集团有限公司
29	“大水立方”企业文化体系的构建与实施	北京国家游泳中心有限责任公司
30	建筑施工企业资金管理系统的构建与实施	中国水利水电第二工程局有限公司
31	蛋鸡产业“流动服务平台”综合管理体系的创建和实施	北京市华都峪口禽业有限责任公司
32	以品牌战略为引领 实现企业可持续发展	北京工艺艺嘉贸易有限责任公司
33	运用信息化手段构建石化企业自动化设备运维管理体系	中国石油化工股份有限公司北京燕山分公司生产运行保障中心
34	房地产企业信息化管理系统的构建与实施	北京城建投资发展股份有限公司
35	海梓府项目开发管理中建筑信息模型的应用与实践	北京城建兴华地产有限公司
36	房地产企业档案信息资源管理平台的构建与实施	北京首都开发控股（集团）有限公司
37	大型国有物业企业数字化集团管控体系的构建	北京首开鸿城实业有限公司
38	奥运公园区域拆迁人员成长性安置体系的构建与实施	北京市新奥物业管理有限公司
39	以生态自净为核心的水体综合管理方法的创建与实施	北京新奥集团有限公司
40	以科研创新管理体系提升建筑施工企业核心竞争力	北京建工集团有限责任公司总承包部
41	效益导向型全员业绩考核体系的构建与实施	大唐国际发电股份有限公司
42	以管控一体化为核心的大型综合能源企业督察督办管理体系建设与实施	大唐国际发电股份有限公司
43	大型电力检修企业综合运营管理体系构建与实施	大唐国际发电股份有限公司张家口发电厂
44	首都供水安全应急预案管理体系构建与实施	北京市自来水集团有限责任公司
45	广电高科技企业的全员项目管理改革实践	新奥特（北京）视频技术有限公司
46	“两微”内涵式精细化管理体系的构建和实施	中国石油化工股份有限公司北京石油分公司
47	房地产企业基于3D虚拟建造的“主动型”管理体系的构建与实施	首创（成都）投资管理有限公司
48	多地域集团化智能型水务运营管控体系的构建与实施	北京首创股份有限公司
49	轨道交通精细化物资管理体系的构建与实施	北京京港地铁有限公司
50	大型能源企业标准化评价体系建设	北京能源投资（集团）有限公司
51	大型集中供热企业“一站一日一计划”精细化管理	北京市热力集团有限责任公司
52	大型能源投资集团财务公司数据化管控体系的构建与运行	京能集团财务有限公司
53	发电企业财务管控模式的构建与实施	内蒙古京隆发电有限责任公司
54	发电企业全方位绩效管理	山西漳山发电有限责任公司
55	发电企业在基建阶段的标准化管理	北京京能高安屯燃气热电有限责任公司
56	大型能源集团物资集中采购供应管理体系的构建与实施	北京国际电气工程有限责任公司
57	日启停调峰燃气发电企业“3+3”生产管理模式的创新与实践	深圳钰湖电力有限公司
58	水电企业“五位一体”目标责任考核体系的构建与实施	京能集团四川大川电力有限公司、京能集团四川众能电力有限公司
59	集团化煤炭战略性采购实践	北京京能电力燃料有限公司
60	大型燃气发电企业基建生产并行管理的实践和应用	北京京桥热电有限责任公司
61	大型电力企业基于风险与效益平衡的资金决策支持系统的构建与实施	国网冀北电力有限公司
62	电网企业践行资产全寿命管理理念的大型技术改造项目实施	国网冀北电力有限公司

续表

编号	成果名称	企业名称
63	冀北电网停电计划精益化管理模式的建立与实践	国网冀北电力有限公司
64	以“感恩”为价值导向的电力企业文化建设与实践	国网冀北电力有限公司唐山供电公司
65	三维普法模式的创建与实践	国网冀北电力有限公司唐山供电公司
66	大型供电企业“五位一体”协同机制的创新构建与实施	国网冀北电力有限公司秦皇岛供电公司
67	省级电网公司物资质量的风险分级与预警管控	国网冀北电力有限公司物资分公司
68	提升供电企业核心竞争力的精益化管理	国网冀北霸州市供电有限公司
69	连锁百货业经营智能分析系统的构建与实施	北京王府井百货（集团）股份有限公司
70	战略量化落地过程管控创新	中国移动通信集团北京有限公司
71	构建“五位一体”闭环审计整改跟进体系	中国移动通信集团北京有限公司
72	铁路运输企业以人为本的“四位一体”管理体系构建与实施	北京铁路局
73	城市能源协同管理——热电气联调联供	北京市燃气集团有限责任公司运营调度中心
74	构建知识管理体系 推进企业知识资产化	北京市煤气热力工程设计院有限公司
75	全价值链的流程内控体系构建与实施	北京燕京啤酒股份有限公司
76	地铁招商资源估值模型构建与应用	北京市地铁运营有限公司资源管理与经营事业总部
77	以安全文化建设为核心的集团安全管理体系的构建与实施	北京金隅集团有限责任公司
78	水泥企业低碳发展战略管理循环机制的创建与实施	鹿泉金隅鼎鑫水泥有限公司
79	首钢发展旅游产业构建与实施	首钢总公司发展研究院
80	大型国有企业创新发展方式的实践	首钢总公司规划发展部
81	大型钢铁企业集中一贯管理体系的构建与实施	首钢京唐钢铁联合有限责任公司
82	高端引领 校企融合 构建完备系统的高技能人才培训体系	首钢总公司培训中心
83	大型钢铁企业现场自主创新管理体系的构建与实施	首钢股份公司迁安钢铁公司
84	打造综合延伸性产业链 支撑企业转型升级发展	北京首钢自动化信息技术有限公司
85	专业技术人才量化评聘体系的构建与实施	北京首钢冷轧薄板有限公司
二等奖150项		
1	基于保护环境提高资源利用率为目标的系统工程管理创新	北京汽车股份有限公司
2	搭建全员成本管理体系 打造北汽自主品牌成本管理标杆	北京汽车股份有限公司株洲分公司
3	人力资源管理标准化创新与实践	北京汽车集团有限公司
4	基于精益管理的北汽自主品牌生产物流供应链建设	中都物流有限公司
5	企业集团财务公司操作风险管理体系构建与实施	北京汽车集团财务有限公司
6	以信息化为抓手 引领集团项目监管新模式	中国建筑第二工程局有限公司
7	北京邮政劳模先进创新工作室平台品牌的搭建与实践	北京市邮政公司
8	标准化整合营销 助力企业实现快速增长	北京天恒乐活城置业有限公司
9	凭借精细化管理提高企业经济效益的实践	北京华方投资有限公司
10	写字楼产品标准及标准化体系在商务地产中的构建与实施	金融街控股股份有限公司
11	资产管理系统的构建与实施	金融街控股股份有限公司
12	房地产开发企业新型个贷担保模式——信用担保	金融街控股股份有限公司
13	基于“4C服务体系”的写字楼营销模式创建与实施——金融街（南开）中心写字楼散售模式创新	金融街（天津）置业有限公司
14	自持写字楼委托经营管理模式的应用	北京金融街资产管理有限公司
15	实现自持写字楼资产管理服务的对外输出	北京金融街资产管理有限公司
16	政府任务型企业多维个性化组织绩效机制搭建	北京华融基础设施投资有限责任公司
17	风险导向在内部审计实务中的价值与应用	北京华融基础设施投资有限责任公司

续表

编号	成果名称	企业名称
18	保险公司差异化核保政策的制定与实施	长城人寿保险股份有限公司
19	协议腾退在文保区公益项目中的实践运用	北京华融金盈投资发展有限公司
20	以精细化管理推动企业降低损失率工作	北京东方石油化工有限公司
21	适应企业转轨变型发展要求 创建“差异化”销售新模式	北京东方石油化工有限公司销售中心
22	实施“四统一”物资管理模式 确保生产物资安全、及时经济供应	北京东方石油化工有限公司物资装备中心
23	打造全方位“点线面”结合的基础管理体系 不断提升公司经营管理水平	北京二七轨道交通装备有限责任公司
24	信息系统状态检修体系构建与实践管理创新	国网北京市电力公司
25	电网企业缴费渠道管理信息平台建设与实践	国网北京市电力公司
26	电网空间布局规划及服务网络规划的管理创新	国网北京市电力公司
27	城市微电网并网运营管理	国网北京市电力公司电力科学研究院
28	工程项目一体化管理创新与实践	北京电力经济技术研究院
29	物资定额储备采购管理模式创新实践	国网北京市电力公司物资分公司
30	电力检修企业集约发展运营管理创新	国网北京市电力公司检修分公司
31	可视化应急体系平台建设	国网北京市电力公司大兴供电公司
32	供电企业配电专业员工队伍绩效管理实践	国网北京市电力公司朝阳供电公司
33	电力信息通信网络资源数据质量体系创新实践	国网北京市电力公司信息通信分公司
34	供电企业业务流程标准化实践创新	国网北京市电力公司亦庄供电公司
35	供电公司大修技改项目管理创新与实践	国网市电力公司北京怀柔供电公司
36	配电设施拆改项目流程优化	国网北京市电力公司顺义供电公司
37	基于客户需求的服务提升管理创新实践	国网北京市电力公司通州供电公司
38	配电网差异化规划管理实践	国网市电力公司北京石景山供电公司
39	标准化电子收费实验室管理体系构建与实施	北京速通科技有限公司
40	员工队伍评价管理的构建与实施	北京市首都公路发展集团有限公司八达岭高速公路管理分公司
41	高速公路企业人性化物业后勤服务体系的建立与实施	北京市首都公路发展集团有限公司京开高速公路管理分公司
42	首都高速公路运营企业法律服务方式创新	北京市首都公路发展集团有限公司京开高速公路管理分公司
43	“路警联勤”高速公路运营管理新方式	北京市首都公路发展集团有限公司京沈高速公路管理分公司
44	企业安全员派驻机制的建立与实施	北京市首发天人生态景观有限公司
45	交通安全管理新模式为企业发展保驾护航	北京市首都公路发展集团有限公司安畅高速公路管理分公司
46	以多元化物业管理服务模式为核心的物业资产管理	北京光华纺织集团有限公司
47	北京轨道交通建设项目合同与投资管理信息系统的构建与实施	北京市轨道交通建设管理有限公司
48	创新培训模式 开办企业管理研修班	北京翠微大厦股份有限公司
49	以集团协同为导向的信息化建设	北京产权交易所有限公司
50	基于互联网思维的人才培养体系	首都信息发展股份有限公司
51	品牌保护信用等级制度的建立与实施	中国北京同仁堂（集团）有限责任公司
52	集约化鸡场生物安全管理体系的构建与实施	北京华都肉鸡公司
53	仓储融资监管风险管理体系的构建与实施	北京阳光国际货运有限公司
54	以控制供应风险为目标的物资定位采购策略的实施	中国石油化工股份有限公司北京燕山分公司物资装备中心

续表

编号	成果名称	企业名称
55	实施混合式培训 推进企业培训工作创新	中国石化集团北京燕山石油化工有限公司教育培训中心
56	“质量成本管理”方法在在线分析代替离线分析方面的应用	中国石油化工股份有限公司北京燕山分公司质量监督检验中心
57	以塑造高端品牌形象为核心的产品品质管理实践	中国石油化工股份有限公司北京燕山分公司化工二厂
58	以成本为中心的企业综合信息系统研究与应用	北京城建七建设工程有限公司
59	房地产项目运营的绩效管理	北京城建兴华地产有限公司
60	综合管控在提升房地产项目品质过程中的运用	北京城建兴华地产有限公司
61	区域性基础设施跨项目整合建设一体化的组织管理与实践	北京新奥通城房地产开发有限公司
62	大型综合在建工程安全质量信息化管理体系的构建与实施	北京新奥集团有限公司
63	国有企业“以防为先控风险”廉洁管理体制的构建与实施	北京新奥集团有限公司
64	后奥运公共资源开发利用管理工程的构建与实施	北京新奥集团有限公司
65	基于5A理念的安全质量一体化管理方式的创建	北京新奥集团有限公司
66	土地一级开发档案同步规范化管理体系的创建	北京新奥集团有限公司
67	基于互联网技术的房地产建设项目多维可视化综合管理平台	北京国际建设集团有限公司
68	依托信息化平台 再造合同管理流程	北京建工四建工程建设有限公司
69	ERP系统在混凝土企业管理中的应用	北京建工新型建材有限责任公司
70	基于战略定位的新型环保企业内控体系构建与实践	北京建工环境修复股份有限公司
71	企业档案工作集团化管控的探索与实践	大唐国际发电股份有限公司
72	大型火力发电企业资金成本管控体系的建设和实践	内蒙古大唐国际托克托发电有限责任公司
73	实施安全工作评价 创新外委项目部和外包单位管理机制	内蒙古大唐国际托克托发电有限责任公司
74	利用“360°入厂煤验收管理法”构建大型火电厂入厂煤管理新模式	内蒙古大唐国际托克托发电有限责任公司
75	水电远程集控中心运作探索与实践	云南大唐国际电力有限公司
76	以信息技术构建全新的节能减排管理方式	浙江大唐乌沙山发电有限责任公司
77	以检企共建为抓手 全面构筑“361”廉洁风险防控体系	大唐国际发电股份有限公司北京高井热电厂
78	企业数字化档案室的建设与实践	江苏大唐国际吕四港发电有限责任公司
79	开发物资采购监督信息系统 切实加强物资采购监督	天津大唐国际盘山发电有限责任公司
80	以和谐文化建设助推企业科学发展	大唐国际发电股份有限公司下花园发电厂
81	创建“1乘x目标管理”促燃料管理提升	河北大唐国际丰润热电有限责任公司
82	以内控体系建设和实施为核心的风险控制管理创新	北京电子城投资开发股份有限公司
83	基于战略转型的老牌电子企业品牌复兴	北京牡丹电子集团有限责任公司
84	以经营管理为核心的财务管理信息系统的构建与实施	北京益泰电子集团有限责任公司
85	自来水营销业务移动网络工作平台的构建与实施	北京市自来水集团有限责任公司
86	水厂生产运行的精细化管理	北京市自来水集团有限责任公司第三水厂
87	以风险防控为导向的石油销售企业内控体系信息构建与应用	中国石油化工股份有限公司北京石油分公司
88	担保公司基于风险管理的业务流程优化	北京首创融资担保有限公司
89	集团化5C全面战略预算管控体系的构建与实施	北京首创股份有限公司
90	轨道交通自动售检票系统（AFC）的信息化创新及应用	北京京港地铁有限公司
91	拓展性全面预算管理体系的构建与实施	北京市农业投资有限公司
92	高速公路智能化管理系统的构建与实施	北京首创股份有限公司、京通快速路管理分公司
93	高速公路照明智能控制系统的创新与应用	北京首创股份有限公司、京通快速路管理分公司
94	供热企业“一体系、四举措”节能管理创新构建	北京市热力集团有限责任公司

续表

编号	成果名称	企业名称
95	财务公司动态应急管理体系的构建与实施	京能集团财务有限公司
96	发电企业以“促安全、提效益”为导向的技术创新管理	内蒙古京隆发电有限责任公司
97	火电企业并网运行调度管理创新与实施	山西漳山发电有限责任公司
98	大型能源集团专业化工程管理平台的构建与实施	北京国际电气工程有限责任公司
99	供热企业“三维”计量监控管理的构建与实施	北京特衡控制工程有限责任公司
100	发电企业员工“项目管理式”培训体系的建立与实施	内蒙古岱海发电有限责任公司
101	火电厂“安全、技术、经济”一体化班组管理模式的构建与实施	内蒙古京泰发电有限责任公司
102	集团化服务企业组织机构及岗位薪酬制度改革	京能电力后勤服务有限公司
103	燃气发电机组可靠性管理创新	北京京丰燃气发电有限责任公司
104	分布式能源电厂能效管控模式构建与实施	北京京能未来燃气热电有限公司
105	综合型节能服务公司安全管理体系的构建与实施	北京源深节能技术有限责任公司
106	电网企业资本性项目支出计划管控机制的建设与实践	国网冀北电力有限公司
107	电网企业三位一体协同巡检模式的创建与实践	国网冀北电力有限公司
108	省地县一体化调度管理应用平台的构建与实施	国网冀北电力有限公司
109	供电企业社区标准化供电服务室的构建与实践	国网冀北电力有限公司唐山供电公司
110	建立以制度管理为核心规范企业管理模式	国网冀北电力有限公司唐山供电公司
111	供电企业六星级档案目标管理的建设	国网冀北电力有限公司唐山供电公司
112	内部人力资源市场试点构建的创新研究与探索实施	国网冀北电力有限公司秦皇岛供电公司
113	供电企业小型基建财务五化管理的实践	国网冀北电力有限公司承德供电公司
114	构建“三六九”对标管理体系　实现企业管理和指标双提升	国网冀北电力有限公司承德供电公司
115	地市供电企业“两横五纵”管理机制的创建与实践	国网冀北电力有限公司廊坊供电公司
116	搭建网上学术交流平台 创新供电企业内部专家管理模式	国网冀北电力有限公司廊坊供电公司
117	安全绩效考核奖惩机制的建设与实施	国网冀北电力有限公司廊坊供电公司
118	创建营销稽查“四位一体”管控机制	国网冀北电力有限公司电力科学研究院
119	输电工程项目管理沙盘模拟培训新模式的创新与实践	北京送变电公司
120	以市场为导向的铁路货运经营管理	北京铁路局
121	铁路百年老字号企业的品牌再造	北京铁路局丰台车辆段
122	北京燃气集团一线员工薪酬体系优化	北京市燃气集团有限责任公司人力资源部
123	燃气工程建设企业流程化管理体系的构建与实施	北京市燃气集团有限责任公司工程建设管理分公司
124	北京燃气二分公司清洁能源市场开发平台	北京市燃气集团有限责任公司第二分公司
125	以品牌输出、分园建设为手段带动京仪孵化器的持续健康发展	北京京仪科技孵化器有限公司
126	项目工程突发事件的应急管理	北京地铁监理公司
127	地铁集团化财务对标管理的构建与实施	北京市地铁运营有限公司财务部
128	建立敏捷流程 实现精益生产 推动智慧运营	北京地铁车辆装备有限公司
129	城市轨道交通基础设施设备状态及运营安全信息化管理	北京市地铁运营有限公司线路分公司
130	北京地铁高压特种作业培训模式的创新	北京市地铁运营有限公司供电分公司
131	北京地铁电梯维修管理方式创新	北京市地铁运营有限公司机电分公司
132	《假证识别技巧》手册的应用和推广	北京市地铁运营有限公司四分公司顺义站区
133	北京地铁15号线望京西站换乘运营服务保障体系应用的管理创新	北京市地铁运营有限公司四分公司马泉营站区
134	西二旗站区安全管理创新	北京市地铁运营有限公司四分公司西二旗站区
135	地铁乘务信息化管理系统的应用	北京市地铁运营有限公司四分公司昌平线乘务中心

续表

编号	成果名称	企业名称
136	北京地铁机场线车务中心乘务、检修一体化管理应用的管理创新	北京市地铁运营有限公司四分公司机场线车务中心
137	地铁车站运营生产信息化管理系统的应用	北京市地铁运营有限公司四分公司
138	大型水泥销售企业内部控制体系的构建与实施	北京金隅水泥经贸有限公司
139	大型企业集团中央研究院人才激励体系建设	北京建筑材料科学研究总院有限公司
140	以班组安全文化建设为基础的企业安全生产管理工程的实施	北京水泥厂有限责任公司
141	电子化票据在温泉酒店业的运用	北京金隅凤山温泉度假村有限公司
142	大型钢铁企业集团履行社会责任的实践	首钢总公司办公厅
143	大型企业文化评价体系建设与应用	首钢总公司发展研究院
144	现代钢铁联合企业可靠性设备维检体系构建与实践	首钢京唐钢铁联合有限责任公司
145	大型企业人工成本管控体系的构建与实施	首钢总公司劳动工资部
146	大型钢铁企业开展工业建筑、设备、设施防腐管理与实践	首钢总公司设备部
147	坚持深化改革 调整发展战略实现企业转型发展目标	北京首钢实业有限公司
148	构筑管理新模式 提升首秦公司发展能力的实践	秦皇岛首秦金属材料有限公司
149	构建经营管理平台提升集团管控水平	首钢总公司信息部
150	老工业区整体搬迁改造的探索与实践	首钢总公司园区开发部

注：同等级排名不分先后

北京市第二十九届企业管理现代化创新成果优秀组织单位名单（9家）

序号	企业名称	序号	企业名称
1	北京市首都公路发展集团有限公司	6	首钢总公司
2	北京汽车集团有限公司	7	北京新奥集团有限公司
3	国网北京市电力公司	8	北京首都创业集团有限公司
4	北京能源投资（集团）有限公司	9	中国石化集团北京燕山石油化工有限公司
5	国网冀北电力有限公司		

注：同等级排名不分先后

北京市第十七批企业技术中心认定名单

根据《北京市认定企业技术中心管理办法》，结合企业的综合实力、技术创新体系建设与运行机制、技术中心基本条件、技术创新活动成果等，经专家评审及北京市企业技术中心认定指导小组审定，同意北京傲天动联技术股份有限公司等63家企业的技术中心通过北京市第十七批认定。（排名不分先后）

序号	企业名称	序号	企业名称
1	北京傲天动联技术股份有限公司	5	北京北方微电子基地设备工艺研究中心有限责任公司
2	北京奥瑞安能源技术开发有限公司	6	北京北机机电工业有限责任公司
3	北京奥特美克科技股份有限公司	7	北京创想空间商务通信服务有限公司
4	北京北大先锋科技有限公司	8	北京达博有色金属焊料有限责任公司

续表

序号	企业名称	序号	企业名称
9	北京东方通科技股份有限公司	37	北京星网宇达科技股份有限公司
10	北京东蓝数码科技有限公司	38	北京兴竹同智信息技术股份有限公司
11	北京东土科技股份有限公司	39	北京亚东生物制药有限公司
12	北京福田戴姆勒汽车有限公司	40	北京燕东微电子有限公司
13	北京古船食品有限公司	41	北京银信长远科技股份有限公司
14	北京国创富盛通信股份有限公司	42	北京元六鸿远电子技术有限公司
15	北京汉铭信通科技有限公司	43	北京正和恒基滨水生态环境治理股份有限公司
16	北京航天福道高技术股份有限公司	44	北京智飞绿竹生物制药有限公司
17	北京航天益来电子科技有限公司	45	北京中石伟业科技股份有限公司
18	北京合锐赛尔电力科技股份有限公司	46	北京纵横机电技术开发公司
19	北京华福工程有限公司	47	大唐联诚信息系统技术有限公司
20	北京华邈中药工程技术开发中心	48	东方网力科技股份有限公司
21	北京华腾橡塑乳胶制品有限公司	49	美巢集团股份公司
22	北京建工博海建设有限公司	50	谱尼测试科技股份有限公司
23	北京京杰锐思技术开发有限公司	51	赛尔网络有限公司
24	北京利德曼生化股份有限公司	52	神华地质勘查有限责任公司
25	北京普莱德新能源电池科技有限公司	53	天地融科技股份有限公司
26	北京赛科世纪数码科技有限公司	54	天脉聚源（北京）传媒科技有限公司
27	北京赛升药业股份有限公司	55	中北华宇建筑工程公司
28	北京实验工厂	56	中电普瑞科技有限公司
29	北京市热力集团有限责任公司	57	中航复合材料有限责任公司
30	北京首钢国际工程技术有限公司	58	中航天建设工程有限公司
31	北京搜狗科技发展有限公司	59	中交水运规划设计院有限公司
32	北京天瑞星光热技术有限公司	60	中交一公局第三工程有限公司
33	北京天下图数据技术有限公司	61	中科宇图天下科技有限公司
34	北京万集科技股份有限公司	62	中铁航空港建设集团北京有限公司
35	北京先进数通信息技术股份公司	63	中冶交通工程技术有限公司
36	北京鑫华源机械制造有限责任公司		

北京市工业企业部分发明授权专利

申请号	发明名称	专利权人名称	专利权人地址
2013100009497	一种合成天然气的生产方法和装置	大唐国际化工技术研究院有限公司	丰台区南四环西路188号十二区20号楼
2013100011213	一种小晶粒高硅铝比ZSM-5分子筛及其制备方法和应用	大唐国际化工技术研究院有限公司	丰台区南四环西路188号十二区20号楼
2013100014828	生态环保型粉尘抑制剂	北京阳光溢彩科技有限公司	海淀区永定路88号长银大厦C座5C09室
2013100016965	一种精确检测视音频处理系统视频、音频同步误差的方法	北京中科大洋科技发展股份有限公司	海淀区中关村软件园11号楼
2013100025682	一体化汗出检测探头	浩华科技实业有限公司	延庆县八达岭经济开发区康西路1041号
2013100025979	一种含唑菌酯的杀真菌组合物	中国中化股份有限公司	西城区复兴门内大街28号
201310002919X	有机废弃物连续动态好氧发酵处理系统及方法	北京中持绿色能源环境技术有限公司	海淀区西小口路66号D区2号楼4层409室
2013100031857	一种焦化二甲苯的提纯方法	北京旭阳化工技术研究院有限公司	丰台区南四环西路188号五区21号楼
2013100034130	基于CPLD的高速印钞机离合压控制及反馈方法	中国印钞造币总公司	西城区西直门大街甲143号
2013100038536	高速道路车辆的测速方法	北京拓明科技有限公司	西城区黄寺大街26号德胜置业大厦1号楼3层
2013100043568	一种高钠煤脱除碱金属处理系统	中国华能集团清洁能源技术研究院有限公司	海淀区知春路甲48号盈都大厦A座26层
201310004874X	一种市政雨水调蓄系统	北京京诚科林环保科技有限公司	大兴区北京经济技术开发区建安街7号402室
2013100049193	一种天然抗菌洗袜液	洛娃科技实业集团有限公司	朝阳区望京利泽中园二区203号洛娃大厦
2013100049545	一种空气中低浓度硫化氢的测定方法	中国建材检验认证集团股份有限公司	朝阳区管庄东里1号南楼
2013100050256	医用床和具有该医用床的磁共振成像设备	北京汇影互联科技有限公司	海淀区东北旺西路8号中关村软件园8号楼109号
2013100059119	一种ISP冷却溜槽余热锅炉调节方法及发电系统	北京世纪源博科技股份有限公司	丰台区金家村288号华信大厦综合楼1层
2013100060205	一种乳化液废水膜法处理工艺	蓝星环境工程有限公司	顺义区空港工业B区安详路5号
201310006381X	天然气门站气体预混装置及方法	北京润拓工业技术有限公司	西城区德胜门外大街新风街2号天成科技大厦A座11层1107室
2013100072344	一种大流量喷雾冷却装置	北京世纪源博科技股份有限公司	丰台区金家村288号华信大厦综合楼1层
2013100081080	碱可溶性树脂及制备方法、感光树脂组合物和彩色滤光片	京东方科技集团股份有限公司	朝阳区酒仙桥路10号
2013100088412	一种用于废水处理的吸附池及处理工艺	北京国电富通科技发展有限责任公司	丰台区南四环西路188号总部基地六区13号楼
2013100090836	一种基于直流电流预测控制的换相失败抑制方法	国家电网公司	西城区西长安街86号
2013100091364	建筑材料和地质材料中亚硫酸盐和硫化物含量的连续测定方法	中国建材检验认证集团股份有限公司	朝阳区管庄东里1号南楼
2013100096828	人二倍体细胞狂犬病疫苗病毒液制备方法	北京民海生物科技有限公司	大兴区大兴生物医药产业基地思邈路1号
2013100100221	气体绝缘组合电器中电磁波传播特性试验装置及试验方法	国家电网公司	西城区西长安街86号

续表

申请号	发明名称	专利权人名称	专利权人地址
201310010280X	预制桩起吊器	北京东方新星石化工程股份有限公司	丰台区南四环西路188号楼七区28号楼
2013100114525	一种中空纤维膜单元的封胶方法	北京碧水源膜科技有限公司	怀柔区雁栖经济开发区乐园南二街4号
2013100118600	底部框架结构长柱加梁抗震加固方法	北京筑福国际工程技术有限责任公司	石景山区阜石路166号泽洋大厦2层
2013100118916	酸性膜清洗试剂及其应用	北京碧水源膜科技有限公司	怀柔区雁栖经济开发区乐园南二街4号
2013100121105	一种可变电阻模拟电路	北京经纬恒润科技有限公司	朝阳区安翔北里11号B座8层
2013100121942	一种内置有动脉模式的气压治疗设备	北京龙马负图科技有限公司	昌平区百善镇二德庄南
2013100130655	一种淀粉空心胶囊及其制备方法	北京爱特康科贸有限责任公司	大兴区建兴家园甲22号楼1单元502室
2013100146009	鉴别马立克氏病病毒血清1型疫苗毒的引物及试剂盒	北京华都诗华生物制品有限公司	大兴区大兴生物医药产业基地永兴路35号
2013100147529	一种无机保温材料及其制备方法	北京博天子睿科贸有限公司	海淀区西小口路66号中关村东升科技园区
2013100152033	叶片自毁装置及喉镜	北京世博达科技发展有限公司	海淀区蓝靛厂南路25号嘉友国际大厦821室
2013100173932	一种干熄焦提升机电气传动控制系统	北京佰能电气技术有限公司	海淀区西三旗建材城东路18号佰能大厦
2013100180156	一种具有缓释生物因子的可吸收骨螺钉及其制备方法	中奥汇成科技有限公司	海淀区上地信息路26号中关村创业大厦913室
2013100184015	高效低阻的成型空气净化材料及其制备方法	北京艾康空气处理系统有限公司	海淀区阜成路北三街6号轻苑大厦1107–1110室
2013100200836	一种灯具亮度调节电路	北京飞亚视科技发展有限公司	大兴区大兴工业开发区盛坊路一号三利工业园
2013100204536	一种吊装高层井塔型建筑物内桥式起重机的施工方法	北京首钢建设集团有限公司	石景山区苹果园路15号
201310020953X	车辆识别方法	信帧电子技术（北京）有限公司	海淀区上地信息路甲28号科实大厦
201310021587X	一组检测尤文氏肉瘤相关基因EWSR1断裂分离的核酸探针	康盈创新生物技术（北京）有限公司	昌平区兴寿镇牛蹄岭路东
2013100226338	一种双定子永磁直驱发电机及其装配方法	国电联合动力技术有限公司	海淀区中关村南大街乙56号方圆大厦16层
2013100234495	对位补偿装置及曝光装置	北京京东方光电科技有限公司	北京经济技术开发区西环中路8号
2013100236240	一种基于GPS/北斗导航的脚踝追踪系统	北京北方胜达机电科技发展有限公司	海淀区中关村知春路118号知春大厦C座3–387室
2013100236382	一种无卤高阻燃性加成型导热硅橡胶胶粘剂	北京海斯迪克新材料有限公司	石景山区八大处高科技园区双园路5号101室
2013100237417	一种三色粒子、制备三色粒子的微流体装置、制备方法及电子纸	京东方科技集团股份有限公司	朝阳区酒仙桥路10号
2013100241662	高效液相质谱联用测定血浆中利多卡因的方法	北京迈康斯德医药技术有限公司	北京经济技术开发区科创十四街99号18号楼1201室
2013100241709	厚朴酚衍生物以及和厚朴酚衍生物及其制备方法和应用	北京红惠新医药科技有限公司	大兴区大兴生物医药产业基地天富大街9号
2013100252027	薄壁铝合金非型材长管件纵向对接的焊接方法	北京赛德高科铁道电气科技有限责任公司	大兴区北京经济技术开发区永昌中路9号

续表

申请号	发明名称	专利权人名称	专利权人地址
2013100253706	一种新型气动生物转盘	北京桑德环境工程有限公司	海淀区北下关街道皂君庙甲7号
2013100262813	中药饲料添加剂及其应用	北京众开颜科技有限公司	朝阳区北苑路媒体村天畅园1号楼705室
2013100268523	可变多缸空气动力发动机气缸同进气管道的连接方法	祥天控股（集团）有限公司	海淀区上地信息路2号1号楼12层12B室
2013100268538	摆动式可变多缸空气动力发动机气缸同进气管道连接方法	祥天控股（集团）有限公司	海淀区上地信息路2号1号楼12层12B室
2013100271085	一种培养重组禽流感病毒H5N1亚型的方法	乾元浩生物股份有限公司	丰台区南四环西路188号总部基地十一区20号楼
2013100277170	应用注入法对铁路无砟轨道道床下沉进行抬升的系统和方法	北京安通伟业铁路工务技术有限公司	西城区南蜂窝路9-2号7层
201310028832X	一种多轴运动控制器和运动控制算法	北京元茂兴控制设备技术有限责任公司	西城区北三环中路甲29号2号楼1门1603室（德胜园区）
201310028871X	一种能够大规模并快速高纯度地诱导间充质干细胞转决定成造血干细胞的方法	北京银杏德济生物技术有限公司	海淀区紫成嘉园13号楼1层B01室
2013100296114	角度式磁力导电球阀门开关	北京通宇泰克科技有限公司	海淀区中关村东路66号2号楼18层1808室
2013100308130	采用活动轨段的轨道车辆车轮探伤系统和方法	北京新联铁科技股份有限公司	海淀区高梁桥斜街59号院2号楼305室
2013100310499	一种基于后备冗余数据的低功耗在线采集系统和采集方法	北京硕人时代科技股份有限公司	海淀区西二旗西路1号院领秀新硅谷C区18-101室
2013100312066	酚水浓缩设备	北京德天御投资管理有限责任公司	朝阳区光华东里8号中海广场中楼27层2708室
201310031424X	一种测量烧结料层燃烧带位置和温度的方法及装置	首钢总公司	石景山区石景山路68号
2013100320062	封框胶及其制备方法	北京京东方光电科技有限公司	北京经济技术开发区西环中路8号
2013100320753	气缸内燃斯特林发动机	摩尔动力（北京）技术股份有限公司	朝阳区北苑路168号中安盛业大厦24层
201310032509X	低温甲醇洗烷烃脱氢组合系统及其与烯烃分离系统的耦合系统	神华集团有限责任公司	东城区安外西滨河路22号神华大厦
2013100339069	大型吊车试车吊架	中国核工业中原建设有限公司	西城区车公庄大街12号核建大厦
2013100346058	粉末半焦的冷却系统	中国中煤能源集团有限公司	朝阳区黄寺大街1号中煤大厦
2013100352612	一种节能碳阳极焙烧系统及其方法	北京华索科技股份有限公司	海淀区上地东路1号盈创动力大厦5号楼403室
2013100352754	粉末半焦冷却系统及其取热冷却器	中国中煤能源集团有限公司	朝阳区黄寺大街1号中煤大厦
2013100353352	一种用于电力工程直流系统的直流保护电器的选择方法	中国电力工程顾问集团华北电力设计院工程有限公司	西城区黄寺大街甲24号
2013100384774	一种锂液流电池反应器及电极悬浮液嵌锂合成方法	北京好风光储能技术有限公司	海淀区上地十街1号院5号楼17层
2013100392075	一种具有降血糖作用的药物组合	北京润康普瑞生物技术有限公司	海淀区学院路30号科群大厦西3层308室
201310039423X	一种化学液分配系统	北京七星华创电子股份有限公司	朝阳区酒仙桥东路1号M2楼2层
2013100407579	一种解析音频数据的方法	飞天诚信科技股份有限公司	海淀区学清路9号汇智大厦B楼17层

续表

申请号	发明名称	专利权人名称	专利权人地址
201310041371X	一种测定饲料中维生素C含量的方法	北京英惠尔生物技术有限公司	海淀区中关村南大街12号农科院内综合科研楼科海福林大厦二层
2013100417443	一种能防止堵料的生物质原料仓	北京乡电电力有限公司	海淀区中关村大街27号中关村大厦611室
2013100423834	玉米抗除草剂蛋白及其在植物育种中的应用	未名兴旺系统作物设计前沿实验室（北京）有限公司	海淀区上地西路39号北大生物城
2013100424822	用于点胶的紫外光源随动固化装置及使用其的点胶机	北京六同志远科技有限公司	石景山区古城西街19号主楼四层东侧
2013100425492	气缸相循环发动机	摩尔动力（北京）技术股份有限公司	朝阳区北苑路168号中安盛业大厦24层
2013100428310	加热炉	北京金风科创风电设备有限公司	大兴区北京经济技术开发区康定街19号
2013100428611	一种外热直立式圆形干馏炉及其使用方法	华电重工股份有限公司	东城区永定门西滨河路8号院7号楼中海地产广场东塔12层
2013100446624	一种加油机改造方法及具有多媒体播放功能的加油机系统	北京拓盛电子科技有限公司	海淀区中关村东路66号世纪科贸大厦B座10层1006室
2013100447006	隧道拱脚环向高压喷射加固方法及施工设备	北京首尔工程技术有限公司	海淀区清河观澳园北区底商1层109室
2013100460725	无线传感器网络中的同步跳频方法及系统	北京芯同汇科技有限公司	海淀区上地十街1号院2号楼18层1805室
2013100461751	一种水泥制装饰品现场制作方法	北京宝贵石艺科技有限公司	昌平区科技园区火炬街21号426室
2013100463600	从粉煤灰制取碳酸锂的方法	中国神华能源股份有限公司	东城区安外西滨河路22号神华大厦
2013100467264	一种尿素热解反应中引导气流的方法	中国大唐集团环境技术有限公司	海淀区紫竹院路120号
2013100479134	一种升压电路、背光驱动电路及背光模组	京东方科技集团股份有限公司	朝阳区酒仙桥路10号
2013100480894	一种混凝土抗裂修复剂及应用其的混凝土	北京中防元大建材科技有限公司	朝阳区周家井建东苑17号楼5单元401室
2013100483144	用渗透浸渍聚凝黏结体对地下水位下的水泥构件加固方法	北京现代金宇岩土工程有限公司	朝阳区望京西路金隅国际大厦A座22层2202室
2013100492730	一种柱式膜检漏修复设备及检漏修复方法	北京碧水源膜科技有限公司	怀柔区雁栖经济开发区乐园南二街4号
2013100493019	无黏合剂条件下将聚酯薄膜贴覆至金属基板的方法和设备	奥瑞金包装股份有限公司	怀柔区雁栖经济开发区乐园南一街7号
2013100501138	一种精炼钢包用无碳方镁石尖晶石免烧砖及其制备方法	北京利尔高温材料股份有限公司	昌平区小汤山工业园区
201310050127X	一种钢包工作层防爆浇注料	北京利尔高温材料股份有限公司	昌平区小汤山工业园区
201310050550X	一种步进式卤煮装置	北京康得利机械设备制造有限公司	丰台区西王佐206号
2013100509214	一种捕集聚丙烯中低分子挥发性物质的方法	神华集团有限责任公司	东城区安外西滨河路22号神华大厦
2013100515234	一种风力旋流集尘冷凝装置	中国神华能源股份有限公司	东城区安外西滨河路22号神华大厦
2013100516491	复合胶原果粉及其制法	中美御康生物科技（北京）有限公司	朝阳区建国路88号内4号楼2806室
2013100520459	一种无废水RO反渗透水处理设备及其方法	北京沃特德环保设备有限公司	通州区宋庄镇翟里村村委会西200米

续表

申请号	发明名称	专利权人名称	专利权人地址
2013100523989	一种多功能害虫诱捕器	北京依科曼生物技术有限公司	海淀区上地信息路26号中关村创业大厦518室
2013100543145	前列地尔注射剂	北京德立福瑞医药科技有限公司	延庆县八达岭经济开发区康西路1456号
2013100546162	丁酸氯维地平注射剂	北京德立福瑞医药科技有限公司	延庆县八达岭经济开发区康西路1456号
2013100554277	在钻孔桩井筒底部开挖岩石的环式冲击法	北京鑫实路桥建设有限公司	门头沟区石龙南路65号
2013100566289	一种用于反应源瓶的取放装置	北京七星华创电子股份有限公司	朝阳区酒仙桥东路1号M2楼2层
2013100577476	一种图像去雾的方法和装置	北京京东世纪贸易有限公司	北京经济技术开发区科创十四街99号2号楼B168室
2013100581448	一种制备胸腺肽α1的方法	北京诺派生物科技有限公司	昌平区回龙观镇冠庭中心
2013100585260	净能体系下的生长猪低蛋白日粮及其应用	北京鹤来科技有限公司	大兴区榆垡镇规划区盛平街9号
2013100588983	杀虫蛋白质其编码基因及用途	北京大北农科技集团股份有限公司	海淀区中关村大街27号14层
2013100589948	一种轻质粉状膨润土防水毯	北京中非博克科技有限公司	海淀区阜成路73号37号楼裕惠大厦4座17层
2013100598561	大规模风电汇集地区送出能力的确定方法及设备	华北电力科学研究院有限责任公司	西城区复兴门外地藏庵南巷1号
2013100609462	一种7–溴–4–羟基–3–喹啉羧酸的制备方法	北京格林凯默科技有限公司	海淀区西小口路66号东升科技园D-3楼411室
2013100613222	一种用于液晶显示器的液晶组合物	北京八亿时空液晶科技股份有限公司	房山区燕山岗南路东一巷6号C座218房间
2013100613241	一种用于TFT显示的液晶组合物	北京八亿时空液晶科技股份有限公司	房山区燕山岗南路东一巷6号C座218房间
2013100632011	热管式真空集热管的制造方法	北京金阳科创太阳能技术有限公司	海淀区志新路27号1号楼龙德商务会馆316号
2013100645276	烟气联合脱硫脱硝脱汞装置及其方法	煤炭科学技术研究院有限公司	朝阳区和平里青年沟东路5号
2013100645454	一种植株育苗盘及植株栽培方法	北京天食和谷农业科技有限公司	朝阳区望京北路9号2号楼3层305A室
2013100667504	三维可调节金属幕墙连接系统及其施工方法	北京港源建筑装饰工程有限公司	昌平区小汤山工业园区大东流295号
2013100684745	一种按钮控制双滑轮门锁装置	北京新利同创电子设备有限责任公司	昌平区流村镇北流村工业园
2013100690801	一种齿轮式按钮控制锁	北京新利同创电子设备有限责任公司	昌平区流村镇北流村工业园
2013100691132	干扰素α突变体及其聚乙二醇衍生物	北京三元基因工程有限公司	大兴区北臧村镇北京生物工程与医药产业基地天富大街9号北京三元基因工程有限公司
2013100691560	一种用再生骨料配制的C30自密实混凝土及其制备方法	新奥生态建材有限公司	海淀区北四环西路9号17层1708室
2013100693994	一种用再生骨料配制的C15混凝土及其制备方法	北京新奥混凝土集团有限公司	大兴区旧宫镇工业园南区甲34号院
2013100698428	管道步行机器人	北京隆科兴非开挖工程有限公司	门头沟区石龙经济开发区永安路20号3号楼
201310070497X	管道步行机器人的转向机构	北京隆科兴非开挖工程有限公司	门头沟区石龙经济开发区永安路20号3号楼

续表

申请号	发明名称	专利权人名称	专利权人地址
2013100706570	一种小块电石的生产方法及设备	亿利资源集团有限公司	西城区复兴门内大街28号凯晨世贸中心东座6层
2013100712919	一种治疗肝癌的中药组合物及其制备方法	北京亚东生物制药有限公司	昌平区科技园区振兴路8号
201310071405X	一种利用富钾岩石制取农用硝酸钾的工艺	昊青薪材（北京）技术有限公司	海淀区学院路7号弘彧大厦5层507室
2013100720154	一种用于再生骨料混凝土的早强减水剂	北京新奥混凝土集团有限公司	大兴区旧宫镇工业园南区甲34号院
2013100726396	一种多工位全自动激光功率测试方法及系统	中国电子科技集团公司第十一研究所	朝阳区酒仙桥路4号
2013100726964	电能表箱	华威博奥电力设备有限公司	通州区马驹桥镇房辛店村
2013100732081	一种含腐植酸的双膜缓释肥及制备方法	北京澳佳肥业有限公司	通州区聚富苑产业园区于家务村南9号
2013100737530	一种噻唑膦杀虫剂组合物及其应用	北京明德立达农业科技有限公司	海淀区开拓路5号B201室
2013100774934	一种猪饲料用霉菌毒素脱毒剂	北京翰赛柯生物科技有限公司	海淀区上地信息路26号4层411房间
2013100776412	一种用于高速运行高温超导磁悬浮系统的无磁低温容器及其制造方法	北京宇航世纪超导技术有限公司	石景山区八大处高科技园区西井路3号3号楼1155房间
2013100776732	一种基于CO的电站锅炉优化运行方法及系统	华北电力科学研究院有限责任公司	西城区复兴门外地藏庵南巷1号
2013100786096	一种具有融雪化冰功能的碳纤维导电混凝土的制备方法	北京中企卓创科技发展有限公司	朝阳区首都机场五纬路2号
2013100788547	一种应用有机朗肯循环的微电网系统及其控制方法	国电联合动力技术有限公司	海淀区中关村南大街乙56号方圆大厦16层
2013100804446	一种杂交水稻种子赣香优463的生产方法	北京金色农华种业科技有限公司	海淀区中关村大街27号中关村大厦14层
2013100816674	一种用钢渣制成的泡沫混凝土砌块的生产方法	北京中冶设备研究设计总院有限公司	朝阳区安外胜古庄2号冶金设备院
2013100820576	超深基坑压灌桩与预应力锚杆联合支护施工方法	中国华冶科工集团有限公司	大兴区北京经济技术开发区康定街1号B2座
2013100829301	一种用再生砂配制的LC10陶粒混凝土及其制备方法	新奥生态建材有限公司	大兴区旧宫镇工业园南区甲34号院
2013100870679	一种在干奶期用于预防奶牛隐性乳腺炎的缓释乳房灌注剂	中国牧工商（集团）总公司	丰台区南四环西路188号总部基地十一区19号楼
2013100901338	太阳热发电集热管真空温度辐射场测试装置	中海阳能源集团股份有限公司	昌平区科技园区超前路17号
201310090588X	具有护足功效的中药组合物、制剂及其制备方法	集粹坊科贸（北京）有限责任公司	海淀区北洼路29号708室
2013100911965	流量设定微调装置	北京伏尔特技术有限公司	石景山区八大处高科技园创业园A座
2013100912243	一种补肾润发饮料产品及其制备方法	北京千基恒饮料销售有限公司	海淀区阜成路海玉商贸大楼6层6822室
2013100913369	一种药用预混辅料的制备方法	北京英茂药业有限公司	怀柔区雁栖开发区雁东二路48号
2013100917069	一种高温合金粉末的收集装置	中国航空工业集团公司北京航空材料研究院	海淀区北京81信箱
2013100923642	一种脱硫塔装置	北京中冶设备研究设计总院有限公司	朝阳区安外胜古庄2号北京中冶设备院
2013100928010	管道内置封闭装置	中国华冶科工集团有限公司	大兴区北京经济技术开发区康定街1号B2座

续表

申请号	发明名称	专利权人名称	专利权人地址
2013100933818	语音播报型数字压力计	北京长城电子装备有限责任公司	海淀区学院南路30、34号
2013100943256	双热源供热系统的冷热分隔式多组态控制方法及应用	北京咏辉飏能源科技发展有限公司	海淀区阜外亮甲店1号恩济西园10号楼西3门341号
2013100949303	一种兰炭制活性炭的方法及所使用装置	华电重工股份有限公司	东城区永定门西滨河路8号院7号楼中海地产广场东塔12层
2013100952382	一种脑部血流测量系统及方法	北京汇影互联科技有限公司	海淀区东北旺西路8号中关村软件园8号楼华夏科技大厦109室
2013100979436	用于制备牛口蹄疫O型肽疫苗的多肽及其制备方法和用途	中国牧工商（集团）总公司	丰台区南四环西路188号11区20号楼
2013100990401	一种气体净化冷却装置及其工艺	北京烨晶科技有限公司	海淀区中关村东路1号院清华科技园科技大厦C座605室
2013100997580	一种机载相控阵PD雷达杂波的快速模拟方法	北京理工雷科电子信息技术有限公司	海淀区中关村南大街5号
2013100997877	一种车载毫米波列车防撞雷达系统	北京理工雷科电子信息技术有限公司	海淀区中关村南大街5号
2013101000697	一种联合生产硫酸铵和一氯甲烷的工艺	北京烨晶科技有限公司	海淀区清华科技园科技大厦C座605室
2013101021138	具有全生物降解药物涂层的钴铬合金动脉支架系统	万瑞飞鸿（北京）医疗器材有限公司	朝阳区外大街甲6号万通中心A-1601室
2013101022747	活菌检测预处理装置及活菌检测预处理方法	北京博瑞立安生物技术有限公司	昌平区科技园区超前路甲1号11号楼606室
2013101024329	一种含有芳氧苯氧丙酸酯类化合物的除草剂组合物及其应用	北京法盖银科技有限公司	海淀区农大南路88号泰来商务大厦419室
2013101026555	一种信息交互的方法和系统	天脉聚源（北京）传媒科技有限公司	东城区安定门东大街28号雍和大厦E座808室
2013101039199	一种酿酒酵母菌株及其在制备耐热超氧化物歧化酶中的应用	北京奇化美生物科技有限公司	海淀区亮甲店130号恩济大厦B座313室
201310104597X	一种利用温差电源实现内部流体驱动的液体贮存箱	中国核电工程有限公司	海淀区西三环北路117号
2013101065460	节能型轻质堇青石－莫来石窑具材料、窑具及其制备方法	北京创导工业陶瓷有限公司	通州区漷县镇马头村
2013101068914	用于分离电力绝缘用油气的填充柱制备方法	北京华电云通电力技术有限公司	丰台区右安门外大街2号迦南大厦23层
2013101088354	一种星座模式下秒脉冲的同步方法	航天东方红卫星有限公司	海淀区5616信箱
201310109059X	换热器	北京中衡国通能源科技有限责任公司	昌平区科技园区创新路27号3号楼3楼西3009室
2013101101630	一种劣质重馏分油加氢脱氮催化剂及其制备方法与应用	中国石油天然气集团公司	东城区东直门北大街9号
2013101102686	一种柱式膜组件	北京汉青天朗水处理科技有限公司	朝阳区安定路33号化信大厦A座1001室
2013101102794	一种独立风—柴—储微电网系统容量的工程配置方法	国电联合动力技术有限公司	海淀区中关村南大街乙56号方圆大厦16层
201310110863X	通过钠还原四氟化硅制备太阳能级多晶硅的装置和方法	北京博大格林高科技有限公司	海淀区中关村北大街116号北大科技园孵化器
2013101114823	一种低碳和吸碳混凝土及其制备方法	北京东方建宇混凝土科学技术研究院有限公司	海淀区北四环西路9号银谷大厦17层1708室
201310116079X	一种双乙酰对苯二胺类双偶氮化合物的制备方法	中国中化股份有限公司	西城区复兴门内大街28号
2013101161148	一种重组人粒细胞刺激因子的生产方法	北京四环生物制药有限公司	大兴区北京经济技术开发区建安街5号

续表

申请号	发明名称	专利权人名称	专利权人地址
201310116456X	一种重组人促红素的工业化生产方法	北京四环生物制药有限公司	大兴区北京经济技术开发区建安街5号
2013101167534	用于21-三体综合征检测的扩增组合物及快速检测试剂盒	北京阅微基因技术有限公司	海淀区交大东路46号A309室
2013101198570	超声系统接收信号一致性误差自适应补偿方法	北京天惠华数字技术有限公司	海淀区永捷北路2号天惠华大厦4层
2013101203475	随动单向阀、一种气体通断控制机构及气体通断控制方法	北京康斯特仪表科技股份有限公司	海淀区上地信息路甲28号科实大厦D座5—6层
2013101244564	一种挺杆自动检测分选机	机科发展科技股份有限公司	海淀区首体南路2号
2013101253633	减小四线切分线差与组织性能差的控制方法	首钢总公司	石景山区石景山路68号
2013101258923	煤制油废水的处理系统及方法	北京万邦达环保技术股份有限公司	海淀区新街口外大街19号京师大厦9311室
2013101277341	八氟铪酸锂的合成方法及其新用途	北京石磊乾坤含氟新材料研究院有限责任公司	大兴区北京经济技术开发区中和街14号1幢4层415-1室
2013101279722	一种用于高炉喷煤原煤预热脱水工艺	北京首钢国际工程技术有限公司	石景山区石景山路60号
2013101279741	六氟钛酸锂的合成方法及其新用途	北京石磊乾坤含氟新材料研究院有限责任公司	大兴区北京经济技术开发区中和街14号1幢4层415-1室
2013101281065	一种便捷式心电电极片	北京东方泰华科技发展有限公司	北京经济技术开发区景园街10号B座六层西侧
2013101285102	一种衬环厚度及平行度智能检测分选机	机科发展科技股份有限公司	海淀区首体南路2号
2013101299177	以硅质岩/壳聚糖为原料制备颗粒的方法	北京中地泓科环境科技有限公司	海淀区清华东路艺海大厦1402室
2013101299321	利用硅酸盐水泥为原料制备除氟剂的方法	北京中地泓科环境科技有限公司	海淀区清华东路艺海大厦1402室
2013101299336	具有祛痘功效的中药组合物、护肤精华素及其制备方法	北京华夏众芳生物科技有限公司	海淀区甘家口21号办公楼1020室
2013101299622	具有祛痘功效的护肤组合物、面膜及其制备方法	北京华夏众芳生物科技有限公司	海淀区甘家口21号办公楼1020室
2013101300776	具有祛痘功效的护肤组合物、乳液及其制备方法	北京华夏众芳生物科技有限公司	海淀区甘家口21号办公楼1020室
2013101310284	农药组合物	北京燕化永乐生物科技股份有限公司	房山区良乡政通路8号
2013101322347	一种低压过热蒸汽干燥谷物的工艺方法	北京康威盛热能技术有限责任公司	东城区安定门外东后巷28号5号楼一层
2013101322493	一种带式低压过热蒸汽干燥装置	北京康威盛热能技术有限责任公司	东城区安定门外东后巷28号5号楼一层
2013101332175	一种液相等电聚焦电泳系统	普瑞麦迪（北京）实验室技术有限公司	丰台区科兴路9号401室
2013101353576	风力发电机组控制系统和控制方法	北京金风科创风电设备有限公司	北京经济技术开发区康定街19号
2013101361341	一种脑膜炎球菌多糖中CTAB含量的测定方法	北京民海生物科技有限公司	大兴区大兴生物医药产业基地思邈路1号
2013101368533	一种缬沙坦氢氯噻嗪胶囊剂及其制备方法	北京费森尤斯卡比医药有限公司	东城区东直门南大街1号来福士中心15层
2013101375166	一种新的塞来昔布组合物及其制备工艺	北京博爱旺康医药科技有限公司	大兴区中和街22号中纺化工楼209室

续表

申请号	发明名称	专利权人名称	专利权人地址
2013101380817	一种缬沙坦氢氯噻嗪片剂及其制备方法	北京费森尤斯卡比医药有限公司	东城区东直门南大街1号来福士中心15层
201310138336X	一种热透波多孔陶瓷材料及其制备方法	北京中材人工晶体研究院有限公司	朝阳区东坝红松园1号
2013101399705	气动单轨吊拖车起重机的拖车及气动单轨吊拖车起重机	北京双泰气动设备有限公司	通州区张家湾镇枣林庄工业大院
2013101409020	一种布洛芬化合物及其药物组合物	北京康瑞达彤医药科技有限公司	海淀区西翠路5号1104室
2013101414620	常压富氧连续气化－燃气蒸汽联合发电供热方法和设备	昊华工程有限公司	海淀区阜石路甲19号
2013101417953	用于油气输送钢管制造的埋弧焊焊缝自动超声波检测方法	北京隆盛泰科石油管科技有限公司	朝阳区慧忠里103号楼洛克时代B1901室
2013101419817	金属防护润滑剂、制备方法及其应用	北京首量科技有限公司	通州区次渠光机电一体化产业基地兴光四街5号
2013101422190	一种使用通用缓冲液快速克隆基因的方法	天根生化科技（北京）有限公司	海淀区西小口路66号东升科技园(北领地)
2013101422792	一种在DNA重亚硫酸盐转化过程中纯化DNA的方法	天根生化科技（北京）有限公司	海淀区西小口路66号东升科技园(北领地)
2013101434605	一种乙酰半胱氨酸泡腾片	北京康立生医药技术开发有限公司	北京经济技术开发区中和街22号2号楼5层
2013101438663	一种液相色谱外标法测定1,3-二羟基丙酮含量的方法	北京旭阳化工技术研究院有限公司	丰台区南四环西路188号五区21号楼
2013101445807	沙漠环境下的植树造林方法	北京正和恒基滨水生态环境治理股份有限公司	海淀区中关村东路1号清华科技园科技大厦B座27层
2013101450557	栗钙土土壤下的树木种植方法	北京正和恒基滨水生态环境治理股份有限公司	海淀区中关村东路1号清华科技园科技大厦B座27层
2013101460116	一种预防骨质疏松的食品养生茶冲剂	北京绿源求证科技发展有限责任公司	石景山区古城大街特钢公司办公大楼1202室
2013101460402	水冷管式凝水除尘器	北京新世翼节能环保科技股份有限公司	大兴区北京经济技术开发区景园北街2号16号楼4层
2013101481540	具有双重保护功能的电磁保护装置	北京顺特科技有限公司	顺义区牛栏山滕仁路9号
2013101483048	一种用于重质原油减压深拔的卧式双面辐射减压炉	中国寰球工程公司	朝阳区来广营高科技产业园创达二路1号
2013101504701	一种分享网盘数据的方法及系统	小米科技有限责任公司	朝阳区望京西路甲50号卷石天地大厦A座12层
2013101518653	一种用于肉肠制品的复合抗氧化剂及其制备方法	北京美添阳光科技有限公司	丰台区科技城恒富中街2号院1号楼4018室
2013101519764	电池箱锁止保持结构	北京理工华创电动车技术有限公司	海淀区中关村南大街9号理工科技大厦702室
2013101538587	一种无助溶剂的高倍浓缩洗涤剂及其制备方法	北京绿伞化学股份有限公司	海淀区永丰产业基地永澄北路2号院1号楼B座
2013101545608	一种天然乳胶生物固化剂及其固化方法	北京天一瑞博生物科技有限公司	海淀区新街口外大街19号京师大厦
2013101555281	一种恢复SAMe合成酶活力的方法	北京凯因科技股份有限公司	北京经济技术开发区荣京东街6号
2013101556814	一种用于石煤提硒的循环流化床锅炉系统	中国华能集团清洁能源技术研究院有限公司	海淀区知春路甲48号盈都大厦A座26层
2013101561899	一种内容可变的立体动态机械表演系统	北京航天时代光电科技有限公司	海淀区丰滢东路1号

续表

申请号	发明名称	专利权人名称	专利权人地址
2013101617042	基于16S rDNA的细菌核酸指纹特征谱的制备方法及其用途	北京毅新博创生物科技有限公司	北京经济技术开发区地盛东路1号院1幢B201室
2013101663515	一种自定位式RFID定位系统	北京盛世光明软件股份有限公司	海淀区上地三街9号金隅嘉华大厦C座120室
201310166627X	补益机体抗氧化保健品	北京华元堂生物科技有限公司	朝阳区洼里红军营南路媒体村天居园11号楼2107室
2013101736465	一种调质态石油钢管管端强化热处理工艺	中国石油天然气集团公司	东城区东直门北大街9号
2013101746522	一种回转窑风量优化控制方法	北京和隆优化科技股份有限公司	海淀区西三旗建材城西路31号D座3层
2013101747972	一种链条炉节能优化控制系统	北京和隆优化科技股份有限公司	海淀区西三旗建材城西路31号D座3层
2013101761096	甲型H7N9流感病毒检测试剂盒及检测方法	北京鑫诺美迪基因检测技术有限公司	北京经济技术开发区康定街1号国盛科技14号楼2层
2013101768930	一种胶原基硬脑膜及其制备方法	北京华信佳音医疗科技发展有限责任公司	丰台区科学城中核路1号院1号楼赛欧科园科技孵化中心306室
2013101776570	一种软胶囊的溶出度测定方法	北京满格医药科技有限公司	丰台区造甲街南里5号4A楼2层
2013101778379	一种检测乳腺癌的microRNA标志物及在试剂盒中的应用	北京迈誉森生物科技有限公司	大兴区北京经济技术开发区地盛东路1号院1幢A106室
2013101785635	利用冷却水对高温荒煤气进行直接冷却的装置和方法	北京神雾环境能源科技集团股份有限公司	昌平区马池口镇神牛路18号
2013101786021	一种有机肥料的制备方法	乐农同创（北京）科技有限公司	海淀区上地信息路2号创业园D栋707E室
2013101802950	中药材中生物碱的提取分离方法	北京泰克美高新技术有限公司	丰台区科学城星火路10号1号楼152室(园区)
2013101849571	一种焦炉荒煤气热能回收装置	北京中衡国通能源科技有限责任公司	昌平区科技园区创新路27号3号楼3楼西3009室
2013101860481	快速固化高强度可拆卸结构胶以及存储方法	北京天山新材料技术股份有限公司	石景山区八大处高科技园区中园路7号
2013101887889	一种以肉苁蓉与刺五加为主配伍的中药养生制剂	华夏先葆（北京）中药研究院有限公司	通州区云景东路432号0706室
2013102056280	一种浓盐水蒸发液体零排放装置及工艺方法	北京赛诺水务科技有限公司	海淀区知春路1号学院国际大厦805室
2013102067872	产气收集容器	北京佳世铭宸科技有限公司	丰台区科学城星火路10号B座C25室
201310207137X	新型抗VEGFR2的单克隆抗体及其制备与应用	北京东方百泰生物科技有限公司	北京经济技术开发区荣京东街2号1幢406室
2013102075506	一种加速度计吊装过程中胶粘剂的固化方法	航天科工惯性技术有限公司	丰台区海鹰路1号院2号楼3层
2013102081206	厚抹灰防火砂浆酚醛树脂板及酚醛专用防火砂浆	北京索利特新型建筑材料有限公司	通州区漷县镇黄厂铺村东
2013102088648	一种微管蛋白解聚剂多肽5及其应用	北京新领先医药科技发展有限公司	海淀区清华东路16号艺海大厦1403室
2013102150418	一种适于口服的脊髓灰质炎病毒疫苗	北京科兴生物制品有限公司	海淀区上地西路39号北大生物城
2013102153948	一种用天然气部分氧化生产直接还原铁的方法	北京神雾环境能源科技集团股份有限公司	昌平区马池口镇神牛路18号
2013102200351	一种黑体材料及由黑体材料制成的节能辐射杯	中能恒源环保科技有限公司	海淀区北坞村路甲25号静芯园F座1层

续表

申请号	发明名称	专利权人名称	专利权人地址
2013102285398	一种干馏炉荒煤气制备氢气及液化天然气的方法	华电重工股份有限公司	东城区永定门西滨河路8号院7号楼中海地产广场东塔12层
2013102312732	一种固定床催化加氢精制聚甲醛二烷基醚的方法	北京东方红升新能源应用技术研究院有限公司	朝阳区安慧里4区16号楼中国化工大厦213室
2013102347197	无限回转数控坡口切管机以及坡口加工方法	北京大合兄弟科技发展有限公司	朝阳区三间房乡新房村218号
2013102373721	一种黄粉虫复合蛋白制品及制备方法	北京宇宙龙养生科技有限公司	平谷区新开街1号楼1117号
2013102395311	一种对变电站的遥控操作进行远程确认的方法	北京殷图数码科技有限公司	海淀区上地东路35号颐泉汇公寓1号楼318室
2013102424456	利用防腐剂提高农杆菌介导的小麦转化存活率的方法	北京未名凯拓作物设计中心有限公司	海淀区上地西路39号北大生物城
201310248506X	一种负载均衡调度方法和负载均衡调度装置	北京京东尚科信息技术有限公司	海淀区苏州街20号2号楼2层
2013102537134	一种高产水率的废水脱盐工艺及装置	北京赛科康仑环保科技有限公司	海淀区中关村东路18号财智国际大厦C座1502室
2013102560022	空冷单元的导流装置	国电龙源电力技术工程有限责任公司	海淀区西四环中路16号院1号楼12层1201室
2013102564610	双环戊二烯加氢石油树脂生产系统及方法	朗盈科技（北京）有限公司	朝阳区西坝河北里16号楼3层303室
2013102566457	高炉五通球优先定位安装方法	北京首钢建设集团有限公司	石景山区苹果园路15号
2013102576815	光纤式同步可调谐面振动测量系统	中国航空工业集团公司北京长城计量测试技术研究所	海淀区温泉镇环山村
2013102620254	一种含铁橄榄石物料的综合利用方法	中国铝业股份有限公司	海淀区西直门北大街62号
2013102642520	一种非标准USB协议兼容性检测方法	飞天诚信科技股份有限公司	海淀区学清路9号汇智大厦B楼17层
2013102694421	一种腐植酸复混肥及其制备方法	北京澳佳肥业有限公司	通州区聚富苑产业园区于家务南9号
201310271732X	一种透水性电极板及其制备方法	北京仁创科技集团有限公司	海淀区上地三街9号嘉华大厦B座5层508室
2013102735027	用于化妆品的蜡微粒，其制法及其在化妆品中的应用	北京荣祥再生医学研究所有限公司	大兴区北京经济技术开发区西环南路26号院9号楼
2013102746981	准确控制水套加热炉加水液面的装置	中国石油天然气股份有限公司	东城区东直门北大街9号
2013102747077	含金银硫酸渣综合回收的方法	北京神雾环境能源科技集团股份有限公司	昌平区马池口镇神牛路18号
2013102758781	自动扶梯和自动人行道人流量统计分析预警监测管理系统	北京北安时代电梯安装工程有限公司	西城区南礼士路15号
2013102775217	一种新型污水亚零排放处理方法及其装置	北京赛诺水务科技有限公司	海淀区知春路1号学院国际大厦805室
2013102779557	一种装饰保温泡沫陶瓷复合板及其制备方法	中国建筑股份有限公司	海淀区三里河路15号
2013102794985	九味镇心颗粒的检测方法	北京北陆药业股份有限公司	昌平区科技园区白浮泉10号
2013102823988	一种具有杀菌性能的透水性电极板及其制备方法	北京仁创科技集团有限公司	海淀区上地三街9号嘉华大厦B座5层508室
2013102834338	一种复合固定化生物载体的制备方法及其用途	北京金科复合材料有限责任公司	昌平区回龙观天露园一区8-4-101室

续表

申请号	发明名称	专利权人名称	专利权人地址
2013102834639	一种建筑工程用抑尘剂及其制备方法	北京金科复合材料有限责任公司	昌平区回龙观天露园一区 8-4-101 室
2013102834978	基于北斗卫星定位系统的门座起重机姿态监测系统及方法	北京中船信息科技有限公司	海淀区中关村南大街乙 56 号方圆大厦 1901 号
2013102836244	一种具有增强免疫力和记忆力功能的保健食品	北京东方红航天生物技术股份有限公司	怀柔区北房镇经纬工业开发区
201310284698X	一种减肥调味料	北京康比特体育科技股份有限公司	昌平区科技园区利祥路 5 号
2013102872965	快速制氢剂	北京依米康科技发展有限公司	石景山区石景山路 3 号玉泉大厦 368 室
2013102874706	玉屏风口服液的检测方法	北京九草堂药物研究院有限公司	海淀区上地信息路 26 号中关村创业大厦 1010 室、1012 室
2013102876608	利用手机传感器和网络进行物体标记及提取的方法和系统	北京恒信仪和信息技术有限公司	海淀区蓝靛厂南路 25 号 1123 室
2013102880181	一种治疗鸡白冠病的中药组合物	北京九草堂药物研究院有限公司	海淀区上地信息路 26 号中关村创业大厦 1010 室、1012 室
2013102904684	钢板淬火摆动装置	北京京诚凤凰工业炉工程技术有限公司	大兴区北京经济技术开发区建安街乙 6 号
201310291735X	一种颗粒状磷脂的制备工艺	北京美亚斯磷脂技术有限公司	昌平区池口镇宏道村
2013102928602	相变储能装置	北京依米康科技发展有限公司	石景山区石景山路 3 号玉泉大厦 368 室
2013102982895	一种乳品蛋白质掺假的检测方法	北京三元食品股份有限公司	大兴区瀛海瀛昌街 8 号
2013102983898	高盐复杂废水回用与零排放集成设备及工艺	北京倍杰特国际环境技术有限公司	通州区中关村科技园区通州园金桥科技产业基地景盛南四街 15 号
2013102987653	一种节水型食物净化机	北京诗祺康环保科技有限公司	通州区玉带河东大街运河明珠 2 号楼 2 单元 6 层 272 室
2013103026282	中药饲料添加剂及其应用	北京众开颜科技有限公司	朝阳区北苑路媒体村天畅园 1 号楼 705 室
2013103031469	水泥生产用燃煤液体助燃剂及其制备方法	北京金隅水泥节能科技有限公司	房山区琉璃河镇车站前街 1 号
2013103061318	一种酶解工艺生产南瓜全粉的方法	北京宝得瑞食品有限公司	通州区璐城镇新城工业区 15 号
2013103066716	一种养颜美容保健食品	北京三奇本草科技有限公司	大兴区大兴生物医药产业基地永兴路 28 号
2013103089385	一种石墨烯改性的阻燃聚丙烯材料及其制备方法	北京航天凯恩化工科技有限公司	丰台区西四环南路 89 号 A401 室
2013103128159	一种用于染色体数目异常快速检测的半特异性扩增引物组、方法及试剂盒	安诺优达基因科技（北京）有限公司	北京经济开发区科创六街 88 号院 2 单元 701 室
2013103150754	通窍鼻炎喷雾剂的制备方法	北京首儿药厂	顺义区李桥镇李天路李桥段 5 号
2013103172734	一种模压的透气防渗毯及其应用	北京仁创科技集团有限公司	海淀区上地三街 9 号嘉华大厦 B 座 5 层 508 室
2013103172908	液压油组合物及其制备方法	中国石油化工股份有限公司	朝阳区惠新东街甲 6 号
201310317804X	一种人细胞色素酶 P450 基因多态性检测试剂盒	北京普利耐特生物科技有限公司	大兴区经济技术开发区科创六街 88 号院 8 号楼 4 单元一层 101 室
2013103224527	一种半辐射半激冷流程辐射废锅装置	煤炭科学技术研究院有限公司	朝阳区和平里青年沟东路 5 号
2013103227224	用于模具的材料、模具及制备模具方法	北京超塑新技术有限公司	通州区中关村科技园区通州园金桥科技产业基地景盛南四街甲 13 号

续表

申请号	发明名称	专利权人名称	专利权人地址
2013103230693	一种增强免疫力的药物组合物	北京同仁堂健康药业股份有限公司	海淀区上地信息路2号上地国际科技创业园C栋3层
2013103259047	含生物酶的汽油复合添加剂及其制备方法与应用	英杰惠能（北京）能源新技术有限公司	朝阳区东三环北路2号南银大厦2809室
2013103260152	汽油复合添加剂及其制备方法与应用	英杰惠能（北京）能源新技术有限公司	朝阳区东三环北路2号南银大厦2809室
2013103287390	成像装置及方法	北京智谷睿拓技术服务有限公司	海淀区小营西路33号1层1F05室
2013103336876	一种滋阴润肺的食品养生茶冲剂	北京绿源求证科技发展有限责任公司	石景山区古城大街特钢公司办公大楼1202室
2013103353602	一种烧结炉的装脱模装置及装脱模方法	北京四方继保自动化股份有限公司	海淀区上地信息产业基地四街9号
2013103355294	祛皱嫩肤乳液	唯美度科技（北京）有限公司	朝阳区东四环中路82号金长安大厦A座
201310344048X	新型可移动水冷翻板式炭化方法	北京金润华扬科技有限公司	海淀区蓝靛厂南路25号牛顿办公区924、925室
2013103446522	血管造影机床上一体化X射线防护装置	北京东方逸腾数码医疗设备技术有限公司	北京经济技术开发区康定街11号17号楼
2013103537057	一种免养护植生基质层的生产方法以及该基质层的使用方法	路域生态工程有限公司	海淀区西直门北大街60号金晖嘉园二期公建I段首钢综合楼0705、0706室
2013103543151	环境样品中OCPs的测定方法	中持依迪亚（北京）环境检测分析股份有限公司	海淀区西小口路6号中关村东升科技园D区2号楼一层101室
2013103562646	一种用于散状物料铁路运输过程中的抑尘剂及其制备方法	北京安平联合环保科技有限公司	东城区安定路26号楼401号
2013103589992	以微污染地表水为水源制备钢铁厂用脱盐水的工艺	北京首钢国际工程技术有限公司	石景山区石景山路60号
2013103633745	一种液晶镜片以及液晶眼镜	北京京东方光电科技有限公司	大兴区经济技术开发区西环中路8号
2013103674853	一种低熔点金属导热膏及其制备方法和应用	北京依米康科技发展有限公司	石景山区石景山路3号玉泉大厦368室
2013103692866	一种含拉呋替丁的组合物及含其制剂	悦康药业集团有限公司	北京经济技术开发区宏达中路6号
2013103737443	一种抗植物病毒组合物和抗植物病毒药剂及其应用	北京明德立达农业科技有限公司	海淀区升拓路5号B201室
2013103738709	杏贝止咳祛痰口服液的制备方法	北京首儿药厂	顺义区李桥镇李天路李桥段5号
2013103740569	可移动式煤制合成气甲烷化催化剂测试平台及测试方法	中国华能集团清洁能源技术研究院有限公司	海淀区知春路甲48号盈都大厦A座26层
2013103796564	一种抗寒棕榈的培育方法	北京林大林业科技股份有限公司	海淀区清华东路35号
2013103798485	一种蜂窝陶瓷载体及其制备方法	北京中安四海节能环保工程技术有限公司	朝阳区东三环南路58号1号楼2208室
2013103830758	一种检测BRAF基因突变的方法及其试剂盒	北京明谛生物医药科技有限公司	丰台区科学城航丰路11号
2013103930826	一种抗应力开裂剂、其制备方法及应用以及一种抗应力PC聚酯	北京航天凯恩化工科技有限公司	丰台区西四环南路89号A401室
2013103972797	一种草上霜染料及其制备方法	北京泛博化学股份有限公司	北京经济技术开发区荣华中路7号院3幢1420室
201310397650X	一种多角度喷射水煤浆气化装置	煤炭科学技术研究院有限公司	朝阳区和平里青年沟东路5号
2013104035274	一种提高能源草厌氧发酵产气量的方法	北京天润草能源科技有限公司	海淀区上地信息路26号10层1013Z18室

续表

申请号	发明名称	专利权人名称	专利权人地址
2013104044659	一种凝胶层析柱的装柱方法及其检测	北京科兴生物制品有限公司	海淀区上地西路39号北大生物城
2013104044767	一种细胞工厂操作管道系统及其应用	北京科兴生物制品有限公司	海淀区上地西路39号北大生物城
2013104069779	一种抗寒花果兼用梅的培育方法	北京林大林业科技股份有限公司	海淀区清华东路35号
2013104100521	一种研究制管变形对管线钢氢致开裂性能影响的方法	首钢总公司	石景山区石景山路68号
201310411807X	一种混凝土缓释剂及其制备方法	北京中景橙石建筑科技有限公司	丰台区南四环西路188号二区5号楼6层
201310419059X	改性戊二醛鞣剂及其制备方法和用途	北京泛博化学股份有限公司	大兴区北京经济技术开发区荣华中路7号院3幢1420室
201310421384X	一种变频调速盘式电机和真空泵	北京富特盘式电机有限公司	密云县经济开发区兴盛南路5号
2013104221742	一种适合产业化制造、环保施工的保温复合外墙板及其制造方法	华建耐尔特（北京）低碳科技有限公司	朝阳区利泽中一路1号
2013104223201	一种滴浆无痕模套	华建耐尔特（北京）低碳科技有限公司	朝阳区利泽中一路1号
2013104243281	小肠结肠炎耶尔森氏菌毒力基因多重PCR检测引物组和试剂盒	北京卓诚惠生生物科技有限公司	昌平区生命园路29号创新大厦A204室
2013104255556	大肠埃希氏菌O104：H4多重PCR检测引物组和试剂盒	北京卓诚惠生生物科技有限公司	昌平区生命园路29号创新大厦A204室
2013104461924	细菌用发酵罐灌流培养系统及方法	北京华都诗华生物制品有限公司	大兴区生物医药产业基地永兴路35号
2013104494222	基于高通量分型的高密度遗传图谱的构建和评价	北京百迈客生物科技有限公司	顺义区空港工业园B区5号楼西2层
2013104532455	膜式燃气表发信装置	北京双得利科工贸有限责任公司	怀柔区北房镇经纬工业区
2013104560027	一种气体冷剂取样和组分分析系统	中国寰球工程公司	朝阳区来广营高科技产业园创达二路1号
2013104614169	定向变径存水湾的快速置换冲排方法及存水湾	北京康之维科技有限公司	大兴区滨河街27号水晶之星1703室
2013104622324	成像装置和方法	北京智谷睿拓技术服务有限公司	海淀区小营西路33号1层1F05室
2013104651026	一种使用干黄玉米秸秆生产青贮饲料的方法	中机美诺科技股份有限公司	朝阳区北沙滩桥东中国农业机械化科学研究院新办公楼B座809室
2013104704447	一种具有祛瘀止痛作用的中药颗粒剂及其制备方法	北京康远制药有限公司	丰台区长辛店李家峪211号
2013104706495	一种具有调和肝脾、抗炎止痛作用的中药颗粒剂及其制备方法	北京康远制药有限公司	丰台区长辛店李家峪211号
2013104710490	自动纯化分离系统	北京中纳海润生物科技有限公司	昌平区北七家海德堡花园
2013104739056	多形态微生物聚集体自养脱氮一体化装置及运行方法	北京北排水务设计研究院有限公司	西城区车公庄大街北里乙37号楼3层办公304室
2013104765239	利用RH单联工艺冶炼高级别管线钢的方法	首钢总公司	石景山区石景山路68号
2013104783523	一种巴氯芬微球制剂及其制备方法	北京东方明康医用设备有限公司	东城区朝阳门内大街199号华富商贸大楼501室
2013104817534	一种环保施工喷涂方法	北京环球新能科技开发有限公司	丰台区建欣苑六里6号楼1层03室
2013104844917	β-甘露聚糖酶在饲料原料中的最适添加量配方	北京挑战生物技术有限公司	海淀区中关村南大街12号中国农科院饲料所6楼

续表

申请号	发明名称	专利权人名称	专利权人地址
2013104863797	用于高表达细胞株开发的载体的构建及应用	北京东方百泰生物科技有限公司	北京经济技术开发区荣京东街2号1幢406室
201310486380X	哺乳动物细胞高效表达载体的构建及应用	百泰生物药业有限公司	北京经济技术开发区荣京东街2号
2013104864681	一种伊蒙混层黏土/天然橡胶复合橡胶的制备方法	中科纳达控股有限公司	海淀区上地三街9号A座A903室
2013105032771	一种用于制备有机含氧化合物制低碳烯烃的催化剂的ALPO-5/SAPO-34复合分子筛的制备方法	神华集团有限责任公司	东城区西滨河路22号神华大厦
201310508416X	一种组合式气体分析检测装置	北京承天示优科技有限公司	海淀区上地三街9号嘉华大厦C902室
2013105085389	一种生排烃模拟实验液态产物的定量分析方法	中国石油天然气股份有限公司	东城区东直门北大街9号
2013105150960	富硒小麦全芽苗饮品及其制备方法	北京绿山谷芽菜有限责任公司	丰台区太子峪村西长兴路环岛西1公里
2013105202630	一种高效回收高含盐量矿井水的方法及系统	中国华电工程（集团）有限公司	西城区西直门内大街273号华电工程大厦B座5楼
2013105357415	一种乙二醇密闭循环水缓蚀阻垢剂的制法及用途	中国海洋石油总公司	东城区朝阳门北大街25号
2013105361567	用膨润土尾矿制备的轻质堇青石-莫来石窑具材料	北京创导工业陶瓷有限公司	通州区漷县镇马头村
2013105458581	一种压裂返排液的集成处理方法	中国海洋石油总公司	东城区朝阳门北大街25号
2013105460100	一种1,3-二氧杂环戊烷类液晶化合物及其制备方法和应用	北京八亿时空液晶科技股份有限公司	房山区燕山岗南路东一巷6号C座218房间
2013105640762	粪尿分离刮粪板	北京国农基业畜牧科技有限公司	海淀区马连洼北路158号众鼎商务4023B室
2013105641905	抗震节能三维榫卯网固整体浇筑房屋结构及施工方法	北京中瑞成信生态科技股份有限公司	昌平区北七家镇平西府68号
2013105836689	采用等离子体炬加热技术的煤气化方法及装置	北京环宇冠川等离子技术有限公司	朝阳区百子湾路16号百子园14号楼A单元901号
201310585381X	一种渠道集渣格栅装置	德威华泰（北京）科技有限公司	海淀区上地信息路12号1号楼4层A区411、413室
2013105907256	一种调配型蛋液的制备方法及制备得到的蛋液	北京德青源农业科技股份有限公司	海淀区中关村南大街12号科海福林大厦5层
2013105962450	橡胶中防焦剂CTP的测定方法	北京彤程创展科技有限公司	北京经济技术开发区科创十四街20号院10号楼3单元
2013106078931	一种具有降低血脂功能的瘦身汤料	北京康比特体育科技股份有限公司	昌平区科技园区利祥路5号
2013106275164	一种检测HIV-1对酶抑制剂抗性的基因芯片及试剂盒	博奥生物集团有限公司	昌平区生命科学园路18号
2013106362995	相机外参评估方法、装置、相机外参标定方法和装置	理光软件研究所（北京）有限公司	海淀区西直门外大街168号腾达大厦28层
2013106384000	一种植物基乳粉的生产方法	北京市京广禾生物科技有限公司	北京经济技术开发区荣华中路10号亦城国际中心B座
2013106594441	可见光固化胶粘剂及制备方法	北京国瑞升科技股份有限公司	海淀区上地信息路12号中关村发展大厦C201室
2013106831216	一种高浓度乳化液废水处理方法	中国航空规划建设发展有限公司	西城区德外大街12号
2013106879728	注射用氟氯西林钠阿莫西林钠	北京元延医药科技有限公司	通州区马驹桥金桥产业基地景盛南四街15号联东U谷中区20C二层

续表

申请号	发明名称	专利权人名称	专利权人地址
2013107015431	一种复配杀菌剂	北京燕化永乐生物科技股份有限公司	房山区良乡政通路8号
2013107016364	斜坡信号发生电路及信号发生器、阵列基板及显示装置	京东方科技集团股份有限公司	朝阳区酒仙桥路10号
2013107029595	一种兰索拉唑化合物	悦康药业集团有限公司	北京经济技术开发区宏达中路6号
2013107189378	有机电致发光器件、显示装置	京东方科技集团股份有限公司	朝阳区酒仙桥路10号
2013107508744	焦化废水生化处理及沉淀池	北京京诚科林环保科技有限公司	大兴区北京经济技术开发区建安街7号402室
2014100216171	气体冷凝脱水系统及其冷凝脱水方法	北京正拓气体科技有限公司	朝阳区建国路88号10号楼2608室
2014100260140	一种高纯度11S大豆球蛋白的制备方法及其应用	北京龙科方舟生物工程技术有限公司	海淀区圆明园西路2号
2014100260719	一种高纯度7S大豆球蛋白的制备方法及其应用	北京龙科方舟生物工程技术有限公司	海淀区圆明园西路2号
2014100551682	一种从2–萘酚生产废水中回收2–萘磺酸钠的方法	中化节能环保控股（北京）有限公司	西城区复兴门外大街A2号中化大厦21层
2014100559627	一种2–萘酚生产废水处理方法	中化节能环保控股（北京）有限公司	西城区复兴门外大街A2号中化大厦21层
2014101168917	基于电能采集终端的停电事件判断方法	国家电网公司	西城区西长安街86号
2014101172965	液旋前导器	北京金工万邦石油技术开发有限公司	顺义区林河工业区顺仁路54号
2014101192403	PEG–SA及其药物组合物	北京凯因科技股份有限公司	北京经济技术开发区荣京东街6号
2014101461518	重组集成干扰素变异体聚乙二醇偶联物的制备和应用	北京凯因科技股份有限公司	北京经济技术开发区荣京东街6号

北京市部分工业企业名录

单位名称	办公地点	邮编	联系电话	主要产品
北京同仁堂股份有限公司	东城区崇外大街42号	100062	67179817	同仁牛黄清心丸、同仁乌鸡白凤丸、同仁大活络丸、安宫牛黄丸、坤宝丸、国公酒等
北京市三露厂	东城区幸福大街永生巷4号	100061	67148601	车辆出租、劳务输出
北京北科合作仪器厂	东城区北池子大街49号	100006	63810135	料位仪、X射线测厚仪
北京方略信息科技有限公司	东城区北河沿大街79号	100010	64007711	多媒体设计、展览展示、视频影视、平面杂志、产业咨询
北京远东仪表有限公司	东城区和平里北街6号	100013	64214101	高精度数字化差压/压力变送器、自动化仪表及控制系统
北京市自动化系统成套工程公司	东城区安德路地兴居9号	100011	84113335	工业自动化系统成套工程、加氯产品、水处理产品、调节阀、过程仪表、增压换热机组及系统
北京冶金设备研究所	东城区纳福胡同13号	100009	64035005	非标设备制造
北京民福实业总公司	西城区教子胡同65号	100053	83511764	下属企业产品涉及日用化工用品、眼镜、保健品、铁路建设用品、食品、装潢印刷、五金、造型工艺品、纸制品、玩具、电子材料等
北京华世天际科贸有限责任公司	西城区西直门如意里小区1号楼	100035	62217535	仪器仪表及成套仪表设备、无线远程智能采集器、残疾人无障碍设施用品及辅助用品、机电电器产品等
北京北广电子集团有限责任公司	西城区黄寺大街23号	100011	62018319	无线发射机设备及配套产品、有线电视网络产品、电视转播车、安防监控设备、电子元器件等
北京京仪绿能电力系统工程有限公司	西城区鼓楼西大街41号	100009	64034443	光伏并网逆变器及发电系统
北京隆达轻工控股有限责任公司	西城区德胜门东滨河路5号	100120	82259651	商业票据、书刊印刷、报刊印刷、有色新材料、农膜、塑料、轻工建材、家电、皮革制品等
北京市有色金属工业总公司	西城区槐柏树街2号	100053	83121987	有色金属材料、焊接材料
北京有色金属进出口公司	西城区感化胡同3号	100053	63180592	有色金属进出口贸易
北京皮革制品进出口公司	西城区鸭子桥路35号	100055	51760608	皮革、皮包、皮鞋自营代理进出口
北京隆达印刷包装集团有限公司	西城区佟麟阁路36号	100034	66153773	印刷、包装
北京瑞成斋图文设计有限公司	西城区琉璃厂东街65号	100052	63048671	包装装潢设计、印刷品工艺设计、文化用品、锦盒、纸张、印刷材料、印刷制品、珠宝首饰、代销字画
北京轻工集团有限责任公司	西城区德胜门东滨河路5号	100120	82259019	物业、旅游、餐饮、房地产
北京市塑料研究所	西城区旧鼓楼大街47号	100009	64034448	硅片花篮承载器、聚偏氟乙烯（PVDF）板材及其织物复合板、塑料板材等
北京市塑料制品质量监督检验站	西城区旧鼓楼大街47号	100009	64034801	塑料制品检验、检测
北京市塑料技贸公司	西城区旧鼓楼大街47号	100009	64033930	塑料制品销售
北京市大宝日用化学制品厂	朝阳区平房路241号	100025	85512780	五洁粉和"贝贝熊"系列洗涤用品
北京京海纸制品有限责任公司	朝阳区定福庄路1号	100024	65487182	各种五裱、三裱、单裱、牛皮纸箱
北京市红叶齿科医用器材厂	朝阳区平房路240号	100025	65855544	粉状藻酸盐印模材
北京都安同信汽车租赁服务有限公司	朝阳区三里屯工体北路工人体育场9看台一层	100027	65513480	汽车租赁服务
北京市亚美日化厂	朝阳区平房路241号	100025	53019288	化妆品

续表

单位名称	办公地点	邮编	联系电话	主要产品
北京晟智科技发展有限公司	朝阳区安立路60号院6号楼502室	100101	64820550	食物垃圾处理器、餐厨垃圾处理设备等产品
北京衬衫厂	朝阳区马泉营12号	100105	84593311-214	衬衫
北京天彩纺织服装有限公司	朝阳区光华路8号光华大厦A座9层	100026	65815275	服装批发
北京中纺海天染织技术有限公司	朝阳区光华路8号	100026	65830839	纺织助剂
北京京工雷蒙服装服饰有限公司	朝阳区松榆西里29号	100021	67336655	梭织服装
北京市京工红旗厂有限公司	朝阳区左安门外饮马井1号	100021	67629375	旗帜条幅、室内装饰
北京京工伊里兰服装服饰有限公司	朝阳区松榆西里29号	100021	87372863	羽绒服
北京染料厂	朝阳区豆各庄1号院	100023	87392109	靛蓝
北京北搪化工设备厂	朝阳区豆各庄1号院	100023	52073557	化工设备
北京化工实验厂	朝阳区豆各庄1号院	100023	52073510	工业二氧化碳
北京市氧气厂	朝阳区豆各庄1号院	100023	52073529	氧气
北京普莱克斯实用气体有限公司	朝阳区大郊亭化工路6号	100022	67714766	氮气、氧气、氩气
北京华腾旌凯经贸有限责任公司	朝阳区松榆南路54号	100021	67312276	精细化工材料进出口
北京华新发展公司	朝阳区垡头东里1号	100023	67374765	开发技术、发展化工产品
北京大有工贸公司	朝阳区大郊亭4号	100022	58076895	建筑黏合剂等
北京华腾通标检测与校准技术研究中心有限责任公司(北京市化工产品质量检测站)	朝阳区双井邮局239信箱	100124	67758350	化工产品检验、检测及标准化、培训服务
北京华腾丰旺科技有限公司	朝阳区豆各庄1号院	100023	87391568	建材保温板、经营其他化工产品
京东方科技集团股份有限公司	朝阳区酒仙桥路10号	100016	64318888	IT与电视用TFT-LCD业务、移动与应用产品用TFT-LCD业务、显示光源产品业务、其他显示器件及配套产品等
北京兆维电子（集团）有限责任公司	朝阳区酒仙桥路14号	100016	64361361	自服、安防与通信设备
北京七星华电科技集团有限责任公司	朝阳区酒仙桥东路1号	100016	64311193	半导体工艺设备、太阳能电池设备、工业炉设备、绿色环保电池设备、TFT-LCD制造设备等
北京燕东微电子有限公司	朝阳区东直门外西八间房万红西街2号	100015	64320432	半导体集成电路和分立器件、微电路模块、传感器、中小规模CMOS集成电路、信号机等
北京易亨电子集团有限责任公司	朝阳区北三环东路28号易亨大厦	100013	64405566	智能物流设备、电力仪表与设备、自助服务终端、铁路控制设备及其他产品
北京飞宇微电子有限责任公司	朝阳区三里屯西五街5号	100027	64652346	薄、厚膜集成电路
北京瑞普三元仪表有限公司	朝阳区三元桥霞光里5号	100027	84512776	流量计、物位计、压力/差压变送器、V锥流量计、雷达液位计等
北京正东电子动力集团有限公司	朝阳区酒仙桥4号	100015	64377041	电、燃气、热水
北京布莱迪工程技术有限公司	朝阳区南三环成寿寺路甲135号	100164	67633541	各种压力表系列、压力变送器系列、压力控制器、测温仪表、化学密封系列、气体减压器系列

续表

单位名称	办公地点	邮编	联系电话	主要产品
北京有色金属与稀土应用研究所	朝阳区安外大羊坊2号	100012	84922575	有色合金、贵金属焊料
北京达博有色金属焊料公司	朝阳区安外大羊坊2号	100012	84924157	键合金丝
北京印刷集团有限责任公司印刷二厂	朝阳区建外郎家园10号	100022	85891772	彩票、证书、国税发票、其他社会印件
北京市印刷技术研究所	朝阳区双桥东路18号院2017号	100121	66068090	高仿字画
北京市印刷工业产品质量监督检验站	朝阳区崔各庄乡南皋路129号	100051	64339451	书刊、包装装潢、印刷品质量监督检验
雪花（北京）科技有限公司	朝阳区左安门外左安路东口路北	100021	87713208	电冰箱、小家电等
北京市时润技术发展公司	海淀区西北旺黑龙潭路58号	100094	51706892	火化设备、金属结构加工、汽车维修等
北京市金百合食品厂	海淀区西北旺付家窑17号	100094	51724750	面包、糕点
北京点众电子有限责任公司	海淀区上地东路35号颐泉汇2号楼216室	100220	62969296	液晶触摸屏
北京中超伟业信息安全技术有限公司	海淀区硅谷电脑城1521号	100080	52866096	消磁机、低辐射笔记本、云操作系统、安全加固系统等软硬件产品
北京硕方电子科技有限公司	海淀区上地东路29号2B综合楼4层	100085	62967112	工业打印机的研发、生产销售
北京永联伟业科技发展有限公司	海淀区温泉镇太舟坞村东工业区14号平房	100095	62458594	配电柜、高低压柜
北京京冠毛巾有限责任公司	海淀区安宁庄东路甲18号	100085	62957990	毛巾
北京启明峰科技有限公司	海淀区清河镇安宁庄东路18号12号楼	100026	62929294	燃烧器控制系统
北京大华天坛服装有限公司	海淀区中关村大街人民大学南路三义庙	100086	62612565	梭织服装
北京市化学工业研究院	海淀区中关村北大街123号	100084	62567814	工程塑料合金材料、科研开发及服务
北京市化工职业病防治院	海淀区香山一棵松50号	100093	62591713	化工职业病预防、治疗、监测
北京大华无线电仪器厂	海淀区学院路5号	100083	62921924	仪器类、电源类
北京益泰电子集团	海淀区北洼路4号	100089	68419348	智能建筑系统集成、安防与人防系统集成、计算机系统集成、影音产品、电子电器等
北京牡丹电子集团有限责任公司	海淀区花园路2号	100191	82284821	数字电视、电子元器件、光伏组件
北京北分瑞利分析仪器（集团）有限责任公司	海淀区北清路160号	100095	62403048	红外系列分析仪器、智能型光谱、色谱系列仪器
北京北大宇环微电子系统有限公司	海淀区北大微电子所院内	100871	62751788	电子产品技术开发、制造、服务
北京北大明德科技发展有限公司	海淀区成府路202号北京大学新化学楼中区	100871	56290018	水产养殖专用化学品、快速水质分析盒、化学试剂、医学与精细化工
北京燕园天地科技有限公司	海淀区北京大学逸夫楼7层3711、3712室	100871	62752997	矿产品、建筑材料技术开发、销售、宝石加工
北京清能创新科技有限公司	海淀区清华大学能科楼A座301室	100084	62792498	电子产品及通信设备、仪器仪表、机械化工产品等
北京石大油软技术有限公司	海淀区北四环中路229号海泰大厦1109室	100088	82883190	技术开发、技术咨询、销售开发后的产品
北京四方立德保护控制设备有限公司	海淀区上地创业中路32号	100085	62968260	电力系统继电保护和自动化装置、变电站综合自动化系统及故障录波装置

续表

单位名称	办公地点	邮编	联系电话	主要产品
北京华电天仁电力控制技术有限公司	海淀区上地东路1号盈创动力E-201室	100085	51975570	电力辅助设备、仪器仪表、电子装置及电子标签，计算机硬件，网络安全设备、系统集成及装置等
北京丹华昊博电力科技有限公司	海淀区上地信息路1号2号楼2205室	100085	82896582	小电流接地电网单相接地故障选线装置、10kV主从式自动调谐消弧线圈控制装置
北京华电辰能科技发展有限公司	海淀区中关村东路123号1号楼1701号	100086	62191930	技术开发、服务、转让、咨询；销售开发后的产品、计算机软硬件及外围设备、电力发配电设备、环保节能设备
四方电气（集团）股份有限公司	海淀区上地信息产业基地四街9号	100085	62961515	变电站综合自动化系统等微机保护产品
北京华电大通环保科技有限公司	海淀区太平路甲18号西南写字楼311室	100039	51953738	开发环保技术，研制、生产环保产品；提供技术咨询服务
北京科大分析检验中心有限公司	海淀区学院路30号6区创业园A座1层	100083	62340208	钢铁材料性能的技术检测
北京科大方兴科技孵化器有限责任公司	海淀区学院路30号	100083	62313412	科技成果孵化
北京科大天工科技服务有限公司	海淀区学院路30号1区方兴大厦606室	100083	62335577	技术咨询服务、物业管理
北京科技大学设计研究院有限公司	海淀区学院路30号	100083	62332598	钢铁品种研发与钢材性能优化技术、轧制自动化控制技术、在线检测技术与装备、冶金企业计算机管理系统、轧制工艺和设备
北京科大永兴科技有限公司	海淀区学院路30号1区(北京科技大学科技楼606室)	100083	62334190	新材料制备与加工新技术、新工艺开发
赛能杰高新技术股份有限公司	海淀区学院路30号北京科技大学会议中心1层	100083	82382250	高效燃烧技术和工程、高效余热回收技术和工程
北京科大中冶技术发展有限公司	海淀区学院路30号1区方兴大厦603室	100083	58773326	冶金工程方面的技术推广、服务、培训、咨询；投资管理；技术进出口、货物进出口；销售机电产品、建筑装饰材料
时光科技有限公司	海淀区学院路30号北科大机器人研究所院内	100083	82913057	工业伺服控制器、电动车控制系统研究及产品开发
北京银河昊星置业投资有限公司	海淀区学院路30号6区北京科技大学科技园7号楼A座219室	100083	82844023	备品备件贸易
北京科大朗涤环保工程技术有限公司	海淀区学院路30号6区北京科技大学科技园A座301—307室	100083	62315257	除尘工程；环保科研、设计、制造、安装、调试
北京科大方兴高新技术有限公司	海淀区学院路30号6区北京科技大学科技园A座128室	100083	62335691	冶金渣料
北京科大机翔科技有限公司	海淀区学院路30号（零件轧制中心院内办公楼3层）	100083	62332331	楔横轧技术开发及生产相关产品
北京华腾新材料股份有限公司	中关村北大街123号	100084	62551996	聚氨脂黏合剂
北京同仁堂科技发展股份有限公司	丰台区南三环中路20号	100079	87632899	六味地黄丸系列产品、感冒清热颗粒、牛黄解毒片系列、生脉饮口服液等
北京市非凡制药厂	丰台区岳各庄甲371号	100071	63855792	皮炎宁酊、醋酸氯己定溶液（0.02%~0.05%）、开塞露、复方白芷酊
南车二七车辆有限公司	丰台区张郭庄甲1号	100072	83879277	新造、检修铁路货车及配件
北京隆长泰工程机械有限公司	丰台区张郭庄甲1号	100072	83883806	轴承辅件、金属冲压件
北京隆轩橡塑有限公司	丰台区张郭庄甲3号	100072	63703177	工程塑料保持架
北京丰华实机械有限公司	丰台区张郭庄甲1号	100072	83804592	铁路货车配件

续表

单位名称	办公地点	邮编	联系电话	主要产品
北京二七储运有限公司	丰台区张郭庄甲 1 号	100072	83804711	仓储、物流、内外贸易
北京乐金日用化学有限公司	丰台区石榴庄南里 8 号	100075	67644544	竹盐牙膏
北京京仪敬业电工科技有限公司	丰台区右安门外东滨河路 2 号	100069	66175725	各种微型电机产品、低压开关、高中低压配电装置产品、自动化成套产品
北京京仪世纪电子股份有限公司	丰台区宋家庄苇子坑 2 号	100079	67616014	硅单 / 多晶制备系列设备、砷化镓化合物晶体系列设备、小型数控加工、地铁隧道暖通风阀
北京京仪椿树整流器有限责任公司	丰台区三顷地甲 3 号	100040	88680221	大功率晶阀管、快速恢复整流管、变压器、变频传动系统、功率组件和模块、电解电镀电源、充电电源、感应加热电源、各种非标电源
北京超塑新技术有限公司	丰台区永外双庙 125 号	100078	59771800	超塑金属络纱槽筒
北京市环球新艺皮毛公司	丰台区大红门南路 158 号	100076	67965287	裘皮制品与经营
北京市皮件三厂	丰台区南顶路 4 号	100055	51760638	皮革制品
北京市皮件三厂销售中心	丰台区南顶路 4 号	100055	51760638	皮革制品
北京惠鼎皮业有限公司	丰台区宋家庄顺八条 3 号	100079	67622181	皮革贸易
北京印刷集团有限责任公司印刷一厂	丰台区马家堡路 69 号	100068	67580969	图书、期刊、数码印刷、包装产品、防伪印刷等
北京市印刷物资公司	丰台区东老庄 75 号	100071	87266604	印刷物资
北京突破雪花电器设备有限公司	丰台区大红门久敬庄 56 号	100076	52223661	电气生产、五金加工等
北京隆晟华盾文化有限公司	丰台区马家楼 119 号	100068	83729989	文化交流、信息咨询
北京白菊电器有限公司	丰台区卢沟桥南里 8 号	100165	83895440	注塑加工、物业管理
北京华盾雪花塑料集团有限责任公司	丰台区黄土岗马家楼 119 号	100160	83728283	农膜、土工膜、中空容器、管件、包装膜等
北京隆达兴业科技开发有限公司	丰台区角门东里 79 号	100068	67564829	轻工产品质量检测、康居环境检测
北京华电杰德科技有限公司	丰台区科学城海鹰路 8 号 2 号楼 405 室	100070	63717721	火电厂仿真系统、电厂自动控制设备
北京首科兴业工程技术有限公司	石景山区八大处高科技园区西井路 3 号 3 号楼 1315 房间	100041	88292034	烟气脱硝工程；环保设备、备件、材料的经营
北京埃姆毛纺有限公司	门头沟区永定镇上岸村	102308	69803238	针织绒线、毛针织衫裤
北京京煤集团有限责任公司	门头沟区新桥南大街 2 号	102300	69842426	煤炭
北京昊华能源股份有限公司	门头沟区新桥南大街 2 号	102300	69839418	煤炭
北京鑫华源机械制造有限责任公司	门头沟区门头沟路 47 号	102300	61815100	立体车库、液压支架、金属结构、渣浆泵
内蒙古京海煤矸石发电有限责任公司	门头沟区新桥南大街 2 号	102300	69862467	发电、水泥
北京厨房设备有限公司	门头沟石龙工业区永安路 7 号	102308	69806695-8000	铝梯
北京超羽纤维制品有限公司	房山区良乡工业开发区	102488	65080450	床上用品
北京京煤化工有限公司	房山区青龙湖镇	102471	80374040	雷管、火药
北京北革皮业有限公司	房山区城关街道大石河东侧	102400	89345837	皮革产品加工
北京铜牛股份有限公司	通州区张家湾镇光华路 6 号	101113	61502482	针织坯布、针织服装
北京月季红线业有限公司	通州区梨园镇小街村张家湾七桥	101101	69571692	缝纫线、涤棉纱、服装辅料
北京金商梦时装有限公司	通州区宋庄镇富豪工业区	101119	89551574-608	泳装、休闲服、运动服

续表

单位名称	办公地点	邮编	联系电话	主要产品
北京东光实业总公司	通州区滨河路143号	101149	61561473	丙烯酸酯类、乳液、树脂产品
北京华腾橡塑乳胶制品有限公司	通州区光机电一体化基地兴光五街6号	101111	81501509	工业胶板、橡塑制品、医用及家用手套
北京瑞京乳胶制品有限公司	通州区次渠工业开发区	101111	81501309	乳胶手套
北京宜刚鞋业有限公司	通州区次渠工业开发区	101111	81501429	全胶鞋
北京华腾大搪设备有限公司	通州区光机电一体化基地嘉创二路8号	101111	81502146	大型搪玻璃设备、铆焊制品
北京华腾东光科技发展有限公司	通州区滨河路143号	101149	61505749	丙烯酸酯类、乳液、树脂产品
北京一轻日用化学有限公司	通州区光机电一体化产业基地科创东六街6号	101111	81503351	金鱼牌洗涤产品、奥琪、宝贝化妆品、欧珀莱化妆品
北京光学仪器厂	通州区新华大街157号	101149	69544601	热分析仪器、光谱仪器、颜色测量仪器、电控位移台系列、光具座系列、低剂量直接数字化X光机
北京诺飞金属材料公司	通州区景盛北一街9号	101102	60595121	有色金属铸件、低温焊料
北京市北泡轻钢建材有限公司	通州区张家湾镇光华路8号	101113	61565731	轻钢结构厂房、冷库工程、聚苯乙烯泡沫塑料夹心板、压型钢板、保温门窗等
北京星月泡沫塑料有限责任公司	通州区张家湾镇光华路甲2号	101113	61502388	聚醚型软质聚氨酯泡沫塑料系列产品、聚酯型软质聚氨酯泡沫塑料系列产品
北京北泡商贸有限公司	通州区梨园镇刘老公庄	101101	67612929	销售建筑材料、化工原料等
北京利丰雅高长城印刷有限公司	通州区光机电一体化产业基地政府路2号	101111	59011216	书刊印刷
北京英特塑料机械总厂	通州区九棵树西路90号	101101	81521311	塑料挤出机、塑料混合机、塑料制品、模具
北京五洲佳泰新型涂层材料有限公司	顺义区高丽营镇金马工业园6号	100078	67662420	双轴向布、帐篷、充气产品
北京京澳毛纺有限公司	顺义区高丽营镇高泗路四村段30号	101303	69454140	毛纱、混纺纱
北京京棉巨龙有限公司	顺义区高丽营镇金马工业区B区1号	101303	69457212	气流纱、布
北京北广科技股份有限公司	顺义区天竺空港工业区A区天柱路26号	101315	80489988	无线发射及配套的电视发射设备、无线通信设备、微波传输设备、天线与铁塔设备、有线电视设备等
北京轻联富文新特印刷有限公司	顺义区天竺空港工业区B区裕华路25号	101318	80483839	纸制包装品
北京恩布拉科雪花压缩机有限责任公司	顺义区天竺空港工业区B区裕华路29号	101318	80482255	冰箱压缩机
北京中石大化学制剂有限公司	顺义区牛栏山地区金牛工业开发区	101301	69411933	制造化学制剂及相关技术服务
北京五洲燕阳特种纺织品有限公司	大兴区瀛海镇黄亦路97号	100076	69276011	消防水带、软质输油管、软体油罐
北京化工厂	大兴区安定镇工业东区安定南街1号	102607	80239216	502胶、化学试剂、彩色胶粉
北京化学试剂研究所	大兴区安定镇工业东区安定南街1号	102607	80239006	锂离子电池电解液、高纯化学试剂、扩散源、光刻胶、感光液
北京华腾化工有限公司	大兴区安定镇工业东区安定南街1号	102607	80239083	化工集团大兴化工园区水、电、汽公用工程生产及管理
北京华腾天海环保科技有限公司	大兴区安定镇工业东区安定南街1号	102607	80239838-805	甲醛、溶剂试剂回收精炼
北京北仪创新真空技术有限责任公司	大兴工业开发区前高米店盛坊路仪器仪表基地	102600	60251397	非晶硅太阳能电池生产线设备、各种真空应用设备、真空获得设备、真空测量仪表

续表

单位名称	办公地点	邮编	联系电话	主要产品
北京京仪海福尔自动化仪表有限公司	大兴工业开发区前高米店盛坊路仪器仪表基地	102699	62050310	各种物位、流量测量系列仪表
北京京仪北方仪器仪表有限公司	大兴工业开发区前高米店盛坊路仪器仪表基地	102699	60250334	各种机电式、全电子式和智能型电能计量系列产品、现场远传抄表系统、现场测试状态监测系列仪器
北京宝岛包装印刷有限公司	大兴区旧官工业园富华街北东区甲19号	100076	87971147	纸制包装印刷品
北京市纸箱厂	大兴区工业开发区锦兴路18号	102600	61272119	纸箱包装
北京雪花电器集团公司	大兴区黄村兴华大街三段1号	102600	69241477	电冰箱、洗衣机、冷冻箱等
北京绿源塑料有限责任公司	大兴区清源路32号	102600	69241781	节水灌溉器材、微喷滴灌配套产品
北京宏达伟业汽车修理有限公司	大兴区清源路40号	102600	69246185	汽车修理
海信（北京）电器有限公司	大兴区清源路38号	102600	69251331	电冰箱
北京同仁堂健康药业股份有限公司	北京经济技术开发区景园北街2号58幢	100176	81726688	保健食品、食品、中成药等
北京化学工业集团有限责任公司	北京经济技术开发区西环北路23号	100176	67860685	精细化工、化工装备、工业及民用气体、电子化学品、新能源、新材料、循环经济产业、环保产业
北京北方微电子基地设备工艺研究中心有限责任公司	北京经济技术开发区文昌大道8号	100176	57846999	等离子刻蚀设备、化学气相沉积设备、物理气相沉积设备、自动化软件产品
北京电控爱思开科技有限公司	北京经济技术开发区经海四路9号	102600	59290901	汽车用动力电池包
北京博飞仪器股份有限公司	北京经济技术开发区兴业街2号	100176	67816781	光学、电子经纬仪系列产品
北京加美中工贸有限公司	昌平区南口镇西李庄村南	102202	60797171	风电配件、电机系列、磁组件产品等产品的技术开发、技术服务
北京恒合智信系统集成科技有限公司	昌平区清秀园北区6号楼8单元102底商	102200	69740481	办公室管理系统软件、图片处理助手软件、多媒体信息发布及管理系统
北京金控汇通科技有限公司	昌平区北七家镇宏福11号院创意空间202室	102209	81785527	智能化金融行业业务流程仿真与IT应用系统性能分析
北京博雅聚鑫磁业科技有限公司	昌平区阳坊镇贯市村东	102205	69761172	加工铝铁硼系列磁性材料业务
北京中矿普惠电气技术有限公司	昌平区中兴路10号1号楼2层A229室	102200	69742788	电控系统、低压配电柜研发、生产、销售
北京海炬圆科技有限公司	昌平区南环里24号	102200	69712427	太阳能产品的技术开发
中铝润滑科技有限公司	昌平区回龙观工业区发展路6号	102206	80722376	冶炼助剂
凌云博际（北京）科技有限公司	昌平区崔村镇棉山村198号	102212	60721735	研发、生产、销售实验动物笼器具
北京易联创安科技发展有限公司	昌平区马池口镇百泉庄村水南路110号	102200	61770192/827	煤矿顶板离层监测系统、煤矿安全监测系统、湿式喷浆机无线遥控系统等产品
北京中凯科电电力技术有限公司	昌平区回龙观镇建材城西路87号2号楼10层2单元1002室	100096	62931049	电流互感器、电压互感器
北京微能汇通电力技术有限公司	昌平区沙河镇北二村小李庄路南	102206	57785002—8025	电流互感器、故障指示器
帕潘纳（北京）科技有限公司	昌平区中关村生命科学园博雅CC9号楼4层401室	102206	52593363-3366	抗肿瘤药物合成方法学

续表

单位名称	办公地点	邮编	联系电话	主要产品
北京昌东科技有限公司	昌平区沙河镇松兰堡村西A座718室	102206	56106005	城市垃圾处理
北京同一堂医药科技有限公司	昌平区城区镇邓庄村西	102200	56211568	保健食品研发、销售；医疗器械等
北京市昌平石大石油化工新技术开发研究所	昌平区振兴路18号	102200	13701288620	石油及电子产品技术开发、技术服务
北京北石新材料技术开发公司	昌平区府学路18号	102200	89733420	石油勘探技术开发、技术服务
北京石大石工油气化工技术有限公司	昌平区府学路18号	102200	69419241	仪器仪表设备及石油专用软件技术开发
北京石大中油石油化工技术有限公司	昌平区中国石油大学（北京）院内（基础楼）	102200	89733276	生产真空系列用油、润滑油及添加剂
北京中石大新能源研究院有限公司	昌平区科技园区富康路18号310室	102200	13581700966	催化剂、净化剂、吸收剂、化工机械设备、环保机械设备
北京中石大能源技术服务有限公司	昌平区沙河镇北街家园五区二号楼二层4单元242室	102206	13810887537	油气井工程技术服务、油田地面工程、油田自动化工程技术服务、油田信息化工程技术服务
北京中石大澳达化工科技有限公司	昌平区科技园区创新路7号2号楼2202号	102200	13911664607	催化剂、分析仪器、化工设备的研发和销售
北京华电之星科学技术发展有限公司	昌平区朱辛庄北农路2号华北电力大学	102206	80798589	在电力、能源、环保、机械、建筑、计算机等工程技术领域从事科技开发、设计、加工制作、产品代理、销售和咨询等业务
北京华电天达科技有限责任公司	昌平区朱辛庄北农路2号华北电力大学	102206	80116875	门禁系列产品、停车场系列产品、读卡器系列产品、消费POS机系列产品
北京华电能达科技有限责任公司	昌平区科技园永安路47号	100220	80116875	计算机及配套产品、软件开发、环保节能产品的开发、销售
北京华电卓越国际技术培训有限责任公司	昌平区朱辛庄北农路2号华北电力大学	102206	51976811	国际电力仪器仪表技术开发、咨询、培训、服务、交流
北京华电纳鑫科技有限公司	昌平区马池口镇上念头村北	102200	80777884–608	微纳米表面技术开发、应用、生产，新型耐磨材料技术应用、生产
北京微肯佛莱科技有限公司	昌平区朱辛庄北农路2号华北电力大学	102206	80795843	电力基本建设管理系统软件、电力市场理论研究及相关技术支持系统、电力系统分析计算、电力企业ERP、电力系统监测和计量
北京华电天德科技园有限公司	昌平区朱辛庄华北电力大学教4楼	102206	61772235	技术开发、咨询、服务、电力技术培训；销售电力设备、电子设备
北京榕科电气有限公司	昌平区回龙观镇朱辛庄北农路2号主楼D座1423室	102206	61771410	技术开发、技术转让、技术咨询、技术推广服务；销售仪器仪表、机械设备
北京北科麦思科自动化工程技术有限公司	昌平区振兴路5号	102200	89715559	主要提供冶金、机械、石化等行业全面的自动化解决方案，变频伺服及数控产品的开发、销售及应用
北京雪莲同达制衣有限公司	平谷区滨河工业开发区63号	101200	69935637	毛针织品
北京新清河毛纺染织有限责任公司	平谷区马坊镇工业区西区	101204	60999011	精纺毛织品
北京地天泰针织绒线有限公司	平谷区马坊镇工业区西区	101204	60999127	绒线
北京京兰非织造布有限公司	平谷区马坊镇工业区西区191号	101204	89965194	无纺布
北京福田戴姆勒汽车有限公司	怀柔区红螺东路21号	101400	60678738	“福田欧曼”品牌中重卡产品
北京碧水源膜科技有限公司	怀柔区雁栖经济开发区乐园南二街4号	101400	61689200	超/微滤膜

续表

单位名称	办公地点	邮编	联系电话	主要产品
北京杰远电气有限公司	怀柔区雁栖经济开发区雁栖南四街	101407	62979948	输配电及控制设备
北京英茂药业有限公司	怀柔区雁栖经济开发区雁东二路48号	101400	61669252	胃溶型薄膜包衣预混剂，肠溶型薄膜包衣预混剂
天威瑞恒高压套管有限公司	怀柔区雁栖经济开发区雁栖河西二路2号	101407	61669863	变压器套管
朗活医药耗材（北京）有限公司	怀柔区雁栖经济开发区雁栖河西路3号	101407	61669540	新型药包装材料、输液膜及导管
北京安德建奇数字设备有限公司	怀柔区杨宋镇凤翔科技开发区一园8号	101400	61678811	数控快走丝线切割机床AR系列、数控电火花成型机床AF系列、数控电火花超硬刀具加工机床AT系列、数控单向走丝线切割机床AW系列、数控电火花高速穿孔机床AD系列等
北京康普锡威科技有限公司	怀柔区雁栖经济开发区乐园大街6号	101407	69667237	各种规格和品种的高品质锡基合金焊料
北京奥邦焊业有限公司	怀柔区雁栖经济开发区南四街6号	101407	61667348	特种金属药芯耐磨焊丝
北京厚明德新材料包装有限公司	怀柔区雁栖经济开发区乐园大街36号	101407	61669916	超高温蒸煮系列、粉剂农药系列、休闲食品系列、冷冻食品系列、热收缩膜系列、塑料包装印刷产品等
北京东方红航天生物技术股份有限公司	怀柔区北房经纬工业区裕华路9号	101400	61683671	片剂、胶囊剂、口服液、粉剂等剂型的系列航天高科技保健食品
达能乳业（北京）有限公司	怀柔区雁栖经济开发区雁栖北一街6号	101407	61666555	碧悠、达能系列发酵乳
北京西餐食品有限公司	怀柔区庙城镇郑重庄村630号	101401	60697904	肉制品、其他水产加工品
北京露露饮料有限责任公司	怀柔区开放路16号	101400	69691366	杏仁系列饮品
北京东明兴业科技有限公司	怀柔区雁栖经济开发区	101407	61665518	精密模具
北京中冀福庆专用车有限公司	怀柔区杨宋镇凤翔科技开发区二园9号	101400	61675258	自卸汽车、非公路用工程车、警务工作站
北京御食园食品股份有限公司	怀柔区雁栖经济开发区乐园大街31号	101407	61668198	果脯系列、大小黑豆产品、冻干烤鸭、茯苓夹饼等休闲食品
北京斯普乐电线电缆有限公司	怀柔区雁栖经济开发区雁东二路58号	101407	61665369	汽车电线
北京奥星恒迅包装科技有限公司	怀柔区雁栖经济开发区雁栖河西路3号	101407	61669540	开发、生产新型药品包装材料，销售自产产品
北京红螺食品有限公司	怀柔区庙城镇郑重庄村631号	101401	60692542	果脯系列、羊羹、茯苓饼、烤鸭、老北京十三绝系列等休闲系列食品
纽利味食品（北京）有限责任公司	怀柔区雁栖工业开发区雁栖北二街11号	101407	61666868-601	加工食品添加剂、水解蛋白、裹粉裹浆、面包屑、饼干粉、香辛料、调味品
北京博萨汽车配件有限公司	怀柔区雁栖经济开发区雁栖东二路43号	101407	61668566-833	车门外板、后围外板、顶盖、前门滑槽总成、地板
北京天元奥特橡塑有限公司	怀柔区杨宋镇凤翔东大街2号	101400	61676028	橡胶制品、塑料制品、空气弹簧减震器、汽车座椅、空气弹簧后悬置等
北京英思沃工业科技有限公司	怀柔区北房镇经纬工业区	101400	61685581	移动通信基站配套产品、变频器配套产品、钻井设备配套产品、网络融资服务平台
北京金田麦国际食品有限公司	怀柔区雁栖经济开发区雁栖北二街12号	101407	61668620	水煮型速食面系列、水煮型速食米制品系列、速冻面系列、半干面系列、鲜切面系列
北京科锐博华电气设备有限公司	怀柔区北房镇经纬工业区18号	101400	62981321	箱式变电站、GRC、非晶合金变压器

续表

单位名称	办公地点	邮编	联系电话	主要产品
奥瑞金包装股份有限公司	怀柔区雁栖经济开发区乐园南一街7号	101407	61666999	食品包装用覆膜铁
北京东方希望饲料有限公司	怀柔区北房镇希望路10号	100410	61682819	510肉小鸡、511肉中鸡、541肉小鸭、542肉中鸭、猪浓缩饲料
北京福斯汽车电线有限公司	怀柔区雁栖经济开发区雁栖大街39号	101407	61667841	汽车电线
北京广振商工汽车部件有限公司	怀柔区杨宋镇凤翔科技开发区安平一园2号	101400	61675334	汽车车门玻璃升降器总成
北京红星股份有限公司	怀柔区红星路1号	101400	61697061	红星青花瓷系列、北京特酿系列
北京凌云东园科技有限公司	怀柔区杨宋镇凤翔科技开发凤翔一园28号	101400	61678526	汽车车门框及车门侧防撞杆
北京世东凌云科技有限公司	怀柔区杨宋镇凤翔科技开发区	101400	61677911	不锈钢光亮饰条、车门内外装饰密封条、前后风挡玻璃密封条、车顶装饰条、车门防撞条、前格栅、尾翼、三角窗、B柱饰板、轮毂罩等
北京市怀柔区肉类联合加工厂	怀柔区庙城镇高各庄村南	101401	89610082	大红门牌冷鲜猪肉
北京统一饮品有限公司	怀柔区开放路70号	101400	89681966	多果汁系列（鲜橙多、蜜桃多、葡萄多、芒果多）、老坛酸菜牛肉面、阿萨姆奶茶、统一冰红茶、统一绿茶
北汽福田汽车股份有限公司北京欧曼重型汽车厂	怀柔区红螺东路21号	101400	4008900966	欧曼GTL产品
波尔亚太（北京）金属容器有限公司	怀柔区雁栖开发区永乐大街8号	101407	61663300	两片铝质易拉罐
红牛维他命饮料有限公司	怀柔区雁栖经济开发区	101407	61669833	红牛（普通型）、红牛（牛磺酸强化型）
玛氏食品（中国）有限公司	怀柔区雁栖经济开发区	101407	61667410	德芙、M&M's、士力架、脆香米
太平洋制罐（北京）有限公司	怀柔区雁栖镇	101407	61642155	铝质两片易拉罐
有研粉末新材料（北京）有限公司	怀柔区雁栖经济开发区雁栖南四街12号	101400	61667638	电解铜粉、高纯度雾化铜粉、铜合金粉、部分合金化CuSn扩散粉、超细预合金粉
北京美拓斯电子有限公司	怀柔区届城镇高两河884号2层	101400	60699906	开发、生产IT电子产品自动调焦部件
北京铜牛服装有限公司	密云县工业开发区科技路31号	101500	51279898	梭织服装
雪润（北京）羊绒制品有限公司	延庆县经济技术开发区2区百莲街5号	102100	61118329	无毛绒

北京市政府相关部门通信指南

单位名称	地 址	网址或电子邮箱	邮 编	电 话
北京市经济和信息化委员会	朝阳区惠新东街6号	www.bjeit.gov.cn	100029	57587000、84640621
北京市发展和改革委员会	西城区复兴门南大街丁2号	www.bjpc.gov.cn	100031	66415588
北京市商务委员会	丰台区横道沟西街2号院6号楼	www.bjmbc.gov.cn	100164	65248780
北京市科学技术委员会	海淀区四季青路7号院2号楼	www.bjkw.gov.cn	100035	66153395
北京市财政局	海淀区阜成路15号	www.bjcz.gov.cn	100037	88549114
北京市质量技术监督局	朝阳区育慧南路3号	www.bjtsb.gov.cn	100029	57520000
北京市工商行政管理局	海淀区苏州街36号	www.baic.gov.cn	100080	82691919
北京市安全生产监督管理局	西城区槐柏树街2号院3号楼	www.bjsafety.gov.cn	100053	65023616
北京市人民政府国有资产监督管理委员会	西城区枣林前街70号	www.bjgzw.gov.cn	100053	83560755
北京市交通管理委员会	丰台区六里桥南里甲9号B座	www.bjjtw.gov.cn	100073	63011677
北京市药品监督管理局	西城区枣林前街70号	www.bjda.gov.cn	100053	83979811
北京市东城区产业和投资促进局	东城区建国门金宝街52号	www.bjdch.gov.cn	100005	65258800
北京市西城区发展和改革委员会	西城区西直门内大街275号	www.bjxch.gov.cn	100035	82141179
北京市朝阳区发展和改革委员会	朝阳区百子湾西里303号	www.fagaiwei.bjchy.gov.cn	100124	65090538、65013688
北京市海淀区经济和信息化办公室	海淀区四季青路6号海淀招商大厦	www.zhsp.gov.cn	100195	88498837
北京市丰台区经济和信息化委员会	丰台区文体路2号	www.bjft.gov.cn	100071	83656000
北京市石景山区经济和信息化委员会	石景山区石景山路18号	www.ecrd.bjsjs.gov.cn	100043	88699890
北京市门头沟区经济和信息化委员会	门头沟区新桥南大街46号	www.bjmtg.gov.cn	102300	69842584
北京市房山区经济和信息化委员会	房山区长阳镇昊天北大街38号	www.jxw.bjfsh.gov.cn	102445	81312701
北京市通州区经济和信息化委员会	通州区新华东街256号	www.gyj.bjtzh.gov.cn	101100	69546276、69541494
北京市顺义区经济和信息化委员会	顺义区建新西街甲3号	www.jxw.bjshy.gov.cn	101300	69441064
北京市大兴区经济和信息化委员会	大兴区兴丰南大街三段138号	www.bjdx.gov.cn	102600	69243537
北京市昌平区经济和信息化委员会	昌平区西环路15号	www.cpjxw.bjchp.gov.cn	102200	69742365
北京市平谷区经济和信息化委员会	平谷区乐园西小区7号	www.bjpg.gov.cn	101200	69986796
北京市怀柔区经济和信息化委员会	怀柔区青春路42号	www.hrjxw.gov.cn	101400	69624574
北京市密云区经济和信息化委员会	密云区鼓楼东大街8号	www.myec.gov.cn	101500	69055880、69041694
北京市延庆区经济和信息化委员会	延庆区东外大街建业胡同2号	www.bjyq.gov.cn	102100	69103310、69144623
中关村国家自主创新示范区	海淀区阜成路73号裕惠大厦906室	www.zgc.gov.cn	100080	88827911
北京经济技术开发区管理委员会	北京经济技术开发区荣华中路15号博大大厦	www.bda.gov.cn	100176	67881240
北京市工商联合会	东城区广渠门内白桥大街22号605室	www.bjgsl.org.cn	100062	67123591

续表

单位名称	地　址	网址或电子邮箱	邮　编	电　话
北京工业经济联合会	西城区槐柏树街 2 号		100053	63187806
北京校办产业管理中心	朝阳区安华西里一区 13 号楼 3 层	songhy@best-info.cn	100011	64206229
北京企业联合会	朝阳区北辰东路汇园公寓 J 座 12 门	www.bec.org.cn	100101	87713151
北京市中小企业服务中心	东城区东四十条凯龙大厦 301、302、305 室	www.bjeit.gov.cn	100700	64058636、64056117
北京市技术创新服务中心	朝阳区工体北路 6 号凯富大厦 4 层	www.bjeit.gov.cn	100027	85235079
北京市产业经济研究中心	朝阳区工体北路 6 号凯富大厦 4 层	rc.ac.cn	100027	85987281、85235624

北京市辖区内国有控股工业企业通讯指南

单位名称	地　址	网　址	邮　编	电　话
首钢总公司	石景山区石景山路厂东门	www.shougang.com.cn	100041	88293520、68873606
中国石化集团北京燕山石油化工有限公司	房山区燕山岗南路 1 号	www.yanshanpcgc.com.cn	102500	69342295、69342736
北京电子控股有限责任公司	朝阳区三里屯西六街 6 号	www.behc.com.cn	100027	84544207、84545045
北京京城机电控股有限责任公司	朝阳区东三环中路 59 号京城机电大厦 18 层	www.jcmeh.com	100022	87707232
北京京仪集团有限责任公司	朝阳区建国路 93 号院 9 号楼 16—19 层	www.biichg.com	100022	58204466、58206350
北京汽车工业控股有限责任公司	顺义区仁和镇双河大街 99 号北京汽车产业研发基地南楼 A4-004 室	www.baihc.com	101300	67699888
北京二七轨道交通装备有限责任公司	丰台区长辛店杨公庄 1 号	www.27rail.com	100072	83306001、83306654
南车二七车辆有限公司	丰台区张郭庄甲 1 号	www.csreq.com.cn	100072	83804071
北京南口轨道交通机械有限责任公司	昌平区南口镇道北	www.njgs.chinacnr.com	102202	51013561、69771809
北京化学工业集团有限责任公司	北京经济技术开发区西环北路 23 号华腾发展大厦	www.bjhgjt.com.cn	100176	67864201
北京京煤集团有限责任公司	门头沟区新桥南大街 2 号	www.beijingcoal.com	102300	69842461、69842420
北京市电力公司	西城区前门西大街 41 号	www.bj.sgcc.com.cn	100031	63128201
北京金隅集团有限责任公司	东城区北三环东路 36 号北京环球贸易中心 D 座	www.bbmg.com.cn	100013	66411587、66412086
华润医药集团有限公司	朝阳区曙光西里甲 5 号凤凰置地广场 A 座 27 层	www.crpharm.com	100028	57985011
北京一轻控股集团有限责任公司	朝阳区广渠路 38 号	www.bjyq.com.cn	100022	87529807
北京隆达轻工控股有限责任公司	西城区德胜门东滨河路 5 号	www.elongda.com	100120	82259651
北京纺织控股有限责任公司	东城区东单三条 33 号	www.bthc.com.cn	100005	65127929、65129861
中国北京同仁堂集团有限责任公司	东城区东兴隆街 52 号	www.tongrentang.com	100062	67059437
北京工美集团有限责任公司	东城区王府井大街 200 号	www.gongmeigroup.com.cn	100005	65288866
北京市民政工业总公司	朝阳区华严北里 2 号民建大厦	www.bjflqy.com.cn	100029	68355545

J

K

L

M

N

P

Q

R

S

T

W

X

Y

Z